अंबुजा की कहानी

अंबुजा की कहानी की प्रशंसा में

एक बार मैंने नरोत्तमजी से उत्कृष्ट लीडर की विशेषताओं के बारे में जानना चाहा। उन्होंने कहा, 'एक लीडर की ज़िम्मेदारी सामान्य लोगों को असामान्य काम करने में सक्षम बनाने की है।' यह क़िताब प्रैक्टिकल उदाहरणों के ज़रिए उनकी लीडरशिप फ़िलोसोफ़ी पर बढ़िया केस स्टडी है। हर एक आंत्रप्रेन्योर और लीडर के लिए यह क़िताब ज़रूरी है।

—पुनीत डालमिया, मैनेजिंग डायरेक्टर, डालमिया भारत ग्रुप

मैं श्री सेखसरिया को अपने शुरुआती दिनों से देखते आया हूं। मेरे अनुसार वे इस दौर के सबसे डायनामिक उद्योगपतियों में से एक हैं। उनकी दूरदर्शिता से गुजरात अंबुजा एक वर्ल्ड-क्लास कांग्लोमरेट और ब्रैंड बन गई। यह क़िताब यह कहानी बयां करती है। इस उल्लेखनीय कहानी को साझा करने के लिए धन्यवाद। यह करना अत्यावश्यक था ताकि युवा पीढ़ी (अपने जीवन में) तारे छूने के लिए प्रेरित हो सके।

—हेमेंद्र कोठारी, चेयरमैन, DSP इन्वेस्टमेंट मैनेजर्ज़ प्राइवेट लिमिटेड

यह क़िताब न केवल नरोत्तम सेखसरिया और उनके साथियों द्वारा एक प्रशंसित सीमेंट कंपनी के निर्माण की कहानी बताती है, बल्कि इस बढ़िया कहानी से हमें पता चलता है कैसे उत्कृष्टता की खोज, भलाई के प्रति प्रतिबद्धता और धन का निर्माण तीनों सामंजस्यपूर्ण साथ आ सकते हैं।

—बिमल पटेल, आर्किटेक्ट, प्रेसिडेंट, CEPT यूनिवर्सिटी, अहमदाबाद

यह एक आंत्रप्रेन्योर के अद्भुत सफ़र की कहानी है, कैसे 20वीं सदी के व्यापारी सफलतापूर्वक 21वीं सदी के उद्योगपतियों में बदल गए। फलस्वरूप, वह मॉडर्न इंडिया के कैपिटलिज़्म की कहानी भी है। श्री सेखसरिया ने दिल खोलकर अपने अनुभव साझा किए हैं। आंत्रप्रेन्योर बनने के इच्छुक नौजवान, श्री सेखसरिया जैसे अन्य उद्योगपति और लीडरशिप की प्रेरणा की खोज में शख़्स, सभी इस क़िताब का आनंद उठा सकते हैं।

—हयग्रीव खेतान, सीनियर पार्टनर, खेतान एंड कंपनी

एक प्रतिष्ठित आंत्रप्रेन्योर के नज़रिए से लिखी गई यह क़िताब बिज़नेस के इतिहास में सबसे ईमानदार और उत्तम क़िताबों में से एक है। उसमें छिपाया कुछ भी नहीं गया है

और हमारे साथ अच्छा और बुरा सभी कुछ साझा किया गया है। इस क़िताब को ज़रूर पढ़ें क्योंकि उसमें ढेर सारी जानकारी को बेहतरीन तरीके से प्रस्तुत किया गया है। मैं लेखक को दाद देता हूं।

—डॉ. ओमकार गोस्वामी, चेयरमैन, CERG एडवाइज़री प्राइवेट लिमिटेड

यह कपास व्यापार से लेकर भारत के सबसे कुशल सीमेंट कारखाने निर्माण करने तक की एक अत्यंत रोमांचक कहानी है। मुझे ख़ासकर दो बातें महत्त्वपूर्ण लगीं: शुरुआत से उसूलों, पर्यावरण और (कारखाने के पास रहने वाले) समाजों को दिया गया महत्त्व जब ESG और CSR इतने महत्त्वपूर्ण नहीं थे जितने कि वे आज हैं। कुछ कर दिखाने का जोश दूसरी बात है। किसी नेक इंसान को कुछ भी रोक नहीं सकता, कैंसर भी नहीं! यह वाकई में दिलचस्प क़िताब है।

—शिखा शर्मा, भूतपूर्व MD & CEO, एक्सिस बैंक

नरोत्तमभाई की जीवनी से हमें महत्त्वपूर्ण सीख मिलती है कैसे विनम्र, सादा और पारदर्शी रहकर भी मनुष्य बहुत कुछ हासिल कर सकते हैं। उन्होंने इतनी सहजता से दूसरों को श्रेय दिया है कि नरोत्तमभाई के प्रबल नेतृत्व और उनकी मोहकता अदृश्य रहकर भी उनका शक्तिशाली आभास होता है। यह एक उत्कृष्ट भारतीय कंपनी की दिलचस्प कहानी है, एक ऐसी कंपनी जिसे आज विश्वभर में 'हीरा' माना जाता है।

—शैलेश हरिभक्ति, चार्टर्ड अकाउंटेंट

नरोत्तमभाई एक अत्यंत सफल आंत्रप्रेन्योर की हैसियत से विश्व-प्रसिद्ध हैं। लेकिन मैंने उन्हें पक्के उसूलों के इंसान के रूप में जाना है – सहानुभूति, साहस, उदारता, विनम्रता, उत्तमता के प्रति प्रतिबद्ध रहना और देशभक्ति ये उनकी विशेषताएं हैं। इस क़िताब में उनकी फ़िलोसोफ़ी, व्यक्तित्व और अंबुजा के दिनों और उसके बाद में उनकी अद्भुत सफलताओं का सार है। जो लोग बिज़नेस की कला और सबसे चुनौतीपूर्ण विपत्तियों का सामना करते हुए भी जीवन को जी भरकर जीने की उच्च कला सीखना चाहते हैं उन्हें इस क़िताब से प्रेरणा मिलेगी।

—सुधींद्र कुलकर्णी, स्तंभकार और संपादक

मैं नरोत्तमजी को चालीस साल से ज़्यादा जानता हूं, क्योंकि हम दोनों के ऑफ़िस एक ही बिल्डिंग में थे। मैं हमेशा से उनका प्रशंसक रहा हूं। बिज़नेस और इन्वेस्टमेंट

की उनकी बुद्धि, परोपकारिता और अपने दोस्तों और परिवार को अपने क़रीब रखने की क्षमता से मैं बहुत प्रभावित रहा हूं। मैं सभी आंत्रप्रेन्योर और नौजवानों से यह प्रेरणादायक क़िताब पढ़ने का अनुरोध करता हूं।

—अनिल अग्रवाल, चेयरमैन, वेदांता रिसोर्सेज़

एक अद्भुत इंसान की एक अद्भुत कहानी। बुद्धि, ज्ञान, शिष्टाचार और साहस से परिपूर्ण इस इंसान ने उसूलों, ईमानदारी, पारदर्शिता, सशक्तिकरण, विश्वास और औचित्य पर आधारित एक आयकॉनिक कंपनी स्थापित की। एक ऐसी कंपनी जिसने पर्यावरण को कम से कम हानि पहुंचाते हुए और सामाजिक विकास करते हुए बेस्ट-क्वालिटी सीमेंट सबसे लो कॉस्ट में बनाया, एक ऐसी इंडस्ट्री में जहां ऐसे नेक विचार सोच के बाहर थे। एक अत्यंत प्रेरणादायक कहानी!

—राजेंद्र चितळे, मैनेजिंग पार्टनर, एम. पी. चितळे एंड कंपनी

श्री नरोत्तम सेखसरिया हमेशा से ही अगुआ रहे हैं, चाहे वह कपास व्यापार में हो या उस समय गुजरात के अविकसित क्षेत्र में वहां के समाज को साथ लेते हुए इको-फ्रेंडली ढंग से सीमेंट उत्पादन करने में हो। उद्यमी मारवाड़ी समुदाय में भी श्री सेखसरिया स्पेशल हैं। अंबुजा सीमेंट्स का इतिहास इस शख़्स की उल्लेखनीय कहानी है।

—आर.वी. पंडित, पब्लिशर और फ़िल्म प्रोड्यूसर

कपास व्यापारी से लेकर उद्योगपति तक श्री नरोत्तम सेखसरिया की कहानी बड़ी रोमांचक है। उससे हमें साउथ बॉम्बे में पले-बढ़े मारवाड़ी नौजवान के जीवन में झांकने को मिलता है, जो अपने परिवार के प्रति प्रतिबद्ध था, जिसे बिज़नेस के बारे में जुनून था और जिसे सुन्दर जीवन जीना पसंद था। अंबुजा ने मैन्युफ़ैक्चरिंग, लोजिस्टिक्स, डिस्ट्रिब्यूशन, सेल्स, ब्रैंडिंग, एक्विज़िशन और फ़ाइनेंस के क्षेत्रों में इनोवेशन करके सीमेंट इंडस्ट्री को पूरी तरह से बदल दिया। श्री सेखसरिया ने अंबुजा में 'I Can' का जो विशेष माहौल निर्माण किया उससे मैं सबसे ज़्यादा प्रभावित हूं। मैंने वह जोश मेरी आँखों से देखा है।

—सुधीर सोनी, पार्टनर, एस.आर. बाटलीबॉय एंड कंपनी LLP

नरोत्तम एक बढ़िया स्टोरीटेलर हैं जिनके पास बताने के लिए कई कहानियां हैं। इस क़िताब में उन्होंने बारीक़ी से बताया है कैसे उन्होंने सफलतापूर्वक सीमेंट बिज़नेस

निर्माण कर अपनी विशाल कंपनी के कई विभाग संभाले। विचारपूर्वक और निपुणता से बताई गईं इन कहानियों से, जिनमें उनका निजी सफ़र भी शामिल है, अन्य आंत्रप्रेन्योर को कुछ नया करने में प्रेरणा मिलेगी। यह वाकई में प्रेरणादायक क़िताब है।

—रंजीत शहानी, पूर्व VC & MD, नोवार्टिस

इस क़िताब में श्री सेखसरिया का अटूट जोश स्पष्ट झलकता है। उन्होंने दुर्लभ जानकारी और निजी किस्सों के ज़रिए बढ़िया ढंग से अंबुजा सीमेंट का शानदार सफ़र और भारत के सबसे महत्त्वपूर्ण सीमेंट ब्रैंड की निर्माण प्रक्रिया को बयां किया है। यह एक दिलचस्प जीवनी है जिसमें बिज़नेस के कुछ मूल तत्त्व और क़ीमती सीखें दोहराई गई हैं। विकास पर केंद्रित आधुनिक कंपनियों के लिए ये सीखें महत्त्वपूर्ण हैं।

—निमेष कंपानी, नॉन-एग्जीक्यूटिव चेयरमैन, JM फ़ाइनेंशियल लिमिटेड

श्री नरोत्तम सेखसरिया की उत्कृष्ट जीवनी प्रेरणादायक है। मैंने दो दशकों से भी ज़्यादा से उनके एडवाइज़र की हैसियत से उन्हें निकट से देखा है। इस क़िताब में उनके उसूलों, उनके संघर्षों और उनके असाधारण साहस का सार है। सभी आंत्रप्रेन्योर को यह क़िताब पढ़नी चाहिए।

—सिरिल श्रॉफ़, मैनेजिंग पार्टनर, सिरिल अमरचंद मंगलदास

अंबुजा की कहानी कई जोशीले, मामूली शख़्सों की कहानी बताती है, जिन्होंने अपने साहस, दृढ़ विश्वास, वचनबद्धता, नेटवर्किंग, कौशल और परिश्रम से तथा उन्हें मिले अवसरों का पूरा फ़ायदा उठाकर सीमेंट इंडस्ट्री की यह प्रतिष्ठित कंपनी निर्माण की। जो आंत्रप्रेन्योर बिज़नेस में सफल बनना चाहते हैं उन्हें इस क़िताब से बहुत मदद मिलेगी।

—जी.एन. बाजपेई, एक्स-चेयरमैन, SEBI और LIC

नरोत्तमजी हमेशा से ही एक दृढ़ संकल्प और दूरदर्शी बिज़नेसमैन रहे हैं, जो अपने परिवार के प्रति निष्ठावान भी हैं। 80 के दशक के अंत में उन्होंने एक आयकॉनिक कंज़्यूमर ब्रैंड के निर्माण के ज़रिए सीमेंट इंडस्ट्री में असंभव समझा जाने वाला कार्य करके धमाका मचा दिया। यह जीवनी एक बढ़िया क़िताब भी है जिसमें जीवन के लिए कई बेहतरीन सीखें हैं। मैं सभी नौजवान आंत्रप्रेन्योर से यह क़िताब पढ़कर 'I Can' के जोश के साथ जीने का अनुरोध करता हूं।

—जय मेहता, एग्जीक्यूटिव वाइस-चेयरमैन, सौराष्ट्र सीमेंट, द मेहता ग्रुप

नरोत्तम सेखसरिया एक चौकस और चतुर आंत्रप्रेन्योर हैं। ईमानदारी से लिखी उनकी इस जीवनी में बिज़नेस में उनके संघर्ष और सफलताएं बयान की गई हैं। कुछ विचारों के मामले में वे भाग्यशाली रहें, लेकिन अक्सर उन्होंने मज़बूत कंपनियां और टीमें विस्तृत योजनाओं के आधार पर निर्माण कीं। यह बढ़िया क़िताब ज़रूर पढ़ें।

—गीता पिरामल, लेखक और बिज़नेस हिस्टोरियन

यह क़िताब एक खज़ाना है, जिसमें आज की पीढ़ी के लिए कई सीखें हैं। एन.एस. का जुनून के साथ बिज़नेस करना, संगठित टीमें स्थापित कर उन्हें बनाए रखना तथा कर्म में विश्वास करना, जिससे उन्होंने इतने उतार-चढ़ावों का सामना किया, ऐसे कुछ उसूल मुझे इस क़िताब में सबसे महत्त्वपूर्ण लगे। इस तोहफ़े के लिए शुक्रिया!

—संजय नायर, चेयरमैन, KKR इंडिया

मैं श्री नरोत्तम सेखसरिया से पहली बार 25 साल पहले, वारबर्ग पिंकस का भारतीय ऑफ़िस स्थापित करते समय मिला। मेरे लिए तब और आज इंडिया स्टोरी की सबसे आकर्षक बात गुणवान आंत्रप्रेन्योर की वे कहानियां रही हैं, जिनमें उन्होंने सभी चुनौतियों के बावजूद सफल बनकर इंडस्ट्री का पूरा नज़ारा ही बदल दिया। *अंबुजा की कहानी* ऐसी ही एक बढ़िया कहानी है उसके निर्माता की ज़ुबानी। यह कहानी तब जितनी सम्मोहक थी उतनी ही वह आज भी है।

—चार्ल्स के, CEO, वारबर्ग पिंकस LLC

श्री नरोत्तम सेखसरिया का सीमेंट इंडस्ट्री में सफ़र वाकई में मोहक है। यह उल्लेखनीय है कैसे एक स्टार्ट-अप सीमेंट कंपनी भारत की सबसे लाभदायक और सम्मानित कंपनी बन गई। होलसिम ग्रुप ऑफ़ कंपनीज़ में अंबुजा सीमेंट एक हीरा है। हमें अंबुजा सीमेंट और श्री नरोत्तम सेखसरिया के साथ हमारे संबंध पर गर्व है।

—यान एनिश, CEO, होलसिम ग्रुप

शायद ही कभी कोई ऐसी क़िताब पढ़ने मिलती है जो इतनी सम्मोहक हो और जो एक ऐसे शख़्स का निजी सफ़र बयान करती हो जिसने शुरू से ही इनोवेटिव और लाभदायक कंपनी निर्माण की और जिसने सभी छोटे और बड़े क्षेत्रों में परंपरागत विचारों को चुनौती दी। जो कोई भी इस कंपनी के बारे में विस्तारपूर्वक जानने का

इच्छुक है और ख़ासकर युवा आन्त्रप्रेन्योर, उन्हें मैं इस क़िताब की बेझिझक सिफ़ारिश करता हूं। प्रत्येक मैनेजमेंट स्कूल में उसे पढ़ना अनिवार्य होना चाहिए।

—नासर मुंजी, चेयरमैन, DCB बैंक

नरोत्तम सेखसरिया और मेरी पुरानी पहचान है। वे हमेशा चाहते थे कि उनके कर्मचारियों के लिए बनाई गई इमारतें सुंदर, सुरक्षित और यूज़र-फ्रेंडली हों। रीयूज़, रीसायकल और सस्टेनेबल जैसे शब्द, जो आज बज़्ज़ वर्ड्स बन गए हैं उनके ज़हन में शुरू से थे। उनसे मिलते समय मुझे कभी नहीं लगा कि मैं एक इंडस्ट्रियलिस्ट से मिल रहा हूं, बल्कि एक रचनात्मक, प्रेरणादायक और दूसरों की परवाह करने वाले इंसान से बात करने जैसे लगता था। यह क़िताब ये सब विस्तार से बयान करती है।

—हफ़ीज़ कॉन्ट्रैक्टर, आर्किटेक्ट

मैं सितम्बर 1985 में अंबुजा के बोर्ड का सदस्य बना, जब अंबुजा उत्पादन शुरू करने ही जा रही थी। मैं साक्षी हूं कैसे नरोत्तम सेखसरिया और उनके सहकर्मियों ने सीमेंट का कोई ज्ञान न होते हुए और कारखाना चलाने का कोई तजुर्बा न होते हुए एक छोटी कंपनी को देश की सबसे सफल सीमेंट निर्माताओं में से एक में बदल दिया। इस क़िताब ने मेरी वो सुहानी यादें ताज़ा कर दीं।

—एम.एल. भक्ता, सीनियर पार्टनर, कांगा एंड कंपनी

भारत (के कॉर्पोरेट जगत) में कई ऐसी कहानियां मिलेंगी जिनमें साधारण लोगों ने असाधारण कंपनियां स्थापित कीं। जिनकी क़िस्मत अच्छी होती है वे होशियार, ऊर्जावान, दूरदर्शी और जोख़िम उठाने वाले निकलते हैं। नरोत्तमभाई में इन विशेषताओं के साथ-साथ स्नेह, विनम्रता और सहानुभूति भी हैं, जैसा कि इस क़िताब से ज़ाहिर है।

—विनायक चैटर्जी, CII के नेशनल काउन्सिल ऑन इंफ्रास्ट्रक्चर के चेयरमैन

अंबुजा की कहानी

कैसे साधारण लोगों ने बनाई एक असाधारण कंपनी

नरोत्तम सेखसरिया

अनुवाद

मिहीर नीलम जाजोदिया

हार्पर हिन्दी

प्रथम प्रकाशन 2025
हार्पर हिन्दी
(हार्परकॉलिंस *पब्लिशर्स* इंडिया) द्वारा प्रकाशित
4th फ्लोर, टावर A, बिल्डिंग नं. 10, डीएलएफ साइबर सिटी,
डीएलएफ फेज II, गुरुग्राम, हरियाणा – 122002, भारत
www.harpercollins.co.in

P-ISBN: 978-93-6989-451-2
E-ISBN: 978-93-6989-167-2

2 4 6 8 10 9 7 5 3 1

टाइपसेटिंग : हार्परकॉलिंस *पब्लिशर्स* इंडिया प्राइवेट लिमिटेड
मुद्रक: रेप्लिका प्रेस प्रा. लि, भारत

HarperCollins *Publishers*, Macken House, 39/40 Mayor Street Upper, Dublin 1, D01 C9W8, Ireland

FSC www.fsc.org
MIX
Paper | Supporting responsible forestry
FSC™ C016779

मेरी पत्नी नलिनी,
बेटा पुल्कित और बेटी पद्मिनी का अपार प्रेम और समर्थन
मुझे हर दिन अधिक ऊर्जा और उत्साह से प्रेरित करता है।

विषय – सूची

प्रस्तावना

जून 1982 की झुलसती गर्मी में एक दिन सुरेश नेवटिया और मैं प्लेन से लखनऊ पहुंचे, इस खोज में कि क्या उत्तर प्रदेश में एक सीमेंट कारखाना स्थापित करना मुमकिन था या नहीं। सुरेश कलकत्ता में रहते थे, और मेरे रिश्तेदार ही नहीं बल्कि सलाहकार भी थे। हम केंद्रीय उद्योग मंत्री, श्री नारायण दत्त तिवारी से मिलकर, उन्हें कारखाने के लिए प्रारंभिक प्रस्ताव पेश करने और उनकी प्रतिक्रिया जानने के लिए लखनऊ आए थे। श्री तिवारी कुछ वर्षों पहले तक उत्तर प्रदेश के मुख्यमंत्री रह चुके थे, जिस वजह से राज्य की राजधानी में वे अब भी बहुत प्रभावशाली थे।

मीटिंग शुरू होने से पहले हम आइकोनिक क्लार्क्स होटल की लॉबी में बैठे थे, तभी एक प्रतिष्ठित, ऊंचे और गोरे सज्जन ने कुछ लोगों के साथ लॉबी में प्रवेश किया। मैंने उन्हें तुरंत पहचान लिया – श्री एन. एन. पई। उन दिनों वे देश के प्रमुख बैंक, इन्डस्ट्रीअल डेवलपमेंट बैंक ऑफ इंडिया (IDBI) के चेयरमैन और मैनेजिंग डायरेक्टर थे। कुछ वर्षों से मैं उन्हें जानता था। मुझे देखते ही उन्होंने रुककर मुझसे कहा, 'नरोत्तम, तुम और लखनऊ में?' मैंने उन्हें हमारे मकसद के बारे में बताया। यह सुनकर वे थोड़ा मुस्कुराए

और बड़ी दयालुता से मुझसे बोले, 'तुम अपना समय ज़ाया कर रहे हो। यदि तुम्हें निवेश करना ही है, तो गुजरात के बारे में सोचो।' उनके स्पष्टवाद से मैं दंग रह गया। 'सर, सुरेश और श्री तिवारी की अच्छी पहचान है। इसलिए हमें उम्मीद है कि तिवारीजी हमारा समर्थन करेंगे,' मैंने श्री पई से कहा। लेकिन वे इससे सहमत नहीं थे। उन्होंने दोहराया कि यदि हम सीमेंट कारखाने को लेकर सीरियस थे, तो हमें गुजरात के बारे में सोचना चाहिए। उस शाम की फ़्लाइट से वे अहमदाबाद जा रहे थे। उन्होंने हमसे कहा कि अगर हम भी उनके साथ चल पड़ें, तो वे हमें सभी महत्त्वपूर्ण अधिकारियों से मिलवा देंगे। 'तुम भले ही गुजरात में किसी को न जानते हों, लेकिन वे तुम्हारा दामाद की तरह ही स्वागत करेंगे,' उन्होंने हमसे कहा।

यह कहकर वे अपनी मीटिंग में चले गए। सुरेश और मैं उनकी बात और सलाह से उलझन में पड़ गए। हम डॉ. एम.पी. जैन की सलाह पर UP आए थे। वे आंध्रा सीमेंट्स के मैनेजिंग डायरेक्टर थे, जो उन दिनों दक्षिण भारत की सबसे प्रसिद्ध सीमेंट कंपनियों में से एक थी। उस समय मैं कपास व्यापारी था और सुरेश कलकत्ता में पेट्रोलियम उत्पादों के वितरक थे। हम सीमेंट निर्माण शुरू करना चाहते थे। डॉ. जैन सीमेंट उद्योग में सबसे सम्मानित पेशेवरों में से एक थे और हमें उम्मीद थी कि इस बिजनेस में वे हमारे पार्टनर बनेंगे।

उन्होंने हमें बताया था कि यूपी की देहरादून घाटी में उच्च गुणवत्ता का चूना पत्थर मौजूद था, लेकिन अभी तक वहां किसी ने भी कोई काम नहीं किया था। यूपी का पक्ष लेने का दूसरा कारण यह था कि इस विशाल राज्य में केवल एक छोटा-सा सीमेंट कारखाना था। उनकी सीमेंट की अधिकांश मांग को बाहरी निर्माता पूरा करते थे।

हमें डॉ. जैन के विवेक पर भरोसा था। लेकिन, जब देश के सबसे प्रभावशाली बैंकरों में से एक ने गुजरात का सुझाव दिया, तब हमने तय किया कि उनके प्रति शिष्टाचार और आदर के नाते मुझे उनके साथ अहमदाबाद जाना चाहिए। उसके अलावा कारखाना बनाने के लिए हमारी वित्तीय ज़रूरतें पूरी करने में IDBI का ही महत्त्वपूर्ण योगदान होता। मैं अहमदाबाद कभी गया भी नहीं था, तो मैंने सोचा कि यह मेरे लिए एक अच्छा अनुभव होगा। मुझे नए लोगों से मिलकर उनके बारे में जानना पसंद भी था।

हालांकि, उस समय हमारा पूरा ध्यान श्री तिवारी और उनकी टीम के साथ मीटिंग पर केंद्रित था। श्री पई के विपरीत, हमें अब भी उम्मीद थी कि हम उत्तर प्रदेश में कारखाना

स्थापित कर पाएंगे। वह भारत के सबसे अविकसित राज्यों में से एक था, और हम वहां एक महत्त्वपूर्ण नए औद्योगिक निवेश का प्रस्ताव पेश कर रहे थे। हमारा धूमधाम से स्वागत भले ही न हो, हमें इतनी तो उम्मीद थी कि श्री तिवारी कम से कम हमारा हार्दिक और मित्रवत स्वागत करेंगे। साथ ही सुरेश उन्हें अरसों से जानते भी थे।

श्री तिवारी के ऑफ़िस में हमारा बड़ा निराशाजनक स्वागत हुआ। उन्हें मिलने के लिए पहले से ही कई लोग इंतज़ार में थे, जिस कारण हमें घंटोंभर रुकना पड़ा। आख़िरकार, जब हमें उनकी उपस्थिति में पेश किया गया तब उन्होंने बस हमसे हाथ मिलाए और विनम्रता से मुस्कुराकर हमारा प्रस्ताव पास खड़े सचिव को सौंपने के लिए कहा। बस उतना ही। उन्होंने हमसे न कोई बातचीत की, न हमसे प्रस्ताव के बारे में कोई प्रश्न किए। पलक झपकते ही मीटिंग ख़त्म भी हो गई थी।

उस दिन हमने महसूस किया कि क्यों उन दिनों में भी उद्योगपति यूपी में निवेश नहीं करना चाह रहे थे।

हम निराश थे, यह कहना हमारे हालात को बयां करने के लिए पूरी तरह सही नहीं होगा। यूपी में सीमेंट कारखाना शुरू करने का हमारा सपना उसी समय चूर-चूर हो गया। श्री तिवारी की प्रतिक्रिया इतनी निराशाजनक थी कि मैंने राज्य सरकार से सारी उम्मीद छोड़ दी। हताश होकर हम सीधे एयरपोर्ट के लिए रवाना हुए। सुरेश की कलकत्ता के लिए फ़्लाइट थी जबकि मैंने श्री पई के साथ उनके चार्टर्ड प्लेन से अहमदाबाद जाना तय किया।

गुजरात की राजधानी की इस यात्रा से मेरी कोई ख़ास उम्मीद नहीं थी। मैं बस अहमदाबाद होते हुए बंबई जा रहा था और वो भी सिर्फ़ श्री पई के न्योते पर। फ़्लाइट में उन्होंने सीमेंट से जुड़ी मेरी महत्त्वाकांक्षाओं के बारे में पूछा, और हमेशा की तरह मुझे प्रोत्साहित भी किया। अहमदाबाद में उतरते शाम हो चुकी थी। जैसे ही वह छोटा प्लेन अपनी मंज़िल तक पहुंचकर आहिस्ता से रुक गया मैंने देखा कि कुछ लोग रनवे पर इंतज़ार कर रहे थे। उन दिनों लोग अपने अतिथियों का स्वागत करने चलकर प्लेन तक जा सकते थे।

श्री पई ने मुझे बताया था कि स्वयं श्री एच. के. खान, गुजरात इंडस्ट्रियल इन्वेस्टमेंट कॉर्पोरेशन (GIIC) के चेयरमैन, हमारा स्वागत करने के लिए एयरपोर्ट आए थे। प्लेन की सीढ़ी से उतरते ही उन्होंने श्री पई को फूलों का बुके दिया। बदले में श्री पई ने उनसे मेरा परिचय कराया, 'ये हैं बंबई के श्री सेखसरिया। ये यूपी में सीमेंट कारखाना स्थापित

करना चाहते हैं। मैंने उन्हें सलाह दी कि वे यह निवेश गुजरात में करें।' हम अहमदाबाद के कामा होटल में गये और खान साहब हमारे साथ होटल तक आए। GIIC के चेयरमैन होने के नाते वे गुजरात के औद्योगिक विकास के लिए ज़िम्मेदार प्रमुख सरकारी नौकरशाह थे। मुझे गुजरात लाने के लिए उन्होंने श्री पई का शुक्रिया अदा किया। श्री पई ने कहा कि अगली सुबह 10 बजे उनकी मुख्यमंत्री, श्री माधव सिंह सोलंकी के साथ मीटिंग थी। उन्होंने कहा कि वे मुख्यमंत्री को बताएंगे कि मैं अहमदाबाद में हूँ और सीमेंट कारखाना स्थापित करना चाहता हूँ।

दिन के अंत में अपने-अपने रूम में जाने से पहले, हमने खान साहब के साथ होटल के कॉफ़ी शॉप में कॉफी पी। तब श्री पई ने उनसे पूछा, 'खान, आप श्री सेखसरिया के लिए सीमेंट का कारखाना कैसे संभव करेंगे?' खान साहब ने कहा, 'सर, आप चिंता न करें। कल, मुख्यमंत्री के साथ आपकी मीटिंग के बाद, मैं सुनिश्चित करूंगा कि उनका ऑफ़िस एक प्रेस स्टेटमेंट जारी करे। उसमें यह घोषणा होगी कि श्री पई सीमेंट कारखाना स्थापित करने के लिए श्री सेखसरिया को गुजरात लाए हैं और गुजरात सरकार इस संभाव्य निवेश का स्वागत करती है। इस घोषणा के बाद श्री सेखसरिया GIIC में मेरे ऑफ़िस आएंगे और हम आगे का रास्ता तय करेंगे।' अहमदाबाद में हमें आए हुए एक घंटा भी नहीं हुआ था कि गुजरात सरकार की अति-कुशल नौकरशाही तेज़ी से काम करने लगी थी।

अगली सुबह श्री पई दस बजे मुख्यमंत्री से मिले और दोपहर तक खान साहब के कहे अनुसार मुख्यमंत्री के ऑफ़िस से प्रेस स्टेटमेंट भी जारी हुई। यह किसी नियमित ड्रिल जैसे लग रहा था, जिसे गुजरात सरकार के अधिकारी निपुणता से करने के आदी थे। और जैसे कि खान साहब ने वादा किया था, उनके सेक्रेटरी ने मुझे फ़ोन करके बताया कि खान साहब मुझसे चार बजे उनके ऑफ़िस में मिलना चाहते थे। सबकुछ बहुत जल्दी हो रहा था। मुझे गुजरात में निवेश करने के बारे में ग़ौर करने का या सुरेश से बात करने का समय भी नहीं मिला था। मुझे ऐसे लगा कि श्री पई और खान साहब ने मिलकर हमारे लिए निर्णय ले लिया था।

खान साहब ने बड़ी विनम्रता से मेरा स्वागत किया, जिस तरह का स्वागत मैंने श्री तिवारी के ऑफ़िस से अपेक्षित किया था। मुझे अपने कैबिन में ले जाकर उन्होंने दूसरों को कमरा खाली करने के लिए कहा, ताकि मुझे सुविधाजनक लगे। फिर चाय पर हमने यहां-वहां की बातें की, मानो वे किसी पुराने दोस्त से बातें कर रहे हों। हम आधे घंटे तक

साथ थे। उन्होंने मुझे आश्वासन दिया कि मुझ जैसे युवकों का मार्गदर्शन उनकी ज़िम्मेदारी थी, जो गुजरात में निवेश करना चाहते थे, लेकिन जिनके पास कोई पूर्व जानकारी या तजुर्बा नहीं था। उन्होंने कहा कि उनके अधिकारी काम पर लग जाएंगे और आगे क्या करना है उस पर वे एक नोट तैयार करेंगे, जो मुझे कुछ हफ़्तों में भेज दिया जाएगा।

फ़्लाइट से बंबई लौटते वक़्त मैं सोचता रह गया कैसे एक दिन में परिस्थिति में ज़मीन आसमान का बदलाव आया था। श्री तिवारी से मीटिंग के लिए हमने कई महीनों तक तैयारी की थी। लेकिन उनकी उदासीनता ने हमारी मेहनत पर पानी फ़ेर दिया था। फिर, होटल की लॉबी में श्री पई के साथ उस निर्णायक मुलाक़ात से सबकुछ बदल गया था।

सीमेंट के बारे में मेरा ज्ञान ना के बराबर था| सच कहूँ तो तब तक मैंने एक भी सीमेंट कारखाना नहीं देखा था। गुजरात में चूने का पत्थर कितना और कहां जमा था और गुजरात के सीमेंट उद्योग के बारे में मुझे कुछ पता नहीं था। और औद्योगिक समझौता कैसे किया जाता है उसका तजुर्बा भी मुझे नहीं था। और दूसरी तरफ अगले कुछ हफ़्तों में गुजरात सरकार के अधिकारियों के साथ प्रोजेक्ट के लिए एक महत्त्वपूर्ण मीटिंग होने जा रही थी।

डॉ. जैन ने यह वादा करके मुझे उत्तर प्रदेश में सीमेंट कारखाना स्थापित करने के लिए प्रोत्साहित किया था कि सीमेंट कारखाना लगाने की जगह और सरकारी मंजूरियों का काम हो जाने पर वे अपनी नौकरी से इस्तीफ़ा देकर हमारी कंपनी के मैनेजिंग डायरेक्टर बनेंगे। उनके शुरुआती उत्साह और आश्वासन के कारण सुरेश और उनके छोटे भाई, विनोद, इस प्रोजेक्ट के को-प्रमोटर बनने के लिए तैयार हुए थे।

मैं नेवटिया भाइयों को इसलिए जानता था कि मेरी बहन का विवाह उनके सबसे बड़े भाई, स्वर्गवासी बिमल कुमार पोद्दार से हुआ था। मैं सुरेश को अपना बड़ा भाई मानता था और अक्सर उनसे सलाह लेता था। सुरेश और विनोद पूर्वी भारत तथा यूपी और बिहार जैसे उत्तर भारत के कई राज्यों में मिट्टी के तेल और अन्य वस्तुओं के सबसे बड़े वितरकों में से एक थे। सुरेश सरकारी लोगों से नेटवर्क बनाने में माहिर थे, खासकर दिल्ली और उन राज्यों में जहां उनकी कंपनियां थीं। मुझे लगा कि यह हमारे सीमेंट प्रोजेक्ट के लिए बढ़िया रहेगा।

हमने तय किया कि सुरेश के मार्गदर्शन में डॉ. जैन यह प्रोजेक्ट चलाएंगे। साथ-साथ, मैं प्रमुख निवेशक और स्लीपिंग पार्टनर बनूंगा। मेरा सपना उद्योगपति होने का था लेकिन मुझे कंपनी के दैनिक संचालन में भाग नहीं लेना था। मैं बंबई में एक सफल कपास

व्यापारी था और आरामदेह जीवन जी रहा था। पैंतीस से कम की उम्र में मेरी अच्छी कमाई थी। मैं दिन के चंद घंटे ही काम करता था वो भी साल में कपास के मौसम के नौ महीनों में। बाकी महीनों में मैं अक्सर भारत और विदेश में परिवार के साथ छुट्टियों पर जाने का आदी था। मैंने अपने काम और निजी जीवन में अच्छा संतुलन बना रखा था और मैं उसे बदलना नहीं चाहता था। मेरी उम्मीद यह थी कि सभी सरकारी अनुमतियां और वित्तीय व्यवस्ता करने के बाद मैं पीछे हट जाऊंगा।

बंबई पहुंचते ही मैंने सुरेश को फ़ोन पर अहमदाबाद में हुई गतिविधियों के बारे में बताया। यह स्पष्ट था कि हमारी स्थिति असमंजस की थी। गुजरात सरकार को पूरा यक़ीन था कि हमने गुजरात में निवेश करने का निर्णय लिया था। लेकिन हमने यूपी सरकार से पूरी तरह से उम्मीद नहीं छोड़ी थी। छोटा राज्य होने के बावजूद गुजरात में पहले से ही कई विख्यात सीमेंट निर्माता थे। दूसरी ओर, यूपी में सीमेंट की अत्यधिक मांग को पूरा करने के लिए वहां एक भी बड़ा सीमेंट कारखाना नहीं था।

मैंने डॉ. जैन को फ़ोन करके लखनऊ की यात्रा के बाद हुई गतिविधियों के बारे में बताया। उनकी बातों से लगा कि वे इस प्रगति से ख़ुश थे, पर हमारे साथ काम शुरू करने को लेकर कुछ संदेह में थे। शुरू में उन्होंने हमें बताया था कि आंध्रा सीमेंट्स के मैनेजिंग डायरेक्टर होने के नाते वे शुरुआती मुलाक़ातों में हमारा साथ नहीं दे पाएंगे और कारखाने के लिए जगह और अनुमतियां तय होने के बाद हमारे साथ फुल-टाइम काम करना शुरू करेंगे।

गुजरात सरकार समय बर्बाद करने की आदी नहीं थी। एक हफ़्ते के अंदर GIIC ने मुझे औपचारिक पत्र भेजा जिसमें उन्होंने हमें अहमदाबाद आकर समझौते पर विस्तार से बातचीत करने के लिए आमंत्रित किया। सीमेंट कारखाने और चूने के पत्थर के लिए ज़मीन देने के साथ-साथ वे इस प्रोजेक्ट में निवेश भी करना चाहते थे। यह हमारी उम्मीदों से कहीं ज़्यादा था।

जब मैंने ख़ुश ख़बरी देने के लिए सुरेश को फ़ोन किया तब वे गुजरात के बारे में इतने उत्साही नहीं लगे जितने वे यूपी के बारे में थे। उन्होंने कहा कि अगली मुलाक़ात के लिए मुझे विनोद को साथ ले जाना चाहिए क्योंकि इस तरह का समझौता करना उनके बस की बात नहीं थी। उनकी इस बात से मैं कुछ गड़बड़ा गया। संभवतः, सुरेश गुजरात की तुलना में यूपी में निवेश करने के बारे में ज्यादा सहज थे क्योंकि यूपी में पहले से उनके उद्योग थे और वे उससे ज्यादा परिचित थे।

फिर मैंने विनोद से बात की। सीमेंट के बारे में उन्हें भी मेरे जितना ही ज्ञान था। उन्होंने सलाह दी कि हम श्री पी. करिअप्पा को अहमदाबाद साथ ले जाएं। श्री करिअप्पा एक तजुर्बेकार पेशेवर थे जो नेवटिया भाइयों की इंजीनियरिंग कंपनी, मैकमेट लिमिटेड चलाते थे। विनोद का मानना था कि उनका साथ होने से GIIC के अधिकारियों से हमारी मुलाक़ात में हम सीमेंट के क्षेत्र के पेशेवर प्रतीत होंगे।

जैसे हम मीटिंग के लिए अहमदाबाद पहुंच रहे थे वैसे मुझे इस डर ने घेर लिया कि GIIC के अधिकारी जान जाएंगे कि सीमेंट उद्योग के बारे में हमारा ज्ञान न के बराबर था। लेकिन, वे हमारे प्रति उतने ही दयालु थे जितना खान साहब हमारी पहली मुलाक़ात में थे। हमें लगा था कि वे हमारी क्षमताएं और आर्थिक मूल्य आंकने की कोशिश करेंगे। लेकिन ऐसा कुछ भी नहीं हुआ। उसकी जगह उन्होंने हमें घंटेभर की प्रेज़ेंटेशन में यह समझाया कि हमें गुजरात में निवेश क्यों करना चाहिए, और हमें उन कंपनियों के बारे में बताया जिनकी उन्होंने सफलतापूर्वक सहायता की थी।

उन्होंने विस्तार से हमें बताया कि गुजरात सरकार और GIIC हमारी क्या सहायता करेगी। वे इस प्रोजेक्ट में हमारे बराबरी का निवेश करने वाले थे। इस प्रकार, वे हमारे पचास प्रतिशत के साझेदार बनना चाहते थे और हमारे जितनी जोखिम भी उठाने के लिए तैयार थे। यही नहीं, वे हमें टैक्स में कई छूटें और प्रोत्साहन देने के लिए भी तैयार थे। इस प्रोजेक्ट को गुजरात में स्थापित करने की उनकी उत्सुकता से हम चकित रह गए। मैंने सुना ज़रूर था कि राज्य सरकारें निवेशकों का दिल खोलकर स्वागत करती हैं। फिर भी, गुजरात सरकार इसे एक अलग ही स्तर पर ले गई थी।

इतने आकर्षक प्रस्ताव को हम ना नहीं कह सकते थे। यूपी सरकार शायद ही हमें इसके बराबर ऑफर कर पाती, ख़ासकर उनके साथ हमारी पहली मुलाक़ात ध्यान में रखते हुए। सुरेश या डॉ. जैन की राय लिए बिना, विनोद और मैंने खान साहब को संयुक्त सेक्टर योजना के लिए हाँ कर दी और उनका शुक्रिया अदा किया। हमारे सकारात्मक उत्तर से ख़ुश होकर उन्होंने हमें उनके साथ अहमदाबाद से आधे घंटे की दूरी पर स्थित गुजरात की राजधानी, गांधीनगर चलने का अनुरोध किया। वे हमें राज्य अडीशनल चीफ सेक्रेटरी, श्री एन. शिवगनानम से मिलवाना चाहते थे, जो 1952 बैच के IAS अफ़सर थे और राज्य का औद्योगिक विकास संभालते थे| यह मीटिंग इस बात का संकेत थी कि हमारा सीमेंट का उद्यम अब असलियत बन गया था और वह गुजरात में संयुक्त सेक्टर प्रोजेक्ट का रूप लेने जा रहा था।

हमें लगा कि कम से कम श्री शिवगनानम कुछ कठिन प्रश्न पूछकर हमारा ज्ञान और क्षमता जानने की कोशिश करेंगे। लेकिन उन्होंने भी कुछ नहीं पूछा और हमारा दूसरों जितना विनम्र स्वागत किया। खान साहब ने हमारा परिचय कुछ यूं दिया, 'सर, ये वो व्यवसायी हैं जो श्री पई की सिफ़ारिश पर गुजरात में सीमेंट कारखाना स्थापित करना चाहते हैं। वे हमारे साथ संयुक्त सेक्टर समझौता करने के लिए तैयार हैं।' ऐसा प्रतीत हुआ कि हमारा प्रोजेक्ट गुजरात में स्थापित कर हम गुजरात सरकार पर एहसान कर रहे हों। श्री शिवगनानम ने हमें चाय और बिस्कुट पेश किए और गुजरात में निवेश करने का निर्णय लेने के लिए हमारा शुक्रिया अदा किया।

अहमदाबाद की मेरी दूसरी यात्रा के पंद्रह दिन बाद, GIIC ने संयुक्त सेक्टर प्रोजेक्ट के लिए ड्राफ्ट MOU भेजा। शेयरहोल्डर समझौते का ड्राफ्ट हमारे पास कुछ हफ़्तों बाद आया। उसके साथ GIIC ने एक ऐसी तारीख का अनुरोध किया जब खान साहब बंबई आकर हमारे साथ अंतिम समझौते पर हस्ताक्षर कर सकें।

भाग्य के अदृश्य हाथ में मेरा दृढ़ विश्वास है। आज उन दिनों के बारे में ग़ौर करने पर यह स्पष्ट है कि वही हाथ हमें आहिस्ता से गुजरात की ओर मोड़कर ले गया था। लखनऊ में श्री पई के साथ हमारी मुलाक़ात, खान साहब और उनके अधिकारियों के साथ लाभदायक मुलाक़ातें, सीमेंट उत्पादन का ज्ञान और उसमें तजुर्बा न होने के बावजूद उन अधिकारियों का निर्णय कि यह एक संयुक्त सेक्टर प्रोजेक्ट होगा। यह सब मानो परमात्मा की देन थी।

यूपी में कारखाना स्थापित करना अब बस एक सपना रह चुका था। तीन महीने बाद यूपी सरकार के किसी अधिकारी ने हमें बताया कि देहरादून घाटी पर्यावरण के दृष्टिकोण से संवेदनशील क्षेत्र में पड़ती थी, जिस कारण वहां चूने के पत्थर की खानों के लिए अनुमति मिलने की कोई गुंजाइश नहीं थी। इसीलिए, चार दशकों बाद भी, उस क्षेत्र में एक भी सीमेंट कारखाना नहीं है। या तो डॉ. जैन हमारे जितने ही अनजान थे, या वे पर्यावरणीय बाधाओं के बारे में जानते थे लेकिन यह देखने के लिए हमें प्रोत्साहन दे रहे थे कि सरकार हमें अपवाद के रूप से छूट देने के लिए तैयार होगी या नहीं। लेकिन वैसा नहीं हुआ।

भाग्य मुझे मेरे घर के और निकट, गुजरात लाया था। अंबुजा की दास्तान अब शुरू हुई थी।

1

क़िस्मत की देन

चिड़ावा से बंबई तक ● गोद लिया जाना
● मारवाड़ी विद्यालय से लेकर हिल ग्रेंज, एल्फ़िंस्टन कॉलेज और यूनिवर्सिटी डिपार्टमेंट ऑफ़ केमिकल टेक्नोलॉजी तक

किसे पता था कि हम इतने कम समय में इतना कुछ हासिल करेंगे? मैं आज भी चकित रह जाता हूँ। हम जैसे नौसिखियों ने एक दशक से थोड़े ज़्यादा समय में भारत की सबसे सफल सीमेंट कंपनी कैसे बनाई? 1986 में हमारे पहले कारखाने में उत्पादन शुरू करने के बाद 1996 तक चार राज्यों – गुजरात, हिमाचल प्रदेश, महाराष्ट्र और पंजाब – में हमारे कारखाने बन चुके थे। हालाँकि गुजरात अंबुजा विश्वभर में सबसे बड़ी सीमेंट कंपनी नहीं थी, लेकिन वह सबसे लाभदायक, सबसे कुशल और पर्यावरण तथा निवेशकों के सबसे अनुकूल कंपनियों में से एक ज़रूर थी।

ये हमने कैसे कर दिखाया? क्या मुझमें इस कंपनी का संस्थापक बनने की कोई विशेष क्षमताएं या कुशलता थी? मुझे नहीं लगता। मैं एक केमिकल इंजीनियर था, जो परिवार का कपास का व्यापार चला रहा था और उद्योगपति बनने का सपना देख रहा था। क्या मेरे साथ काम करने वाले लोगों की कोई शानदार डिग्रियां थीं? बिल्कुल नहीं। मेरे साथी

साधारण मध्यवर्गीय पेशेवर थे, जिन्होंने भारत के छोटे शहरों में रहकर तकनीकी डिग्रियां प्राप्त की थीं। उन्होंने कड़ी मेहनत, दृढ निष्ठा, कल्पनाशक्ति और रचनात्मकता की मदद से असाधारण परिणाम हासिल किए थे।

अंबुजा को लेकर शुरू में मेरी कोई ख़ास महत्त्वाकांक्षा नहीं थी। 1980 का दशक कुछ साल पहले शुरू हुआ था, और लगभग उसी समय मैं 30 साल का हुआ था। अंबुजा के ज़रिए कपास व्यापार में एक कदम आगे जाने का मेरा उद्देश्य था। मेरे परिवार या मैंने ख़ुद के अतीत में ऐसा कुछ नहीं किया था, जिससे अंबुजा जैसे सफल भविष्य का अंदाज़ा लगाया जा सके। राजस्थान के शेखावटी क्षेत्र से आए अन्य व्यवसायी मारवाड़ी परिवारों की तरह हमारे परिवार की कई पीढ़ियों ने भी व्यापार और दलाली में कुछ हद तक सफलता हासिल की थी।

पोद्दार, सिंघानिया और झुनझुनवाला परिवारों की तरह सेखसरिया परिवार भी मारवाड़ियों के उद्यमी अग्रवाल उप-वंश का हिस्सा है। माहेश्वरी (जिसमें बिड़ला और बांगड़ परिवारों सहित अन्य परिवार हैं) और ओसवाल जैन समाजों सहित अग्रवाल समुदाय राजस्थान के सबसे महत्त्वपूर्ण व्यापारी समुदायों में से एक है। परंपरागत रूप से अग्रवाल समुदाय व्यापार में जोखिम उठाने के लिए जाना जाता है, जबकि माहेश्वरी समुदाय अधिक रूढ़िवादी माना जाता है।

मारवाड़ी समुदाय व्यवसाय करने की अपनी विशिष्ट क्षमता के लिए प्रसिद्ध है। उन्होंने इस क्षमता को अपनी सदियों की मेहनत से निखारा है। अपनी बनिया बुद्धि के कारण वे जहां भी गए, वहां सफल रहे। आधुनिक भारत के संपूर्ण इतिहास में कुशल मारवाड़ी व्यापारी, साहूकार और बैंकरों ने पैसों से जुड़ी सभी गतिविधियों में भाग लिया है – उन्होंने क्षेत्रीय व्यवसाय चलाए, मध्य एशिया और उससे भी पार से भारत आने वाले कारवां के साथ व्यापार किया और उत्तर भारत में विभिन्न साम्राज्यों और राजवंशों के राजाओं को आर्थिक सहायता भी दी।

उन्नीसवीं सदी के उत्तरार्ध में भारत में रेल सेवाएं शुरू होने से यात्रा अधिक आसानी और तेज़ी से की जाने लगी| अब इस समाज के लिए व्यापार करना और सुलभ बन गया। इससे शेखावटी मारवाड़ियों का एक नया वर्ग निर्माण हुआ, जो व्यापार के लिए कहीं भी चले जाने की क्षमता रखता था, और अपने शेखावटी जन्मस्थान और गावों को अपना आधार बनाकर देशभर में प्रवास करते थे। कई महीनों तक वे देश के विभिन्न प्रांतों में

व्यवसाय करते थे और कुछ महीनों के लिए घर लौटकर अपने परिवार के साथ रहते थे। मेरा परिवार ऐसा ही एक व्यापारी परिवार है।

यह माना जाता है कि सिंघाना से आए सिंघानिया परिवार, झुंझुनू से आए झुनझुनवाला परिवार और जयपुर से आए जयपुरिया परिवारों की तरह सेखसरिया (कुछ लोग इसे सेकसरिया लिखते हैं) परिवार का नाम वर्तमान काल के राजस्थान के बीकानेर जिले के सेखसर नामक नगर से आता है। कई पीढ़ियों पहले सेखसरिया परिवार ने हमेशा के लिए सेखसर छोड़ा, संभवतः इसलिए कि वहां लगातार सूखा पड़ा था। वे उत्तर की ओर स्थित अधिक समृद्ध शेखावटी क्षेत्र में बस गए। परिवार की एक शाखा संभवतः दक्षिणपूर्व की ओर 200 किलोमीटर दूर नवलगढ़ में बस गई, जो उस काल में शेखावटी का सबसे समृद्ध नगर हुआ करता था। उसी समय, हमारे पूर्वज उत्तरपूर्व की ओर 200 किलोमीटर जाकर चिड़ावा के व्यापारी नगर में बस गए।

किसी वजह से कई सालों से प्रसिद्ध मारवाड़ी व्यवसायी परिवारों की सबसे बड़ी संख्या चिड़ावा और नवलगढ़ (आज, दोनों राजस्थान के झुंझुनू जिले के नगर हैं) से आई है। उदाहरणार्थ, डालमिया परिवार चिड़ावा से है, जबकि बिड़ला परिवार वहाँ से 17 किलोमीटर दूर पिलानी से है। नवलगढ़, जो वहाँ से केवल 60 किलोमीटर दूर है, से गोयनका, खैतान, पोद्दार, केडिआ, गनेरीवाला और मुरारका परिवार आए। सिंघानिया, बजाज, मित्तल, रूइया और सराफ़ परिवार वहीं आसपास के गांवों और नगरों से हैं।

चिड़ावा में टहलने से आपको एहसास होगा कि उन्नीसवीं और बीसवीं सदियों में वहां कितनी समृद्धि रही होगी। उस काल के व्यापारियों ने शानदार पुरानी हवेलियां बनाईं, जो आज भी सड़कों के दोनों ओर हैं। लेकिन इन परिवारों के वंशज द्वारा उन्हें त्यागने की वजह से ज़्यादातर हवेलियां अब खंडहर बन गईं हैं। हमारी हवेली और अन्य कुछ हवेलियों का सावधानीपूर्वक जीर्णोद्धार होता रहा है और साल में कम से कम कुछ समय उनमें चहल-पहल होती है। सुंदर नक्काशीदार झरोखों और दरवाज़ों, दीवारों और छतों पर सुंदर भित्तिचित्रों और भव्य दीपघरों के अवशेषों से पता चलता है कि इन विशाल हवेलियों में कभी धनी लोग रहे होंगे।

बीसवीं सदी की शुरुआत में बनाई गई हमारी हवेली बड़ी, मगर दूसरी हवेलियों की तुलना में साधारण है। इससे पता चलता है कि उन दिनों हम इतने समृद्ध नहीं थे।

मेरे पूर्वज कपास, सोना-चांदी और तेल जैसी वस्तुओं के व्यापार से दलाली कमाते थे। यह हवेली मेरे परदादा ने उस समय में प्रचलित शेखावटी शैली में बनाई थी। हवेली की दो मंज़िलें और दो आंगन हैं – पुरुषों का आंगन सामने की ओर है और जनाना (महिलाओं का आंगन) पीछे। आसपास की अन्य हवेलियों और हमारी हवेली में एक स्पष्ट अंतर है – हमारी हवेली में कोई सुंदर अलंकार नहीं हैं। उसमें न कोई झरोखे हैं न भित्तिचित्र, न कोई दीपघर या सुंदर नक्काशीदार दरवाज़े|

मेरा जन्म अगस्त 1950 के एक सुहावने दिन ज़नाने के बग़ल के छोटे-से, बिना खिड़की के कमरे में एक दाई के हाथों हुआ। तब हमारा संयुक्त परिवार हवेली में ही रह रहा था। पांच भाइयों में से मैं तीसरा लड़का था और हमारे परिवार में चाचा और कई चचेरे भाई भी थे। उन दिनों मेरा परिवार एक महत्त्वपूर्ण निर्णय पर चर्चा कर रहा था – क्या पूरे परिवार को सदा के लिए बंबई में बसना चाहिए, जहां हमारा कारोबार स्थित था। परिवार के अधिकांश पुरुष कई महीने इस तटवर्तीय शहर में रहते थे, और केवल कुछ महीनों के लिए चिड़ावा लौटते थे।

सौ सालों से भी ज़्यादा समय से देश में सबसे ज़्यादा कपास का व्यापार और कपड़ा निर्माण बंबई में होता आ रहा था। हमारा परिवार पंजाब, हरियाणा और राजस्थान तथा उनके आसपास स्थित किसानों और आढ़तियों से कपास प्राप्त करता था। फिर भी, कॉटन एक्सचेंज बंबई में होने के कारण निर्यात के सौदों सहित व्यापार के अन्य मुख्य सौदे वहां संपन्न होते|

पुराने ज़माने में मेरे पूर्वज कुछ महीने बंबई में कपास बेचकर चिड़ावा लौटते थे।

समय के साथ, जैसे रेल सेवाएं सुधरती गईं, वैसे बंबई तक का सफ़र कम समय लेने लगा और अधिक सहज बन गया। इसके साथ संचार की सुधरती सेवाओं के कारण हम उत्तर भारत में स्थित हमारे सप्लायर्स के साथ और भी आसानी से संपर्क में आने लगे। धीरे-धीरे हमारा अधिकतर व्यापार चिड़ावा से बंबई स्थानांतरित होने लगा। मेरे जन्म के समय तक, मेरे परिवार के पुरुष साल के दस महीनों तक बंबई में रह रहे थे।

व्यापार के मामले में वे बस श्री गोविंदराम सेकसरिया के शानदार पदचिन्हों पर चल रहे थे, जो सेखसरिया वंश के पहले सबसे प्रसिद्ध व्यक्ति थे, जिन्होंने किसी बड़े शहर में ख्याति प्राप्त की थी। वे हमारे रिश्तेदार तो नहीं थे, लेकिन आम आदमी से धनवान बनने की उनकी कहानी मारवाड़ियों में बहुत प्रसिद्ध हो चुकी थी। वे नवलगढ़ सेकसरियाओं

के वंशज थे और उन्होंने एक मामूली से परिवार में 1888 में जन्म लिया था। बीसवीं सदी की शुरुआत में छोटी-सी उम्र में वे बंबई आए थे। उद्यम और अनुमान लगाने की कुशलता की वजह से वे जल्द ही देश के सबसे बड़े कपास व्यापारी बन गए। यही नहीं, उन्होंने विश्व के दो सबसे बड़े कॉटन एक्सचेंज – लिवरपूल और न्यू यॉर्क एक्सचेंज – की सदस्यता भी प्राप्त की।

मारवाड़ी समुदाय में उनके बारे में चर्चा यूं थी कि साउथ बॉम्बे के समृद्ध मरीन ड्राइव पर स्थित अपने घर पर वे पेटियों भर नक़द पैसा लाते थे। बाद में उन्होंने कई कपड़ा मिल स्थापित किए और शक्कर, सोना-चांदी, खनिज, प्रिंटिंग और बैंकिंग जैसे व्यवसाय भी शुरू किए। इतना ही नहीं उन्होंने तो पिक्चरों में भी पैसे लगाए। सन 1946 में 58 की उम्र में वे चल बसे। उनकी महिमा इतनी थी कि उनके सम्मान में उस दिन कॉटन और शेयर मार्केट दोनों बंद रहे।

आज, अधिकांश लोग उन्हें भूल चुके हैं। कुछ शैक्षणिक संस्थानों के अलावा कुछ समय पहले तक बैंक ऑफ़ राजस्थान उनकी विरासत थी। उन्होंने इस बैंक को उदयपुर में 1943 में स्थापित किया था। किसी ज़माने में क़रीब 300 शाखाओं वाला यह बैंक राजस्थान का सबसे बड़ा बैंक था। सन 2010 में उसे ICICI बैंक में मिला दिया गया। मरीन ड्राइव पर आर्ट डेको शैली में बनाए गए सेकसरिया हाउस को उनका नाम दिया गया। यह इमारत इस बात की एकमात्र निशानी है कि अतीत में कभी बंबई शहर में उनकी कितनी शोहरत थी। उसके उत्तर की ओर मरीन ड्राइव के चौपाटी की छोर पर, जैसे आप बाबुलनाथ जाने के लिए दाएं मुड़ते हो, रास्ते की बाईं ओर एक और सेखसरिया भवन है। पांच मंज़िलों की यह इमारत 1930 के दशक में बनाई गई थी। उस काल में जब मेरे परदादा, बसंतलालजी सेखसरिया, और उनके दो भाई, गोरखरामजी और द्वारकादासजी सदा के लिए बंबई आए तब उन्होंने यह इमारत ख़रीदी और वे उसमें रहने लगे। दोनों इमारतों की नज़दीकी से किसी को ग़लतफ़हमी हो सकती है कि दोनों के मालिक एक ही रहे होंगे। सिर्फ़ दोनों परिवारों की संपत्ति जानकर हमें असलियत का पता लग सकता है।

मेरे पूर्वज आरामदायक परंतु कम विलासी जीवन जीते थे। मारवाड़ी व्यवसायी समुदाय के सामाजिक वर्गीकरण में हम तीसरे पायदान से ऊपर नहीं थे। बिड़ला, सिंघानिया, बांगड़, डालमिया, सोमानी, गोयनका, सराफ़, पोद्दार और खैतान तथा कुछ

दर्जन और परिवार सबसे ऊपर थे। पिछली सदी की शुरुआत में अपनी मेहनत के आधार पर वे व्यापारियों से उद्योगपति बन गए थे।

दूसरे पायदान पर श्री गोविंदराम सेकसरिया जैसे धनवान व्यापारी और सट्टेबाज़ थे, जो शानदार हवेलियों में रहते थे और उन दिनों भी महंगी गाड़ियों में घूमते थे। तीसरे पायदान पर हम जैसे परिवार थे, जो ऊपरी मध्यवर्ग के थे, जिनकी जीवनशैली विलासी जीवनशैली के इर्दगिर्द ही थी। उनके बच्चे देसी भाषा के स्कूलों में पढ़ते थे। वे अपना व्यवसाय बंबई और कलकत्ता जैसे बड़े शहरों में करते थे और इन शहरों और अपने गांवों के बीच आते-जाते रहते थे। और सबसे निचले पायदान पर छोटे व्यवसायों के मालिक, दुकानदार और पहले तीन पायदानों के लोगों के लिए काम करने वाले पेशेवर होते थे।

हमारे परिवारों के कुछ सदस्यों ने ऊपरी दो पायदानों के परिवारों में शादी की थी। इसके बावजूद हममें आत्मीयता कभी नहीं थी। हम उनसे सिर्फ़ शादियों और समारोहों में मिलते थे। जब भी वे कमरे में आते तब हमसे अपेक्षा की जाती कि हम सम्मानपूर्वक खड़े हो जाएं। एक-दूसरे को अभिवादन कर स्वास्थ्य के बारे में पूछने के अलावा हममें कोई बातचीत नहीं होती थी। सभी पायदानों में छोटे बड़ों का वर्गीकरण स्पष्ट था।

मेरे जन्म तक हमारे परिवार के पुरुष, जैसे मेरे दादा बनारसीलालजी, उनके भाई सत्यनारायणजी, मेरे पिता नागरमलजी, चाचा मक्खनलालजी और मुझसे बड़े कुछ चचेरे भाई, अधिकांश समय बंबई में काम के लिए गुज़ार रहे थे। चिड़ावा से ज़्यादा अब बंबई उनके लिए घर जैसा बन गया था। अब कुछ ही समय की बात थी कि शेष परिवार भी बंबई में शिफ्ट हो जाता। शिफ्ट होने का आखरी फैसला 1953 में लिया गया, जब मेरी उम्र तीन साल और कुछ महीनों की थी। इसके बाद हम चिड़ावा केवल छुट्टियों में जाते थे। पहले कुछ सालों में हम साल में कई बार चिड़ावा लौटे। फिर, हम कम बार जाने लगे और अंत में परिवार के केवल वृद्ध कभी-कभार ही वहां जाते रहे।

हालाँकि बम्बई शिफ्ट होने का मुख्य कारण व्यवसाय से जुड़ा था, शिक्षा एक अतिरिक्त कारण था। धीरे-धीरे मेरे परिवार को यह अहसास होने लगा था कि व्यवसाय को अगले स्तर तक ले जाने के लिए अगली पीढ़ी को अच्छे स्कूलों और संभवतः कॉलेजों में पढ़ाना ज़रूरी था। इससे पहले हमारे परिवार ने पढ़ाई को इतना महत्त्व नहीं दिया था। परिवार के एक भी प्रौढ़ ने कॉलेज की पढ़ाई नहीं की थी। मेरे पिता ने सिर्फ़

सातवीं क्लास तक पढ़ाई की थी। उन दिनों, चिड़ावा जैसी जगहों में यह मानते थे कि बच्चे स्कूल की तुलना में काम पर और जल्दी सीखते थे। इस कारण, इतनी समृद्धि के बावजूद चिड़ावा में एक भी अच्छा स्कूल नहीं था। 1950 के दशक में भी बच्चों को बरगद के विशाल पेड़ों के नीचे पाया जाता था। और कॉलेज की पढ़ाई तो दूर की बात थी।

1940 के दशक में मेरे परदादा ने अपने परिवार से अलग होकर ख़ुद का बिजनेस शुरू किया और वे साउथ बंबई के प्रार्थना समाज इलाक़े में स्थित एक तीसरे सेखसरिया भवन में रहने लगे। उन्नीसवीं और बीसवीं सदियों में पश्चिम भारत में प्रार्थना समाज नामक लोकप्रिय हिंदू सुधारवादी आंदोलन का मुख्यालय इस क्षेत्र में था। इसलिए उस क्षेत्र को भी यह नाम मिला था। उन दिनों प्रार्थना समाज में रहने वाले अधिकांश लोग मध्यवर्गीय थे। बंबई का केंद्रीय थोक व्यवसायिक बाजार पास के कालबादेवी में स्थित था जिस कारण प्रार्थना समाज में कई गुजराती और हम जैसे मारवाड़ी व्यवसायी परिवार रहते थे। हमारी दो मंज़िलों वाली ऑफ़िस की इमारत कालबादेवी में, 1930 के दशक में बनाए गए प्रतिष्ठित बॉम्बे कॉटन एक्सचेंज के निकट थी।

हम पांच भाई थे और हमारे चार चचेरे भाई थे। इसलिए बचपन बड़ा मज़ेदार रहा। हालाँकि हमारा संयुक्त परिवार कई मंज़िलों पर फैला था, सारे बच्चे एक साथ सोते थे। हम पास के मारवाड़ी विद्यालय हाई स्कूल में पढ़ते थे, जो बंबई के सबसे पुराने शिक्षण संस्थानों में से एक था। बीसवीं सदी की शुरुआत में मारवाड़ी समुदाय के कई मध्यवर्गीय लोग बंबई स्थानांतरित होने लगे थे। इसलिए उनके बच्चों को पढ़ाने हेतु मारवाड़ी समाज के लोगों ने 1912 में यह स्कूल स्थापित किया। उस काल में सिर्फ़ हिंदी में पढ़ाया जाता था, लेकिन अब वह एक सम्मानित इंग्लिश-मीडियम स्कूल बन गया है। उन दिनों इंग्लिश-मीडियम की पढ़ाई सिर्फ़ उच्च वर्ग के लिए होती थी। मेरे परिवार में भी अंग्रेज़ी कोई नहीं बोलता था।

उन दिनों मारवाड़ी विद्यालय पढ़ाई के लिए नहीं जाना जाता था। माता-पिता पढ़ाई पर ज़ोर नहीं देते थे और स्कूल में भी पढ़ाई की ओर ध्यान नहीं दिया जाता था। पूरा ध्यान इस बात पर था कि बच्चे मूल ज्ञान कैसे प्राप्त कर सकते हैं ताकि वे जल्द से जल्द परिवार के साथ व्यापार में जुट जाएं। लेकिन मेरे परिवार के लिए, मारवाड़ी विद्यालय की पढ़ाई और चिड़ावा में बरगद के पेड़ के नीचे की पढ़ाई में ज़मीन आसमान का अंतर था।

मेरे दादा स्कूल में डोनेशन दिया करते थे, जिस कारण उन्हें यह चुनने का विशेषाधिकार दिया गया कि उनके पोते अर्थात मेरे भाई, मेरे चचेरे भाई और मैं किस क्लास में पढ़ाई शुरू करेंगे। मेरे दादा औपचारिक स्कूलिंग अपरिचित थे, जिसमें पांच या छह साल की उम्र में स्कूल की पढ़ाई शुरू होती है। उन्होंने अपनी इच्छा से पांच साल की उम्र में मुझे पांचवीं क्लास में भर्ती करवाया। मेरे भाइयों और चचेरे भाइयों के साथ भी यही हुआ। आख़िरकार उद्देश्य ये था कि बच्चा कम से कम समय में स्कूल ख़त्म कैसे कर सकता है ताकि वह परिवार के व्यवसाय में जुड़ जाए।

मारवाड़ी विद्यालय में अनुशासन ना के बराबर था और विद्यार्थी जो चाहे करते थे। इसलिए स्कूल में बिताए समय के बारे मुझे केवल दो बातें याद हैं – कि मैंने वहां कितनी मौज-मस्ती की और कैसे वहां के बच्चों ने मेरे साथ थोड़ी दादागिरी की। मैंने वहां न कुछ सीखा और न ही मैंने कोई मित्र बनाए। छुट्टी के दिन हम कालबादेवी में हमारे ऑफ़िस में बिताते थे। ऑफ़िस में सभी लोग ज़मीन पर बिछे गद्दों पर बैठकर काम करते थे। इसलिए लगता था कि हम बिल्कुल चिड़ावा की हवेली की बैठक में बैठे हैं। और सारे बच्चे वहीं खेल-कूद भी करते थे।

*

पांच साल की उम्र में जब मैं स्कूल जाने लगा और मेरा बचपन बड़े मज़े से चल रहा था, तब क़िस्मत ने मेरा जीवन हमेशा के लिए बदल दिया।

कहानी मेरे दादा और परिवार के कुलपिता, बनारसीलालजी के साथ शुरू होती है। उनके दो बेटे और नौ पोते थे। लेकिन उन्हें अपने छोटे भाई सत्यनारायणजी की चिंता थी। मेरे दादा से 25 साल छोटे सत्यनारायणजी 40 साल के होने जा रहे थे। परन्तु उन्हें एक भी बेटा नहीं था, जो उनका वारिस बन सके। जैसे कि सबको पता है, उन दिनों भारतीय परिवार बेटियों से ज़्यादा बेटों की चाह होती थी। और हम जैसे मारवाड़ी व्यवसायी परिवारों में, बेटा होना और भी महत्त्वपूर्ण होता था। बेटे अपने पिताओं के व्यवसाय में हाथ बटाते थे और सही समय आने पर वे व्यवसाय की डोर संभालकर अपने माता-पिता के बुढ़ापे में उनकी देखभाल करते थे। उधर बेटियों की बहुत कमउम्र में शादी करवाकर उन्हें अपने पति के साथ रहने भेज दिया जाता था।

बीस साल की उम्र में सत्यनारायणजी की बेटी, बिमला का जन्म हुआ। बाद में, मैं उन्हें प्यार से बाई बुलाने लगा। छोटी उम्र में बाई की शादी कलकत्ता के पोद्दार परिवार में की गई। बाई के जन्म के बाद, एक और संतान प्राप्त करने के प्रयास में सत्यनारायणजी की पत्नी का चार बार मिसकैरेज (गर्भस्राव) हुआ। डॉक्टर ने दोनों को चेतावनी दी कि यदि वे एक और बार कोशिश करेंगे तो उनकी पत्नी के जीवन को खतरा होगा। और ख़ुद सत्यनारायणजी, क्षय रोग (TB) की वजह से कमजोर हो चुके थे।

मेरे दादा अपने भाई के लिए चिंतित थे और इसलिए एक रविवार उन्होंने सत्यनारायणजी को अपने घर बुलाकर उनसे कहा, 'तुम्हारा स्वास्थ्य ठीक नहीं रहता है और तुम्हारा कोई पुत्र नहीं हैं जो तुम्हारा वारिस बन सके। तुम एक को गोद ले सकते हो।' यह बताना ज़रूरी नहीं कि उनकी कोई भी इच्छा घर के सभी सदस्यों के लिए एक आदेश जैसी थी। बाद में मुझे पता चला कि मेरे दादा की इस योजना में और अपने पिताजी को हाँ करवाने में बाई की अहम भूमिका रही थी।

अपने पिता के बिगड़ते स्वास्थ्य के कारण बाई को उनके बुढ़ापे की चिंता थी। सत्यनारायणजी ने कहा था कि वे बाई के एक बेटे को गोद लेना चाहेंगे। लेकिन तब तक बाई का एक मिसकैरेज हो चुका था। यदि वो और बच्चों को जन्म देती भी, तो उनके पति और सास-ससुर पहले दो बेटों को गोद दिए जाने से इंकार करते। और तीसरा बेटा होने के आसार बहुत कम थे। सत्यनारायणजी के लिए दूसरे परिवार से बेटा गोद लेने के अलावा और कोई चारा नहीं था।

परिवार के लिए वंशज पाकर संपत्ति को सुरक्षित करने के लिए बेटे को गोद लेना मारवाड़ी समुदाय सदियों से करता आ रहा था। प्राचीन काल से भारतीय उपमहाद्वीप में शिशु और बाल मृत्यु की दर बहुत ज़्यादा रही है। इस अभिशाप के कारण कई मारवाड़ी परिवार अपने व्यवसाय आगे नहीं बढ़ा पा रहे थे। गोद लेना इसके लिए एक व्यावहारिक उपाय था। ज़ाहिर है कि लोग ज़्यादातर निकट संबंधियों से ही बेटे गोद लेते थे। इसके सबसे आम उदाहरण चाचाओं द्वारा अपने भतीजों को कानूनी रूप से अपने बेटों और वारिसों के रूप में गोद लेने के थे।

अच्छी बात यह थी कि उन दिनों लोग बड़े और संयुक्त परिवारों में अपने सभी बच्चों के साथ रहते थे। इसलिए गोद लिए बच्चे और उसके जैविक माता-पिता के लिए जुदाई का सदमा कुछ हद तक कम होता था। यदि निकट परिवार में गोद लेना संभव नहीं होता

था तो लोग दूर के रिश्तेदारों से गोद लेने का प्रयास करते थे। अनाथाश्रमों या बाल आश्रय संस्थानों से लोग शायद ही गोद लेते थे।

मेरे निकट के संबंधियों में कई पुरुष गोद लिए गए थे – बाई के पति, मेरी पत्नी के भाई और मामा को बचपन में गोद लिया गया था। और भारतीय उद्योगपतियों में हम पाएंगे कि कई प्रसिद्ध मारवाड़ियों – बलदेव दास बिड़ला, जिन्होंने बिड़ला एम्पायर स्थापित किया और जो जी.डी. बिड़ला के पिता थे; जमनालाल बजाज, जिन्होंने बजाज एम्पायर स्थापित किया और जो राहुल बजाज के दादा थे; लक्ष्मी नारायण बिड़ला, जो जी.डी. बिड़ला के सबसे बड़े बेटे और एस.के. बिड़ला के पिता और सिद्धार्थ बिड़ला के दादा थे – को गोद लिया गया था। उद्योगपतियों की इस सूची में एक प्रमुख ग़ैर-मारवाड़ी नाम भी है – श्री नवल टाटा, जिन्होंने अपने चचेरे भाई श्री जे.आर.डी. टाटा के साथ कई दशकों तक टाटा ग्रुप चलाया था। नवल टाटा, जो टाटा परिवार के दूर के रिश्तेदार थे, को एक पारसी अनाथाश्रम से 13 साल की उम्र में क़ानूनन गोद लिया गया था। वे श्री रतन टाटा के पिता थे।

इसलिए, मेरे छोटे दादा सत्यनारायणजी को उनका बेटा चुनने की पूरी छूट दी गई। हालाँकि वे हमारे व्यवसाय में भागीदार थे, वे हमारे साथ सेखसरिया भवन में नहीं रहते थे। कुछ साल पहले सेखसरिया घराने की महिलाओं में हुई अनबन के कारण वे अपनी पत्नी और बेटी के साथ कारमाइकल रोड पर स्थित भगवती भवन में किराए पर रहने गए थे। कारमाइकल रोड, जो आज बंबई के आलीशान इलाक़ों में से एक है, उन दिनों पेड़ों से भरी दूर स्थित बस्ती थी, जहां बहुत कम लोग रहना चाहते थे।

सत्यनारायणजी ने जल्द ही निर्णय ले लिया| अगले दिन घर आकर उन्होंने मेरे दादा से कहा कि वे मुझे गोद लेना चाहते थे। मेरी क़िस्मत में लिखा था कि वे मुझे गोद लेंगे। आख़िर कुल नौ भाइयों और चचेरे भाइयों में से उन्होंने मुझे ही क्यों चुना?

मुझे याद है कि मेरी एक आदत उन्हें पसंद आई थी, जिस कारण मैं उनका चहेता पोत-भतीजा बन गया था। बचपन में (जब मैं पांच साल का था), हमें हर रविवार और अन्य छुट्टियों के दिन हमारे मनोरंजन के लिए कालबादेवी के ऑफ़िस ले लाया जाता था। वहां बैठने की व्यवस्था बैठक की शैली की होती थी – ज़मीन पर बिछे हुए गद्दे, कुरकुरी सफ़ेद चादरों से ढके जाते थे और उनपर तकिये लगे होते थे। वहां काम करने वाले

प्रत्येक व्यक्ति का अपना तकिया होता था। मैं जब भी वहां जाता, तब सत्यनारायणजी की गोद में बैठता था। जबकि मेरे दूसरे भाई उन्हें प्रणाम करके आगे चले जाते थे, मैं उनके प्रति एक आत्मीयता महसूस करता था और वह बात उन्हें पसंद थी। मैं वैसे क्यों करता था यह मैं नहीं जानता, लेकिन हमारा परस्पर स्नेह और लगाव मुझे चुनने की एक वजह रही होगी।

मेरे पिताजी को इसके बारे में पता चलने पर उन्होंने मेरी माँ को बताया। उन्होंने यह ख़बर मुझे बताई और कहा कि मैं इससे भी बेहतर घर में रहने के लिए जाने वाला था। मुझे नहीं लगता मेरी माँ बहुत भावुक हुई थीं। गोद लेना क्या था या उसकी गंभीरता समझने के लिए मैं भी शायद थोड़ा छोटा था। मैं मेरे माता-पिता, भाइयों और चचेरे भाइयों से हमेशा के लिए अलग होने जा रहा था। लेकिन मुझे इसके बारे में निराश या चिंतित होना याद नहीं है। इसके बदले कुछ दिनों तक मैं मोर की तरह इठला रहा था, इस बात से ख़ुश कि सत्यनारायणजी ने मुझे चुना था। और मानो मैंने मेरे भाइयों को हराकर कोई प्रतियोगिता जीत ली हो।

मेरे दादा के आदेश पर एक ज्योतिषी को बुलाया गया, यह जानने के लिए कि मेरे नए घर जाने का सबसे शुभ दिन कौन-सा होगा। निर्धारित दिन पर घर पर छोटी-सी पूजा हुई, जिसके बाद मेरी माँ ने मेरे लिए तिलक की विधि की, और शगुन के लिए एक थैली में मुझे थोड़ी मिश्री और एक रुपये का सिक्का दिया। उसने एक छोटी थैली में मेरे कपड़े भर दिए थे; अब उसने मुझे गले लगाकर नए घर में अच्छे से रहने के लिए कहा। फिर हमारे परिवार के पुरोहित मुझे मेरा नया जीवन शुरू करने के लिए मेरे नए माता-पिता के पास, कारमाइकल रोड पर मेरे नए घर ले गए। कोई रोया नहीं और न ही किसी ने कहा कि वे मुझे याद करेंगे। मेरे घर छोड़ते समय ज़रा सा भी तमाशा नहीं हुआ।

*

मैं बड़ी आसानी से मेरे नए घर के आदी हो गया। शुरू में मैं बड़ा ख़ुश था। मेरी बड़ी बहन (सत्यनारायणजी की बेटी) की बहुत पहले शादी होकर वो कलकत्ता रहने गई थी। इसलिए, इस बड़े घर में मैं इकलौता बच्चा था। मेरे नए माता-पिता ने मुझे बहुत लाड़ प्यार किया। मेरी सभी मांगें – नए कपड़े, नया स्कूल बैग, खाने की चीज़ें, ढेर सारे आइसक्रीम और मिठाइयां – मुझे ख़ुश करने के लिए तुरंत पूरी की जाती थीं। मेरे नए घर और पुराने

घर में ज़मीन आसमान का अंतर था क्योंकि वहां नौ बच्चे ध्यान आकर्षित करने के लिए होड़ करते थे और यहां मैं अकेला था।

कभी-कभार मुझे पुराने घर की याद ज़रूर आती थी – मेरे भाइयों और चचेरे भाइयों के साथ दोस्ती, स्कूल के बाद क्रिकेट खेलना और सबसे ज़्यादा, वो बैरक जैसी सोने की व्यवस्था जहां सभी बच्चे एक साथ सोते थे। मैं मेरे भाइयों से स्कूल में मिलता रहा, लेकिन मुझे नहीं लगता कि पुराने घर न जाने के बारे में मुझे कभी सदमा पहुंचा या मैं उससे कभी उदास था। शायद ये मेरे दत्तक माता-पिता द्वारा मुझे दिए प्यार का कमाल था कि मुझे पहले के बचपन की याद नहीं आई। शायद इस बदलाव को समझने के लिए मैं बहुत छोटा था।

या यह भी हो सकता है कि पीढ़ी दर पीढ़ी गोद लेने वाले मारवाड़ी परिवार इस प्रक्रिया में स्वभावतः माहिर हो गए हैं कि गोद लिए बच्चों को कैसे संभाला जाए, जिससे उन्हें कम से कम सदमा पहुंचे और उनका नया घर उन्हें जल्द से जल्द आरामदेह लगने लगे। पहले कुछ सालों में मेरे परिवार ने बड़ी चतुराई से जानबूझकर सुनिश्चित किया कि मुझे मेरे भाइयों के साथ मिलने के कम से कम अवसर मिलें ताकि मुझे मेरे जैविक परिवार की याद न आए। हालाँकि हम परिवार के समारोहों में मिलते थे, नियमित रूप से मिलने को प्रोत्साहन नहीं दिया गया। मेरे दत्तक माता-पिता ने मुझे ख़ुश रखने में कोई कसर नहीं छोड़ी। मैं उनकी आंखों का तारा था। जब मैं उन्हें 'माँ' और 'बाबूजी' कहकर बुलाता तब वे फूले न समाते।

नए घर जाने के बाद कुछ महीनों तक मैं अपने पुराने स्कूल में ही पढ़ता रहा। जैसे मैंने पहले कहा था, मारवाड़ी विद्यालय में अनुशासन ना के बराबर था और दादागिरी करने वालों का बोलबाला था। एक दिन, खेल खेल में एक लड़के ने मुझे इतने ज़ोर का धक्का दिया कि मेरा सिर एक बेंच से टकराया और उसमें गहरा घाव आ गया। घाव से खून बहने लगा जिस कारण टांकें लगाने पड़े| माँ को पता चलते ही हंगामा मच गया। उन्होंने बाबूजी को साफ़-साफ़ कह दिया कि मैं फिर से उस स्कूल में नहीं जाऊंगा| आख़िर उस दिन मेरी जान चली जाने से वो उनके बेटे को खो सकती थी।

मैं बड़ा ख़ुश था कि घाव भरने तक, मुझे पंद्रह दिन घर पर रहने दिया गया। इस अवधि में माँ की ज़िद पर मेरा नए स्कूल में दाखिला कराया गया। और मेरी ज़िंदगी हमेशा के लिए बदल गई। इस बात का अंदाज़ा किसी को भी नहीं था कि अंग्रेज़ी-मीडियम स्कूल का आदी होने में मुझे कितना कुछ झेलना पड़ेगा|

मैं मेरे परिवार का पहला सदस्य था, जिसने अंग्रेज़ी-मीडियम स्कूल में पढ़ाई की। इस तरह मैंने छोटे स्तर पर इतिहास रचा। और इसका पूरा श्रेय मेरी प्रगतिशील बहन को जाता है। शादी के बाद कलकत्ता में रहते हुए भी बाई की घर पर कड़ी नज़र थी, चाहे वो स्कूल में मेरी पढ़ाई पर हो या माँ और बाबूजी के स्वास्थ्य पर। हालाँकि स्कूल ख़त्म करते ही बाई की शादी कर दी गई थी, उसके सास-ससुर ने उसे घर पर पढ़ाई कर BA की डिग्री हासिल करने के लिए प्रोत्साहन दिया। बाई पढ़ाई को बहुत महत्त्व देती थी और उसकी ज़िद पर ही मेरा अंग्रेज़ी-मीडियम स्कूल में दाखिला किया गया।

बाबूजी ने मेरा दाखिला हिल ग्रेंज स्कूल में करवाया जो घर के सबसे पास था। लंदन में शिक्षित सम्माननीय यहूदी शिक्षाविद और उच्चवर्गीय, मिसेज़ सोफ़ी केली ने इस स्कूल की स्थापना की थी और वे उसे चलाती भी थीं। मिसेज़ केली जवाहरलाल नेहरू जैसे राष्ट्रीय राजनीतिज्ञों तथा अन्य स्थानीय राजनीतिज्ञों के साथ सान्निध्य के लिए जानी जाती थीं। 1939 में स्थापित यह स्कूल बंबई के श्रेष्ठ स्कूलों में से एक माना जाता था।

मैंने इस स्कूल में 1957 में दाखिला लिया। मुझे याद है कि शुरुआत में मैं थोड़ा डरा हुआ और थोड़ा ख़ुश भी था। ख़ुश इसलिए कि मैं ऐसा स्कूल छोड़ रहा था, जहां मुझ पर दादागिरी करने वाले बच्चों के अलावा किसी को भी मेरी परवाह नहीं थी। मैं अब पेड्डर रोड के पीछे चार एकड़ ज़मीन पर फैले एक शानदार स्कूल में जाने वाला था, जहां प्रतीत होता था कि वे बच्चों की परवाह करते थे। उसमें तरह-तरह के खेलों के लिए पर्याप्त खुली जगह थी और ओपन एयर ऑडिटोरियम भी था।

लेकिन मुझे डर इस बात का था कि यह अंग्रेज़ी-मीडियम स्कूल था। घर पर अंग्रेज़ी कोई नहीं बोलता था। ये भाषा हमारे लिए बिल्कुल परायी थी। बात और भी बिगड़ गई क्योंकि छह साल की छोटी-सी उम्र में बाबूजी ने मेरा तीसरी क्लास में दाखिला करवाया, जबकि मेरी उम्र के अन्य बच्चे पहली या दूसरी क्लास में पढ़ रहे थे। यदि स्कूल ने बाबूजी की बात मानी होती तो मैं पांचवी क्लास में पढ़ने लगता, जैसे मैं मारवाड़ी विद्यालय में कर रहा था। लेकिन स्कूल ने कहा कि चूँकि मैं हिंदी-मीडियम से अंग्रेज़ी-मीडियम के स्कूल में पढ़ने जा रहा था, मेरा तीसरी क्लास में पढ़ना उचित होगा। मिसेज़ केली ने बाबूजी को आश्वासन दिया कि यदि परीक्षा में मेरा प्रदर्शन अच्छा होगा, तो मेरा प्रमोशन तीसरी से पांचवी क्लास में कर दिया जाएगा।

शुरू के कुछ दिन बहुत कठिन थे। इसलिए बाबूजी ने मेरे लिए मेरी ही क्लास टीचर से प्राइवेट ट्यूशन लगवाई। स्कूल के बाद वे घर पर मुझे पढ़ाने आती थीं। वे सहनशील, सौम्य

और समझदार थीं। इससे स्कूल में मुझे बहुत लाभ हुआ। अन्य विद्यार्थी मेरी ओर विशेष स्नेही थे और मैं थोड़ा और निश्चिंत रहने लगा। धीरे-धीरे मैं अंग्रेज़ी का आदी हो गया और अंतिम परीक्षा में मेरा प्रदर्शन बहुत अच्छा रहा। इसलिए मुझे पांचवी में जाने की अनुमति दी गई। लेकिन उस उम्र में इस तरक्की की वजह से मुझे कई चुनौतियों का सामना करना पड़ा।

माँ और बाबूजी अंग्रेज़ी नहीं बोलते थे, इसलिए मुझे उनसे कोई मदद नहीं मिली। पांचवी क्लास में इतिहास, भूगोल और विज्ञान जैसे नए विषय सिखाए जाने लगे। ये विषय मेरे बिल्कुल पल्ले नहीं पड़े। बाबूजी ने फिर से मेरे लिए स्कूल की टीचर की ट्यूशन लगवाई, हालाँकि इस बार वो मेरी क्लास टीचर नहीं थी। ट्यूशन के बावजूद मुझे पढ़ाई बहुत कठिन लगी। इसकी तुलना में तीसरी क्लास बहुत आसान रही थी। स्कूल की टीचरों और ट्यूशन टीचर के प्रयासों के बावजूद यह साल मेरे लिए बहुत कठिन रहा। पांचवी क्लास मेरे अकेडमिक जीवन का सबसे कठिन साल था।

वास्तव में हिल ग्रेंज स्कूल की पांचवी क्लास के पाठ्यक्रम के लिए मैं बहुत छोटा था। लेकिन मुझे इसका अहसास नहीं हुआ; इसके बदले मुझे लगा कि मैं कम बुद्धिमान था। चूँकि मेरी ट्यूशन टीचर मेरी नई क्लास टीचर नहीं थी, मुझे लगा कि स्कूल के दादाओं से मुझे कोई नहीं बचाएगा। बच्चे ज़्यादातर अंग्रेज़ी में बात करते थे जिस कारण उनसे दोस्ती करना भी मुश्किल था; मैं सभी से अकेला रहने लगा और इसलिए मायूस हो गया। मेरी उम्र के कारण मैं कद में भी सबसे छोटा था। इसलिए प्रतियोगी खेलों में भी मुझसे बड़े सहपाठी मुझे पीछे छोड़ देते थे। मैं हमेशा एक्स्ट्रा बच्चों में गिना जाता था, जिस वजह से कुछ समय के लिए मुझमें गहरी हीनभावना आई।

आख़िरकार समय ने मेरा साथ दिया। मैं पढ़ाई में और अच्छा करने लगा, अंग्रेज़ी में बोलने लगा और मेरे कुछ दोस्त भी बन गए। छठी क्लास में मेरा प्रदर्शन और भी अच्छा रहा और सातवीं क्लास तक मेरी सभी आशंका दूर होकर मेरा आत्मविश्वास फिर से लौट आया था। मैं क्लास में बेस्ट स्टूडेंट्स में से था और मेरे नए दोस्त घर पर खेलने आने लगे थे। आठवीं क्लास तक मैं फर्स्ट नंबर पर आने लगा था।

*

आज जब मैं इन चुनौतियों के बारे में सोचता हूँ, तब मुझे नहीं लगता कि उनसे मुझ पर कोई स्थायी मानसिक हानि हुई। और ये सिर्फ़ इसलिए हुआ कि घर पर माँ और बाबूजी

ने मुझे असीम प्यार दिया। अपने प्यार में उन्होंने न कोई शर्त रखी और न मुझसे स्कूल में अच्छा करने की मांग की। हालाँकि हमारे बड़े घर में मैं अकेला बच्चा था, मैं घर पर ही बहुत ख़ुश था।

गोद लेने वाले परिवारों के लिए सबसे बड़ी चुनौती यह थी कि कभी-कभार गोद लिया बच्चा नए घर में नाख़ुश होता था। हमारी बिल्डिंग में एक परिवार ने चार बच्चों को गोद लिया था, जिनमें से उन्हें इसी वजह से तीन बच्चों को वापस भेजना पड़ा था। मैं मेरे भाइयों से समय-समय पर मिलता रहा। लेकिन मेरे माता-पिता के लिए अच्छी बात यह थी कि हमेशा के लिए मेरे जैविक माता-पिता के पास लौटने की बात मेरे मन में कभी नहीं आई। बड़े होकर काम शुरू करने के बाद ही मैंने मेरे भाइयों के साथ फिर से स्थायी नाता स्थापित किया।

मेरे सुखद एकांतवासी जीवन में माँ और बाबूजी के अलावा, कॉमिक्स के लिए जुनून का बहुत बड़ा योगदान रहा। मेरे घर के पास कमल महल बिल्डिंग में एक लाइब्रेरी क़िताबें किराए पर देती थी। ऐसी लाइब्रेरीज बंबईभर में हुआ करती थीं। कमल महल में मैंने घंटों बैठकर ढेर सारी टार्ज़न, सुपरमैन और बैटमैन जैसी कॉमिक्स पढ़ीं। मैंने जितनी भी क़िताबें और कॉमिक पढ़ीं वो मैंने वहां से किराए पर ली थीं। स्कूल के दिनों वो मेरी पसंदीदा जगह थी।

मुझे मेरा नया घर इतना पसंद था कि मैं बहुत कम समय बाहर बिताता था। माँ और बाबूजी को इससे चिंता होने लगी। वे मुझे नीचे बच्चों के साथ खेलने के लिए प्रोत्साहित करते थे। दूसरी मंज़िल पर हमारा घर दो अन्य घरों के बीच स्थित था। प्रसिद्ध उद्योगपति, परोपकारी और महात्मा गांधी के शिष्य, जमनालाल बजाज के दो बेटे इन दो घरों के मालिक थे। उनके दो बेटे, कमलनयन बजाज और रामकृष्ण बजाज, जो उतने ही प्रसिद्ध थे, अपने परिवारों के साथ तीसरी और पहली मंज़िलों पर रहते थे। इन दोनों बजाज भाईयों के पांच बेटे थे।

कमलनयनजी के बड़े बेटे, राहुल बजाज, उम्र में मुझसे बारह साल बड़े थे। लेकिन उनका छोटा भाई, शिशिर और रामकृष्णजी के बेटे – शेखर, मधुर और नीरज – लगभग मेरी उम्र के थे। हम जल्द ही अच्छे दोस्त बन गए और साथ रहने लगे। हालाँकि मैं बहुत ज़्यादा शर्मीला और संकोची रहता था, बजाज घराने के सभी सदस्य, अपनी ख्याति और दर्जे के बावजूद मेरे प्रति स्नेह रखते थे। मैं उनके घर में घंटों रहता था। उनके लिए मैं उनका पड़ोसी नहीं बल्कि घर के सदस्य जैसे था।

छोटी-सी उम्र में भी उनके और हमारे जीवनस्तर में अंतर को मैं समझ सकता था। उनके आलीशान घरों में महात्मा गांधी और अन्य मुख्य राजनीतिज्ञों के साथ ली गईं उनकी कई तस्वीरें होती थीं। उनके बच्चे बंबई के सबसे अच्छे स्कूलों में पढ़कर विदेश के विख्यात विश्वविद्यालयों में पढ़ने जाते थे। कमलनयनजी ने कैंब्रिज में और उनके बेटे, राहुल ने हार्वर्ड में पढ़ाई की थी। वे महंगी गाड़ियां चलाते थे और छुट्टियां मनाने विदेश जाते थे। इसकी तुलना में, हम मामूली घर में रहते थे। हमारी गाड़ी एक पुरानी डॉज थी और हम छुट्टियां भारत में ही बिताते थे।

हमारी तरह बजाज परिवार ने भी शेखावटी से व्यापारी बनकर शुरुआत की थी। पिछली सदी की शुरुआत में वे सफल उद्योगपति बन गए थे। मैं अपने आपको ख़ुशनसीब समझता हूँ कि मुझे इतने विख्यात परिवार के सान्निध्य में बड़ा होने का अवसर मिला। उनसे और उनके बारे में सुनकर मैंने अवश्य ही बहुत कुछ सीखा है। राहुल भैया और उनकी पढ़ाई, बजाज स्कूटर्स की शुरुआती सफलता तथा उनके खूबसूरत और करिश्माई स्वभाव की वजह से भी मैं उनसे बहुत प्रेरित था।

मैं बंबई के कारमाइकल रोड पर लगभग सत्तर सालों से रह रहा हूँ। आज वो बहुत समृद्ध इलाक़ा है, लेकिन 1940 और 1950 के दशक में वैसा नहीं था। हम किराए के घर में रहते थे। प्रार्थना समाज में सेखसरिया हाउस की महिलाओं में अनबन की वजह से बाबूजी यहां रहने आए थे। उन दिनों बंबई के रईस मरीन ड्राइव, धोबी तलाब, ओपेरा हाउस और मालाबार हिल जैसी जगहों में रहते थे। लेकिन बाबूजी के लिए उन जगहों का किराया बहुत महंगा था। इसलिए कारमाइकल रोड सबसे अच्छा विकल्प था। संयुक्त परिवार में उन्हें हमेशा छोटे कमरे में गुज़ारा करना पड़ा था और इसलिए जब उन्हें दूसरे घर में रहने का अवसर मिला तब उन्होंने बड़ा घर किराए पर ले लिया। उनकी सबसे क़ीमती वस्तु पुरानी डॉज गाड़ी थी। बाई ने मुझे बताया कि संयुक्त परिवार से अलग होते समय उन्होंने जायदाद के अपने हिस्से के बदले डॉज गाड़ी ली। गाड़ी की क़ीमत जायदाद में उन्हें दिए गए हिस्से से ज़्यादा थी।

*

जब मुझे गोद लिया गया तब बाबूजी की उम्र चालीस साल से ऊपर थी। वे बड़े विनम्र थे और उन्होंने मुझे शायद ही कभी डांटा होगा, न मेरे बचपन में और न मेरे यौवन में।

वे शर्मीले और एकांतप्रिय थे और उनके बहुत कम मित्र थे। अपना अधिकतर समय वे परिवार के साथ बिताते थे। परिवार उनके लिए सबकुछ था। पूरा परिवार सबकुछ एक साथ करता था – खाना खाना, पत्ते खेलना, मूवी थिएटर जाना आदि। वे धर्मपरायण थे और हर दिन पूजा करते थे। उनकी यह आदत मुझे लग गई और मैं आज भी हर रोज़ पूजा करता हूँ। हालाँकि उन्होंने सातवीं क्लास तक ही पढ़ाई की थी, वे मूल्यों, नैतिकता और ईमानदारी को बहुत महत्त्व देते थे। उनकी एक और विशेषता उनकी सहानुभूति थी। मैंने उन्हें किसी से अनुचित व्यवहार करते हुए कभी नहीं देखा, यहां तक कि उन लोगों के साथ भी नहीं जिन्हें उन्होंने आर्थिक सहायता दी थी। उन्होंने उन लोगों को कभी ऐसा नहीं लगने दिया कि वे उनकी मदद करके उनपर मेहरबानी कर रहे थे। अपनी धर्मपरायणता के कारण वे साल के दो महीने वृंदावन में हमारे परिवार के बंगले में आध्यात्मिक चिंतन करने के लिए जाते थे।

कई सालों बाद मुझे कुछ और पता चला। 70 के दशक के अंत या 80 के दशक की शुरुआत में एक दिन मैंने मेरी पत्नी नलिनी को बाबूजी के बैग में लाखों रुपए डालते हुए देखा। बाबूजी ने उन पैसों के साथ क्या किया यह पूछने की मुझमें हिम्मत नहीं थी। नीलू ने मुझे बताया कि जब भी बाबूजी वृंदावन जाते थे तब वे उतने पैसे वहां के ग़रीबों में बांटते थे। उसी तरह जब भी वे हमारे नगर चिड़ावा जाते थे, तब वहां के ग़रीबों में 100 गोनी गेहू बांटते थे। गोनियां सिर्फ़ रात में लोगों के घरों में पहुंचाईं जाती थीं ताकि किसी को पता न चले कि वे दान दे रहे थे। बाबूजी के इन सिद्धांतों को बचपन से देखते हुए मैं बड़ा हुआ। मुझे आशा है कि मैंने उनके इन सिद्धांतों को सफलतापूर्वक अपनाने की कोशिश की है।

वे बढ़िया कथाकार भी थे, जो किस्से सुनाना पसंद करते थे। उन्होंने मुझे बचपन में कई कहानियां बताईं जिनसे मुझे जीवन के बारे में अधिकतर सीख मिली। ये कहानियां धार्मिक महाकाव्यों और आख्यान शास्त्रों से थीं, जो बाबूजी बड़ी शान से सुनाते थे और कभी भी दोहराने से थकते नहीं थे। प्रत्येक कहानी में एक उपदेश होता था जिसे वे बिना भूले दोहराते थे। जाने-अनजाने में इन उपदेशों के कारण मेरे नैतिक स्वभाव को आकार मिला। मैंने मेरा पूरा जीवन उनके इस सरल सिद्धांत के आधार पर जीया है: तुम्हें ईमानदारी से तुम्हारा काम कर, सबके साथ निष्पक्षता और सहानुभूति से पेश आकर बाकी सबकुछ परमात्मा पर छोड़ देना चाहिए।

जब मैं काम करने लगा तब उनसे मिले सबसे पहले सबक थे: पैसे कैसे कमाए जाएं| हमारे परिवार के व्यवसाय में पूंजी का हमारा हिस्सा 30 लाख रुपयों का था, जिसपर वे हर साल लगभग 5 लाख रुपये कमाते थे। उन दिनों बंबई में *ब्याज*-बदला करने से ज़्यादा पैसे कमाना संभव था। इस *ब्याज*-बदला में पूंजी की राशि शेयर मार्केट में निवेश करने के इच्छुक सट्टेबाज़ों को उधार दी जाती थी और उस पर ब्याज कमाया जा सकता था। जब मैंने बाबूजी को यह बताया, तब वे बोले, 'तुम्हें यह समझना होगा कि मैं भले 10 प्रतिशत कम भी कमा लूं, पर मैं हमारे लिए काम करने वाले दर्जनों लोगों का पेट भर रहा हूँ। पैसे बनाना ज़रूरी है लेकिन अपने कर्मचारियों की देखभाल करना उससे ज़्यादा ज़रूरी है।'

उनके अनुसार *ब्याज-बदला* करना सिर्फ़ तब मंज़ूर था जब आप अधिशेष पूंजी सीमित समय के लिए निवेश करते थे, जिससे आप बैंकों की तुलना में थोड़ा ज़्यादा पैसा कमा सकते थे। लेकिन *ब्याज-बदला* से अपना संसार चलाना उन्हें अमान्य था। उसी वजह से वे अपनी विरासत या अपनी जायदाद से कमाए ब्याज की मदद से जीवन जीने के विरुद्ध थे। 'सिर्फ़ परिश्रम से कमाया धन उचित है,' वे हमेशा मुझे बताते थे। जीवन और श्रम के बारे में बाबूजी के इन सिद्धांतों ने शायद अवचेतन रूप से मुझे प्रभावित किया होगा और मैंने बड़ा उद्योग स्थापित कर ढेर सारे लोगों को रोज़गार देने के बारे में सोचा होगा।

उस समय की अधिकांश मारवाड़ी महिलाओं जैसी, मेरी माँ ने भी मुश्किल से शिक्षण प्राप्त किया था। वे एक गृहिणी थीं, जिनका जीवन मुख्यतः मुझ पर केंद्रित था। जब भी मैं उनकी अवज्ञा करता या उन्हें नाराज़ करता, वे कहतीं कि मैं वैसा इसलिए कर रहा था कि उन्होंने मुझे जन्म नहीं दिया था। इससे मुझे दुःख होता था। जैसे मैं बड़ा होते गया, मैं इस बात के बारे में अवगत होते गया कि माँ और बाबूजी मुझे कितना चाहते थे। इसलिए मैंने आदर्श बेटा होने की पूरी कोशिश की।

मेरी बहन मेरे सबसे क़रीब थीं। वो माँ, बाबूजी और मुझे मिलने बिना किसी वजह के प्लेन से अक्सर बंबई चली आती थीं। मेरे लिए वो परी देवी माँ जैसी थी। मेरे माता-पिता मेरे लिए जो कुछ भी नहीं कर सकते थे या नहीं करना चाहते थे वो मेरी बहन करती थीं। वो मुझे कॉफ़ी पीने और खाना खाने के लिए सबसे अच्छे रेस्टोरेंट ले जाती थीं और

छूरी और कांटे से खाना भी उन्होंने ही मुझे सिखाया। माँ और बाबूजी ने शायद ही कभी रेस्टोरेंट में खाना खाया होगा। उस ज़माने के अधिकतर बुज़ुर्गों जैसे वे भी 'होटल का खाना' खाने में झिझकते थे।

मेरे बचपन के सबसे यादग़ार दिन गर्मी की छुट्टियों के थे। बाबूजी ऊटी जैसे हिल स्टेशन में घर किराए पर लेते थे और पूरा परिवार वहां साथ रहने जाता था। बाई भी कलकत्ता से हमारे साथ छुट्टी मनाने आती थीं। कभी-कभार तो हम सब तीन महीनों तक वहां रहते थे। हम होटलों में कभी नहीं रहे। घर में काम करने वालों को भी हम साथ ले जाते थे, जैसे बावर्ची और ड्राइवर को। सबको बड़ा मज़ा आता था। हम पत्ते खेलते थे और घंटोंभर टहलक़र निसर्ग का आनंद लेते थे। हम कश्मीर, नैनीताल और शिमला भी जाते थे लेकिन ऊटी हमारी पसंदीदा जगह थी।

ये मेरे जीवन के सबसे अच्छे दिन थे। स्कूल की शुरुआती चुनौतियों के बाद मैं धीरे-धीरे बेहतर प्रदर्शन करने लगा था। आठवीं क्लास और आगे मैं अव्वल नंबर ला रहा था। संभवतः मैं अवचेतन रूप से इस इच्छा से प्रेरित था कि मुझे मेरे परिवार का दर्जा ऊपर उठाना था। हमारे दैनिक जीवन में हम रईस और कामयाब लोगों से घिरे हुए थे। मुझे समय-समय पर याद दिलाया जाता था कि उनकी तुलना में हम कितने अपर्याप्त थे। इसके अलावा मुझे यह भी सुनने में आता कि परिवार के समारोहों में लोग कभी अप्रत्यक्ष रूप से तो कभी प्रत्यक्ष रूप से बाबूजी को नीचा दिखाते थे। हालाँकि कभी-कभार यह उनके मोटेपन के कारण किया जाता था (उनका स्वास्थ्य अच्छा नहीं था), ज़्यादातर ये इस वजह से होता था कि हम दूसरों की तुलना में कम दर्जे के थे।

जैसे मैंने पहले कहा था, हमारे परिवार ने व्यापार में बस सीमित कामयाबी हासिल की थी। इसलिए हमसे रईस और कामयाब लोग हमें कमतर समझते थे ख़ासकर हमारे सामाजिक सम्मेलनों में। मेरे पिताजी कहते थे कैसे धार्मिक समारोहों में लोग उन्हें बस हेलो कहकर आगे बढ़ते या फिर उन्हें हेलो तक नहीं कहते थे। मैंने कई बार उन्हें ये अपमानजनक अनुभव माँ को दोहराते हुए सुना था। मैंने जीवन में जो कुछ भी शुरू किया उसमें कामयाब होकर मेरे परिवार के लिए सम्मान प्राप्त करने की मेरी एकनिष्ठा रही है। मेरा मानना है कि इसमें इन घटनाओं का महत्त्वपूर्ण योगदान रहा है।

*

जब मैं नौवीं क्लास शुरू करने जा रहा था, तब हमारे स्कूल ने सिलेबस में बड़ा बदलाव किया – मौजूदा माध्यमिक स्कूल सर्टिफ़िकेट (SSC) परीक्षा प्रणाली के लिए विकल्प के रूप में इंडियन स्कूल सर्टिफ़िकेट (ISC) परीक्षा प्रणाली शुरू की गई। पढ़ाई में अच्छा प्रदर्शन कर रहे सिर्फ तीस स्टूडेंट्स को इस परीक्षा के लिए चुना गया, जिनमें से एक मैं भी था। दसवीं क्लास में इन तीस बच्चों में से सिर्फ़ सात विद्यार्थी चुने गए। मैं फिर से उनमें से एक था। हमें हिल ग्रेंज के बेस्ट स्टूडेंट्स के रूप में पहचाना गया, जो चतुर और मेहनती दोनों थे।

इस वजह से स्कूल में हमें और महत्त्व मिलने लगा जिस कारण मेरा आत्मविश्वास भी बढ़ गया। अन्य बच्चे अब पढ़ाई में मुझसे मदद मांगने लगे। अंतिम बोर्ड परीक्षा में मैंने क्लास में टॉप किया और फ़िज़िक्स, केमिस्ट्री और गणित में मैंने डिस्टिंक्शन पाया। यह मेरे लिए बहुत संतोषजनक था, ख़ासकर यह देखते हुए कि स्कूल में मेरी शुरुआत कैसी हुई थी।

दिसंबर 1964 में मैं हिल ग्रेंज स्कूल से उत्तीर्ण हुआ। तब तक मेरे दो बड़े भाई कॉलेज में पढ़ रहे थे। इसलिए ये अपेक्षित था कि मैं भी कॉलेज की पढ़ाई करूंगा। मैं ISC का विद्यार्थी था और इसलिए SSC के स्टूडेंट्स के विपरीत मुझे कॉलेज के पहले साल की पढ़ाई से छूट मिली। मैंने सीधे इंटर (इंटरमीडिएट) साइंस की पढ़ाई शुरू की और मेरा एक और साल बच गया। मैंने पंद्रह से कम की उम्र में कॉलेज शुरू किया, जबकि अन्य विद्यार्थी कम से कम सत्रह या अठारह साल के रहे होंगे।

मेरे भाई साउथ बॉम्बे के दो जाने-माने कॉलेजों, जय हिंद और सेंट ज़ेवियर में पढ़ रहे थे। कठिन ISC परीक्षा में मैंने फिर से स्कूल टॉप किया था। इसलिए सेंट ज़ेवियर में दाखिला पाना, जो उस समय बंबई का सबसे अच्छा कॉलेज माना जाता था, मेरे लिए बाएं हाथ का खेल था। लेकिन सेंट ज़ेवियर अपने ख़ुशमिज़ाज माहौल के लिए जाना जाता था, जहां की 'सोशल' पार्टियां बहुत लोकप्रिय थी। इसके अलावा वहां के बच्चे बड़े फ़ैशनपरस्त थे जो मेरे परिवार को पसंद नहीं था। इसलिए मेरे पिताजी ने मुझे वहां दाखिला लेने से मना किया। मुझे दुःख हुआ लेकिन मैं उन्हें नाराज़ नहीं करना चाहता था। अब मुझे बंबई के दूसरे नंबर के एल्फ़िंस्टन कॉलेज और जय हिंद कॉलेज के बीच चुनना था। जय हिंद कुछ दिन के बाद दाखिला शुरू करने वाला था। मैं रुकना नहीं चाहता था और इसलिए मैंने एल्फ़िंस्टन कॉलेज में दाखिला लिया।

स्कूल जैसे कॉलेज में भी पहले कुछ हफ़्ते मुश्किल थे। मुझे इंटर (साइंस) के विषय बहुत कठिन लगे। और कॉलेज में मुझे फुल पैंट पहननी पड़ी, जो मुझे पसंद नहीं थी। मैंने स्कूल में फुल पैंट कभी नहीं पहनी थी और मेरी पहली फुल पैंट भी मुझे कॉलेज जाने के बाद ही मिली थी। यह बदलाव और कॉलेज की जीवनशैली दोनों मेरे लिए और अन्य कई स्टूडेंट्स के लिए बहुत चुनौतीपूर्ण थे। स्कूल के अनुशासन और वहां मिले आश्रय के बाद हम कॉलेज की बंधनमुक्त स्वतंत्रता के लिए तैयार नहीं थे।

जब मुझे पता चला कि हाज़िरी लगाना ज़रूरी नहीं था तब आज़ादी के इस नए एहसास से मैं बेक़ाबू हो गया। एल्फ़िंस्टन एक जाना-माना लिबरल आर्ट्ज़ कॉलेज था और वहां के बच्चे डिबेट और पब्लिक स्पीकिंग करने में माहिर थे। मुझमें यह करने का न आत्मविश्वास था न क्षमता थी। फिर भी मैं ये प्रतियोगिताएं देखना पसंद करता था। उनमें भाग ले रहे स्टूडेंट्स को देखकर मुझे ईर्ष्या और विस्मय दोनों होते थे।

अच्छी बात यह थी कि मैं जल्दी से दोस्त बना लेता था। कुछ ही दिनों में हमारा ग्रुप बन गया और हम दिनभर साथ रहने लगे। हाज़िरी लगाना तो ज़रूरी नहीं था और इसलिए हमने ज़्यादातर समय कैंटीन में या कॉलेज के बाहर बिताया। और जब एक दिन मैं लेक्चर के लिए बैठा तब मेरी प्रोफ़ेसर ने मुझे उन्हें तंग करने के लिए क्लास से बाहर निकाल दिया। उन्होंने मुझे फिर से क्लास न आने की चेतावनी दी। मैं क्लास फिर से कभी नहीं गया। मैं कैंटीन में इतना सारा समय बिताने लगा था कि कुछ लोग मुझे 'कैंटीन कॉकरोच' बुलाने लगे।

मेरे रूढ़ीवादी पालन-पोषण के विपरीत मैंने बहुत कमउम्र में धूम्रपान करना और शराब पीना शुरू किया था। शराब तो मैंने पहली बार दसवीं क्लास में नेपाल की सैर पर पी थी। रही बात धूम्रपान की, तो मैंने माँ और बाबूजी के डर से ख़ुद से सिगरेट कभी नहीं ख़रीदी। लेकिन मेरे दोस्तों के कारण मुझे सिगरेट की कमी कभी महसूस नहीं हुई।

मैंने जो दोस्त एल्फ़िंस्टन और बाद में यूनिवर्सिटी डिपार्टमेंट ऑफ़ केमिकल टेक्नोलॉजी में बनाए वो मौज-मस्ती के शौक़ीन थे। वे अलग-अलग समुदायों से थे, असल में मेरे मारवाड़ी समुदाय से कोई नहीं था। दो दोस्त हट्टे-कट्टे सिख थे। जब भी कोई मेरे छोटे कद का मज़ाक उड़ाता था तब वे मेरे लिए उठ खड़े होते थे। परमिंदर सिंह, जो एक आर्मी अफ़सर का बेटा है, आज तक मेरा दोस्त है। बाबूजी मुझे जेब खर्च भी बड़ा अच्छा देते थे, जिस कारण मेरे दोस्तों और मैंने मौज-मस्ती करने का शायद ही कोई अवसर जाने दिया।

जब हम कैंटीन में नहीं होते थे तब हम कॉलेज के पास के कई रेस्टोरेंट में से एक में बैठे रहते थे। उन दिनों भी साउथ बंबई एक बहुत ही रंगीन और सजीव जगह हुआ करती थी और इसलिए मौज-मस्ती करने के इच्छुक कॉलेज के बच्चों को कहीं और जाना नहीं पड़ता था। बंबई के इतिहासकारों के अनुसार उन दिनों बंबई में जैज़ म्यूज़िक का दौर ख़त्म होने आ रहा था। एक ओर मरीन ड्राइव और दूसरी ओर फ़्लोरा फ़ाउंटेन और उसके पार चर्चगेट स्टेशन से सटे हुए लंबे रास्ते पर कई रेस्टोरेंट होते थे। रात में ये नाईटक्लब में बदल जाते थे। इनके नाम भी बड़े आकर्षक थे – टॉक ऑफ़ द टाउन, बिस्त्रो नपोली, द अदर रूम, बॉम्बेलीज़, बेरींज़, वेनिस, द लिटल हट, बिस्त्रो, वोल्गा इत्यादि। चूँकि बंबई के छह-सात सबसे अच्छे कॉलेज इनसे चलने की दूरी पर थे, ये रेस्टोरेंट दोपहर में कॉलेज के बच्चों के लिए नाच गाने के विशेष कार्यक्रम आयोजित करते थे।

रॉक एंड रोल म्यूज़िक ने धीरे-धीरे जैज़ म्यूज़िक की जगह ले ली। बैंगलोर (जिसका नाम 2014 में बेंगलुरु में बदल दिया गया) में जन्मा युवा गायक, बिड्डू अप्पैआह, यह बदलाव लाने में सबसे आगे था। वह बिड्डू के नाम से प्रसिद्ध हुआ। चर्चगेट स्टेशन के पास एस्टोरिया होटल में वेनिस रेस्टोरेंट में बिड्डू दोपहर में गाया करता था, जहां हम उसे सुनने अक्सर जाते थे। आगे जाकर बिड्डू ने 1970 के दशक में यूरोप में डिस्को म्यूज़िक और 1980 के दशक में भारत में इंडी-पॉप के उदय में अहम भूमिका निभाई। यूरोप में 'कुंग फ़ू फ़ाइटिंग' और 'आय लव टू लव' जैसे उसके गाने बहुत प्रसिद्ध हुए।

मैंने कॉलेज 1965 में शुरू किया। वह साल ऐतिहासिक रूप से भी बहुत महत्त्वपूर्ण था। भारत और पकिस्तान में कुछ समय से हो रही मुठभेड़ युद्ध में बदल गई। अगस्त और सितंबर के बीच लड़ा गया ये युद्ध इन दो देशों में दूसरा युद्ध था। युद्ध के परिणाम समझने के लिए हम बहुत छोटे थे। दिनभर नागरिक रक्षा के भोंपू ज़ोरों से चिल्लाते थे जबकि रात में अक्सर बिजली चली जाती थी। कुछ हफ़्तों के व्यवधान के बाद, धीरे-धीरे स्थिति सामान्य होने लगी। और इसका लाभ उठाकर हमने हमारी पहले की दिनचर्या दोबारा शुरू की।

आपको आश्चर्य होगा कि आध्यात्मिकता के साथ मेरा परिचय इसी समय हुआ! मुझे याद नहीं कैसे, लेकिन एक दिन मुझे आध्यात्मिक गुरु स्वामी चिन्मयानंद के भगवद्गीता और हिंदू दर्शनशास्त्र पर प्रवचन सुनने मिले। तब तक चिन्मय मिशन भारतभर विख्यात हो चुका था। उनके प्रवचन ने मुझे सम्मोहित कर दिया। घर पर बाबूजी ने मुझे गीता का थोड़ा बहुत ज्ञान दिया ज़रूर था। लेकिन उस करिश्माई स्वामी द्वारा अंग्रेज़ी में दी व्याख्या

से मैंने गीता और गहराई से समझी। मैं बंबई में उनके सभी प्रवचन सुनने लगा। तबसे आज तक गीता से मिला ज्ञान मेरे जीवन का अविभाज्य हिस्सा रहा है।

रही बात पढ़ाई की, तो कॉलेज में मेरे दिन बिना किसी लक्ष्य के बीत रहे थे। भविष्य के बारे में मेरी कोई ख़ास महत्त्वाकांक्षा नहीं थी। मैं सिर्फ़ कुछ लेक्चर में बैठता था और अधिकांश पढ़ाई परीक्षा के दौरान ही करता था। लेकिन जब अंतिम परीक्षा के निर्णय घोषित हुए तब मुझे बड़ा आश्चर्य हुआ। मेरे नंबर इतने अच्छे थे कि मैं क्लास के टॉप फाइव स्टूडेंट्स में था। मेरे संग मेरे दोस्त भी दंग रह गए। बाबूजी फूले न समाए। शायद मैं ख़ुशनसीब था कि पेपर में सिर्फ़ वो सवाल आए थे जिनके जवाब मैं जानता था या उत्कृष्ट प्रदर्शन मेरे भाग्य में लिखा था।

*

परिणाम निकलने से पहले ही, घर पर हो रही चर्चा से एक बात साफ़ थी – एल्फ़िंस्टन कॉलेज के बाद मुझे इंजीनियरिंग की डिग्री हासिल करना ज़रूरी था जैसे मुझसे पहले मेरे भाइयों ने किया था। इसके बारे में मैं इतना उत्साही नहीं था, लेकिन मैंने उनकी बात मान ली क्योंकि मेरे भाइयों ने भी इंजीनियरिंग की थी। मेरे भाइयों ने मुझे बंबई के इंजीनियरिंग कॉलेजों की रेटिंग समझाई। इंडियन इंस्टिट्यूट ऑफ़ टेक्नोलॉजी (IIT) में पढ़ाई करना मुझे मना था क्योंकि मेरे घरवाले नहीं चाहते थे कि मैं हॉस्टल में रहूं। मैं सिर्फ़ डे स्कॉलर बन सकता था, जो हर दिन घर से कॉलेज जाता और कॉलेज के बाद घर लौटता। इसलिए मैं सिर्फ़ बंबई में स्थित कॉलेज चुन सकता था, जहां मैं घर से कॉलेज पढ़ने जा सकूं।

इस तरह मेरे सामने तीन विकल्प थे – UDCT, एक विश्व विख्यात केमिकल इंजीनियरिंग कॉलेज; विक्टोरिया। जुबली टेक्निकल इंस्टिट्यूट (VJTI), जिसे अब वीरमाता जीजाबाई टेक्नोलॉजिकल इंस्टिट्यूट के नाम से जाना जाता है और जो अपने मैकेनिकल, इलेक्ट्रिकल और सिविल इंजीनियरिंग डिपार्टमेंट के लिए विख्यात था; और सरदार पटेल कॉलेज ऑफ़ इंजीनियरिंग, पहले दो कॉलेजों की तुलना में एक नया कॉलेज जिसे भारतीय विद्या भवन ने अँधेरी में स्थापित किया था। एल्फ़िंस्टन कॉलेज में मेरी अंतिम परीक्षा के पहले मैंने तीनों कॉलेजों के फ़ॉर्म भर दिए थे।

पता नहीं क्यों लेकिन मुझे पूरा यक़ीन था कि मैं सरदार पटेल में पढ़ाई करने जाऊंगा, क्योंकि कम नंबर मिलने वालों को उसमें दाखिला मिलना आसान था। लेकिन जब

परिणाम निकले तब मुझे बड़ा आश्चर्य हुआ। मैंने परीक्षा में इतना अच्छा किया था कि मुझे UDCT में दाखिला मिल गया। IIT के बाद (जहां मेरा जाना मना था) UDCT में दाखिला मिलना सबसे मुश्किल था। 1933 में स्थापित UDCT माटुंगा में स्थित थी। तब से आज तक उसके प्राध्यापक वर्ग ने देश में सबसे श्रेष्ठ प्राध्यापक वर्गों में से एक होने की ख्याति अपने लिए अर्जित की है। देश के सबसे विख्यात केमिकल इंजीनियर और वैज्ञानिक, जैसे रघुनाथ माशेलकर और मन मोहन शर्मा और भारत के केमिकल, पेट्रोकेमिकल और फ़ार्मा उद्योगों के दिग्गज, जैसे रिलायंस इंडस्ट्रीज़ के मुकेश अंबानी, घरदा केमिकल्स के केकी घरदा, एशियन पैंटस के अश्विन दानी, डॉक्टर रेड्डीज़ लैबोरेट्रीज़ के के. अंजी रेड्डी और पीडिलाइट के मधुकर पारेख, UDCT के विद्यार्थी रहे हैं।

एल्फ़िंस्टन में बिताए इस यादग़ार साल में मैंने अधिकांश समय मौज-मस्ती करने में बिताया था। अब मेरी औपचारिक पढ़ाई का तीसरा और अंतिम चरण शुरू होने जा रहा था। लेकिन UDCT में दाखिला लिए अन्य स्टूडेंट्स के विपरीत मुझे केमिकल इंजीनियरिंग पढ़ने की कोई सच्ची ख़्वाहिश नहीं थी। मैं मेरे भाइयों के कहने पर वहां पढ़ाई करने जा रहा था। उन दिनों वह बंबई का सबसे अच्छा इंजीनियरिंग कॉलेज था और मैं हमेशा चाहता था कि मैं ख़ुद के लिए सबसे अच्छा हासिल करूं। UDCT में टेक्सटाइल टेक्नोलॉजी में BSc Tech. की डिग्री भी हासिल की जा सकती थी। यदि मैंने उसकी पढ़ाई की होती तो उससे हमारे परिवार के व्यवसाय में मदद मिलती। लेकिन मुझे इस डिग्री के बारे में कॉलेज शुरू होने के बहुत बाद पता चला।

स्कूल और एल्फ़िंस्टन की तरह ही मैं UDCT में भी क्लास के अधिकतर बच्चों से छोटा था। लेकिन यहां किसी वजह से मुझे कमउम्र का असर नहीं महसूस हुआ। कॉलेज शुरू होते ही मुझे एक सहजता महसूस हुई। एल्फ़िंस्टन के विपरीत यहां मुझे लेक्चर में बैठना पसंद था। शायद समय के साथ मैं समझदार बना। एल्फ़िंस्टन जैसे यहां भी मैंने आसानी से दोस्त बनाए। बाबूजी की उदारता भी काम आई। एल्फ़िंस्टन में प्रदर्शन से ख़ुश होकर उन्होंने मेरा दैनिक जेब खर्च बढ़ाया था और मुझे एम्बेसडर गाड़ी भेंट में दी थी। मैं चंद स्टूडेंट्स में से था जो हर रोज़ गाड़ी चलाकर कॉलेज जाते थे। लेक्चर से ऊब जाने पर हम कॉलेज से छुट्टी मारकर साउथ बॉम्बे में नपोली और वोल्गा जैसे मेरे पसंदीदा रेस्टोरेंट में गाने सुनने जाते थे।

मैं जानता था कि मेरे सहपाठियों के विपरीत मैं कभी भी पेशेवर केमिकल इंजीनियर नहीं बनने वाला था। इसलिए मुझे उस विषय के प्रति कभी लगाव नहीं हुआ। लेकिन मैंने वैज्ञानिक चेतना, तर्क और अन्वेषण जैसे गुण ज़रूर आत्मसात किए। किसी समस्या का विश्लेषण करके उसका हल निकालना मुझे ख़ासकर पसंद था। इंजीनियरिंग के चार सालों से ये मेरी सबसे बड़े सबक थे। आज भी किसी समस्या के विभिन्न पहलुओं को आंककर उसका हल निकालने में मुझे बहुत संतोष मिलता है। तर्कशास्त्र, अर्थशास्त्र और सामाजिक व्यवहार जैसे विषय मेरे कुछ पसंदीदा विषय थे।

UDCT में पढ़ने का सबसे बड़ा फ़ायदा था उसका उत्कृष्ट प्राध्यापक वर्ग, जिस वजह से लेक्चरों में हमें बहुत सीखने मिलता था। मुझे प्रोफ़ेसर मन मोहन शर्मा बेहद पसंद थे और उनके लेक्चर मैंने कभी नहीं चुके। कैंब्रिज यूनिवर्सिटी से केमिकल इंजीनियरिंग में PhD हासिल कर वे भारत आकर धीरे-धीरे UDCT में अपना नाम बना रहे थे। यहां उन्हें सत्ताईस साल की उम्र में प्रोफ़ेसर बनाया गया था। उनका लेक्चर लेने का अंदाज़, उनके प्रेज़ेंटेशन और उनके बोलने के अंदाज़ से मैं मंत्रमुग्ध था। मेरे लिए तो मानो वे केमिकल इंजीनियरिंग के अमिताभ बच्चन जैसे थे। इसमें आश्चर्य की बात नहीं कि आगे जाकर वे UDCT के डायरेक्टर बने और पहले भारतीय इंजीनियर थे जिन्हें इंग्लैंड की रॉयल सोसाइटी के फ़ेलो की पदवी मिली। सन् 2001 में उन्हें पद्म विभूषण से भी पुरस्कृत किया गया।

सालभर मौज-मस्ती करने के बावजूद पहले साल में मैं क्लास के बेस्ट 25 प्रतिशत स्टूडेंट्स में था। दूसरे साल में मेरा प्रदर्शन इससे भी बेहतर रहा और मैं बेस्ट 10 प्रतिशत स्टूडेंट्स में था। तीसरे साल तक मैंने सभी विषयों पर प्रभुत्व पाकर यूनिवर्सिटी में पहला स्थान प्राप्त किया था। अंतिम साल में भी मैं प्रथम आया। मैं और मेरे माता-पिता दोनों बहुत ख़ुश थे। ये मेरी ज़िंदगी का तब तक का सबसे महत्त्वपूर्ण पल था। पंद्रह साल पहले मारवाड़ी विद्यालय के दिनों से मैंने बहुत तरक्की की थी। जब प्रोफ़ेसर शर्मा को पता चला कि मैं बंबई में रहकर मेरा ख़ुद का व्यवसाय शुरू करना चाहता था तब उन्हें निराशा हुई। उनकी अपेक्षा थी कि मैं या तो मास्टर्स डिग्री की पढ़ाई करूंगा या किसी सम्मानित केमिकल कंपनी में काम करने लगूंगा। उन्होंने मुझसे कहा, 'तुमने एक सीट बर्बाद की है, जिससे किसी और को लाभ हो सकता था।'

लेकिन मैं उनके मूल्यांकन से असहमत था। यूडीसीटी में मेरे चार साल अत्यंत उत्पादक थे और मुझे उनसे अत्यधिक लाभ मिला। केमिकल इंजीनियरिंग कॉलेज में

चार चुनोतीपूर्ण वर्ष बिताकर कोई सिर्फ़ केमिकल प्लांट चलाना नहीं सीखता है। यहां मैंने तार्किक और पार्श्विक सोच सीखी और जटिल प्रक्रियाओं को समझना तथा जटिल समस्याओं को हल करना सीखा। मेरे कार्यकाल में मुझे इन कौशलों का बहुत फ़ायदा हुआ।

अश्विन दानी, जो आगे जाकर एशियन पैंटस के चेयरमैन बने, मुझसे पहले UDCT से उत्तीर्ण हुए थे। रिलायंस इंडस्ट्रीज़ के मुकेश अंबानी UDCT में मुझसे चार साल जूनियर थे। दोनों की सफलता मेरे इस दावे का सबूत है। इसके अलावा IIT से इलेक्ट्रिकल इंजीनियरिंग की पढ़ाई किए रघुराम राजन और नंदन निलेकनी की सफलता भी इसका सबूत है। UDCT के बाद मैंने ज़िंदगी में जो कुछ भी किया – हमारे परिवार के कपास व्यापार के व्यवसाय के परिवर्तन से लेकर गुजरात अंबुजा की स्थापना और उसकी सफलता तक – उसपर UDCT में मिली सीख की अहम भूमिका रही है।

ज़िंदगी की कुछ वास्तविकताओं के बारे में भी मुझे UDCT में ही पहली बार पता चला। मैंने मेरी आंखों के सामने देखा कैसे देशभर से आए मेरे सहपाठियों के लिए हॉस्टल में रहना चुनौतीपूर्ण था। मैंने बहुत ही सुरक्षित जीवन जीया था और बाहर के विश्व के बारे में ये एक अच्छी सीख थी। मेरे सहपाठियों का जीवन देखकर मैं मुझे मिले विशेषाधिकारों को सराहने लगा और मेरी सफलताओं के लिए परमात्मा के प्रति कृतज्ञ बन गया।

UDCT में मेरी ज़िंदगी के तीन सबसे क़रीबी दोस्त भी बने। मेरे विपरीत UDCT से उत्तीर्ण होने पर तीनों उच्च पढ़ाई के लिए अमरीका गए, जहां उन्होंने काम किया और अंत में रिटायर भी हुए – टी. सी. वेंकट ने 'सोनी' (Sony) में काम किया और अब वह सैन डिएगो में रहते हैं; अभय मेहता ने सउदी अरब में 'अरामको' (ARAMCO) में काम किया जहां से रिटायर होकर, अब वे डेन्वर में रहते हैं; और क्रिस मुरडिया आज भी 'लॉस एंजेलिस' में 'फ़्लोर कॉर्पोरेशन' (Fluor Corporation) में काम कर रहे हैं। कुछ साल पहले हम चारों छुट्टी के लिए गोआ गए और उसके बाद लास वेगस भी गए। उसी तरह, एल्फ़िंस्टन के मेरे क़रीबी दोस्त, परमिंदर सिंह, को मैं साल में कम से कम दो बार मिलता हूं, या तो बंबई में या दुबई में, जहां वह रहते हैं।

UDCT में पढ़ने के कारण मुझे टी.वी. चिदंबरम जैसे परामर्शदाता भी मिले, जो 1960 और 1970 के दशकों में बॉम्बे यूनिवर्सिटी के रजिस्ट्रार थे। वह बॉम्बे यूनिवर्सिटी का सबसे अच्छा दौर था जब उसे भारत की सबसे अच्छी यूनिवर्सिटियों में से एक माना

जाता था, जिसके प्राध्यापक भारत के सबसे अच्छे प्राध्यापकों में से थे। डॉक्टर जॉन मथाई और जस्टिस पी.बी. गजेंद्रगडकर जैसे विख्यात शख़्स उसके कुलपति थे। उनकी दूरदर्शिता के कारण यूनिवर्सिटी को दिशा मिली, जबकि यूनिवर्सिटी का दैनिक संचालन श्री चिदंबरम जैसे उतने ही शक्तिशाली रजिस्ट्रारों के हाथों में था। स्टेनोग्राफ़र की नौकरी से शुरू करते हुए वे अपने दम पर तरक्की कर रजिस्ट्रार बने थे। वे टी.सी. वेंकट के पिता थे। वेंकट और मैं UDCT के दूसरे साल में मिले थे। हम जल्द ही अच्छे दोस्त बनकर एक-दूसरे के घरों में बहुत समय बिताने लगे थे। मेरे मिलनसार स्वभाव के कारण मैं उसके माता-पिता को भी अच्छे से जानने लगा था।

UDCT के दूसरे साल में वेंकट फ़ेल हुआ और उसे उस साल की पढ़ाई दोबारा करनी पड़ी। इसका उस पर गहरा असर हुआ। श्री चिदंबरम ने वेंकट और उसके छोटे भाई को समझाने और पढ़ाई पर ज्यादा ध्यान देने की बहुत कोशिश की पर कुछ फर्क नहीं पड़ा। श्री चिदंबरम को शक़ था कि उनके बेटे दूसरे बच्चों द्वारा गुमराह किए जा रहे थे। दूसरी ओर, उन्हें लगा होगा कि मैं समझदार हूँ। इसलिए वेंकट को उसकी मुसीबत से बाहर निकालने के लिए उन्होंने मेरी मदद मांगी, जो मैंने उन्हें दी। इससे मैं और वेंकट और भी क़रीब आए। आगे जाकर वेंकट ने अमरीका में केमिकल इंजीनियरिंग में मास्टर्ज़ डिग्री हासिल की और फिर लंबे समय तक वहां कॉर्पोरेट क्षेत्र में काम किया।

श्री चिदंबरम मुझे अपना बेटा जैसा मानते थे। वेंकट के अमरीका चले जाने के बाद भी मैं उनके घर में काफ़ी समय बिताया करता था। मैंने मेरी आंखों से श्री चिदंबरम को अपना तनावपूर्ण काम बहुत शिष्टता से करते हुए देखा। उन दिनों बॉम्बे यूनिवर्सिटी में दर्जनों कॉलेज और एक लाख से अधिक विद्यार्थी थे। यह विशाल प्रोजेक्ट श्री चिदंबरम ने बख़ूबी से चलाया। उनसे मुझे मैनेजमेंट की कई सीखें मिली। उनकी सत्यनिष्ठा, पेशेवर रवैये और अपने आप और यूनिवर्सिटी को राजनीति से दूर रखने की क्षमता से मैंने बहुत कुछ सीखा।

अपनी समस्या लिए उनके घर या ऑफ़िस आए हर किसी को – चाहे वो ऑफ़िस अस्सिटेंट हो या मुख्यमंत्री हो – वे समस्या का हल दिए बिना जाने नहीं देते थे। लेकिन बदले में उन्हें कुछ भी अपेक्षित नहीं होता था। इसलिए, ये आश्चर्य की बात नहीं कि उनके कार्यकाल में बॉम्बे यूनिवर्सिटी भारत की सबसे अच्छी संचालित यूनिवर्सिटियों में से एक मानी जाती थी। उनके साथ-साथ अन्य प्रबंधकों ने 100 साल से ऊपर की अवधि

के पार यूनिवर्सिटी की प्रतिष्ठा स्थापित की थी। उनकी सेवानिवृत्ति के साथ इस प्रतिष्ठा का पतन शुरू हुआ।

श्री चिदंबरम को मेरी शैक्षणिक सफलताओं पर गर्व था। UDCT में चार साल का मेरा उत्कृष्ट प्रदर्शन देखकर उन्होंने मुख्यमंत्री से अनुरोध किया कि मुझे 'जस्टिस ऑफ़ द पीस' बनाया जाए। उन दिनों सरकार निजी नागरिकों को यह प्रतिष्ठित सम्मान देती थी। 'जस्टिस ऑफ़ द पीस' को लोगों की मदद करने के लिए कुछ विशेषाधिकार मिलते थे। सिफ़ारिश करने के एक हफ़्ते के अंदर मुझे ये सम्मान प्राप्त हुआ। बीस साल से कम उम्र में मैं संभवतः शहर का सबसे छोटा 'जस्टिस ऑफ़ द पीस' था!

हमारे कपास के व्यवसाय में जुड़ने के बाद भी मैं अक्सर उनके घर जाता रहा और मैंने उनसे कई बार सलाह भी ली। जब मैं व्यवसाय के सिलसिले में कुछ नए बैंकों की तलाश में था तब उन्होंने अपनी जान-पहचान के सभी वरिष्ठ बैंकरों से मेरा परिचय करवाया। उन्होंने मेरी और भी मदद की। जब वे बॉम्बे यूनिवर्सिटी से रिटायर हो रहे थे, तब मैंने उनसे पूछा कि वे कहां रहेंगे। उन्होंने मुझे बताया कि उन्होंने अपनी बचत से माटुंगा में छोटा-सा घर ख़रीदा था। मुझे लगा कि उनके जैसे शख़्स को इससे बेहतर घर में रहना चाहिए, ख़ासकर तब जब रजिस्ट्रार के दिनों में वे साउथ बॉम्बे में एक बड़े घर में रह चुके थे। मैंने उन्हें नेपियन सी रोड के एक तीन बेडरूम के घर में रहने के लिए कहा, जिसका मैं मालिक था। मैं उनके लिए उतना तो कर ही सकता था। कुछ समय पहले हुई उनकी मृत्यु तक वे वहीं रहे। उनकी 93 साल की पत्नी उनके छोटे बेटे के साथ अब भी वहां रहती हैं।

*

जैसे मैंने पहले कहा था, UDCT छोड़ते समय प्रोफ़ेसर शर्मा ने मुझे एक सीट गंवाने के लिए डांटा था। वे इस बात से नाख़ुश थे कि मैं केमिकल इंजीनियरिंग में उच्च पढ़ाई नहीं करना चाहता था। भारत में उस काल में अवसर सीमित थे। मेरे सबसे क़रीबी दोस्तों-सहित IIT और UDCT जैसी यूनिवर्सिटियों के अन्य विद्यार्थी पेशेवर शिक्षा प्राप्त करके मास्टर्स के लिए विदेश जा रहे थे। उसके बाद अमरीका या यूरोप में किसी एमएनसी में बड़ी तनख़्वाह पर उनकी नौकरी लग जाती थी। ये 'ग्रेट इंडियन ब्रेन ड्रेन' के शुरुआती दिन थे।

विदेश न जाने की मेरी इच्छा के बारे में जानकर प्रोफ़ेसर शर्मा भले ही चकित रह गए हों, लेकिन ये निर्णय मैंने बहुत सोच समझकर, स्वेच्छा से लिया था। कॉलेज शुरू करने से पहले ही मैंने तय किया था कि पढ़ाई के बाद मैं अंत में परिवार के व्यवसाय में ही जुड़ जाऊंगा। हालाँकि प्रोफ़ेसर शर्मा इससे दंग रह गए, मुझे नहीं लगता कि मेरे मारवाड़ी समुदाय में कोई इससे चकित रहा होगा। हमारा मानसिक स्वभाव ख़ुद का व्यवसाय शुरू करने के लिए बना होता है। उन दिनों में भी किसी और के लिए काम करने का विचार हमारे लिए अनजान होता था।

विदेश में पढ़ाई करने का विचार मेरे मन में समय-समय पर आता ज़रूर था, ख़ासकर पढ़ाई के चौथे साल में जब मेरे दोस्त विदेशी यूनिवर्सिटियों की प्रवेश प्रक्रिया में व्यस्त थे। यदि परिस्थितियां अलग होतीं तो मैंने इंजीनियरिंग में मास्टर्स के बजाय MBA की पढ़ाई की होती। मैं केमिकल इंजीनियरिंग में और अनुसंधान नहीं करना चाहता था और मैनेजमेंट की डिग्री का मेरे व्यवसाय में फ़ायदा हुआ होता। लेकिन ये विचार मेरे मन में आते ही चला भी गया। मैंने इस पर और विचार नहीं किया।

माता-पिता को छोड़कर कहीं और जाना मेरी सोच के बाहर था। माँ और बाबूजी सहित मैं भी पूरे दिल से चाहता था कि मैं उनके साथ ही रहूं। विदेश जाने के बारे में मैंने उनके साथ बात तक नहीं की। यदि मैंने बाबूजी को बताया होता कि मैं दो या तीन साल के लिए उन्हें छोड़कर जा रहा हूँ तो उनका दिल टूट जाता। वो ज़माना अलग था। याद रहे कि मुझे IIT की प्रवेश परीक्षा के लिए बैठना भी मना था, क्योंकि यदि मैं उसमें उत्तीर्ण होता तो मुझे कैंपस पर हॉस्टल में रहना पड़ता।

मेरे निर्णय के लिए मैं मेरे माता-पिता से कभी नाराज़ नहीं था। क्षणभर के लिए भी मुझे ऐसा नहीं लगा कि उनकी वजह से मैं भारत में रहने को मजबूर था| उनके प्रति मेरी कर्तव्य भावना निस्वार्थ थी। एक साल पहले उनके ज़ोर देने पर मैंने ख़ुशी-ख़ुशी अपनी होने वाली पत्नी, नलिनी से सगाई की थी। माँ और बाबूजी बूढ़े होते जा रहे थे। वे चाहते थे कि मैं कॉलेज ख़त्म करते ही शादी कर लूं और जल्दी ही मेरे बच्चे भी हो जाएं।

मैं उन्नीस साल का था और कॉलेज के आख़िरी साल की पढ़ाई कर रहा था। 1960 के दशक की प्रथाओं के अनुसार भी मैं बहुत कमउम्र में शादी कर रहा था। नीलू केवल पंद्रह साल की थी और अपने माता-पिता के साथ मरीन ड्राइव पर रहती थी। मैं होने वाली शादी के बारे में इतना लजीला था कि मैंने वो बात मेरे सबसे क़रीबी दोस्तों से

भी छुपाए रखी। जनवरी 1971 में, UDCT से उत्तीर्ण होने के सात महीनों के अंदर मैंने शादी कर ली। यदि मेरी बहन के पति की आकस्मिक मृत्यु नहीं हुई होती तो मेरी शादी चार महीनों पहले ही हो जाती।

नीलू लगभग तुरंत ही गर्भवती हो गई और हमारी शादी के दस महीनों के अंदर, दिसंबर 1971, में हमारे बेटे पुलकित का जन्म हुआ। उसका जन्म आज भी मेरे लिए यादग़ार है। उस शाम मुझे नीलू को गाड़ी में मालाबार हिल पर स्थित एलिज़ाबेथ नर्सिंग होम तक घोर अंधेरे में ले जाना पड़ा था। तीसरा भारत-पाकिस्तान युद्ध चल रहा था (3 से 16 दिसंबर 1971), और हर रात हवाई हमले के डर से पूरे शहर की बिजली बंद की जाती थी। सड़क की बत्तियां बंद होती थीं, घर की खिड़कियां काले काग़ज़ से ढकी जाती थीं ताकि कोई रौशनी घर से बाहर न निकले और गाड़ी के हेडलाइट पर भी काला रंग लगवाना ज़रूरी था। सड़कों पर एक डरावना सन्नाटा था और केवल तारों की रौशनी से हमें रास्ता दिख रहा था। सौभाग्यवश हमारे साथ कोई हादसा नहीं हुआ। सिर्फ़ इक्कीस साल की उम्र में मैं पिता बना और मुझे अब भी पता नहीं था कि मेरे जीवन में मुझे क्या हासिल करना था।

भाग्य भी कैसे अजीब खेल खेलता है – मेरा कॉलेज 1965 और 1971 इन सालों के बीच चला, जिन सालों में भारत और पाकिस्तान के बीच दो मुख्य युद्ध भी हुए। हालाँकि हमारे प्रतिष्ठित पड़ोसी, श्री कमलनयन बजाज, कांग्रेस की ओर से तीन बार MP बने थे, हमने घर पर राजनीति की बात कभी नहीं की। बाबूजी को राजनीति में कोई दिलचस्पी नहीं थी। उन पांच सालों में हो रहे महत्त्वपूर्ण बदलावों से मैं अवगत ज़रूर था – लाल बहादुर शास्त्री का 'जय जवान जय किसान' आंदोलन; ताशकंद में उनकी मृत्यु; इंदिरा गांधी का सत्ता हासिल करना; उनका वामपंथी झुकाव; बैंकों का राष्ट्रीयकरण; कांग्रेस में विभाजन; प्रिवी पर्स का उन्मूलन; स्वर्ण (नियंत्रण) अधिनियम; ग़रीबी हटाओ आंदोलन; पकिस्तान के साथ युद्ध; और अंततः बांग्लादेश का निर्माण।

मैं जॉर्ज फ़र्नांडेस नामक बंबई के ट्रेड यूनियन नेता का साहस और उनके तौर-तरीके भी पसंद करने लगा था। राजनीति में वह उनका शुरुआती दौर था। एक शाम मैंने अकस्मात चौपाटी पर उनका भाषण सुना। जब श्री फ़र्नांडेस ने 1967 के संसद के चुनावों में उस समय शक्तिशाली केंद्रीय मंत्री और तथाकथित 'बंबई के राजा', एस.के. पाटिल को बॉम्बे साउथ निर्वाचन क्षेत्र से हराकर, उनके राजनीतिक कार्यकाल को डगमगाया

तब मैं उनकी और भी प्रशंसा करने लगा। पाटिल, जो बंबई के प्रमुख उद्योगपतियों के साथ घनिष्ठ संबंध के लिए जाने जाते थे, उस हार से कभी उभर नहीं पाए। और लगभग तुरंत ही फ़र्नांडिस को राष्ट्रीय स्तर पर पहुंचा दिया गया।

बाद में मैं श्री फ़र्नांडिस को अच्छे से जानने लगा और मेरा उनके लिए सम्मान और भी बढ़ा। वे एक आदर्शवादी राजनीतिज्ञ और कट्टर समाजवादी थे। मेरी पहचान के अन्य राजनीतिज्ञों के विपरीत, उन्होंने कभी किसी से सामने से या चोरी-छिपे रिश्वत नहीं मांगी। मैं बंबई में उनके घर पर उन्हें मिलने जाता था और उनके सादे रहन-सहन से हमेशा प्रभावित रहता था। वे मुझसे हमेशा बड़े विनम्र पेश आते थे।

2

मैं व्यापारी कैसे बना

परिवार के कपास व्यवसाय का आधुनिकीकरण ● निर्यात में क़ामयाबी ● कंस्ट्रक्शन, केमिकल, फ़ार्मा इत्यादि व्यवसायों में प्रवेश

अपना व्यवसायिक जीवन शुरू कर रहे युवाओं के लिए 1970 के दशक का शुरुआती समय सबसे बुरा था। 1971 के युद्ध, बांग्लादेशी शरणार्थी संकट, मानसून की बार-बार विफलता, खाद्य पदार्थों की ऊंची क़ीमतों, रुपए की अवमूल्यन और व्यापक बेरोज़गारी ने अर्थव्यवस्था को नष्ट कर दिया था। हमारे कपास के व्यवसाय में मुनाफ़ा इतना घट गया था कि मुझे व्यवसाय में जुड़ना चाहिए भी या नहीं इसे लेकर बाबूजी असमंजस में थे। वे मुझे कहते थे, 'तुमने व्यापार करने के लिए इंजीनियरिंग नहीं सीखी।'

मारवाड़ी व्यवसायी परिवार से होने के नाते, नौकरी ढूंढने का विचार, चाहे उस नौकरी में शानदार तनख़्वाह ही क्यों न मिल रही हो, मेरे लिए घृणास्पद था। हर साल UDCT से उत्तीर्ण हो रहे उच्च स्तर के केमिस्ट और इंजीनियरों को नियुक्त करने के लिए सबसे बड़ी भारतीय केमिकल कंपनियां कैंपस रिक्रूटमेंट के लिए आती थीं। मैं चाहता तो ऐसी किसी कंपनी में आसानी से नौकरी हासिल कर सकता था। लेकिन मैं ख़ुद का व्यवसाय शुरू करना चाहता था, हो सके तो केमिकल्स के क्षेत्र में, जिससे मैं मेरी पढ़ाई का फ़ायदा

उठा सकूं। लेकिन ये कैसे करना है मुझे बिल्कुल पता नहीं था। मैं जानता था कि इसके लिए पूंजी जमा करना मुश्किल होगा। आख़िरकार, हमारे परिवार के कपास व्यापार में बाबूजी का हिस्सा 15 लाख रुपयों से ज़्यादा नहीं था।

मैं परिवारवालों और मेरी पहचान के अन्य लोगों की सलाह लेने के लिए उनसे मिलने लगा। इनमें हमारे विस्तारित परिवार के सदस्य, मेरे दोस्त और मुझसे परिचित वे लोग शामिल थे जो केमिकल्स जैसे व्यवसाय कर रहे थे। मैं पड़ोस के बजाज परिवार से भी मिला। देशभर में उनकी कई कंपनियां चल रही थीं। इससे दो बातें हुईं। हमारे एक फ़ैमिली फ्रेंड, जिनका मैं आदर करता था, ने मुझे साफ़-साफ़ कह दिया, 'जिस क्षेत्र में तुम्हारे परिवार की कोई जान-पहचान नहीं है या जिसके बारे में मूल ज्ञान तक नहीं है, उस क्षेत्र में तुम शून्य से व्यवसाय नहीं शुरू कर सकते हो। तुम्हें अपने परिवार के व्यवसाय से शुरुआत करनी होगी। तुम्हारे पास पर्याप्त पूंजी नहीं है। इसलिए कपास व्यवसाय में जुड़ जाओ, अपने कौशल से उसे और लाभदायक बनाओ और फिर अतिरिक्त समय में उन व्यवसायों पर ध्यान केंद्रित करो जिनमें तुम्हें दिलचस्पी है।'

जब मैंने उन्हें बताया कि कपास क्षेत्र का भविष्य आशाजनक नहीं था, उन्होंने कहा, 'तो फिर अपने कौशल का उपयोग करो। ख़राब माहौल में कपास व्यवसाय को फिर से संपन्न बनाना तुम्हारे लिए एक चुनौती होगी।' इस सलाह का मुझ पर गहरा असर हुआ और मैं उसे जीवनभर नहीं भूला हूं।

लगभग इसी समय, जुलाई या अगस्त 1970 में, मैं बंबई के ताजमहल होटल में आयोजित एक सेमिनार में गया। उसमें छोटे व्यवसाय शुरू करने के बारे में मार्गदर्शन दिया जा रहा था, जो मुझे लगा मेरे लिए फ़ायदेमंद होगा। दो दिन के इस सेमिनार में लगभग 100 लोग थे और मैंने भी भाग लिया। सेमिनार की क़ीमत कुछ सैंकड़ों रुपए थी, जो उन दिनों के लिए बहुत बड़ी रक़म थी। सेमिनार में मैं इन्द्र सोमानी से मिला, जो मुझ जैसे अपना व्यवसाय शुरू करना चाहते थे और जो दिग्विजय सीमेंट और वेस्ट कोस्ट पेपर जैसी कंपनियों के वारिस थे। हमने एक-दूसरे के फ़ोन नंबर लिए और अगले कुछ महीनों में हमारी अच्छी जान-पहचान हुई।

इन्द्र ने भी मेरे जैसे अभी-अभी कॉलेज ख़त्म किया था। हम हर हफ़्ते मिलकर व्यवसाय पर बातें करते थे। एक दिन, मरीन ड्राइव पर चलते हुए हम उनके दोस्त, दीपक रतनसी से मिले। दीपक, बंबई के तीन प्रमुख कपड़ा मिलों, फिनले, गोल्ड मोहर और

स्वा. के मालिक, श्री रतनसी मुल्जी के पुत्र थे, और उम्र में मुझसे एक या दो साल बड़े थे।

उस शाम, खाने के बाद हम दीपक से कॉफ़ी के लिए मिले। तब मुझे पता चला कि वह हाल ही में अपने पिता के साथ फिनले में काम करने लगे थे। जब मैंने उन्हें हमारे कपास व्यवसाय के बारे में बताया, तब उन्होंने मदद के रूप में अपने पिताजी से मेरा परिचय कराने की पेशकश की। मैं जानता था कि लगभग दो पीढ़ियों से बंबई में कपास व्यापार करने के बावजूद मेरा परिवार बंबई के अति प्रतिस्पर्धी कपड़ा मिल बाज़ार में प्रवेश नहीं कर पाया था। इसलिए दीपक के प्रस्ताव से मैं उत्तेजित था।

हम कई सालों से जापान को कपास निर्यात कर रहे थे। इसके अलावा हमारा अधिकतर व्यवसाय पंजाब, राजस्थान और हरियाणा में होता था। हम वहां के सप्लायरों से कपास ख़रीदते थे और उसे निकट के कपड़ा मिलों को बेचकर उस पर दलाली कमाते थे। भारत के दो सबसे बड़े कपड़ा शहरों, अहमदाबाद और बंबई की मिलों को हम आज तक कपास नहीं बेच पाए थे। इसलिए, दीपक का प्रस्ताव इस इतिहास को बदलने का अवसर था।

दीपक चार भाइयों में सबसे छोटे और अपने पिता के लाडले थे। उन्होंने श्री रतनसी को मेरे और मेरे मारवाड़ी बैकग्राउंड के बारे में बताया और यह भी बताया कि उनके जैसे मैंने भी अभी-अभी कॉलेज ख़त्म किया था। यह जानकर वे मुझसे मिलने के लिए तुरंत तैयार हुए। अपने कार्यकाल की शुरुआत में श्री रतनसी औपनिवेशी काल से भारत में स्थित, कलकत्ता में मुख्यालय वाले स्कॉटलैंड के जेम्स फिनले एंड कंपनी नामक मैनेजमेंट एजेंसी के बंबई में स्थित कपड़ा शाखा के लिए आढ़तिया थे। जब 1960 के दशक के मध्य भाग में इस कंपनी ने भारत में उसका व्यवसाय बंद करने का निर्णय लिया, तब टाटा ग्रुप ने कलकत्ता में स्थित उसका चाय का व्यवसाय ख़रीद लिया। श्री रतनसी ने बंबई में स्थित तीन कपड़ा मिल केवल 80 लाख रुपयों में ख़रीद लिए। यह राशि चुकाने के लिए उन्हें पाँच साल की मोहलत मिली थी। वे बंबई के सबसे प्रतिष्ठित मिलों के मालिक थे। मैं उन्हें इस उम्मीद से मिलने गया था कि वे हमसे भी कपास ख़रीदेंगे।

सफ़ेद कपड़े पहने श्री रतनसी प्रभावशाली लगे। उन्होंने ऑफ़िस में मेरा विनम्रता से स्वागत किया और फिर पूछा कि वे मेरे लिए क्या कर सकते थे। मैंने उन्हें हमारे परिवार के पीढ़ियों पुराने कपास व्यापार के बारे में बताया और कहा कि अब तक हमने बंबई

की किसी कपड़ा मिल के साथ व्यापार नहीं किया था। और इसलिए, यदि वे मुझे उन्हें कपास की सप्लाई करने का अवसर देंगे तो मैं उनका बहुत आभारी रहूंगा। शुरू में उन्हांने संदेह व्यक्त किया क्योंकि फिनले के कपड़े सिर्फ़ आयातित कपास से बनते थे। मैंने उन्हें बताया कि वैसे कपास की सप्लाई करना मेरे लिए आसान था। मैंने कहा, 'मुझे कपास की 100 गाँठ का ऑर्डर देकर, उसे पूरा करने की मेरी क्षमता को एक बार ज़रूर आंकें।' वे मान गए और कागज़ के एक पन्ने पर उन्होंने मुझे लिखकर दिया कि वे किस गुणवत्ता का कपास चाहते थे।

बंबई के एक प्रतिष्ठित कपड़ा मिल ने हमें कपास का ऑर्डर दिया था यह सुनकर बाबूजी और मेरे अन्य परिवार वालों को बिल्कुल यक़ीन नहीं हुआ। बाबूजी की मदद से मैंने बंबई के एक आढ़तिया से अपेक्षित गुणवत्ता की गाँठ प्राप्त की और समय से बहुत पहले माल को फिनले पहुंचा दिया। श्री रतनसी कपास की गुणवत्ता, उसकी क़ीमत और मेरी सेवा से ख़ुश थे। और मैंने मेरे जीवन के पहले सौदे पर मुनाफ़ा भी कमाया।

फिर मैं उन्हें नियमित रूप से मिलने लगा और मुझे उनसे ऑर्डर मिलते गए। रोज़, लगभग शाम के 4 बजे, मुझ जैसे सप्लायर उनसे ऑर्डर प्राप्त करने के लिए उनके ऑफ़िस जाते थे। एक-एक कर वे हम सबसे मिलते थे और कॉटन बाज़ार में उस दिन के भाव और डिमांड-सप्लाई के हाल के बारे में पूछते थे। इस जानकारी के आधार पर वे हमें ऑर्डर देते थे या कभी-कभार नहीं भी देते थे। क़ीमत के अनुसार वे या तो कुछ हफ़्तों या कुछ महीनों के लिए पर्याप्त कपास ख़रीदते थे। यदि लंबी अवधि के लिए कपास लिया जा रहा होता तो सप्लायर से अपेक्षित होता था कि वह उसे गोदाम में अपने दम पर रखें। जब मिल गोदाम से कपास ले जाता था तब वह कपास का दाम और गोदाम का खर्च भी देता था।

मैं उनके ऑफ़िस पहुंचकर पहले अपने दोस्त दीपक के साथ कुछ समय बिताता था, जो अपने पिता के साथ काम करता था। फिर श्री रतनसी मुझे बुलाकर बाज़ार का हाल पूछकर ऑर्डर देते थे। मैं जल्द ही ऑर्डर देने की उनकी प्रक्रिया अच्छे से समझ गया। मैंने कड़ी मेहनत करके उनकी बेहतरीन सेवा की। इसके बदले में वे मुझ पर और भी भरोसा करने लगे और हर महीने ऑर्डर की मात्रा बढ़ाने लगे। दो सालों के अंदर मैं फिनले का सबसे बड़ा सप्लायर बन चुका था।

समय के साथ, मैं श्री रतनसी ग्रुप की दूसरी दो मिल – 'गोल्ड मोहर' और 'स्वान' – को भी कपास बेचने लगा। पहले साल में मैंने उन्हें लगभग 5,000 से 7,000 गाठें बेचीं;

दूसरे साल में यह संख्या 15,000 गाठें, अर्थात दोगुनी से भी ज़्यादा थी। इसके बाद मैंने कभी पीछे मुड़कर नहीं देखा। बंबई में यह ग्रुप अपनी उच्च्च गुणवत्ता के कपड़ों के लिए मशहूर था। वे मिस्र और सूडान से आया उत्तम कपास ख़रीदते थे। उन दिनों भी समय पर सप्लाई करना मेरा उसूल था। साथ-साथ मैं कम से कम कीमत पर सप्लाई करने की पूरी कोशिश करता था। इन मिलों के कपड़े बहुत महंगे दामों में बिकते थे और इसलिए वे कपास के लिए मुँह मांगा दाम देते थे। इस वजह से मेरा मुनाफ़ा हर साल दोगुना होते गया।

मेरे लिए ये सफलता और भी मीठी थी, क्योंकि बंबई के कपड़ा मिलों की दुनिया में, गुजराती मिल मालिक गुजराती आढ़तियों से ही कपास ख़रीदते थे| इसमें कोई अपवाद नहीं होता था। कम से कम फिनले में, मैं इस दीवार को तोड़ने वाला पहला मारवाड़ी बन गया था। शुरुआती सालों में एक ऐसी घटना भी घटी जिससे श्री रतनसी के साथ मेरा रिश्ता और भी मजबूत हुआ।

हर साल की तरह वे अपने परिवार के साथ छुट्टी मनाने कश्मीर जा रहे थे। उन्होंने मुझसे कहा कि उस दौरान मैं नियमित रूप से उनके हिस्से का कपास ख़रीदूं। निर्धारित क़ीमत पर कपास ख़रीदते ही क़ीमत तेज़ी से बढ़ने लगी। यह इसलिए हो रहा था कि अंतरराष्ट्रीय बाज़ार में कुछ बदलाव आए थे। मैंने कई महीनों से बाज़ार का बारीक़ी से अध्ययन किया था। इसलिए मुझे आभास था कि क़ीमतें और भी बढ़ेंगी। और मुझे लगा कि उस हाल में श्री रतनसी को बहुत बड़ा घाटा होगा। इसलिए, उनके ऑर्डर के लिए रुके बिना, मैंने अगले कुछ दिनों में जल्दी से उनके लिए और कपास ख़रीद लिया। मैं जानता था कि यदि वे मुझसे वो कपास नहीं ख़रीदेंगे, तो मैं उसे खुले बाज़ार में बेचकर बहुत बड़ा मुनाफ़ा कमा पाऊंगा।

मेरा आभास सही निकला, श्री रतनसी के छुट्टी से लौटने तक कपास की क़ीमत दोगुनी से भी ज़्यादा हो चुकी थी। परेशान होकर उन्होंने तुरंत मुझे बुलाया और पूछा कि क्या मैंने उनके हिस्से का कपास ख़रीदा था। मैंने हां कहा और बताया कि मैं जानता था कि उतना कपास सिर्फ़ कुछ हफ़्तों तक चलेगा। उन्होंने कहा कि यदि कपास की क़ीमतें नीचे नहीं आईं तो उन्हें बहुत बड़ा घाटा होगा। तब मैंने उन्हें बताया कि मैंने उनके लिए अतिरिक्त कपास ख़रीदा था। यह जानकर वे हक्का-बक्का रह गए। 'तुम मुझे पिछले महीने की क़ीमत में कपास क्यों बेच रहे हो, जब आज की क़ीमत उससे दोगुनी से भी ज़्यादा हो चुकी है?' उन्होंने संदेह से मुझे पूछा।

मैंने उन्हें बताया कि वो कपास मैंने अतिरिक्त मुनाफ़ा कमाने के लिए नहीं बल्कि उनके लिए खरीदी थी| कपास व्यापार अत्यंत प्रतिस्पर्धी होता है जिसमें मुख्य उद्देश्य मुनाफ़ा कमाना होता है। ऐसे माहौल में श्री रतनसी को पहले कभी किसी ने ऐसा प्रस्ताव दिया होगा इस बात की संभावना ना के बराबर थी। उन्होंने मेरे प्रस्ताव को नकारा और कहा कि मैं मेरी तेज़ सोच से मिले मुनाफ़े का हक़दार था। उनकी गणना के अनुसार मैं 50 लाख रुपयों के मुनाफ़े को ठुकरा रहा था। 'व्यापारी इस प्रकार के अप्रत्याशित मुनाफ़े के लिए ज़िंदगी भर इंतज़ार करते हैं। उसे त्यागना मूर्खता होगी,' उन्होंने मुझे बताया। मैंने उन्हें याद दिलाया कि मैं आढ़तिया था और सिर्फ़ कमीशन का हक़दार था।

मैंने ज़ोर देकर कहा कि श्री रतनसी को उसी मूल्य पर कपास लेनी चाहिए जिस पर मैंने खरीदी थी। मैंने कहा कि मैं अल्पकालिक लाभ के बजाय उनके साथ एक दीर्घकालिक व्यापारिक संबंध बनाना चाहता था। उन्हें विश्वास नहीं हो रहा था कि कोई भी सही मानसिकता वाला व्यक्ति इस तरह का अप्रत्याशित लाभ छोड़ सकता है। जहाँ तक मेरा सवाल है, मैं अपने स्वभाव के विरुद्ध कार्य नहीं कर रहा था। रही बात मेरी, तो मेरी सोच मेरे लिए अनजान नहीं थी। मेरे उसूलों के पक्के बाबूजी भी चाहते कि मैं ऐसा ही करूं। मेरा हमेशा से मानना रहा है कि ईमानदार और नैतिक बनने से अंत में हमें अत्यधिक लाभ मिलता है।

श्री रतनसी के सामने एक और चुनौती थी। उनके पास इतने पैसे नहीं थे कि वे मुझसे सारा कपास तुरंत ख़रीदें। तब तक बैंकों के साथ मैंने अच्छे संबंध स्थापित कर लिए थे। इसलिए मैंने श्री रतनसी से कहा कि वे निश्चिंत रहें और बताया कि मैं उसके लिए पर्याप्त पूंजी का बन्दोबस्त कर लूँगा।

श्री रतनसी के लिए मैंने जो किया था उसकी ख़बर जल्द ही बंबई के कपास और कपड़ा समुदाय में फैलकर मेरी इज़्ज़त बढ़ गई। एक दूसरे आढ़तिया ने मुझे बताया कि श्री योगेंद्र मफ़तलाल मुझसे मिलना चाहते थे। मैं उनके बुलावे से बहुत ख़ुश था। उस समय, अविभाजित मफ़तलाल परिवार भारत के सबसे सफल कपड़ा मिलों, मफ़तलाल इंडस्ट्रीज़, मातुल्य मिल्ज़ और स्टैंडर्ड मिल्ज़ के मालिक थे। 1960 और 1970 के दशकों में अपने चरम पर वे बंबई के सबसे धनवान और सफल व्यवसायी परिवारों में से एक थे। उनका बुलावा किसी भी कपास आढ़तिया के लिए मानो सपना था।

श्री योगेंद्र मफ़तलाल इस ग्रुप के कुलपिता, श्री अरविंद मफ़तलाल के छोटे भाई थे। नरिमन पॉइंट में उनके मुख्यालय, मफ़तलाल हाउस में लिफ़्ट से ऊपर जाते समय मैं फूले न समा रहा था। श्री योगेंद्र मफ़तलाल ने बड़ी विनम्रता से मेरा स्वागत कर, मेरी पढ़ाई इत्यादि के बारे में पूछा। फिर फिनले के साथ हुई घटना के बारे में वे सबकुछ जानना चाहते थे। उनके अनुसार मैंने जो किया था वो बंबई के कपास व्यापार की दुनिया में सबकी सोच के बाहर था। फिर उन्होंने हमारे परिवार के कपास व्यापार के बारे में जानना चाहा।

मैंने उन्हें बताया कि हमारी विशेषता पंजाब के कपास में थी, जिसे हम कई दशकों से बेचते आ रहे थे। मैंने कहा कि यह कपास भारतभर के सबसे अच्छे कपास में से थे और कहा कि क्यों न वे उसे खरीदकर ख़ुद आज़मा लें। उन्होंने मुझसे कुछ सैंपल मंगवाए। और कुछ ही समय में मैं मफ़तलाल ग्रुप के मिलों को नियमित रूप से कपास की सप्लाई करने लगा था। एक बार फिर, मैं पहला मारवाड़ी था जिसने उस समय तक गुजराती आढ़तियों के एकाधिकार को तोड़ा था।

श्री योगेंद्र मफ़तलाल के कहने पर हर सुबह 9 बजे मैं उन्हें फोन पर कपास बाज़ार की स्थिति के बारे में अवगत कराता था। इस जानकारी के आधार पर वे कपास ख़रीदने के निर्णय लेते थे। धीरे-धीरे मफ़तलाल परिवार के अन्य सदस्यों, जैसे श्री अरविंद मफ़तलाल और उनके बेटे, पद्मनाभ के साथ भी जान-पहचान हो गई।

मफ़तलाल परिवार के साथ मेरे बढ़ते व्यवसायी संबंधों से कपास बाज़ार में मेरी प्रतिष्ठा बढ़ गई। अन्य मिल मालिकों ने भी मुझसे संपर्क किया और जल्द ही मैं देश की अन्य बड़ी मिलों को कपास की पूर्ति करने लगा था, जिनमें गोयनका और कनोडिया परिवारों के मिल भी शामिल थे। और इतना सबकुछ मैंने पच्चीस साल से भी कमउम्र में हासिल किया था! वे मिल मालिक, जैसे पिरामल मिल्स के श्री मोहनलाल पिरामल, जिन्होंने मुझसे कपास कभी नहीं ख़रीदा, मुझसे परामर्श लेने और यूं ही बात करने के लिए अक्सर मुझे बुलाते थे।

मेरे ख़्याल से वे इस बात से प्रभावित थे कि एक विख्यात कॉलेज से इंजीनियर बनने के बावजूद मैंने कपास व्यापार करने का निर्णय लिया था। वे मेरे साथ अर्थव्यवस्था की स्थिति और परिणामस्वरूप कपास के दाम में उतार-चढ़ाव जैसे विषयों पर बात कर सकते थे, जो अन्य आढ़तियों के साथ करना संभव नहीं था। शायद आपको लगे कि मैं अपनी शेखी बघार रहा हूँ, लेकिन उस कमउम्र में भी मैं मुझसे पहली बार मिल रहे अधिकांश

लोगों के साथ मेरी विश्वसनीयता स्थापित कर पाता था। ऐसे कभी नहीं हुआ कि मेरी कमउम्र के कारण किसी ने मेरी बातों को कम महत्त्व दिया हो।

समय पर उच्च गुणवत्ता का कपास तो मैं मिलों को देता ही था। लेकिन मेरी एक और विशेषता थी जिस कारण बंबई के मिल मुझसे कपास ख़रीदते थे। वह यह कि जो मिल दीर्घकाल के लिए कपास ख़रीदने के इच्छुक थे उन्हें मैं वित्तीय सहायता भी देता था। मैंने अपने लिए बहुत अच्छी बैंकिंग सुविधा स्थापित की थी, जिसकी मदद से मैं मिल मालिकों द्वारा ख़रीदे कपास को गोदाम में रखने का खर्च उठा सकता था। मेरे परिवार वालों की तरह मेरे प्रतिस्पर्धी भी उनका व्यवसाय बढ़ाने के लिए बैंकों की मदद लेने के लिए अनिच्छुक थे। मेरी बैंकिंग सुविधाओं के कारण मुझे उन पर महत्त्वपूर्ण बढ़त मिली।

उन दिनों आम धारणा यह थी कि बैंक छोटे व्यापारियों को आर्थिक सहायता देने से हिचकते थे। यह बात कुछ मायनों में सही भी थी। और इसलिए, व्यापारी भी बैंकों के साथ व्यवहार करने में अनिच्छुक थे। जिस समय मैं हमारे कपास व्यवसाय से जुड़ा, उस समय हम बैंक से केवल 30 लाख रुपये 'कैश क्रेडिट' ले सकते थे। मेरे पिताजी और चाचाओं ने मुझे बताया कि उन्हें पता नहीं था कि बैंक उधार सीमा बढ़ाने के लिए सहमत होगा या नहीं। इसलिए, उन्होंने भी बैंक से यह बात कभी नहीं छेड़ी थी। उन्हें डर था कि बैंक मौजूदा सुविधा को भी रद्द कर देगा। मेरा परिवार अपने सौदों को अपने दम पर करना पसंद करता था। इसलिए, बड़े सौदे हमारे काबिलियत के बाहर थे।

मुझे यह रवैया ठीक नहीं लगा। हम बैंक के आदर्श ग्राहक थे, हम हर बार समय पर भुगतान करते थे, हर बार ब्याज और मूलधन की चुकौती समय पर करते थे और व्यवसाय में लगातार मुनाफ़ा कमाते थे। मुझे लगा कि बैंक से बात करने में मेरे परिवारवालों का डर बेवजह था। मैंने इसके बारे में कुछ करने की ठान ली।

उन दिनों हमारा खाता साउथ बॉम्बे के महात्मा गांधी रोड पर स्थित बैंक ऑफ़ इंडिया (BoI) की मुख्य शाखा में था। मैंने उनसे ख़ुद बात करने का निर्णय लिया। संबंधित अधिकारी से उधार सीमा बढ़ाने की बात करते ही वे मुझ पर आ बरसे, 'आप लोग किसी काम के नहीं हो; सुविधा होने के बावजूद आप हमें बैलेंस शीट, इंकम टैक्स रिटर्न या प्रॉफ़िट एंड लॉस का स्टेटमेंट कभी नहीं भेजते।'

वे चिढ़कर बोले, 'मुझे आपसे स्टॉक स्टेटमेंट तक नहीं मिलता है। हम यह भी नहीं जानते हैं कि आपका माल कहां है।' उन्होंने एक स्टेटमेंट निकालकर मेरी ओर देखते

हुए कहा, 'इसमें लिखा है कि आपके 3,000 गाँठ पंजाब में हैं; लेकिन मुझे इसकी जांच करनी हो तो मुझे ये भी नहीं पता कि वे किस गोदाम में हैं।'

मैंने उन्हें ये कहकर शांत किया कि उनके पास सभी स्टेटमेंट तुरंत भेज दिए जाएंगे। जैसे मेरे पिताजी ने कहा था, उनके निंदनीय भाषण के बाद उन्होंने कहा कि वे हमारी मौजूदा उधार सीमा रद्द करने वाले थे। मैं समझ गया कि मुझे उनके साथ सख़्ती से पेश आना होगा। मैंने उनसे पूछा, 'क्या मैंने कभी निर्धारित समय के बाद भुगतान किए हैं?' उन्होंने ना कहा।

'क्या मैंने कभी भी मेरी सीमा से अधिक उधार लिया है?' वे ना बोले।

'हमारे चेक कभी बाउंस नहीं हुए,' मैंने कहा। 'समय पर जानकारी नहीं देना किसी की सुविधा को रद्द करने का कारण नहीं बन सकती है।'

उन्होंने कहा कि बेहतर यही होगा कि मैं उनके बॉस से बात करूं।

उनके बॉस, श्री जी.एन. रानाडे, का ऑफ़िस फ़्लोरा फ़ाउंटेन के प्रतिष्ठित बैंक ऑफ इंडिया (BoI) बिल्डिंग में स्थित बैंक के मुख्यालय में था। बंबई क्षेत्र के 'कैश क्रेडिट' मैनेजर की हैसियत से पूरे शहर में उनकी अनुमति से ही उधार दिए जाते थे। उन्होंने विनम्रता से मेरा स्वागत किया और मेरी पढ़ाई के बारे में पूछा। UDCT की पढ़ाई के बारे में जानकर उन्होंने कहा कि वह भारत का सबसे अच्छा इंजीनियरिंग कॉलेज था। उन्हें आश्चर्य हुआ कि पढ़ाई के बाद मैं बाबूजी के व्यवसाय में जुड़ गया था। मैंने कहा कि मैंने वो इसलिए किया था कि मेरे पिताजी बूढ़े थे और उनकी तबीयत अच्छी नहीं थी। उन्होंने मुझे दाद दी और कहा, 'तुम्हारी सोच सही है, तुम्हें हमेशा पहले अपने परिवार और पिता का ख़्याल रखना चाहिए।'

हमारी मुलाक़ात की अच्छी शुरुआत देखकर मैंने चैन की सांस ली। श्री रानाडे मेरी सफलताओं और इस बात से प्रभावित थे कि हमने हमेशा मुनाफ़ा कमाया था और हमेशा सभी भुगतान समय पर किए थे। उन्होंने मुझे वचन दिया कि यदि मैं सभी आवश्यक दस्तावेज नियमित रूप से देता रहूंगा, तो वे हमारी उधार की सीमा और बढ़ाएंगे। मैंने भी उन्हें वह करने का वचन दिया। फिर मैंने उनसे बैंकिंग में मुझे मार्गदर्शन करने का अनुरोध किया चूँकि मैं उस क्षेत्र से अपरिचित था। वे मेरी मदद करने के लिए तुरंत राज़ी हुए और उसके लिए वे उत्सुक भी थे। उन्होंने मुझे कहा, 'किसी भी दिन दोपहर के दो और ढाई बजे के बीच तुम मेरे साथ चाय पीने आ सकते हो।'

सभी दस्तावेज प्रस्तुत करने के बाद, उन्होंने हमारी उधार सीमा में बहुत बड़ी वृद्धि करने का आदेश जारी किया। मैं उनसे अक्सर मिलने लगा। उन्होंने बिना किसी संकोच के मेरे साथ समय बिताकर अपना ज्ञान बांटा। उन्होंने मेरा उन अधिकारियों से परिचय करवाया जो उनके ऑफ़िस में हुंडी भुगतानों के लिए ज़िम्मेदार थे। भारतीय व्यापारियों द्वारा क्रेडिट को बढ़ाने के लिए लंबे समय से उपयोग किए जाने वाला हुंडी उन दिनों में भी बहुत लोकप्रिय था।

बैंक ऑफ़ इंडिया का हुंडी विभाग उनसे उधार लेने वालों के बारे में बाज़ार से जानकारी इकट्ठा करता था। इस विभाग को चला रहे दो अधिकारियों से मेरी पहचान हुई। जब भी मैं श्री रानाडे से मिलने जाता था, तब मैं उनसे भी मिलता था। अनाज और सोना-चांदी जैसे बाज़ारों में हो रही गतिविधियों के बारे में जितनी हो सके उतनी जानकारी और समझ मैंने ग्रहण की। बैंकिंग का अधिकतर ज्ञान मैंने श्री रानाडे से अर्जित किया और अन्य बाज़ारों की समझ मैंने हुंडी विभाग के मेरे नए दोस्तों से अर्जित की।

मैंने बैंक की बढ़ाई हुई उधार सीमा का अधिकांश उपयोग मिल मालिकों को कपास के दीर्घकालिक ख़रीदारी के लिए दी गई गोदाम की व्यवस्था के विस्तार के लिए किया। आवश्यक पूंजी की 25 प्रतिशत राशि मैं भरता था और बाकी की राशि बैंकों से आती थी। अच्छी बात यह थी कि मैंने इस वित्तीय व्यवस्था से मुनाफ़ा भी कमाया। हम हमारे ग्राहकों से हर महीने 2.5 प्रतिशत, अर्थात सालाना 30 प्रतिशत ब्याज इकट्ठा करते थे। मैं बैंक को सालाना लगभग 15 प्रतिशत ब्याज देता था। गोदाम का किराया और अन्य खर्चे लगभग 1 प्रतिशत तक थे। जो बचता वो मेरा मुनाफ़ा होता था। गोदाम के व्यवसाय से मैंने बहुत मुनाफ़ा कमाया। एक समय पर मेरी कमाई निवेश की गई पूंजी की 60 प्रतिशत तक की थी।

समय के साथ, मैंने श्री रानाडे के बॉस और बंबई क्षेत्र के जनरल मैनेजर, श्री आर.एस. बाल्सेकर के साथ भी मैत्रीपूर्ण रिश्ता बना लिया। मैंने बैंक से जितने भी लोन लिए उन पर अंतिम हस्ताक्षर उन्हीं के होते थे। जब नेशनल स्ट्राइक के दौरान सभी बैंकों के कार्य ठप हुए थे तब यह रिश्ता मेरे बहुत काम आया। आयात किए हुए कपास का मेरा कुछ माल बंदरगाह में रुका हुआ था। मुझे उस पर 50 लाख रुपयों का आयात शुल्क भरना था। हालाँकि मेरे खाते में पर्याप्त राशि थी, हड़ताल के कारण मैं उसे नहीं निकाल सकता

था। इसलिए, मुझे विलंब-शुल्क देने के लिए मजबूर किया जा रहा था। यह महंगा जुर्माना बंदरगाह तब लगाते हैं जब आयातित माल निर्धारित समय के अंदर बंदरगाह से नहीं उठाया जाया जाता है।

इस दुर्दशा का हल निकालने के लिए मैं श्री बाल्सेकर से मिलने गया, जो हड़ताल के बावजूद काम कर रहे थे। उन दिनों कम्प्यूटरों का इस्तेमाल शुरू नहीं हुआ था। इसलिए, उन्हें यह सुनिश्चित करना मुमकिन नहीं था कि मेरे खाते में पर्याप्त राशि थी भी या नहीं। मुझसे मेरा पासबुक मांगे बिना उन्होंने अपने दराज़ से भारतीय रिज़र्व बैंक (RBI) का चेकबुक निकाला और 50 लाख रुपयों का चेक मेरे नाम जारी किया। उन्होंने मुझपर भरोसा करके जो किया था उससे मैं दंग रह गया। RBI का चेक सबसे सुरक्षित वित्तीय उपकरण में से एक है, जिस वजह से उसका बहुत कम उपयोग किया जाता है। उन्होंने मुझे बताया कि ऐसा चेक उन्होंने कभी जारी नहीं किया था। सौभाग्यवश, हड़ताल दो दिनों में ख़त्म हुई और बैंक फिर से काम करने लगे। मुझे इस बात पर गर्व था कि मुझमें लोगों से इतने गहरे संबंध बनाने की क्षमता थी कि मेरी मदद करने के लिए वे अतिरिक्त प्रयास करते थे।

1970 के दशक के मध्य तक मेरे व्यवसाय में वृद्धि के कारण हमारे परिवार के व्यवसाय का कुल 90 प्रतिशत हिस्सा और अधिकांश मुनाफ़ा मेरे व्यवसाय से आ रहा था। मैं अब भी सिर्फ़ पच्चीस या छब्बीस साल का था, लेकिन मैंने मेरे परिवार का नेतृत्व अपना लिया था। जबकि लोग नेतृत्व करने से झिझकते हैं, मुझे वो भूमिका बेहद पसंद आई। मेरे चाचा, भाई और चचेरे भाई, जिनमें से कुछ मुझसे बहुत बड़े थे, महत्त्वपूर्ण निर्णय लेने से पहले मेरी सलाह लेते थे। मैंने कोई संकोच नहीं किया।

अब मैं अच्छा ख़ासा कमा रहा था। मेरी पत्नी और दो बच्चों के साथ मैं सुखी जीवन जी रहा था। मेरी बेटी, पद्मिनी का जन्म 1975 में हुआ था। अधिकांश दिन मैं सिर्फ़ सुबह 11 बजे से लेकर शाम 6 बजे तक काम करता था। मैं साउथ बंबई के सबसे बेहतर क्लबों का सदस्य था और अक्सर भारत और भारत के बाहर छुट्टियां मनाने जाता था। सोलह साल की उम्र से मैं गाड़ी चला रहा था, जिस वजह से मुझे गाड़ियों का शौक़ था। अब मैं टोयोटा जैसी विदेशी गाड़ियां ख़रीद सकता था। मैं स्टेट ट्रेडिंग कॉर्पोरेशन (STC) से अक्सर नई गाड़ियां ख़रीदता था। यह सरकारी संस्था विदेशी गाड़ियों की बिक्री के लिए एकमात्र अधिकृत एजेंसी थी।

जब मैं छुट्टी या काम पर बंबई के बाहर जाता था तब मैं सबसे बेहतरीन होटलों में रहना पसंद करता था। एक बार, लंदन में मेरी मुलाक़ात श्री पद्मनाभ मफ़तलाल से हुई। मैं उन्हें एक बहुत ही महंगे रेस्टोरेंट में खाने-पीने के लिए ले गया। वे सोचते रह गये कि मुझ जैसे कपास व्यापारी की इतनी महंगी जीवनशैली कैसे हो सकती थी। फिर मेरे होटल जाकर वो और भी दंग रह गये। मैं बहुत महंगे होटल में रह रहा था जबकि वो उससे बहुत सस्ते होटल में ठहरे हुए थे! मुझे ऐशो-आराम में जीना पसंद था।

*

देशभर के संगठित क्षेत्र में कपड़ा मिल एक सदी से अधिक समय से पनप रहे थे। लेकिन उन्हें इसके बाद 1970 के दशक के मध्य से चिंताजनक चुनौतियों का सामना करना पड़ा। हर साल परिस्थिति बिगड़ती ही गई। एक दशक के अंदर कई कारणों ने इस क्षेत्र को धीरे-धीरे नष्ट कर दिया, जैसे लंबे समय तक चल रही आर्थिक मंदी, देशभर में पॉवर लूम क्षेत्र का उभरना जिससे कम दाम में कपड़े बनने लगे, चीन, जापान और कोरिया से हो रहा ग़ैर-क़ानूनी आयात और श्री दत्ता सामंत का उदय होना। डॉक्टर दत्ता सामंत एक चिकित्सक थे, जो श्रमिक नेता बने और अपने आक्रामक श्रमिक संघवाद के लिए जाने जाते थे।

फिनले, जहां से मेरा कार्यकाल शुरू हुआ था, सबसे पहली मिलों में से था जिस पर इन चुनौतियों का असर हुआ। कुछ ही सालों में यह लाभदायक मिल घाटे में चली गयी। इसका तुरंत असर मुझे मिल रहे भुगतान पर हुआ। जब मैंने उनके साथ काम करना शुरू किया था, तब मुझे भुगतान कपास की सप्लाई सिर्फ के एक दिन बाद मिलता था। फिर मुझे भुगतान तीन दिनों बाद मिलने लगा और कुछ समय बाद यह अवधि सात दिनों की हो गई। यह मेरे लिए चिंताजनक था। तीन महीनों बाद भुगतान में विलंब पहले पंद्रह दिन और फिर तीस दिन का हो गया। ग्राहकों को उधार ना देने का उसूल अब तक मेरे काम आया था। फिनले के साथ स्थिति अच्छी नहीं थी।

मैंने श्री रतनसी के साथ व्यवसाय सिर्फ़ भावनात्मक कारणों से जारी रखा था। लेकिन 1975 तक, मुझे चिंता होने लगी थी, क्योंकि मेरी बकाया राशि एक करोड़ रुपयों के ऊपर चली गई थी। इतनी राशि मेरे दो साल का मुनाफ़ा था। जब मैं इसे लेकर परेशान था तब श्री बी.के. वोरा नामक एक और बैंक मैनेजर ने मेरी मदद की। मैं उनसे

पहली बार तब मिला जब वे बंबई में पंजाब नेशनल बैंक (PNB) के डिप्टी जनरल मैनेजर थे। व्यवसाय बढ़ने के साथ मुझे अधिक बैंकों से उधार लेने की ज़रूरत महसूस हुई। इसलिए मैंने कालबादेवी में हमारे ऑफ़िस के निकट स्थित PNB से भी उधार लेना शुरू किया।

श्री वोरा को पहली बार मिलने के कुछ महीनों बाद वे बैंक के जनरल मैनेजर बन गए और फिर देना बैंक के चेयरमैन बनाये गए। उन दिनों, PNB जैसे बड़े बैंक के जनरल मैनेजर का पद देना बैंक जैसे छोटे बैंक के चेयरमैन के पद के बराबर था। हालाँकि देना बैंक में मेरा कोई खाता नहीं था मैं श्री वोरा के संपर्क में रहा। जब भी वे बंबई आते थे तब मैं उन्हें अक्सर मिलने जाता था।

सौभाग्यवश देना बैंक श्री रतनसी और 'फिनले ग्रुप' का प्रमुख बैंक था। एक रविवार जब श्री वोरा बंबई में थे, तब मैं उन्हें मिलने उनके गेस्टहाउस गया, जो पेड्डर रोड पर स्थित स्टर्लिंग अपार्टमेंट में था। बातों-बातों में मैंने उन्हें बताया कि फिनले ग्रुप से मेरे पैसे आने बाकी थे। मैंने कहा कि मैं ज़्यादा परेशान इसलिए था कि मिल बड़े घाटे में चल रही थी और पैसे मिलने की संभावना कम होती जा रही थी। उन्होंने थोड़ी देर इस पर ग़ौर किया और फिर मुझे अगली सुबह 10 बजे हॉर्निमान सर्कल में उनके ऑफ़िस में आने के लिए कहा।

जब मैं वहां गया तब मुझे पता नहीं था कि क्या होने वाला था। वहां पहुंचने पर मुझे आश्चर्य हुआ कि श्री रतनसी भी श्री वोरा से मिलने के लिए रुके थे। मुझे यक़ीन था कि उन्हें श्री वोरा से मेरी बातचीत के बारे में किसी तरह पता चला था और संभवतः वे उससे नाख़ुश थे। वह भी मेरी ही तरह तनाव में लग रहे थे। वहां बैठते हुए मैंने उनका अभिवादन किया। श्री वोरा ने हम दोनों को एक साथ उनके कमरे में बुलाया, हमें एक-दूसरे के बग़ल में बिठाया और श्री रतनसी से पूछा, 'क्या नरोत्तम आपको कपास की सप्लाई करता है?'

श्री रतनसी ने हां कहा।

'क्या आप उससे ख़ुश हो?'

उन्होंने फिर से हामी भरी और कहा, 'मेरी मिल में 50 प्रतिशत कपास की सप्लाई यही करता है और मेरे लिए वो मेरे बेटे जैसा है।'

फिर श्री वोरा ने कहा, 'मैं भी नरोत्तम को मेरा बेटा मानता हूं। इसलिए, जो राशि फिनले से उसे आनी बाकी है उसका हल मैं निकालना चाहता हूँ।'

जवाब में श्री रतनसी ने कहा कि उन्होंने देना बैंक में लोन के लिए अप्लाई किया था। यदि बैंक उन्हें वो उधार देगी, तो वह उधार चुका सकेंगे। 'आप मेरा लोन मंज़ूर कर दो और मैं नरोत्तम की बकाया रक़म उसे दे दूंगा,' उन्होंने श्री वोरा से कहा।

यह मेरी समस्या के लिए कामचलाऊ उपाय लग रहा था और श्री वोरा ने उसे स्वीकार नहीं किया। 'मैं ऐसा लोन मंज़ूर नहीं कर सकता हूँ,' उन्होंने कहा।

'फिर मेरे घाटे के साथ मैं नरोत्तम का उधार कैसे लौटा दूं? आप तो जानते ही हैं कि कपड़ा व्यवसाय कितने संकट में है,' श्री रतनसी ने कहा।

श्री वोरा ने उनसे पूछा कि मेरी बकाया राशि की जगह क्या वे मुझे कपड़ों का माल दे सकते थे। श्री रतनसी ने कहा कि वे मुझे तैयार कपड़ा नहीं दे सकते थे, लेकिन उधार के मूल्य के बराबर फ़ेंट और रैगस दे सकते थे। बचा-खुचा कपड़ा, जो या तो ख़राब हो गया हो या सही माप का ना हो फ़ेंट और रैगस के नाम से जाना जाता है। 90 सेंटीमीटर से कम लंबाई का कोई भी कपड़ा फ़ेंट कहलाता है और रैगस उससे भी छोटे होते हैं। कपड़ा मिल उन्हें नियमित रूप से इकट्ठा करके बेचते हैं। बोलचाल की भाषा में उन्हें कट-पीस फ़ैब्रिक कहते हैं। चूँकि ये कपड़े सस्ते होते हैं और उनसे बच्चों के कपड़े और औरतों के ब्लाउज़ और टॉप बनाए जाते हैं, देशभर में हमेशा उनकी बहुत मांग रहती है।

श्री रतनसी ने कहा कि उनके गोदाम में लगभग डेढ़ करोड़ रुपयों के मूल्य के फ़ेंट और रैगस पड़े थे, जो वो मुझे दे सकते थे। श्री वोरा ने मुझे पूछा कि क्या मैं उन्हें लेने के लिए तैयार था। मैंने आवेग में आकर हां कह दिया, ये जाने बिना कि हम उन कपड़ों के साथ क्या करेंगे। श्री वोरा ने श्री रतनसी से मुझे फिनले के ऑफ़िस ले जाकर सौदा पूरा करने के लिए कहा। हमने तय किया कि हम अगले दिन मिलेंगे।

जब मैं घर लौटा और मैंने अपने पिताजी से पूछा कि क्या उन्हें 'फेंट्स और रैग्स' के बाजार के बारे में कोई जानकारी थी, तो उन्होंने कहा कि उन्हें कोई जानकारी नहीं थी। मैंने उन्हें बताया कि यही एकमात्र तरीका है जिससे मैं फिनले से अपनी राशि वसूल कर सकता हूं और अगर हम 15 से 20 लाख रुपये का नुकसान भी उठाते हैं, तो यह 1 करोड़ रुपये गंवाने से बेहतर है।

'तुम इसे कैसे बेचोगे?' उन्होंने जानना चाहा। मेरे पास तुरंत कोई जवाब नहीं था और मैंने उन्हें बताया कि मैं दूसरों से पूछने वाला हूँ।

हमारे कालबादेवी के ऑफ़िस के अलावा, उन दिनों हमारा एक ऑफ़िस बॉम्बे स्टॉक एक्सचेंज (BSE) के बग़ल में टामारिंड लेन में भी था। हमारी बग़ल की बिल्डिंग में राजा बहादुर मोतीलाल पूना मिल्स नामक कपड़ा मिल का ऑफ़िस था। मैं वहां काम करने वाले एक आढ़तिया को जानता था। अगले दिन मैंने उससे पूछा कि क्या वह फ़ेंट और रैगस और ख़ासकर फिनले के फ़ेंट और रैगस के बारे में जानता था। उसने कहा कि वह उनमें व्यापार करता था। फिनले के फ़ेंट और रैगस बंबई के बाज़ार में सबसे अच्छे माने जाते थे और इसलिए वे ऊंची क़ीमत में बिकते थे। मैंने उससे कहा कि कुछ ही दिनों में मुझे फ़ेंट और रैगस का माल मिलने वाला था। उसने तुरंत कहा कि वह मुझसे वो माल ख़रीदना चाहेगा।

बाबूजी के कहने पर मैंने हमारी व्यापार कंपनी के तहत राधेश्याम टेक्स्टालस नामक नया विभाग स्थापित किया। मैंने इस विभाग के तहत फिनले से फ़ेंट और रैगस ख़रीदे। श्री रतनसी ने भी ख़ुशी-ख़ुशी मुझे वो देकर उनका उधार चुका दिया। यह माल इतना अच्छा था कि इस आढ़तिया की मदद से मैंने पूरा माल बेच दिया और अपेक्षित घाटे के बजाय मैंने थोड़ा-सा मुनाफ़ा भी कमाया। इसके बाद मैंने फ़ेंट और रैगस में व्यापार कभी नहीं किया। लेकिन मैंने तैयार कपड़ों के निर्यात का जो नया व्यवसाय शुरू किया था वो राधेश्याम टैक्सटाइल्स के तहत चलाया। हालाँकि मैं फिनले के साथ व्यवहार करता रहा, मैं उन्हें धीरे-धीरे कम कपास देता गया। मैं भविष्य में घाटे में नहीं जाना चाहता था और ना ही मैं श्री रतनसी को शर्मिंदा करना चाहता था। इसके बदले मैंने कपास और कपड़ों का निर्यात बढ़ाया।

*

हमारे परिवार की दो से अधिक पीढ़ियों ने कालबादेवी में स्थित दो-मंज़िली इमारत से अपना व्यवसाय चलाया था। वह हमारा पहला ऑफ़िस था और तब स्थापित किया गया था जब अधिकांश कपास व्यापार कालबादेवी में हुआ करता था। उस इलाक़े की सबसे बड़ी इमारत में कॉटन एक्सचेंज हुआ करता था। भारत के सबसे बड़े कपास और कपड़ा व्यापारियों के ऑफ़िसों सहित कई कपड़ा मिलों के ऑफ़िस वहां हुआ करते थे।

इस व्यापार में गुजरातियों और हम जैसे मारवाड़ियों का वर्चस्व था, जो परंपरागत पेड़ी- गद्दी शैली के ऑफ़िसों से काम करते थे। वहां, पूरे कमरे में कुरकुरी सफ़ेद चादरों

से ढके हुए, ज़मीन पर बिछे गद्दे होते थे और सभी लोग उनपर बैठकर, तकियों का सहारा लेकर काम करते थे। छोटे मेज़ों में परंपरागत लाल बही-खाते होते थे जिनमें हम लेखा-जोखा रखते थे। नक़द पैसा कोने में एक लोहे की तिजोरी में रखा जाता था। बग़ल के कमरे में गद्दे बिछे होते थे, जिन पर परिवार के वयस्क सदस्य दोपहर में झपकी ले सकते थे।

1970 में जब मैं हमारे व्यवसाय में जुड़ गया तब हमारा परिवार कालबादेवी के ऑफ़िस से ही काम कर रहा था। लेकिन मेरी इंजीनियरिंग डिग्री और आधुनिक पसंद की वजह से मैं उस ऑफ़िस में काम करने के लिए अनिच्छुक था। दिनभर गद्दे पर पालथी मारकर काम करना मेरी सोच के बाहर था। ऐसी जगह किसी दोस्त या व्यवसाय के किसी सहयोगी के साथ मीटिंग के लिए भी सही नहीं थी। मैंने फ़ोर्ट के टामारिंड लेन में स्थित इससे थोड़े छोटे और आधुनिक ऑफ़िस से काम करने का निर्णय लिया। हमारे निर्यात और स्टॉक ट्रेडिंग के विभाग वहां स्थित थे। मैंने मेरे चचेरे भाई के साथ टेबल साझा किया, जो एक्सपोर्ट मैनेजर का काम सीख रहा था।

लेकिन मैं जल्द ही टामारिंड लेन के ऑफ़िस से भी तंग आ गया। उस समय मरीन ड्राइव की दक्षिणी छोर पर स्थित नरिमन पॉइंट बंबई का सबसे नया व्यापार केंद्र था। वहां बन रहीं चमकीली नई गगनचुंबी इमारतों ने मेरा मन मोह लिया था। कांच और स्टील की सबसे पहली इमारतें – एयर इंडिया बिल्डिंग, एक्सप्रेस टावर्स और मफ़तलाल हाउस – तैयार हो चुकी थीं। यह भारतीय व्यवसाय का नया चेहरा था और मैं वहां काम कर रही व्यवसायियों की नई पीढ़ी का हिस्सा बनना चाहता था। व्यापार शुरू करने के एक साल के अंदर, मैंने उन इमारतों में ऑफ़िस ख़रीदने जितना पैसा कमा लिया था। पिताजी को लगा कि नरिमन पॉइंट में जगह ख़रीदना समझदारी की बात नहीं होगी। 'बल्लार्ड एस्टेट या फ़ोर्ट में तुम्हें आधे दाम में जगह मिलेंगी,' उन्होंने मुझे कहा। लेकिन मैं अड़ा रहा।

एक कपास व्यापारी ने मुझे मित्तल परिवार के एक सदस्य से मिलवाया, जो एक्सप्रेस टॉवर्स के नज़दीक मित्तल चेम्बर्स नामक इमारत बना रहा था। मैंने उन्हें बताया कि मैं 1000 स्क्वेयर फ़ुट का ऑफ़िस ख़रीदना चाहता था। उन्होंने कहा कि इस क्षेत्रफल के कुछ ऑफ़िस छठी और सातवीं मंज़िलों पर थे। एक्सप्रेस टॉवर्स में स्थित बैंक ऑफ़ इंडिया के ऑफ़िस में मेरा अक्सर आना-जाना होता था। वहां मैंने देखा था कि ऊंची मंज़िलों पर पहुंचने के लिए लिफ़्ट का इंतजार भी देर तक करना पड़ता था। उन्होंने मुझे

बताया कि चार लिफ़्ट होंगी। एक्सप्रेस टॉवर्स के छह लिफ़्ट के बावजूद लोगों को लंबी कतारों में खड़ा रहना पड़ता था।

मैंने उन्हें बताया कि मैं पहली या दूसरी मंज़िल पर ऑफ़िस पसंद करूंगा, क्योंकि मैं लिफ़्ट का इस्तेमाल नहीं करना चाहता था। उन्हें लगा होगा कि मैं मूर्ख हूं, क्योंकि बंबई की गगनचुंबी इमारतों के शुरुआती दिनों में हर कोई ऊंची मंज़िल पर ऑफ़िस लेना चाह रहा था। दुर्भाग्यवश, उन्होंने कहा कि निचली मंज़िलों पर कम से कम 5000 स्क्वेयर फ़ुट बड़े ऑफिस थे। मुझे इतनी बड़ी जगह की ज़रूरत नहीं थी। उन्होंने कहा कि फिर वो मेरे लिए कुछ नहीं कर सकते थे। वो मुझे 125 रुपये प्रति स्क्वेयर फ़ुट के दर से वो जगह दे रहे थे। मैंने मन ही मन गणना की कि उस जगह का कुल दाम 6.25 लाख रुपये होगा।

चूँकि इमारत अभी पूरी तरह से बनी नहीं थी, मैंने उनसे पूछा कि मुझे शुरू में कितने पैसे देने होंगे। उन्होंने रूखे अंदाज़ से कहा कि मुझे कुल राशि का 90 प्रतिशत हिस्सा देना होगा। मेरे ख़्याल से वो मुझसे छुटकारा पाना चाह रहे थे। मैं 22 साल का था और उन्हें लगा होगा कि इतना छोटा लड़का उतनी बड़ी जगह नहीं ख़रीद सकता था। उन्हें दिखाने के लिए कि मैं मेरे इरादे का पक्का था, मैंने उनसे कहा कि मैं वो जगह तुरंत ख़रीदूंगा और 5.5 लाख रुपयों का चेक उन्हें कुछ घंटों में मिल जाएगा। 'मेरा आदमी कल आपसे एग्रीमेंट ले जाएगा,' मैंने उनसे कहा। वह दंग रह गए।

मैंने घर आकर मेरे पिताजी को इस सौदे के बारे में बताया।

वे बोले, 'तुम पाग़ल हो गए हो। 5000 स्क्वेयर फ़ुट लेकर तुम क्या करोगे?'

मैंने उनसे कहा कि वह चिंता न करें। क़ीमत बढ़ने पर मैं उसे बेच सकता था या अतिरिक्त जगह हम किराए पर भी दे सकते थे। मेरे लिए वह व्यापार करने जैसे था। कुछ दिनों बाद जब एग्रीमेंट मेरे पास पहुंचाया गया, तब उसमें यह शर्त थी कि मुझे उस जगह के लिए महाराष्ट्र सरकार को अनंत काल तक प्रति माह किराए में 1.25 रुपये प्रति स्क्वेयर फ़ुट देने होंगे। मेरे पिताजी और भी परेशान हो गए। उन्होंने दोहराया कि उससे कम राशि में मुझे साउथ बॉम्बे के दूसरे इलाक़ों में बेहतरीन ऑफिस किराए पर मिल सकता था।

इमारत के तैयार होकर मुझे वहां काम शुरू करने में दो साल लग गए। वह जगह मेरे लिए भाग्यशाली साबित हुई और वहां मेरा व्यवसाय पनपा। ऑफ़िस के कोने में एक बड़े हिस्से में मैंने ज़मीन पर गद्दे और तकिए बिछाकर परंपरागत शैली का ऑफ़िस बनाया और हमारे पूरे व्यवसाय को वहां स्थानांतरित किया। 1980 के दशक की शुरुआत में स्थापित

गुजरात अंबुजा सहित कई कंपनियां मैंने इसी ऑफ़िस से शुरू कीं। कॉर्पोरेशन बैंक का विदेशी मुद्रा विभाग लंबे अरसे तक हमारी इस जगह के एक हिस्से का किराएदार था। आज, लगभग पचास साल बाद भी हमारा कपास व्यापार वहीं से चलता है।

*

मैंने 1970 के दशक की शुरुआत में पहली बार कपास से अलग किसी व्यवसाय में क़दम रखा। यह बल्क ड्रग्स और फ़ार्मा के क्षेत्र में था। और यह एक स्वाभाविक निर्णय था| मेरे जीवन के सर्वोत्तम चार सालों में मैंने केमिकल इंजीनियरिंग की पढ़ाई की थी। यही नहीं, कॉलेज के बाद फिनले के साथ व्यापार शुरू करने से पहले मैंने इसी क्षेत्र की रिसर्च की थी। जल्द ही कपास व्यापार में मेरी प्रारंभिक सफलता के बाद, मैंने 10 लाख रुपये का निवेश करके सेखसरिया केमिकल्स नामक रासायनिक-व्यापारिक व्यवसाय की स्थापना की। यह जल्दी ही लाभदायक साबित हुआ।

लगभग इसी समय, मेरे एक पुराने कॉलेज के साथी डॉ. एस.के. अग्रवाल, जो यूडीसीटी में अपने मास्टर और पीएचडी के लिए रुके हुए थे, मुझसे मिलने आए। उन्होंने कहा कि उनके पास एक विचार है कि ओक्सीफेनब्यूटाज़ोन नामक एक रासायनिक उत्पाद का निर्माण करने के लिए एक बल्क ड्रग यूनिट स्थापित की जाए, जो आइबुप्रोफेन जैसे दर्द निवारक में उपयोग होने वाला एक बहुत ही मांग वाला घटक है। उन्होंने इसे कम लागत पर संश्लेषित करने का एक तरीका खोज लिया था। मैंने उनसे पूछा कि इसे व्यवसाय का रूप देने के लिए क्या करना होगा। उन्होंने कहा कि उन्हें यौगिक का संश्लेषण करने के लिए एक छोटी लेबोरेटरी और 20 लीटर के कांच के फ्लास्क के साथ एक मैन्युफैक्चरिंग यूनिट बनानी होगी, जिसे बाद में 10,000 लीटर के ग्लास-लाइन वाले वेसल्स तक बढ़ाया जाएगा।

'लोगों के बारे में क्या?' मैंने पूछा। उन्होंने कहा कि यूडीसीटी के कैमिस्ट्री डिपार्टमेंट के प्रमुख ने बोर्ड में आने के लिए सहमति जताई थी, इसके अलावा कुछ पीएचडी उम्मीदवार भी शामिल होने के लिए तैयार थे।

मुझे लगा कि उनके प्रस्ताव में दम था और उस केमिकल को एक्सपोर्ट करने की संभावना अच्छी थी। यदि वह बड़े पैमाने पर निर्माण किया जाने वाला कोई साधारण केमिकल होता, तो भारत में उसे बनाने की लागत विदेश से इतनी कम नहीं होती।

लेकिन जो जटिल केमिकल डॉक्टर अग्रवाल बनाना चाह रहे थे, उसके निर्माण की प्रक्रिया को दर्जनों योग्य कैमिस्ट की निगरानी की ज़रूरत होती। विदेशों में ऐसा करना भारत से महंगा होता। इसलिए, मैंने डॉक्टर अग्रवाल को इस पर काम शुरू करने की अनुमति दी। इस प्रकार सेखसरिया केमिकल्स के तहत मेरे पहले कारखाने ने जन्म लिया।

बंबई के उत्तर में स्थित डोंबिवली नामक उपनगर में लैब स्थापित करने में लगभग एक साल लग गया। उसी ज़मीन पर हमारी पहली फ़ैक्टरी बनने में एक और साल लगा। तब तक, डॉक्टर नंदकुमार चोडनकर और उनकी पत्नी, डॉक्टर लक्ष्मी चोडनकर डॉक्टर अग्रवाल के साथ जुड़ गए थे। डॉक्टर लक्ष्मी मेरे दोस्त की बहन थीं। टीम धीरे-धीरे बढ़कर लगभग चालीस लोगों की बन गई। 1974 में छोटे पैमाने पर उत्पादन शुरू हुआ। बरोड़ा में स्थित फ़ॉर्म्यूलेशन निर्माता, सुहृद गैगी, हमारे मुख्य ग्राहक थे।

हर रविवार सुबह मैं अपनी गाड़ी में, डॉक्टर अग्रवाल को बांद्रा में उनके घर से लेकर, डोंबिवली और अंबरनाथ तक का 90 मिनट का सफ़र करता था ताकि हम प्रगति पर निगरानी रख सकें। कपास व्यापार के विपरीत इस व्यवसाय में निवेश की गई पूंजी को फिर से प्राप्त करने के लिए हमें बहुत कठिनाइयों का सामना करना पड़ा था। इसे लगभग पांच साल लग गए और उत्पादन को औद्योगिक स्तर तक ले जाने के लिए कुछ और साल लग गए। इसके अलावा फ़ूड एंड ड्रग एडमिनिस्ट्रेशन (FDA) का प्रमाणपत्र मिलने के लिए बहुत समय लगा और उसके लिए कड़ी मेहनत भी करनी पड़ी।

अमरीका और यूरोप में हमारे केमिकल्स का एक्सपोर्ट करने में लगभग दस साल लग गए। फ़ॉर्म्यूलेशन बनाने के लिए हमने जो डिपार्टमेंट स्थापित किया वो बिल्कुल नहीं चला। इस घाटे की भरपाई करने के लिए मुझे बग़ल की ज़मीन पर एक और बल्क ड्रग यूनिट शुरू करनी पड़ी।

डॉक्टर अग्रवाल के कंपनी छोड़ने के बाद चोडनकर दंपति ने कंपनी चलाई। डॉक्टर अग्रवाल जैसे, अच्छे वैज्ञानिक होने के बावजूद उनमें व्यवसाय और व्यापार करने की न समझ थी और न तजुर्बा। 1980 के दशक के मध्य तक मैं गुजरात अंबुजा के साथ पूरी तरह से व्यस्त था और सेखसरिया केमिकल्ज़ को हफ़्ते में एक घंटे से ज़्यादा समय नहीं दे सकता था। इसलिए, कंपनी की धीरे-धीरे प्रगति होती रही। बिक्री को 100 करोड़ तक पहुंचने में तीन दशक लग गए।

2005 में चोडनकर दंपति रिटायर होना चाहते थे। तब मैं भी कंपनी नहीं चलाना चाहता था। मैंने उन्हें कंपनी के लिए ख़रीदार ढूंढने के लिए कहा। मैंने 130 करोड़ रुपयों में कंपनी बेची और मुनाफ़े का कुछ हिस्सा चोडनकर्स को दिया। इतने सालों में मैंने इस कंपनी में लगभग 45 से 50 करोड़ रुपये निवेश किए थे। आज मुझे लगता है कि मैंने कंपनी बेचकर ग़लती की। मुझे कंपनी चलाने के लिए नए लोगों को नियुक्त करना चाहिए था जिससे कंपनी को और तेज़ी से बढ़ने का एक और मौका मिल सकता था।

1980 के दशक की शुरुआत में मैंने दो फ़ार्मा कंपनियां शुरू की थीं। मैंने उन्हें भी जल्दी बंद करने की ग़लती की। उस समय, मेरे बैंक खाते में अतिरिक्त नक़द पैसा था जिसका मूल्य मुद्रास्फ़ीति और ऊंचे करों के कारण घट रहा था। गुजरात अंबुजा शुरू करने का यह एक कारण था। और साथ में मुझे लगा कि थोड़ा और जोखिम उठाकर कोई और व्यवसाय शुरू करना अच्छा होगा। मेरी उम्मीद थी कि दोनों में से कम से कम एक कंपनी से मैं बढ़िया मुनाफ़ा कमा पाऊंगा। उस समय गुजरात अंबुजा की योजना अपने शुरुआती चरण में ही थी।

1982 में श्री डी.एन. चतुर्वेदी डॉक्टर अग्रवाल के ज़रिए मुझे मिलने आए। उस समय वह सर्ल इंडिया नामक विशाल फ़ार्मा कंपनी के मुख्य वित्तीय अधिकारी (CFO) थे| वह सर्ल इंडिया छोड़कर फ़ॉर्म्यूलेशन बेचने वाली नई कंपनी शुरू करना चाहते थे। मैंने उनका समर्थन करने का निर्णय लिया। उन्होंने कहा कि वे किसी और से उत्पादन करवाएंगे, जो मुझे एक सही विचार लगा। इस तरह, मेरी दूसरी फ़ार्मा कंपनी, सिंकेयर लिमिटेड शुरू हुई।

उसी तरह, एक साल बाद, 1983 में मैं एक पार्टी में 'बरोज़ वेलकम' (Burroughs Wellcome) के एमडी, डॉक्टर वी.ए. पडवल से मिला, जिन्हें मैं बहुत पहले से जानता था। जब उन्होंने मुझे बताया कि वह रिटायर होने जा रहे थे, तब मैंने उनसे कहा कि वह मेरे लिए कुछ करें| उन्होंने कहा कि उनके पास सिंकेयर जैसी फ़ॉर्म्यूलेशन कंपनी शुरू करने की योजना थी। वे अपने सहकर्मी और बरोज़ वेलकम के मार्केटिंग डायरेक्टर, डॉक्टर आर.एस. वाही को अपना पार्टनर बनाना चाहते थे| मैं नहीं चाहता था कि दो वरिष्ठ पेशेवरों के बीच कोई तनाव हो और इसलिए मैंने उनके लिए ब्लू शील्ड नामक नई कंपनी शुरू की।

दोनों कंपनियों के बढ़िया फ़ॉर्म्यूलेशन पदार्थों के बावजूद, उनका इतना अच्छा प्रदर्शन नहीं रहा। इन पेशेवरों के नेक इरादों और मेहनत के बावजूद उनके पास शून्य से

फ़ार्मा कंपनी स्थापित कर उसे चलाने की मार्केटिंग और वितरण की दक्षता नहीं थी। मुझे पता चला कि हमारे प्रोडक्टस डॉक्टरों को बेचने के लिए जिन मेडिकल रिप्रेज़ेन्टेटिव को उन्होंने नियुक्त किया था, वे हमसे तनख़्वाह लेकर अधिकतर प्रोडक्टस दूसरी कंपनियों के बेचते थे। बाद में मैं समझ गया कि डॉक्टर चतुर्वेदी और डॉक्टर पडवल दोनों अपने पेशे में बूढ़े हो चुके थे और इसलिए उनमें वो जूनून नहीं था, जिससे वे इन उपक्रमों को सफल बना सकें। मैंने दोनों कंपनियों में कुल मिलाकर लगभग 10 करोड़ रुपये निवेश किए होंगे। लेकिन दोनों से मुझे मुनाफ़ा नहीं मिला। ब्लू शील्ड को 1989 में बेचकर मुझे निवेश की हुई पूंजी वापस मिल गई। सिंकेयर को 1991 में बेचकर उस पर मुझे कुछ घाटा हुआ|

1970 के दशक में मैंने अन्य क्षेत्रों में भी व्यवसाय किए; मैंने कुछ समय के लिए कंस्ट्रक्शन में भी बिजनेस किया। एक दिन हमारे परिवार के पुराने परिचित, चित्तरंजन शाह मुझसे मिलने आए। बंबई के वर्ली में स्थित सत्यम, शिवम्, सचिनम मूवी थिएटरों के वह मालिक थे, जो उस समय काफी लोकप्रिय थे। वह जुहू इलाक़े में हाउसिंग प्रोजेक्ट शुरू करने जा रहे थे और चाहते थे कि मैं उस प्रोजेक्ट में निवेश करूं। कपास व्यवसाय में मिली सफलता से ख़ुश होकर, मैं तुरंत तैयार हो गया| हालाँकि मैं उस व्यवसाय के बारे में कुछ भी नहीं जानता था।

कुछ साल पहले, मेरे बड़े भाई सुरेंद्र बंबई लौट आए थे| इससे पहले वह हमारे मामा के साथ कलकत्ता में काम कर रहे थे| चूँकि वो मेरे साथ काम करना चाहते थे, मैंने उन्हें कंस्ट्रक्शन-बिजनेस की ज़िम्मेदारी सौंपी और उन्हें वर्किंग पार्टनर बना दिया। हमने मलाड में कुछ ज़मीन ख़रीदी और वहां लोगों के रहने की इमारत बनाने लगे। बाद में हमने जुहू में एक तीसरी ज़मीन पर निवेश किया। जुहू में स्थित यह ज़मीन हमने ग्रेट ईस्टर्न कंपनी से ख़रीदी।

लगभग इसी समय, जून 1975 में प्रधानमंत्री इंदिरा गांधी ने इमरजेंसी घोषित कर दी। उनका मुख्य निशाना रियल एस्टेट क्षेत्र द्वारा उत्पन्न काला धन था। इसलिए देशभर के प्रमुख शहरों में कंस्ट्रक्शन में मंदी आ गई। सरकार ने बंबई जैसे बड़े शहरों में एक से अधिक घर ख़रीदने पर रोक लगा दी। इसलिए खरीददार भी पीछे हटने लगे, जिसका हम पर बहुत बुरा असर हुआ।

हालाँकि हमारे दोनों प्रोजेक्ट बनकर तैयार थे, लोगों की अनिच्छा के कारण हम दो साल की इमरजेंसी ख़त्म होने के बाद ही घर बेच पाए। रही बात ग्रेट ईस्टर्न से ख़रीदी

ज़मीन की, हम उस पर कुछ नहीं बना पाए, क्योंकि उन दिनों सरकारी परमिशन मिलना बहुत मुश्किल था। अंत में हमने उसे बेच दिया। सभी सौदों में हमने जितना खर्च किया था वो मुश्किल से हम बना पाए। मैंने तय किया कि यह बिजनेस न मैं समझता था और न वो मुझे पसंद था।

1970 के दशक में मैंने 'कॉटन वैस्ट' का बिजनेस भी शुरू किया, जिसमें मैंने कहीं ज़्यादा सफलता हासिल की। एक बार जब मैं लंदन में था तब मुझे 'बंज़ल एंड ब्याक' (Bunzl & Biach) नामक कंपनी के बारे में पता चला। उसकी ख़ासियत कागज़ और कॉटन वेस्ट को रीसाइकल करने की थी। इससे रीसाइकल काग़ज़ बनता था, जिससे बैंक नोट और स्टैंप पेपर छापे जाते थे। मेरी सोच यह थी कि चूँकि हम कपास का व्यापार कर ही रहे थे, क्यों न उसी से जुड़ा यह काम भी किया जाए। मैंने उनके एक डायरेक्टर से मिलकर उन्हें कॉटन वेस्ट बेचने की पेशकश की।

उन्होंने कहा कि उनकी कंपनी के पहले से ही पर्याप्त सप्लायर थे और उन्हें किसी नए सप्लायर की ज़रूरत नहीं थी। मैंने उनसे आग्रह किया कि मुझसे 100 गाँठ ख़रीदकर शुरू करें। 'मैं आपको आश्वासन देता हूं कि आप जो कॉटन वेस्ट अभी ख़रीद रहे हैं उससे ये कॉटन वेस्ट क्वालिटी और क़ीमत दोनों में बेहतर होगा। आप जिस क्वालिटी और क़ीमत में कपास चाहते हों उसकी सप्लाई मैं आपको करूंगा,' मैंने उनसे कहा।

'और यदि मैं आपसे वो कॉटन वेस्ट आधी क़ीमत में मांगू?' उन्होंने मुझसे कहा। मैंने कहा, 'आप अनुभवी पेशेवर हो। इसलिए मैं आपसे यह उम्मीद नहीं करता कि आप मेरे उचित प्रस्ताव का ग़लत फ़ायदा उठाएंगे। मैं आपको बढ़िया क्वालिटी, उचित क़ीमत में देने का प्रस्ताव दे रहा हूं। मैं आपसे मोल-तोल भी नहीं कर रहा हूं।'

मेरे आत्मविश्वास से प्रभावित होकर उन्होंने मुझे 100 गाँठ का ऑर्डर दिया। मैंने निर्धारित गुणवत्ता के कॉटन वेस्ट समय के अंदर सप्लाई की। वे इससे ख़ुश थे। तीन महीनों बाद जब हम मिले तब उन्होंने दावे से कहा कि मैंने घाटा किया होगा।

'जी नहीं सर,' मैंने जवाब दिया, 'दरअसल मैंने अच्छा मुनाफ़ा कमाया। मैंने कड़ी मेहनत करके मेरे सप्लायर से सबसे अच्छा कॉटन वेस्ट अच्छे दाम में प्राप्त किया। किसी भी व्यवसाय में दोनों दलों को लाभ होना चाहिए। मैं घाटा उठाने के लिए व्यवसाय नहीं करता हूं। यदि आप मुझसे नियमित रूप से कॉटन वेस्ट लेंगे तो मैं आपको और अच्छी

क़ीमत दूंगा।' इससे प्रभावित होकर उन्होंने मुझे दीर्घकाल के लिए सप्लायर बनाया। मैंने इस व्यवसाय से कई सालों तक बहुत मुनाफ़ा कमाया।

एक और वाकया, 1970 के दशक के लगभग मध्य भाग में, मैंने चांदी के बाज़ार में बहुत मुनाफ़ा कमाया। हम जैसे कॉटन व्यापारियों के लिए धंधे का समय साल के नौ महीनों तक चलता है, वह कपास ख़रीदने के लिए निवेश से शुरू होता है और कपास बेचकर निवेश की गई पूंजी और मुनाफ़ा कमाने के साथ ख़त्म होता है। नवंबर से अप्रैल तक हम कपास की ख़रीदारी में निवेश करते हैं। सारा कपास जुलाई या अगस्त तक मिलों को भेज दिया जाता है और मुनाफ़े के साथ निवेश की भरपाई होती है। यह सिलसिला नवंबर में फिर से शुरू हो जाता है।

एक साल, जब हमने ढेर सारा मुनाफ़ा कमाया था, हमारे बैंक खाते में लगभग 50 लाख रुपये जमा थे। यह पैसा तीन महीनों तक बैंक में बेकार पड़ा रहता था। इसलिए उस पर और मुनाफ़ा कमाने के लिए, अन्य व्यवसायियों जैसे हम भी उस पैसे को *ब्याज-बदला* बाज़ार में उधार पर देते थे। यह बॉम्बे स्टॉक एक्सचेंज पर एक अनौपचारिक अल्पकालिक वित्तीय प्रणाली थी जिसमें अतिरिक्त नक़द राशि शेयर मार्केट में निवेश करने के इच्छुक सट्टेबाज़ों को उधार दी जाती थी। हालाँकि इसमें जोखिम थोड़ी ज़्यादा थी, *ब्याज-बदला* में हम बैंक के फ़िक्स्ड डिपॉज़िट से कई ज़्यादा मुनाफ़ा कमाते थे। सेक्यूरिटीज़ एंड एक्सचेंज बोर्ड ऑफ़ इंडिया (SEBI) ने 1990 के दशक के मध्य में इस पर रोक लगा दी।

उसी साल मैंने बाबूजी को चांदी में निवेश करने की सलाह दी। मैंने अख़बारों में पढ़ा था कि टेक्सस में स्थित और तेल के व्यवसाय में अपनी संपत्ति कमाने वाले अरबपति हंट ब्रदर्स (Hunt Brothers) – नेल्सन बंकर हंट, लामार हंट और विलियम हर्बर्ट हंट – विश्व में चांदी के सबसे बड़े सप्लायर, भारत और विश्व के अन्य देशों से चांदी इकट्ठा करने लगे थे। इसलिए चांदी का दाम बढ़ने की उम्मीद थी। सोने जैसे, चांदी भी एक सुरक्षित परिसंपत्ति थी जिसमें भारतियों ने सदियों से निवेश किया था। एक आढ़तिया से मैंने चांदी ख़रीदी और उसे एक बैंक की तिजोरी में रख दिया। जैसे अपेक्षित था, तीन महीनों में चांदी का दाम दोगुने से ज़्यादा हो गया और चांदी बेचकर मुझे अप्रत्याशित लाभ हुआ।

लेकिन हंट ब्रदर्स के लिए अंजाम अच्छा नहीं रहा। 1980 की पहली तिमाही तक, उन्होंने पूरे विश्व की एक-तिहाई चांदी ख़रीद ली थी, जिससे एक साल में चांदी का दाम 700 प्रतिशत से बढ़ गया था। गुरुवार, 27 मार्च 1980 के दिन नियंत्रकों ने चांदी की

सट्टेबाज़ी से जुड़े नियम बदल दिए ताकि लोगों द्वारा उसकी जमाख़ोरी रुक जाए। इस वजह से चांदी का दाम तेज़ी से गिर गया और हंट ब्रदर्स की अधिकतर संपत्ति मिट्टी में मिल गई। उस दिन को विश्वभर के बुलियन बाज़ारों में आज तक सिल्वर थर्सडे के नाम से जाना जाता है।

*

1977 के चुनावों में क्रोधित मतदाताओं ने श्रीमती इंदिरा गांधी को सत्ता से निकाल दिया था। लेकिन तीन साल बाद, जनवरी 1980 में, आश्चर्यजनक रूप से उनका प्रदर्शन इतना अच्छा रहा कि वे विशाल बहुमत से लोकसभा चुनाव जीत गईं। कुछ महीनों बाद वाणिज्य मंत्रालय ने कपास के निर्यात पर प्रतिबंध लगाने की अधिसूचना जारी की। यह इतने मनमाने और तर्कहीन तरीक़े से किया गया था कि मुझ जैसे कपास निर्यातक इसके लिए बिल्कुल तैयार नहीं थे।

आमतौर पर प्रतिबंध लगाए जाने से पहले संबंधित लोगों के साथ विचार-विमर्श किया जाता है। लेकिन इस बार ऐसा कुछ नहीं हुआ। एक और महत्त्वपूर्ण बात यह थी कि प्रतिबंध उन निर्यात अनुबंधों पर भी लागू था, जिन पर हस्ताक्षर होकर वे सरकार के साथ पंजीकृत किए जा चुके थे। इस वजह से मुझ जैसे कपास निर्यातक बड़ी मुसीबत में थे। हम अंतर्राष्ट्रीय ख़रीदारों को बड़ी मात्रा में कपास बेचने के लिए वचनबद्ध थे और इसलिए हमारा बहुत बड़ा घाटा होना अब तय था।

जल्द ही हम इस संदेहपूर्ण प्रतिबंध के पीछे की वजह जान गए। चंडीगढ़ में स्थित एक नए निर्यातक ने मेरेडिथ जोंस एंड कंपनी (Meredith Jones & Co.) नामक लिवरपूल के कॉटन व्यापारी के साथ मिलकर एक बेतुकी योजना बनाई थी, जिससे वे जापानी निर्यात से भारी मुनाफ़ा कमाना चाहते थे।

उन दिनों जापान भारत से बंगाल देसी नामक कॉटन बड़ी मात्रा में आयात करता था। उत्तर भारत के पंजाब, हरियाणा और राजस्थान जैसे राज्यों में उगाए जाने वाले बंगाल देसी कॉटन गद्दों और तकियों के लिए विश्व में बेस्ट मानी जाती थी। जापान में परंपरागत रूप से ज़मीन पर बिछाए जाने वाले गद्दे, जिन्हें फ़ूटॉन कहते हैं, इस कपास से बनते थे और इसलिए उसकी वहां बहुत मांग थी। उन दिनों, जापान मेरे सहित अन्य भारतीय निर्यातकों से बंगाल देसी के सालाना डेढ़ लाख गाँठ आयात करता था।

उस साल चंडीगढ़ के निर्यातक ने मेरेडिथ जोंस के मालिक से कहा कि वह कॉटन के मौसम की शुरुआत में 10 मिलियन डॉलर के मूल्य के कॉटन की गाँठ इकट्ठा कर उन्हें जापान भेज देगा, जहां मेरेडिथ जोन्स को उन्हें गोदाम में रखना होगा। कॉटन जापान पहुंचने पर, यह निर्यातक भारत सरकार में उसके पहचान के लोगों की मदद से कॉटन के निर्यात पर प्रतिबंध लगवाएगा। जब ऐसा होगा, भारत से कॉटन का निर्यात रुक जाएगा और जापान के गोदामों में इकट्ठा कपास का दाम बढ़ जाएगा और मेरेडिथ जोन्स उसे बेचकर ढेर सारा मुनाफ़ा कमाएगा।

सबकुछ योजना के अनुसार हुआ। मेरेडिथ जोन्स द्वारा दिए पैसों से चंडीगढ़ के निर्यातक ने भारी मात्रा में कॉटन ख़रीदा। वह कॉटन जापान पहुंचते ही भारत सरकार के वाणिज्य मंत्रालय ने अधिसूचना जारी की कि वे भारतीय हथकरघा बुनकरों के हित में कॉटन के निर्यात पर प्रतिबंध लगा रहा था। अतीत में, सरकार उन निर्यात अनुबंधों को ऐसे प्रतिबंधों से छूट देती थी, जो कपड़ा आयुक्त के साथ पंजीकृत किए जा चुके थे। इस बार ऐसी कोई छूट नहीं दी गई। सारे निर्यातक निर्यात करने की प्रत्याशा में ख़रीदे गए कॉटन की भारी मात्रा के साथ अटक गए।

मेरे पास 10,000 गाँठ थीं, जिन्हें मैं निर्यात नहीं कर सकता था। उन्हें भारत के बाज़ार में बेचना एकमात्र विकल्प था। और चूँकि अतिरिक्त आपूर्ति के कारण यहां के दाम पहले से ही बहुत घट चुके थे, यह घाटे का सौदा होना निश्चित था। सारे निर्यातक साथ आकर प्रतिबंध का विरोध करने के लिए संबंधित मंत्री से मिले। लेकिन वे टस से मस न हुए। इस असफल मिशन के बाद सभी अपने-अपने शहर लौट गए। मेरे सिद्धांतों ने मुझे हार नहीं मानने दी। मुझे लगा कि मेरे साथ नाइंसाफ़ी हो रही थी। इसलिए मैंने सरकार को प्रभावित करने के अन्य तरीक़ों का इस्तेमाल करने की ठान ली। मैं इस उम्मीद से दिल्ली में ही रुका रहा कि वाणिज्य मंत्री से आमने-सामने मिलकर, उन्हें निर्यात का पहलु समझा सकूं।

दो हफ़्तों तक अलग-अलग लोगों से बात करने के बाद मैं उस मंत्री से कुछ समय के लिए मिल पाया। मैंने उन्हें इस प्रतिबंध के अनौचित्य के बारे में बताया। उन्होंने शांति से मेरी बात सुनी लेकिन मुझसे कोई वादा नहीं किया। 'मैं कुछ करूंगा,' बस इतना कहकर उन्होंने मीटिंग समाप्त कर दी।

उन्होंने मुझे कोई आश्वासन नहीं दिया था। जब कुछ दिनों तक कुछ भी नहीं हुआ तब मैं फिर से उनके ऑफ़िस जाकर उनके निजी सचिव (पीए) से मिलता रहा। इस पीए

ने मुझ पर तरस खाकर मेरी बात सुनी और फिर मुझसे कहा कि मंत्री कुछ नहीं करेंगे। उसने कहा कि चूँकि दो महीने पहले मंत्री ने ही प्रतिबंध लगाया था, इसलिए इस बात की संभावना कम थी कि वे ख़ुद ही उसे रद्द करेंगे। किसी और को उसे रद्द करना होगा। इस पीए ने मुझे आश्वासन दिया कि वह मंत्री के एक भरोसेमंद विशिष्ट सहायक से यह बात छेड़ेगा।

मैं अंदर की बात नहीं जानता था| कुछ दिनों बाद, मंत्रिमंडल ने एक पंक्ति का वक्तव्य जारी किया जिसका आशय कुछ इस प्रकार था, 'बाज़ार में हुई गतिविधियों के कारण हम तीन महीने पहले की स्थिति पर लौट रहे हैं|' प्रतिबंध बिना किसी धूमधाम के तुरंत रद्द किया गया। दिल्ली में दो महीने बिताने के बाद मुझे सफलता मिली थी। मेरी ज़िद रंग लाई थी। साथी निर्यातकों ने मुझे बुलाकर बधाई दी। सभी निर्यातक अपने अनुबंधों के अनुसार कॉटन की सप्लाई कर पाए। हम सबने मिलकर तय किया कि हम मेरेडिथ जोन्स एंड कंपनी के साथ आइंदा से व्यवहार नहीं करेंगे।

कुछ ऐसा ही नाटक जापान में भी चल रहा था। चंडीगढ़ के निर्यातक और मेरेडिथ जोन्स ने मिलकर क्या किया था इस बात की ख़बर जापान पहुंच गई थी। टोक्यो के प्रमुख आयातक इससे इतना चिढ़ गए कि उन्होंने मिलकर निर्णय लिया कि वे मेरेडिथ जोन्स की 20,000 गाँठों को बिल्कुल नहीं ख़रीदेंगे और उनसे आइंदा से जापान में व्यवहार भी नहीं करेंगे।

कॉटन एक साल तक वहीं पड़ा रहा; यहाँ तक कि मेरेडिथ जोन्स का टोक्यो प्रतिनिधि भी उसे छूने के लिए तैयार नहीं था, इस डर से कि उस पर भी प्रतिबंध लगा दिया जाएगा। मेरेडिथ जोन्स को पता नहीं था कि क्या किया जाए। निराश होकर उन्होंने श्री जॉर्ज वॉल्टर से मदद मांगी| जॉर्ज हैम्बर्ग में स्थित एक प्रख्यात कॉटन व्यापारी थे, जिनकी भारत और जापान, दोनों देशों में जान-पहचान थी। जापान में उनका और मेरा एक ही प्रतिनिधि था। पहले जॉर्ज ने जापान में इस प्रतिनिधि से सलाह ली कि क्या कुछ किया जा सकता था। जापानी प्रतिनिधि ने कहा कि सिर्फ़ नरोत्तम सेखसरिया, जिसने भारत में प्रतिबंध रद्द करवाया था, संभवतः कुछ कर सकेंगे। फिर जॉर्ज ने मुझे फ़ोन किया और हमने यहां-वहां की बातें कीं।

फिर उन्होंने पूछा कि क्या मैं मेरेडिथ जोन्स के मालिक, श्री नाइजेल जोंस से मिलने के लिए तैयार था। 'वह इस समस्या का हल निकालने के लिए उत्सुक थे ताकि घाटा

कम से कम हो,' उन्होंने कहा। मैं नहीं जानता था कि मैं नाइजेल जोंस की क्या मदद कर सकता था, लेकिन आवेग में आकर मैं उनसे होटल रूम में मिलने के लिए तैयार हुआ। मैं नहीं चाहता था कि मेरे कोई सह-निर्यातक हमें एक साथ देखें। आख़िरकार, उन्हें भारत में भी प्रतिबंधित किया गया था।

उन्होंने तुरंत मुझे फ़ोन किया और मैंने उन्हें बंबई बुलाया। वे नरिमन पॉइंट में ओबेरॉय होटल में ठहरे थे और वहां पहुंचते ही उन्होंने मुझे फ़ोन किया। मैंने एक दोस्त से उसी होटल में उसके नाम में रूम बुक करने के लिए कहा और नाइजेल को उस रूम में बुलाया। एक ऊंचे, दुबले और सुंदर लेकिन चिंतित और व्याकुल लग रहे आदमी ने रूम में प्रवेश किया। उन्होंने कहा कि यदि वे जापानी गोदामों में रखा कॉटन नहीं बेच पाए, तो उनका दिवाला निकल जाएगा। उन्होंने कहा कि चंडीगढ़ के निर्यातक के बहकावे में आकर उन्होंने बहुत बड़ी ग़लती की थी। वे मेरी मदद के लिए मेरे पैर छूने तक को तैयार थे।

मैंने नाइजेल को साफ़-साफ़ बताया कि भारतीय व्यापारियों या जापानी आयातकों से मुझे नाइजेल से बात करने या समझौता करने की आज्ञा नहीं मिली थी। उनकी इस करतूत से भारत और जापान दोनों में मुश्किलें पैदा हुई थीं। उन्होंने कहा कि वे इसका हल निकालने के लिए कुछ भी करने के लिए तैयार थे। अचानक से मैंने उनसे पूछा कि क्या वे भारतीय व्यापारियों को हर्जाना देने के लिए तैयार थे। पलक झपकते ही उन्होंने हां कह दिया।

फिर मैंने उनसे पूछा कि क्या वह हर्जाने के रूप में जापानी आयातकों को गोदामों में रखा कपास 10 प्रतिशत कम दाम में देने के लिए तैयार थे। वे इसके लिए भी तुरंत राज़ी हुए। वे जापानी और भारतीय व्यापारियों से अपने किए की माफ़ी मांगने के लिए भी तैयार थे। उनसे ये आश्वासन लेने के बाद, मैंने कहा कि मैं अपने साथियों से बात करूंगा। उन्होंने कहा कि अब उनकी पूरी उम्मीद मुझसे ही थी।

मैं होटल छोड़कर पास के मित्तल चेम्बर्स में मेरे ऑफ़िस तक चलकर गया। पहले मैंने खीमजी विश्राम एंड सन्स (Khimji Visram & Sons) के मालिक से बात करना उचित समझा। वे उस समय भारत के मुख्य कपास व्यापारी थे और जापान को सबसे ज़्यादा निर्यात वही करते थे। उनका ऑफ़िस मेरे ऑफ़िस के ऊपर स्थित था। मैं बिना किसी सूचना के उनके ऑफ़िस गया और उनसे मिलने की इच्छा व्यक्त की। उस समय

वे ऑफ़िस में थे और तुरंत मुझसे मिले। मैंने उन्हें बताया कि मेरेडिथ जोंस के लोगों ने मुझसे संपर्क किया था चूँकि वे भारत और जापान में उन्हें प्रतिबंधित किए जाने के मुद्दे का हल निकालना चाहते थे।

उन्होंने कहा कि इस मामले वे कुछ नहीं कर सकते थे चूँकि मेरेडिथ जोंस की वजह से भारत के कॉटन व्यापार को बहुत हानि पहुंची थी। 'सौभाग्यवश जापानी आयातकों की अच्छाई के कारण उन्होंने आयात की मात्रा बढ़ाई और दाम भी ज़्यादा दिए, जिस कारण हमें घाटा नहीं हुआ। उनके समर्थन के कारण हमने हमारे घाटे की भरपाई की। इसलिए हमें भी उनका समर्थन करना चाहिए। जब तक जापानी आयातक अपना प्रतिबंध नहीं हटाते हैं, हमें प्रतिबंध हटाना उचित नहीं होगा,' उन्होंने मुझसे कहा। उन्होंने सुझाव दिया कि जापानी आयातक सिर्फ़ एक शर्त पर अपना प्रतिबंध हटाएंगे और वो ये कि मेरेडिथ जोंस को गोदाम में जमा कॉटन को बाज़ार के मूल्य की तुलना में 4 या 5 प्रतिशत कम दाम में बेचना होगा।

'और हमारा क्या?' मैंने उनसे पूछा। उन्होंने कहा, 'हमें अपना पैसा मिल गया है और इसलिए हमें मेरेडिथ जोंस से कुछ नहीं चाहिए। लेकिन उन्हें हमें वचन देना होगा कि वे बंगाल देसी का फिर से व्यापार कभी नहीं करेंगे।'

मैंने उन्हें बताया कि मैं मेरेडिथ जोंस से हमारे लिए हर्जाने की बड़ी राशि सहित क्षमा याचना भी मांगूंगा। उन्हें मेरी बात पर विश्वास नहीं हुआ। उन्होंने कहा, 'मूर्ख मत बनो। उनसे उचित राशि मांगो, जो निर्यातकों में बांटी जा सके।'

मैंने उनसे पूछा कि क्या अन्य निर्यातक मानेंगे। उन्होंने कुछ और निर्यातकों से बात की और सभी छोटी-सी राशि लेकर मामले को निपटाने के हित में थे। फिर मैंने नाइजेल से मिलकर उन्हें बताया कि अन्य भारतीय निर्यातकों ने मेरा सुझाव स्वीकार किया था। ये सुनकर वे बहुत ख़ुश हुए। लेकिन दो और बातों के बारे में अनिश्चितता थी। हम नहीं जानते थे कि क्या जापान के आयातक इस योजना को स्वीकार करेंगे, क्योंकि हमने उनसे बात नहीं की थी। और दूसरी बात यह थी कि भारत छोड़ने से पहले उन्हें हर्जाने की रकम देनी होगी।

उन्हें पक्का विश्वास था कि यदि भारत के व्यापारी उन पर से प्रतिबंध हटाएंगे तो जापानी व्यापारी भी प्रतिबंध हटा देंगे। फिर उन्होंने फ़ोन उठाकर होटल के ऑपरेटर से लिवरपूल में अपने ऑफ़िस का फ़ोन लगवाया। उन्होंने मुझसे मेरे बैंक खाते की जानकारी

मांगी। लिवरपूल तक फ़ोन लगते ही उन्होंने अपने ऑफ़िस को मेरे खाते में तुरंत पैसे जमा करने का आदेश दिया।

चौबीस घंटों के अंदर मेरे खाते में पैसे आ गए थे। फिर मैंने खीमजी विश्राम से मिलकर उन्हें बताया कि हालाँकि उन्हें छोटी राशि चाहिए थी, मैं निर्यातकों के लिए बहुत बड़ी राशि प्राप्त कर पाया था। उन्हें यक़ीन नहीं हुआ और उन्होंने अन्य निर्यातकों को बुलाकर यह ख़ुशख़बर दी। इसके बदले, मैंने खीमजी विश्राम को व्यापरियों के जापानी प्रतिनिधियों और ग्राहकों को यह ख़बर देने के लिए कहा। उन्हें भी यक़ीन नहीं हुआ कि मेरे कहने पर नाइजेल ने जापानी ग्राहकों को दाम में 10 प्रतिशत छूट दी थी। कुछ घंटों बाद उन्होंने हमें बुलाकर कहा कि यदि नाइजेल उन्हें माफ़ी पत्र देंगे तो वे प्रतिबंध हटा देंगे।

होटल में, मैंने नाइजेल से जापानी कॉटन आयातकों के संगठन में पांच वरिष्ठ लोगों को माफी पत्र के साथ-साथ गोदाम में इकट्ठा कॉटन पर 10 प्रतिशत छूट देने का पत्र टेलेक्स करने के लिए कहा। नाइजेल को उन्हें यह वचन भी देना था कि वे जापान में व्यापार कभी नहीं करेंगे। अगले दिन जापानी आयातक मान गए, मेरेडिथ जोंस ने अपना कॉटन उन्हें बेच दिया और सभी संतुष्ट थे।

नाइजेल ने मुझे एक बार फिर लंदन से कॉल कर मेरा आभार माना। 'मैं ज़िंदगीभर आपका शुक्रगुज़ार रहूंगा,' उन्होंने मुझे कहा। 'आपके हस्तक्षेप के बिना मेरी 100 साल की कंपनी सहित मैं मिट्टी में मिल जाता।' उन्होंने मुझसे पूछा कि इसके बदले में वे मेरे लिए क्या कर सकते थे। मैंने उनसे कहा कि लिवरपूल के मेरे अगले सफ़र पर वे मुझे खाना खिला सकते थे।

इस घटना के कुछ समय बाद मैं लंदन में छुट्टी पर था। वहां से मैं ट्रेन से लिवरपूल गया जहां नाइजेल मुझे स्टेशन पर मिलने आए। वे इस बात से बहुत ख़ुश प्रतीत हुए कि आख़िरकार मैं उनसे मिलने उनके शहर आया था। उन्होंने मुझे अपने ऑफ़िस ले जाकर अपने सारे कर्मचारियों के साथ टाउन हॉल मीटिंग में यह कहकर मेरा परिचय करवाया कि मैं ही वह शख़्स था जिसने मेरेडिथ जोंस को डूबने से बचाया था। उस शाम, उन्होंने मुझे अपने घर पर परिवार के साथ दावत पर आमंत्रित किया। बातों-बातों में उन्होंने आशा व्यक्त की कि भारत में मैं उनका प्रतिनिधि बनूं। मैंने उन्हें याद दिलाया कि भारत में 'बंगाल देसी' के व्यापार के लिए वे प्रतिबंधित हो चुके थे।

उन्होंने कहा कि वे अन्य प्रकार के कॉटन के लिए मार्केट बनाना चाहते थे। मैंने कहा कि मैं आढ़तिया नहीं बनना चाहता था। फिर उन्होंने मुझे साझेदारी में मुनाफ़े का बराबर हिस्सा देने का प्रस्ताव किया। मैंने मेरे खर्चों के लिए 1 प्रतिशत और मांगा। वे मान गए और सौदा पक्का हुआ। मैंने इस साझेदारी से अच्छा मुनाफ़ा कमाया। गुजरात अंबुजा और फ़ार्मा की कंपनियों में मेरे हिस्से का पैसा मेरेडिथ जोंस की ओर से निर्यातित कॉटन से कमाए मुनाफ़े से आया। हमारा व्यवसायी रिश्ता कुछ साल और चला। तब तक मैं अंबुजा स्थापित करने में पूरी तरह से व्यस्त हो चुका था।

जब मैं फिर से लंदन में था, तब मैं नाइजेल से मिलने गया और जान गया कि उनकी कंपनी में बहुत बदलाव आए थे। कंपनी अब नए पार्टनर्स के कंट्रोल में थी और वे हमारे समझौते के पक्ष में नहीं थे। मैंने नाइजेल से कहा कि हमारी साझेदारी का अंत अब निकट था और हमें अपने-अपने रास्ते जाना चाहिए। वे मान गए और हम ईमानदारी से अलग हुए। कुछ सालों बाद, मुझे पता चला कि उन्हें कंपनी छोड़ने को मजबूर किया गया था और वे अपने परिवार में भी चुनौतियों का सामना कर रहे थे। मैंने उनकी आर्थिक सहायता करने का प्रस्ताव दिया; उन्होंने उसे यह कहकर नकार दिया कि उन्हें उसकी ज़रूरत नहीं थी।

मेरेडिथ जोंस के साथ मेरा रिश्ता बहुत लाभदायक रहा। उसकी वजह से मुझे अन्य अंतर्राष्ट्रीय कंपनियों के साथ व्यवसाय करने का अवसर मिला। और देशभर के कॉटन व्यापार के समुदाय में मेरी प्रतिष्ठा भी बढ़ गई।

*

कारोबार शुरू करने के सिर्फ़ एक दशक के बाद, 1980 के दशक की शुरुआत तक हम भारत के सबसे बड़े कॉटन व्यापारियों में से एक बन गये थे। हमारा कुल व्यापार 100 करोड़ रुपए पार कर गया था। कपास व्यापार के समुदाय में सबसे महत्त्वपूर्ण लोगों में से अधिकांश लोग या तो मुझे जानते थे या उन्होंने मेरे बारे में सुना था। इसलिए, 1982 में कॉटन व्यापार के सीजन के बीच, जब एक दिन महाराष्ट्र सरकार के सहकारिता मंत्रालय के सेक्रेटरी, श्री आर.सी. सिन्हा ने मुझे फ़ोन किया, तब मुझे आश्चर्य नहीं हुआ। वे मुझे तुरंत मिलना चाहते थे। मैं उनसे मिलने मंत्रालय पहुंचा।

हाल ही में दिल्ली से बंबई स्थानांतरित हुए श्री सिन्हा सक्रिय अफ़सर लगते थे। उनका विभाग चीनी मिलों, सहकारी विपणन संघों और सहकारी बैंकों सहित अन्य क्षेत्रों के लिए ज़िम्मेदार था। वह राज्य सरकार के सबसे शक्तिशाली विभागों में से एक था। नए मुख्यमंत्री, श्री बाबासाहेब भोसले ने इस मंत्री पद को अपने पास रखकर उसे चलाने के लिए श्री सिन्हा को विशेषतः चुना था। श्री सिन्हा की समस्या महाराष्ट्र स्टेट को-ऑपरेटिव कॉटन ग्रोअर्ज़ मार्केटिंग फ़ेडरेशन लिमिटेड द्वारा ख़रीदे गए अतिरिक्त कॉटन को लेकर थी।

आमतौर पर 'कॉटन फ़ेडरेशन' के नाम से पहचाना जाने वाला यह विभाग हर साल राज्यभर के किसानों से मोनोपोली कॉटन प्रोक्यूरमेंट स्कीम के तहत पूर्वनिर्धारित दाम पर कॉटन ख़रीदता था। इसके बाद देशभर के कपड़ा मिलों को कॉटन की नीलामी की जाती थी। उस साल महाराष्ट्र सहित पड़ोसी क्षेत्रों में भी अच्छी फ़सल की वजह से कॉटन फ़ेडरेशन ने 40 लाख से ज़्यादा गाँठ खरीदी थी, जो अन्य सालों से कई ज़्यादा था।

कॉटन फ़ेडरेशन के पास इतने सारे गाँठो के संचयन के लिए पर्याप्त मात्रा में उचित गोदाम नहीं थे। श्री सिन्हा जानते थे कि उन्हें महाराष्ट्र में बेचने से क़ीमतें गिर जाएंगी और सरकार को घाटा होगा। इसलिए वे उन्हें अंतर्राष्ट्रीय बाज़ार में बेचना चाहते थे। उन्होंने बाज़ार में लोगों से मेरे बारे में सुना था और अतिरिक्त कपास बेचने के लिए मेरी मदद चाहते थे।

मेरे अंतर्राष्ट्रीय संपर्कों के ज़रिए, मुझे पता था कि कॉटन की थोक ख़रीदारी करने की इच्छुक रोमानिया की सरकार ने इस मामले में चीन सरकार से बातचीत शुरू की थी। श्री सिन्हा यह बात जानकर रोमानिया को कॉटन बेचने के लिए तुरंत तैयार हुए। रोमानिया एक साम्यवादी देश था और इसलिए यह सौदा निजी सौदा होने के बजाय दोनों देशों के बीच ही हो सकता था। इसलिए, श्री सिन्हा के दृष्टिकोण से रोमानिया को कपास बेचने में समझदारी थी। इसके अलावा, उन दिनों भारत और सोवियत यूनियन तथा पूर्वी यूरोपीय देशों में रुपए की व्यापार संधि होती थी, जिस वजह से दोनों देश ख़ुद की मुद्रा में व्यापार कर सकते थे। यह रोमानिया की सरकार के लिए बेहतर होता क्योंकि उन्हें डॉलर में भुगतान नहीं करना पड़ता।

मैंने बुकारेस्ट (रोमानिया) में अधिकारियों से संपर्क करने के लिए श्री सिन्हा से कुछ समय मांगा। उनसे बात करके पता चला कि वे सौदा करने के लिए बहुत उत्सुक थे और तुरंत बंबई आना चाहते थे। श्री सिन्हा भी सौदा पक्का करने के लिए उतने ही उत्सुक थे।

उन्होंने मुझे कहा कि वे सौदे के लिए मुझसे एक ऐसी क़ीमत चाहते थे जिसका खुलासा वे सौदे के दिन करेंगे। यह क़ीमत उस दिन अंतर्राष्ट्रीय बाज़ार में कॉटन की क़ीमत पर निर्धारित होगी। सरकार की नीति थी कि वे मुझ जैसे कपास के आढ़तियों को दलाली नहीं देते थे। इसलिए श्री सिन्हा ने कहा कि हमें मेरी दलाली की राशि अंतिम बिक्री क़ीमत में जोड़नी होगी और रोमानिया की सरकार वह क़ीमत भरेगी। रोमानियन सौदे की रूपरेखा से सहमत थे।

वे अंतिम सौदेबाज़ी और अनुबंध पर हस्ताक्षर करने के लिए बंबई आए। श्री सिन्हा ने निश्चित किया कि सौदे को मुख्यमंत्री भोसले की स्वीकृति भी मिले। यह इसलिए कि उन्हें डर था कि यदि अगले दिन महाराष्ट्र में कॉटन का दाम बढ़ जाता (जिसका बाज़ार की गतिशीलता के कारण होना निश्चित था), तो विपक्ष उन्हें कम दाम में कॉटन बेचने के लिए दोषी ठहराता।

रोमानिया की सरकार के एक उप-मंत्री, जो अपने प्रतिनिधि मंडल के साथ बंबई आए थे, ने सौदे पर हस्ताक्षर किए। कॉटन फ़ेडरेशन ने रोमानिया की सरकार के नाम से अनुबंध जारी किया और उन्होंने भारतीय स्टेट बैंक (SBI) के साथ 'लेटर ऑफ क्रेडिट' स्थापित किया। कॉटन को तुरंत रोमानिया भेजने की व्यवस्था की गई। योजना यह थी कि बंबई के बंदरगाह में ठहरे मालवाहक जहाज़ में कॉटन के लादने के समय भुगतान भी किया जाएगा। शुरू में सबकुछ ठीक चल रहा था। रोमानिया से कुल भुगतान की 10 प्रतिशत की पहली किश्त आ चुकी थी। फिर, जैसे जहाज़ों को लादा जा रहा था, भुगतान रुक गया।

श्री सिन्हा ने बुकारेस्ट में अधिकारियों से संपर्क करने की कोशिश की लेकिन उनसे कोई जवाब नहीं आया। मैं भी कुछ नहीं कर सका। मैंने उनसे कहा कि बुकारेस्ट जाकर रूमानियाई अधिकारियों से आमने-सामने बात करने के अलावा और कोई चारा नहीं बचा था। मैंने उनके साथ चलने का प्रस्ताव दिया। उन्हें सरकार से बुकारेस्ट जाने की अनुमति मिल गई।

रोमानिया की राजधानी में हवाई अड्डे पर हमारा किसी मंत्री को शोभा देने जैसा स्वागत किया गया, जिससे हम चकित रह गए। हमारे प्लेन के बाहर सत्कार कर, हमें सुरक्षा घेरे के साथ होटल तक ले जाया गया। किसी वजह से, उन्हें ग़लतफ़हमी हुई थी कि श्री सिन्हा का महाराष्ट्र सरकार के सेक्रेटरी का पद मंत्री के बराबर था, जैसे अमरीका

के मंत्रिमंडल में होता है। इस शानदार स्वागत का यही कारण था। हमने भी उनकी ग़लती नहीं सुधारी।

हिल्टन होटल पर हमें बताया गया कि श्री सिन्हा के पास जो रोमानियन लिउ मुद्रा थी वो वहां नहीं चलेगी। होटल को डॉलर में भुगतान चाहिए था। उन दिनों क्रेडिट कार्ड का इस्तेमाल शुरू नहीं हुआ था। श्री सिन्हा ने सुझाव दिया कि हमें छोटा होटल ढूंढना चाहिए जो स्थानीय मुद्रा स्वीकार करेगा। मैंने उन्हें बताया कि यदि भारतीय मंत्री हिल्टन से कम शानदार होटल में रहा तो वह अच्छा नहीं दिखेगा। मेरे पास डॉलर थे और इसलिए मैंने होटल का शुल्क भरने का प्रस्ताव दिया।

बुकारेस्ट में हमारे राजदूत ने हमें आगाह किया था कि हमें वहां की ख़ुफ़िया सेवा द्वारा बिछाए गए माइक्रोफ़ोन और सुनने के दूसरे उपकरणों के बारे में सावधान रहना चाहिए। हमने तय किया कि मीटिंग में मैं श्री सिन्हा को हिज़ एक्सेलेंसी कहकर संबोधित करूंगा, ताकि रोमानियन अधिकारियों को लगता रहे कि वे मंत्री थे। हमने तय किया कि वे हिंदी में बोलेंगे और मैं उनका अंग्रेज़ी अनुवादक बनूंगा। इस तरह, रोमानिया के अधिकारियों की बातों पर विचार कर जवाब देने में हमें समय मिलता रहा। हमारे राजदूत ने बताया था कि रोमानियन नौकरशाह बहुत गंभीर होते थे और इसलिए चुप्पी तोड़ने के लिए हमें हंसी मज़ाक बिल्कुल नहीं करना चाहिए।

हम जानते थे कि SBI की दिल्ली शाखा में रोमानियन सरकार के 12 करोड़ रुपए जमा थे। हमने उन्हें यह बताने की योजना बनाई कि तुरंत भुगतान नहीं मिलने पर भारत सरकार को बैंक में जमा राशि को जब्त करने का क़ानूनन अधिकार था। हम पूरी मीटिंग में गंभीर और व्यावहारिक पेश आए। हिंदी में बात करने के अलावा, जब भी श्री सिन्हा को कोई प्रश्न पूछा जाता, तब वे इत्मिनान से अपना पाइप जलाकर फिर जवाब देते थे।

उन्होंने रोमानियन अधिकारियों को याद दिलाया कि कपास से भरे उनके मालवाहक जहाज़ अब भी बंबई के बंदरगाह पर थे और यदि भुगतान समय पर नहीं दिया गया, तो वे उन जहाज़ों को क़ानूनन रोककर रखेंगे। इस प्रकार, भुगतान में चूक के कारण अंतर्राष्ट्रीय बाज़ार में रोमानिया की क्रेडिट रेटिंग डूब जाएगी। उन्होंने कहा कि वे जानते थे कि रोमानिया का पैसा SBI की शाखा में जमा था और भारत सरकार उन पैसों को क़ानूनन जब्त कर सकती थी। उन्होंने स्पष्टतया कह दिया कि रोमानिया को तुरंत भुगतान करना होगा।

धमकी का असर हुआ और उसी रात रोमानिया के अधिकारियों ने कॉटन फ़ेडरेशन के खाते में पैसों का भुगतान कर दिया। हमारी यात्रा सफल रही। जैसे सौदे की बात लोगों में फैल गई, बंबई के बाज़ार में कॉटन का दाम तेज़ी से बढ़ गया और कॉटन फ़ेडरेशन ने शेष 30 लाख गाँठ बेचकर अच्छा मुनाफ़ा कमाया।

इस घटना से कपास के बाज़ार में मेरी प्रतिष्ठा और भी मज़बूत बन गई। और इससे भी महत्त्वपूर्ण बात यह है कि श्री आर.सी. सिन्हा से मेरी जीवनभर की दोस्ती हो गई| आगे जाकर वे भारत के सबसे विख्यात IAS अफ़सरों में से एक बने। बंबई में उनकी दो सबसे बड़ी सफलताओं: 1990 के दशक की शुरुआत में नवी मुंबई शहर के पुनरुत्थान और उसके एक दशक बाद, बॉम्बे-पुणे एक्सप्रेसवे के निर्माण में मेरा छोटा-सा हाथ था। मैंने उन्हें बांद्रा-वर्ली सी लिंक की योजना बनाने में भी मदद की, जिससे वे शुरू में जुड़े थे।

*

मैं बड़े उत्साह से जानकार लोगों से दोस्ती करता था, इस आशा में कि मैं उनसे ज्ञान प्राप्त कर सकूं। मेरे पूरे कार्यकाल में मुझे इससे फ़ायदा हुआ है। श्री चिदंबरम, श्री रतनसी, श्री अरविंद मफ़तलाल, श्री योगेंद्र मफ़तलाल और श्री आर.सी. सिन्हा जैसे लोगों के साथ मेरी पहचान के कारण मेरे कार्यकाल में समय-समय पर मुझे मदद मिली। श्री एन.एन. पई भी ऐसे ही एक महत्त्वपूर्ण व्यक्ति थे। जब मैं उनसे पहली बार मिला तब वे कॉर्पोरेशन बैंक के चेयरमैन थे। उनकी वजह से ही मैं उन दो लोगों से मिला जिन्होंने मुझे गुजरात अंबुजा स्थापित करने के लिए बढ़ावा दिया।

श्री नारायण पई के पूर्वज केरल के कासरगोड जिले में निलेश्वररम के थे। जब वे बाटलिबोई एंड कंपनी नामक बंबई में स्थित मशीनरी निर्माता के CFO थे, तब उनके बारे में बहुत कम लोगों ने सुना था। उस समय उनके समुदाय के लोगों ने उनसे अपने छोटे-से, लड़खड़ा रहे कॉर्पोरेशन बैंक की मदद करने का अनुरोध किया। मंगलौर (जिसका नाम 2014 में मंगलुरु में बदल दिया गया) क्षेत्र में पिछली सदी की शुरुआत में शुरू किए गए चार बैंकों में से कॉर्पोरेशन बैंक सबसे पुराना बैंक था। सिंडिकेट बैंक, विजया बैंक और कैनरा बैंक अन्य तीन बैंक थे। श्री पई के कारण बैंक की स्थिति सुधर गई और 1975 में 53 साल की उम्र में वे उसके चेयरमैन बन गए।

मैं श्री पई से पहली बार 16 जनवरी 1978 की शाम को मिला। मुझे वो तारीख़ अच्छे से याद है क्योंकि उस दिन एक हज़ार, पाँच हजार और दस हजार रुपयों के नोटों की नोटबंदी करके तत्कालीन प्रधानमंत्री श्री मोरारजी देसाई ने इतिहास रचा था। स्वतंत्रता के बाद पहली बार नोटबंदी की गई थी। इसका प्रत्यक्ष कारण चुनावों को चला रहे काले धन को उसकी जड़ से नष्ट करना था। लोगों को अपने बड़े मूल्यों के नोटों की बैंक शाखाओं में अदला-बदली करने के लिए सिर्फ़ एक दिन का समय दिया गया था। हमारा खाता अन्य बैंकों के अलावा कॉर्पोरेशन बैंक में भी होता था। नरिमन पॉइंट के मित्तल चेम्बर्स में हमारे ऑफ़िस का एक हिस्सा हमने कुछ समय के लिए उन्हें किराए पर दिया था। विदेशी व्यापार का लेन-देन सँभालने वाली बैंक की मुख्य शाखा का मुख्यालय, हमारे ऑफ़िस के बग़ल में, हमारी मंज़िल पर था।

अपने कुछ हज़ार रुपयों के नोटों की अदला-बदली करने के लिए जब मैं बग़ल की शाखा में गया, तब शाखा दुर्भाग्यवश बंद हो चुकी थी। बैंक के कर्मचारियों ने मुझे बताया कि अब सिर्फ़ बैंक के चेयरमैन मेरी मदद कर सकते थे। ख़ुशकिस्मती से उस समय श्री पई उसी बिल्डिंग की छठी मंज़िल पर स्थित अपने ऑफ़िस में थे। उनसे मदद मिलने के बारे में मुझे संकोच था, फिर भी मैंने सोचा कि क्यों न मैं उनसे मिल लूं। उनके ऑफ़िस में जाकर मैंने कहा कि मैं उनसे मिलना चाहता था। जब उन्होंने मुझे तुरंत अंदर बुलाया, तब मुझे बड़ा आश्चर्य हुआ। वे मृदुभाषी थे और विनम्रता से उन्होंने मुझे बैठने के लिए कहा। मेरी समस्या के बारे में जानने के बाद उन्होंने बैंक मैनेजर को बुलाकर उनसे मेरे नोटों की अदला-बदली करवाई। मैंने उनका बहुत आभार व्यक्त किया।

फिर उन्होंने मुझे अपने साथ चाय पीने के लिए कहा। हमने नोटबंदी सहित अन्य व्यवसाय संबंधित मुद्दों पर बातचीत की। वे ग़ैर-आलोचनात्मक थे और ज्ञान बांटने से ज़्यादा मेरी राय सुनने के इच्छुक थे। ये मुझे पसंद आया क्योंकि उनके पद पर किसी व्यक्ति से मैंने यह अपेक्षित नहीं किया था। उन्होंने कहा कि अगली बार बंबई आने पर वे मुझसे ज़रूर मिलेंगे। इस तरह हमारी दोस्ती शुरू हुई, जो 2008 में उनके निधन तक बरक़रार रही।

श्री पई मंगलौर में रहते थे क्योंकि कॉर्पोरेशन बैंक का मुख्यालय तब भी वहीं था। बंबई आने पर वे मुझसे अक्सर फ़ोन पर बात करते थे। शहर में क्या हो रहा था यह जानने के लिए वे हमेशा उत्सुक रहते थे। जैसे समय बीता हम अच्छे दोस्त बन गए। उन्होंने अक्सर मेरी मदद से बंबई के व्यवसाय पर जानकारी हासिल की।

1980 में जब प्रधानमंत्री इंदिरा गांधी द्वारा शुरू किए गए बैंकों के राष्ट्रीयकरण के दूसरे दौर के तहत सरकार ने कॉर्पोरेशन बैंक सहित उससे छोटे अन्य छह बैंकों को अपने नियंत्रण में लिया, तब श्री पई चर्चा में आए। राष्ट्रीयकरण के कुछ महीनों बाद सबको ये सनसनीख़ेज़ ख़बर मिली कि श्री आर.के. तलवार ने IDBI के चेयरमैन पद से इस्तीफ़ा दिया था। लेकिन यह अनपेक्षित नहीं था। 1975 में इस प्रसिद्ध बैंकर के साथ कुछ ऐसा ही हुआ था, जब श्रीमती गांधी के पहले प्रधानमंत्री कार्यकाल में, श्री तलवार को SBI के चेयरमैन पद से अचानक इस्तीफ़ा देना पड़ा था।

इसके बाद चुनी गई श्री मोरारजी देसाई की सरकार ने श्री तलवार को IDBI का चेयरमैन बनाकर उन्हें पुनःस्थापित किया था। लेकिन जब श्रीमती गांधी पुन: प्रधानमंत्री बनीं, तब श्री तलवार ने अपने पद से इस्तीफ़ा देने का निर्णय लिया। जब श्री पई को उनका उत्तराधिकारी बनाया गया, तब सभी को आश्चर्य हुआ क्योंकि अधिकतर लोग उनसे अपरिचित थे। लेकिन मैं इस बात से बहुत ख़ुश था कि मेरी पहचान के किसी व्यक्ति को इतने प्रतिष्ठित पद पर नियुक्त किया जा रहा था। मैंने सुरेश नेवटिया, जिनसे मैं अक्सर बातचीत करता था, को फोन पर ये ख़ुशख़बरी दी।

मेरा सुरेश और उनके भाई, विनोद के साथ क़रीबी रिश्ता था क्योंकि मेरी बहन, बिमला बाई, उनके सबसे बड़े भाई, स्वर्गीय बिमल कुमार पोद्दार की पत्नी थीं। सुरेश उम्र में मुझसे चौदह साल बड़े थे और मैं उन्हें भैया बुलाता था। मेरे विस्तारित परिवार में वे सबसे जानकार सदस्यों में से एक थे, जिनकी कई महत्त्वपूर्ण लोगों से पहचान थी। जब भी मुझे व्यवसाय संबंधित कोई नया विचार आता था तब मैं उनकी सलाह लेता था। उन्होंने कहा कि श्री पई को IDBI का चेयरमैन बनाए जाने की ख़ुशी में, मुझे उनके सम्मान में बंबई में पार्टी रखनी चाहिए। इसी बहाने उन्हें शहर के प्रमुख व्यवसायियों को मिलने का मौका भी मिल जाता। सुरेश जानते थे कि मैं श्री पई से अक्सर बंबई में मिलता था और ये कि वे बंबई में बहुत कम लोगों को जानते थे। 'क्या मुझे मेरे व्यापारी दोस्तों को बुलाना चाहिए?' मैंने सुरेश से पूछा।

'नहीं,' सुरेश ने कहा, 'उद्योगपतियों और मिल मालिकों को आमंत्रण दो।' लेकिन मुझे यक़ीन नहीं था कि वे आएंगे।

'वे तुमसे मिलने नहीं आएंगे,' सुरेश ने कहा, 'पर वे श्री पई को मिलने आएंगे, क्योंकि वे अभी-अभी IDBI के चेयरमैन बने हैं।'

यह तो मुझे सूझा ही नहीं था। श्री पई अंतर्मुखी व्यक्ति थे और इस पार्टी से उन्हें बंबई के व्यवसायी समुदाय के दिग्गजों से मिलने का मौका मिलता। इसके अलावा उनके साथ मेरा रिश्ता भी और मज़बूत बन जाता और बंबई के व्यवसायी समुदाय में और लोग मुझे जानने लगते। जब मैंने उनके साथ पार्टी की बात छेड़ी तब वे तुरंत मान गए। पार्टी ताज महल होटल के गेटवे रूम में हुई।

पार्टी में लगभग पचहत्तर लोग आए। यह ध्यान में रखते हुए कि मैं तब भी एक मामूली कॉटन व्यापारी ही था, काफ़ी प्रभावशाली लोग पार्टी में उपस्थित थे। टाटा या बिड़ला परिवार से कोई नहीं आया, लेकिन कई मिल मालिक आए। पीरामल, ठाकरसी, मफ़तलाल, रूइआ और कनोड़िया परिवारों सहित अन्य मिल मालिक आए। उनके अलावा कई बैंकर भी आए, जिनमें IDBI में से श्री पई के कुछ नए सहकर्मी भी थे। शाम बड़ी अच्छी गुज़री।

श्री पई पार्टी से ख़ुश थे और मुझे भी बंबई के प्रमुख व्यवसायियों से घुलने-मिलने का मौका मिला। श्री पई अब बंबई लौट आए थे और मैं उन्हें हर हफ़्ते ऑफ़िस के बाद चाय के लिए मिलने लगा था। श्री पई के साथ मिलने का मेरा न कोई उद्देश्य था और न ही मुझे IDBI के साथ कोई व्यवसाय करना था। फिर भी, मुझे ये मुलाक़ातें बहुत पसंद आई क्योंकि मुझे डेवलपमेंट फाइनेंस, बैंकिंग, उद्योग इत्यादि के बारे में बहुत कुछ सीखने को मिला। मैं उन्हें मेरे व्यवसाय और बैंकरों के साथ मेरे व्यवहार के बारे में बताता था और मुझे उनकी सलाह हमेशा मूल्यवान लगी। मैं उनके वरिष्ठ अधिकारीयों के साथ समय बिताने लगा और कइयों के साथ मेरी अच्छी जान-पहचान हो गई। चूँकि मुझे उनसे कोई कर्ज़ा नहीं लेना था, वे जानते थे कि उनसे मिलने में मेरा कोई छिपा उद्देश्य नहीं था। इसलिए उन्होंने मुझसे दिल खोलकर बातें की।

चेयरमैन बनने के छह महीने बाद श्री पई ने मुझे IDBI की वेस्टर्न कमिटी का सदस्य बनने के लिए कहा। मैंने ख़ुशी-ख़ुशी उन्हें हां कह दिया। देश के चार क्षेत्रों के लिए IDBI की एक-एक क्षेत्रीय कमिटी होती थी। हर कमिटी में IDBI के वरिष्ठ कर्मचारियों सहित उसके बाहर के विशेषज्ञ होते थे। IDBI के चेयरमैन प्रत्येक कमिटी के अध्यक्ष थे। हर कमिटी अपने क्षेत्र में 50 लाख रुपयों तक के ऋण-आवेदनों का निरीक्षण करने के बाद IDBI को उनपर सलाह देती थी। उससे बड़े आवेदन IDBI के मुख्य बोर्ड के पास जाते थे।

इस कमिटी में IDBI के बाहर के अन्य सदस्य कल्याणी फ़ोर्ज के डॉक्टर एन.ए. कल्याणी और बंबई के एक मैनेजमेंट कंसलटेंट थे। इस सदस्यता की तीन साल की पदावधि थी और हम महीने में एक बार IDBI के बोर्डरूम में मिलते थे। मीटिंग के कुछ दिन पहले, हमें एक फ़ाइल भेजी जाती थी जिसमें ऋण आवेदन दिए कंपनियों पर पूरी जानकारी होती थी। हर मीटिंग में हम पच्चीस से तीस कंपनियों पर चर्चा करते थे। मैंने यह काम बड़ी लगन से किया। मैं हर कंपनी, उसके उद्योग और उसके आवेदन का बारीक़ी से अध्ययन करता था।

कई औद्योगिक क्षेत्रों से आवेदन आते थे, जैसे इस्पात, मिनी-सीमेंट, डाई स्टफ, केमिकल, कपड़ा मिल इत्यादि। IDBI के मैनेजर इन क्षेत्रों का विस्तारपूर्वक विश्लेषण करते थे। इससे मैंने प्रोजेक्ट फाइनेंस और विविध क्षेत्रों की परिस्थिति के बारे में बहुत कुछ सीखा। इसी कमिटी के सदस्यता के दौरान मैंने सीमेंट क्षेत्र के बारे में गहराई से जाना। यहां मुझे GIIC के बारे में पहली बार पता चला, गुजरात सरकार का वह संस्थान जिसने गुजरात अंबुजा के निर्माण में महत्त्वपूर्ण भूमिका निभाई।

श्री पई बिल्कुल सरल व्यक्ति थे, जो व्यवसाय को बढ़ावा देते थे। वे सबसे सहजता और विनम्रता से बात किया करते थे। लेकिन वे बहुत आसानी से प्रभावित भी होते थे, जिस कारण उनकी निगरानी में कई अयोग्य ऋणों को स्वीकृति दी गई, इसके बावजूद कि उनके वरिष्ठ सहकर्मियों ने उन्हें ऐसा करने से मना किया था। संभव है कि इनमे से कई मंजूरी उन्होंने उनके दिल्ली के सीनियर ऑफिसर्स के दबाव में दी थीं।

1982 में श्री पई ने अपने पद से इस्तीफ़ा दिया। उनकी नियुक्ति से लोगों को जितना आश्चर्य हुआ था, उतना ही आश्चर्य उन्हें इस इस्तीफ़े से हुआ। वे दो साल से थोड़े अधिक समय के लिए चेयरमैन रहे थे। संभवतः, दिल्ली में किसी सीनियर ऑफिसर का कहा न करने के लिए उन्हें इस्तीफ़ा देने के लिए मजबूर किया गया हो। उन्होंने अपने इस्तीफ़े के बारे में कभी बात नहीं की और शांत रिटायर जीवन जीने लगे। उनके साथ मेरा रिश्ता नहीं बदला। मैं उन्हें अक्सर मिलता रहा और उनका बेटा, जो चार्टर्ड अकाउंटेंट है, मेरी एक कंपनी के बोर्ड का सदस्य था।

3

गुजरात अंबुजा की असंभाव्य शुरुआत

सीमेंट का विचार ● नेवटिया भाई बने को-प्रमोटर ● GIIC के साथ साझेदारी ● महुवा से कोडिनार तक

श्री पाई का मुझे पश्चिमी समिति में नियुक्त करने का निर्णय मेरे करियर में एक महत्त्वपूर्ण मोड़ साबित हुआ। जब यह खबर सबको पता चली, तो कई मध्यम स्तर के उद्योगपतियों ने मुझसे उनके ऋणों में मदद की गुहार लगाई, जिन्हें मैं आईडीबीआई के संबंधित अधिकारियों के पास भेज देता था। उनमें से एक थे डॉ. एम.पी. जैन, जो आंध्र सीमेंट्स लिमिटेड के मैनेजिंग डायरेक्टर थे। यह कंपनी द *टाइम्स ऑफ इंडिया* के मालिकों, जैन परिवार द्वारा नियंत्रित थी और इसके कारखाने आंध्र प्रदेश के गुंटूर क्षेत्र में थे। डॉ. जैन, जो मालिकों के कोई रिश्तेदार नहीं थे, उस समय के शीर्ष सीमेंट उद्योग प्रोफेशनल्स में मे से एक गिने जाते थे।

लगभग 1980 या 1981 में, दिल्ली में स्थित डॉ. जैन, हम दोनों की पहचान के किसी व्यक्ति के ज़रिए मुझसे मिलने आए। आंध्र सीमेंट्स ने IDBI से ऋण लिया था। डॉ. जैन

को इसके कुछ प्रावधान बदलने में मदद चाहिए थी। मैंने उनका निवेदन IDBI के सीमेंट विभाग को प्रस्तुत किया। इस मुलाक़ात के बाद, बंबई आने पर वे हमेशा मुझसे मिलते थे। समय के साथ मैं उन्हें अच्छे से जानने लगा। जब उन्हें पता चला कि मैं नए उपक्रमों में निवेश करने में इच्छुक था, तब मुझे सीमेंट का सुझाव करने वाले वे पहले व्यक्ति थे। सीमेंट में निवेश करने के उन्होंने कई कारण दिए: भविष्य में इस क्षेत्र की बढ़ने की संभावना, भारत के विकास में सीमेंट की प्रमुखता और इस क्षेत्र का जल्द ही होने वाला पूरा 'डिकंट्रोल'। मैं सीमेंट उद्योग के बारे में बस उतना जानता था जितना मैंने IDBI की वेस्टर्न कमिटी के मीटिंग में ऋण आवेदनों में पढ़ा था।

सीमेंट क्षेत्र में निवेश करने की मेरी बढ़ती रुचि देखकर डॉ. जैन उत्साहित हुए। और जल्द ही वे ज़िद करने लगे कि मुझे सीमेंट कारखाना शुरू करना चाहिए। मैंने उनसे पूछा कि क्या वे मेरे पार्टनर बनेंगे। उन्होंने कहा कि वे उस पर विचार करेंगे और मुझे संकेत किया कि वे यह नई कंपनी चलाने के लिए आंध्र सीमेंट्स छोड़ने के लिए तैयार थे। मुझे लगा कि यदि डॉ. जैन पार्टनर बन गए, तो यह प्रोजेक्ट संभव हो सकता था। सीमेंट कारखाना शुरू करने के सुझाव पर मुझे ग़ौर करना पड़ा। यह मेरे कॅरियर में बहुत बड़ा क़दम था। मैंने जितनी पूंजी फ़ार्मा और केमिकल कंपनियों में निवेश की थी, उससे कई ज़्यादा पूंजी मुझे सीमेंट में निवेश करनी पड़ेगी। सीमेंट संयंत्र में निवेश करने का विचार उस समय आया जब कई ठोस कारण मुझे निर्माण क्षेत्र में जाने की ओर खींच रहे थे।

मैं एक दशक से अधिक समय तक सफल कपास व्यापारी रहा था। 1980 के दशक की शुरुआत तक, मैंने जितना सोचा था उससे कहीं अधिक धन कमा लिया था। लेकिन मेरी जिंदगी में कुछ कमी थी, एक खालीपन जिसे मैं अक्सर महसूस करता था। मैं अपने समुदाय में उद्योगपतियों को मिलने वाले सम्मान और मान्यता की चाहत रखता था, जो व्यापारियों को नहीं मिलती थी। चाहे व्यापारी कितने भी सफल क्यों न हों, उन्हें ब्रोकर और मिडेलमेन के रूप में देखा जाता था। उन्हें कभी भी संपत्ति या धन के सृजनकर्ता के रूप में नहीं देखा जाता था; यह सम्मान केवल उन उद्योगपतियों के लिए था, जिन्होंने बड़ी निर्माण कंपनियों की सफलतापूर्वक स्थापना की थी। एक दशक से अधिक समय तक व्यापारी रहने के बाद, मैं उस प्रकार के सम्मान की लालसा करता था।

*

यह प्रधानमंत्री इंदिरा गांधी के अत्यधिक समाजवाद का दौर था। बैंकों और कपड़ा मिलों का राष्ट्रीयकरण किया जा रहा था, और जो लोग बड़े मुनाफे कमा रहे थे, उन्हें ऊँचे करों से बेरहमी से दंडित किया जा रहा था। सीमांत कर की दर 60 प्रतिशत थी। सरचार्ज के साथ, मैं अपने व्यापारिक लाभ पर 70 प्रतिशत तक कर चुका रहा था। इसके अलावा, इनफ्लेशन की ऊंची दर बचत का एक बड़ा हिस्सा खा जाती थी। निर्माण कंपनियों के विपरीत, हम व्यापारियों को इनवेस्टमेंट और डेप्रिसियशन जैसी कर छूट नहीं मिलती थी। उद्योगपतियों की स्थिति व्यापारियों से बेहतर थी। यह एक और कारण था कि मुझे लगा कि निर्माण क्षेत्र में कदम रखने का समय आ गया था।

मैंने जितना डॉ. जैन के प्रस्ताव पर ग़ौर किया, उतना मुझे यक़ीन होता गया कि उनके साथ पार्टनरशिप करके सीमेंट कारखाना शुरू करना उत्पादन के क्षेत्र में प्रवेश करने का अच्छा तरीक़ा था। मैंने तय किया था कि मैं निवेश करूंगा और वे कंपनी चलाएंगे। उस तरह, उद्योगपति बनने का सपना साकार होने के साथ-साथ मेरी आरामदायक ज़िंदगी चलती रहेगी। व्यापार में बहुत कम कर्मचारियों से काम चल जाता था, जिस कारण मुझ पर काम का तनाव बहुत कम होता था। हमारा कपास का व्यवसाय अब सुस्थापित था और मैं दिन के सिर्फ़ कुछ घंटे काम करता था। बाकी समय मैं मेरे परिवार के साथ या मेरी अन्य रुचियों में बिताता था, जैसे IDBI की वेस्टर्न कमिटी के काम में या व्यवसाय और बैंकिंग के अलग-अलग क्षेत्रों में बनें दोस्तों से मिलने में। इतने सालों से मैं इस जीवनशैली का आदि हो चुका था और उसे बदलना नहीं चाहता था।

जैसे बातें आगे बढ़ीं, वैसे मैंने दूसरे पार्टनर्स को साथ लाने का निर्णय लिया। मेरी अपेक्षा थी कि सीमेंट में निवेश केमिकल और फ़ार्मा उपक्रमों से कहीं ज़्यादा होगा, और इसलिए मैंने को-प्रमोटर की ज़रूरत महसूस की जो मेरे साथ जोखिम उठाएंगे। और सुरेश नेवटिया से बेहतर और कौन था? जैसे मैंने पहले कहा था, मैं उनके साथ न केवल विचार-विमर्श करता था बल्कि उनसे व्यवसाय के बारे में राय भी लेता था। मुझे लगा कि वे इस प्रोजेक्ट में मेरे साथ जोखिम उठाना चाहेंगे। और मेरा अंदाज़ा सही निकला, वे जुड़ने के लिए तैयार हुए और सक्रिय भूमिका निभाना चाहते थे। उनका छोटा भाई विनोद नेवटिया, जो उनका बिजनेस पार्टनर भी था, जुड़ने के लिए उत्सुक था। हमने डॉ. जैन को कंपनी चलाने के लिए 10 प्रतिशत हिस्सा देने का निर्णय लिया। पूंजी का बाकी हिस्सा मेरे और नेवटिया भाईयों के बीच बाँटा जाना था।

निवेश की योजना 1982 की शुरुआत में तय हो गई और नेवटिया भाइयों और मैंने औपचारिक रूप से डॉ. जैन से मिलकर उन्हें बताया कि हम सीमेंट कारखाना स्थापित करने के लिए उनसे जुड़ने के लिए तैयार थे। हमने उन्हें 10 प्रतिशत हिस्से के बारे में भी बताया। वे उत्सुक थे और उन्होंने कहा कि प्रोजेक्ट का शुरुआती काम ख़त्म होते ही वे कंपनी में जुड़ जाएंगे; और तब तक वे बाहर से हमारा मार्गदर्शन करेंगे। ना नेवटिया भाई और ना मैं सीमेंट के बारे में कुछ जानते थे। मैंने सीमेंट कारखाना कभी देखा तक नहीं था। इस मायने में हम डॉ. जैन के मार्गदर्शन पर पूरी तरह से निर्भर थे। आखिरकार, वह एक सीमेंट तकनीकी विशेषज्ञ थे और उद्योग के सबसे अनुभवी पेशेवरों में से एक थे।

सीमेंट कारखाने के लिए सही जगह सबसे ज़रूरी होती है। वह चूने के पत्थर की खानों के नज़दीक होना ज़रूरी था, जिनसे यह मुख्य कच्चा माल निकाला जाता था और साथ-साथ तैयार सीमेंट के बाज़ार के निकट होना भी ज़रूरी था। कारखाना इन दोनों से जितना दूर रहता, उतना ही ट्रांसपोर्ट का खर्च बढ़ता जिसका मुनाफे पर सीधा असर आता था।

चूने का पत्थर एक तलछटी चट्टान है, जो मछलियों, मूंगों, शंखों और अन्य समुद्री जीवों के बचे-खुचे हिस्सों के करोड़ों सालों से दबने से बनती है। किसी क्षेत्र में चूने के पत्थर की खानें होने का मतलब ये है कि करोड़ों साल पहले समुद्र उस जगह से पीछे हट चुका था। भारत में इस पत्थर की खानें पंजाब, केरल, पश्चिम बंगाल और कुछ उत्तर पूर्वी राज्यों को छोड़ सभी राज्यों में हैं। अच्छी गुणवत्ता के चूने के पत्थर से सीमेंट भी अच्छा बनता है।

शुरू में डॉ. जैन ने सुझाव दिया कि हम पश्चिम उत्तर प्रदेश में, देहरादून घाटी के निकट कारखाना बनाने की संभावना खोजें, क्योंकि उस क्षेत्र में सर्वश्रेष्ठ गुणवत्ता का चूने का पत्थर जमा था। तब तक किसी ने उस क्षेत्र में सीमेंट का कारखाना स्थापित नहीं किया था। भारत का सबसे बड़ा राज्य होने के बावजूद, उस राज्य में उत्तर प्रदेश स्टेट सीमेंट कॉर्पोरेशन के एक छोटे-से कारखाने के अलावा एक भी सीमेंट का कारखाना नहीं था। राज्य में सीमेंट की अधिकतर मांग दूसरे राज्यों से पूरी होती थी। इसलिए, उत्तर प्रदेश में सीमेंट का कारखाना स्थापित करना व्यावसायिक दृष्टि से उचित निर्णय था।

सुरेश और मुझे लगा कि डॉ. जैन के इस सुझाव के पीछे तर्क सही होगा। मैं चाहता तो IDBI में श्री पई के साथ इस पर चर्चा कर सकता था, लेकिन मैं IDBI की वेस्टर्न कमिटी पर मेरे काम के साथ, मेरे व्यक्तिगत व्यवसायी काम को मिलाना नहीं चाहता

था। मैंने दोनों को अलग रखा। मैंने श्री पई की न मदद ली न ही उन्हें मेरी योजना के बारे में बताया।

डॉ. जैन ने हमें बताया कि हमें सबसे पहले केंद्र और राज्य सरकारों से आशीर्वाद और मदद मांगनी होगी। हमें उत्पादन के लिए लाइसेंस केंद्र सरकार से मिलता था और चूने के पत्थर की खानों और सीमेंट कारखाने के लिए ज़मीन राज्य सरकार निर्धारित करती थी। हमने श्री नारायण दत्त तिवारी से मिलने का निर्णय लिया, जो उस समय उत्तर प्रदेश के सबसे शक्तिशाली राजनीतिज्ञों में से एक थे और 1977 तक राज्य के मुख्यमंत्री रह चुके थे। श्री तिवारी अब श्रीमती गांधी की केंद्र सरकार में उद्योग मंत्री थे और उत्पादन का लाइसेंस जारी करना उनके हाथ में था। और पूर्व मुख्यमंत्री होने के नाते उनका उत्तर प्रदेश में अब भी काफ़ी बोलबाला था। सुरेश उन्हें पहले से जानते थे, और जून 1982 में लखनऊ में उनके साथ एक मीटिंग का समय तय कर लिया|

शुरू में हमने तय किया था कि हम तीनों एक साथ लखनऊ जाएंगे। लेकिन, पूर्वकथित कारणों से डॉ. जैन पीछे हट गए। इस प्रकार, लखनऊ जाकर श्री तिवारी और राज्य सरकार से शुरुआती मुलाक़ात की ज़िम्मेदारी सुरेश और मुझ पर आ गई। हमारे दौरे में और उसके बाद क्या हुआ उसका विस्तारपूर्वक विवरण मैंने इस क़िताब की शुरुआत में किया है, इसलिए मैं उसे यहां नहीं दोहराऊंगा।

सारांश के रूप में, हम श्री तिवारी के साथ मीटिंग में जाने के पहले क्लार्क्स होटल की लॉबी में बैठे हुए थे, जब अचानक हमारी मुलाक़ात श्री पई से हुई। लखनऊ आने के उद्देश्य के बारे में जानकर उन्होंने कहा कि हमें उत्तर प्रदेश में नहीं बल्कि गुजरात में निवेश करना चाहिए। उन्होंने कहा कि यदि मैं उस शाम उनके साथ अहमदाबाद चलूंगा, तो वे सभी संबंधित अधिकारियों से मेरा परिचय करवाएंगे। श्री तिवारी के साथ हमारी मीटिंग असफल रही और श्री पई की सलाह पर उसी शाम मैं उनके साथ अहमदाबाद चला गया। वहां उन्होंने मुझे राज्य सरकार के प्रमुख औद्योगिक विकास संगठन जीआईआईसी के सीएमडी, आईएएस अधिकारी श्री एच.के. खान से मिलवाया।

यह मेरी क़िस्मत थी कि लखनऊ के किसी होटल की लॉबी में मेरी श्री पई से आकस्मिक मुलाक़ात हुई और उन्होंने उसी शाम मेरा परिचय खान साहब से करवाया। खान साहब ही वे दूरदर्शी व्यक्ति थे जिनकी टीम ने पिछले दो दशकों में गुजरात को सिर्फ़ कुछ कपड़ा मिल वाले कृषि प्रधान राज्य से केमिकल और फ़र्टिलाइज़र में नंबर वन राज्य

में बदल दिया था। अगले दशक में यह टीम गुजरात को पेट्रोकेमिकल, पेट्रोलियम, फ़ार्मा और एनर्जी के क्षेत्रों में प्रथम स्थान तक ले गई।

*

खान साहब औद्योगिक विकास को बढ़ावा देने वाले अन्य नौकरशाहों से अलग थे। यह इसलिए कि वे स्थापित उद्योगपतियों का समर्थन करने के बजाय छोटे व्यवसायियों को प्रोत्साहन देकर उन्हें उद्योगपति बनने के लिए प्रोत्साहित करते थे। कई सालों बाद, उन्होंने दो नए व्यवसायियों को समर्थन दिया, जो आगे जाकर बड़े उद्योगपति बने थे – नरोत्तम सेखसरिया और करसनभाई पटेल।

खान साहब ने सही कहा था। उनका साथ मिलने से पहले हम कुछ भी नहीं थे। करसनभाई अपने घर के पिछवाड़े में निरमा वॉशिंग पाउडर बनाकर एक घर से दूसरे घर, साइकिल पर जाकर बेचते थे, जबकि मैं मामूली कपास व्यापारी था। अपने निधन से ठीक पहले दिए गए एक इंटरव्यू में, खान साहब ने कहा था, 'मेरे लिए सबसे रोमांचक दौर 1980 का दशक था, जिसे गुजरात में इंडस्ट्रियल रेवोलुशन का दौर कहा जा सकता है।'

मैं खुद को भाग्यशाली मानता हूं कि इस रेवोलुशन में वे मेरे मेंटर भी बने। GIIC में व्यवसायियों के लिए 'सिंगल विन्डो' निकासी की प्रणाली शुरू करने में वे अग्रणी थे। हम पहले कुछ व्यवसायियों में से थे, जिन्हें इसका लाभ मिला। इस प्रणाली के कारण अनुमति की प्रक्रिया इतनी तेज़ हो गई कि हम GIIC के साथ हमारे समझौते को कुछ हफ़्तों में अंतिम रूप दे सके, जबकि उन दिनों, देश के अन्य राज्यों में इस प्रक्रिया को कुछ महीने या साल तक लग जाते थे।

उत्तर प्रदेश और गुजरात, दोनों के लिए हमारी योजना थी कि सीमेंट कारखाना स्थापित करने के लिए ज़मीन और बिजली सहित अन्य सुविधाएं हम राज्य सरकार से प्राप्त करेंगे। खान साहब इससे एक क़दम और आगे गए। हमसे पूछे बिना, उन्होंने हमारे प्रस्ताव को GIIC के साथ संयुक्त सेक्टर योजना में बदल दिया! इसकी हमने बिल्कुल उम्मीद नहीं की थी। वे ना नेवटिया भाइयों को जानते थे ना मुझे। हम छोटे-मोटे व्यवसायी थे, जिनके बारे में लोग जानते भी नहीं थे।

पहले कुछ सालों में खान साहब हमारे चेयरमैन बने रहे, जिससे हमें बहुत मदद मिली। सभी शुरुआती चुनौतियों का सामना करने के लिए हमें उनका मार्गदर्शन मिला, जो हमारे

लिए बहुत ज़रूरी था। 1985 में हमारे IPO की सफलता में भी उन्होंने महत्त्वपूर्ण भूमिका निभाई। खान साहब एक मुख्य व्यक्ति थे, जिन्होंने हमारी किस्मत बदलने में हमारा बहुत साथ दिया| मुझे इस बात का गर्व है कि GIIC अपनी वेबसाइट पर आज भी गुजरात अंबुजा को अपनी सबसे बड़ी सफलताओं में से एक घोषित करता है। और मैं ख़ुश हूँ कि 1980 के दशक के अंत में जब खान साहब दिल्ली में केंद्रीय पेट्रोलियम सेक्रेटरी बने, तब उसमें मेरी छोटी सी भूमिका थी। वहां, आर्थिक उदारीकरण के शुरुआती दिनों में उन्होंने देश की पेट्रो केमिकल इंडस्ट्री को नई दिशा दी।

हमारे प्रोजेक्ट को खान साहब का समर्थन और उसे GIIC के साथ संयुक्त सेक्टर योजना बनाए जाने पर सबकुछ बहुत जल्दी होने लगा। नेवटिया भाइयों के अलावा, मैं मेरे स्कूल के दोस्त, सुरेश मुलानी को हमारी ओर से तीसरे फाइनेंसियल को-प्रोमोटेर के रूप में ले आया। वह लंदन में रहने वाले एनआरआई थे, जिन्होंने नाइजीरिया में व्यापार के ज़रिए अपना धन कमाया था। यह शुरुआती साल थे जब इन भारतियों को देश में निवेश करने की अनुमति मिली थी। किसी कंपनी के बोर्ड पर उनकी उपस्थिति से कंपनी की प्रतिष्ठा बढ़ जाती थी। मेरा मानना था कि सुरेश मुलानी को को-प्रोमोटेर बनाने से बैंकों से वित्तीय सहायता पाने में और कुछ सालों बाद हमारे IPO में भी हमें मदद मिलेगी।

प्रस्तावित 7,00,000 टन सीमेंट कारखाने की परियोजना लागत का अनुमान 80 करोड़ रुपए का लगाया गया, जो 20 करोड़ रुपयों की शेयर कैपिटल और 60 करोड़ रुपयों के लोन में बांटा गया। लोन का हिस्सा IDBI सहित अन्य विकास वित्त संस्थानों से ऋणों के रूप में था। 20 करोड़ रुपयों की शेयर कैपिटल के हिस्से में, तीन प्रोमोटर्स – नेवटिया भाई (Rs.1.25 करोड़), सुरेश मुलानी (Rs.1.25 करोड़) और मैं (Rs.2.5 करोड़) का हिस्सा कुल 5 करोड़ रुपयों का होता, और GIIC का हमारे बराबर का 5 करोड़ होता। शेष पूंजी तीन साल बाद होने वाले IPO से आती। अंत में GIIC का 26 प्रतिशत, प्रोमोटर्स का 25 प्रतिशत और आम जनता का 49 प्रतिशत हिस्सा होना अपेक्षित था।

प्रोमोटर्स का योगदान प्रोजेक्ट की कुल लागत का सिर्फ़ 6.25 प्रतिशत था। डेट टू इक्विटी का रेश्यो (Debt to Equity Ratio) 3:1 था। चूँकि इक्विटी में प्रोमोटर्स का 25 प्रतिशत का हिस्सा काफ़ी कम था, कंपनी हमारे नियंत्रण के बाहर आसानी से निकल सकती थी। वित्तीय भाषा में इसे 'हाइली लीवरेज्ड' (highly leveraged) या 'हाइली

गियर्ड' (highly geard) कंपनी कहते हैं। इस कंपनी को क़ामयाब बनाने का मुझ पर बोझ अब और भी बढ़ गया था। यदि कंपनी डूब जाती तो हमें ज़िंदगीभर ऋण चुकाना पड़ सकता था।

इस जोखिम का बोझ मुझ पर तब आया, जब यह स्पष्ट होने लगा था कि डॉ. जैन हमारे साथ जुड़ने में अनिच्छुक थे। अपनी शुरुआती उत्सुकता के बावजूद उन्हें आशंका क्यों हुई मैं नहीं जानता। शायद उन्हें लगा होगा कि हम नौसिखियों के साथ वे जोखिम नहीं उठाना चाहते थे। यह भी हो सकता है कि कोई फ़ैसला लेने से पहले वे देखना चाहते थे कि हम परियोजना स्थापित करने में सफ़ल होते हैं या नहीं।

डॉ. जैन की अनिच्छा की वजह से मुझे बड़ी निराशा हुई। इसका मतलब था कि अब मैं इस योजना के लिए पूरी तरह से ज़िम्मेदार था। निष्क्रिय निवेशक बनने की मेरी योजना पर अब पानी फिर गया था। यह अब स्पष्ट हो रहा था कि मैंने जो पहले सोचा था उसकी तुलना में मुझे कंपनी चलाने में बहुत बड़ी भूमिका निभानी पड़ेगी। मेरे पास और कोई चारा नहीं था। प्रोजेक्ट में अब तक इतनी प्रगति हुई थी कि मैं उसे छोड़ नहीं सकता था। वैसा करने से मेरी रेपुटेशन भी ख़राब होती, क्योंकि इस प्रोजेक्ट में बैंकों, GIIC और गुजरात सरकार के साथ विचार विमर्श में शुरू से मैं ही सबसे आगे रहा था। अब मुझे जितनी जल्दी हो सके उतनी जल्दी सीमेंट के बारे में जानकारी प्राप्त करके प्रोजेक्ट का पदभार लेना ज़रूरी था। यह प्रोजेक्ट मेरा बेबी था, और उसे अपनी क्षमता के अनुरूप आगे ले जाना मेरी ज़िम्मेदारी थी।

जब मैंने इस चुनौती को स्वीकार किया, तो मुझे एहसास हुआ कि पिछले दशक में मैंने सफल कपास व्यापार, कामयाब मिल मालिकों के साथ नेटवर्किंग और IDBI की पश्चिमी समिति का हिस्सा बनकर जो आत्मविश्वास हासिल किया था, वह इसके लिए काफी नहीं था। आत्म-विश्वास और आत्म-संदेह के बीच की रेखा बहुत ही महीन है। राहत की बात यह थी कि डॉ. जैन इस प्रोजेक्ट के लिए अनौपचारिक सलाहकार बनने के लिए तैयार थे। वे हर पंद्रह दिन बाद बंबई आकर मेरा मार्गदर्शन करते थे। सीमेंट के क्षेत्र में वे कई लोगों को जानते थे। कंपनी के शुरुआती दिनों में लोगों को भर्ती करते समय उनकी जान-पहचान बहुत काम आई।

जब मैंने कंपनी चलाने का मन बना लिया, तब मैंने मेरी ज़िम्मेदारी को उसी जूनून के साथ निभाया, जैसे कपास व्यापार के साथ किया था। मैंने शुरुआत में ऐसा निर्णय लिया

जिससे मेरा जीवन पूरी तरह से बदल गया, मैंने सदा के लिए कपास व्यापार छोड़ दिया। मुझे लगा कि मुझे एक साथ दो व्यवसाय नहीं चलाने चाहिएं। मेरे लिए पूरा ध्यान नए प्रोजेक्ट को देना ज़रूरी था। कपड़ा मिल मालिकों को उनके ऑफ़िसों में नियमित रूप से मिलने की आदत मुझे बहुत पसंद थी। मैंने वो करना बंद किया। मैंने कपास व्यापार मेरे भाइयों और चचेरे भाइयों को सौंप दिया, हालाँकि मैं नरीमन पॉइंट के मित्तल चेम्बर्स के ऑफ़िस से काम करता रहा और सलाह के लिए हमेशा उपलब्ध था।

अच्छी बात यह थी कि 1982 का साल सीमेंट क्षेत्र में क़दम रख रहे नौसिखियों के लिए अच्छा समय था। सीमेंट क्षेत्र पर प्रतिबंध हटाने का सुधार कई सालों से रुका हुआ था। आख़िरकार श्रीमती गांधी की सरकार ने ये सुधार लागू किया, हालाँकि यह प्रतिबंध सिर्फ़ कुछ हद तक हटाया गया। कई दशकों में पहली बार सीमेंट उत्पादकों को खुले बाज़ार में सीमेंट बेचने की अनुमति दी गई, बशर्ते उससे पहले उन्होंने अपने उत्पादन का 66.6 प्रतिशत हिस्सा सरकारी एजेंसियों को बेचा हो। मुझे लगा कि यह बहुत ही शुभ शुरुआत थी। लेकिन मैंने इस बात की उम्मीद नहीं की थी कि देशभर में मुझ जैसे दर्जनों व्यवसायी सीमेंट क्षेत्र में मेरे प्रतिद्वंद्वी बनेंगे। 1980 के दशक के अंत तक, देशभर में सीमेंट की स्थापित क्षमता दोगुनी से ज़्यादा होकर 61 मिलियन टन तक पहुंच गयी थी। इसकी वजह से नई समस्याएं पैदा हुईं, जिन पर मैं बाद में चर्चा करूंगा।

हालाँकि 1982 में सरकार ने सीमेंट की बिक्री पर कुछ हद तक प्रतिबंध हटाया था, सीमेंट कारखाने स्थापित करने के लिए लाइसेंस राज वैसे का वैसे ही था। कारखाने की स्थापना के लिए हमें उद्योग मंत्रालय से लाइसेंस लेना ज़रूरी था। कई विभागों से अनुमति लेनी ज़रूरी थी और इसलिए इस प्रक्रिया को कई महीने भी लग सकते थे। GIIC ने हमें सलाह दी कि हमें गुजरात में उनकी पहचान के एक व्यक्ति से उसका मौजूदा, अप्रयुक्त लाइसेंस खरीद लेना चाहिए। यह व्यक्ति श्री भगवानदास मेहता थे, जिन्होंने तीन साल पहले गुजरात में 5,00,000 टन की वार्षिक क्षमता का कारखाना स्थापित करने के उद्देश्य से लाइसेंस प्राप्त किया था। लाइसेंस अंबुजा सीमेंट नामक कंपनी के नाम में था। हमने श्री मेहता से कंपनी ख़रीदकर नवंबर 1982 तक सभी औपचारिकताएं पूरी कीं।

मैं दुविधा में था कि मुझे कंपनी का नाम बदलना चाहिए या नहीं। तब बाबूजी ने मुझे याद दिलाया कि अंबुजा लक्ष्मी देवी का एक नाम है। 'तुम नाम क्यों बदलना चाहते हो? क़िस्मत से यह नाम तुम्हारे पास आया है,' उन्होंने कहा। यह अच्छी सलाह थी। बाद में

हमने नाम में ‹गुजरात› जोड़ा ताकि GIIC के साथ हमारी पार्टनरशिप को दर्शाया जा सके, और हमने खुद को गुजरात अंबुजा कहना शुरू किया।

कई सालों बाद, मेरे दोस्त और त्रिकाया एडवर्टाइज़िंग के एमडी, रवि गुप्ता ने मुझसे कहा, 'इस कंपनी का सही नाम "जायंट सीमेंट कंपनी" होना चाहिए, जिससे उसकी "जायंट स्ट्रेंथ" अर्थात विराट स्ट्रेंथ की पहचान उत्पन्न होती है।' मुझे उन्हें याद दिलाना पड़ा कि भारत में अंबुजा नाम बहुत ही परंपरागत और शुभ नाम माना जाता था। रवि ने ही अंबुजा का ब्रांड तैयार किया था|

अंबुजा सीमेंट्स का मूल लाइसेंस उत्तर गुजरात में राजस्थान की सीमा पर स्थित कम विकसित साबरकांठा जिले में कारखाना स्थापित करने के लिए था। हमने उस जगह की व्यवहार्यता का पता लगाने के लिए दस्तूर एंड कंपनी नामक इंजीनियरिंग कंसल्टेंसी की मदद ली। उनकी रिपोर्ट के अनुसार मूल सुविधाओं के अभाव की वजह से उस जगह में सीमेंट का कारखाना बनाना व्यवहारिक नहीं था। जिस क्षेत्र में चूने के पत्थर की खानें थीं उसमें रास्ते और पुल जैसी मूलभूत सेवाएं नहीं थीं।

फिर गुजरात सरकार ने हमें सुझाव दिया कि हम कारखाने को दक्षिणी सौराष्ट्र के पश्चिमी समुद्रतट पर स्थित भावनगर जिले के छोटे-से तटीय महुवा शहर में बनाएं। भारतीय भूवैज्ञानिक सर्वेक्षण के अनुसार इस क्षेत्र में चूने का पत्थर बड़ी मात्रा में जमा था। महुवा एक अधिसूचित पिछड़ा क्षेत्र था, जिस वजह से हमें और छूटें मिलीं। वह समुद्र के निकट था और रेल जंक्शन भी पास ही था। हमें यह जगह अच्छी लगी और इसलिए हमने महुवा शहर के आस-पास के गांवों में चूने के पत्थर का सर्वेक्षण करने के लिए भारत की सबसे बड़ी सीमेंट कंपनी – एसोसिएटेड सीमेंट कंपनीज़ (ACC), के भूवैज्ञानिक सेवा विभाग को तुरंत नियुक्त किया। यह विभाग अन्य कंपनियों के लिए भी सर्वेक्षण करता था। साथ ही साथ मैंने अपनी टीम जुटाना शुरू किया।

*

हम जैसे नौसिखियों द्वारा शुरू की गई छोटी-सी कंपनी में जुड़ने के लिए लोग उतने इच्छुक नहीं थे। आख़िर कोई तजुर्बेदार CEO हमारे लिए काम करने क्यों आता? फिर भी, नवंबर में, डॉ. जैन की मदद से मैंने गुजरात अंबुजा के पहले कर्मचारी, श्री भास्कर शोवाकर को नियुक्त किया। उस समय श्री शोवाकर JK ग्रुप के लक्ष्मी सीमेंट्ज़ में कमर्शियल मैनेजर थे।

वे एक ऊंचे, सुंदर और मोहक बंगाली सज्जन थे, जो अच्छी अंग्रेज़ी बोल लेते थे। और उनके आत्मविश्वास से यह स्पष्ट था कि वह बड़े प्रोजेक्ट संभाल सकते थे। श्री शोवाकर सीईओ बनने की इच्छा रखते थे, लेकिन जेके समूह में इसे हासिल करने में उन्हें कम से कम दस से पंद्रह साल लगते। मैंने न केवल उन्हें अंबुजा का सीईओ बनाया, बल्कि उन्हें बोर्ड ऑफ़ डायरेक्टर्स में भी शामिल किया।

मैं बताना चाहूँगा कि मैंने उन अति-सफल पेशेवरों को जानबूझकर भर्ती नहीं किया, जिन्होंने भारत और विदेश की उच्च स्तरीय यूनिवर्सिटियों से बड़ी डिग्रियां हासिल की थीं। यह इसलिए कि सीमेंट कंपनियों में वरिष्ठ कर्मचारी उच्च तनख़्वाह और पदों की खोज में अक्सर नौकरी बदलते थे। मुझे डर था कि बड़ी यूनिवर्सिटियों से आए पेशेवर भी यही करेंगे। मैंने तय किया था कि मैं साधारण भारतीय यूनिवर्सिटियों से आए मेहनती पेशेवरों की टीम खड़ी करूंगा, और ऐसा माहौल निर्माण करूंगा कि उन्हें रचनात्मकता से और ऊंचा सोचने के लिए प्रोत्साहन मिलेगा।

श्री शोवाकर की पहली बड़ी ज़िम्मेदारी हमारे पहले ऋण आवेदन का ढांचा तैयार करने की थी, जो हम वित्तीय संस्थानों के संघ को प्रस्तुत करने जा रहे थे। IDBI के नेतृत्व वाले इस संघ में कुछ अन्य संस्थान ICICI, जनरल इंश्योरेंस कॉर्पोरेशन (GIC), यूनिट ट्रस्ट ऑफ़ इंडिया (UTI) और द इण्डस्ट्रियल फ़ाइनेंस कॉर्पोरेशन ऑफ़ इंडिया (IFCI) थे। ICICI में उनके परिचित लोगों की मदद से श्रीमती चंदा कोचर, जो उस समय बैंक में ट्रेनी थीं, ने बैंक लोन एप्लीकेशन पूरा करने में हमारी मदद की। इसके लिए श्रीमती चंदा ने दस दिन से ज्यादा हमारे छोटे-से बोर्डरूम से काम किया। अगले कुछ सालों में मैं उन्हें बहुत अच्छे से जानने लगा और ICICI बैंक की MD और CEO बनने के बाद भी हमारा निजी संबंध रहा। हाल ही में उन पर जो बीती है वह खेदजनक है।

कुछ हफ़्तों बाद, श्री शोवाकर की मदद से हमने हमारे दूसरे कर्मचारी को नियुक्त किया| श्री प्रकाश बी. कुलकर्णी, जिन्होंने मैसूर यूनिवर्सिटी से मैकेनिकल इंजीनियरिंग पास की थी और जो JK ग्रुप में श्री शोवाकर के सहकर्मी रह चुके थे। लक्ष्मी सीमेंट्स में वे चीफ़ इंजीनियर थे और वे प्रोजेक्ट मैनेजमेंट में विशेषज्ञ थे। हाल ही में, उन्होंने सिरोही, राजस्थान में कंपनी का नया कारखाना स्थापित करने में मदद की थी। कई सालों तक दूर-दराज़ की जगहों में कारखाने स्थापित करने के बाद वे अब अपने परिवार को बंबई में बसाना चाहते थे ताकि उनके बच्चों की पढ़ाई यहां हो सके।

उनका पहला इंटरव्यू डॉ. जैन ने बंबई के ताज महल होटल में लिया। फिर मैं उनसे हमारे ऑफ़िस में मिला और हमने आधे घंटे तक बातचीत की। मैं तब तक सीमेंट के बारे में इतना कुछ नहीं जानता था और इसलिए मैं उनकी तकनीकी योग्यता को नहीं आंक पाया। वे सौम्य और बहुत ज़्यादा विनीत पेश आए, जिस कारण मुझे लगा कि मैं उनके साथ सहजता से काम कर पाऊंगा। उन्हें JK में मिल रही तनख़्वाह से अधिक तनख़्वाह का हमने उन्हें ऑफर दिया, जो उन्होंने स्वीकार किया। इसके अलावा हमने उन्हें बंबई में घर ढूंढने में भी मदद की।

उन्होंने कम से कम पाँच साल हमारे साथ रहने का वादा किया, लेकिन उन्होंने कंपनी में छब्बीस साल तक काम किया और डायरेक्टर के रूप में रिटायर हुए। वर्षों के साथ, वे उद्योग में सबसे सम्मानित तकनीकी लोगों में से एक बन गए। वे एक टीम-निर्माता थे जिन्होंने प्रत्येक प्रोजेक्ट के साथ अपनी टीम को नई ऊँचाइयों तक पहुँचाया और कई तकनीकी इनोवेशन का नेतृत्व किया। मैंने कभी उन्हें कर्मचारी के रूप में नहीं, बल्कि एक पार्टनर के रूप में देखा। साथ मिलकर हमने अंबुजा को दुनिया की सबसे बेहतरीन सीमेंट कंपनियों में से एक बनाया। वह उतने ही अंबुजा के जनक हैं जितना मैं हूँ।

श्री एस.एस. भंडारी अंबुजा के तीसरे कर्मचारी थे और उन्हें हमने चीफ़ फ़ाइनेंशियल ऑफ़िसर (CFO) के पद पर नियुक्त किया था। अंबुजा के शुरुआती दिनों में वे एक और आधारस्तंभ थे। वे हमारी टीम के सबसे तजुर्बेदार पेशेवर थे, जिन्होंने चार्टर्ड अकाउंटेंट की हैसियत से बिड़ला, रूइआ और रिलायंस जैसी बड़ी कंपनियों में पंद्रह सालों तक काम किया था। मैं उनसे जानने के लिए उत्सुक था कि रिलायंस जैसी प्रतिष्ठित कंपनी में नौकरी छोड़कर वे अंबुजा में काम करने क्यों आए थे। उन्होंने कहा कि चूँकि अंबुजा का प्रोजेक्ट नया था, वे उस पर काम करने के लिए उत्सुक थे। उनके अनुसार, चूँकि अधिक जोखिम उठाने से अधिक सफलता भी प्राप्त होती है, यदि वे इस प्रोजेक्ट को सफलतापूर्वक पूरा कर पाते, तो भविष्य में उन्हें प्रोफेशनली और फाइनेंशियली बढ़त मिलेगी।

नौकरी के शुरुआती दिनों में ही मैंने उन्हें स्टेट्यूटोरी ऑडिटर नियुक्त करने की ज़िम्मेदारी सौंपी। यह नियुक्ति तुरंत करना ज़रूरी था क्योंकि कुछ ही दिनों बाद हमारी पहली अकाउंट क्लोजिंग थी। बहुत खोज करने के बाद उन्होंने एक सी.ए. फर्म, दलाल एंड शाह को स्टेट्यूटोरी ऑडिटर नियुक्त करने का सुझाव दिया। मैंने उनके सुझाव को बिना किसी संदेह के स्वीकार किया, जिससे वे चकित हुए। दलाल एंड शाह कंपनी ने

हमारे लिए कई सालों तक बेहतरीन काम किया। लोगों से काम करवाने का मेरा वही तरीक़ा था – मैं सक्षम पेशेवरों को नियुक्त करता था, उनके विवेक पर भरोसा करता था और उनका पूरी तरह से समर्थन करता था, वे कुछ ग़लतियाँ कर भी दें फिर भी। मैंने अक्सर देखा कि जब किसी काम में असफलता का भय नहीं होता है, तो वह पूरी शिद्दत से किया जाता है।

फाइनेंस को लेकर श्री भंडारी के नये दृष्टिकोण की वजह से हमें शुरू में वित्तीय सहायता जुटाने में बहुत मदद भी मिली। उस समय, सिर्फ़ SBI उत्पादन कंपनियों को कर्ज़ देता था। जब हम उनके पास गए तब उनके अधिकारी ने बड़ी रुखाई से कहा, 'अपने पेपर यहां छोड़ दीजिये, हम उस पर ग़ौर करेंगे।' इसलिए हमने BoI को आवेदन भेजने का निर्णय लिया, जो कपास व्यापार के समय से मेरा बैंक रहा था। हमारी लोन एप्लीकेशन से न सिर्फ वे आभारी थे, बल्कि उन्होंने देना बैंक और बैंक ऑफ़ बरोड़ा (BoB) से भी हमारा साथ देने को कहा। कॉर्पोरेट इंडिया के इतिहास में पहली बार तीन मुख्य राष्ट्रीयकृत बैंकों के संघ – BoI, Dena Bank और BoB – ने हमें हमारे प्रोजेक्ट के लिए लोन दिया था।

इस समय, श्री भंडारी ने इन बैंकों को उनकी सीमा से ज्यादा लोन देने के लिए मनाकर एक और सफलता प्राप्त की। इसके लिए RBI की स्वीकृति ज़रूरी थी, जिसे छह महीनों से भी ज़्यादा समय लग सकता था। लेकिन हमारी फाइनेंस टीम ने RBI से शीघ्र स्वीकृति पाने के लिए एक विस्तारित प्रस्ताव तैयार किया। RBI ने दो महीनों के अंदर हमें स्वीकृति दे दी। हालाँकि आधुनिक काल में ये कोई बड़ी बात न लगे, लेकिन उन दिनों ये बहुत बड़ी सफलता थी। यह इसलिए कि उदारीकरण के पहले के ज़माने में नए उद्यमियों के लिए अपने प्रोजेक्ट्स के लिए वित्तीय सहायता प्राप्त करना बहुत चुनौतीपूर्ण था। BoI और Dena Bank के ट्रेनिंग कॉलेजों में कई सालों तक हमारे प्रस्ताव को आदर्श प्रस्ताव के रूप में सिखाया गया।

श्री भंडारी ने बड़ी चतुराई से फाइनेंस डिपार्टमेंट को संभाला। उन्होंने अपने डिपार्टमेंट में पारदर्शी और नैतिक व्यवहार पर भी ज़ोर दिया। इससे मुझे उन पर इतना भरोसा हुआ कि मैंने उन्हें उनके डिपार्टमेंट को चलाने की पूरी आज़ादी दी| वे अपना काम इतने अच्छे से करते थे कि पहले कुछ सालों के बाद मुझे बैंक से संबंधित मामलों में ना के बराबर ध्यान देना पड़ा। इससे, मेरा बहुत समय बच गया जो मैंने इस प्रोजेक्ट के दूसरे विभागों पर काम करने में बिताया।

श्री भंडारी ने शुरुआती दिनों में एक और क्षेत्र में अहम भूमिका निभाई। उनके काम शुरू करने के कुछ महीनों बाद, हमें सुनने में आया कि महुवा में ज़मीन प्राप्त करने के प्रयासों में कुछ चुनौतियां उठ खड़ी हुई थीं। हालाँकि ज़मीन प्राप्त कर उसे हमें सौंपने की ज़िम्मेदारी गुजरात सरकार की थी, मुझे लगा कि इस प्रक्रिया को और जल्दी करने के लिए हमें उनकी मदद करनी चाहिए। श्री भंडारी हमारे टीम के एकमात्र वरिष्ठ व्यक्ति थे जो गुजराती पढ़ और लिख सकते थे और इसलिए मैंने उनसे मदद मांगी। उन्होंने कहा कि ज़मीन खरीदने या सरकार के साथ व्यवहार करने का उन्हें कोई अनुभव नहीं था। लेकिन मैंने उन्हें पूरी सहायता देने का आश्वासन दिया और वे मान गए।

अगले कुछ महीनों में उन्होंने कड़ी मेहनत की। ज़मीन की प्राप्ति के लिए उन्होंने सरकारी अधिकारियों और गांववासियों में समन्वय करने के लिए बंबई, अहमदाबाद और महुवा के पास के गांवों के बीच कई दौरे किए। महुवा और उसके आस-पास मूल सेवाएं कम थीं और महुवा शहर में होटल भी नहीं थे, जिस कारण हमारी टीम को अक्सर महुवा में अलग-अलग सर्किट हाउस में रहना पड़ा। हालाँकि अंत में हम महुवा में ज़मीन प्राप्त नहीं कर पाएं, जब हमने कारखाने का स्थल कोडीनार में स्थानांतरित किया, तब श्री भंडारी की समझौता करने की कुशलता बड़ी काम आई (इसपर मैं बाद में विस्तार में बात करूंगा)।

श्री कुलकर्णी, श्री भंडारी, श्री बी.एल. तापड़िया (जो सचिवीय कार्यों का ध्यान रखते थे), श्री एम.एम. हिरपारा (प्रोजेक्ट इंजीनियर और श्री कुलकर्णी के डिप्टी) सहित कुछ और अन्य अधिकारियों की मदद से हमने वो बुनियाद बनाई, जिस पर यह विशाल कंपनी गुजरात अंबुजा खड़ी की गई। उनके कंपनी में जुड़ने पर मेरी उनसे उम्मीद थी कि वे हमारे साथ कम से कम कुछ साल काम करेंगे। इसके बदले, उनमें से अधिकांश लोगों ने अपना पूरा कार्यकाल अंबुजा में बिताया, जिससे मुझे आश्चर्य भी हुआ और ख़ुशी भी। इस कंपनी की सफलता का हक़दार जितना मैं हूँ उतना वे भी हैं।

*

कुछ लोग इसे एक रूढ़िवादिता मानते हैं, लेकिन मैं इस विचार में दृढ़ विश्वास रखता हूँ कि अधिकांश मारवाड़ी एक अमूर्त संपत्ति रखते हैं जिसे हम बनिया बुद्धि या व्यापारी मानसिकता कहते हैं। यही कारण है कि हम सदियों से सफल व्यवसायी रहे हैं। बनिया

व्यापारी वाणिज्यिक वर्ग को संदर्भित करता है, जबकि बुद्धि एक संस्कृत शब्द है जिसका अर्थ है मस्तिष्क से जुड़े विभिन्न गुण जैसे बुद्धि, सोच, विवेक और तर्क। मेरी व्याख्या के अनुसार, बनिया बुद्धि, जिसे हर मारवाड़ी बच्चा जल्द ही सीखता है, पैसे को संभालने और खर्च करने के बनिया तरीके का प्रतिनिधित्व करती है। यह एक विशेषता है जिसे हमने अपने पूर्वजों की एक अटूट श्रृंखला से विरासत में प्राप्त किया है, जो सभी व्यापारी थे। इस बनिया बुद्धि ने मेरी सोच को हमेशा आकार दिया है, पहले व्यापार में और अब सीमेंट व्यवसाय में।

काम शुरू करने के तुरंत बाद मैंने कारखाने को स्थापित करने और फिर उसे चलाने की दैनिक लागत का अनुमान लगाया। मैं समझ गया कि सीमेंट के उत्पादन में 40 प्रतिशत लागत पूंजी में लगती है और 40 प्रतिशत लागत ऊर्जा में लगती है। गुजरात अंबुजा की सफलता के लिए हमें इन लागतों को एकनिष्ठा से नियंत्रण में रखना अत्यावश्यक होगा। हमारे लिए और एक चुनौती यह थी कि गुजरात में हमारी प्रतियोगी कंपनियां कई सालों से वहां प्रतिष्ठापित थी, जिससे उनकी कैपिटल कोस्ट घटकर बहुत ही कम रह गयी थी। फलस्वरूप उनकी सीमेंट की लागत भी हमसे बहुत कम थी| इसका मतलब यह था कि सबसे कम दाम में, सबसे कम समय में और सबसे अच्छी गुणवत्ता का सीमेंट बनाना हमारी सफलता के लिए ज़रूरी था। हमारी पूरी टीम ने इसका एक मंत्र जैसे पालन किया, यह कम्पनी की सफलता मे बहुत ही लाभप्रद पर रहा।

मुख्य कारखाने के लिए हमें दो सप्लायरों में से एक को चुनना था: बंबई में स्थित लार्सन एंड टूब्रो (L&T), जो अपने सहयोगी डेनमार्क की 'एफ़एल स्मिथ एंड कंपनी एएस' (FL Smidth & Co. AS) के साथ, कारखाना उपकरण व्यवसाय में बड़ा खिलाड़ी था और जर्मनी की विशाल मशीनरी कंपनी 'कृप पॉलीसियस एजी' (Krupp Polysius AG), जिसकी भारत में प्रतिनिधि कंपनी 'बकाऊ वुल्फ़ इंडिया' (Buckau Wolf India) थी। एल एंड टी की तुलना में बकाऊ वुल्फ़ इंडिया भारत में नई थी और नए ग्राहक हासिल करने के लिए जी तोड़ कोशिश में थी।

श्री शोवाकर एल एंड टी के अधिकारियों को जानते थे और इसलिए बहुत इच्छुक थे कि वे उनके साथ बातचीत ख़ुद करें। जब भी मैं इन अधिकारियों से मिला, तब वे बहुत अभिमानी और तिरस्कारपूर्ण पेश आए। बकाऊ वुल्फ़ इंडिया के एमडी, श्री दारा दमानिया, जिन्हें मैं नेवटिया भाइयों के ज़रिए अच्छे से जान गया था, का संयमित रवैया

इनके बिल्कुल विपरीत था। मैं श्री शोवाकर के साथ इसलिए भी नाखुश था कि वे हो रही बातचीत की प्रगति की कोई भी जानकारी मुझसे बांटने के लिए अनिच्छुक थे।

एल एंड टी के अधिकारियों के अभिमानी रवैये को लेकर मैं काफी मुखर था| इस अवसर की अहमियत समझकर बकाऊ वुल्फ़ ने अपना दाम कम कर दिया। श्री कुलकर्णी के मूल्यांकन के अनुसार, बकाऊ वुल्फ़ का कारखाना ज्यादा मज़बूत था, उसमें स्टील की मात्रा ज्यादा थी – जिसका वज़न क़रीब 1700 टन था। इसकी तुलना में एल एंड टी–एफ़एल स्मिथ कारखाने का वज़न सिर्फ़ 1400 टन था। यह स्पष्ट था कि जर्मन कंपनी हमें ऐसा कारखाना पेश कर रही थी, जिसमें निर्धारित क्षमता से कई अधिक सीमेंट बनाने की क्षमता थी। और क्रुप की तकनीकी प्रतिष्ठा को मन में रखते हुए इस बात की संभावना कम थी कि उनका कारखाना डेनमार्क की कंपनी के कारखाने से किसी मायने में कम होगा।

समझौते के अंतिम चरण में मैंने दोनों कंपनियों के प्रतिनिधियों से बंद लिफ़ाफ़ों में उनके अंतिम प्रस्ताव प्राप्त किए। जब मैंने बोलियां खोलीं तब बकाऊ वुल्फ़ की बोली एल एंड टी की बोली से बहुत कम थी। मैंने जर्मनी कंपनी को कॉन्ट्रैक्ट देने का फ़ैसला लिया। श्री शोवाकर इस फ़ैसले की वजह जानना चाहते थे और मैंने उन दोनों कंपनी की कीमत में अंतर दिखाया। वजह जानकर वे बहुत ख़ुश नहीं थे। मुझे लगता है कि शायद उन्होंने एल एंड टी में अपने दोस्तों को वादा किया होगा कि कॉन्ट्रैक्ट उन्हें मिलेगा। लेकिन मैंने अंबुजा के हित में जो सर्वोतम था वह फ़ैसला लिया।

इस वजह से श्री शोवाकर और मुझमें तनाव पैदा हुआ। रही बात एल एंड टी की, कुछ समय बाद कारखाने के प्रोसेस कंट्रोल सिस्टम का काम उन्हें दिया गया, जिसे उन्होंने बड़ी लापरवाही से पूरा किया। इससे मुझे और भी यक़ीन हुआ कि उन्हें मुख्य कारखाने का ऑर्डर न देने का मेरा फ़ैसला सही था।

सीमेंट कारखाने में हाई टेंशन मोटर एक बहुत महत्त्वपूर्ण उपकरण होता है, जिसे बहुत पहले ऑर्डर देना ज़रूरी था। इस मामले में सीमेंट क्षेत्र में जो प्रथा प्रचलित थी मैं उसके विपरीत गया। मेरे इस निर्णय की वजह से हमारे न सिर्फ़ बहुत पैसे बच गए बल्कि उससे भी महत्त्वपूर्ण बात समय भी बच गया। उस समय तक, अधिकतर सीमेंट कंपनियां भारत हेवी इलेक्ट्रिकल्ज़ लिमिटेड (BHEL) से हाई टेंशन मोटर ख़रीदती थी, जिसका उस समय इस क्षेत्र में देश में एकाधिकार था। BHEL ने मुझे बताया कि उन्हें मोटर की पूर्ति करने

में कम से कम अठारह महीने लगेंगे। और सभी एकाधिकारियों जैसे वे भी इसमें किसी बदलाव के लिए तैयार नहीं थे। मैं न इससे और न उनके इस अभिमानी रवैये से ख़ुश था।

सौभाग्यवश, इसी समय थापर परिवार की कंपनी, क्रॉम्पटन ग्रीव्ज़, इस क्षेत्र में क़दम रखने की सोच रही थी। उन्होंने अन्य कंपनियों से हमारे बारे में सुना था और उनके MD, श्री के. के. नोहरिया ने ख़ुद मुझसे मिलकर अपनी कंपनी का परिचय दिया। उन्होंने कहा कि वे आधे दाम में और छह महीनों के अंदर हाई टेंशन मोटर की पूर्ति कर पाएंगे। यह बात सुनकर मुझे बड़ी ख़ुशी हुई। मैंने उनका कारखाना देखा और उन्हें ऑर्डर देने का जोखिम उठाया। आख़िरकार, वह एक बहुत प्रतिष्ठित कंपनी थी। और मेरा निर्णय सही निकला। उनकी मोटर ने हमें कोई तकलीफ़ नहीं दी और उन्होंने समय पर मोटर की डिलिवरी भी की।

लगभग इसी समय, मेरा श्री शोवाकर के साथ दूसरा और अंतिम विवाद हुआ। यह तब हुआ जब महुवा से लौटा हमारा एक अधिकारी ज़मीन प्राप्ति की प्रगति के बारे में मुझे बता रहा था। श्री शोवाकर खाना खाने गए थे और इसलिए मैंने उनकी ग़ैरहाज़िरी में मीटिंग शुरू की। लौटने पर वे मेरे ऑफ़िस में दरवाजा खटखटाए बिना घुस आए। वे इस बात से नाराज़ थे कि मैंने उस अधिकारी के साथ उनके न होते हुए भी बात की थी और मुझसे उसकी वजह पूछी। मैंने उन्हें याद दिलाया कि मैं कंपनी का MD था और इसलिए किसी से भी, किसी समय मिल सकता था।

'आप मेरी अनुपस्थिति में उन्हें नहीं मिल सकते हों,' उन्होंने ज़िद की।

'क्या बक़वास कर रहे हो?!' मैंने बदले में कहा।

यह सुनकर वे और भी उत्तेजित हो गए। उनका दावा था कि गुजरात अंबुजा संयुक्त सेक्टर प्रोजेक्ट होने के नाते, कंपनी में हो रही गतिविधियों के लिए वे गुजरात सरकार और IDBI के प्रति ज़िम्मेदार थे और इसलिए सभी कुछ उनकी इजाज़त लेकर होना ज़रूरी था। उनके इस दावे से मैं दंग रह गया। मैंने उनसे कहा कि यदि उन्हें ऐसा लगता है तो उन्हें तुरंत इस्तीफ़ा दे देना चाहिए।

हमारा यह तनावपूर्ण सामना मेरे लिए अनपेक्षित था। श्री शोवाकर पीछे हटने के लिए तैयार नहीं थे और हमारे इस तनावपूर्ण विवाद के कुछ मिनटों बाद उन्होंने इस्तीफ़ा दे दिया। मेरे लिए, मेरे उसूल महत्त्वपूर्ण थे। इस घटना से स्पष्ट था कि लोगों के साथ काम करने की हमारी शैलियां बहुत अलग थीं। श्री शोवाकर का काम करने का तरीक़ा,

जिसमें सभी को उनकी बात मानने के अलावा कोई चारा नहीं था, मेरे उसूलों के बिल्कुल विपरीत था। मैं सहयोग और आपस में विचार-विमर्श में विश्वास रखता था। आज, उस घटना के बारे में सोचते हुए मैं ख़ुश हूं कि मैं श्री शोवाकर की इस प्रवृत्ति से शुरू में ही वाकिफ़ हो गया और उन्होंने इस्तीफ़ा दे दिया।

एक साल पहले जब मैंने GIIC के साथ संयुक्त सेक्टर समझौते पर हस्ताक्षर किए थे, तब भी कुछ ऐसा ही हुआ था। वहां के एक अधिकारी ने मुझे बताया था कि एक निर्धारित राशि के ऊपर के सभी चेक पर दो हस्ताक्षर होने ज़रूरी थे, पहला, कंपनी के प्रतिनिधि का हस्ताक्षर और दूसरा GIIC के प्रतिनिधि का| मैंने कहा कि फिर मैं कंपनी के ही दो लोगों से चेक पर हस्ताक्षर करवाऊंगा। उन्होंने कहा कि वह नामंज़ूर था और GIIC के एक प्रतिनिधि का हस्ताक्षर होना ज़रूरी था। मैंने उनसे कहा कि इस तरह के नियम के होते हुए ऐसा बड़ा प्रोजेक्ट चलाना नामुमकिन होगा। उन्होंने दोहराया कि सभी इस प्रणाली का पालन करते थे और हमें भी वही करना होगा। उनके कहने से स्पष्ट था कि हमारे पास और कोई चारा नहीं था।

मैंने खीझकर उनसे कहा कि उस हालत में GIIC को एकमात्र हस्ताक्षरी बनना चाहिए और सभी भुगतानों की ज़िम्मेदारी लेनी चाहिए। 'या तो आप पूरी ज़िम्मेदारी लें और जवाबदेह बनें या मुझे मेरा काम करने दें। आप मुझे जवाबदेह ठहरा सकते हैं या आप पूरी ज़िम्मेदारी ले सकते हैं और मैं आपसे सवाल पूछूंगा। आपको क्या चाहिए वह आप तय करें,' मैंने उन्हें बताया। इस तरह की सीधी बात के वे आदी नहीं थे और तुरंत अपनी मांग से पीछे हट गए। बाद में मुझे बताया गया कि GIIC के साथ संयुक्त सेक्टर प्रोजेक्ट करने वाली कंपनियों में से गुजरात अंबुजा एकमात्र कंपनी थी, जिसे प्रोजेक्ट के चरण पर अपने चेकों पर ख़ुद हस्ताक्षर करने की अनुमति थी। हर बार की तरह इस बार भी मेरे लिए मेरे उसूल महत्त्वपूर्ण थे। मैं अपने उसूलों के ख़िलाफ़ कभी नहीं गया।

कुछ ऐसे ही श्री शोवाकर ने मेरे उसूलों को चुनौती दी थी। मेरे ऑफ़िस में इस्तीफ़े के नाटक के बाद मैंने श्री कुलकर्णी को उसके बारे में बताया। वे कंपनी के सबसे वरिष्ठ तकनीकी व्यक्ति थे और श्री शोवाकर ने ही उन्हें नियुक्त किया था और इसलिए मुझे उनका विश्वास जुटाना अत्यावश्यक था। 'क्या आप श्री शोवाकर के बिना यहां काम करने के लिए तैयार हैं,' मैंने उनसे पूछा। 'क्या आप काम करते रहेंगे? क्या आप ज़िम्मेदारी लेंगे? क्या आप उस सब की ज़िम्मेदारी लेंगे जिसके लिए श्री शोवाकर ज़िम्मेदार थे?'

उन्होंने शांतचित्त से मुझे बताया कि वे पूरा मन लगाकर काम जारी रखने के लिए तैयार थे। इसके बाद, मैं श्री एम.वी. बसरूर से मिला, जो रेलवे बोर्ड के रिटायर भूतपूर्व चेयरमैन थे। हम महुवा से रेल सेवा जोड़ रहे थे और इस मामले में हमने श्री बसरूर को सलाहकार के रूप में नियुक्त किया था। श्री शोवाकर के साथ विवाद के दिन वे भी ऑफ़िस में थे। वह सबसे वरिष्ठ व्यक्ति थे, इसलिए मैंने उनसे पूछा कि क्या मैंने सही किया था। उन्होंने कहा हाँ। मैंने उनसे पूछा कि क्या वह मेरे साथ काम करने में सहज थे। उन्होंने सहमति जताई। बस इतना ही मुझे चाहिए था।

मैंने अकाउंट्स विभाग से श्री शोवाकर की बकाया राशि के साथ-साथ उन्हें जो चाहिए था, वह देने के लिए कहा। श्री शोवाकर की दूसरी नौकरी लग जाने तक मैंने उन्हें उनकी गाड़ी, घर और हमारे ऑफ़िस में एक कमरा रखने की अनुमति दी। मैं नहीं चाहता था कि वे हमारे साथ बिताए समय के बारे में कोई कड़वाहट महसूस करें।

अब जब श्री शोवाकर चले गए थे, कंपनी चलाने की पूरी ज़िम्मेदारी मुझ पर थी। और इस वाद-विवाद के तुरंत बाद परेशानी को संभालने की मेरी क्षमता का पहला परीक्षण हुआ|

*

1983 का लगभग पूरा साल, बिना किसी बाधा के गुजरा था। अधिकतर वित्तीय सहायता की व्यवस्था हो चुकी थी, कारखाने और अन्य उपकरणों के लिए ऑर्डर हमने दे दिए थे और साल के अंत में कुछ उपकरण हमें भेज दिए गए थे। महुवा में कारखाने का निर्माण शुरू करने की योजना भी तैयार थी। हमने देश के सबसे प्रतिष्ठित सलाहकारों को नियुक्त भी किया था – सिविल इंजीनियरिंग के लिए भगवती एंड कंपनी और मैकेनिकल इंजीनियरिंग और प्रोजेक्ट मैनेजमेंट के लिए केमटेक इंडिया।

1984 की शुरुआत में, हम आख़िरकार नरीमन पॉइंट में मेरे पुराने कपास व्यापार के ऑफ़िस के पास के मेकर चेम्बर्स III में गुजरात अंबुजा के ऑफ़िस में गए। लेकिन महुवा से आ रही ख़बर इतनी उत्साहजनक नहीं थी। GIIC के ज़रिए गुजरात सरकार ने प्रोजेक्ट के लिए ज़मीन प्राप्त करने की ज़िम्मेदारी ली थी। भावनगर के कलेक्टर को इसकी ज़िम्मेदारी सौंप दी गई थी और वे महुवा के लोगों को ज़मीन बेचने के लिए मना नहीं पा रहे थे।

सीमेंट कारखाना स्थापित करने के लिए अधिकांश अन्य कारखानों से अधिक ज़मीन लगती है, क्योंकि उसमें चूने के पत्थर की खानों का समावेश भी होता है। सीमेंट कारखाने के लिए तीन अलग-अलग खंड लगते हैं – एक खंड कारखाने और ऑफ़िस की बिल्डिंगों के लिए; दूसरा खंड कर्मचारियों के निवास स्थान के लिए, जो कारखाने से निकल रही धूल और अन्य हानिकारक गैसों की वजह से कारखाने से दूर होता है; और तीसरा और सबसे बड़ा खंड चूने के पत्थर की खानों के लिए। पूरे प्रोजेक्ट के लिए हमारी ज़रूरत लगभग 225 एकड़ निर्धारित की गई, जिनमें से ज़मीन प्राप्ति के शुरू में सरकार ने 100 एकड़ बंजर ज़मीन, जो उनके स्वामित्व में थी, हमें दे दी थी।

बाकी ज़मीन महुवा के निवासियों से आनी थी। इसके लिए, क़ानून के अनुसार, भावनगर के कलेक्टर ने भूमि अधिग्रहण अधिनियम की धारा 4 के तहत अधिसूचना जारी की, जिसमें ज़मीन को प्राप्त करने का सरकार का इरादा व्यक्त किया गया। इसके बाद, धारा 6 के तहत अधिसूचना जारी की गई, जो सरकार को ज़मीन के मालिकों को ज़रूरी मुआवज़ा देकर उसे बलपूर्वक प्राप्त करने का अधिकार देती है।

भारत में कारखाना स्थापित करने के लिए ज़मीन अधिग्रहण सबकुछ अच्छा चल रहा हो तब भी कभी आसान नहीं होता है। स्थान और ज़मीन के प्रकार के अनुसार इस प्रक्रिया को साधारणतः एक या दो साल लगते हैं। कलेक्टर कितनी कुशलता से समझौता करता है और ज़मीन मालिक ज़मीन बेचने के लिए कितने सहमत हैं इस पर बहुत कुछ निर्भर होता है। कई महीनों तक मोल तोल चलने के बाद दोनों पक्ष उचित क़ीमत पर राज़ी होते हैं। शुरू में हमें लगा कि महुवा में भी यही हो रहा था और कुछ ही समय में गांववाले उन्हें दिया जा रहा मुआवज़ा स्वीकार कर लेंगे। हमें जानकर निराशा हुई कि महुवा में दूसरे लोगों के निहित स्वार्थ के कारण वहां कुछ और ही चल रहा था।

सबकी सलाह के अनुसार मैं बंबई में ही ठहरा रहा, क्योंकि अगर गांववाले मुझे देख लेते तो मुआवज़ा बढ़ाकर मांगते। मैंने श्री भंडारी को वहां रुककर देखने के लिए कहा अगर हम कुछ हल निकाल सकें। मैंने उन्हें गांववालों और उनके सरपंचों से सीधा संपर्क करने के लिए कहा। अगले कुछ महीनों में श्री भंडारी और उनकी छोटी टीम बंबई, अहमदाबाद, भावनगर और महुवा के बीच आते-जाते रहे और उन्होंने ज़मींदारों, स्थानीय राजनीतिज्ञों और सरकारी अधिकारियों से बात की। लेकिन तस्वीर निराशाजनक ही दिख रही थी। गांववाले उन्हें मिल रहे मुआवज़े के बावजूद हमें ज़मीन देने के लिए तैयार नहीं थे।

महुवा एक छोटा, शांत शहर है जहां सालभर ख़ुशनुमा मौसम रहता है। दिलचस्प बात यह है कि हिंदी फ़िल्मों की दिग्गज अभिनेत्री आशा पारेख, आध्यात्मिक नेता मुरारी बापू और संगीत निर्देशक हिमेश रेशमिया महुवा से आए प्रसिद्ध लोग हैं। महुवा और उसके आस-पास के गांवों की शांति से हम धोखा खा गए। 1983 की शुरुआत में हमने ACC के भूवैज्ञानिक सेवा विभाग से इस क्षेत्र में चूने के पत्थर की क्षमता का सर्वेक्षण करवाया था। तब, उन्होंने हमें बताया कि गांववालों ने उनका कुछ हद तक विरोध किया था। लेकिन हमने इस बात को इतना महत्त्व नहीं दिया था। अब हम जान गए कि वे विरोध क्यों कर रहे थे।

महुवा में कम से कम तीन पक्ष थे जिन्हें हमारे आने से ख़तरा महसूस हुआ। वहां के एक व्यवसायी का पास में छोटा सीमेंट कारखाना था, और उसे डर था कि हमारे बड़े कारखाने से उसका धंधा चौपट हो जाएगा। इसलिए वह गांववालों को ज़मीन न बेचने के लिए भड़का रहा था। फिर, कुछ गांवों में स्थानीय ग़ैरक़ानूनी शराब माफ़िया की अस्थायी शराब की भट्टियां थी। इस माफ़िया को डर था कि हमारे वहां आने से उस क्षेत्र में पुलिस की उपस्थिति और उन पर निगरानी बढ़ जाएगी। वे भी गांववालों को प्रभावित कर रहे थे।

और बंबई में स्थित एक उद्योगपति भी हमारे प्रोजेक्ट के ख़िलाफ़ थे, वे भी महुवा से थे। वह उस क्षेत्र में दान करते थे और आस-पास बहुत सारी ज़मीन के मालिक थे। हालाँकि वह वहां कोई कारखाना स्थापित नहीं करना चाहते थे| मुझे बताया गया था कि वे वहां कोई विशाल कारखाने नहीं चाहते। और यदि इतनी चुनौतियाँ कम थीं, तो उन दिनों सरकार की ज़मीन अधिग्रहण की नीति भी बिना किसी सोच-विचार के बनाई गई थी। वे ज़मीन के मूल्य से बहुत कम हिस्से का मुआवज़ा देते थे। और ज़मीन का मूल्य भी बिना सोच-विचार के तय किया जाता था।

सरकार इस बात को कभी ध्यान में नहीं रखती है कि लोगों को अपनी ज़मीन बेचने के लिए विवश करने से उनका जीवन पूरी तरह से बदल जाता है। अधिकांश लोगों के लिए वह ज़मीन उनकी एकमात्र भौतिक संपत्ति होती है और परिवार कई पुश्तों से उसका मालिक रहा होता है। इसलिए, ज़मीन अधिग्रहण के समय लोगों की भावनाओं को भी हमेशा ध्यान में रखना ज़रूरी होता है। इसलिए, उन्हें जितना भी मुआवज़ा दिया जाए, वह इस भावात्मक नुकसान की भरपाई कभी नहीं कर पाएगा। अधिग्रहण हो रही ज़मीन का मूल्य निर्धारित करते समय इस महत्त्वपूर्ण मानदंड को ध्यान में रखना ज़रूरी है।

फिर उनके आजीविका के नुकसान की बात आती है, जिसके लिए उचित मुआवजे की आवश्यकता है। यह सुनिश्चित करेगा कि ज़मीन मालिक एक या दो साल बाद बिक्री से प्राप्त पैसे को समाप्त करने के बाद सड़क पर न आ जाएं। यह सामान्य ज्ञान है कि आपको उन्हें ऐसा मूल्य देना चाहिए जो इन सभी कारकों पर विचार करे। हालाँकि कोई भी अपने पारिवारिक धरोहर को छोड़ने के लिए खुश नहीं होगा, कम से कम सरकार को यह सुनिश्चित करना चाहिए कि वे इस बात से किसी किस्म की कड़वाहट या धोखा महसूस न करें। यह एक ऐसा प्रस्ताव होना चाहिए जिसे वे ठुकरा न सकें, क्योंकि यह वास्तव में उनके लिए लाभदायक हो; न कि इसीलिए कि उन्हें मजबूर किया गया हो। महुवा जैसे स्थान पर, मुआवजा इतना बड़ा होना चाहिए था कि विभिन्न पक्षों द्वारा फैलाए गए प्रचार से निपट सके, जिनके हितों का टकराव था।

देखा जाए तो महुवा में जो हुआ, कुछ वैसा ही पच्चीस साल बाद टाटा मोटर्स के साथ पश्चिम बंगाल के सिंगुर में भी हुआ। दोनों जगहों में सरकार ने ज़मीनी हालत को आंकें बिना कंपनी को ज़मीन देने का वादा किया था। हमारे मामले में, जब गांववालों ने ज़मीन बेचने से इंकार किया, तब गुजरात सरकार ने राज्य शासन की मदद से ज़मीन जबरन प्राप्त करने की कोशिश की। इस कारण लोगों ने सरकार का विरोध किया, जो जल्द ही क़ाबू के बाहर चले गए। कुछ ज़मींदारों ने तो हमारे और सरकार के ख़िलाफ़ अदालत का दरवाज़ा भी खटखटाया।

मामले ने मई 1984 की एक गरम शाम निर्णायक मोड़ ले लिया। आंदोलन कर रहे कुछ गांववाले हिंसक बन गए और पुलिस को गोलीबारी करनी पड़ी। ख़ुशकिस्मती से उन्होंने सिर्फ़ हवा में गोलियां चलाईं और कोई भी घायल नहीं हुआ। गोलीबारी की ख़बर सुनकर मेरा दिल टूट गया। हम महुवा के लोगों का भला करने निकले और वहां यह त्रासदी हुई थी। मुझे ऐसा लगा कि कारखाने की नींव डालने से पहले ही मेरे सपने चूर हो रहे थे। मुझे आभास हुआ कि महुवा के साथ हमारा संबंध हमेशा के लिए टूट गया था।

आख़िर तक, मुझे लगता रहा कि यह आंदोलन ज़मीन की सबसे अच्छी क़ीमत पाने के लिए गांववालों का एक पैंतरा था। आख़िरकार, महुवा एक पिछड़ा हुआ इलाक़ा था जिसमें ग़रीबी व्यापक थी। वहां की ज़मीन भी इतनी उपजाऊ नहीं थी। हम जो ज़मीन प्राप्त करना चाह रहे थे उसका अधिकांश हिंसा बंजर था और उस पर लोग

शायद ही कुछ उगा रहे थे। इसलिए, गांववालों का एक विशाल कारखाने के प्रति विरोध मेरी समझ के बाहर था, जिस कारखाने की स्थापना से प्रत्यक्ष और अप्रत्यक्ष रूप से सैंकड़ों नौकरियां मिलनी थीं। क़ानून के अनुसार, ज़मीन बेचने वाले हर परिवार के कम से कम एक सदस्य को कंपनी में नौकरी देना ज़रूरी था। इन सबके बावजूद गांववाले हिंसा पर उतर आए और पुलिस को गोलीबारी करनी पड़ी। इसने साबित किया कि लोग अपनी ज़मीन को लेकर कितने भावुक हो सकते हैं और स्थानीय नेता और करिश्माई राजनीतिज्ञों का उन पर कितना प्रभाव होता है इसका मेरा आकलन बिल्कुल ग़लत था।

पुलिस की गोलीबारी – जो एक निर्णायक मोड़ था – ने हमें इतना झिंझोड़ डाला कि हम आगे की सोच ही नहीं पा रहे थे। हालाँकि हम प्रोजेक्ट के शुरुआती चरण में थे, न मुझे न मेरी टीम के किसी सदस्य को पता था कि आगे क्या होने वाला था। उन्होंने मुझसे सवाल किए और मेरे पास कोई जवाब नहीं थे। वो दिन मेरे कार्यकाल के सबसे निराशाजनक दिन थे। हमें बैंकों से लोन मिल चुका था और कारखाने के उपकरण खरीदने के लिए अधिकांश भुगतान कर दिए गए थे।

विक्रेता कारखाने के उपकरणों के कई पार्ट्स हमें भेजने लगे थे। हमारे पास न कोई जगह थी जहां कारखाना बनाया जा सके, न मन में कोई वैकल्पिक जगहें थीं। यदि ऐसे ही चलता रहा तो मैं क़र्ज़ कैसे चुकाऊंगा इसे लेकर मेरे मन में भयानक विचार आने लगे थे। सरकार, जैसा कि ऐसे मामलों में आमतौर पर होता है, गहरी निष्क्रियता में थी, जिससे कार्यवाही पूरी तरह से ठप हो गई थी। पहली बड़ी बाधा पर ही मेरी योजना पटरी से उतर गई थी। इस कठिन परिस्थिति से निकलने का रास्ता मिलने के लिए क़रीब-क़रीब दो महीने लग गए।

अगस्त 1984 में, हमारे एक वरिष्ठ कार्यकारी श्री के.जे. त्रिवेदी, जिन्होंने श्री भंडारी के साथ भूमि मुद्दे पर काम किया था, मेरे कार्यालय में आए और मुझे बताया कि गुजरात में एक वरिष्ठ सरकारी अधिकारी के साथ एक ट्रेन यात्रा के दौरान उनकी बातचीत हुई थी। इस अधिकारी ने श्री त्रिवेदी से कहा था कि महुवा में स्थिति कभी नहीं बदलेगी और इसलिए हमें वहां कारखाना स्थापित करने की उम्मीद छोड़ देनी चाहिए। उन्होंने सलाह दी कि हमें कोडिनार जैसा नया स्थल देखना चाहिए, एक और तटवर्तीय शहर, जहां चूने का पत्थर अच्छी मात्रा में था।

कोडिनार महुवा के पश्चिम में 130 किलोमीटर की दूरी पर, गिर नेशनल पार्क और सोमनाथ मंदिर जैसे पर्यटक स्थलों के नज़दीक है। उस समय वह जूनागढ़ जिले में था और अब गिर सोमनाथ जिले में है।

मैंने श्री त्रिवेदी से कहा कि मैं कोडिनार के बारे में जानता था, लेकिन वहां सीमेंट कारखाने बनाने के लिए ढेर सारे लोगों ने पहले से ही लाइसेंस के लिए आवेदन दिए थे। एक और मुश्किल यह थी कि अनुमानों के अनुसार महुवा की तुलना में कोडिनार में चूने के पत्थर की मात्रा बहुत कम थी। लेकिन श्री भंडारी ने सही सुझाव दिया कि वह जगह देखने में कोई हर्ज नहीं था। वैसे भी, हम जिस स्थिति में थे, उसमें सभी संभावनाओं का आकलन करने के अलावा हमारे पास कोई चारा नहीं था।

हमने अपने सीनियर इंजीनियर, श्री हिरपारा को चूने के पत्थर की क्षमता का आकलन करने के लिए भेजा। वे एक फ्रीलांस भूवैज्ञानिक को अपने साथ ले गए। उन्होंने हमें सूचित किया कि उन्हें कोडिनार शहर से छह किलोमीटर की दूरी पर वडनगर गांव में और वडनगर के आस-पास बड़ी मात्रा में उच्च गुणवत्ता का चूने का पत्थर मिला था। मैं तुरंत गांधीनगर पहुंचा और GIIC में खान साहब और गुजरात सरकार के चीफ़ सेक्रेटरी से मिला। वे मान गए कि कोडिनार में कारखाना स्थापित करना सही होगा। फिर मैंने इंडस्ट्री सेक्रेटरी को हमारी नई योजना के बारे में बताया। उन्होंने वचन दिया कि वे सभी आवश्यक मंज़ूरियां जल्द से जल्द दे देंगे।

कोडिनार में कारखाना स्थानांतरित करने के लिए सभी आवश्यक मंज़ूरियां हमें गुजरात सरकार से तीन दिनों में मिल गईं, जो इतने जल्दी पहली बार हुआ था। और 'जनहित' में सरकार ने हमारे आवेदन को दूसरे आवेदनों से अधिक प्राथमिकता दी ताकि हम ज़मीन अधिग्रहण तुरंत शुरू कर सकें। उन्होंने हमें हमारा प्रोजेक्ट *म्यूटेटिस म्यूटांडिस* (कोडिनार स्थानांतरित) करने की अनुमति दी। इस क़ानूनी शब्द का अर्थ है 'जैसा है जहां है' और उसके तहत हमें जितनी भी छूटें और अनुमतियां महुवा में मिली थीं, वे सारी कोडिनार में भी लागू हुईं।

उस समय, गुजरात सरकार की नीति थी कि किसी भी पिछड़े जिले में स्थापित होने वाला बड़ा कारखाना, जिसमें निवेश की जा रही पूंजी 20 करोड़ रुपयों से अधिक थी, अधिक छूटें प्राप्त कर सकता था। महुवा में हमें ये छूटें मिली थीं, लेकिन कोडिनार में पहले से ही कई बड़े कारखाने होने की वजह से हमें ये छूटें मिलने की कोई ख़ास उम्मीद

नहीं थी। एक बार फिर, हमारे लिए अपवाद किया गया। सरकारी अधिकारियों की मदद से हमने स्थानांतरण की प्रक्रिया बहुत जल्दी ख़त्म की और हम बिना किसी बाधाओं के कोडिनार में पहुंचें।

लेकिन हमें वहां ज़मीन अधिग्रहण करना बाकी था। मैंने दृढ़ निश्चय किया था कि हमने महुवा के अनुभव से जो कुछ भी सीखा था उसे हम यहां लागू करेंगे। मैंने मेरी टीम को बताया कि इस बार हम सरकार की मदद लिए बिना सीधे गांववालों से समझौता करके उन्हें मुँह मांगा दाम देंगे। मैंने उन्हें अमरेली के डिस्ट्रिक्ट कलेक्टर, श्री एस.आर. राव से मिलकर उन्हें हमारी योजना से अवगत कराने के लिए कहा। श्री राव ने हमारी बहुत मदद की। कुछ सालों बाद वे देशभर में तब प्रसिद्ध हुए जब सूरत में हुए प्लेग के बाद उन्होंने शहर को साफ़ किया।

फिर, मैंने श्री भंडारी के नीचे काम करने वाले तीन वरिष्ठ अधिकारियों को कोडिनार भेजा ताकि वे ज़मीन अधिग्रहण की योजना बनाकर उसे अमल में ला सकें। हमारी योजना बड़ी सरल थी – हम सभी ज़मीन मालिकों को एक कक्ष में बुलाकर उन्हें अलग प्रकार के ज़मीन की प्रति बीघा क़ीमत निर्धारित करने के लिए कहने वाले थे। सभी ज़मीन मालिकों की इस क़ीमत पर सहमति ज़रूरी थी। फिर हम कम से कम सौदेबाज़ी करके क़ीमत पक्की करते और उनसे सौदे पर स्वीकृति उसी दिन लेते। हम इस प्रक्रिया को जल्द से जल्द करना चाहते थे।

कोडिनार पहुंचने पर हमारी टीम ने बहुत अच्छा प्रदर्शन किया। गांववालों से जितना जल्दी हो सके जवाब पाने लिए टीम को एक अनोखा उपाय सूझा। उन्होंने गांववालों को तीन गुटों में बांटा और फिर कौन-सा गुट ज़मीन बेचने के लिए पहले हस्ताक्षर करेगा, यह तय करने के लिए एक प्रतिस्पर्धा रखी। यह घोषित किया गया कि जीतने वाले गुट को कारखाने में नौकरी चुनने में सबसे पहला मौक़ा मिलेगा। हमें ज़मीन बेचने वाले हर परिवार में से एक सदस्य कारखाने में नौकरी का हक़दार था। यह तरक़ीब कामयाब हो गई।

जो कीमत सरकार महुवा में देने के लिए तैयार हुई थी, उसकी तीन या चार गुना ज़्यादा कीमत कोडिनार के ज़मींदारों ने उनकी ज़मीन के लिए मांगी। हम उस कीमत पर राज़ी हुए और सभी गांववालों ने उसी दिन समझौतों पर हस्ताक्षर कर दिए। अगले दिन सभी को उनका मुआवज़ा मिल भी गया। पूरी प्रक्रिया बिना किसी बाधा के ख़त्म हुई। वह ज़मीन खरीदने के लिए हमने लगभग 5 करोड़ रुपए खर्च किए। इसकी तुलना में,

हमारे एक प्रतिद्वंद्वी ने कुछ समय पहले लगभग उसी क्षेत्रफल की ज़मीन पर सिर्फ़ 40 लाख रुपए खर्च किए थे। वह इस बात से नाख़ुश था कि हमने इतनी ज़्यादा राशि दी थी। उसने डिस्ट्रिक्ट कलेक्टर से शिक़ायत भी की कि हमने पूरे क्षेत्र के रियल एस्टेट बाज़ार को बिगाड़ दिया था।

रही बात हमारी, गांववालों को उनकी ज़मीन के लिए पर्याप्त मुआवज़ा देकर हमने निश्चित किया था कि वे ज़मीन बेचने के बारे में नाख़ुश नहीं होंगे। कुछ गांववालों की फसलें अब भी उग रही थीं और उन्होंने हमसे अनुरोध किया कि फसल कटाई होने तक हम उनसे ज़मीन न लें। हमने उनकी बात मान ली। हमने सरकार या क्षेत्रीय प्रशासन की सहभागिता के बिना पूरी प्रक्रिया ख़त्म की थी। हमें जितनी ज़मीन चाहिए थी वह अक्टूबर 1984 तक हमें मिल गई – वडनगर में कारखाने के लिए 103 एकड़ और आस-पास के गावों में चूने के पत्थर के लिए लगभग 250 एकड़। हमारा प्रोजेक्ट अब फिर से शुरू हो गया।

मेरा मानना है कि नियति मुझे कोडिनार ले आई। महुवा में पुलिस की गोलीबारी की दुःखद घटना के कारण हम महुवा से भी अच्छी जगह लाए गए थे, जो रेल जंक्शन के और नज़दीक थी और समुंदर के भी पास थी। महुवा की दुर्घटना के बिना हम कोडिनार कभी नहीं आए होते।

कोडिनार में रहे बिना हम देश में सीमेंट के संगठित समुद्री परिवहन करने वाली अग्रगामी कंपनी नहीं बन पाते। हम जान गए कि बंबई, जो आगे जाकर हमारा सबसे बड़ा बाज़ार बन गया, तक सीमेंट भेजने का वह सबसे व्यावहारिक और किफ़ायती तरीक़ा था।

महुवा और सीमेंट निर्माताओं के साथ इसके संघर्षपूर्ण संबंधों की विडंबना यहाँ उल्लेखनीय है। हमारे दुर्भाग्यपूर्ण अनुभव से कोई सबक न लेते हुए, निरमा सीमेंट्स ने 2008 में वहाँ एक सीमेंट कारखाना स्थापित करने का साहसिक प्रयास किया, जो हमारे संयंत्र से कई गुणा बड़ा था। सरकार ने नौ गांवों में 250 हेक्टेयर से अधिक ज़मीन आवंटित की। संयंत्र की अनुमानित लागत 1,000 करोड़ रुपये थी।

पच्चीस सालों में महुवा का नक़्शा पूरी तरह से बदल चुका था। 1990 के दशक में राज्य सरकार ने 200 करोड़ रुपए खर्च करके इस क्षेत्र में चार बड़े जलाशय बनाए थे। इन जलाशयों के पानी से यहां की अधिकांश बंजर भूमि अब उपजाऊ बन गई थी। एक बार फिर, महुवा के किसानों ने अपनी ज़मीन बेचने से इंकार किया, हालाँकि इस बार

उनकी वजहें बिल्कुल अलग थीं। उन्होंने ज़मीन अधिग्रहण का विरोध करते हुए निरमा के ख़िलाफ़ सर्वोच्च न्यायालय में मुक़दमा चलाया और जीत हासिल की। 2011 में पर्यावरण मंत्रालय ने कारखाने को दी गईं पर्यावरिक मंज़ूरीयां रद्द कर दी, जिस कारण कंपनी को अपना कारखाना राजस्थान में पाली जिले में स्थानांतरित करना पड़ा।

महुवा की नियति में कभी सीमेंट कारखाना स्थापित होना लिखा ही नहीं था।

4

सपनों का साकार होना

कारखाने का निर्माण ● IPO का सफल होना ● व्यावसायिक उत्पादन की शुरुआत ● नैतिकता और मूल्यों पर आधारित मैनेजमेंट 'फिलोसफ़ी'

इतना कुछ होने के बाद, जब मैं बुधवार, 10 अक्टूबर 1984 को दशहरे के दिन पहली बार वडनगर आया, तब मैं थकान, राहत और घबराहट इन तीनों भावनाओं से घिरा हुआ था। हमने उस शुभ दिन कारखाने और उसके परिसर का भूमि पूजन किया। यह परिसर आगे जाकर अंबुजानगर कहलाया। ज़मीन हासिल करने के लिए हमें कठिन परिस्थितियों से गुज़रना पड़ा था। प्रोजेक्ट के लिए नयी जगह ढूंढ़ने के कारण हमारे प्लान में चार महीनों की देरी हुई थी। अंततः हमने प्रोजेक्ट को 130 किलोमीटर दूर स्थानांतरित किया। इस अनुभव से मैं थक गया था किन्तु उसी समय, मैं थोड़ी राहत भी महसूस कर रहा था और उम्मीद थी कि अब हमें वैसी चुनौतीपूर्ण परिस्थिति से गुज़रना नहीं पड़ेगा। लेकिन आगे क्या होगा इस विचार से मेरे मन में घबराहट भी थी

कोडिनार पहुंचना आसान नहीं था| बंबई से ट्रेन छत्तीस घंटों से भी ज़्यादा समय लेती थी। इसलिए, पास के तीन एयरपोर्ट – केशोद, भावनगर या राजकोट – में से एक घंटा की फ़्लाइट लेना और वहां से लगभग पांच घंटों का सफ़र हमारे लिए एकमात्र विकल्प था।

उन दिनों प्राइवेट एयरलाइन्स नहीं हुआ करती थीं| इंडियन एयरलाइन्स का एकाधिकार था और हर हफ़्ते उनकी केवल कुछ ही फ्लाइट्स चलती थीं।

कोडिनार में दूर-संचार सेवाएं खराब थीं। 1980 के दशक में ग्रामीण भारत में फ़ोन सेवाएं इतनी व्यापक नहीं थीं, जितनी वे आज हैं। कंस्ट्रक्शन साइट पर हमें क़रीब-क़रीब एक साल तक फ़ोन के बिना काम चलाना पड़ा। तब तक हम आपस में पुराने ज़माने के वॉकी-टॉकी से बात करते थे। और यदि किसी को बंबई में हेड ऑफ़िस से बात करनी होती, तो उसे 15 किलोमीटर से भी ज़्यादा दूर स्थित गांव जाना पड़ता था। लंबी दूरी के ट्रंक कॉल ज़्यादातर लगते नहीं थे इसलिए, हम ज़्यादा महंगे 'लाइटनिंग कॉल' लगाते थे। यह कॉल साधारणतः वरिष्ठ सरकारी अधिकारियों के लिए आरक्षित होते थे। ये समस्याएं इस बात का स्पष्ट चित्रण करती हैं कि 1980 और 90 के दशक में एक उद्यमी के लिए इंडस्ट्रियल प्लांट शुरू करना कितना कठिन था, यहां तक कि गुजरात जैसे प्रगतिशील राज्य में भी।

मेरा पहला बड़ा निर्णय यह था कि कारखाने के स्टाफ के लिए टाउनशिप कहाँ बनानी है। धूल और प्रदूषण की वजह से सीमेंट कारखानों के कर्मचारियों के निवास स्थान आमतौर पर कारखाने से कम से कम पांच किलोमीटर की दूरी पर बनाए जाते हैं। लेकिन मेरी टीम से दोबारा ज़मीन अधिग्रहण करवाने की मुझमें न हिम्मत थी न चाहत। फलस्वरूप, हमने एक ऐसा निर्णय लिया जो किसी सीमेंट कंपनी के लिए असाधारण था – कर्मचारियों का निवास स्थान कारखाने के परिसर के अंदर ही बनाना।

जाने-अनजाने में, इसने हमें हमारे सभी कारखानों में विश्व स्तरीय धूल और प्रदूषण ('इमिशन') नियंत्रण-तंत्र लगाने के लिए मजबूर किया। हमने उस समय का भारत का सबसे 'ग्रीन' सीमेंट कारखाना कोडिनार में स्थापित किया। फैक्ट्री कैंपस में कई पेड़ थे और वहां बहुत से पक्षी भी रहने आए। इससे न केवल पर्यावरण और हमारे कर्मचारियों को लाभ हुआ, बल्कि हमें आर्थिक लाभ भी हुआ। भारत में धूल की वजह से कारखाने अक्सर बंद पड़ जाते हैं। हमने ये क़दम औद्योगिक प्रदूषण ('इमिशन') से संबंधित नियमों के संहिताबद्ध होने के कई वर्ष पहले और केंद्रीय पर्यावरण एवं वन मंत्रालय (MoEF) की स्थापना के कम से कम एक साल पहले लिए थे।

ज़मीन बेचने वाले किसानों ने खरीफ़ फसल की कटाई के लिए भूमि पूजा के बाद हमसे एक और महीने का समय मांगा था। इसलिए, नवंबर 1984 में भारत की दो

विख्यात 'सिविल इंजीनियरिंग' कंपनियों, 'गैनन डंकरली एंड कंपनी' तथा 'बिल्डमेट', ने कारखाने का निर्माण शुरू किया। जर्मनी के क्रुप पोलिसियस से 100 टन की सीमेंट मिल और कुछ अन्य उपकरणों का ऑर्डर महुवा प्रकरण से पहले दिया गया था और यह पहले से ही रास्ते में था। इस संबंध में कोई विलंब अपेक्षित नहीं था।

यदि सबकुछ योजना के अनुसार हुआ, तो हमारा लक्ष्य प्लांट को अठारह महीनों में चालू करना था, जबकि उस समय भारत में यह मानक तीन साल था। श्री कुलकर्णी ने सीमेंट संयंत्र स्थापित करने के अपने वर्षों के अनुभव के साथ यह समय सीमा निर्धारित की थी। हमने गणना की थी कि 10 प्रतिशत के वार्षिक इन्फ़्लेशन की दर के अनुसार स्थापना में एक साल का समय बचाने से हम लगभग 6 करोड़ रुपए बचा सकते थे।

श्री धीरूभाई अंबानी कम से कम समय में कारखाने स्थापित करने के लिए मशहूर थे। मैं उनसे काफी प्रेरित था। इसलिए, उन्हीं की तरह हमने भी मौजूदा उत्पादकों द्वारा स्थापित मापदंडों का पालन न करते हुए अपने लिए नए मापदंड स्थापित करने की ठान ली थी। मैंने कभी भी खुद को पुराने मापदंडों द्वारा बाधित नहीं होने दिया था, चाहे वो कपास व्यापार में हो या सीमेंट कारखानों की स्थापना में, मैं मानता कि परंपरागत तौर-तरीक़ों पर पुनर्विचार करना ज़रूरी था। इस चुनौतीपूर्ण लक्ष्य से हमें आर्थिक बचत के साथ-साथ एक और महत्त्वपूर्ण लाभ हुआ – हमारी छोटी-सी टीम के हर सदस्य में एक जुनून सा आ गया कि उन्हें अनुशासन-बद्ध होकर यह लक्ष्य हर हाल में हासिल करना था। और यही प्रवृत्ति उनमें भविष्य तक बनी रही, फलस्वरूप कंपनी की तरक्की अनुमान से कहीं अधिक हुई।

लेकिन यह बिल्कुल न सोचें कि स्थापना में समय और लागत बचाने में हमने टेक्नोलॉजी या काम की गुणवत्ता में कोई कमियां आने दी। मैं सर्वोत्तम टेक्नोलॉजी के लिए सौदा करके उसे कम से कम लागत में ख़रीदने में और फिर उसे सबसे सक्षम लोगों द्वारा चलाने में विश्वास रखता था। अंबुजा में सर्वोत्तम टेक्नोलॉजी इस्तेमाल करने का मेरा निश्चय तब और भी दृढ़ हुआ जब हम पास में स्थित नर्मदा सीमेंट्स का नया कारखाना देखने गए। यह पहली और आख़िरी बार था जब मैंने किसी अन्य भारतीय सीमेंट कंपनी के कारखाने में क़दम रखा। श्री कुलकर्णी, श्री भंडारी और मैं यह देखकर दंग रह गए कि कारखाने में धूल और सीमेंट हमारे घुटनों तक पहुंच रही थी। हम कुछ ही मिनटों में धूल में ढक गए थे और तुरंत वहां से भाग निकले। लौटते समय मैंने मेरे

साथियों से कहा कि यदि हमारे कारखाने में उतनी धूल होगी, तो बेहतर होगा कि मैं कारखाना शुरू ही न करूं।

इसलिए, हमने उस समय की सबसे आधुनिक धूल-और-प्रदूषण-नियंत्रण टेक्नोलॉजी में निवेश करने का निर्णय लिया। इस प्रणाली में एक परंपरागत 'इलेक्ट्रोस्टेटिक प्रेसिपिटेटर' (electrostatic precipitator) के साथ-साथ उससे भी विकसित 'रिवर्स-एयर बैगहाउज़' उपकरण था। बैगहाउज़ की टेक्नोलॉजी भारत में नई थी। उसमें उच्च तापमान-प्रतिरोधी कपड़ों से ढके बेलनाकार ट्यूब या बैग होते थे। किल्न रॉ मिल और कच्ची मिल से निकल रहे गैस के इन ट्यूब से गुज़रने पर उसकी 99 प्रतिशत धूल ट्यूब में फंस जाती थी। हमने यह उपकरण अमेरिका की 'ज़र्न एंड कंपनी' के उनके भारतीय पार्टनर, 'थर्मैक्स' के ज़रिए ख़रीदा।

इस टेक्नोलॉजी की मदद से अगले कई सालों में हमारे कारखानों में प्रदूषण 50 मिलीग्राम प्रति क्यूबिक मीटर तक रहा। इसकी तुलना में प्रदूषण नियंत्रकों के अनुसार यूरोप में यह आंकड़ा 50 से 100 मिलीग्राम प्रति क्यूबिक मीटर और भारत में 150 से 200 मिलीग्राम प्रति क्यूबिक मीटर होना अपेक्षित था। आगे जाकर हमने यह प्रदूषण-नियंत्रण टेक्नोलॉजी देशभर में हमारे सभी कारखानों में लगाई। अब, केंद्रीय प्रदूषण नियंत्रण बोर्ड (CPCB) ने निर्धारित किया है कि यह टेक्नोलॉजी सभी कारखानों में लगाई जाए।

'ड्राई प्रोसेस प्लांट' और अत्याधुनिक प्रदूषण-नियंत्रण प्रणाली के कारण हमारा कारखाना उस समय के भारत के सबसे आधुनिक सीमेंट कारखानों में से एक कहलाया। हालाँकि हमने अपने नियंत्रण में आने वाली हर चीज़ में सर्वश्रेष्ठ हासिल किया, लेकिन हमारी बड़ी समस्या उन क्षेत्रों में थी जहाँ हमें सरकारी एजेंसियों, विशेषकर बिजली से संबंधित एजेंसियों से निपटना था। हमारे मामले में, हाई-टेंशन पॉवर लाइन्स, राज्य बिजली बोर्ड सबस्टेशन से 33 किलोमीटर दूर आनी थीं।

गुजरात सबसे प्रगतिशील औद्योगिक राज्यों में से एक होने के बावजूद और गुजरात सरकार के साथ हमारी संयुक्त क्षेत्र परियोजना होने के बावजूद, इससे कोई फर्क नहीं पड़ा। हमें फैक्ट्री स्थल तक बिजली की लाइन लाने के लिए बहुत मिन्नतें करनी पड़ीं, जो लगभग आठ महीने की देरी के बाद आई। इस देरी को पाटने के लिए, हमें अपना कमीशनिंग समय काफी कम करना पड़ा। मुद्दा यह था कि उस समय हमारे पास कैप्टिव

पॉवर जनरेटर खरीदने के लिए पैसे नहीं थे (जो हमने अंततः 1989 में किया था), अन्यथा हम इतने लंबे समय तक राज्य बिजली बोर्ड के अंतहीन चक्करों से नहीं जूझते।

मैंने उसके बाद कभी भी राज्य बिजली बोर्डों पर भरोसा नहीं किया और हमने उसके बाद बनाए गए प्रत्येक नए सीमेंट कारखाना के लिए एक कैप्टिव पॉवर प्लांट के लिए बजट रखा। महाराष्ट्र के चंद्रपुर में हमारा कारखाना स्थानीय बिजली ग्रिड से बिना किसी लिंकेज के स्थापित किया गया देश का पहला संयंत्र था, जिसे उस समय एक साहसी कदम के रूप में सराहा गया था।

रेलवे कुछ अधिक कुशल थी। उन्होंने उत्पादन शुरू होने से काफी पहले ही कोडिनार स्टेशन से हमारे प्लांट तक 5 किलोमीटर का नया ट्रैक बिछा दिया। हमें कोडिनार से अमरेली के रास्ते अहमदाबाद तक की न्यूनतम संभव दूरी के फॉर्मूले के आधार पर रियायती माल ढुलाई शुल्क की भी अनुमति दी गई थी। वास्तविक मार्ग बहुत लंबा था क्योंकि ट्रेनों को संरक्षित गिर वन क्षेत्र को बायपास करना था।

लेकिन हम कुछ सालों तक ही सौभाग्यशाली रहे। फिर, वेस्टर्न रेलवे के नए जनरल मैनेजर ने निर्धारित किया कि हमें लंबी दूरी के अनुसार भुगतान करना होगा। इसलिए, हमारे माल भाड़े में रुपये 200 प्रति टन की बढ़त हुई और हम बंबई तक सीमेंट को समुंदर से ले जाने की संभावना पर विचार करने को मजबूर हुए। कुछ साल बाद हमारा यह सपना भी साकार हुआ और हम सीमेंट को लंबी दूरी तक समुंदर के रास्ते परिवहन करने वाले पहले भारतीय सीमेंट उत्पादक बन गए। यह एक ऐसा उदाहरण था जहां हमने चुनौती को अवसर में बदल दिया।

*

कोडिनार में कारखाने का निर्माण शुरू होते ही मैं समझ गया कि अब गुजरात अंबुजा रूपी जहाज़ अपनी यात्रा पर रवाना हो चुका था और मुझे अब अपने मन का संशय पीछे छोड़कर निडर होकर इस जहाज़ के कप्तान की कमान संभालनी ही होगी। और यह मुझे अपने ऑफ़िस केबिन में बैठकर नहीं बल्कि शॉप फ़्लोर पर कर्मचारियों के साथ कंधे से कंधा मिलाकर करना था। कुछ महीनों पहले श्री शोवाकर, जिन्हें चीफ एग्जीक्यूटिव पद पर नियुक्त किया था, के चले जाने से यह संदिग्धता भी चली गई थी कि कंपनी कौन चलाएगा। उसी समय मैंने तय किया कि मैं एक फुल-टाइम एमडी बनकर कंपनी चलाऊंगा।

मैंने मेरे जीवन में तब तक केवल एक ही सीमेंट कारखाना देखा था। इसलिए, सीमेंट कारखाना स्थापित करने या उसे चलाने के बारे में मेरी जानकारी न के बराबर थी। सौभाग्यवश, श्री कुलकर्णी हमारे तकनीकी प्रमुख थे और मुझे उनसे पूरी सहायता मिली। श्री शोवाकर के चले जाने से गुजरात अंबुजा के तकनीकी पहलुओं की संपूर्ण ज़िम्मेदारी अब उन पर थी। हम दोनों के लिए यह लाभदायक ठहरा। उनकी क्षमता पनपी और अगले कई सालों में वे भारतीय सीमेंट उद्योग के सबसे सम्माननीय तकनीकी पेशेवरों में से एक बन गए।

और मुझे एक ऐसा सहकर्मी मिला, जिसे मेरे लक्ष्य में पूरा विश्वास था और बदले में जिस पर मैं भी पूरा विश्वास करता था। अगले दो दशकों में हम दोनों में गहरा कार्यकारी रिश्ता गुजरात अंबुजा की सफलता का मुख्य कारण बना। मुझे नहीं लगता कि उनसे बेहतर डिप्टी कोई और होता। मेरी महत्त्वाकांक्षी और कभी-कभार अजीबों-गरीब विचारों तथा छोटी और बड़ी योजनाओं को उन्होंने बड़ी निपुणता से साकार किया, कभी-कभी तो मेरी उम्मीद से भी बेहतर। इतने सालों में उन्होंने कभी भी किसी काम को नकारा नहीं। वे मृदुभाषी थे और कठिन से कठिन परिस्थितियों में भी शांत रहते थे, मानो किसी योगी की तरह।

कोडिनार और बंबई में स्थित श्री कुलकर्णी की टीम में होनहार, युवा इंजीनियर थे। उनकी औसत आयु केवल बत्तीस या तैंतीस साल की थी और इससे हमें बहुत फ़ायदा हुआ। वे घंटों तक अपार स्फूर्ति से काम करते थे और चूँकि उनके कार्यकाल को शुरू हुए कुछ ही साल हुए थे इसलिए उन पर पुरानी पद्धतियों या मापदंडों का बोझ भी नहीं था। इसका सभी पर लाभदायक असर हुआ। वे उत्सुकता से नए विचार अपनाते थे और उन्होंने कारखाने के लिए कई सुधार भी सुझाए। इन सुझावों से हमें आगे जाकर बहुत लाभ हुआ। मैं भी केवल चौंतीस साल का था। कुल मिलाकर सीमेंट कारखाने स्थापित करने में मेरे न के बराबर तजुर्बे का हमें लाभ ही हुआ।

लेकिन ज़रूरत पड़ने पर हमने सर्वश्रेष्ठ वरिष्ठ 'प्रोफेशनल' नियुक्त किए। श्री कुलकर्णी ने मुझे साफ बताया था कि उनका अनुभव सिर्फ कारखाना स्थापित करने में था न कि उसे चलाने में। 'मैं प्रोडक्शन के बारे में कुछ नहीं जानता हूं। कारखाना चलाने के लिए हमें उत्पादन में तजुर्बेदार पेशेवरों की ज़रूरत पड़ेगी।' इसलिए, हमने कई जगह ढूंढ़कर श्री जी.सी. कोतवाल नामक प्रोडक्शन विशेषज्ञ को गुजरात अंबुजा

से जुड़ने के लिए मना लिया। वे पहले बी.के. बिड़ला ग्रुप की एक सीमेंट कंपनी में प्रोडक्शन प्रमुख रहे थे।

श्री कोतवाल, श्री कुलकर्णी, श्री भंडारी, श्री तापड़िया और श्री पी.सी. जैन, जो हमारे लिए हेड ऑफ़ कमर्शियल ऑपरेशन्स बने थे, इन्हें मिलाकर अंबुजा सीमेंट की मुख्य टीम तैयार थी। श्री कुलकर्णी महीने में तीन हफ़्ते कोडिनार में बिताते थे। दूसरी ओर, मैं महीने में दो बार कोडिनार जाकर वहां कुछ दिन तक रहता था। वहां मैं कारखाने के बग़ल में हाल ही में बनाए गए कर्मचारियों के हॉस्टल के एक कोने में छोटे से रूम में रहता था। मैं हॉस्टल के कांफ्रेंस रूम में कई मीटिंग करता था और कारखाने के निर्माण की निगरानी करता था। कोडिनार में बहुत कम डिस्ट्रेक्शन थे और इसलिए मैं प्रतिदिन कई घंटे काम कर पाता था – सुबह आठ बजे नाश्ता करने के बाद मैं नौ बजे कारखाने में काम की प्रगति देखने निकलता था। उसके बाद कांफ्रेंस रूम लौटकर रिव्यू मीटिंग्स शुरू हो जाती थी।

कोडिनार जाकर मेरी हर बार एक रिव्यू मीटिंग होती थी। प्रत्येक सीनियर और जूनियर प्लांट मैनेजर का इन मीटिंग्स में उपस्थित रहना ज़रूरी था। हर एक विषय पर विस्तारपूर्वक चर्चा होती और यदि कोई समस्याएं सामने आतीं तो वे सबके सामने हल की जाती थीं। इससे संपूर्ण कंपनी में एक पारदर्शी माहौल बना रहा, जो किसी भी कंपनी के सहजता से चलने के लिए अनिवार्य होता है। इससे कर्मचारियों की एक-दूसरे की पीठ के पीछे बात करने की संभावना भी दूर हो गई। कंपनी में सहयोग, सौहार्द और एकता का माहौल बना। मैं मानता हूं कि वह कंपनी के लिए बहुत फ़ायदेमंद रहा।

गुजरात अंबुजा में हमने शुरू से ही सभी को जितना हो सके उतना अपने दम पर, सोचकर निर्णय लेने के लिए समर्थ बनाया। यह कंपनी के माहौल का एक और निर्णायक पहलू था। मैं चाहता था कि हमारे कर्मचारी कुछ ग़लत देखने पर उसे सुधारने में आत्मविश्वासी रहें न कि वे हमेशा अपने सीनियर्स की हां में हां मिलाएं। मेरे लिए इससे भी ज़रूरी यह था कि वे हमेशा 'प्रोडक्शन' को अधिक कुशल और फ़ायदेमंद बनाने के बारे में सोचें।

कारखाना शुरू होने के पश्चात हमने इंजीनियर्स को प्लांट में सुधार करने हेतु, एक निर्धारित लागत तक के महत्त्वपूर्ण फैसले, सीनियर मैनेजमेंट को पूछे बिना अपने आप लेने के लिए समर्थ किया। मेरा मानना था कि ख़र्च कंट्रोल करने हेतु हर एक छोटे निर्णय के लिए इंजीनियर्स का अपने सीनियर से पूछना समझदारी नहीं थी। सलाह लेने में गंवाया

समय उनकी ग़लतियों से कई ज़्यादा महंगा होता। कभी-कभार उनसे ग़लती ज़रूर होती और वह मुझे स्वीकार था। मैंने हमेशा माना है कि असफल होने से एक बहुमूल्य अनुभव मिलता है; अंत में सफलता छूने के लिए इस शुरुआती चरण से गुजरना आवश्यक है।

मेरा यह सच्चा विश्वास है कि अंबुजा-सीमेंट कंपनी सीमेंट और स्टील से नहीं बल्कि विश्वास, रचनात्मक स्वतंत्रता और मेहनत के आधार पर खड़ी की गई कंपनी है। हमने हमारे मैनेजर और इंजीनियर्स पर भरोसा रखा कि वे रचनात्मक रूप से सोचकर अपनी जानकारी और तजुर्बे की मदद से समस्याओं को हल करेंगे और उससे कंपनी को लाभ होगा। मैं मानता हूं कि यदि आप किसी पर पूरा भरोसा रखते हैं तो अधिकांश बार वे आपको निराश नहीं करेंगे। यदि आप किसी मैनेजर को अपना लक्ष्य ख़ुद निर्धारित करने देते हैं और उसे वह लक्ष्य अपने तरीक़े से हासिल करने का अधिकार देते हैं तो फिर वह एक जुनून के साथ उस लक्ष्य की ओर बढ़ेगा।

कारखाने के निर्माण के दौरान ऐसी दो घटनाएं हुईं जहां लोगों को समर्थ बनाने के हमारे निर्णय से हमें लाभ हुआ। पहली घटना में, एक चौकन्ने इंजीनियर ने हमें आगाह किया कि एक 'कंस्ट्रक्शन सबकॉन्ट्रक्टर', जो कच्चा माल रखने का साइलो बना रहा था, उस साइलो के निर्माण के लिए ज़िम्मेदार कर्मचारी को रिश्वत दे रहा था। बदले में 'सबकॉन्ट्रक्टर' ने साइलो की फाउंडेशन के लिए ज़रूरत से कम स्टील का इस्तेमाल किया था। कच्चे माल का साइलो सीमेंट कारखाने की सबसे बड़ी और भारी इमारतों में से एक होता है। इसलिए, श्री कुलकर्णी को डर था कि वह इमारत टिकाऊ नहीं होगी। हम उस ईमानदार इंजीनियर के आभारी थे कि उसने कोई ट्रेजेडी होने के पहले श्री कुलकर्णी को इसके बारे में बताया। उसके सहकर्मी को काम से निकाला गया और साइलो की नींव फिर से बनाई गई, हालाँकि इसमें लागत बहुत आई।

दूसरी घटना हमारे जर्मन सप्लायर, क्रुप पॉलीसियस (Krup Polysius), से मिल रही सीमेंट मिल के 100-टन के ढांचे को लेकर थी। भारत में उनके पार्टनर, बकौ वुल्फ़ (Buckau Wolf), इस ढांचे को पुणे में अपने प्लांट से कोडिनार ला रहे थे। रास्ते में उत्तरी महाराष्ट्र में धुले के निकट इस विशाल ट्रेलर ट्रक का एक्सीडेंट हुआ। मिल एक गड्ढे में गिर गई और उसकी एक बाज़ू को नुक़सान पहुंचा। हमारी टीम के वहां पहुंचने पर बकौ वुल्फ़ के विशेषज्ञों ने बताया कि मिल को पुणे ले जाकर उसकी मरम्मत करना ही बेहतर होगा। इसमें कुल चार महीने अतिरिक्त लग जाते – एक महीना मिल को पुणे ले

जाने में, दो महीने उसकी मरम्मत में और एक और महीना उसे कोडिनार लाने में। इससे प्लांट की स्थापना और शुरू होने में बहुत देरी हो जाती।

हम जानते थे कि बकौ वुल्फ़ के विशेषज्ञ इसलिए सावधानी बरत रहे थे कि वे नहीं चाहते थे कि बाद में मिल के चलने में कोई समस्या आए। तब, हमारे मैकेनिकल इंजीनियरिंग विभाग के प्रमुख, श्री जी.डी. भोंसले ने कोडिनार में हमारे कारखाने में ही मरम्मत करने का सुझाव दिया। बकौ वुल्फ़ के विशेषज्ञों ने यह कहकर हमें रोकने की पूरी कोशिश की कि हम सही मरम्मत नहीं कर पाएंगे, जिस कारण उन्हें मिल को कोडिनार से पुणे लाना होगा और अधिक विलंब होगा। लेकिन श्री भोंसले को अपनी टीम पर पूरा भरोसा था। इसलिए, हमने श्री भोंसले का साथ देने का फ़ैसला लिया। हम मिल को कोडिनार ले गए और जैसा कि उन्होंने कहा था, एक हफ़्ते के भीतर उन्होंने उसकी मरम्मत कर दी। तीस साल बाद भी मिल सही सलामत चल रही है!

इन और अन्य कुछ घटनाओं के अलावा, कारखाने के निर्माण के दौरान हमें विक्रेताओं के मामलों में बहुत कम चुनौतियों का सामना करना पड़ा। इसका मुख्य कारण यह था कि मैंने शुरू से तय किया था कि हमारी कंपनी की नीति वेंडर्स के साथ अच्छे संबंध स्थापित करने की होगी। हमारी सफलता और समृद्धि में वे हमारे महत्त्वपूर्ण भागीदार थे। यह ज़रूरी था कि उनका प्रदर्शन हमारे अधिकारियों जितना उत्कृष्ट हो। मेरा मानना था कि वेंडर्स के साथ विरोधात्मक संबंध से न हमें फ़ायदा हुआ होता और न उन्हें।

वेंडर्स और सप्लायर्स के साथ रिश्ता मज़बूत करने हेतु हमने व्यवसाय के लिए कुछ दिशानिर्देश स्थापित किए। पहला महत्त्वपूर्ण निर्देश उन्हें पर्याप्त मेहनताना मिले। वे भी हमारे जितनी मेहनत कर रहे थे और इसलिए उन्हें उसके अनुरूप मुनाफ़ा मिलने पर वे कभी निराश नहीं होंगे। उनसे सर्वश्रेष्ठ सेवा प्राप्त करने का यह एकमात्र तरीक़ा था। पिताजी से मैंने सीखा था कि ग्राहकों और विक्रेताओं के साथ लंबे रिश्ते बनाए रखने के लिए उचित व्यवहार करना अत्यंत महत्त्वपूर्ण होता है। और अपेक्षित उचित व्यवहार के आगे जाकर कुछ अतिरिक्त करने पर निस्संदेह ही दूसरा पक्ष भी बदले में आपके हित में सोचेगा। सबसे महत्त्वपूर्ण बात यह है कि वे आपको धोखा नहीं देंगे। धोखा देने वाले नब्बे प्रतिशत लोग इसलिए वैसा करते हैं क्योंकि उन्हें लगता है कि उन्हें उचित मुनाफ़ा नहीं मिला है।

दूसरा निर्देश गुणवत्ता और डेडलाइन का सख़्ती से पालन करते हुए हमारे सप्लायर्स को नियमित रूप से समय से पहले भुगतान करना था। इससे उनके पास पर्याप्त नक़द होता

और वे तनाव-मुक्त होकर काम पर ध्यान दे सकते थे। उन दिनों भारतीय कंपनियां इसके बिलकुल विपरीत करती थी – सप्लायर्स को अपने भुगतान के लिए नियमित रूप से कंपनी के अधिकारियों के साथ महीनों तक झगड़ना पड़ता था। इसलिए, यह आश्चर्य की बात नहीं कि वे काम में ग़लत तरीक़े अपनाते थे और इसका काम पर बुरा असर होता था।

मैं गर्व से कह सकता हूं कि मैं जब तक गुजरात अंबुजा में था तब तक मैंने न कभी किसी सप्लायर्स को हमें धोखा देते हुए पाया और न कभी ऐसी बात सुनी। हमें न कभी किसी सप्लायर्स पर मुक़दमा चलाना पड़ा और न ही हमें 'लिक्विडेटेड' डैमेज धारा अमल में लानी पड़ी। जब हमारे सप्लायर्स से किसी प्रामाणिक कारण से डेडलाइन छूट जाती थी तब हम समय-समय पर उन्हें भुगतान देकर और डेडलाइन आगे ले जाकर मदद भी करते थे। इससे, बड़ा सौहार्दपूर्ण माहौल बना रहा और हमें हमारे चुनौतीपूर्ण लक्ष्य पाने में बहुत मदद मिली। जैसे हमारे व्यवसायी रिश्ते पक्के होते गए वैसे गुजरात अंबुजा सबसे अच्छी सीमेंट कंपनी के रूप से जानी जाने लगी और हम सबसे अच्छी शर्तों और दामों में काम करवा सकें।

मैंने कार्य-स्थल के लिए जो नीति स्थापित की उसका एक और महत्त्वपूर्ण भाग भारत में व्यापार करने के नैतिक पहलू अर्थात भ्रष्टाचार को लेकर था। मेरे मन में इस मुद्दे के बारे में कोई असमंजस नहीं था। माँ और बाबूजी ने मुझे नैतिकता और ईमानदारी के सिद्धांतों के प्रति हमेशा से प्रतिबद्ध रहना सिखाया था। मेरे जीवन के प्रत्येक पहलू में इन दो सिद्धांतों से मुझे मार्गदर्शन मिला था। इसलिए, मैंने उन्हें अंबुजा के चलन का भी एक अनिवार्य भाग बना दिया।

मुझे याद है कि नरीमन पॉइंट में हमारा नया ऑफ़िस बनाते समय वित्तीय टीम के एक वरिष्ठ अधिकारी ने मुझे बताया कि हम ऑफ़िस का इंटीरियर डिज़ाइन हमारी पहचान के ही एक आर्किटेक्ट से करवा रहे थे। उसके अनुसार इससे हम आसानी से कुछ नक़द निर्माण कर सकते थे, जो बाद में आवश्यकता होने पर इस्तेमाल किया जा सकता था। मैंने उसे सलाह दी कि कंपनी के सभी सौदे क़ानूनी और पारदर्शी ढंग से होने चाहिएं, भले ही उनमें हमारा नुकसान क्यों न हो जाएं। मेरी सलाह से वित्तीय टीम को कड़ा संकेत मिला कि हमारे सभी सौदे, चाहे वे छोटे हों या बड़े, पूरी ईमानदारी और पारदर्शिता से हुए।

फिर, जब हम कारखाना लगातार 100 प्रतिशत क्षमता से ज़्यादा पर चला रहे थे, तब मुझे याद है कि एक प्रतिद्वंद्वी सीमेंट उत्पादक ने मुझे बताया कि इस स्थिति में उत्पादन के

आंकड़ों में हेरफेर करना आसान हो जाता था। इससे अतिरिक्त उत्पादन पर उत्पाद शुल्क और अन्य कर देने से बचा जा सकता था। उस समय मैं इस क्षेत्र में नया था। इसलिए, मैं यह जानकर चौंक गया कि इस उद्योग में साधारणतः यही होता आया है। और संभवतः वे भी यह जानकर निराश हुए कि इस तरह का व्यापार मेरे उसूलों के विरुद्ध था।

मैं हमेशा मानता था कि कंपनी में जिन सिद्धांतों और कार्य पद्धतियों का प्रचार मैं करता हूँ उनका मुझे उदाहरण स्थापित करना चाहिए। इसलिए, मैं जान-बूझकर कोडिनार में कर्मचारियों के हॉस्टल में एक छोटे रूम में रहता था। मैंने अपने लिए कोई शानदार ऑफ़िस भी नहीं बनवाया। उसके बजाय मैं बोर्डरूम में कई घंटे बैठकर काम करना पसंद करता था। मुझे आलीशान विदेशी गाड़ियां बहुत पसंद थीं। लेकिन मैंने उन्हें भी त्यागकर अपने लिए एक सादी सफ़ेद प्रीमियर पद्मिनी खरीद ली। मैं नहीं चाहता था कि मेरे सहकर्मियों को लगे कि सादा जीवन जीने का प्रचार करते हुए मैं कंपनी के पैसों से आलीशान जीवन जी रहा था।

मैंने 1995 के बाद तक वही गाड़ी चलाई, इसके बावजूद कि तब तक कंपनी समृद्ध बन गई थी। और वाकई में इससे मेरे दूसरे वरिष्ठ सहकर्मी दुविधा में पड़ गए। तब तक रास्तों पर नई और बेहतर गाड़ियां दिखाई देने लगी थीं। लेकिन मेरे सहकर्मी वे गाड़ियां खरीदने का सोच भी नहीं सकते थे। आख़िर उनके बॉस जो अब भी सादी प्रीमियर पद्मिनी चला रहे थे!

अंत में मुझे एहसास हुआ कि मेरा इस बात पर अड़े रहना अनुचित था और मैंने एक महँगी गाड़ी खरीद ली। ऐसा करते ही मेरे सहकर्मी भी बड़ी और अधिक आधुनिक गाड़ियां खरीदने लगे। मेरी सोच और उसका अनुसरण था कि मैं मेरी आय की तुलना में सादा व्यावसायिक जीवन जीऊंगा। मेरे अनुसार इसमें दूसरों को भी लाभ हुआ।

*

प्रोजेक्ट की शुरूआत में हमने तय किया था कि हम आगे जाकर IPO के माध्यम से अतिरिक्त पूंजी जुटाएंगे। सन 1985 में मैंने IPO पर काम करना प्रारंभ किया। हमारे 'को-प्रमोटर' – GIIC और अन्य बैंकों – के साथ समझौते के अनुसार हम IPO से 7.15 करोड़ रुपए जुटाने के इच्छुक थे ताकि हमारे शेयर कैपिटल दोगुने अर्थात 14.65 करोड़ रुपए हो सकें। यदि IPO सफल होता तो हमारे आधे शेयर निवेशकों के पास होते।

हम IPO नवंबर में करने वाले थे। सच कहूं तो शुरुआत में मैं उसके बारे में निश्चिंत था। IDBI, ICICI और IFCI, जो हमारे बैंक थे, ने हमारे IPO को पूर्णतः 'अन्डररिटन' (underwriten) किया था। इतने प्रतिष्ठित बैंकों के समर्थन के कारण मुझे पूरा विश्वास था कि हमारा IPO बिना किसी समस्या के सफल होगा।

IPO का उद्देश्य पूंजी जमा करने के साथ-साथ भारतभर के निवेशकों और मीडिया को गुजरात अंबुजा के बारे में अवगत कराना भी था। इसलिए, उनके सामने अच्छी छवि प्रस्तुत करना अत्यावश्यक था। ध्यान रहे कि उन दिनों IPO और ख़ासकर सीमेंट कंपनियों के IPO अच्छा नहीं कर रहे थे। शेयर बाज़ार में मंदी तो चल ही रही थी। और तो और सीमेंट कंपनियां अत्याधिक उत्पादन और घटती मांग की समस्या से लड़ रहे थे। इसलिए, शेयर बाज़ार पर अन्य कंपनियों की तुलना में सीमेंट कंपनियों के शेयरों के दाम और भी घट रहे थे।

प्रतिष्ठित सीमेंट कंपनियों के IPO के बारे में भी निवेशक निरुत्साहित थे। मोदी सीमेंट और बांगड़ ग्रुप की श्री सीमेंट के IPO मुश्किल से 'सब्सक्राइब' हुए। शेयर बाज़ार में यह अफ़वाहें फैलीं कि ये IPO 'प्राइवट फाइनेंसर्स' की मदद से ही सब्सक्राइब हुए थे। गुजरात के प्रतिष्ठित महेंद्र मेहता ग्रुप की सीमेंट कॉर्पोरेशन ऑफ़ गुजरात लिमिटेड (CCGL) के IPO के केवल 8 प्रतिशत शेयर ख़रीदे गए। यह बहुत ही ख़राब प्रदर्शन था।

मुझे एहसास हुआ कि मैं ऐसी स्थिति में था जो उनसे भी खराब थी। मेरे साथी पार्टनर, सुरेश और विनोद नेवटिया और मैं निवेश समुदाय से लगभग अनजान थे; विनिर्माण या सीमेंट में हमारी कोई पृष्ठभूमि नहीं थी; हमारा प्रोजेक्ट अभी भी निर्माण चरण में था; और अंततः, हम उन 150 'मिनी-दिग्गज' कंपनियों में से केवल एक थे जिन्हें हाल के वर्षों में सीमेंट संयंत्र स्थापित करने के लिए लाइसेंस दिया गया था। यह प्राथमिक बाज़ार आपदा के लिए एक आदर्श मिश्रण था।

यदि गुजरात अंबुजा का आईपीओ (IPO) असफल होता या वह कम 'सब्सक्राइब' होता, तो उत्पादन शुरू होने से पहले ही हमारा नाम खराब हो सकता था। मैंने कुछ लोगों से हाल ही में आईपीओ (IPO) की असफलता के कारण जानने की कोशिश की। सभी का मानना था कि शेयर बाज़ार में मंदी के अलावा इसका मुख्य कारण यह था कि कंपनियों के मालिकों और 'प्रोमोटेरों' ने निवेशकों को अपनी कंपनी की दीर्घकालिक स्थिरता के बारे में समझाने का काम गम्भीरता से नहीं लिया। वे IPO की असफलता के

बारे में लापरवाह थे। उन्हें विश्वास था कि जैसे पहले से होता आ रहा था वैसे अंडरराइटर्स उनके IPO को भी डूबने से बचाएंगे।

मैं असफलता का बिल्कुल आदी नहीं था – न मेरे निजी जीवन में और न ही मेरे व्यावसायिक जीवन में। पूछताछ करने पर मैंने जाना कि अधिकांश कंपनियों ने उनके IPO के प्रबंधन को एक मैकेनिकल प्रक्रिया बना दिया था। उनके IPO का अधिकतर काम उनके मर्चेंट बैंकरों ने किया और उनका स्वयं का योगदान न के बराबर था। मैं उनकी ग़लतियां दोहराना नहीं चाहता था। इसलिए, मैं मेरे वक़ील और मित्र, श्री एम.एल. भक्ता से मिलने गया। वे भारत के वरिष्ठ व्यापारिक वक़ीलों में से एक थे और कांगा एंड कंपनी नामक सॉलिसिटरों की प्रतिष्ठित कंपनी में सीनियर पार्टनर हैं| अपने कार्यकाल में मैंने उनसे कई बार सलाह ली| मैंने उनसे कहा, 'भक्ता साहब, अगले कुछ महीनों में हम मार्केट में IPO ला रहे हैं और उसमें मुझे आपका मार्गदर्शन चाहिए।'

हमेशा की तरह श्री भक्ता ने शांति से मेरी बात सुनी और कहा, 'चिंता मत करो। आप एक अच्छे मर्चेंट बैंकर को नियुक्त करो, जो आपको IPO की प्रक्रिया में रास्ता दिखाए|' उन्होंने अपने मित्र, श्री निमेश कंपानी का सुझाव दिया।

श्री कंपानी ने अपने परिवार का 'शेअर ब्रोकरेज' व्यवसाय छोड़कर अपना ख़ुद का व्यवसाय शुरू किया था। दो सालों के भीतर उनकी कंपनी, जेएम फाइनेंशियल, भारत की सबसे सफल मर्चेंट बैंकर बन गई थी। वे उस समय के कई बड़े पब्लिक इश्यू सफलतापूर्वक मार्केट में लाए थे और वे कुछ प्रतिष्ठित कंपनियों की बोर्ड ऑफ़ डायरेक्टर भी थे। लेकिन चूँकि मैं उन्हें नहीं जानता था इसलिए श्री भक्ता ने मेरी उनसे मुलाक़ात करवाने का प्रस्ताव दिया। श्री कंपानी से ख़ुद बात करके उन्होंने उन्हें बताया कि मेरे IPO की ज़िम्मेदारी अब उन पर थी।

श्री कंपानी तुरंत राज़ी हुए और जल्द ही मुझसे मिलने मेरे ऑफ़िस आए। उन्होंने मुझे नागार्जुन फर्टिलाइजर के इश्यू के बारे में विस्तारपूर्वक बताया जिसे जेएम फाइनेंशियल सफलतापूर्वक मार्केट में लाया था। उनकी बातें सुनकर मैंने तय कर लिया कि जेएम फाइनेंशियल ही हमारा मर्चेंट बैंकर होगा। मेरी राय में जेएम फाइनेंशियल का ब्रैंड अभी पूरी तरह से स्थापित नहीं हुआ था। हमारे इश्यू का सफल होना उनके लिए भी उतना ही महत्त्वपूर्ण था जितना कि वह हमारे लिए था। इश्यू की असफलता से उनकी प्रतिष्ठा पर भी धब्बा लग जाता।

अगली कई मीटिंग्स में निमेश भाई ने हमें आगे क्या करना है उसपर प्रशिक्षण दिया – कैसे रोडशो और निवेशकों के साथ मीटिंग्स आयोजित करनी हैं और उन मीटिंग्स में क्या कहना है और क्या नहीं। हमने इस पर भी बात की कि किन मुख्य विषयों की ओर ध्यान आकर्षित करना उचित होगा: कि हम सफल व्यवसायी रहे थे; कि गुजरात की सबसे सफल कंपनियों की प्रमोटर, GIIC, गुजरात अंबुजा की भी को-प्रमोटर थी; कि हम जैसी अन्य नई सीमेंट कंपनियों की तुलना में हमारे कारखाने का निर्माण समय के बहुत आगे चल रहा था और कम लागत में हो रहा था।

उन्होंने हमें समझाया कैसे इश्यू के सब्सक्राइब होने पर निवेशकों की ज़रूरतें पूरी करना भी महत्त्वपूर्ण है। उनके अनुसार अधिकतर कंपनियां इसके बारे में लापरवाह थीं। वे चाहते थे कि शेयर अलॉटमेंट, शेयर सर्टिफिकेट भेजने, पैसे लौटाने, और स्टॉक एक्सचेंज पर शेयर को लिस्टिंग करने तथा निवेशकों की शिक़ायतों को हल करने में गुजरात अंबुजा दूसरी कंपनियों के लिए मिसाल बने। इसके अनुसार हमने हमारा काम दो भागों में विभाजित किया – इश्यू के पहले की तैयारी और इश्यू के बाद के विभिन्न काम। हमने हमारे चेयरमैन खान साहब, और श्री पई सहित हमारे बोर्ड के अन्य विख्यात सदस्यों से विनती की कि वे हमारे ब्रोकर मीटिंग्स और निवेशकों की कॉन्फ्रेंस को संबोधित करें। आख़िरकार निवेशक और शेयर मार्केट उनका न केवल सम्मान करते थे बल्कि उनके प्रति उनकी गुडविल भी थी।

इंटरनेट और व्यापक टीवी सेवाओं के पहले के दिनों में IPO का प्रचार उसका अत्यंत महत्त्वपूर्ण भाग होता था। उसके लिए हमने एक और उभरती एड एजेंसी, क्लीया एडवरटाइजिंग को नियुक्त किया। कई स्थापित एजेंसियों ने व्यवसाय के लिए प्रस्ताव रखा था, लेकिन मुझे उन दो युवाओं का उत्साह पसंद आया, जिन्होंने हाल ही में क्लीया की स्थापना की थी – सुनील गौतम और पी. वेणुगोपाल। दोनों को कई IPO का तजुर्बा होने के बावजूद क्लीया एडवरटाइजिंग में उन्होंने केवल एक IPO पर काम किया था। मेरा मानना था कि इस कथित कमज़ोरी की वजह से वे दूसरी एजेंसियों से हटकर थे। वे अपनी ख्याति स्थापित करने हेतु और ज्यादा मेहनत करेंगे। मैंने उनसे वचन लिया कि हमारा IPO मार्केट में आने तक वे किसी दूसरे IPO का कॉन्ट्रैक्ट नहीं लेंगे। इस प्रकार, मैंने सुनिश्चित किया कि वे हमारे लिए फुल टाइम काम कर रहे थे।

उन दिनों IPO बाज़ार में बॉम्बे के बाद अधिकांश निवेशक गुजरात के होते थे। वैसे तो एडवरटाइजिंग इंडस्ट्री में अंग्रेज़ी विज्ञापनों का क्षेत्रीय भाषा में अनुवाद करना प्रचलित था। लेकिन सुनील और वेणुगोपाल के सुझावानुसार हमने गुजराती में नए विज्ञापन बनाए। हमने हमारी गुजराती जड़ों पर ज़ोर दिया – कैसे सौराष्ट्र में कारखाना बनाना राज्य के लिए लाभदायक था, कैसे GIIC के माध्यम से हमने गुजरात सरकार के साथ भागीदारी की थी, इत्यादि। यह तरक़ीब बहुत सफल हुई।

हमारी एडवरटाइजिंग राष्ट्रीय स्तर पर भी उतनी ही असरदार रही। मैंने पहली बार जाना कैसे अच्छे एडवरटाइजिंग से इतना कुछ हासिल किया जा सकता है; भविष्य में गुजरात अंबुजा की एडवरटाइजिंग नीति इसी प्रारंभिक नीति पर आधारित थी। इसके विपरीत, हमारे द्वारा बॉम्बे में ब्रोकरों के लिए आयोजित की गई पहली कॉन्फ्रेंस अच्छी नहीं रही। मेरी अधूरी तैयारी इसका मुख्य कारण थी। मुझे निवेशक/ब्रोकर कॉन्फ्रेंस के संचालन का कोई तजुर्बा नहीं था। निमेशभाई ने मुझे बताया था कि प्रमोटर को मीटिंग को संबोधित करना होता है। मैं किसी साधारण समूह को संबोधित करते समय भी लड़खड़ाता हूं और यह तो निवेशकों की महत्त्वपूर्ण कॉन्फ्रेंस थी। मेरे इस डर को दूर करने हेतु मैं पहले कभी बॉम्बे के नाज़रेथ पब्लिक स्पीकिंग अकादमी में भर्ती हुआ था। लेकिन काम के बोझ के कारण मेरी सभी क्लास छूट गई थी। मेरी परेशानी के बारे में जानकर निमेशभाई ने मुझे निश्चिंत रहने के लिए कहा। उन्होंने कहा कि उनके लोग भाषण लिखेंगे और मुझे केवल उसे लोगों के सामने पढ़ना होगा।

कार्यक्रम शुरू होने से पहले, जेएम के एक कार्यकारी ने मुझे दो पन्नों का एक नोट दिया और कहा कि यह मेरा भाषण था। मेरे पास अपने विचार एकत्र करने या उन्हें बदलने के लिए बहुत कम समय था। मैंने इसे ब्रोकर्स के सामने उसे यंत्रवत् पढ़ दिया। हालाँकि दर्शकों ने मुझे चुपचाप सुना, लेकिन मैं यह समझ सकता था कि मैं उनसे नहीं जुड़ रहा था। भाषण में किसी को उत्साहित करने वाली कोई बात नहीं थी| मैं अपने आप से निराश था| यह ऐसा भाषण नहीं था जिसे मैं सुनना चाहूँगा। यह उबाऊ था और इसमें कोई दृढ़ विश्वास नहीं था। अंततः मैं प्लांट के आकार, उसकी विशेषताओं, इसके चालू होने की संभावना आदि के बारे में ही बात कर रहा था। यह एक सूचना विवरणिका पढ़ने जैसा था। कंपनी के एमडी के रूप में संभावित निवेशकों के साथ यह मेरी पहली सार्वजनिक बातचीत थी और मैंने खराब प्रदर्शन किया था।

अगले दिन अहमदाबाद के ब्रोकरों के साथ वैसी ही एक कॉन्फ्रेंस होने वाली थी और मैंने ठान लिया कि मैं उसमें अपने आप और निवेशकों को निराश नहीं करूंगा। फ्लाइट से अहमदाबाद जाते समय मैंने अपना भाषण ख़ुद लिखा। बॉम्बे की कॉन्फ्रेंस से मैं हमारे प्रोजेक्ट के बारे में ब्रोकर्स की आशंकाएं जान चुका था। इसलिए, मैंने अहमदाबाद में हमारे प्रोजेक्ट के चार पहलुओं को संबोधित करने का निर्णय लिया:

1. सीमेंट में निवेश क्यों करना चाहिए;
2. भारत में सीमेंट उद्योग का भविष्य क्या है;
3. हम सीमेंट में निवेश क्यों कर रहे थे;
4. और ख़ासकर गुजरात में ही क्यों निवेश कर रहे थे।

मैंने लिखा कि कोई और प्रोडक्ट सीमेंट की जगह नहीं ले सकता था। वह 100 साल पुराना प्रोडक्ट था और उसका कम से कम अगले 100 साल तक उपयोग होना निश्चित था। भारत जैसे विकासशील देश के लिए अगले 50 सालों तक इंफ्रास्ट्रक्चर को विकसित करना आवश्यक था और यह अभी भी शायद पर्याप्त नहीं होगा। भारत, अपनी बढ़ती आबादी के साथ, आने वाले दशकों में जीवन स्तर में सुधार के साथ नए आवास की मांग में तेजी देखेगा। और जैसे-जैसे अधिक से अधिक गरीब लोग गरीबी रेखा से ऊपर उठेंगे, आवास उतना ही महत्त्वपूर्ण हो जाएगा जितना भोजन और कपड़ा। और घर चाहे छोटा हो या बड़ा, सीमेंट हमेशा निर्माण के लिए महत्त्वपूर्ण रहेगा।

सीमेंट उद्योग विश्वभर के उन चंद उद्योगों में से था जिनमें उत्पादन की टेक्नोलॉजी पूर्णतः विकसित हो चुकी थी। शुरू से अब तक उस टेक्नोलॉजी में बहुत कम बदलाव आए थे। इसलिए, अगले दस, बीस, तीस यहां तक कि चालीस सालों में भी सीमेंट कारखाने में टेक्नोलॉजी पुरानी होना असंभव था। यही मुख्य कारण था कि मैंने और भारत के सबसे विख्यात व्यावसायिक घरानों, जैसे टाटा, बिड़ला, L&T, डालमिया और बांगड़ ने भी इस उद्योग में निवेश किया था।

और रही बात गुजरात में निवेश करने की तो निवेशकों के लिए गुजरात से अच्छा कोई राज्य नहीं था। मुझे GIIC जैसी सरकारी संस्था, जिसने भारत के तीन सबसे सफल जॉइन्ट सेक्टर प्रोजेक्ट स्थापित किए थे – गुजरात स्टेट फ़र्टिलाइज़र एंड केमिकल्स लिमिटेड (GSFC), गुजरात नर्मदा वैली फ़र्टिलाइज़र्स एंड केमिकल्स लिमिटेड

(GNFC) और गुजरात अल्कलीज़ एंड केमिकल्स लिमिटेड (GACL) – और कहीं नहीं मिलती।

हालाँकि मैं उत्पादन के क्षेत्र में नया था, मेरा पार्टनर, GIIC, गुजरात सरकार का तजुर्बेदार प्रतिनिधि था। गुजरात सरकार आपका भागीदार होने पर आप निश्चिंत रह सकते हैं। इसके अलावा, राजस्थान, मध्य प्रदेश और कर्नाटक जैसे राज्यों के विपरीत गुजरात में अगले कुछ सालों में अंबुजा के अलावा किसी नई सीमेंट कंपनी का बनना अपेक्षित नहीं था। इन सभी राज्यों से गुजरात की अर्थव्यवस्था सबसे मज़बूत थी। इसलिए, सीमेंट के लिए मांग भी गुजरात में ही सबसे ज़्यादा होती। संक्षेप में कहना हो तो हमें कैप्टिव मार्केट मिलता।

मैंने सबको वचन दिया कि IPO के बाद सभी शेयरधारक, चाहे वे छोटे हों या बड़े, हमारे लिए उतने ही महत्त्वपूर्ण हैं और गुजरात अंबुजा किसी को धोखा नहीं देगी। लोगों को उनके निवेश पर मुनाफ़ा दिलाने के लिए हम कड़ी मेहनत करेंगे। बिड़ला, टाटा और मोदी परिवार इस उद्योग में सफल रह चुके थे और हमारे सफल न होने का कोई कारण नहीं था। मैं भी तजुर्बेदार व्यवसायी था, भले ही वह तजुर्बा सीमेंट से अलग क्षेत्र में क्यों न हो। हम एक बढ़िया प्रोडक्ट बनाने जा रहे थे और बाज़ार में हमारा कैप्टिव मार्केट था। अब हमारी सफलता केवल मुझ पर और मेरी टीम पर निर्भर थी।

कॉन्फ्रेंस से पहले मैं आश्वस्त था। पहली कॉन्फ्रेंस की तुलना में मेरी तैयारी अच्छी थी, और इसलिए मैंने अधिक सहजता से निवेशकों से बात की। उनका उत्साह भी पहले से बहुत अच्छा रहा। भाषण के अंत में मैंने कहा, 'आप शायद एक छोटी रक़म निवेश कर रहे होंगे, लेकिन मैंने न केवल मेरी रेपुटेशन बल्कि मेरी अधिकांश संपत्ति दांव पर लगाई है। यदि अंबुजा सफल नहीं होती है, तो मेरा भविष्य भी अनिश्चित है।' लोगों को मेरा भाषण बहुत पसंद आया। मुझे पहली बधाई निमेशभाई से मिली। भाषण के बाद के सवाल-जवाब के सत्र में और उसके बाद अनौपचारिक बातचीत करते समय मुझे निवेशकों की उत्तेजना महसूस हुई।

अहमदाबाद में जीआईआईसी और गुजरात सरकार के अधिकारियों द्वारा बनाई गई चर्चा से मदद मिली। हमारे बीच पिछले दो सालों से क़रीबी कार्यकारी रिश्ता था और वे हमारी प्रतिबद्धता और मेहनत से सुपरिचित थे। मुझे यक़ीन था कि अहमदाबाद के कई ब्रोकरों ने हमारे बारे में इन अधिकारियों से बात कर उनसे हमारी प्रशंसा सुनी होगी।

अहमदाबाद की कॉन्फ्रेंस में बने आशावादी माहौल और उत्साह का फ़ायदा हमारी अगली सभी कॉन्फ्रेंसों में हुआ। मैंने दिल्ली और मद्रास (जो 1996 से चेन्नई कहलाने लगा) में कॉन्फ्रेंस की और मेरी टीम के सदस्यों ने भारत भर के छोटे शहरों पर ध्यान दिया।

मुझे दुबई के निवेशकों से भी मिलना था। उन दिनों भी भारतीय शेयर बाज़ार में कई एनआरआई निवेशक दुबई से होते थे। मैंने खान साहब से हमारे साथ चलने की विनती की और वे मान गए। जैसे मैंने अनुमान लगाया था वैसे उनकी प्रतिष्ठा और शोहरत के कारण कई समृद्ध भारतीय हमारी कॉन्फ्रेंस में आए। कॉन्फ्रेंस के बाद हमने महत्त्वपूर्ण अतिथियों के लिए विशेष दावत आयोजित की थी। खान साहब की उपस्थिति के कारण उस दावत में भी कई लोग आए।

उनका उस दिन का भाषण मेरे लिए अविस्मरणीय है। उनके अनुसार हमारा प्रोजेक्ट इसलिए अद्वितीय था कि भारत के तीन सबसे सफल व्यवसायी समुदाय – गुजराती (GIIC जिनकी प्रतिनिधि थी), मारवाड़ी (मैं जिनका प्रतिनिधि था) और सिंधी (श्री सुरेश मुलानी जिनके प्रतिनिधि थे) उसे पार्टनरशिप में स्थापित कर रहे थे। और इसलिए, इस प्रोजेक्ट के असफल होने की संभावना न के बराबर थी। उनके इस विश्वास मत से सभी उपस्थित लोग प्रभावित हुए और तबसे कॉन्फ्रेंस में आशावान माहौल बना रहा। फिर, खान साहब ने एक महत्त्वपूर्ण समस्या का उल्लेख किया, जिससे उन दिनों अधिकांश एनआरआई निवेशक पीड़ित थे – शेयर सर्टिफिकेट जारी करने और पैसे लौटाने में 60 दिन का विलंब। मैंने वह 15 दिन में करने का वादा कर उसे निभाया भी।

दावत में आए मेहमानों ने बड़ी रक़में निवेश करने का वादा किया – 10 से लेकर 50 लाख तक और कुछ लोगों ने करोड़ों रुपयों का वादा किया। सभी निवेशक समृद्ध और अनुभवी पेश आ रहे थे और इसलिए मैं उनके वादों से प्रभावित हुआ। डिनर के बाद मैंने खान साहब से हमें मिले वादों के बारे में राय पूछी। उन्होंने कहा, 'इन लोगों की बातों में बिल्कुल मत आना; उन्होंने ये वादे केवल मेरे लिए किए हैं। यदि चंद लोग भी उनके वादे निभाते हैं तो भी मुझे आश्चर्य होगा।' उनका यह कहना सच निकला।

सबसे ज़बरदस्त रेस्पॉन्स हमें पेशेवरों और साधारण तनख़्वाहधारी लोगों से मिला, जो निवेशकों की ओपन कॉन्फ्रेंस में हमसे मिले थे। मैं यह जानकर बेहद ख़ुश हुआ कि उनमें से अधिकतर लोगों ने हमारे IPO में निवेश करने का फ़ैसला पहले से ही कर लिया था। इसलिए, वे जानना चाहते थे कि इश्यू के ओवरसब्सक्राइब होने पर उन्हें कम से कम

कितने शेयर मिलेंगे। मैंने उनसे वादा किया कि किसी भी हालत में प्रत्येक निवेशक को कम से कम 100 शेयर अवश्य मिलेंगे।

आपको यह न बताना गलत होगा कि IPO की तारीख़ निकट आते-आते मेरी बेचैनी बढ़ने लगी। और अंततः, जब सोमवार, 18 नवंबर 1985 के दिन IPO शुरू हुआ, तब मेरी सभी आशंकाएं बेबुनियाद निकलीं। हमें मर्चेंट बैंकरों से प्रारंभिक सूचना मिली कि IPO के लिए रेस्पॉन्स हमारी उम्मीदों से बढ़कर था। अगले दो दिन रेस्पॉन्स बढ़ता ही गया और IPO बंद करने की सबसे पहली तारीख़ अर्थात 21 नवंबर के दिन हम IPO को बंद कर सके। IPO सात गुना ओवरसब्सक्राइब हुआ था, जो हमने सपने में भी सोचा नहीं था। हमारी मेहनत का फल बड़ा मीठा था। किसी अन्य सीमेंट कंपनी के IPO का प्रदर्शन हमारे जितना अच्छा नहीं रहा था। एक महीने बाद आया मोदी सीमेंट का IPO नाममात्र का सब्सक्राइब हुआ।

मेरे लिए सबसे संतोषजनक बात यह थी कि अंत में जिन लगभग 27,000 शेयर धारकों को सबसे कम शेयर बांटे गए, उनमें से 26,000 से भी ज़्यादा शेयर धारक छोटे निवेशक थे। इनमें से अधिकतर निवेशकों को 100 शेयर मिले थे। इस सूचना से मैं ख़ुश था क्योंकि मैंने श्री धीरूभाई अंबानी की नीतियों का गहरा अध्ययन किया था। उन्होंने अकेले ही, एक दशक पहले पूरे देश में 'इक्विटी' की राह दिखाई थी, जिसमें उन्होंने 1977 में अपने पहले आईपीओ से शुरू करके अपने पब्लिक इश्यूज में लाखों छोटे निवेशकों को पैसा लगाने के लिए प्रेरित किया था (जो संयोगवश सात गुना ओवरसब्सक्राइब हुआ था)।

श्री धीरूभाई चाहते थे कि छोटे निवेशक रिलायंस टेक्सटाइल्स में निवेश करें। यह इसलिए नहीं था कि वे परोपकारी थे। उन्होंने यह सोच-समझकर किया था। SEBI की स्थापना से पहले शेयर बाजार अनियंत्रित था। इसलिए, छोटे निवेशकों को आकर्षित करके श्री धीरूभाई ने सुनिश्चित किया कि कोई सट्टेबाज़ अधिकांश शेयर ख़रीदकर शेयर प्राइस को घटाने या कंपनी को ख़रीदने की साज़िश नहीं रच पाएगा।

मुझे भी यही डर था क्योंकि हम सभी प्रोमोटर्स मिलाकर गुजरात अंबुजा के केवल 25 प्रतिशत शेयर के मालिक थे। कंपनी के ढेर सारे शेयर का कुछ बड़े निवेशकों के हाथों में होना हमारे लिए जोखिम भरा हो सकता था। उससे बेहतर था कि अधिकांश शेयरधारक छोटे निवेशक रहें। और वैसे भी, बड़े निवेशक हमारे इश्यू के बारे में उतने उत्साहित नहीं

रहे थे। हमारा इश्यू छोटे निवेशकों के कारण ही ओवरसब्सक्राइब हुआ था। उनके इस रेसपोन्स पर ख़ुशी व्यक्त करने हेतु हमने प्रत्येक निवेशक का एक ग्रीटिंग कार्ड के ज़रिए शुक्रिया अदा किया। कार्ड पर एक ओर एक सुंदर गुलाब और दूसरी ओर सन 1986 का कैलेंडर छपा हुआ था। निवेशक इस तरह के ध्यान से रोमांचित थे।

अब जो छोटे निवेशकों ने गुजरात अंबुजा के भविष्य में विश्वास दिखाया था, यह ज़रूरी था कि मैं रोडशो में किए वादे निभाऊं। मैंने रोडशो में ईमानदारी और नैतिकता से व्यवसाय करने की प्रतिबद्धता व्यक्त की थी। इसके अलावा मैंने विश्वास व्यक्त किया था कि भविष्य में सीमेंट उद्योग का महत्त्व बना रहेगा। मैंने वचन दिया था कि मैं गुजरात अंबुजा को भारत की उत्कृष्ट सीमेंट कंपनियों में से एक या उनसे भी श्रेष्ठ बनाउंगा। अब पूरी ज़िम्मेदारी मुझ पर थी। पब्लिक इश्यू की सफलता ने मुझमें फिर से जुनून जगाया और मुझमें यह एहसास और भी बढ़ गया कि कंपनी और उसके कर्मचारी सफल बन सकते हैं।

IPO की सफलता ने हमारी छोटी-सी टीम में उमंग भर दी। और निमेश भाई की सलाह से हमने सबसे कम समय में शेयरधारकों की सबसे अच्छी सेवा की। कारखाने में उत्पादन तब शुरू नहीं हुआ था और इसलिए बंबई में हमारे हेड ऑफ़िस में सुविधाएं सीमित ही थीं। यह इंटरनेट के पहले का ज़माना था। इसलिए, बैंकों से हमारे ऑफ़िस तक सभी शेयर एप्लीकेशन फ़ॉर्म कम से कम समय में लाने के लिए हमें ज़मीन आसमान एक करने पड़े। कई बैंक शाखाएं दूर दराज़ के ज़िलों में थी और उन दिनों की संचार सेवाओं का उल्लेख तो मैंने पहले ही किया है। इनमें से कई शाखाओं से सर्टिफिकेट लाने के लिए हमने हमारे कर्मचारियों को वहां भेजा।

कुछ बैंकों के मामले में हमने बॉम्बे में स्थित उनके हेडऑफ़िस से भी मदद मांगी। कई दिनों तक हमने दिन-रात मेहनत की। हमने हज़ारों फ़ॉर्म अलग करने हेतु कुछ दिनों के लिए स्थानीय केसी कॉलेज के छात्रों को भी भर्ती किया। अंत में हमने शेयर का अलॉटमेंट कुछ हफ़्तों में किया न कि महीनों में जैसे उन दिनों अधिकतर कंपनियां करती थीं। कंपनियां शेयर एप्लीकेशन के पैसे लौटाने में भी देर लगाती थीं। लेकिन हमने ये पैसे तुरंत लौटा दिए। मैं मानता हूं कि इस तरह से पैसे कमाना अनैतिक है। मुझे हमारे कंपनी सेक्रेटरी, श्री तापड़िया और उनकी टीम पर इतने कम समय में इतना कुछ कर दिखाने के लिए गर्व था।

सफल IPO का एक और सुखद परिणाम यह था कि उसके माध्यम से हम हमारे उन कर्मचारियों, निष्ठावान डीलर, बैंकर तथा हमारे व्यवसायी साझेदारों को भी कंपनी के

आंशिक मालिक बना सके, जिन्होंने हम पर शुरू से विश्वास किया था। उन दिनों, कंपनी के मालिकों को अपने कर्मचारी, मित्र और साझेदारों को अपने विवेकानुसार कंपनी की इक्विटी के 2 प्रतिशत हिस्से तक के शेयर का अलॉटमेंट करने की अनुमति थी। अनोखे गुलाबी रंग के शेयर फ़ॉर्म के ज़रिए किया गया यह अलॉटमेंट 'प्रमोटर कोटा' का हिस्सा था।

मैं जानता था कि ये फ़ॉर्म हमारे कर्मचारियों और व्यवसायी साझेदारों को कंपनी के स्वामित्व का एहसास दिलाने का महत्त्वपूर्ण साधन था। IPO के प्रचार के शुरुआती दिनों में हम नहीं जानते थे कि वह कितना सब्सक्राइब होगा। इसलिए, मेरे एग्जीक्यूटिव्स चाहते थे कि हम ये लगभग 2000 गुलाबी फ़ॉर्म हमारे मित्रों को निवेश करने के लिए बिना किसी रोक के बांटे ताकि हमें IPO के लिए अधिकांश पक्के सब्सक्रिप्शन मिल सकें। लेकिन मुझे यह करने की ज़रूरत महसूस नहीं हुई। गुलाबी फ़ॉर्म का उद्देश्य कर्मचारियों और व्यवसायी साझेदारों को उनकी निष्ठा और लगन के लिए पुरस्कृत करना था। इसलिए मेरी राय थी कि हमें इस उद्देश्य से हटना नहीं चाहिए।

मेरे अनुसार कंपनी के साथ रिश्ता अधिक मज़बूत करने के लिए कर्मचारियों को यह एहसास दिलाने से बेहतर तरीक़ा नहीं था कि वे भी कंपनी के छोटे-से हिस्से के मालिक हैं। इससे उन्हें भविष्य में अच्छा कार्य करने की और भी प्रेरणा मिली। मैंने तय किया कि ये फ़ॉर्म नियमित रूप से लोगों में बांटे और उन लोगों के नाम दर्ज किए जाने चाहिएं। हर एक फ़ॉर्म मूल्यवान था। विशेषतः मैं यह चाहता था कि प्रत्येक कर्मचारी कम से कम न्यूनतम शेयर के लिए सब्सक्राइब करें। कुछ कर्मचारियों को शेयर ख़रीदने के लिए हमने आर्थिक मदद भी की। बाकी के शेयर हमने चुनिंदा व्यवसायी साझेदारों को दिए। जैसे IPO की अंतिम तारीख़ क़रीब आई वैसे कई और लोगों को भी ये शेयर चाहिए थे और फिर हमको उन्हें राशन करना पड़ा।

कुछ सालों बाद शेयर की क़ीमत बढ़ने से हमारे कर्मचारियों को अपने शेयर बेचकर पारिवारिक समारोह आयोजित करने में और कठिन परिस्थितियों से बाहर निकलने में मदद मिली। वे नियमित रूप से मेरा शुक्रिया अदा करने आते रहे। मुझे यह देखकर बहुत संतोष और ख़ुशी होती कि हमारे शेयरधारकों के लिए निर्मित संपत्ति से हमारे कर्मचारियों को भी मदद हो रही थी। कुछ साल बाद SEBI ने मुख्यतः IT स्टार्ट-अप कंपनियों को ध्यान में रखते हुए एम्प्लोयी स्टॉक ऑप्शन नियम बनाए। तब, गुजरात अंबुजा इन नियमों

को खुलकर, पूर्णतः अपनाने वाली उत्पादन क्षेत्र की कंपनियों में अग्रसर थी। आगे जाकर, जब शेयर की क़ीमत और भी बढ़ गई तब हमारी मार्केटिंग टीम खुले बाज़ार में शेयर ख़रीदकर उच्च प्रदर्शन करने वाले डीलर और स्टॉकिस्ट को इनाम देती थी। इससे उन्हें और अच्छा प्रदर्शन करने की प्रेरणा मिली।

IPO की सफलता हमारी कंपनी के लिए एक ऐतिहासिक घटना थी। इससे हमारा विश्वास बढ़ा कि हम सही मार्ग पर चल रहे थे। और हमें ठोस सबूत भी मिला कि लोगों ने हमारा काम स्वीकार करके हमारा आभार भी माना था। बाहर के जगत के निवेशकों, मीडिया और आम जनता के साथ हम पहली बार मिले थे और तीनों ही हमसे काफ़ी ख़ुश थे। कारखाने का काम अभी तक निर्माणाधीन होने के बावजूद हमारे IPO से शेयर बाज़ार में इतनी सद्भावना बनी कि आगे जाकर निवेशकों और बैंकों से पूंजी जुटाने में हमें कभी कोई तकलीफ़ नहीं हुई। छह महीने बाद कारखाने की क्षमता बढ़ाकर 7,00,000 टन तक ले जाने हेतु हमने बिना किसी परेशानी के या प्रचार किए राइट्स इश्यू के माध्यम से 2 करोड़ रुपए जुटाए।

हमारे IPO के माध्यम से मुझे मार्केटिंग और एडवरटाइजिंग के प्रभाव का एहसास हुआ। क्लीया एडवरटाइजिंग का हमारी सफलता में बहुत महत्त्वपूर्ण योगदान था। हमारी एडवरटाइजिंग की नीति के दो उद्देश्य थे – पहला उद्देश्य नई सीमेंट कंपनी के रूप में हमारा नाम स्थापित करना और दूसरा उद्देश्य कई प्रतिष्ठित कंपनियों के आईपीओ की भीड़-भाड़ में गुजरात अंबुजा के इश्यू की विशेषताओं की ओर ध्यान आकर्षित करना। हमारी एडवरटाइजिंग के कारण दोनों उद्देश्य पूरे हुए। इसलिए मैंने सोचा कि क्यों न हम वही एडवरटाइजिंग नीति अपनाकर, लोगों के मन पर गुजरात अंबुजा की छाप छोड़ें। अगले अध्यायों में मैं इस पर विस्तारपूर्वक बात करूंगा।

*

साल 1986 हमारे लिए महत्त्वपूर्ण साल होना अपेक्षित था जिसमें हम कारखाने का उत्पादन शुरू करने वाले थे। श्री कुलकर्णी की कड़ी निगरानी में कारखाने का निर्माण सुचारू रूप से चल रहा था और मैं IPO की सफलता का आनंद उठा रहा था। लेकिन यह सुखद माहौल जल्द ही भंग हो गया। मुझे आज भी गुरुवार, 13 फरवरी 1986 की रात याद है। मध्यरात्रि के बाद मुझे कोडिनार से ट्रंक कॉल आया। उन दिनों इतनी रात

गए कोई आमतौर पर कॉल नहीं करता था। इसलिए, मैंने तुरंत अनुमान लगाया कि कोई इमरजेंसी होगी। लेकिन मैं जो सुनने जा रहा था उसके लिए मैं तैयार नहीं था। उत्पादन के जॉइंट प्रेसिडेंट, श्री जी.सी. कोतवाल का कोडिनार से अहमदाबाद गाड़ी से लौटते समय अभी-अभी दुर्घटना में निधन हुआ था।

तब मैं मेरे स्टडी रूम में अकेला था। इस ट्रेजेडी की अहमियत को समझने में मुझे कुछ समय लगा। और जब मैं वह समझा तब मेरे पैरों तले ज़मीन खिसक गई। मैं फूट-फूटकर रोने लगा। श्री कोतवाल हमारी सीनियर टीम के अत्यंत महत्त्वपूर्ण सदस्य थे और उनका मुख्य काम अब शुरू होने जा रहा था। नए कारखाने को शुरू करने में वे विशषज्ञ थे। अगले कुछ महीनों में हम कारखाने की किल्न को शुरू करने वाले थे। और इस ऐन मौके पर श्री कोतवाल गुज़र गए थे। कुछ दिनों के बाद हमने एक मीटिंग रखी जिसमें श्री कुलकर्णी ने कहा, 'आप श्री कोतवाल की जगह जिन्हें भी लाएंगे हम उनका साथ देंगे।'

मैंने उनसे कहा कि अब इतनी देर हो चुकी थी कि किसी और को भर्ती करना नामुमकिन था। मैंने श्री कुलकर्णी से कहा, 'हमारे पास इतना समय नहीं है। आपको किल्न को फायर करना होगा। आप आपकी जानकारी और क्षमता अनुसार किल्न शुरू करें और मैं आपका साथ दूंगा। लगातार प्रयत्न करके ग़लतियों से सीखने के अलावा अब और कोई चारा नहीं बचा है।'

और इस आशा में कि सब ठीक होगा हमने मई 1986 में किल्न फायर की। जैसे अपेक्षित था वैसे शुरुआती दिनों में किल्न ठीक से नहीं चली। कारखाने को कई कारणों से अक्सर बंद करना पड़ा – कभी-कभार किल्न के बहुत ज़्यादा गरम होने से तो कुछ और बार किल्न में निर्मित क्लिंकर की असमान क्वालिटी के कारण। सीमेंट बनाने की प्रक्रिया बहुत सीधी है। 100 साल पहले जबसे अमेरिका में पहली रोटरी किल्न स्थापित की गई तबसे आज तक वह बदली नहीं है। उसमें चूने का पत्थर मुख्य कच्चा माल होता है। खानों से लाया गया यह पत्थर कारखाने में स्थित मिलों में रौंदकर और पीसकर उसका एक महीन पाउडर बनाया जाता है। फिर उस पाउडर में छोटी निर्धारित मात्रा में एल्यूमिना, सिलिका और लोहा जैसे पदार्थ बालू, मिट्टी, मार्ल और शेल इत्यादि के माध्यम से डाले जाते हैं।

फिर कच्चे माल के इस मिश्रण को एक ऊंचे टावर में ले जाकर 1000 डिग्री सेल्सियस तक गरम करके प्री-कैल्सिनेट किया जाता है। इस प्रक्रिया से उसमें से

अधिकांश कार्बन डाइऑक्साइड और नमी निकल जाती है। फिर यह गरम मिश्रण रोटरी किल्न में ले जाया जाता है। यह स्टील से बना एक विशाल बेलनाकार घूमता हुआ बर्तन है। यहां पीसे हुए कोयले को जलाकर मिश्रण को 1400 डिग्री सेल्सियस तक गरम करके कैल्सिनेशन की प्रक्रिया पूरी की जाती है। कोयले के जलने से निर्मित फ़्लाई एश पिघले हुए चूने के पत्थर के साथ प्रतिक्रिया कर क्लिंकर नामक छोटी गांठें बनती हैं। फिर इस क्लिंकर को एक विशेष कूलर में ठंडा कर जिप्सम और फ़्लाई एश के साथ मिलाया जाता है। अंत में इस मिश्रण को ग्राइंडर में पीसा जाता है और जो महीन पाउडर बनती है वह सीमेंट कहलाती है।

हम उत्पादन की प्रक्रिया में नौसिखिए थे और इसलिए श्री कुलकर्णी को किल्न को स्थिर करने में कठिनाइयां महसूस हो रही थीं। कई हफ़्तों के प्रयास के बाद उन्होंने कहा कि हमें किसी विशेषज्ञ से मार्गदर्शन लेना चाहिए। तब मैंने उनकी क्षमता पर मेरे विश्वास की पुनःपुष्टि की। उन्होंने दोबारा कोशिश की और एक हफ़्ते बाद किल्न स्थिर हो गई, मानो जैसे कोई चमत्कार हुआ हो। इससे हमारा आत्मविश्वास लौट आया। लगातार अपनी ग़लतियों को सुधारते हुए श्री कुलकर्णी समझ गए थे कि किल्न के स्थिर होने में विलंब का मुख्य कारण चूने के पत्थर की असमान गुणवत्ता थी। पहले हम अलग-अलग खानों के चूने का पत्थर मिलाकर किल्न में भर रहे थे। वह बदलते ही किल्न अधिक स्थिर बनने लगी।

और प्रयोग करने से वे समझ गए कि सीमेंट की गुणवत्ता कोयले की गुणवत्ता पर भी निर्भर थी। किल्न में आग जलाने की कला में निपुण बनने में बरसों लग जाते हैं। किल्न में सही तापमान के रहने से वह स्थिर रहती है और फलस्वरूप सीमेंट की गुणवत्ता और उत्पाद भी बढ़ते हैं। श्री कुलकर्णी समझ गए कि सबसे अच्छे परिणाम पाने के लिए कोयले का किल्न के पहले एक-तिहाई भाग में जलना ज़रूरी था। लेकिन यहां कोयला किल्न की पूरी लंबाई में जल रहा था। इसलिए, कोयला या तो जल नहीं रहा था या उसका जलन अधूरा रह रहा था। यह कोयला प्रीहीटर के मुँह तक जाकर फिर से क्लिंकर बना रहे थे जिससे पूरे सिस्टम में बाधा आ रही थी। यह जानकर हमने उसे बदला और सीमेंट की गुणवत्ता बहुत सुधर गई। आगे जाकर उत्पादन बढ़ाने पर ये सीखें हमारे बहुत काम आईं।

यहां आईडीबीआई (IDBI) के श्री एम.एन. राव के योगदान का उल्लेख न करना अनुचित होगा। IDBI में हमारे अकाउंट मैनेजर की हैसियत से हम उन्हें अच्छे से जानने

लगे थे। उनका *वास्तु शास्त्र* पर बड़ा विश्वास था। किल्न को स्थिर करने में कठिनाइयों के बारे में जानकर उन्होंने एक *वास्तु* विशेषज्ञ को कारखाने की जांच करने भेजा। उस विशेषज्ञ ने हमें एक गेट का स्थान बदलकर और हमारे परिसर के भीतर एक कुंए को भरकर कारखाने के नक़्शे में कुछ मामूली बदलाव करने का सुझाव दिया। जब हमने वे बदलाव किए तब हमारे कारखाने की अधिकांश परेशानियां लगभग तुरंत दूर हो गईं। तब से मैं *वास्तु* में विश्वास करने लगा और हमारे अगले सभी कारखानों में हमने *वास्तु* विशेषज्ञ की मदद ली।

हमने कोडिनार में सीमेंट मिल अगस्त महीने की आख़िर तक और सीमेंट पैकिंग प्लांट 10 सितम्बर को शुरू किया। गुजरात अंबुजा के प्लांट से पहली सीमेंट बैग भी उसी दिन पैक हुई। शीघ्र ही गुजरात के तत्कालीन मुख्य मंत्री, श्री अमरसिंह चौधरी ने हमारे सीमेंट की बिक्री का भी उद्घाटन किया। उन्होंने गुजरात अंबुजा से 11 टन सीमेंट का पहला ट्रक स्वीकार किया। हमने वह सीमेंट राज्य में चल रहे राहत कार्य के सहयोग में दिया था।

हमने बड़े पैमाने पर उत्पादन कुछ हफ़्तों बाद अर्थात अक्टूबर में शुरू किया। हमने शुरू में इसके लिए अठारह महीनों का लक्ष्य रखा था। सभी चुनौतियों के बावजूद हम बाईस महीनों में उत्पादन शुरू कर पाए। जितना मुझे पता था, किसी अन्य भारतीय सीमेंट कंपनी ने इतने कम समय में कारखाने का निर्माण कर उससे उत्पादन शुरू नहीं किया था। हमारी मेहनत रंग लाई थी।

लेकिन तकनीकी समस्याएं हमारी चौखट पर आती ही गईं। कारखाना शुरू करने की तैयारी करते-करते हम जान गए कि L&T द्वारा सप्लाई की गई प्रोसेस कंट्रोल कंप्यूटर सिस्टम कम दर्जे की थी। सिस्टम इतना धीमा था कि कारखाने के प्रत्येक भाग को शुरू होने में तीन से चार मिनट लग जाते थे। और L&T के इंजीनियरों को सीमेंट उद्योग में काम करने का कोई तजुर्बा नहीं था। मैंने इस विख्यात भारतीय कंपनी पर एसिया ब्राउन बोवेरी (ABB) और हनीवेल जैसी विशाल अंतर्राष्ट्रीय कंपनियों से ज़्यादा भरोसा किया था। इसलिए, इस घटना से मुझे बहुत निराशा हुई। 80 लाख रुपयों के निवेश के बदले में हमें केवल तीन पर्सनल कंप्युटर, कुछ कंट्रोलर और अपर्याप्त सॉफ़्टवेयर मिले थे। उनके विक्रेताओं ने हमें यह आश्वासन देकर सिस्टम बेचा था कि L&T वह सिस्टम उनके विशाल कारखानों में सफलतापूर्वक इस्तेमाल कर रहे थे। इसके बावजूद, उनके इंजीनियर हमारी समस्या को हल नहीं कर पाए।

इस विलंब से परेशान होकर मैंने श्री कुलकर्णी से कहा कि हमें किसी अन्य कंपनी का प्रोसेस कंट्रोल सिस्टम लेना चाहिए। लेकिन उनके अनुसार ABB या 'हनीवेल' से नया सिस्टम ख़रीदना विवेकपूर्ण नहीं था। उसके बदले श्री कुलकर्णी का मानना था कि हम बाहर के सॉफ़्टवेयर विशेषज्ञों की मदद से अपने सिस्टम को सुधार सकते थे। सौभाग्यवश, नेवटिया भाइयों की कंपनी, मैकमेट लिमिटेड में सॉफ़्टवेयर इंजीनियर काम करते थे और उन्होंने लगभग वैसे ही सिस्टमों पर काम किया था। हमने उनसे मदद मांगी। अंबुजा के इंजीनियरों के साथ काम करते हुए उन्होंने तीन महीनों के भीतर सिस्टम ठीक कर दिया और कंट्रोल सिस्टम दो सेकंड के भीतर प्रतिक्रिया देने लगे!

लेकिन मैकमेट के इंजीनियर किल्न को स्थिर नहीं कर पाए। आख़िरकार, श्री कुलकर्णी ने दो विशेषज्ञ – हिरोन चटर्जी और एलन स्कल – ढूंढ़े, जो यूनाइटेड किंगडम में स्थित थे। हम उन्हें कोडिनार ले आए और कुछ हफ़्तों में उन्होंने किल्न को स्थिर कर दिया। इस घटना से मुझे बहुत बुरा लगा। दुःख की बात यह है कि भारत में आप लापरवाही के लिए किसी पर मुक़दमा (नहीं चला सकते थे) चलाकर सफल नहीं हो सकते!

पुणे की थर्मैक्स के साथ भी हमें कुछ ऐसा ही अनुभव रहा। वे अपने अंतर्राष्ट्रीय पार्टनर, ज़र्न एंड कंपनी की ओर से प्रदूषण नियंत्रण सिस्टम का बैगहाउस बनाकर हमें सप्लाई करने वाले थे। बहुत विलंब के बाद हमने जाना कि थर्मैक्स ने बैगहाउस बनाने का कॉन्ट्रैक्ट विजय माल्या की यूबी इंजीनियरिंग को दिया था, जो पुणे में ही थी। उन्होंने वह कॉन्ट्रैक्ट एक तीसरी कंपनी को दिया था। जब मैंने थर्मैक्स के अब स्वर्गवासी मालिक, रोहिंटन आगा से बात की तो उन्होंने खेद व्यक्त करते हुए बैगहाउस का डिज़ाइन मुफ़्त में देने की पेशकश की। उनकी सलाह लेकर हमने वह बैगहाउस थर्मैक्स के इंजीनियरों की निगरानी में बनाया और वह बहुत अच्छा भी चला।

5

कभी आशा तो कभी निराशा

उत्साह और घबराहट ● दक्षता की खोज ● सीमेंट उपभोक्ता को समझना

मैं ख़ुश था कि हम सफलतापूर्वक उत्पादन शुरू कर पाए थे। लेकिन आगे क्या होगा उसकी मुझे चिंता भी थी। भारतीय सीमेंट उद्योग ने कई दशकों में इतना बुरा समय नहीं देखा था। देशभर में सूखे के कारण सीमेंट की बिक्री घट रही थी जबकि आपूर्ति अधिक थी| फलस्वरूप, सीमेंट की क़ीमतें इतनी घट गईं, जो पिछले कई वर्षों में नहीं देखी गई थीं। सीमेंट की क़ीमत लगभग 68 रुपए प्रति बैग थी। यह लगभग पांच साल पहले की क़ीमत जितनी ही थी। और हमने ठीक उसी समय सीमेंट उद्योग में क़दम रखे थे।

1982 में सीमेंट उद्योग के आंशिक विनियंत्रण (partial decontrol) के कारण कई नई सीमेंट कंपनियां शुरू की गईं। साथ-साथ, मौजूदा कंपनियां अपनी उत्पादन क्षमताएं बड़े पैमाने पर बढ़ाती गईं। फलस्वरूप, भारतीय सीमेंट उद्योग में जितने महत्त्वपूर्ण बदलाव पिछले पचास सालों में नहीं हुए थे, उतने बदलाव अगले पांच साल में हुए। विनियंत्रण के पहले भारतभर के अधिकांश सीमेंट कारखानों में वेट प्रोसेस टेक्नोलॉजी प्रचलित थी। लगभग रातोंरात भारत का सीमेंट उद्योग ड्राई प्रोसेस टेक्नोलॉजी की ओर झुक गया। 1980 के दशक की शुरुआत तक सीमेंट की संस्थापित क्षमता बहुत धीमे से बढ़ी थी।

लेकिन विनियंत्रण (decontrol) के बाद वह दोगुनी होकर 60 मिलियन टन हो गई। इस नई क्षमता में से 20 मिलियन टन 1984 में हमारे प्रोजेक्ट की शुरुआत के 3 वर्षों में जोड़े गए।

पलक झपकते ही, अभाव और आयात पर आधारित भारतीय अर्थव्यवस्था में अतिउत्पादन होने लगा। अपेक्षानुसार, अतिरिक्त उत्पादन के कारण क़ीमतें भी तेज़ी से गिर गईं। इसका हानिकारक असर सीमेंट कंपनियों की बैलेंस शीट्स पर दिखाई दिया। यह जानने के लिए कि किसी कंपनी ने निवेश की हुई पूंजी पर कितना मुनाफ़ा कमाया है, रिटर्न ऑन नेट वर्थ (RONW) एक महत्त्वपूर्ण आंकड़ा होता है। 1986 और 1988 के बीच की अवधि में संपूर्ण सीमेंट उद्योग के लिए यह आंकड़ा नेगेटीव रहा।

इसका तात्पर्य यह था कि कुछ सफल कंपनियों को छोड़ संपूर्ण सीमेंट उद्योग घाटे में था। और हमारे विपरीत, मोदी सीमेंट और जेपी सीमेंट जैसी विख्यात कंपनियों सहित लगभग सभी नई कंपनियों को अपने कारखानों के निर्माण में विलंब और लागत में बढ़त का सामना करना पड़ रहा था। हम यह नहीं जानते थे कि मंदी कब तक चलेगी। बड़ी कंपनियां इस विलंब और बढ़ती लागत को सह सकते थे। इतना ही नहीं, उनके पास मार्केट में सीमेंट की क़ीमतें बढ़ने तक घाटे को सहन करने के लिए पर्याप्त पूंजी थी। लेकिन गुजरात अंबुजा में यह क्षमता नहीं थी। हमारे प्रोजेक्ट की लागत संरचना थी कि घाटे से बचने के लिए यह आवश्यक था कि हमारा कारखाना शुरू से ही 100 प्रतिशत क्षमता पर चले।

मुझे उद्योगपति बने कुछ ही समय हुआ था और मुझे चिंता थी कि हमारे द्वारा किए गये प्रयासों के बावजूद स्थिति और बिगड़ सकती थी। प्रोजेक्ट के इस प्रारंभिक मोड़ पर हमारी रेपुटेशन को पुनःस्थापित करना बहुत मुश्किल हो जाता था। मेरी आशंका का दूसरा कारण यह भी था कि गुजरात के सीमेंट उद्योग में तीन स्थापित कंपनियों का पहले से ही वर्चस्व था। उनमें से सौराष्ट्र सीमेंट सबसे बड़ी थी। गुजरात में बिकने वाला 40 प्रतिशत सीमेंट उनके हाथी ब्रांड का था। सौराष्ट्र सीमेंट के संस्थापक प्रभावशाली महेंद्र मेहता थे, जिनका परिवार कई दशकों से गुजरात के प्रमुख व्यवसायियों में से एक था। सौराष्ट्र सीमेंट के अलावा ईस्ट अफ्रीका में उनके विशाल बाग़ान थे और पोरबंदर में उनकी एक बड़ी कपड़ा मिल थी।

सौराष्ट्र सीमेंट 1950 के दशक में स्थापित की गई। गुजरात में महेंद्र मेहता के ग्रुप की दूसरी कंपनी, CCGL (सीमेंट कॉर्पोरेशन ऑफ गुजरात लिमिटेड, जिसका फिर नाम

बदलकर गुजरात सिद्धि सीमेंट रखा गया) के नए कारखाने में भी जल्द ही उत्पादन शुरू होने जा रहा था। गुजरात अंबुजा की तरह यह कारखाना भी GIIC के साथ एक संयुक्त सेक्टर प्रोजेक्ट था। बांगड़ परिवार की श्री दिग्विजय सीमेंट गुजरात में दूसरी बड़ी सीमेंट कंपनी थी। जामनगर के महाराजा द्वारा 1940 के दशक में स्थापित इस कंपनी का 20 प्रतिशत मार्केट शेयर था। बाकी का मार्केट नर्मदा सीमेंट और अन्य छोटी कंपनियों में विभाजित था।

ये कंपनियां सालों पुरानी थीं, जिस कारण उनके कारखानों का डेप्रिसिएटेड मूल्य बहुत कम था। इसलिए, उन्हें निश्चित ही फ़ायदा था। सीमेंट कारखाने साधारणतः आउटडेटड नहीं होते और इसलिए हमारे नए कारखाने से हमें कोई अधिक फ़ायदा नहीं हो रहा था। हमारे कारखाने की लागत लगभग 80 करोड़ रुपए थी। इसकी तुलना में हमारे कारखाने से उनके कारखानों का डेप्रिसिएटेड मूल्य संभवतः नाममात्र था और उनके कारखाने हमसे बहुत बड़े भी थे। इसका मतलब था कि हमारे लिए उत्पादन की लागत उनसे बहुत ज़्यादा थी, जबकि हम दोनों के ग्राहक एक ही थे। इसलिए, हमारी क़ीमत को उनकी कीमत के लगभग बराबर होना ज़रूरी था।

गुजरात अंबुजा के सामने दो चुनौतियां थीं – सबसे कम लागत में सबसे अच्छी गुणवत्ता का सीमेंट बनाना; और ग्राहकों को यह एहसास दिलाना कि हमारा ब्रैंड अन्य ब्रैंड्स से अच्छा था। मैं नहीं जानता था कि हम इस कठिन कार्य में सफल होंगे या नहीं। पर हमने तब तक जिस प्रकार चुनौतियों का सामना किया था, उससे मुझे विश्वास था कि हम इस बार भी पूरा प्रयास करेंगे और सफल होंगे। हालांकि यह कोई मामूली चुनौती नहीं थी। मुझे इसका अहसास था और हमारे लिए आगे का रास्ता भी बिल्कुल अनजान था। अच्छी बात यह थी कि इस उद्योग में नए होने के कारण हम इतिहास और परंपरा से बाध्य नहीं थे। हमारा एकमात्र उद्देश्य हमारे ग्राहकों के लिए सबसे अच्छा सीमेंट बनाकर शेयरधारकों को उनके निवेश पर सबसे ज़्यादा लाभ पहुंचाना था।

सीमेंट कारखाना चलाने के सभी पहलुओं का हमने गहरा अध्ययन किया – कारखाने की स्थापना और उसके संचालन से लेकर सीमेंट को बैगों में भरने तथा उसके परिवहन तक हमने हर एक पहलू की जांच की। हमने यथास्थिति कभी स्वीकार नहीं की। हमने उत्पादन की प्रक्रिया सुधारने के वे सभी मार्ग अपनाए जिनसे लागत और समय बचने के साथ-साथ गुणवत्ता बढ़ सकती थी।

सीमेंट निर्माण में 40 प्रतिशत लागत पूंजी की होती है (कैपिटल, इंटेरेस्ट और डिप्रीशिएशन) इसके अलावा दूसरा बड़ा खर्च एनर्जी है, जो कुल लागत का 40 प्रतिशत हिस्सा होता। सफलता के लिए इन मुख्य लागतों को कम करना अत्यावश्यक था। हमने सबसे कम समय में देश का सबसे कम प्रति-टन-लागत वाला कारखाना स्थापित करके अच्छी शुरुआत की थी। अब हमें कारखाने को लगातार उसकी 100 प्रतिशत क्षमता से ज़्यादा और सबसे अधिक कुशलता पर चलाकर इस सफलता का लाभ उठाना ज़रूरी था।

यह न समझें कि हमारे मुख्य प्रतिद्वंद्वियों – सौराष्ट्र सीमेंट और नर्मदा सीमेंट – के कारखाने कम कुशल थे। उनके कारखाने लगभग 90 प्रतिशत क्षमता पर चलते थे, जो भारतीय सीमेंट उद्योग के लिए अच्छा प्रदर्शन था। हमारे कारखाने को और भी उत्पादी और कुशल बनाना हमारे पास एकमात्र चारा था। उत्पादकता बढ़ाने के साथ-साथ ऊर्जा की लागत के दो मुख्य घटकों, कोयले और बिजली की लागत को घटाना अत्यावश्यक था। हमारी कुशलता को न केवल सर्वश्रेष्ठ भारतीय सीमेंट कंपनियों के स्तर का बल्कि विश्वभर की सर्वश्रेष्ठ कंपनियों के स्तर का करना हमारा उद्देश्य था।

और कुछ ही महीनों में श्री कुलकर्णी और उनकी मेहनती टीम ने साबित किया कि वे गुजरात अंबुजा को अगले स्तर तक ले जाने में सक्षम थे। उनका आत्मविश्वास हर महीने बढ़ता ही गया। अक्टूबर 1986 में, उत्पादन की शुरुआत में, हमने कारखाना 21 प्रतिशत क्षमता पर चलाया। दिसंबर में यह आंकड़ा 57 प्रतिशत, फरवरी 1987 में 77 प्रतिशत और मार्च में 121 प्रतिशत तक पहुंच गया था। उसके बाद वह 100 प्रतिशत के नीचे कभी भी नहीं गिरा।

हमारी नई मार्केटिंग और सेल्स टीमों ने भी शुरू से ही अच्छा प्रदर्शन करके हमारी उत्पादन टीम की सफलता की बराबरी की। हमारी शानदार एडवरटाइजिंग और मार्केटिंग नीति का श्रेय मेरे दोस्त, रवि गुप्ता और उनकी एड एजेंसी, त्रिकाया को जाता है। उत्पादन शुरू होने के कुछ महीने पहले रश्मि कंपानी हमारे सेल्स एडवाइज़र बनकर जुड़े थे। उनकी टीम ने भी चतुराई से काम करके हमारे लिए डीलर जुटाकर एडवरटाइजिंग और मार्केटिंग टीम की सहायता की। दोनों सज्जनों द्वारा अपनाई नीति पर मैं अगले अध्याय में विस्तार से बात करूंगा। उनकी मेहनत से GACL का नाम लगभग रातोंरात गुजरातभर में विख्यात हो गया। इसके साथ हमने एक ऐसा सप्लाई नेटवर्क भी स्थापित किया कि अंबुजा सीमेंट जल्द ही राज्य के कोने-कोने तक पहुंच गया।

जल्द ही हमारे इन प्रयासों के लाभदायक परिणाम दिखाई देने लगे। हमने उत्पादन के पहले छह महीनों में ही मुनाफ़ा कमाकर उन दिनों के सीमेंट उद्योग में दुर्लभ करतब कर दिखाया। मार्च 1987 तक हमने 20 करोड़ रुपयों की बिक्री पर 32 लाख रुपयों का छोटा-सा मुनाफ़ा कमाया। लगभग एक साल पहले हमसे किल्न स्थिर नहीं हो पा रही थी। और अब हम हमारी कुछ प्रारंभिक सफलताओं के बारे में नम्रता से शेखी बघारने की स्थिति में थे। उस समय के एक विज्ञापन के ज़रिए हमने हमारी कुछ सफलताओं की ओर ध्यान आकर्षित किया:

- आज अंबुजा सीमेंट गुजरात के कई प्रतिष्ठित ब्रैंड्स को पीछे छोड़कर बड़ी तेज़ी से अव्वल नंबर की ओर बढ़ रही है। वो भी केवल छह महीनों में!
- गुणवत्ता में उत्कृष्टता: हमारा लक्ष्य सर्वोत्कृष्ट गुणवत्ता का सीमेंट बनाने का था। आज हम ख़ुश हैं कि सभी अंबुजा सीमेंट को गुजरात का सर्वोत्कृष्ट सीमेंट मानते हैं।
- वितरण में उत्कृष्टता: हम तेज़ी से हमारे डीलरों का नेटवर्क बढ़ा रहे हैं ताकि हमारा सीमेंट दूर दराज़ के गांवों तक पहुंच सकें। 85 डीलर से शुरू करते हुए आज, मार्च 1987 में हमारे 185 से भी ज़्यादा डीलर हैं।
- तकनीकी सेवा में उत्कृष्टता: हम सीमेंट केवल बेचते नहीं हैं। हमारी तकनीकी टीम में सिविल कंस्ट्रक्शन के विशषज्ञ हैं जो हमारे ग्राहकों को सीमेंट के सबसे अच्छे उपयोग पर विस्तृत सलाह देते हैं।
- एडवरटाइजिंग में उत्कृष्टता: मशहूर वाक्य अंबुजा जायंट का संदेश स्पष्ट है – अंबुजा सीमेंट की विराट 'कॉम्प्रेसिव स्ट्रेंथ'|

मार्केट में अब भी मंदी थी। सन 1987 और 1988 के अधिकांश समय तक सीमेंट की क़ीमतें कम रहीं और सीमेंट निर्माण की लागत बढ़ती गई। और चूँकि सूखे की स्थिति भी बनी रही इसलिए सीमेंट की मांग भी कम रही। हम मुश्किल से कर्ज का ब्याज चुका रहे थे। हमारी एक भी ग़लती घातक हो सकती थी। इसलिए, हमें हमारे एकमात्र लक्ष्य – उत्पादन और उत्पादकता बढ़ाने और लागत कम करने – की ओर दृढ़तापूर्वक बढ़ना ज़रूरी था। समय के साथ ये तीन लक्ष्य हमारे सभी कर्मचारियों के लिए मंत्र जैसे बन गए।

लगभग इसी समय हमने एक 'कॉर्पोरेट ऑब्जेक्टिव्स एंड स्ट्रेटेजिक ओरिएंटेशन डॉक्यूमेंट' तैयार किया। इसमें सूचित छह स्पष्ट उद्देश्य भविष्य में कंपनी चलाने में बहुत सुविधाजनक रहे। ये छह उद्देश्य थे: (1) सर्वोत्कृष्ट गुणवत्ता; (2) उत्पादकता बढ़ाने के लगातार प्रयत्न करना; (3) ग्राहकों की संतुष्टि सर्वोपरि रखना; (4) कर्मचारियों का विकास हो सके ऐसा वातावरण निर्माण करना; (5) शेयर धारकों को उचित मुनाफ़ा देना और (6) हमारे सामाजिक उद्देश्य बढ़कर पूरे हो सकें उसके लिए नए अवसरों के प्रति जागरूक रहना। इन छह उद्देश्यों ने अगले तीन दशकों तक गुजरात अंबुजा का लक्ष्य निर्धारित किया।

*

कुछ मायनों में इन तमाम चुनौतियों के कारण हमारा भला ही हुआ। श्री कुलकर्णी और उनकी टीम द्वारा स्थापित की गई प्रणालियों और नियमों के कारण हमारा प्रत्येक कर्मचारी कोई इनोवेशन करके उत्पादन बढ़ाने और फलस्वरूप लागत कम करने के बारे में सोचने का आदी हो गया। हालाँकि 1980 के दशक में कंप्यूटर भारत में नए थे, कारखाने के संचालन पर निरीक्षण करने हेतु हमने पूर्णतः कंप्यूटराइज्ड सिस्टम सेट किया। उससे हम नियमित रूप से प्रत्येक उपकरण के चलने और उसमें किए गए हर इनपुट और उससे मिले हर आउटपुट को दर्ज कर उसका विश्लेषण कर सकते थे। कारखाने के चलने में लग रहे लगभग 3000 मापदंड पर लगातार निगरानी रखी गई।

इससे हमें कई फ़ायदे हुए। हम इन्हीं आंकड़ों के आधार पर उपकरणों की कुशलता को बढ़ाने के लिए, उनके मापदंड बदलने के बारे में सोचना शुरू करते थे। किसी मापदंड के आंकड़े में उतार-चढाव होते ही हमारी मेंटेनेंस टीम को चेतावनी मिल जाती थी कि वह उपकरण बंद पड़ने वाला है। उत्पादन के शुरुआती दिनों में हम ये आंकड़े रोज प्राप्त करते थे। कुछ ही सालों में हम ये आंकड़े दिन में अड़तालीस बार प्राप्त करने लगे। यदि कुछ ठीक नहीं हो रहा था, तो केंद्रीय कंट्रोल रूम में संचालन की निगरानी कर रहे इंजीनियर के पास किसी भी मापदंड में बदलाव या ठीक करने का अधिकार था। फलस्वरूप, कोई भी समस्या कम से कम समय में सुधार ली जाती थी।

कारखानों में अनिर्धारित ब्रेक-डाउन होने के कारण भारतीय सीमेंट उद्योग को हमेशा से ही नुकसान हुआ था। हमारे मॉनिटरिंग सिस्टम की मदद से हमारा कारखाना कम से

कम समय बंद रहने लगा। जबकि पहले साल में हमने 270 दिनों तक कारखाना चलाया, तीसरे साल तक हमारा कारखाना 340 दिन चल रहा था। यह विश्वभर की किसी भी सीमेंट कंपनी के लिए दुर्लभ करतब था। बेहतर योजना के कारण कारखाने के आदेशात्मक वार्षिक मेंटेनेंस के लिए लगा समय भी हर साल घटता गया।

हमारे कारखाने में कम ब्रेक-डाउन का एक और कारण हमारा अत्यंत प्रभावी धूल नियंत्रण सिस्टम था। सीमेंट उत्पादन बहुत धूल भरी प्रक्रिया है। और यह धूल उपकरणों के बिगड़ जाने और फलस्वरूप कारखाने के बंद हो जाने का एक मुख्य कारण है। इसलिए, धूल नियंत्रण में किए गये निवेश का असर सीधे बैलेंस शीट पर होता है। हमने सीमेंट मिल के लिए बैगहाउस जैसा अतिरिक्त धूल नियंत्रण उपकरण लगाया, जो बहुत महंगा था। इस उपकरण के मेंटेनेंस की लागत ही प्रतिवर्ष एक करोड़ रुपयों के ऊपर थी। लेकिन उस सिस्टम के कारण कारखाना कम बंद पड़ा और उसकी आयु भी बढ़ गई। इसलिए, हमारा निवेश फ़ायदेमंद रहा।

इतने निवेश के बावजूद हमें धूल से काफ़ी समय तक पूरा छुटकारा नहीं मिला। पानी की तरह धूल भी बारीक छेदों में से बाहर रिस जाती है, जो छेद हम नंगी आँखों से देख भी नहीं सकते हैं। इस धूल को सीमेंट उद्योग में 'फ़्यूजिटिव डस्ट' कहा जाता है। फिर एक दिन श्री कुलकर्णी ने ठान ली कि वे धूल की समस्या को मिटाएंगे। उनकी तकनीकी टीम ने 'विसिल टेस्ट' का आविष्कार किया। कारखाना चलते समय मशीन चालक कारखाने में घूमकर सीटी की आवाज़ के लिए चौकन्ना रहने लगे। यह आवाज़ कारखाने की ट्यूब्स और ढांचों से हवा निकलने पर निकलती है। इस हवा के साथ सीमेंट के कण भी निकलते हैं। कारखाने में सभी इन छेदों को भरने में जुट गए।

हमारे सारे प्रयासों के कारण अंत में हमारा कारखाना पूर्णतः धूल-रहित बन गया। हमारे दावे को सिद्ध करने हेतु हमने किल्न के ठीक नीचे गुलाब का बग़ीचा उगाया। फूल खिल गए और कोडिनार तथा उसके परिसर को धूल-रहित रखने के प्रति हमारी प्रतिबद्धता का उत्कृष्ट उदाहरण बन गया। इसी वजह से गुलाबों का बग़ीचा संपूर्ण सीमेंट उद्योग में भी प्रसिद्ध हो गया। आस-पास रहने वाले किसानों सहित अन्य जो कोई भी हमारा कारखाना देखने आता था, उनसे मैं कहता कि किल्न के ठीक नीचे खिले ये गुलाब साफ वातावरण की गारंटी हैं।

अब हमारे कारखाने नियमित रूप से अपनी क्षमता के 130 या 140 प्रतिशत पर चलने के बावजूद उनमें धूल लगभग 70 मिलीग्राम प्रति क्यूबिक मीटर से कम ही रही। यह स्विस मापदंड, जो 50 से 100 मिलीग्राम प्रति क्यूबिक मीटर था, उससे कम ही था। इसकी तुलना में भारतीय मापदंड, 150 से 250 मिलीग्राम प्रति क्यूबिक मीटर, इतना सख़्त नहीं था। इसलिए, कोई अचरज की बात नहीं कि उन दिनों कई भारतीय कारखानों में धूल की चादर जैसी बनी रहती थी।

इन प्रयासों के कारण हमारा उत्पादन हर साल बढ़ता ही गया। पहले दो साल, मार्केट में मंदी के कारण, हमने उत्पादन जान-बूझकर हमारी क्षमता के 115 प्रतिशत तक ही सीमित रखा। लेकिन 1989 में जैसे ही क़ीमतें और मांग बढ़ने लगी हम यह आंकड़ा पहले 130 और फिर 140 प्रतिशत तक ले गए। हर कुछ हफ़्तों के बाद श्री कुलकर्णी मुझे बताते थे कि उनके द्वारा अमुक उपकरण में परिवर्तन करने के कारण उत्पादन कुछ प्रतिशत और बढ़ गया। उत्पादकता बढ़ाने के लिए हम निरंतर प्रयास करते रहे।

श्री कुलकर्णी सहित प्रत्येक कर्मचारी उन चुनौतियों का सामना करने के लिए जी-तोड़ मेहनत कर रहा था। मैंने हमेशा माना है कि किसी कर्मचारी को सही मंच, काम करने की स्वतंत्रता और प्रोत्साहन देने पर उनका प्रदर्शन किसी कॉलेज की डिग्री या पिछली नौकरियों के प्रदर्शन से अधिक बेहतर होता है। हमने हरेक स्तर पर लोगों को समर्थ बनाया। किसी भी नई खोज पर मिली असफलता के लिए उन्हें टोका नहीं गया। नई खोज सुझाने या शिक़ायत करने हेतु कोई भी कर्मचारी अपने सीनियर से बिना किसी रोक के मिल सकता था। इससे उनमें कंपनी के प्रति स्वामित्व का भाव निर्माण हुआ। उनके हर विचार और सुझाव को स्वीकार कर उन्हें उसके लिए ईनाम भी दिया गया।

पहले दो सालों में ही इन सुझावों के आधार पर पूरे कारखाने में क़रीब-क़रीब नब्बे ऑपरेशन संबंधित बदलाव किए गए। किसी भी सुझाव को मामूली समझकर नकारा नहीं गया। सबसे छोटी बचत भी महत्त्वपूर्ण थी। मुझे याद है कैसे एक सुझाव के कारण बिजली की यूनिट के दसवें भाग की बचत हुई थी। पहले तीन सालों में इन सुझावों के कारण आज की मुद्रा मूल्य के अनुसार 70 करोड़ रुपयों की बचत हुई।

कर्मचारियों के ऐसे सुझावों को शीघ्र अमल में लाने हेतु हमने तीन-साल का नियम लागू किया। इस नियम के तहत हमारे मैनेजर ऊर्जा बचाने और उत्पादकता बढ़ाने हेतु एक करोड़ रुपयों (जिसका मूल्य आज दस करोड़ रुपए है) तक का निवेश कर उपकरणों

में परिवर्तन कर सकते थे। लेकिन उस निवेश पर तीन सालों के भीतर उतना ही मुनाफ़ा कमाना ज़रूरी था। इस नियम के कारण हमारे कर्मचारी रचनात्मक ढंग से सोचने लगे। इसका एक अच्छा उदाहरण मैं देना चाहूंगा। जैसे अन्य सीमेंट कंपनियों में हो रहा था वैसे हमारे सीनियर एग्जीक्यूटिव भी पहले के मैकेनिकल कन्वेयर की जगह अत्याधुनिक और कुशल न्यूमैटिक कन्वेयर बिठाना चाहते थे। फिर हमारे एक इंजीनियर ने सुझाया कि क्यों न हम मौजूदा सिस्टम को परिवर्तित कर उसे अधिक कुशल बनाएं। न्यूमैटिक कन्वेयर चलाने में बहुत बिजली लगती थी। इसलिए, इन परिवर्तित मैकेनिकल कन्वेयरों के कारण हमने नए उपकरण की लागत भी बचाई और कन्वेयर चलाने में बिजली भी कम लगी।

उसी तरह, कुछ साल बाद, हमारे एक कर्मचारी को पता चला कि गुजरात मिनरल डेवलपमेंट कॉर्पोरेशन (GMDC) के एक नज़दीकी कारखाने के औद्योगिक वैस्ट में फ़्लोरस्पार नामक पदार्थ था। उसके अनुसार, इस औद्योगिक खनिज पदार्थ से हमारे कारखाने की किल्न में कोयले के पिघलने का तापमान और फलस्वरूप बिजली की खपत भी घट सकती थी। फ़्लोरस्पार की मदद से कोयले की खपत 3 प्रतिशत से गिर गई। कारखाने में बिजली की खपत केवल एक यूनिट से घटने से प्रतिवर्ष 20 लाख रुपए बचते थे। और बढ़ते उत्पादन के साथ बचत भी बढ़ती गई।

इतने सालों में हमारे इन उपायों से बिजली की खपत धीरे-धीरे घटती गई। सन 1987 में 120 यूनिट प्रति टन से लेकर 1990 तक वह 95 यूनिट तक घट गई थी। उन दिनों भारतीय कंपनियों की औसतन खपत 125 यूनिट प्रति टन और अंतर्राष्ट्रीय कंपनियों की खपत 110 यूनिट प्रति टन थी। स्विस कंपनी होल्डरबैंक (जिसका 2001 में नाम बदलकर होल्सिम रखा गया) द्वारा उस समय विश्वभर के 25 सबसे कुशल प्लांटों के सर्वे के अनुसार केवल दो कपंनियां गुजरात अंबुजा से अधिक कुशल थीं।

*

लगभग इसी समय हम सीमेंट के पैकेजिंग में भी एक महत्त्वपूर्ण परिवर्तन लाए। त्रिकाया एड एजेंसी द्वारा किए गए सीमेंट मार्केटिंग सर्वेक्षणों की मदद से हम गुजरात के सीमेंट ग्राहकों को काफ़ी अच्छे से जान गए थे। अधिकांश ग्राहक असंतुष्ट थे कि 50 किलोग्राम की बैग का वज़न हमेशा कुछ किलो कम होता था। इसके दो कारण थे। पहला यह कि

संभवतः कुछ उत्पादक जान बूझकर बैगों में कम सीमेंट भर रहे थे। लेकिन इस बात की संभावना ज़्यादा थी कि चूँकि सीमेंट के कण अतिसूक्ष्म होते हैं, इसलिए बैगों में सीमेंट भरने से लेकर ग्राहकों तक पहुंचने तक के विभिन्न चरणों में कुछ किलो सीमेंट बैगों से रिस जाते थे।

हम इस उद्योग में नए थे और ग्राहकों को दिखाना चाहते थे कि अंबुजा उनकी शिक़ायतों के प्रति सजग था। इसलिए, हमने पैकेजिंग को सुधारने का निर्णय लिया। हमने हमारे वेंडरों के साथ निकटता से काम करके हाई डेंसिटी पोलीएथीलीन (HDPE) बैगों को कम छिद्रपूर्ण बनाया। उनपर लगातार जांच कर केवल वे बोरे चुने गए जिनमें से सीमेंट नहीं के बराबर गिरे। प्रत्येक बैग पर यह गारंटी छपी थी कि उसमें 50 किलोग्राम का 'विराट कॉम्प्रेसिव स्ट्रेंथ' वाला सीमेंट होगा जैसा कि हमने हमारे विज्ञापनों में वचन दिया था। हमारे बैग ज़ीरो एरर इलेक्ट्रॉनिक रोटरी (ZEER) नामक मशीन से भरे जाते थे। उस मशीन ने सुनिश्चित किया कि प्रत्येक बैग में बराबर 50 किलोग्राम सीमेंट भरा हुआ था। हर पांचवें बैग के वज़न की फिर से जांच की जाती थी। इस प्रक्रिया ने सुनिश्चित किया कि कारखाने से निकल रहे प्रत्येक बैग में पूरे 50 किलो सीमेंट था और ग्राहक के पास पहुँचने तक सीमेंट का बैग से रिसन नहीं के बराबर हो गया।

जैसे पहले कहा गया है, सीमेंट का कण अतिसूक्ष्म होता है। यदि उसके परिवहन में सावधानी नहीं बरती जाती तो वह सबसे अच्छी HDPE बैगों की बुनाई में से भी बाहर रिस सकता है। भारत में मज़दूर सीमेंट की बैगों को लादते उतारते हैं। हमारे सामने इस प्रक्रिया को स्टेंडरडाइज़ करने का असंभव लक्ष्य था ताकि कुछ भी सीमेंट न रिसे या गिरे। इसलिए, मैं इच्छुक था कि यह प्रक्रिया किसी प्रकार मशीन द्वारा की जाएं। मुझे दृढ़ विश्वास था कि विश्व में कहीं न कहीं सीमेंट के बैग बेहतर तरीक़े से लादे जाते होंगे। इसलिए, हमने हमारे सीनियर इंजीनियर, श्री हिरपारा को इसकी जांच करने के लिए अमेरिका, कनाडा और जापान सहित अन्य देशों में भेजा।

उन्होंने वहां कुछ ऐसे उपाय देखें जो न्यूनतम अतिरिक्त निवेश करके यहां लागू किए जा सकते थे। हमने इन उपायों पर प्रयोग कर अंततः एक सादा, कम लागत वाला उपाय चुना। इसमें एक स्लिंग की मदद से कई बैग मिलाकर उनका एक गट्ठा बनाया जाता था। फिर प्रत्येक बैग के बजाय ये झोलियां फ़ोर्कलिफ़्ट से उठाकर लादी जाती थी। इस प्रक्रिया में मज़दूरों की न्यूनतम ज़रूरत लगने के कारण सीमेंट का रिसना भी न के बराबर हुआ।

ये स्लिंग भारत में नहीं बनती थीं और इसलिए हमने उनके कुछ नमूने स्पेन से आयात किए। और चूँकि उन दिनों आयात करने पर प्रतिबंध थे, इसलिए हमारे इंजीनियरों ने स्लिंग की रूपरेखा का प्रतिरूप बनाया और उसे एक भारतीय कंपनी द्वारा बनवाया। फिर हमने वह नमूना इंडियन इंस्टीट्यूट ऑफ़ पैकेजिंग भेजकर उसकी जांच करवाई। वह प्रतिरूप बिना किसी परिवर्तन के स्वीकार किया गया। अब हम बैग को स्लिंग में डालकर भेजने के लिए तैयार थे लेकिन हमने पाया कि हमारा कोई भी डीलर अपने स्तर पर इसे संभालने के लिए तैयार नहीं था। हमारा यह विचार हम अमल में नहीं ला पाए। लेकिन हमारे स्लिंग के सप्लायर ने वे स्लिंग दुबई में अच्छे दाम में बेचीं।

*

कोयले की खपत कम करने के हमारे प्रयास भी सफल रहे। सीमेंट कारखाने में कुल लागत का एक बड़ा हिस्सा अर्थात लगभग 20 प्रतिशत कोयले पर होता है। किल्न में अधिक कुशलता से कोयला जलाकर उसकी खपत भी घट गई। इससे भी महत्त्वपूर्ण बात यह थी कि हमने कोयले की गुणवत्ता सुधारी और उसके परिवहन में हो रही चोरी भी घटाने का प्रयास किया। भारतीय सीमेंट उत्पादकों को दशकों से इन चुनौतियों का सामना करना पड़ा है। लेकिन चोरी की समस्या पर मैं विस्तारपूर्वक बात करना चाहूंगा।

शुरू से कोयले की खदानें पब्लिक सेक्टर की रही हैं। माफ़िया दशकों से परिवहन के दौरान कोयले की चोरी करता आ रहा था और अब यह प्रथा स्थापित हो चुकी थी। अधिकांश सीमेंट कंपनियों ने स्वीकार लिया था कि इस मामले में वे असहाय थीं। हमने ठान लिया कि हम इस स्थिति को बदलने का प्रयास करेंगे। हमारा कोयला 2000 किलोमीटर दूर पूर्वी भारत की खानों से आ रहा था। चूँकि यह कोयला महंगा था, इसलिए मैंने ठान लिया कि हमें सबसे अच्छी गुणवत्ता का और बिना कोई चोरी किए सारा कोयला मिलना चाहिए।

नेवटिया भाइयों के कोयला व्यवसायियों के साथ पुराने संबंध थे। उनकी मदद से पहले हमने कोयले की आपूर्ति करने वाले खानों के आस-पास के लोगों से अच्छे संबंध स्थापित किए। इन लोगों की मदद से हमने माफ़िया के सदस्यों के साथ संबंध स्थापित कर सुनिश्चित किया कि हमारा कोयला चुराया नहीं जाए। हमने अपने लोगों को कोयला

वितरण केंद्र में भी तैनात कर दिया। उन्होंने सुनिश्चित किया कि अंबुजा भेजी जा रही ट्रकों पर सबसे अच्छी गुणवत्ता का कोयला ही लादा गया।

हालाँकि इस पर हमने बहुत पैसे खर्च किए, हमने सुनिश्चित किया कि हमें सबसे ज़्यादा कैलरिफ़िक वैल्यू का कोयला सुरक्षित और नियमित रूप से मिले। और चूँकि कोयले की गुणवत्ता भी एकरूप थी इसलिए वह किल्न में एक समान जलता भी था। फलस्वरूप किल्न पर तनाव भी कम हुआ और कोयले की खपत भी काफ़ी गिर गई। 1987 में एक किलो सीमेंट के निर्माण के लिए 870 किलोकैलरी ऊर्जा लगी। तीन साल में यह आंकड़ा 762 किलोकैलरी तक गिर गया। इसकी तुलना में संपूर्ण सीमेंट उद्योग की औसतन खपत 900 किलोकैलरी प्रति किलो सीमेंट की थी।

*

मैं जान गया कि गुजरात का अधिकांश सड़क परिवहन व्यवसाय पोरबंदर, जामनगर, अहमदाबाद, वडोदरा और सूरत जैसे शहरों तक फैले ट्रक माफिया के नियंत्रण में था। उन दिनों तस्कर गुजरात के समुद्रतट पर सोना और इलेक्ट्रॉनिक वस्तुएं लाते थे। अधिकांश ट्रक मालिक इन तस्करों के लिए काम करते थे। ये ट्रक वाले सरकारी गोदाम जा रहे सीमेंट से लदे ट्रकों का रास्ता बदलकर उस सीमेंट को काले बाज़ार में बेचते थे।

वे गुजरात राज्य के सभी उद्योगों से बढ़ा-चढ़ाकर क़ीमतें वसूलते थे और चूँकि सभी ट्रक वाले एकजुट थे इसलिए कंपनियां भी मजबूर थीं। मुझे बताया गया कि सीमेंट कंपनियां सीमेंट की बिक्री क़ीमत का लगभग एक चौथाई भाग परिवहन पर खर्च कर रही थीं!

हमारे मुख्य बाज़ार कोडिनार से 500 या 600 किलोमीटर दूर थे। उसी समय हमारे कारखाने के आसपास रेल सेवा भी अच्छी न होने के कारण हम सीमेंट के परिवहन के लिए ट्रकों पर पूर्णतः निर्भर थे। इस समस्या को सुलझाने का एकमात्र रास्ता ख़ुद की परिवहन सेवा स्थापित करना था, जिस पर हमारा पूरा नियंत्रण होता। हमारी अन्य खोज की तरह यह खोज भी इसलिए हुई कि इस व्यवसाय में नए होने के कारण हम परंपरागत पद्धतियों से अपरिचित थे।

मैं किसी को नहीं जानता था जिसका अपना ट्रक व्यवसाय था। इसलिए, मैंने मेरे अच्छे मित्र, दिलिप स्वादी से मदद मांगी। उनका परिवार स्वादी ऑटोमोबाइल का

मालिक था, जो बॉम्बे में इम्पोर्टेड गाड़ियों के लिए सबसे अच्छे वर्कशॉप्स में से एक था। आगे जाकर उन्होंने विंटेज गाड़ियों की मेंटेनेंस और रेस्टोरेशन से संबंधित व्यवसाय भी शुरू किया। वे होटल, कॉर्पोरेट और कॉन्सुलेट को भाड़े पर लिमोजिन गाड़ियां भी देते थे। दिलीप के कुछ केमिकल टैंकर भी थे जिनमें वह गुजरात और बॉम्बे के बीच इंडस्ट्रियल केमिकल का परिवहन करते थे। हालाँकि ट्रक परिवहन के व्यवसाय में उसे बहुत कम तजुर्बा था, मुझे विश्वास था कि दिलीप वह व्यवसाय चला पाएगा।

मैं चाहता था कि दिलिप अंबुजा के लिए ट्रक सेवा शुरू करे। वह इस व्यवसाय से अपरिचित था। इसलिए, उसने स्वभावतः अपना संदेह व्यक्त किया। उसने पटेल रोडवेस में अपने मित्रों से मदद मांगी। वे अपने एक डायरेक्टर को मुझसे मिलने के लिए भेजने के लिए तैयार थे। जब मुझे यह पता चला तब मैंने दिलिप को समझाया कि मैं नहीं चाहता था कि कोई प्रतिष्ठापित कंपनियां हमारे लिए परिवहन करें। चूँकि मैं सीमेंट के परिवहन की ओर नए सिरे से देखना चाहता था, इसलिए मैंने दिलिप को चुना था। गुजरात अंबुजा उसके लिए आर्थिक सहायता सहित अन्य सभी सहायता करने के लिए तैयार थी। मेरा भाग्य अच्छा था कि दिलिप ने यह चुनौती स्वीकार की।

शुरू में दिलिप आशंकित था और उसे यह नया व्यवसाय समझने में समय लगा। तब कारखाने में पूरे पैमाने पर व्यावसायिक उत्पादन शुरू न होकर परीक्षण का चरण ही जारी था। फलस्वरूप, दिलिप को व्यवसाय गहराई से समझने के लिए पर्याप्त समय मिला। ख़ुद के ट्रकों के अलावा उसने गुजरात के कई छोटे ट्रक वालों को भी अपने साथ काम करने के लिए मना लिया। इस प्रकार, गुजरात की ट्रक मफ़िया के बावजूद हमारे परिवहन पर असर नहीं हुआ।

महत्त्वपूर्ण बात यह थी कि दिलिप और उसकी टीम ने गुजरातभर में फैली हमारी सेल्स और मार्केटिंग टीम के साथ काम करके लॉजिस्टिक्स को मज़बूत किया। दिलिप ने सुनिश्चित किया कि जैसे हम चाहते थे वैसे हमारा सीमेंट किसी भी गोदाम में नहीं बल्कि सीधे स्टॉकिस्ट तक पहुँचे। इस प्रकार, बैगों का लगातार लादना और उतारना कम हुआ और फलस्वरूप सीमेंट का वेस्टेज (wastage) भी कम हुआ। सीमेंट हमारे कारखाने से सीधे रिटेलर तक पहुंचाया गया जिससे हमारी ख्याति भी बढ़ी।

दिलिप की टीम ने राज्यभर में फैले अंबुजा के विक्रेताओं की मदद से ट्रकों के चलन पर बारीक़ी से निगरानी रखी। इससे सीमेंट समय पर पहुंचाया गया और ट्रक कोडिनार

लौटने के लिए जल्दी से तैयार भी हुए। पूरी प्रक्रिया की कुशलता के कारण दूसरी कंपनियों की तुलना में हमारी लागत भी कम रही। हमने ट्रक चालकों को खाना और शौचालय की सुविधाएं दीं तथा अंबुजा के कारखाने में उन्हें आराम करने की जगह भी दी। इसलिए, उन्होंने हमारी उत्कृष्ट सेवा की और अधिक संख्या में ट्रक चालक कोडिनार से हमारे सीमेंट का परिवहन करने आने लगे।

हमने दिलिप को उसकी लॉजिस्टिक्स सेवा के लिए मार्केट अनुसार माल भाड़ा दिया। पहले कुछ साल वह मुनाफ़ा नहीं कमा पाया। दिलिप नियमित रूप से हमें विस्तारपूर्वक सभी लागतों की स्पष्ट जानकारी देता रहा। इन लागतों का परीक्षण करने के बाद हमने वादानुसार दिलिप के घाटे की न केवल भरपाई की बल्कि यह भी सुनिश्चित किया कि उसे कुछ मुनाफ़ा भी मिले।

लागतों के आधार पर हम समझ सके कि सीमेंट परिवहन का व्यवसाय चलाने में कहाँ और कितना खर्चा होता है। इसके आधार पर हमने भविष्य में माल भाड़े के दरों के लिए मापदंड तय किए। हमें इस प्रारंभिक तैयारी का फ़ायदा तब हुआ जब आगे जाकर हमारा उत्पादन बढ़ा और हमें दिलिप की ट्रक सेवा में दो और ट्रक सेवाएं जोड़नी पड़ीं। उस समय तक ये तीन ट्रक कंपनियां गुजरात राज्य के निर्धारित भागों की सेवा करने लगी थीं।

आगे जाकर हमारे सभी कारखानों में ट्रक सेवाएं इसी प्रारूप के अनुसार चलीं। आज, पच्चीस साल बाद भी दिलिप की कंपनी अंबुजा सीमेंट के लिए सबसे बड़ी लॉजिस्टिक्स ऑपरेटर में से एक बनकर बरकरार है। हमने भागीदारी में जो ट्रक सेवा का प्रारूप स्थापित किया उसका लाभ केवल हमारे व्यापार की कुशलता तक सीमित नहीं रहा। उससे अंबुजा से भ्रष्टाचार भी दूर रहा। भारत के लॉजिस्टिक्स उद्योग में फ़र्ज़ी चालान बनाने से लेकर ट्रकों का रास्ता बदलकर सामग्रियों को चुराने तक तरह-तरह के ग़ैर क़ानूनी धंधे होते आए हैं। देखा जाए तो हम भाग्यशाली थे कि दिलिप ने हमारे लिए ट्रक सेवाएं शुरू की।

लॉजिस्टिक्स के इस नवीन प्रारूप से हमें बहुत आर्थिक फ़ायदा हुआ। इसलिए, यह कोई अचरज की बात नहीं कि आगे जाकर कई अन्य कंपनियों ने हमारी ट्रक सेवा का प्रारूप अपनाया।

जैसे हमारी ट्रक सेवा विकसित होती गई वैसे ही हमने सीमेंट का थोक परिवहन शुरू करके एक नयी पद्धति की खोज की। अधिकांश विकसित देशों में 90 प्रतिशत से अधिक सीमेंट का थोक परिवहन होता है। उन दिनों भारत में यह अनसुना था। सीमेंट

50 किलोग्राम की बैगों में बेचा जाता था, चाहे किसी ग्राहक को एक बैग की ज़रूरत हो या 1000 बैगों की। इस व्यवस्था में पैकिंग की लागत ज़्यादा होती थी। और चूँकि मजदूरों को बैगों को कई बार चढ़ाना-उतारना पड़ता था इसलिए रिसे हुए सीमेंट के कारण भी यह व्यवस्था बहुत महँगी थी।

हमें पूरा विश्वास था कि भारत में थोक परिवहन फ़ायदेमंद होगा। एक बार फिर हमने दूसरे देशों में वैसी व्यवस्थाओं के बारे में जानने के लिए श्री हिरपारा को वहां भेजा। उन्होंने लौटकर हमें सुझाव दिया कि हम विशेष बल्क टैंकर बना सकते हैं। हमारे इंजीनियरों ने भारतीय मार्केट के लिए एक 10 टन के टैंकर का नमूना बनाया, जिसमें ख़ुद से सीमेंट उतारने की व्यवस्था थी। हालाँकि हमने बॉम्बे के एक सप्लायर से उसका एक प्रतिरूप बनवाया लेकिन वह अच्छा नहीं था। फिर हमें दिल्ली के एक निर्माता द्वारा बनाया प्रतिरूप पसंद आया। हमने ऐसे कई टैंकर बनवाए और कई सालों तक उनका सफलतापूर्वक इस्तेमाल किया। हमारी सफलता से प्रोत्साहन पाकर कई अन्य सीमेंट कंपनियां भी थोक परिवहन करने लगीं। आज आपको भारत के रास्तों पर ऐसे कई टैंकर दिखाई देंगे। इसका श्रेय हमें दिया जा सकता है।

इन छोटे-बड़े उपायों के कारण हमारा मुनाफ़ा हर साल बढ़ता ही गया। सन 1989 में सीमेंट की क़ीमतें बढ़ने लगीं और हमने पहली बार 100 करोड़ रुपयों से ज़्यादा की बिक्री की। 19 प्रतिशत का हमारा मार्जिन सीमेंट उद्योग में सबसे ज़्यादा था। द *इकोनॉमिक टाइम्स* – हार्वर्ड बिज़नेस स्कूल के एसोसिएशन ऑफ़ इंडिया ने हमें 'बेस्ट कॉर्पोरेट परफ़ॉरमेंस' अवार्ड से पुरस्कृत किया। यह हमें मिला पहला सार्वजानिक सम्मान था। हालाँकि यह पुरस्कार उभरती कंपनियों की श्रेणी में था, संपूर्ण सीमेंट उद्योग में हमारा प्रदर्शन सर्वोत्कृष्ट था। हमने ACC, L&T, डालमिया सीमेंट और मंगलम सीमेंट जैसी दिग्गज कंपनियों को पीछे छोड़ दिया था। उसी साल राष्ट्रीय उत्पादकता परिषद ने हमें सीमेंट उद्योग में उत्पादकता के लिए सर्टिफ़िकेट ऑफ़ मेरिट का पुरस्कार भी दिया।

मुनाफ़ा और पुरस्कारों से भी ज़्यादा मैं इस बात से आश्वस्त था कि बहुत अरसे बाद मेरे बैंक खाते में 50 करोड़ रुपयों से ज़्यादा नक़द जमा था। मैंने अपने लिए यह मानसिक लक्ष्य रखा था और आख़िरकार मैंने वह हासिल किया। हमारे प्रतिद्वंद्वियों के कड़े प्रयासों के बावजूद गुजरात अंबुजा अब राज्य की सबसे बड़ी सीमेंट कंपनी बन गई थी। 3.3 मिलियन टन के कुल मार्केट का लगभग 25 प्रतिशत हिस्सा अब हमारा था।

हमारे कारखाने की क्षमता केवल सात लाख टन थी जबकि हमारे हर एक प्रतिद्वंद्वी के कारखाने की क्षमता 1 मिलियन टन थी। इसके बावजूद हम उनसे ज़्यादा सीमेंट बेच रहे थे। हमारी ख्याति बढ़ती ही गई और फलस्वरूप हमारा सीमेंट उनके सीमेंट से कहीं ज़्यादा क़ीमत पर बिकता था। गुजरात राज्य में अब हम अव्वल नंबर पर थे।

*

हमारी सालों की मेहनत आख़िरकार सन 1988 में रंग लाने लगी थी। लेकिन इसकी ख़ुशी इस दुःख से संयमित भी थी कि उस साल बाबूजी का 72 साल की उम्र में कैंसर से निधन हुआ था। उनके जाने से मुझे बड़ा खालीपन महसूस हुआ। दस साल पहले मेरी माँ का भी कैंसर से निधन हुआ था। उनके जाने के बाद बाबूजी से ही मुझे नैतिक और आध्यात्मिक मार्गदर्शन मिलता था। मेरी हर समस्या का हल ढूंढने हेतु मैं उनसे सलाह लेता था और अब मेरा वह सहारा सदा के लिए चला गया था। मुझे सांत्वना केवल इस बात से थी कि पिछले साल वे पहली और आख़िरी बार कोडिनार में हमारी कंपनी के मंदिर का भूमि पूजन करने आए थे।

सभी चुनौतियों के बावजूद हमने कम से कम समय में कारखाना स्थापित कर उत्पादन शुरू किया था। हमने उत्पादन स्थिर करके सीमेंट की बिक्री भी शुरू की थी। मुझे लगा कि मुझ पर स्वयं भगवान का आशीर्वाद था। हालाँकि तब तक हमने मुनाफ़ा नहीं कमाया था, हमारी परिस्थिति अन्य कई सीमेंट कंपनियों जितनी चिंताजनक भी नहीं थी। मुझे लगा कि कारखाने के परिसर में मंदिर बनाने का यह उचित समय था। बिड़ला परिवार के प्रत्येक कारखाना परिसर में एक मंदिर होता है और मुझे लगा कि हमें भी वह करना चाहिए। बाबूजी मेरे इस विचार से बहुत ख़ुश थे।

उन दिनों वे आधा समय बॉम्बे में मेरे साथ और बाकी समय वृंदावन में आध्यात्मिक खोज करने में बिताते थे। हालाँकि उनकी सेहत कमज़ोर थी फिर भी उन्होंने ख़ुद जयपुर में एक हफ़्ता बिताकर मंदिर के लिए उचित मूर्तियां चुनीं। फिर, कलकत्ता से आए मेरी बहन के ससुर और बाबूजी ने एक साथ कोडिनार में मंदिर की भूमि पूजा की। वह सुखद अवसर मुझे आज भी याद है। लेकिन इसके एक साल बाद बाबूजी गुज़र गए, जब मंदिर पूर्णतः बना नहीं था।

और बाबूजी के साथ सन 1956 में, गोद लिए जाने के दिन।

मुझे बचपन से अच्छे कपड़े पहनने का शौक़ था। आठ साल की उम्र में पोज़ करते हुए।

ी युवा कपास व्यापारी के लिए
ाद ये उचित कपड़े न हों, लेकिन मैं
ता था कि मैं अपने आपको भविष्य
लिए तैयार कर रहा था।

जनवरी 1971 में नीलू से शादी करना मेरे जीवन के सुंदर पलों में से एक था।

1970 के केमकिल इंजीनियरिगं क्लास के अन्य छात्रों और प्रोफ़ेसरों के साथ। मैंने आज तक जो कुछ भी हासिल किया है वह यूनिवर्सिटी डिपार्टमेंट ऑफ़ केमिकल टेक्नोलॉजी, बॉम्बे में मेरी पढ़ाई की बदौलत है।

कपास व्यापार में शुरुआती सफलता के कारण मैं मेरे परिवार के साथ लंबी छुट्टियों का आनंद ले पाया। कश्मीर में 1976 में मेरे बच्चों के साथ ली गई एक फ़ोटो।

बाई न केवल मेरी बड़ी बहन थीं बल्कि बड़ा होते समय मैं उनके साथ सबकुछ बांट सकता था, मानो वे मेरी माँ या मेरी जिगरी दोस्त हों।

जब मुझे कपास व्यापार के दिनों पहली बार विदेश जाना पड़ा तब माँ को बहुत रोना आया।

नीलू और मैं 1989 में कोडिनार प्लांट के मंदिर की प्राण प्रतिष्ठा समारोह के दौरान सोम में।

एक ही तस्वीर में तीन पीढ़ियां: माँ और बाबूजी, नीलू और मैं तथा हमारे बच्चे पुलकित और पद्मिनी।

अंबुजा सीमेंट का लोगो और स्लोगन बेहद लोकप्रिय हुआ, जिससे यह ब्रांड देशभर में घर-घर पहचाना जाने लगा।

अंबुजा सीमेंट की बैग पर जायंट और 'विराट कॉम्प्रेसिव स्ट्रेंथ' की टैगलाइन छापने से हमें बहुत फ़ायदा हुआ।

हमारा पहला जहाज़, अंबुजा शिखर से हमारा समुद्री परिवहन शुरू हुआ। यहां मूलद्वारका, गुजरात के बंदरगाह में उसमें सीमेंट लादा जाता हुआ।

मैं चाहता था कि जैसे प्रत्येक बिड़ला टाउनशिप में मंदिर होता है, वैसे हमारे टाउनशिप में भी मंदिर होना चाहिए। बाबूजी मेरे विचार से बहुत ख़ुश थे। नीलू और मैं, कोडिनार प्लांट के मंदिर की प्राण प्रतिष्ठा के समारोह में।

गजम्बुजा प्लांट में हमारा एक मुख्य उपकरण, लाइमस्टोन कन्वेयर बेल्ट।

उसकी मुस्कुराहट अनमोल है। अंबुजा सीमेंट फ़ाउंडेशन के प्रोजेक्ट के अंतर्गत शारीरिक रूप से विकलांग छात्रों को स्किल ट्रेनिंग दी जाती है।

डिनार प्लांट के निर्माण के समय मेरे बिज़नेस पार्टनर, श्री विनोद नेवटिया और टीम मेंबर श्री कुलकर्णी, श्री भोंसले और श्री कोतवाल साथ। बाएँ से दाएँ: श्री विनोद नेवटिया (सफ़ारी सूट पहने, हाथ पॉकेट में रखे), श्री कुलकर्णी (दायाँ हाथ फैलाए हुए), स्वर्गवासी श्री तवाल (हेलमेट पहने और हाथ जोड़े), और श्री भोंसले (श्री कोतवाल और मेरे बीच)।

ाजिक विकास हमारे सभी उद्यमों का सबसे महत्वपूर्ण अंग रहा है। यह है छाचर गांव में सिंगोड़ा नदी पर अंबुजा सीमेंट डेशन की मदद से बनाया हुआ चेक डैम।

हम गर्व से कह सकते हैं कि इस थर्मल पॉवर प्लांट की मदद से हमारा कोडिनार प्लांट ऊर्जा के पहलू में आत्मनिर्भर बना।

कोडिनार के फैक्ट्री कैंपस के अंदर के मंदिर का हवाई दृश्य। हालाँकि बाबूजी कमज़ोर थे, उन्होंने जिद की थी कि मंदिर के लिए मूर्तियां उन्हें ख़ुद ख़रीदनी थीं।

ारे पहले चेयरमैन, श्री एच.के. ख़ान गुजरात अंबुजा को साकार करने में अत्यंत महत्वपूर्ण व्यक्ति रहे। यहां वे अपनी ती हमीदाजी के साथ कोडिनार के प्रोजेक्ट साइट पर हैं।

डिनार में किल्न को स्थिर होने में थोड़ा समय लगा, लेकिन श्री पी.बी. कुलकर्णी के प्रयासों से वह किसी बाधा के ा स्थिर बन पाई और आख़िरकार ज़ोरों से चलने लगी।

दरलाघाट, हिमाचल प्रदेश में हमारे प्लांट में काम आख़िरकार शुरु होते हुए। यह अब तक हमारा सबसे लंबा और चुनौतीपूर्ण प्रोजेक्ट रहा है।

हम हमेशा से ही कॉरपोरेट जगत में हमारी ज़िम्मेदारी के बारे में सचेत रहे हैं। इसलिए, हमने कोडिनार, गुजरात में देश का सबसे ग्रीन फ़ैक्टरी कॉम्प्लेक्स बनाने में बहुत बड़ी राशि निवेश की। यह है कोडिनार में ब्लॉक क्रशर, जो हरियाली और पानी से भरी पुरानी खानों से घिरा हुआ है।

2003 तक देश के सीमेंट एक्सपोर्ट का क़रीब-क़रीब 53 प्रतिशत हिस्सा गुजरात अंबुजा से आ रहा था। उस साल मूलद्वारका बंदरगाह से लगभग 4 मिलियन टन माल गुज़रा जो एक रिकॉर्ड था। मूलद्वारका में लादे जाने के लिए रुका हुआ एक जहाज़।

भीषण हिमपात में भी दरलाघाट प्लांट में काम ज़ोरों से चलता हुआ।

I CAN.

I CAN.

'आय कैन' लोगो के कुछ शुरुआती चित्रण। यह लोगो कंपनी का सिंबल बन गया।

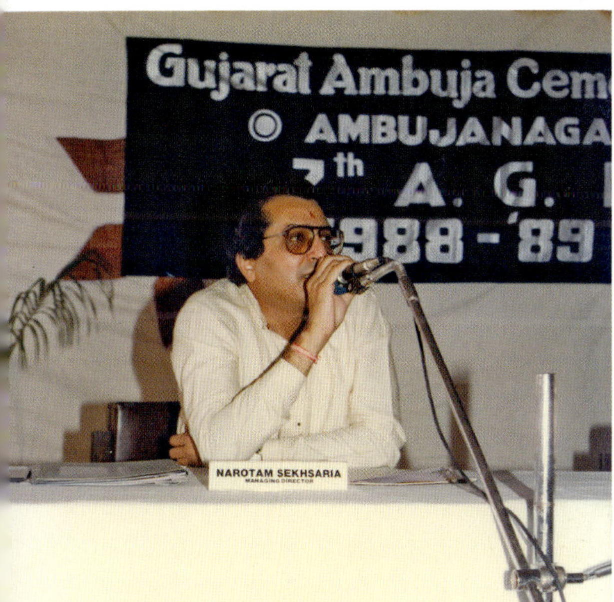

अंबुजा का IPO सात गुना ओवरसब्सक्राइब हुआ। हमने सपने में भी नहीं सोचा था कि वह इतना सफल होगा। यहां, कंपनी के पब्लिक हो जाने के बाद, मैं हमारी एक प्रारंभिक एनुअल जनरल मीटिंग (AGM) को संबोधित कर रहा हूं।

लगता तो कल जैसे है, पर सफलता की नींव पच्चीस साल पहले डाली गई। 2008 में गुजरात अंबुजा के सिल्वर जुबली समारोह में।

कोडिनार प्लांट का प्रीहीटर एक इंजीनियरिंग करिश्मा है।

दरलाघाट का निर्माण चुनौतीपूर्ण था, लेकिन हमने भी वह चुनौत स्वीकार कर वहां उत्कृष्ट काम किया। मेरी टीम ने ये लंबे कन्वेय बनाकर सिविल इंजीनियरिंग के क्षेत्र में कमाल कर दिखाया।

नरात अंबुजा के पहले दस सालों में एक यादगार समय तब था जब आदित्य बिड़ला हमारा कोडिनार प्लांट देखने आए। 'लगता है कि ांट बहुत अच्छे से चलाया जा रहा है और बहुत साफ़ भी है,' उन्होंने मुझसे कहा। उनकी यह तारीफ़ मैंने आज तक संजोकर रखी है।

म्बुजा प्लांट में सीमेंट मिल हॉपर। हमने सीमेंट मिल के लिए बैगहाउस जैसा अतिरिक्त धूल नियंत्रण उपकरण बिठाया, जो अत्यंत ा था। धूल नियंत्रण उपकरण के लिए मेंटेनेंस की लागत का असर सीधे बैलेंस शीट पर दिखाई देता है। लेकिन उस सिस्टम के कारण रखाना और उसमें उपकरण कम बंद पड़ने लगे, जिससे उनकी आयु भी बढ़ गई। फलस्वरुप, हमारा निवेश फ़ायदेमंद रहा।

मूलद्वारका में जेट्टी का निर्माण ज़ोरों से चलते हुए। हमारे समुद्री परिवहन के प्रोजेक्ट से हमने जितना अनुमान लगाया था उससे हमें कहीं ज़्यादा मुनाफ़ा हुआ।

अंबुजा सीमेंट फ़ाउंडेशन ने महाराष्ट्र में हमारे चंद्रपुर कारखाने के पास स्थित अविकसित गांवों में स्वास्थ्य सुधारने के लिए 'सखियों' की टोली बनाई है। उत्कृष्ट प्रशिक्षण पाई ये महिलाएं हर गांव जाकर ख़ासकर महिलाओं और बच्चों के लिए मूलभूत स्वास्थ्य संबंधित सल देती हैं। एक सखी वॉलेंटियर नई माँ को सिखाती हुई।

एक बाग़ के बीच स्थित यह मंदिर अंबुजानगर की सबसे सुंदर जगहों में से एक है। आज भी जब-जब मैं वहां जाता हूं तब-तब मुझे बाबूजी की याद आती है। मंदिर का परिसर मेरे लिए हमेशा से प्रेरणादायक रहा है। बाबूजी के अंतिम कुछ सालों के बारे में मुझे खेद सिर्फ़ इस बात का है कि वे मेरे काम करने की शैली से नाख़ुश थे। उनके अनुसार मैंने मेरी क्षमता से ज़्यादा काम खोलकर बहुत जोखिम उठाया था। वे इस बात से भी दुःखी थे कि जब वे बॉम्बे आते, तब मैं उनके साथ इतना समय नहीं बिता रहा था। हालाँकि हम पहले जैसे एक साथ बैठकर भोजन करते थे, उन्हें लगा कि मैं उनके साथ इतनी आत्मीयता से बातें नहीं कर रहा था जितनी कि मैं पहले करता था। उनके अनुसार कारखाना स्थापित करने में व्यस्त रहने के कारण मैंने उनकी इच्छाओं को महत्त्व नहीं दिया। यह अपराध बोध मेरे साथ हमेशा रहेगा।

वे लंबे अरसे से बीमार थे। इसलिए, उनके निधन से मुझे सदमा नहीं पहुंचा। लेकिन उनके जाने के बाद, मुझे उनकी मानसिक और आध्यात्मिक सहायता का अभाव महसूस हुआ। मैं जब भी उन्हें कोई बुरी ख़बर देता था तब वे उसे शांतिपूर्वक सुनकर मुझे दिलासा देते कि सब कुछ ठीक होगा। उनकी उपस्थिति में मेरा मन तुरंत शांत हो जाता था। मुझे हमेशा लगा है कि वे लगातार मेरे लिए प्रार्थना कर रहे थे और उनकी प्रार्थना में बहुत शक्ति थी। इस कारण मैं सही मार्ग पर चलता रहा। मैं मानता हूं कि हमारी सफलताओं में उनके आशीर्वाद का बड़ा योगदान रहा। मुझे आज भी इस बात का एहसास होता है कि उनका अदृश्य हाथ हर क़दम पर मुझे राह दिखा रहा है।

मैं मानता हूं कि उन्होंने मुझे जो उसूल सिखाए और मैंने मेरे यौवन में जो अध्यात्म का प्रेम उनसे पाया वह उनकी सबसे बड़ी देन थी। अध्यात्म की मदद से मैं सबसे चुनौतीपूर्ण क्षणों में भी शांत और स्थितप्रज्ञ रह पाया हूं। उनसे सीखे उसूलों और परोपकारी वचनों से मुझे मेरे कार्यकाल के सभी चरणों में मार्गदर्शन मिला है। यह नैतिकता केवल नाममात्र नहीं थी। उनके अनुसार नैतिकता केवल एक उत्तरदायित्व ही नहीं, बल्कि व्यवसाय के लिए भी लाभकारी है। मैं ख़ुश हूं कि मैं उनके दिखाए मार्ग पर चला। उससे मुझे बहुत फ़ायदा हुआ है।

6

एक ब्रैंड का जन्म

मार्केटिंग गुरु की तलाश ● सीमेंट की मजबूती से परिचय ● अंबुजा जायंट का जन्म ● डीलरों के साथ बेहतर संबंध

इस अध्याय में मैं थोड़ा पीछे मुड़कर उस समय की बात करूंगा जब हम उत्पादन शुरू करने जा रहे थे। साथ ही साथ हमारी प्रारंभिक सफलता में एडवरटाइजिंग और मार्केटिंग की अत्यंत महत्त्वपूर्ण भूमिका पर भी मैं विस्तारपूर्वक बात करूंगा।

सच कहूं तो गुजरात अंबुजा की नींव रखते समय मैंने एडवरटाइजिंग और मार्केटिंग के बारे में सोचा तक नहीं था। मैं इन दो पहलुओं पर केवल 1985 के अंत में सोचने लगा। तब तक, मेरे सभी प्रयास प्रोजेक्ट शुरू कर कारखाने को स्थापित करने पर केंद्रित थे। मैं इस बात से परेशान था कि हर एक महीने की देरी के कारण हमें एक करोड़ रुपयों का ब्याज भरना होता। जब श्री पई IDBI के चेयरमैन थे, तब उन्होंने मुझपर भरोसा रखते हुए बातों-बातों में कहा था कैसे दर्जनों प्रोजेक्ट कारखाने के निर्माण और उत्पादन शुरू करने में हुए देरी के कारण असफल हुए थे।

1985 के अंत में हमारे IPO की सफलता के बाद मुझे भविष्य के बारे में सोचने का समय मिला। कुछ ही महीनों में कारखाने में उत्पादन शुरू होने जा रहा था, लेकिन उन

दिनों सीमेंट मार्केट बहुत बुरे दौर से गुजर रहा था। कई सालों से मांग, आपूर्ति से ज़्यादा होने के कारण विक्रेताओं का वर्चस्व रहा था। लेकिन अब, लगभग साठ सालों में पहली बार, सीमेंट उद्योग में मांग कम और आपूर्ति ज़्यादा थी। फलस्वरूप, अब ख़रीदारों का वर्चस्व दिख रहा था। मार्केट में अब ढेर सारे ब्रैंड्स थे जिस कारण प्रत्येक ब्रैंड को बिक्री करने में कठिनाई महसूस हो रही थी। और यह संभावना बढ़ रही थी कि यह स्थिति लंबे अरसे तक बनी रहेगी। पुराने ज़माने में हमेशा मांग ज़्यादा और आपूर्ति कम होती थी, किन्तु अब यह होने की संभावना कम थी।

हमारे लिए यह चुनौती थी कि ग्राहक को गुजरात अंबुजा की सीमेंट की बैग चुनने के लिए कैसे मनाया जाए। गुजरात में केवल कुछ ही लोगों ने अंबुजा के बारे में सुना था और वो भी पब्लिक इश्यू के समय। कई जाने-माने ब्रैंड्स के सीमेंट की बिक्री घट गई थी। कोई हमारे जैसी अनजान कंपनी का सीमेंट क्यों ख़रीदता?

कुछ ही महीनों में हम मार्केट में बिक्री शुरू करने जा रहे थे। इसलिए, यह ज़रूरी था कि हम जल्द से जल्द एडवरटाइजिंग और मार्केटिंग के लिए टीम संगठित करें। मुझे बहुत देर तक हल ढूंढना नहीं पड़ा। सौभाग्यवश मेरी ऐसे दो सज्जनों से अचानक मुलाक़ात हुई जिन्होंने आगे जाकर इन दो क्षेत्रों में गुजरात अंबुजा का भाग्य बदला। उल्लेखनीय बात यह थी कि दोनों ने कंज़्यूमर मार्केटिंग में अपना प्रारंभिक तजुर्बा हासिल किया था, जो परंपरागत सीमेंट मार्केटिंग से बिल्कुल अलग था।

हमारे पब्लिक इश्यू की सफलता में क्लीया एडवरटाइजिंग की महत्त्वपूर्ण भूमिका ने प्रभावशाली एडवरटाइजिंग की क्षमता की ओर मेरी आँखें खोल दी थीं। हमारे IPO के कुछ ही समय बाद, लगभग दिसंबर 1985 में, मैं श्रीमती गीता गोपालकृष्णन से बात करने लगा। वे श्री आर. गोपालकृष्णन की पत्नी हैं, जो उन दिनों हिंदुस्तान लीवर में एक सीनियर एग्जीक्यूटिव थे। मैं सर्दी के महीनों में बॉम्बे जिमखाना में कभी-कभार बैडमिंटन खेला करता था। मेरी गीता से मुलाक़ात वहीं हुई। मैं जानता था कि वह बॉम्बे में स्थित त्रिकाया एडवरटाइजिंग में काम करती थीं।

मैं एडवरटाइजिंग में गीता के अलावा और किसी को नहीं जानता था। इसलिए, त्रिकाया के बारे में मेरी जानकारी भी न के बराबर थी। एक दिन, बैडमिंटन खेलने के बाद बातों-बातों में मैंने उन्हें बताया कि मैं अपनी नई कंपनी के लिए एडवरटाइजिंग एजेंसी की खोज में था। गीता ने कहा कि वह मेरी मुलाक़ात अपने बॉस, श्री रवि गुप्ता से करवा सकती थीं। मैंने तुरंत हां कह दिया और 1986 के जनवरी में हमारा मिलना तय हुआ।

मुझे रवि बड़े सौम्य लगे, मानो किसी पुराने ज़माने के प्रोफेशनल की तरह। मैंने उन्हें बताया कि मैं नए सीमेंट ब्रैंड के लिए एडवरटाइजिंग एजेंसी की खोज में था। हमारी कंपनी अनजान थी और गुजरात के मार्केट में पहले से ही कई ब्रैंड्स का सीमेंट उपलब्ध था। इसलिए, उनकी एजेंसी के लिए काम चुनौतीपूर्ण था। बड़ी देर तक बातचीत करने के बाद मेरा उनमें विश्वास बढ़ा। भारत के एडवरटाइजिंग और मार्केटिंग व्यवसाय के बारे में भी उनकी जानकारी दाद देने लायक थी। बॉम्बे के सेंट ज़ेवियर्स कॉलेज से ग्रेजुएशन करने के बाद उन्होंने कार्डिफ़ में जियोलॉजी की पढ़ाई की थी। लेकिन बॉम्बे लौटने के बाद वह एडवरटाइजिंग से जुड़ गए।

शुरू में देशभर की कुछ जानी-मानी एडवरटाइजिंग कंपनियों में काम करने के बाद रवि ने 1978 में त्रिकाया शुरू की। संस्कृत में 'त्रि' का मतलब 'तीन' और 'काया' का मतलब 'शरीर'। रवि ने अपनी एजेंसी का नाम त्रिकाया इसलिए रखा कि वह मार्केटिंग, कम्यूनिकेशन और मीडिया इन तीन क्षेत्रों में विशेषज्ञ थी। उन्होंने मुझे बताया कैसे इतने सालों में उन्होंने थम्स अप जैसे सॉफ्ट ड्रिंक और एरिस्टोक्रेट जैसे लगेज के ब्रैंड्स को लॉन्च करने के अलावा कई अन्य सफलताएं हासिल की थीं।

उनकी बातों से उनकी ईमानदारी और हमारे लिए काम करने की उत्सुकता स्पष्ट दिखाई दी। हालाँकि हम कॉमोडिटी के उत्पादक थे| बाद में, जब हम अच्छे दोस्त बन गए थे, तब उन्होंने बताया कैसे उस समय वह अपनी एजेंसी के लिए नया कारोबार हासिल करने के लिए बेचैन थे। यही कारण था कि उन्होंने हमें हां कहा था। रवि ने सलाह दी कि हम अंबुजा सीमेंट को कंज़्यूमर-एडवरटाइजिंग के अंदाज़ से बेचें यानी कि उसे यह समझकर बेचें कि हमारा ग्राहक व्यक्ति है न कि व्यवसाय। मैंने उनका कहना मान लिया। ध्यान दें कि संपूर्ण सीमेंट उद्योग में यह तरीक़ा अपनाने वाली अंबुजा पहली कंपनी थी।

कुछ और मीटिंग्स के बाद मैंने रवि से कहा कि मैं किसी और एजेंसी से बात किए बिना उन्हें हमारा कारोबार देने के लिए तैयार था। लेकिन मेरी एकमात्र, महत्त्वपूर्ण शर्त यह थी कि वह हमारे काम में ख़ुद ध्यान दें न कि उसे किसी और सीनियर एग्जीक्यूटिव को सौंपें। वह तुरंत मान गये। उन्होंने बताया कि यह उनके लिए न केवल सीमेंट के बारे में सीखने का बल्कि एक कॉमोडिटी की मार्केट सीखने का अवसर था।

इस प्रकार, गुजरात अंबुजा की कहानी में एक और महत्त्वपूर्ण अध्याय शुरू हुआ। अंबुजा के ब्रैंड की स्थापना का श्रेय रवि को जाता है। इतना ही नहीं, मैंने मार्केटिंग में

जो कुछ भी सीखा और अंबुजा में सफलतापूर्वक अमल में लाया, वह रवि की बदौलत था। अंबुजा की सफलता में जितना योगदान सीमेंट के कुशल उत्पादन का था उतना ही महत्त्वपूर्ण योगदान हमारी मार्केटिंग की क्षमता का था। इसलिए, मैं मानता हूं कि श्री कुलकर्णी और मेरे साथ रवि भी अंबुजा के निर्माता हैं।

अब जो हमने एडवरटाइजिंग के लिए रवि की एजेंसी चुन ली थी, मैं हमारे मुख्य मार्केट, गुजरात के लिए एक ऐसा प्रोफेशनल ढूंढने में जुट गया जो सेल्स और ज़मीनी स्तर पर मार्केटिंग संभालता। सीमेंट की बिक्री में डीलर, डिस्ट्रिब्यूटर और रीटेलरों की महत्त्वपूर्ण भूमिका होती है। इसलिए, यह अत्यावश्यक था कि हमारा सेल्स हेड इस पेचीदा डिस्ट्रीब्यूशन नेटवर्क को समझे, सभी साझेदारों से क़रीबी रिश्ता स्थापित करे और उन्हें मनाएं कि हमारा सीमेंट दूसरे सीमेंट ब्रैंड्स से बेहतर था। मेरे को-प्रोमोटर विनोद नेवटिया, ने इस पद के लिए अपने पूर्व सहपाठी, रश्मि कंपानी का नाम सुझाया। रश्मि ने हिंदुस्तान लीवर और डनलॉप इंडिया के मार्केटिंग विभागों में तजुर्बा हासिल करने के बाद मिटको नामक ख़ुद की सीमेंट मार्केटिंग कंपनी शुरू की थी। गुजरात के सीमेंट मार्केट और उसके डीलर नेटवर्क के ज्ञान से उन्होंने मुझे तुरंत प्रभावित किया।

चार्टर्ड अकाउंटेंट बनने के बाद रश्मि ने हिंदुस्तान लीवर के प्रोडक्शन प्लानिंग विभाग में काम करना शुरू किया। फिर उन्होंने कुछ वर्षों तक हिंदुस्तान लीवर और फिर डनलप के मार्केटिंग विभागों में कंज़्यूमर मार्केटिंग का तजुर्बा हासिल करके अपनी कंज़्यूमर मार्केटिंग कंसल्टेंसी स्थापित की जो गुजरात में सीमेंट की बिक्री में विशेषज्ञ थी। वह परिश्रमी थे और मुझे लगा कि वह हमारे लिए काम करने के लिए उत्सुक थे। लेकिन वह हमारी कंपनी का कर्मचारी नहीं बनना चाहते थे| इसलिए, हमने तय किया कि उनकी सेल्स एडवायज़र की पदवी होगी और वह पूर्णकालिक रूप से गुजरात में अंबुजा के सेल्स की देखभाल करेंगे। उन्होंने फ़रवरी 1986 से काम करना शुरू किया। मेरा उनके लिए सीधा निर्देश था: मैं नहीं चाहता था कि वह पुराने, परंपरागत तरीक़ों से हमारा सीमेंट बेचें। 'आपने हिंदुस्तान लीवर और डनलप में तजुर्बा हासिल किया है। मैं चाहता हूं कि आप अंबुजा सीमेंट ग्राहकों को एक कॉमोडिटी के रूप में नहीं बल्कि अन्य किसी कंज़्यूमर वस्तु के रूप में बेचें।' उन्होंने यह चुनौती स्वीकार कर ली।

*

ग्राहक की सीमेंट कंपनियों से क्या अपेक्षा थी? रवि गुप्ता एक कुशल एडवरटाइजिंग प्रोफेशनल थे। इसलिए, उन्होंने शुरू में ही मुझसे पूछा कि क्या मैं गुजरात के सीमेंट ग्राहक के बारे में कुछ जानता हूं।

मेरी अज्ञानता का पता चलने पर उन्होंने मुझे कंपनी में अन्य लोगों से पूछताछ करने के लिए कहा जो संभवतः मुझसे ज़्यादा जानते हों। अधिकांश कर्मचारियों ने कहा कि ग्राहक, सरकार द्वारा साउथ कोरिया से आयात सीमेंट जैसा सीमेंट चाहते थे। ग्राहकों को इस सीमेंट का हरा रंग याद था और यह कि वह अन्य सभी भारतीय सीमेंट्स से कई गुना बेहतर था। तबसे, ग्राहकों ने मान लिया था कि हरे रंग का सीमेंट उत्कृष्ट गुणवत्ता का होता है।

मैंने रवि को यह जानकारी दी। लेकिन वह उससे असंतुष्ट थे, क्योंकि उन्हें तब तक हमारे सीमेंट में वह ख़ासियत नहीं मिली थी, जिससे ग्राहक उसकी ओर आकर्षित हों। इसलिए, उनकी सलाह पर हमने 1.5 लाख रुपए खर्च करके गुजरात में मार्केट सर्वे करके असली ग्राहकों से उनकी राय पूछी।

कुछ हफ़्तों बाद उन्होंने मुझे त्रिकाया के सर्वे का निष्कर्ष बताया। ग्राहक चाहते थे कि सीमेंट से बनाए गए उनके घर या अन्य इमारतें टिकाऊ हों। इस प्रकार, वे मुख्यतः 'मज़बूत' सीमेंट चाहते थे। मैं थोड़ा चकित रह गया। आख़िरकार सारा सीमेंट मज़बूत ही तो होता है। मैंने रवि से उनकी राय पूछी। वह सर्वे के निष्कर्ष से सहमत थे। चूँकि मुझे अब भी विश्वास नहीं हो रहा था, इसलिए रवि ने एक अलग एजेंसी के ज़रिए दूसरा सर्वे करवाया।

सीमेंट की मजबूती या उसे मापना कैसे है उसके बारे में मुझे कुछ नहीं पता था। कुछ मैन्युअल पढ़कर मैंने जाना कि उसे तकनीकी परिभाषा में 'कम्प्रेस्सिव स्ट्रेंथ' कहते हैं। उसे मापने के लिए सीमेंट, रेत, तोड़े हुए पत्थर, कंकड़ और पानी को पूर्वनिर्धारित मात्राओं में मिलाकर, पूर्वनिर्धारित आकार का सीमेंट कंक्रीट का ब्लॉक बनाया जाता है। फिर इस ब्लॉक को तीन, सात, नौ या फिर अधिकांश मामलों में अट्ठाईस दिनों तक पानी से नम कर उसे 'क्योर' किया जाता है।

इस प्रक्रिया से सीमेंट कंक्रीट मज़बूत बनता जाता है। पूर्णतः क्योर किया हुआ कंक्रीट का ब्लॉक एक मशीन में डालकर उसे दोनों ओर से धीरे-धीरे दबाया जाता है। जिस दबाव पर ब्लॉक टूट जाता है वह निर्धारित दिनों के लिए क्योर किए गए उस सीमेंट की दबाव

शक्ति अर्थात कम्प्रेस्सिव स्ट्रेंथ है। उसे मेगापास्कल प्रेशर यूनिट या MPa में मापा जाता है। उदाहरणार्थ, जिस सीमेंट की बैग पर 'OPC 43 ग्रेड' लिखा होता है उसमें ऑर्डिनरी पोर्टलैंड सीमेंट (OPC) होता है और अट्ठाईस दिनों के लिए क्योर करने के बाद उसकी मिनिमम कम्प्रेस्सिव स्ट्रेंथ 43 MPa होगी। उतनी ही अवधि में OPC 53 ग्रेड सीमेंट की कम्प्रेस्सिव स्ट्रेंथ कम से कम 53 MPa होगी।

आर्डिनरी पोर्टलैंड सीमेंट विश्व का सबसे प्रचलित सीमेंट का प्रकार है। दूसरा प्रकार PPC या पोर्टलैंड पोज़्ज़ोलाना सीमेंट है। OPC क्लिंकर और फ़्लाई एश को एक साथ पीसकर PPC बनाया जाता है। फ़्लाई एश थर्मल पावर प्लांट में कोयला जलाने से प्राप्त होता है। इसलिए, PPC बनाने वाले अधिकांश सीमेंट कारखाने पावर प्लांट के निकट होते हैं। हालाँकि PPC से साधारणतः बांध और अन्य समुद्री संरचनाएं निर्मित की जाती हैं, इन दिनों PPC से अन्य स्ट्रक्चर भी बनाए जा रहे हैं। कोडिनार के हमारे कारखाने में हम OPC निर्माण कर सकते थे।

त्रिकाया के दूसरे सर्वे का भी लगभग वही निष्कर्ष था। अब इस बात में वाकई में कोई संदेह नहीं था कि ग्राहकों के लिए सीमेंट की मज़बूती ही सबसे महत्त्वपूर्ण थी। फलस्वरूप यह ज़रूरी था कि रवि की एडवरटाइजिंग नीति से ग्राहकों का ध्यान अंबुजा सीमेंट की 'मज़बूती' की ओर आकर्षित हो। उन्होंने मुझसे पूछा कि क्या हम हमारे सीमेंट को मार्केट का सबसे 'मज़बूत' सीमेंट बना सकते हैं? मैंने उनसे सोचने के लिए कुछ समय मांगा।

उस समय हमारी टीम में सीमेंट टेक्नोलॉजी का कोई विशेषज्ञ नहीं था, जो ऐसा मज़बूत सीमेंट बना सके। इसलिए, हम एक कुशल प्रोफेशनल की खोज में लग गए। किस्मत से हमें जल्द ही श्री जे.पी.देसाई के बारे में पता चला। वे एक सिविल इंजीनियर और प्रीकास्ट सीमेंट विशेषज्ञ थे, जो हाल ही में मिडल ईस्ट में एक प्रोजेक्ट पर काम करके अहमदाबाद लौटे थे। वे हमारे साथ अगस्त 1986 से जुड़ गए। हमने उन्हें मार्केट में सबसे अधिक कम्प्रेस्सिव स्ट्रेंथ और गुणवत्ता का सीमेंट बनाने की ज़िम्मेदारी सौंप दी। अगले कुछ हफ़्तों में वे और श्री कुलकर्णी मिलकर कच्चे माल के मिश्रण, उसे पीसने की प्रक्रिया और किल्न में उसे जलाने की प्रक्रिया को सुधारते गए ताकि हमें उच्चतम गुणवत्ता का सीमेंट मिल सके।

उन दिनों ब्यूरो ऑफ़ इंडस्ट्रियल स्टैंडर्ड्स (BIS) के आदेश अनुसार किसी भी OPC सीमेंट को अट्ठाईस दिनों में कम से कम 33 MPa की कम्प्रेस्सिव स्ट्रेंथ पाना

आवश्यक था। मार्केट में सबसे अच्छे सीमेंट की कम्प्रेस्सिव स्ट्रेंथ 43 MPa थी। श्री देसाई और श्री कुलकर्णी की मेहनत से हम सफलतापूर्वक 53 MPa ग्रेड का सीमेंट बना पाए। इस सीमेंट की पहली बैग को प्रोडक्शन लाइन से बाहर आता देखकर हमें बहुत गर्व महसूस हुआ। उन दिनों अंबुजा इस गुणवत्ता का सीमेंट बना रही चंद भारतीय कंपनियों में से एक थी। जल्द ही भारत में बनने वाला हर सीमेंट अंबुजा OPC 53 ग्रेड सीमेंट से मापा जाने लगा। कुछ वर्ष बाद हमारे सीमेंट को भारत सरकार का सर्वश्रेष्ठ गुणवत्ता पुरस्कार, राजीव गाँधी क्वालिटी अवार्ड मिला और हमारा सीमेंट देशभर में मशहूर हो गया।

OPC 53 ग्रेड का सीमेंट बनाने हेतु उत्पादन की प्रक्रिया में लाए सूक्ष्म सुधारों के कारण हमारे उत्पादन की कुशलता भी बढ़ गई। चूने के पत्थर को पीसने की प्रक्रिया बदलने से वह पत्थर समान आकार में पीसा जाने लगा। इससे वह किल्न में एकसमान जलने लगा – न बहुत ज़्यादा और न ही बहुत कम। इससे क्लिंकर की गुणवत्ता भी बढ़ गई।

कुछ हफ़्तों बाद OPC 53 ग्रेड सीमेंट की बिक्री के लिए हमारा एडवरटाइजिंग कैंपेन तैयार था। अंबुजा के बोर्डरूम में रवि का प्रेजेंटेशन देखने के लिए सभी उत्सुक थे। लेकिन उन्होंने जो कैंपेन प्रस्तुत किया, उसके लिए हम तैयार नहीं थे। इस कैंपेन में हाथ से चित्रित एक आदमी था, जिसकी बाहें और कंधे हद से ज़्यादा बड़े थे और जो उन बाहों में बड़े आराम से एक बांध पकड़ा हुआ था। यह कहना कोई अतिश्योक्ति नहीं होगी कि मैं और बोर्डरूम में बैठा प्रत्येक एग्जीक्यूटिव इस चित्र को देखकर दंग रह गया। मुझे पीछे से थोड़ी हंसी भी सुनाई दी। हम सीमेंट के एड्स में सीमेंट की बैग पर आधारित चित्र देखने के आदी हो गए थे। त्रिकाया की एड में कोई सीमेंट बैग नहीं थी और इस प्रकार वह सबसे पूर्णतः अलग थी।

रवि एक कुशल एडवरटाइजिंग प्रोफेशनल थे। इसलिए, हमारी प्रतिक्रिया का उन पर कोई असर नहीं हुआ| उन्होंने अत्यंत स्पष्ट भाषा में इस कैंपेन के पीछे की सोच समझाई, जिससे हमारा शक दूर हुआ। उनके अनुसार इस शक्तिशाली चित्र का उद्देश्य दर्शक का ध्यान तुरंत खींच लेने का था। इससे हम दर्शक तक अंबुजा सीमेंट की बेहतर मजबूती का बोध आसानी से पहुंचा सकते थे। हमें यह स्पष्टीकरण उचित लगा। हम जो कुछ भी ग्राहक को समझाना चाहते थे वह इस चित्र में समाहित था।

इस कैंपेन में जायंट के चित्र के अलावा उसकी टैगलाइन – 'विराट कम्प्रेस्सिव स्ट्रेंथ' – भी उतनी ही अनपेक्षित और असाधारण थी, क्योंकि वह हिंदी और अंग्रेज़ी की मिश्रित भाषा में थी। हमें लगा कि सामान्य सीमेंट ग्राहक वह अजीब, तकनीकी वाक्यांश नहीं समझ पायेगा। उस समय हिंग्लिश का उपयोग इतना लोकप्रिय नहीं था। एडवरटाइजिंग में या तो अंग्रेज़ी या फिर हिंदी का प्रयोग होता था; हिंग्लिश का प्रयोग कुछ वर्ष बाद ही होने लगा।

रवि ने इसका स्पष्टीकरण देकर फिर से दिखाया कि वह कितने दूरदर्शी थे। उनके अनुसार 'कम्प्रेस्सिव स्ट्रेंथ' जैसे तकनीकी वाक्य से ग्राहकों के मन में अंबुजा सीमेंट के लिए सम्मान बढ़ जाएगा। उन्हें संदेश मिलेगा कि यह सीमेंट कोई मामूली सीमेंट न होते हुए अंबुजा की लैब द्वारा विकसित अत्यधिक मज़बूत सीमेंट थी। उसी तरह संस्कृत और हिंदी शब्द, *विराट* से भी ग्राहक के मन में विशाल शक्ति, मज़बूती, तेज, शान, टिकाऊपन इत्यादि जैसे विचार उत्पन्न होते थे। रवि के अनुसार द्विभाषीय वाक्यांश से हम आम आदमी से जुड़ सकते थे जो वैसे भी अपने रोज़मर्रा के जीवन में बड़ी सहजता से अंग्रेज़ी और हिंदी या अन्य कोई मातृभाषा के शब्द मिलाकर बोलता था।

रवि ने सुझाया कि हम इस कैंपेन के 'जायंट' को अंबुजा का यादगार शब्द बनाएं। इस शब्द का अर्थ समझाते हुए उन्होंने कहा कि यदि यह एडवरटाइजिंग कैंपेन सफल होता है तो हमें अंबुजा के जायंट को हमारी कंपनी का चिन्ह बनाना चाहिए और कंपनी के प्रत्येक औपचारिक लेटरहेड और अन्य संदेशों के साथ उसका प्रयोग होना चाहिए। इस प्रकार, जब-जब कोई वह चिन्ह देखेगा तब-तब उसे अंबुजा सीमेंट की विशेषता याद आएगी।

एडवरटाइजिंग की भाषा और नीति से मैं अभी-अभी परिचित होने लगा था। लेकिन तब तक मेरा रवि की निपुणता और तज़ुर्बे पर पक्का विश्वास हो चुका था और मैं जानता था कि वह सही निर्णय ही लेंगे। मैंने उनसे पूछा कि क्या लोगों के साथ हमारे मार्केट सर्वे का निष्कर्ष साझा करना फ़ायदेमंद होगा, जैसे कि ये लोग HDPE बैग में भरा हरे रंग का सीमेंट पसंद करते थे। उसने साफ़ मना करते हुए समझाया कि एडवरटाइजिंग में मात्र एक विचार भी लोगों तक पहुंचाना पेचीदा होता है, दो या तीन विचार समझाना नामुमकिन है।

किसी अपरंपरागत विचार के बारे में मेरी आशंकाओं के बावजूद, उसे स्वीकार करने के बाद मैं उसे पूरा समर्थन देने में विश्वास रखता हूं। हमारे पहले 'विराट कम्प्रेस्सिव स्ट्रेंथ' एड कैंपेन के साथ भी यही हुआ। जैसे रवि ने सुझाया था वैसे हमने गुजरात भर के होर्डिंग,

बैनर और शॉप डिस्प्ले पर एड्स की बौछार कर दी। सबसे महत्त्वपूर्ण बात यह थी कि हमने गुजराती पेपरों में पूरे पेज पर एड्स छापे, जो पहले कभी नहीं किया गया था। रवि ने अपनी टीम के दो सदस्यों को सौराष्ट्र भेजकर पहले से ही जान लिया था कि रीटेलर और होलसेलर्स द्वारा अपने व्यवसायों में एड्स की प्रस्तुति संतोषजनक नहीं होती थी। हमारे पास इसे सुधारने का अच्छा मौक़ा था और हमने वह करके भी दिखाया।

शुरू में एडवरटाइजिंग पर कितना खर्च करना है यह मैंने निर्धारित नहीं किया था। लेकिन रवि के बताए 80 लाख रुपयों के आंकड़े से मैं दंग रह गया। आज की दर के अनुसार वह 8 करोड़ रुपए था। किसी सीमेंट कंपनी के एडवरटाइजिंग के लिए यह आंकड़ा अनसुना था। मैं 10 से 20 लाख रुपए खर्च करने के लिए तैयार था। लेकिन रवि ने ज़िद की कि पूरे 80 लाख रुपए खर्च किए बिना एडवरटाइजिंग प्रभावशाली नहीं होगा। इच्छा न होते हुए भी मैंने उनकी बात मान ली।

अब जो मैंने पूरे 80 लाख रुपए खर्च करने का वादा किया था, मैं चाहता था कि उनकी एजेंसी हमारे काम पर पूरा ध्यान दें। मुझे चिंता थी कि पार्ले और एरिस्टोक्रेट जैसे रवि के अन्य क्लायंट्स की तुलना में छोटा होने के कारण रवि हमारे काम को कम महत्त्व देंगे। इसलिए, मैंने मेरे एकाउंट्स डिपार्टमेंट को निर्देश दिया कि वे त्रिकाया द्वारा प्रस्तुत किए बिलों का तुरंत भुगतान करें न कि तीस दिन के लिए रुके जैसे कि आमतौर पर होता था। एडवरटाइजिंग उद्योग में क्लायंट महीनों तक एजेंसियों का भुगतान रोककर रखने के लिए कुख्यात थे। इसलिए, हमारी नीति से रवि और उसकी टीम ख़ुश थी और हमारा काम कभी नहीं लड़खड़ाया।

'विराट कम्प्रेस्सिव स्ट्रेंथ' कैंपेन कई स्तरों पर बहुत सफल रहा। वैसे तो सीमेंट एक नीरस कॉमोडिटी है लेकिन उसे एक आकर्षक वस्तु के रूप में ग्राहकों को मार्केट करने से अंबुजा का ब्रैंड भी मज़बूत बन गया। लगभग तुरंत ही अंबुजा सीमेंट का प्रभाव गुजरात से आगे गया और वह भारतीय सीमेंट उद्योग के दिग्गजों में गिना जाने लगा। गुजरात अंबुजा का सीमेंट भारत का सबसे मज़बूत और टिकाऊ सीमेंट समझा जाने लगा।

सीमेंट उद्योग में अधिकांश बिक्री अपने निकटतम प्रतिद्वंद्वियों से क़ीमतें कम रखकर अर्थात कॉम्पेटिटिव प्राइसिंग से हासिल की जाती थी। इसलिए, हमने अपना ब्रैंड स्थापित करने में जो निवेश किया उसका फ़ायदा यह हुआ कि मार्केट में नया ब्रैंड होने के बावजूद हम शुरू से ही मौजूदा क़ीमतों से कही ज़्यादा क़ीमत पर सीमेंट बेचने लगे और चूँकि

यह क़ीमत हमारी पूर्वनिर्धारित क़ीमत के लगभग समान थी इसलिए हमें आर्थिक फ़ायदा भी हुआ। यह मुख्य कारण था कि उत्पादन के पहले वर्ष में भी हमने मुनाफ़ा कमाया।

इस कैंपेन की मदद से त्रिकाया के साथ हमारा रिश्ता मज़बूत बन गया। अगले दो दशकों तक बरक़रार इस रिश्ते की अंबुजा की सफलता में महत्त्वपूर्ण भूमिका रही। रवि गुप्ता भारतवासियों में सीमेंट की ओर देखने के नज़रिए में मूलभूत बदलाव लाए थे। समय के साथ अंबुजा के जायंट में भी सूक्ष्म बदलाव आते गए। कैंपेन के दूसरे चरण में उसे अपने हाथों में स्काईस्क्रेपर पकड़े दिखाया गया, क्योंकि हम शहरों के मार्केट पर ध्यान देने लगे थे। एक अन्य कैंपेन में हमने जायंट को यादगार शब्द बनाया और एड्स में कहानियों के माध्यम से अपने खुद के घरों का निर्माण करने वाले लोगों को लक्षित किया।

मैं बिना किसी संकोच के कह सकता हूं कि रवि ही ब्रैंड अंबुजा के जनक थे| 1997 में अपनी अकाल मृत्यु तक वह अपने क्रांतिकारी विचारों से अंबुजा का पोषण करते रहे। शुरू में हमारा कोई मार्केटिंग मैनेजर न होते हुए केवल रश्मि कंपानी हमारे सेल्स प्रमुख थे। उस समय वास्तव में रवि हमारी मार्केटिंग बख़ूबी से संभाल रहे थे। इसलिए, मैंने उस पद के लिए और किसी को नियुक्त नहीं किया। हमारी पहचान लगभग दस साल तक चली, जिस बीच वह एडवरटाइजिंग और मार्केटिंग के मेरे गुरु थे। रवि से मिला अधिकांश ज्ञान मैंने अंबुजा में सफलतापूर्वक अमल किया। समय के साथ हम अच्छे दोस्त भी बने।

आज, तीन दशकों बाद भी अंबुजा जायंट कंपनी का यादगार शब्द है। और 'विराट कम्प्रेस्सिव स्ट्रेंथ' यह वाक्यांश 1990 के दशक में आए 'हंगरी क्या?' (डोमिनोज़ पिज़्ज़ा), 'ये दिल मांगे मोर' (पेप्सी), 'पल बनाए मैजिकल' (लेज़), 'टेस्ट भी, हेल्थ भी' (मैगी) और 'क्या आप क्लोज़अप करते हैं?' (क्लोज़अप) जैसी हिंग्लिश टैगलाइन्स का अग्रदूत था। इन टैगलाइन्स की मदद से भारतीय एडवरटाइजिंग सफलतापूर्वक और मूलभूत रूप से अंग्रेज़ी से हिंग्लिश टैगलाइन्स की ओर मुड़ गई।

कुछ सालों बाद रवि ने हमारे लिए एक और अभूतपूर्व एडवरटाइजिंग कैंपेन किया। 'I Can' के टैगलाइन-कैंपेन पर मैं आठवें अध्याय में विस्तारपूर्वक बात करूंगा। इस कैंपेन से न केवल भारत में कॉर्पोरेट एडवरटाइजिंग का दौर शुरू हुआ बल्कि उससे हमें दोगुना फ़ायदा भी हुआ। 'I Can' कैंपेन के कारण सीमेंट उद्योग में अंबुजा सीमेंट की ख्याति भी बढ़ी और चूँकि उसमें हमने हमारे कर्मचारियों की सफलताओं का उल्लेख किया था इसलिए उनका हौसला भी बढ़ा।

अंबुजा में टेक्निकल सर्विसेस डिवीज़न भी रवि के कारण स्थापित हुआ। अंबुजा का प्रत्येक वरिष्ठ एग्ज़ीक्यूटिव उसके इस बेहतरीन योगदान के लिए उसका आभारी है। हमारे प्रारंभिक अंबुजा जायंट कैंपेन की सफलता के बाद रवि ने मेरे साथ इस डिवीज़न की कल्पना साझा की। रवि ने समझाया कैसे इस डिवीज़न के माध्यम से हम हमारे डीलर, रीटेलर और अन्य ग्राहकों को सीमेंट के सही इस्तेमाल के बारे में सिखा सकते थे। वह चाहता था कि यह डिवीज़न गुजरात अंबुजा सीमेंट के डीलर और ख़रीदारों के लिए आफ़्टर सेल्स सर्विस का काम करे। वह एडवरटाइजिंग का बजट कम करके इस डिवीज़न के लिए पूंजी जुटाने के लिए भी तैयार था। उसके इस बढ़िया विचार को तुरंत अमल में लाया गया। समय के साथ इस डिवीज़न के ज़रिए हम प्रभावशाली मार्केटिंग भी कर पाए।

हमने यह डिवीज़न आसानी से स्थापित किया, क्योंकि अहमदाबाद से काम कर रहे हमारे टेक्निकल सर्विसेस मैनेजर, श्री देसाई पहले से ही सीमेंट विशेषज्ञ थे। उन्होंने और सिविल इंजीनियरों की उनकी टीम ने शुरू में अपने दम पर यह डिवीज़न चलाया। कारखाने में क्वालिटी कंट्रोल के लिए तो वे ज़िम्मेदार थे। लेकिन उसके अलावा उन्होंने लोगों को सीमेंट इस्तेमाल करने के बेहतरीन तरीक़े भी सिखाए। यह उन्होंने डीलर, रीटेलर और घर मालिकों को लेक्चर और डेमो देकर किया।

टेक्निकल सर्विसेस टीम के इंजीनियर मार्केटिंग टीम द्वारा गुजरात भर के छोटे नगरों और शहरों में आयोजित मीटिंग्स में डीलरों को ट्रेनिंग देते थे। सीमेंट बेचने के साथ-साथ हमारे डीलरों को यह मूल्यवान जानकारी भी मिली। किसी कंपनी ने यह पहले कभी नहीं किया था। इससे हमारी कंपनी की ख्याति भी बढ़ी और लोगों को हमारे सीमेंट की उत्कृष्टता के बारे में पता भी चला।

हमारे टेक्निकल डिवीज़न स्थापित करने के कुछ ही समय बाद श्री बी.टी. उनवाला, एक सेवानिवृत्त सिविल इंजीनियर मुझसे मिलने आए। उन्होंने जीवनभर ACC में कंक्रीट विशषज्ञ बनकर काम किया था। उनके अनुसार ACC अपना विख्यात कंक्रीट सर्विसेस डिवीज़न बेचने जा रही थी और वे चाहते थे कि मैं उसे ख़रीदूं। मैं वाकई में उसके बारे में जानना चाहता था। इसलिए, मैंने श्री दरबारी सेठ, जो ACC के बोर्ड पर टाटा ग्रुप की ओर से डायरेक्टर थे, से इसके बारे में जानने के लिए फ़ोन किया। लेकिन उन्हें आभास हुआ कि यह डिवीज़न मूल्यवान था और उन्होंने उसे बेचने से इंकार किया।

श्री उनवाला सीमेंट और कंक्रीट की जानकारी का भंडार थे। मैंने उन्हें हमारा सलाहकार बनाया और अगले कुछ सालों में मैंने उनसे सीमेंट के सभी तकनीकी पहलुओं के बारे में सीखा। वे मेरे साथ बहुत समय बिताते थे। मुझे याद है उन्होंने मुझे बताया कि कैसे अच्छी सीमेंट से कम गुणवत्ता का घर बनाया जा सकता था, और कैसे अच्छी पद्धतियों की मदद से कम गुणवत्ता के सीमेंट से भी बढ़िया घर बन सकता था!

वे कई आर्किटेक्ट और स्ट्रक्चरल इंजीनियरों को भी जानते थे। इमारतों के निर्माण और सिविल इंजीनियरिंग से संबंधित मुद्दों पर सेमिनार और कांफ्रेंसेस में वे न केवल भाग लेते थे बल्कि उन्हें आयोजित भी करते थे। एक बार मुझे उनसे पता चला कि ACC, बंबई में सिविल इंजीनियरों के एक सेमिनार में मशहूर आर्किटेक्ट, चार्ल्स कोरीआ द्वारा दिए जाने वाले लेक्चर की स्पांसरशिप से अंतिम क्षण पर पीछे हट गई थी। वे जानना चाहते थे कि क्या मैं उस लेक्चर को स्पांसर करना चाहूंगा। यह केवल कुछ हज़ार रुपयों का मामला था और इसलिए मैंने ख़ुशी-ख़ुशी हां कह दिया। मैं समझ गया कि यह हमारे लिए भारत के आर्किटेक्ट और सिविल इंजीनियरिंग समुदाय में अंबुजा का नाम फैलाने का अच्छा अवसर था।

श्री उनवाला की मदद से मैं ऐसे कई सेमिनार स्पांसर करने लगा। उनमें अंबुजा का नाम प्रमुखता से डिस्प्ले किया जाता था। मेरे कहने पर श्री उनवाला ने कई सेमिनारों में लेक्चर दिए और सीमेंट उद्योग के जर्नल में लेख भी लिखे। इस कारण देशभर के सीमेंट पेशेवरों में हमारी ख्याति बढ़ गई। हालाँकि अंबुजा तब तक गुजरात में सीमित एक छोटी कंपनी थी।

जहां रवि गुप्ता अंबुजा का ब्रैंड स्थापित कर हमारी मार्केटिंग को दिशा दे रहे थे, वहां हमारे अपरंपरागत मार्केटिंग के विचार और प्रयोगों को अमल में लाने की थेंकलेस ज़िम्मेदारी हमने रश्मि कंगानी को सौंपी थी। हालाँकि रश्मि को गुजरात में सीमेंट के मार्केटिंग का तजुर्बा था, फिर भी वह हमारे प्रतिष्ठापित प्रतिद्वंद्वियों के पैंतरों से अपरिचित थे। अहमदाबाद, बरोदा और राजकोट जैसे गुजरात के बड़े शहरों में अंबुजा सीमेंट की बिक्री शुरू करने पर हम चकित रह गए कि ढेर सारा एडवरटाइजिंग और मार्केटिंग करने के बावजूद बिक्री बढ़ नहीं रही थी। बड़े डीलरों ने हमें बताया कि ग्राहक हमारे सीमेंट में रुचि नहीं ले रहे थे, जिस कारण उनके गोदामों में माल बढ़ रहा था। थोड़ी-सी जासूसी करने पर हमारी टीम को पता चला कि समस्या कम मांग की नहीं थी। लोगों द्वारा अंबुजा सीमेंट के बारे में पूछताछ करने के बावजूद डीलर उन्हें हमारा सीमेंट बेच नहीं रहे थे।

हम हमारे सबसे बड़े प्रतिद्वंद्वी और मार्केट लीडर द्वारा रचे गए जाल में फंस गए थे। उनके कहने पर हमारे डीलर हमारे सीमेंट की कम सिफ़ारिश कर रहे थे ताकि उसकी कम बिक्री हो। यह पता चलते ही हमने जल्द ही उपाय किए। हमने कई बड़े डीलरों के साथ काम करना बंद किया और छोटे डीलरों के ज़रिए बिक्री करने लगे। हमने सीमेंट उद्योग से अपरिचित लोगों को हमारा डीलर बनाया। इस मामले में बरोदा कुछ ज़्यादा ही चुनौतीपूर्ण मार्केट था। मैंने मेरे साले, अरविंद नोपानी को वहां डीलरशिप खोलने के लिए कहा। चूँकि वह इस व्यवसाय में नए थे, तो शुरू में उन्हें दिक्कतें आई। लेकिन ग्राहकों को हमारे सीमेंट की गुणवत्ता का अनुभव होने के बाद अरविंद की डीलरशिप बहुत सफल हुई।

हमें शुरू में डीलरों के साथ जिन चुनौतियों का सामना करना पड़ा उससे स्पष्ट है कि सीमेंट बेचने के परंपरागत तौर-तरीक़ों से हम कितने अपरिचित थे। लेकिन हमें इसका फ़ायदा भी हुआ। यह इसलिए कि हम नवीन और अपरंपरागत उपाय निकाल पाए। शुरू में हमारे पास न कोई बड़ी योजना थी न तरक़ीब। बस थी तो ढेर सारी व्यावहारिक बुद्धि और नैतिकता, औचित्य तथा ईमानदारी की ओर कड़ी प्रतिबद्धता।

इस प्रतिबद्धता की पहली परीक्षा डीलर नियुक्त करते समय आई। आमतौर पर डीलरशिप के लिए लोगों से बहुत बड़ी नक़द राशि जमा की जाती थी। बड़ी कंपनियों का डीलर बनने के लिए लोग 20 या 30 लाख रुपए तक जमा कर रहे थे, जो आज की दरों के अनुसार दो से तीन करोड़ रुपए होते। मुझे यह अनैतिक और अनुचित लगा। मैंने मेरे लोगों से कहा कि हमें डीलर से नाममात्र राशि जमा रखनी चाहिए। डीलर पर विश्वास किए बिना उसके साथ काम करना निरर्थक था। शर्त केवल यह थी कि डीलर को सीमेंट खरीद की राशि निर्धारित समय के भीतर जमा करनी थी।

फ़ार्मा मार्केटिंग ने हमेशा से ही मुझे प्रभावित किया था। उसमें मेडिकल रेप्रेज़ेंटेटिव्स प्रत्येक डॉक्टर से मिलकर दवाइयों या वस्तुओं का विस्तारपूर्वक वर्णन देते थे। मैंने सोचा कि यही व्यवस्था सीमेंट उद्योग के लिए भी आजमाने लायक थी। इससे डीलर और रीटेलर्स के साथ हमारे संबंध और भी मज़बूत हो सकते थे। जब मैंने रश्मि को मेरी योजना के बारे में बताया और कहा कि हमें पच्चीस मार्केटिंग रेप्रेज़ेंटेटिव नियुक्त करने चाहिएं तो वह चौंक गया। इतने सारे क्यों, वह जानना चाहता था।

मैंने कहा कि उन्हें गुजरात भर में तैनात करने से हम नियमित रूप से प्रत्येक डीलर और स्टॉकिस्ट के संपर्क में रह सकते थे। मैंने आग्रह किया कि फ़ार्मा रेप्रेज़ेंटेटिव्स की

तरह हमारे रेप्रेज़ेंटेटिव्स भी टाई पहनें। हालाँकि इस बात की वजहें अस्पष्ट हैं, भारत में हमेशा से ही टाई या सूट पहने पुरुष को ज़्यादा सम्मान दिया जाता है। मेरा मानना था कि टाई पहनने से हमारे रेप्रेज़ेंटेटिव्स को और सम्मान मिलेगा। और यही हुआ। डीलर ख़ुश थे कि हम उनसे संपर्क में रहने के लिए प्रयास कर रहे थे। हमें उनसे पता चला कि ग्राहकों का हमारे और हमारे प्रतिद्वंद्वियों के सीमेंट के साथ क्या अनुभव रहा था। यह जानकारी हमारे लिए बड़ी मूल्यवान थी। और सबसे महत्त्वपूर्ण यह था कि हम इस बात का बेहतर पूर्वानुमान कर पाए कि आपूर्ति-मांग की स्थिति क्या थी और मार्केट में ग्राहक किस प्रकार के सीमेंट चाहते थे।

सबसे पहला प्रश्न जो हमारे मार्केटिंग 'रेप नेटवर्क' को पूछा गया वह था कि क्या OPC सीमेंट बेहतर है या PPC सीमेंट। हमारे दो प्रतिद्वंद्वी, दिग्विजय सीमेंट और नर्मदा सीमेंट, दोनों PPC सीमेंट बनाते थे। अधिकांश ग्राहक यहां तक कि डीलर भी दोनों सीमेंट में अंतर नहीं जानते थे। इस अज्ञानता का फ़ायदा उठाकर हमने सभी को सीमेंट के प्रकार और ख़ासकर OPC तथा उसके फ़ायदों के बारे में जानकारी दी।

हमने डीलरों के साथ भी बेहतर संबंध बनाए। सीमेंट की बिक्री शुरू करने के कुछ ही महीनों बाद मैं समझ गया कि यह व्यवस्था अंदर से बाहर तक सड़ी हुई थी। उत्पादकों से भी ज़्यादा डीलर मार्केट को नियंत्रित करते थे। प्रत्येक डीलर के पास दो या तीन कंपनियों की डीलरशिप होती थी और वह बड़ी चालाकी से उन कंपनियों के बीच होड़ लगाता था।

कपास व्यापार में मैंने सीखा था कि क़ीमतें घटाकर बिक्री बढ़ाना अच्छी नीति नहीं थी और समय के साथ अनिवार्य रूप से उसके बिक्री पर बुरे परिणाम दिख जाते थे। उन दिनों गुजरात के मार्केट में क़ीमतें घटाकर बिक्री हासिल करना आम बात थी। हमने यह करने से साफ़ इंकार किया। हमने घोषणा की कि हमारी क़ीमत हमारे निकटतम प्रतिद्वंद्वी की क़ीमत से हमेशा दो रुपए ज़्यादा होगी। डीलर और स्टॉकिस्ट अक्सर हमारी सेल्स टीम को बताते कि हमारे प्रतिद्वंद्वियों की तरह हमें भी क़ीमतें घटानी चाहिएं। लेकिन हम उन्हें मना कर देते थे।

डीलरों के साथ हर रोज़ क़ीमतों पर सौदेबाज़ी करना किसी काम का नहीं था। इस पर ग़ौर करने पर मैंने तय किया कि इसे जल्द से जल्द बदलना ज़रूरी था। ऐसे माहौल में काम करना असंभव था जहां हम और हमारे डीलर हमेशा एक-दूसरे का विरोध कर रहे थे। उनका एकमात्र लक्ष्य उनका अपना आर्थिक फ़ायदा था बावजूद इसके कि हम उन्हें

बेचने के लिए विश्व-स्तरीय सीमेंट दे रहे थे, और उसका बढ़िया सर्विस तथा शानदार एडवरटाइजिंग से समर्थन कर रहे थे। उनसे कोई विशेष छूट मांगे बिना भी वे मेरे प्रति प्रतिबद्ध नहीं थे। ऐसी स्थिति में कंपनी और उसके डीलरों में मज़बूत रिश्ता कैसे बन सकता था, जो रिश्ता कंपनी का व्यवसाय बढ़ाने के लिए आवश्यक था।

मैंने रश्मि से कहा कि इस स्थिति को बदलना ज़रूरी था। बदले में उन्होंने कहा कि मार्केट इसी तरह विकसित हुआ था और अब उसे बदलना असंभव था। 'कोई डीलर स्वेच्छा से सौदेबाज़ी में वर्चस्व क्यों छोड़ना चाहेगा?' रश्मि ने पूछा। मैंने सुझाव दिया कि हमें बैंकाक में डीलरों की कॉन्फ्रेंस आयोजित करनी चाहिए ताकि हम आरामदेह माहौल में इस कठिन स्थिति से आगे के रस्ते पर चर्चा कर सकें।

उन दिनों फ़ार्मा कंपनियां अक्सर डीलर्स के वार्षिक कॉन्फ्रेंस आयोजित करती थीं, जिनमें वे अपने डीलरों को किसी शानदार जगह ले जाकर उन्हें प्रोत्साहन देती और उनका मनोरंजन करती थी। इससे उनके व्यवसाय को बहुत फ़ायदा होता था। मैंने इसे दोहराने का निर्णय लिया। बैंकाक जाना न केवल कश्मीर जाने से सस्ता था बल्कि अंतर्राष्ट्रीय शहर होने के नाते वह और आकर्षक भी था। रश्मि ने गुजरात भर के अस्सी डीलरों को आमंत्रित किया और सभी आने के लिए तैयार हुए। उन दिनों भी थाईलैंड की राजधानी सुहावनी जगह थी। हमारे अधिकांश डीलर भारत के बाहर पहली बार यात्रा कर रहे थे। इसलिए उनके पास पासपोर्ट भी नहीं थे। हमने कई को पासपोर्ट और वीसा दिलाने में मदद की, जिनमें से कुछ के वीसा फ़्लाइट के दिन ही आए।

डीलरों से क्या कहना है इस पर मैंने और रश्मि ने कोई चर्चा नहीं की थी। थोड़ा ग़ौर करने पर मैंने तय कर लिया कि एक्सक्लूसिव डीलरशिप का नेटवर्क स्थापित करने का समय आ गया था। लंबे अरसे से चल रही मल्टी-ब्रैंड डीलरशिप की समस्या से छुटकारा पाने का यह एकमात्र तरीक़ा था। इस समस्या पर सीनियर एग्जीक्यूटिव अपना बहुत सा क़ीमती समय गंवा रहे थे। हमारी बिक्री महीने दर महीने बढ़ रही थी और मुझे पूरा विश्वास था कि यदि डीलर केवल हमारा सीमेंट बेचते तो हमारी बिक्री और भी बढ़ जाती।

डीलरों को दिन में बैंकाक की सैर करवाने के बाद हम उन्हें होटल के बॉलरूम में लेकर गए जहां मैंने उनसे बात की। शुरू में उनकी मेहनत के लिए उनका आभार मानने के बाद फिर मैंने कहा कि हमारे रिश्ते में कुछ बदलाव लाने का समय आ गया था। मैंने उन्हें बताया कि भविष्य में डीलरों को उनके दर्जे के अनुसार कमीशन दिया जाएगा। यह

समझाते हुए मैंने कहा कि सिर्फ़ गुजरात अंबुजा का सीमेंट रखने वाले डीलर 'प्रिफ़र्ड स्टॉकिस्ट' कहलायेंगे और उन्हें विशेष छूट पर सीमेंट दिया जाएगा। तंगी के दिनों में दूसरे डीलरों की तुलना में उन्हें ज़्यादा सीमेंट दिया जाएगा और उन्हें बेहतर सेवा भी मिलेगी।

मैंने उन्हें आश्वासन दिया कि जितना सीमेंट वे मल्टी-ब्रैंड डीलर बनकर बेच रहे थे उससे ज़्यादा सीमेंट वे अंबुजा के 'एक्सक्लूसिव' डीलर बनकर बेच पायेंगे। कुछ डीलर जानना चाहते थे कि मैं यह निश्चित रूप से कैसे कह सकता था। मैंने उनसे कहा कि मुझे अंबुजा सीमेंट की गुणवत्ता और लोकप्रियता में विश्वास था। 'आप न केवल ज़्यादा सीमेंट बेचोगे बल्कि आपको मुनाफ़ा भी ज्यादा होगा। सीमेंट उद्योग में आपकी इज़्ज़त बढ़ेगी,' मैंने उनसे कहा।

डीलर मेरे प्रस्ताव से ख़ुश नहीं थे; प्रस्ताव को स्वीकारने का तात्पर्य यह था कि उन्हें सीमेंट बेचने के तरीक़े में बहुत बदलाव लाने पड़ते। मैं जानता था कि इस निर्णय से और ख़ासकर सबके सामने डीलरों को वचन देकर मैंने बड़ा जोखिम उठाया था। डीलर ही नहीं बल्कि मेरी टीम के सदस्य भी मेरी घोषणा से थोड़ा चकित थे। उन्होंने इसकी अपेक्षा नहीं की थी। रश्मि सबसे ज़्यादा हैरान-परेशान थे| आख़िर उन्हें ही इस नई योजना को लागू करना था। हालाँकि उन्हें लगा कि कोई डीलर तैयार नहीं होगा| मैंने उन्हें धैर्य रखने के लिए कहा।

रश्मि के अपेक्षानुसार, पहले दो महीनों में केवल छोटे शहरों से चंद डीलरों ने हमारा प्रस्ताव स्वीकारा। मैं देख सकता था कि वह इस विचार को कामयाब न बना पाने के कारण परेशान थे। मैंने उन्हें धीरज रखने के लिए कहा। फिर उन्होंने एक नई नीति अपनाई और वह तथा उनकी टीम के सदस्य प्रत्येक डीलर से मिलकर उन्हें हमारा एक्सक्लूसिव डीलर बनने के लिए मनाने लगे। जिन क्षेत्रों में कुछ डीलरों ने एक्सक्लूसिव डीलरशिप ले ली थी वहां हमारी टीम के प्रोत्साहन से हमारा सीमेंट रखने वाले मल्टी-ब्रैंड डीलरों की संख्या भारी मात्रा में गिर गई और फलस्वरूप नए एक्सक्लूसिव स्टॉकिस्ट की बिक्री बढ़ गई। इसे देखकर और भी डीलरों ने एक्सक्लूसिव डीलरशिप ले ली। रश्मि और भी मल्टी-ब्रैंड डीलरों को हमारे नेटवर्क से हटाते गए। और जैसे अंबुजा सीमेंट की मांग बढ़ती गई वैसे इन डीलरों की बिक्री भी बढ़ी।

उनकी सफलता के बारे में जानकर कई और डीलर हमारे साथ जुड़ गए और जल्द ही हमने प्रिफ़र्ड स्टॉकिस्ट का हमारा लक्ष्य हासिल कर लिया था। अहमदाबाद में, जो

हमारे सबसे बड़े मार्केट में से एक था, हमारे डीलर 400 से 100 तक घट गए लेकिन हमारी बिक्री दोगुनी हो गई।

कंपनी शुरू करने के बाद उसे चलाने संबंधित यह मेरे द्वारा उठाया गया सबसे बड़ा जोखिम था और हम सफल हुए थे। इसका हमें बहुत बड़ा फ़ायदा हुआ। अब पूरे राज्य में हमारे केवल एक्सक्लूसिव डीलर थे। आदित्य बिड़ला जैसे दिग्गज सहित किसी और उद्योगपति ने ऐसा नहीं किया था। श्री बिड़ला ने मुझे दाद देते हुए कहा, 'हमने हमेशा से ही माना था कि यह व्यवस्था बदली नहीं जा सकती है। केवल आपमें व्यवस्था बदलने का साहस था, जिसकी मैं सराहना करता हूं।'

'*साहब*,' मैंने जवाब दिया, 'मैं बहुत कम सीमेंट का उत्पादन करता हूं और उसे केवल एक राज्य में बेचता हूं, जिस कारण मैं यह जोखिम उठा पाया।' वाकई में, मैं नहीं जानता कि यदि मेरे कई राज्यों में कई कारखाने होते तो क्या मैंने यह किया होता। और तो और कंपनी का मालिक होने की हैसियत से मैंने यह निर्णय लेने में जो साहस दिखाया था वह संभवतः किसी प्रोफेशनल मैनेजर ने नहीं दिखाया होता।

बैंकाक में डीलरों के कॉन्फ्रेंस से हमें एक और महत्त्वपूर्ण फ़ायदा यह हुआ कि गुजरात के डीलर समुदाय में हमारी ख्याति आसमान छू गई। हमारे लिए यह वाकई में अनपेक्षित था। मार्केट में यह समझ फैल गई कि हम हमारे डीलर का सम्मान करते थे और उन्हें महत्त्व देते थे। डीलर भी इस बात से ख़ुश थे कि हमने न केवल उन्हें आरामदेह महसूस करवाया बल्कि वे कंपनी के MD से भी आमने-सामने बैठकर बात कर सकते थे। उन दिनों सीमेंट कंपनियां डीलरों के योगदान को कोई महत्त्व नहीं देती थी। कई डीलरों के अनुसार किसी कंपनी के सेल्स मैनेजर से मिलना भी क़रीब-क़रीब नामुमकिन था। तबसे लोग सोचने लगे कि अंबुजा अपने डीलरों का ख्याल रखती थी और उन्हें अपने व्यावसायिक परिवार का हिस्सा समझती थी।

इस समय हमने एक और महत्त्वपूर्ण निर्णय लिया। उन दिनों अधिकांश सीमेंट कंपनियां अपनी लगभग 20 या 30 प्रतिशत बिक्री सरकारी एजेंसियों को करती थीं। सरकार टेंडर खोलती और सीमेंट कंपनियां सीमेंट की आपूर्ति के लिए बोली लगातीं, जो कई बार मार्केट की क़ीमतों से कम क़ीमत की होती। टेंडर हमेशा ज़रूरत से ज़्यादा सीमेंट के लिए होता था। भ्रष्टाचारी सरकारी अधिकारी यह जानबूझकर करते थे। वे अतिरिक्त सीमेंट को चुराकर काले बाज़ार में बेचते थे। जो ब्रैंड अपने सीमेंट के लिए खुले बाजार

में सबसे ऊंची क़ीमत चाहता, उसे पता चलता कि अनैतिक डीलर सरकारी गोदामों से उसका ही सीमेंट चुराकर उसे कम क़ीमत में बेच रहे थे!

तब तक हमारा सीमेंट मार्केट का सबसे क़ीमती सीमेंट बन चुका था और उसके लिए मांग भी बढ़ रही थी। मेरे उसूलों के अनुसार सरकारी कॉन्ट्रैक्ट के लिए बोली लगाना कंपनी के हित में नहीं था और मैंने यही निर्णय लिया। हालाँकि वैसा करने से हम निश्चित कारोबार गंवा रहे थे, पर हमारे ब्रैंड की ख्याति बढ़ रही थी और मैं उसमें गिरावट नहीं चाहता था।

सरकारी अधिकारी हमारे निर्णय से चौंक गए। मैंने उन्हें सांत्वना देते हुए कहा कि कई अन्य कंपनियां उन्हें सीमेंट बेचने के लिए तैयार थीं, जिस कारण उन्हें अंबुजा सीमेंट की कमी महसूस नहीं होगी। और चूँकि खुले बाज़ार में मेरे सीमेंट की क़ीमत ज़्यादा थी इसलिए व्यवसायिक नज़रिए से भी सरकार को सीमेंट बेचना मेरे हित में नहीं था। आख़िरकार मैं मेरे शेयरधारकों के प्रति ज़िम्मेदार था, और उनमें स्वयं गुजरात सरकार का समावेश था। मैंने इन अधिकारियों को वचन दिया कि यदि बाज़ार में सीमेंट की कमी हुई, तो मैं सरकार को अवश्य सीमेंट की आपूर्ति करूंगा।

मैंने सरकारी अधिकारीयों को एक छूट ज़रूर दी। चूँकि गुजरात सरकार हमारी साझेदार थी इसलिए हमने सरकारी कर्मचारियों को सीमेंट के हर बैग पर 5 रुपयों की छूट दी। शर्त सिर्फ़ यह थी कि उस सीमेंट से कर्मचारी अपना ख़ुद का घर बनाएं। यह स्कीम बहुत सफल हुई। सबसे बढ़िया बात यह थी कि राज्यभर में फैले इन अधिकारियों ने हमारी प्रशंसा की।

शुरुआती दिनों में डीलरों के पेमेंट साइकल को घटाकर हमने एक और महत्त्वपूर्ण सफलता प्राप्त की। सीमेंट उत्पादन में वर्किंग कैपिटल इतनी नहीं लगती है। लेकिन पूंजी का कुशलता से उपयोग होना मेरे लिए ज़रूरी था। इसके लिए एक उचित पेमेंट साइकल अत्यंत महत्त्वपूर्ण था। मेरा मानना था कि समय के साथ यह सभी के लिए लाभदायक होगा। शुरुआत में डीलरों को साधारणतः तीस दिनों की छूट दी जाती थी और अधिकांश डीलर भुगतान करने में उससे भी ज़्यादा समय लगाते थे। मुझे यह तर्कहीन लगा। तीस दिन की छूट क्यों, उससे बहुत कम की क्यों नहीं? एक बार हमें जितने न्यूनतम प्रिफ़र्ड स्टॉकिस्ट चाहिए थे उतने मिल गए थे, हमने हमारे डीलरों को सूचना जारी की कि उन्हें

सात दिन के अंदर भुगतान करना होगा। हमने उन्हें इस नई वास्तविकता के लिए तैयार होने के लिए कुछ महीनों का समय भी दिया।

मेरी अपेक्षानुसार, अमल में लाए अन्य बदलावों की तरह, इस योजना को लेकर भी मुझे पहले मेरे सहकर्मियों को मनाना पड़ा कि वह सफल होगी। पहले किसी कंपनी ने यह नहीं किया था और इसलिए उन्हें लगा कि मैंने होश गंवा दिए थे। उनके अनुसार डीलर ये नई शर्तें कभी नहीं मानेंगे। लेकिन मैं जानता था कि चूँकि अब वे हमारे एक्सक्लूसिव स्टॉकिस्ट थे इसलिए उनके मानने की संभावना ज़्यादा थी। मैंने सेल्स टीम का हौसला बढ़ाया और कहा कि डीलरों के साथ-साथ सभी को इसका फ़ायदा होगा।

शुरू में हमारे डीलर इससे नाख़ुश थे। लेकिन धीरे-धीरे सभी मान गए। कुछ महीनों बाद, मेरी सेल्स टीम ने मुझे बताया कि कुछ डीलर इस बदलाव के लिए मेरा शुक्रिया अदा करना चाहते थे। पहले, उन्हें हमसे तीस दिन की छूट मिलती थी और फिर उनके ग्राहक भी उनसे जबरन तीस दिन की छूट लेते थे। अब जो हमने छूट की अवधि सात दिन तक घटा दी थी, हमारे डीलर भी अपने ग्राहकों से उतने ही दिनों में भुगतान ले पाए। इस प्रकार, हमारे डीलरों का बाज़ार में ऋण घट गया।

इस नई व्यवस्था से न केवल सभी साझेदारों की नक़द राशि में वृद्धि हुई बल्कि हमारी प्रतिष्ठा और भी बढ़ गई। मार्केट में लोग उस कंपनी से हमेशा ईर्ष्या करते हैं जिस कंपनी को बिक्री करने के तुरंत बाद भुगतान मिलता है। इससे लोगों को संकेत मिलता है कि उस कंपनी के सीमेंट और सेवा दोनों की उत्कृष्टता के कारण डीलर उसके सिवा किसी और कंपनी के साथ काम नहीं करना चाहते हैं। अब, गुजरात अंबुजा इस स्थिति में थी। हमारे बाद दूसरी कंपनियों ने भी जल्द ही यह व्यवस्था अपनाई। लेकिन उनकी पूरी कोशिश के बावजूद, जितना कि मैं जानता हूं, उन दिनों कोई भी कंपनी सात दिन का पेमेंट साइकल नहीं स्थापित कर पाई।

एक कुशल व्यवसाय चलाने के लिए सही निर्णय लेने का साहस होना आवश्यक है, भले ही वह निर्णय अपरंपरागत क्यों न हो। और फिर उस निर्णय पर डटकर तथा सही कार्य करने से उसका समर्थन करना ज़रूरी है। एक छोटी कंपनी होने के बावजूद हमने दो साल के भीतर ऐसी कई चीज़ें कर दिखाई थीं, जो दूसरी कंपनियां कई दशकों में नहीं कर पाई थीं। हमने भारत में सीमेंट डीलरशिप का रुख बदल दिया – व्यक्तिगत ग्राहकों को मार्केट करके उसे एक नया ब्रैंडिंग देकर; सीमेंट की पैकेजिंग बदलकर; सरकारी कारोबार

को नकारकर चूँकि वह हमारे उसूलों के विरुद्ध था; और अंत में पेमेंट साइकल को छोटा कर, जिससे व्यवसायों की कुशलता बढ़ गई।

सबसे संतोषजनक बात यह थी कि इन बदलावों के बाद भी हमारा मुनाफ़ा बढ़ता ही गया। जून 1989 में, बैंकाक में हमारी यादगार डीलर कॉन्फ्रेंस के केवल एक वर्ष बाद, कंपनी की शुरुआत से लेकर तब तक हमारी बिक्री और मुनाफ़ा दोनों सबसे अधिक थे।

7

एक नया आत्मविश्वास

GIIC से अलग होना ● गुजरात के बाहर विस्तार ● मीडिया और शेयर बाज़ार में गुजरात अंबुजा का चर्चित होना

भारत में 1980 के दशक का अंत राजनीतिक और आर्थिक उथल-पुथल का समय था। बोफ़ोर्स घोटाले के कारण प्रधानमंत्री राजीव गांधी की सरकार के कार्यकाल पर धब्बा लग गया था। उनके वित्त और रक्षामंत्री, श्री वी.पी. सिंह ने कथित सरकारी भ्रष्टाचार का खुलासा किया था। इसलिए, श्री सिंह को कांग्रेस पार्टी से निकाल दिया गया। अब वे राजीव गांधी के विरुद्ध लोकसभा चुनाव में खड़े थे। चुनाव के बाद श्री सिंह लेफ़्ट विंग और राइट विंग पार्टियों के एक बेमेल गठबंधन के नेता बनकर प्रधानमंत्री बने। सबका अनुमान था कि यह गठबंधन ज़्यादा नहीं टिकेगा और वाकई में वह केवल ग्यारह महीने चला।

अर्थव्यवस्था का हाल भी बुरा था। पिछले पांच सालों में राजीव गांधी सरकार द्वारा किए गए 'हल्के' सुधारों के कारण अनियंत्रित आयात हुआ था। उसके बुरे असर अब दिखाई दे रहे थे। फ़िस्कल और ट्रेड डेफ़िसिट खतरे के निशान की तरफ़ बढ़ रहे थे और अंत में बैलेंस ऑफ़ पेमेंट्स की समस्या आन पड़ी जिस कारण RBI को देश का सोना

गिरवी रखना पड़ा था। सभी जगह अनिश्चितता के माहौल के बावजूद मुझे एक अजीब तरह का सुकून महसूस हो रहा था। गुजरात अंबुजा पर काम शुरू करने के बाद सात सालों में पहली बार हमारे खाते में इतनी राशि थी कि हम निश्चिंत महसूस कर सकें, गुजरात के मार्केट में हमारा हिस्सा बढ़ रहा था और मुझे विश्वास था कि कॉम्पिटीशन के बावजूद हम बेहतर प्रदर्शन करेंगे।

*

अभी सोचने से लगता है कि अंबुजा के बनने के दो चरण थे। 1989 तक के पहले के चुनौतीपूर्ण चरण में हमने सीमेंट व्यवसाय के बारे में जानकारी अर्जित कर अपनी मेहनत से मार्केट में ख्याति स्थापित की। 1989 तक, मुझे लगा कि हमने सफलतापूर्वक अंबुजा की संस्कृति को पूरे संगठन में स्थापित कर लिया था। यह कम लागत, उच्च उत्पादकता, नवाचार, नैतिकता और समावेशी विकास की संस्कृति थी, जिसमें सभी को लाभ होता था – उपभोक्ता, कर्मचारी, हमारे विक्रेता, शेयरधारक और हमारे आसपास का समुदाय। अब हम दूसरे चरण में प्रवेश कर रहे थे, जो 1989 के बाद का दौर था। मुझे लगा कि मेरी मुख्य टीम के एग्जीक्यूटिव – जिनमें श्री कुलकर्णी, श्री भंडारी, श्री तापड़िया और श्री कंपानी शामिल थे – इतना अच्छा काम कर रहे थे कि मैं पीछे हट सकता था और उन्हें रोज़मर्रा के कामकाज संभालने दे सकता था। साथ ही, मैं विकास और विस्तार की बड़ी तस्वीर में अपनी भूमिका निभा सकता था।

सरकार ने लंबे समय से चलता आ रहा सीमेंट उद्योग का विनियंत्रण आख़िरकार मार्च 1989 में पूरा किया। भारत में इंफ्रास्ट्रक्चर से जुड़े किसी उद्योग का संपूर्ण विनियंत्रण पहली बार हुआ था। वर्ल्ड बैंक, जो उस समय भारत को अपने वित्तीय संकट से बाहर आने में मदद कर रहा था, चाहता था कि यह विनियंत्रण हो। इस दशक की शुरुआत में आंशिक विनियंत्रण के कारण सीमेंट उद्योग में बहुत महत्त्वपूर्ण निवेश हुए थे। यह मान्यता थी कि पूर्ण विनियंत्रण से निवेश तेज़ी से बढ़ेगा।

सौभाग्यवश, पूर्ण विनियंत्रण तब हुआ जब सीमेंट की क़ीमतें बढ़ रही थीं और अधिकांश कंपनियों को आर्थिक फ़ायदा हो रहा था। इसलिए, कई लोगों ने निष्कर्ष निकाला कि विनियंत्रण का उद्देश्य सफल हुआ। विनियंत्रण के बाद बहुत बड़ी मात्रा में निवेश हुआ। 1989 से लेकर लगभग 1999 तक, भारत में सीमेंट की कुल स्थापित

क्षमता दोगुनी से भी ज़्यादा होकर 100 मिलियन टन तक पहुंच गई। हालाँकि हमारी टीम कोडिनार में कंपनी चला रही थी, उस साल कुछ ऐसी घटनाएं घटीं जिन्होंने मुझे पूर्णतः व्यस्त रखा। पहली घटना लंदन में रह रहे मेरे NRI मित्र, सुरेश मुलानी को लेकर थी। उसने गुजरात अंबुजा की शुरुआती इक्विटी में 1.25 करोड़ रुपयों का निवेश करके 6 प्रतिशत हिस्सा ख़रीदा था। 1987 में GIIC के राइट्स इश्यू के सब्सक्राइब न हुए हिस्से को ख़रीदकर इक्विटी में उसका हिस्सा बढ़ा भी था। वह कंपनी के बोर्ड में था और बंबई आने पर, हमारे हेड ऑफ़िस के केबिन में ही बैठता था|

1989 के मध्य में उसने मुझसे मिलकर अचानक से कहा कि अंबुजा के शेयर की वर्तमान क़ीमत के अनुसार उसका मुनाफा पर्याप्त नहीं था और इसलिए वह अपने शेयर बेचना चाहता था। उस समय हमारे शेयर की क़ीमत लगभग 14 रुपए थी। मैंने उसे समझाया कि कंपनी के अच्छे प्रदर्शन के बावजूद सीमेंट उद्योग में समस्याओं के कारण यह क़ीमत बढ़ नहीं पायी जबकि हमने पहले साल से ही अच्छे डिविडेंड घोषित किए थे। मेरे समझाने के बावजूद सुरेश ने दोहराया कि वह हमारे प्रदर्शन से नाख़ुश था और चूँकि उसे नक़द की ज़रूरत भी थी वह अपना हिस्सा बेचना चाहता था।

मैंने और सुरेश नेवटिया ने उसे मनाने की कोशिश की। सुरेश भी उस समय बॉम्बे में ही थे| लेकिन उसने निश्चय कर लिया था। आख़िरकार, मैंने तंग आकर उसकी बात मान ली। वह चाहता था कि डॉलर की क़ीमत के अनुसार उसे अपने निवेश पर 18 प्रतिशत मुनाफ़ा मिले, जो उसे लगभग 22 रुपए प्रति शेयर की क़ीमत में मिलता। इसके लिए कुछ करोड़ रुपयों की व्यवस्था कर मैंने मुलानी के शेयर उससे ख़रीद लिए। कुछ दिनों बाद उसने बोर्ड से इस्तीफ़ा दिया। अपने पैसे मिलने की ख़ुशी में उसने लंदन जाकर अपने दोस्तों के साथ जश्न मनाया। उसके लिए दुर्भाग्य और मेरे लिए सौभाग्य की बात यह थी कि लगभग एक साल में हमारे शेयर की क़ीमत तिगुनी से भी ज़्यादा हुई और जल्द ही 100 रुपए पार कर गई। मुलानी ने बहुत बड़ा मुनाफ़ा कमाने का मौक़ा गँवाया था।

मुलानी के इस्तीफ़े के बाद मैंने कंपनी में डॉ. जैन की भूमिका पर भी पुनर्विचार किया। 1983 से बोर्ड के सदस्य रहे डॉ. जैन ने कई शुरुआती कर्मचारियों को नियुक्त करने में मेरी मदद की थी। इतने सालों से उन्होंने बोर्ड के मीटिंग्स में बहुमूल्य योगदान किया था। अब गुजरात अंबुजा का प्रदर्शन उनकी ख़ुद की कंपनी, आंध्रा सीमेंट्स से बेहतर था, जो बंद होने के कगार पर थी। इसे लेकर हम दोनों को बहुत बेचैनी हो रही थी। मैंने तय किया

कि हमारे अलग होने का यह सही समय था। मुलानी के जाने के कुछ महीनों बाद, मैंने डॉ. जैन को मेरा निर्णय बताया और हम मैत्रीपूर्ण ढंग से अलग हुए।

इस समय तीसरा और सबसे महत्त्वपूर्ण निकास हमारे मुख्य शेयरधारक और संयुक्त सेक्टर साझेदार, GIIC का था। यह स्पष्ट है कि GIIC के बिना गुजरात अंबुजा अस्तित्व में नहीं होती। शुरुआती दिनों और IPO के समय हमें उनकी टीम से बहुमूल्य सलाह मिली थी। GIIC स्टेट इंडस्ट्रियल-डेवलपमेंट ऑर्गनाइज़ेशन थी, जिस कारण उसके पास सीमित आर्थिक संसाधन थे। इसलिए, उन्होंने 1987 के हमारे राइट्स इश्यू में भी भाग नहीं लिया था। फलस्वरूप, वह मुख्य शेयरधारक नहीं बना रहा और बोर्ड पर चेयरमैन के पद पर उसके प्रतिनिधि की जगह सुरेश नेवटिया ने ली थी।

अप्रैल 1990 में एक दिन GIIC के MD, श्री मधुसूदन दयाल ने मुझे अचानक कॉल किया। वह बॉम्बे के चर्चगेट में अपने गेस्टहाउस में ठहरे हुए थे और चाहते थे कि मैं उनसे वहां मिलने आऊं। हमारी बहुत पुरानी पहचान थी और चूँकि कंपनी भी बहुत अच्छी चल रही थी इसलिए मुझे लगा कि वे मुझसे यूं ही मिलना चाहते होंगे। मेरे वहां पहुंचते ही उन्होंने तुरंत अपनी बात कही। 'एक समस्या है,' उन्होंने कहा। 'हमारा व्यवसाय संयुक्त सेक्टर प्रोजेक्ट को बढ़ावा देने का है। हमारा सिद्धांत किसी भी कंपनी में पांच से सात साल तक निवेशक बनकर रहने के बाद प्रमोटर को हमारा हिस्सा ख़रीदने का मौक़ा देने का है।'

उन्होंने खुलासा किया कि आइंदा से गुजरात सरकार GIIC की कोई आर्थिक सहायता नहीं करने वाली थी। सभी नए निवेश इंटरनल अक्रूअल और विनिवेश से मिली राशि से करने अपेक्षित थे। इसलिए, GIIC उन संयुक्त सेक्टर कंपनियों में अपना हिस्सा बेचना चाहती थी जिन्होंने उत्पादन शुरू किया था। लगभग दो दशक पहले शुरू होने के बाद पहली बार GIIC विनिवेश की योजना शुरू करने जा रही थी। और यह योजना गुजरात अंबुजा के साथ शुरू होने वाली थी। मैंने श्री दयाल से जाना कि उन्होंने किसी और संयुक्त सेक्टर कंपनी से बात नहीं की थी। वह हमसे शुरू कर रहे थे। मैंने जानना चाहा कि उन्होंने हमें ही बलि का बकरा क्यों बनाया था।

'हमारे सभी साझेदारों में से आप सबसे समझदार और प्रतिबद्ध प्रमोटर नज़र आते हो। बोर्ड को लगता है कि आपसे शुरू करना बेहतर होगा। यह विनिवेश योजना कैसी चलनी चाहिए इसका दर्जा आप निर्धारित कर सकते हो। हम इस साझेदारी से बाहर निकलना चाहते हैं, लेकिन उसके लिए साझेदार को हमारा हिस्सा ख़रीदना होगा।'

GIIC ने अपने हिस्से के शेयर का मूल्य निर्धारित करने के लिए एक फ़ॉर्मूला तय किया था। उनकी अपेक्षा थी कि उन्हें अपने निवेश पर कम से कम 15 प्रतिशत मुनाफ़ा या फिर शेयर की पिछले तीन महीनों की औसतन क़ीमत पर आधारित मूल्य इन दोनों में से अधिक राशि मिलनी चाहिए। उन दिनों हमारे शेयर की क़ीमत 12 और 14 रुपयों के बीच रहती थी। GIIC की गणना के अनुसार हमें उनका हिस्सा 15 रुपए प्रति शेयर की क़ीमत के अनुसार ख़रीदना आवश्यक था।

श्री दयाल की सलाह थी कि हमें यह मौक़ा गंवाना नहीं चाहिए क्योंकि GIIC का हिस्सा ख़रीदने से हमें ही फ़ायदा होता। 'आपको कंपनी चलाने में और आज़ादी मिलेगी क्योंकि हम आपके प्रत्येक फैसले पर सवाल नहीं उठाएंगे। और आप गुजरात के बाहर भी बढ़ सकेंगे। यदि गुजरात सरकार अपनी नीति बदलती है तो आपको यह अवसर शायद दोबारा न मिले।'

मैं उनसे सहमत था। GIIC और हममें बहुत अच्छे संबंध थे और मैत्रीपूर्ण ढंग से अलग होने का यह एक अच्छा मौक़ा था। मैं भी गुजरात के बाहर निवेश करने के इच्छुक था। GIIC का लक्ष्य गुजरात में निवेश बढ़ाने का था और इसलिए वह अवश्य ही मेरी इच्छा का समर्थन न करते। GIIC से उनका हिस्सा ख़रीदने के लिए मुझे 6 से 7 करोड़ रुपयों की ज़रूरत थी, जो मैं आसानी से जुटा सकता था। मैंने श्री दयाल से कहा कि मुझे उनका प्रस्ताव मंज़ूर था। मुझे विश्वास था कि नेवटिया भाइयों को भी उससे कोई ऐतराज़ नहीं होगा। श्री दयाल ने हाथ मिलाते समय कहा कि डील तीन महीनों में पूरी हो जानी चाहिए। तीन महीनों के बाद हमें GIIC को उन्हें बकाया कुल राशि पर प्रतिवर्ष 15 प्रतिशत की दर से दंडात्मक ब्याज भरना पड़ेगा।

आर्थिक मामलों में मैं श्री भंडारी पर भरोसा करता था, इसलिए ऑफ़िस जाते ही मैंने उन्हें सौदे के बारे में बताया। वे सौदे से ख़ुश थे और कहा कि वह हमारे लिए लाभदायक था। फिर मैंने सुरेश नेवटिया से बात की। जबकि वे भी सौदे के हित में थे उन्होंने कहा कि उस समय उनके और विनोद के पास GIIC का हिस्सा ख़रीदने के लिए पर्याप्त राशि नहीं थी। 'आप उनका हिस्सा ख़रीदकर कंपनी में अपना हिस्सा बढ़ाइए,' उन्होंने कहा।

उनकी इस अनपेक्षित प्रतिक्रिया से मैं दंग रह गया। मैं इसकी उम्मीद नहीं कर रहा था। सुरेश की सलाह के अनुसार GIIC का पूरा हिस्सा ख़ुद ख़रीदने पर नेवटिया भाइयों का हिस्सा घट जाता। यह मेरे लिए जोखिम भरा हो सकता था। मुझे डर था कि कंपनी के

अल्पसंख्यक शेयरधारक बनने पर नेवटिया भाई कंपनी चलाने में रुचि नहीं लेंगे। और अंत में वे मुझे अपना हिस्सा भी ख़रीदने के लिए कहेंगे। यह एक डरावना विचार था। मेरे बच्चे अब भी कॉलेज में थे और नेवटिया भाई मेरे परिवार के एकमात्र सदस्य थे, जिनसे मैं किसी समस्या में सहारा ले सकता था। उनके प्रति मेरा बहुत स्नेह था और वे भी मुझे अपना छोटा भाई समझकर मेरा ख्याल रखते थे। हम एक-दूसरे का बहुत सम्मान करते थे। हालाँकि वे कंपनी के रोजमर्रा के काम पर ध्यान नहीं देते थे, उनकी सलाह, ज्ञान और नैतिक सहारा बहुमूल्य थे। सुरेश बड़ी शालीनता और शांतचित्त से बोर्ड मीटिंग्स की अध्यक्षता करते थे। विनोद अक्सर बॉम्बे आकर ऑफ़िस में लगभग सभी से बात करते थे। विनोद के शांत तथा हंसमुख स्वभाव के कारण और चूँकि वे ध्यानपूर्वक लोगों की बात सुनते थे, हमारे कई वरिष्ठ एग्जीक्यूटिव मुझसे ज़्यादा उनसे बात करना पसंद करते थे। यदि वे मेरे किसी निर्णय पर नाख़ुश होते थे तो वे वह बात विनोद को व्यक्त करते थे। फिर विनोद बड़ी चतुराई से सौम्य शब्दों में वह संदेश मुझे देते थे।

नेवटिया भाई अन्य क्षेत्रों में भी बहुत मददगार थे। उन दिनों 'लाइसेंस राज' चलता था। इसका मतलब यह था कि कंपनी चलाना, सीमेंट का सबसे कम लागत में उत्पादन कर उसे सबसे ज़्यादा क़ीमत में बेचने जितना सरल नहीं था। हमें कई सरकारी विभागों और एजेंसियों के नौकरशाहों के साथ समय बिताकर उनकी चापलूसी करनी पड़ती थी। सच कहूं तो मुझे इसमें इतनी रुचि नहीं थी। जबकि राज्य के स्तर पर मैं यह कर लेता था, केंद्र के स्तर पर सुरेश इसके लिए ज़िम्मेदार थे। और चूँकि हम भविष्य में गुजरात के बाहर भी बढ़ना चाहते थे, इसलिए मैं जानता था कि मुझे दिल्ली में पहले से ज़्यादा मदद चाहिए होगी| नौकरशाहों को ख़ुश रखने में सुरेश माहिर थे और उन्हें यह ज़िम्मेदारी भाती भी थी। इतने सालों से उन्होंने दिल्ली के नौकरशाहों और ख़ासकर कोयला, उद्योग, पर्यावरण, ऊर्जा और रेल मंत्रालयों में कई अधिकारियों के साथ अच्छे संबंध स्थापित किए थे। मैं जब भी दिल्ली जाता था तब सुरेश मुझे दिनभर उन सभी सरकारी सेक्रेटरियों से मिलवाते थे, जो सीमेंट व्यवसाय के लिए महत्त्वपूर्ण थे।

यह सब ध्यान में रखते हुए मैंने नेवटिया भाइयों को GIIC के शेयर का उनका हिस्सा ख़रीदने के लिए मनाने की ठान ली। विनोद मुझसे केवल कुछ साल बड़े होने के नाते मेरे मित्र जैसे थे और इसलिए मैंने उन्हें फ़ोन किया। मैंने कहा कि मुझे पूरा विश्वास था कि गुजरात अंबुजा उन्नति करेगी और उसके शेयर की क़ीमत भी बढ़ेगी, जिस कारण

नेवटिया भाइयों को उनके हिस्से के शेयर ख़रीदने होंगे। और चूँकि वे अपने पैसे निवेश नहीं करना चाहते थे इसलिए मैंने उन्हें आर्थिक मदद दिलाने का भी प्रस्ताव किया। विनोद को चिंता थी कि यदि शेयर की क़ीमत गिर गई और वे उन्हें बेच नहीं पाए तो क्या होगा। मैंने उन्हें वचन दिया कि उस हाल में मैं उनके शेयर ख़रीदूंगा। मेरी बात मानकर विनोद ने सुरेश से बात की। नेवटिया भाइयों को मुझसे आश्वासन चाहिए था कि यदि वे कभी शेयर बेचना चाहें तो मैं वो शेयर खरीद लूंगा। चूँकि मैंने पहले ही उन्हें यह वचन दिया था इसलिए मैं उनसे सहमत था।

अब जो नेवटिया भाई मान गए थे, हमने GIIC को बताया कि हम उनके शेयर निर्धारित समय के भीतर दो हिस्सों में ख़रीदेंगे। पहला हिस्सा ख़रीदने के बाद शेयर की क़ीमत धीरे-धीरे बढ़ने लगी। इसलिए, GIIC ने दूसरे भाग के लिए ज़्यादा पैसे मांगे। चूँकि क़ीमत पहले से तय हो चुकी थी इसलिए हम इसके विरुद्ध थे। श्री भंडारी और मैं उनके वरिष्ठ अधिकारियों से बात करने के लिए स्वयं अहमदाबाद गए। उनके साथ तीव्र बहस करने के बाद भी वे नहीं माने और हमें ज़्यादा पैसे देने पड़े। आख़िरी क्षण पर क़ीमत पर मोल-तोल करने के बावजूद हमारी साझेदारी का अंत सुखद रहा।

इतने सालों तक मदद करने के लिए मैंने उनका आभार व्यक्त किया। मैंने उन्हें बताया कि किसी दूसरे राज्य में इस प्रकार का प्रोजेक्ट करना असंभव होता था। मुझे इस पर पक्का विश्वास है। मुझे इस बात की ख़ुशी है कि आज भी वे अपनी वेबसाइट पर अंबुजा को शुरुआत से उनकी सबसे बड़ी सफलताओं में से एक होने का श्रेय देते हैं। दुर्भाग्यवश, अन्य संयुक्त सेक्टर प्रोजेक्ट्स में अपना हिस्सा बेचने में GIIC को इतनी सफलता नहीं मिली। अहमदाबाद से लौटते समय हम एक वरिष्ठ नौकरशाह से मिले। उन्होंने कहा कि मुझे खुद को खुशकिस्मत मानना चाहिए कि गुजरात सरकार ने मुझे उनका हिस्सा ख़रीदने की अनुमति दी थी। यह इसलिए कि साधारणतः राज्य सरकारें यह करने की आदी नहीं होती हैं। जुलाई 1990 में GIIC ने अपने डायरेक्टरों को हमारे बोर्ड से हटाया। लेकिन मैंने उनमें से श्री मोहन पटेल को अपनी व्यक्तिगत क्षमता में डायरेक्टर बने रहने की विनती की। यह इसलिए कि मैं उनकी बुद्धि और सलाह को मूल्यवान मानता था।

हमारी सात साल की साझेदारी के अंत के साथ गुजरात अंबुजा की कहानी ने एक निर्णायक मोड़ ले लिया। शुरुआत से हमें सहयोग के लिए हम GIIC के सदा आभारी रहेंगे। लेकिन अब हमारे पंख फैलाने का समय आ गया था। मानो नियति ने ही यह क्षण

चुना हो। अब हम देशभर में कारखाने स्थापित कर सीमेंट बेचने के लिए आज़ाद थे। संयोगवश, जिस महीने GIIC ने उनके द्वारा नियुक्त डायरेक्टरों को हमारे बोर्ड से हटाया, उस महीने हमें हमारे बोर्ड से हिमाचल प्रदेश के सूली में एक-मिलियन-टन का नया कारखाना स्थापित करने की अनुमति मिली। मैं इस योजना पर काफ़ी समय से काम कर रहा था। इस पर मैं बाद में विस्तारपूर्वक बात करूंगा।

*

अख़बारों में गुजरात अंबुजा के बारे में अच्छी ख़बरें छपने से संभावित नए निवेशकों, ख़ासकर संस्थागत निवेशकों को हमारे बारे में पता चलने लगा था। शेयर की क़ीमत, जो IPO के दिनों से सुस्त थी, अब बढ़ने लगी थी। हमारे बढ़ते मुनाफ़े के अलावा इसके कई और कारण थे। सीमेंट की क़ीमतें बढ़ रही थीं और बहुत समय के बाद शेयर बज़ार में तेज़ी आई थी। लेकिन मुझे हमारे शेयर की बढ़ती क़ीमत से आश्चर्य हुआ। मैं उसके लिए लंबे समय तक रुकने को तैयार था क्योंकि उस समय के IDBI एग्जीक्यूटिव डायरेक्टर, श्री एस.ए. दवे ने मुझसे कहा था कि हमारे शेयर की क़ीमत को बढ़ने में समय लगेगा।

1989 के अंत और 1990 की शुरुआत में श्री हर्षद मेहता मुझसे मिलने आए। यह पहला संकेत था कि बड़े निवेशक वाकई में हमारे शेयर में रुचि लेने लगे थे। भारतीय शेयर बाज़ार घोटाले में दोषी ठहराए जाने से पहले श्री मेहता शेयर बाज़ार में 'बिग बुल' के नाम से प्रसिद्ध थे। उन्होंने मुझे बताया कि उन्होंने ACC की विस्तारपूर्वक जांच की थी और अब गुजरात अंबुजा की जांच करने वाले थे। सभी जानते थे कि उन्होंने ACC के शेयर में बड़ी आक्रामकता से सट्टेबाज़ी की थी, जिससे शेयर की क़ीमत 10,000 रुपयों तक बढ़ी थी।

लगभग इसी समय, विनोद सेठी नामक एक युवा मुझसे मिलने आए। वह अमेरिकी इन्वेस्टमेंट बैंक, मॉर्गन स्टेनली के लिए उभरते देशों में निवेश के इंचार्ज थे| विदेशी संस्थागत निवेशकों (FII) को भारत में निवेश करने की अनुमति केवल 1992 में मिली। लेकिन श्री सेठी, जिन्होंने IIT बॉम्बे से इंजीनियरिंग सीखने के बाद न्यूयॉर्क के स्टर्न स्कूल ऑफ़ बिज़नस से MBA डिग्री हासिल की थी, ने यहां निवेश शुरू करने के लिए SBI के साथ एक विशेष समझौता किया था।

उनके अनुसार उनकी रिसर्च टीम ने हमारी कंपनी का गहरा अध्ययन करने के बाद लगभग 8 प्रतिशत शेयर क़रीब 17 रुपयों की दर से ख़रीद लिए थे। SEBI के संगठन से पहले के दिनों में तथाकथित 'क्रीपिंग एक्विज़िशन', अर्थात किसी कंपनी के कई शेयर उसे पता न लगते हुए और शेयर बाज़ार को बिन बताए ख़रीदना क़ानूनी था। अंबुजा में श्री सेठी के इस विश्वास से मैं ख़ुश था। उन्होंने कहा कि उनकी अपेक्षा थी कि हमारे शेयर की क़ीमत बढ़कर 50 रुपयों तक पहुंचेगी। मैंने उनसे कहा कि यह आंकड़ा हास्यास्पद था। उनके अनुसार मॉर्गन स्टेनली के इक्विटी एनलिस्ट ही अपने अध्ययन के बाद इस निष्कर्ष पर पहुंचे थे।

श्री सेठी कंपनी के संचालन के बारे में अधिक जानकारी चाहते थे। मैंने उन्हें वो सभी जानकारी दी, जो वे चाहते थे क्योंकि निवेशकों को जानकारी देना हमारा उसूल था। दो हफ़्तों बाद उन्होंने मुझसे दोबारा मिलकर बताया कि अब मॉर्गन स्टेनली गुजरात अंबुजा के 10 प्रतिशत से भी ज़्यादा शेयर की मालिक थी। 'आपसे बातचीत करके मेरा आपकी कंपनी में विश्वास और भी बढ़ गया है,' उन्होंने कहा।

IPO के बाद पहली बार हमारे शेयर की क़ीमत धीरे से ही सही पर निश्चितः बढ़ने लगी थी। अब मैं भविष्य को लेकर और आशावान था। शेयर बाज़ार के घोटाले के पहले हर्षद मेहता कम क़ीमत के अच्छे शेयर पहचानने की अपनी क्षमता के लिए सम्मानित थे। अब जब उनके सहित मॉर्गन स्टेनली का भी अंबुजा के शेयर में विश्वास बढ़ रहा था, मुझे लगा कि अपने ही शेयर में निवेश न करने से मैंने एक अच्छा अवसर गंवाया था। याद रखें कि उन दिनों प्रमोटर यह क़ानूनन कर सकते थे। मेरे कहने पर श्री तापड़िया और हमारे ट्रेज़री मैनेजर, श्री अनिल सिंघवी ने BSE में हमारे दलाल को मेरी ओर से शेयर ख़रीदने का आदेश दिया। उन्होंने लगभग 3 से 4 प्रतिशत बकाया शेयर ख़रीदे होंगे। तब तक प्रत्येक शेयर 25 रुपये में बिकने लगा था।

शुरू में मेरा इरादा ये शेयर मेरी व्यक्तिगत निवेश कंपनी, राधा माधव के ज़रिए ख़रीदने का था। अपने ही शेयर में निवेश करने का मेरा उद्देश्य केवल एक अच्छी कंपनी के कम क़ीमत वाले स्टॉक में सही समय पर निवेश करने का था न कि भारी मात्रा में मुनाफ़ा कमाने या मेरा व्यक्तिगत हिस्सा बढ़ाने का। मैं जानता था कि जल्द ही ये शेयर अपनी असली क़ीमत पर बिकने लगेंगे। लेकिन कंपनी के प्रवर्तक और MD की हैसियत से अन्य डायरेक्टरों को बिन बताए कंपनी में मेरा व्यक्तिगत हिस्सा बढ़ाने

से कुछ मुश्किलें पैदा हो सकती थीं। और मैं कुछ भी अनैतिक नहीं करना चाहता था। फिर मुझे एक ख्याल आया – हमारे कर्मचारी, डीलर और शुभचिंतक भी तो ये शेयर ख़रीद सकते थे।

चार साल पहले, मेरे कहने पर कई कर्मचारियों ने हमारे IPO में निवेश किया था। लेकिन मैं जानता था कि उन्हें दोबारा मनाना आसान नहीं होगा, ख़ासकर इसलिए कि शेयर की क़ीमत बहुत समय से बढ़ी नहीं थी। बहरहाल, मैंने तय किया कि मैं उन्हें मनाने की कोशिश करूंगा। मैंने हमारे सेल्स एडवाइज़र, श्री रश्मि कंपानी से शुरुआत की। रश्मि एक चार्टर्ड अकाउंटेंट थे, जो संपन्न थे और स्टॉक मार्केट में निवेश करते थे। मैंने उन्हें श्री हर्षद मेहता और श्री विनोद सेठी से मेरी बातचीत के बारे में बताया और गारंटी दी कि उन्हें सभी नए शेयर पर 18 प्रतिशत मुनाफ़ा मिलेगा। उन्होंने कहा, 'साहब, नहीं हुआ तो मैं वो पैसे आपसे लूंगा।' मैंने उन्हें कहा कि मैं अपनी बात पर कायम रहूंगा। जितना कि मुझे याद है, उसने 10 लाख रुपयों से भी ज़्यादा के शेयर ख़रीदे।

लेकिन रश्मि के विपरीत, हमारे अन्य कर्मचारी यहां तक कि हमारे सीनियर एग्जीक्यूटिव भी मध्यवर्गीय थे। इसलिए, उनके परिवारों में शेयर बाज़ार में निवेश करने को बढ़ावा नहीं दिया जाता था। मैं समझ गया कि उन्हें शेयर ख़रीदने के लिए मनाने का सबसे अच्छा तरीक़ा ये शेयर मेरी कॉस्ट प्राइस में देने का था। उस समय शेयर बाज़ार में शेयर लगभग 25 रुपयों में बिक रहे थे और मेरी औसतन कॉस्ट प्राइस लगभग 18 रुपए थी। यदि मेरे कर्मचारी कॉस्ट प्राइस में शेयर ख़रीदते ही उन्हें मार्केट में बेचते तो उन्हें तुरंत क़रीब-क़रीब 40 प्रतिशत मुनाफ़ा होता था। इतना बड़ा मुनाफ़ा कमाने का यह मौक़ा वे शायद ही गंवाते। मैंने कई सीनियर एग्जीक्यूटिव को लगभग 1,00,000 शेयर, और अगले दर्जे के एग्जीक्यूटिव को 10,000 शेयर दिए।

प्रत्येक कर्मचारी को, यहां तक कि सबसे मामूली कर्मचारी को भी कम से कम 50 शेयर मिले। मेरे ख्याल से ऐसे बहुत कम कर्मचारी थे जिन्होंने शेयर नहीं ख़रीदे। कुछ कर्मचारियों को हमने सिटीबैंक की ओर से पर्सनल लोन भी दिलवाए ताकि वे शेयर ख़रीद सकें। मेरे अनुसार गुजरात अंबुजा पहली भारतीय कंपनी थी, जिसने अपने कर्मचारियों को अपने शेयर ख़रीदने के लिए आर्थिक सहायता दी थी। SEBI और एम्प्लॉई स्टॉक ओनरशिप प्लान (ESOP) के लिए उसके नियम कई साल बाद स्थापित हुए। हमने जो किया वह ESOP का एक प्रारंभिक रूप था।

शेयर की क़ीमत सालभर बढ़ती ही गई और दिसंबर 1990 तक वह 100 रुपए पहुंच गई थी। अचानक से, गुजरात अंबुजा शेयर बाज़ार का चहेता बन गया था| एनाम के श्री निमेश शाह सहित बॉम्बे के अन्य बड़े ब्रोकर, और श्री मनु मानेक, जो उन दिनों सबसे बड़े सट्टेबाज़ों में से एक थे, अंबुजा की सफलता का कारण जानने के लिए मुझसे नियमित रूप से मिलने लगे। वॉल स्ट्रीट से भी कई मशहूर निवेशक, जैसे श्री बार्टन ब्रिग्स, जो उस समय मॉर्गन स्टेनली के चेयरमैन थे और टाइगर मैनेजमेंट के मशहूर हेज फंड निवेशक, जूलियन रॉबर्टसन, गुजरात अंबुजा और भारतीय अर्थव्यवस्था के बारे में जानने के लिए मुझसे मिलने आए।

जुलाई 1991 में वित्त मंत्री मनमोहन सिंह के धमाकेदार आर्थिक सुधारों के कारण शेयर बाज़ार में और भी तेज़ी आ गई। उस साल हमारे शेयर की क़ीमत 275 रुपयों तक बढ़ गई और अगले साल अप्रैल तक क़ीमत 675 रुपए की चोटी तक पहुंच गई थी। जुलाई में हमारे राइट्स इश्यू के बाद क़ीमत लगभग 300 रुपयों पर स्थिर हुई। साल के दूसरे भाग में केंद्र सरकार ने पहली बार FII को शेयर बाज़ार में सीधे निवेश करने की अनुमति दी। अगले दशक में वे भारी मात्रा में निवेश करते गए, जिस कारण बाज़ार में आशावान माहौल बना रहा। हाउसिंग डेवलपमेंट फ़ाइनेंस कॉर्पोरेशन (HDFC), हीरो हॉन्डा और इंफ़ोसिस जैसी कंपनियों सहित गुजरात अंबुजा उन चंद महत्त्वपूर्ण कंपनियों में से थी, जिनमें अधिकांश FII ने निवेश किया।

अगले कुछ साल हमारे शेयर की क़ीमत बढ़ती रही और हमारे निवेशकों ने बहुत मुनाफ़ा कमाया। मेरे लिए यह पूर्णतः अनपेक्षित था। श्री सेठी जैसे अत्यंत कुशल इन्वेस्टमेंट बैंकरों का 50 रुपये का अनुमान भी बड़ी मात्रा से ग़लत निकला था। बढ़ती क़ीमत से सभी ख़ुश थे – नेवटिया भाई, जिन्होंने मेरे आग्रह पर GIIC के शेयर खरीदे थे; रश्मि कंपानी, जिन्होंने मुझ पर भरोसा रखकर अंबुजा में बड़ा हिस्सा ख़रीदा था और अंबुजा में निवेश करने वाले मेरे अन्य सहकर्मी।

शेयर की क़ीमत बढ़ने के कारण कर्मचारियों में काम करने का जोश तुरंत बढ़ गया। सभी को लगा कि उन्हें पिछले कुछ सालों की उनकी मेहनत का फल मिल रहा था। इसलिए, वे और भी लगन से काम करने लगे। इससे स्पष्ट था कि वे हमारे भविष्य के विकास की तैयारी कर रहे थे। 1991 से लेकर अगले दस साल तक गुजरात अंबुजा की उत्पादक क्षमता दस गुना से भी ज़्यादा बढ़कर 7,00,000-टन से लेकर 10-मिलियन-

टन तक पहुंच गई। मुझे यक़ीन है कि इस विकास में हमारे कर्मचारियों के जोश की बड़ी भूमिका थी।

शेयर की बढ़ती क़ीमत का एक और फ़ायदा यह था कि हम नए प्रोजेक्ट्स के लिए IDBI सहित अन्य संस्थागत बैंकों पर कम निर्भर बन पाए। श्री धीरुभाई अंबानी की वित्तीय रणनीति मैं समझ गया था। वे वित्तीय संस्थाओं से टर्म लोन न लेते हुए शेयर बाज़ार से पूंजी जुटाते थे। यह इसलिए कि टर्म लोन में कई प्रतिबंधक शर्तें होती थीं, जो समय के साथ और भी कठोर बनती थीं। इस कारण उद्योगपति को हमेशा इन प्रतिबंधों को ध्यान में रखते हुए निर्णय लेने पड़ते थे। दूसरी ओर सीधे शेयर बाज़ार से जुटाई पूंजी का ख़ासकर प्रोजेक्ट के शुरुआती चरणों में और आज़ादी से इस्तेमाल करना संभव था। प्रोजेक्ट शुरू होने के बाद IDBI जैसी संस्थाओं से लिए ऋण कम शर्तों के साथ आते थे। इसलिए, हमने तय किया कि भविष्य में नए प्रोजेक्ट्स के लिए हम सीधे निवेशकों से पूंजी जुटाएंगे। और चूँकि शेयर बाज़ार में हमारा प्रदर्शन बढ़िया रहा था इसलिए हमें विश्वास था कि हम वह पूंजी आसानी से जुटा पाएंगे।

8

सफलता, सभी चुनौतियों के बावजूद

हिमाचल के पहाड़ों में कारखाने की स्थापना ● पंजाब से किया गया वादा ● 'I Can' की भावना * हमसे हुई भारत में कॉर्पोरेट एडवरटाइजिंग की शुरुआत

जैसे-जैसे हमारी आर्थिक स्थिति सुधरने लगी, वैसे मैं एक ख़तरे के बारे में सजग होने लगा। इस खतरे को हम 'गुजरात ट्रैप' कहते थे। हम जानते थे कि गुजरात में इतने सारे उत्पादक होने के कारण वहां के मार्केट में हमारा मौजूदा एक-चौथाई हिस्से का बढ़ना मुश्किल था। उस समय, हमारी कंपनी छोटी थी। हम 90 प्रतिशत सीमेंट गुजरात में बेचते थे, और इसलिए हमें नए उत्पादकों से भी ख़तरा था। यदि कोई राष्ट्रीय स्तर पर प्रतिष्ठापित और धनवान उद्योगपति गुजरात में नया कारखाना स्थापित करता, तो उससे मार्केट में क़ीमतें आसानी से घट सकती थीं और हम ऊंची क़ीमतों से हो रहा फ़ायदा गंवा देते| दरअसल L&T ने पहले से ही गुजरात में 1.5-मिलियन-टन प्रस्तावित कारखाने पर काम करना शुरू कर दिया था।

मैं जानता था कि गुजरात के बाहर नया कारखाना स्थापित करके ही हम 'गुजरात ट्रैप' से बच सकते थे। लेकिन यह किस राज्य में किया जाए? मैं मुख्य बाज़ारों से जितना

हो सके उतना दूर रहना चाहता था। वहां प्रतिष्ठापित बड़ी कंपनियों से बराबरी करने के लिए मेरे पास न आर्थिक संसाधन थे और न इच्छा थी। शुरू में मैंने असम के बारे में सोचा था। उस समय, संपूर्ण उत्तर-पूर्वी भारत के एक-मिलियन-टन के मार्केट के लिए सिर्फ़ एक 2,00,000-टन का ग्राइंडिंग यूनिट हुआ करता था। इस क्षेत्र के बाहर के कारखाने शेष मांग को पूरा करते थे। लेकिन असम में कारखाना स्थापित करना चुनौतिपूर्ण था| उत्तर-पूर्व भारत में समय-समय पर विद्रोह हो रहे थे, वहां का इंफ़्रास्ट्रक्चर बहुत ख़राब था और वहां पहुंचना भी बहुत मुश्किल था। और, मेरे नेक इरादों के बावजूद, मैं असम से इतना परिचित नहीं था। कुल मिलाकर, वहां कारखाना स्थापित करने में बहुत कठिनाईयां थीं।

दूसरा राज्य हिमाचल प्रदेश था। मुझे पहली बार उसका सुझाव पंजाब कैडर के IAS अफ़सर और उन दिनों देश के सीमेंट कंट्रोलर (हां, ऐसा भी एक पद हुआ करता था), श्री के.आर. लखनपाल ने दिया। हमारी अच्छी पहचान हुई और मैं उन्हें अक्सर दिल्ली में मिला करता था, जहां वे तैनात थे। वे मुझे अपने राज्य, पंजाब में निवेश करने का आग्रह करते थे। वे जानते थे कि वहां कोई लाइमस्टोन नहीं था। इसलिए, उनकी सलाह थी कि हम कारखाना हिमचाल प्रदेश में और ग्राइंडिंग यूनिट पंजाब में लगाएं। मुझे उनसे ही पहली बार पता चला कि हिमाचल प्रदेश देश के चंद राज्यों में से एक था, जहां लाइमस्टोन बड़ी मात्रा में जमा था। यह जानकर मैं हिमाचल प्रदेश में कारखाना स्थापित करने के बारे में सोचने लगा।

हिमाचल प्रदेश की ख़ुद की सीमेंट की सालाना मांग सिर्फ़ 3,00,000 टन थी। लेकिन वहां कारखाना स्थापित करने के दो मुख्य फ़ायदे थे – पहला, जम्मू और कश्मीर के साथ हिमाचल प्रदेश ही ऐसा उत्तर भारतीय राज्य था, जिनमें अच्छी गुणवत्ता का लाइमस्टोन बड़ी मात्रा में जमा था। दूसरा, हिमाचल प्रदेश का पश्चिमी और दक्षिणी भाग पंजाब, दिल्ली, हरियाणा, उत्तर-पश्चिमी उत्तर प्रदेश और उत्तरी राजस्थान जैसे महत्त्वपूर्ण, तेज़ी से बढ़ रहे बाज़ारों के निकट था। उन दिनों इस क्षेत्र की 8-मिलियन-टन से भी ज़्यादा की मांग पूरी करने के लिए हिमाचल प्रदेश के कांगड़ा ज़िले के गागल में स्थित ACC के एक-मिलियन-टन के कारखाने के अलावा और कोई बड़ा कारखाना नहीं था।

यह कोई अचरज की बात नहीं कि 1982 में स्थापित किया गया यह कारखाना ACC का सबसे सफल कारखाना था। कई सालों तक ACC अपना अधिकांश मुनाफ़ा उससे कमाता था। पब्लिक सेक्टर की सीमेंट कॉर्पोरेशन ऑफ़ इंडिया लिमिटेड (CCIL)

का उससे बहुत छोटा कारखाना हिमाचल प्रदेश की दक्षिणी छोर पर पाओंटा साहिब में था। ACC के गागल कारखाने के अलावा इस क्षेत्र में सीमेंट की मांग 500 से 1000 किलोमीटर दूर राजस्थान और पूर्वी मध्य प्रदेश के सतना में स्थित कारखानों से पूरी की जाती थी। उत्तर भारत में मांग तेज़ी से बढ़ रही थी। इसलिए, मुझे विश्वास था कि इस रीजन में एक से अधिक बड़े कारखाने सफलता से चल सकते थे।

हिमाचल प्रदेश में लाइमस्टोन के साथ-साथ कई हाइड्रोइलेक्ट्रिक स्रोत भी थे, जिस कारण उसके पास अतिरिक्त बिजली थी। वहां बिजली की क़ीमत लगभग एक रुपया प्रति यूनिट थी, जो संभवतः देशभर में सबसे कम थी। इसके बावजूद, उद्योगपति वहां पूंजी प्रधान उद्योग शुरू करने से हिचकिचाते थे। राज्य का इंफ्रास्ट्रक्चर कम विकसित था, जिसके कारण उन दिनों वहां पहुंचना और राज्य के भीतर परिवहन भी मुश्किल था। वहां की ज़मीन ऊबड़-खाबड़ थी। इसलिए, सीमेंट कारखाने के लिए उपयुक्त समतल ज़मीन मिलना भी मुश्किल था। हिमाचल प्रदेश ईको-सेंसिटिव क्षेत्र में पड़ता था। इसलिए, उसके पर्यावरण संबंधी नियम भी बहुत सख़्त थे। फलस्वरूप, वहां कारखाना स्थापित करना पेचीदा था। स्वभावतः अधिकांश उद्योगपति हिमाचल प्रदेश में निवेश नहीं करते थे।

लेकिन हमारे लिए हिमाचल प्रदेश सभी मायनों में आकर्षक था। हमारा अंबुजानगर का कारखाना न केवल भारत का बल्कि यूरोप और अमेरिका के कई कारखानों जितना या उनसे भी स्वच्छ था। इसलिए, हिमाचल प्रदेश के पर्यावरण संबंधी नियमों से मैं डरता नहीं था। और मेरी सोच यह थी कि यदि ACC 1982 में एक-मिलियन-टन का कारखाना स्थापित कर सका था, तो तबसे, लगभग दस सालों में हिमाचल प्रदेश के इंफ्रास्ट्रक्चर में और विकास अवश्य हुआ होगा। हमने पंजाब से सटे किसी पश्चिमी हिमाचली ज़िले में एक-मिलियन-टन का कारखाना और हिमाचल प्रदेश, उत्तर प्रदेश और पंजाब में ग्राइंडिंग यूनिट्स स्थापित करने की योजना बनाई। इससे हम जम्मू और कश्मीर, हिमाचल प्रदेश, पंजाब, दिल्ली, उत्तर प्रदेश और हरियाणा जैसे उत्तर भारत के विस्तारित क्षेत्र में सीमेंट बेच सकते थे।

सौभाग्यवश, लगभग इसी समय सीमेंट कंट्रोलर का पद रद्द किया गया और मेरे मित्र, श्री लखनपाल का उनके अपने राज्य, पंजाब के कैडर में इंडस्ट्रीज़ कमिश्नर बनकर तबादला किया गया। मुझे याद है कि यह मई 1988 के ऑपरेशन ब्लैक थंडर के कुछ महीनों बाद हुआ था। यह ऑपरेशन सिख आतंकवादियों को गोल्डन टेम्पल से बाहर

निकालने के लिए प्रधानमंत्री राजीव गांधी द्वारा किया गया आख़िरी पुलिस ऑपरेशन था। पंजाब तब भी आतंकवाद से पीड़ित था और इसलिए कोई उद्योगपति वहां निवेश नहीं करना चाहता था। श्री लखनपाल ने मुझे उनसे और उनके सीनियरों से मिलने चंडीगढ़ आमंत्रित किया। आतंकवाद के कारण पंजाब में लगभग एक दशक से कोई विकास नहीं हुआ था। इसलिए, उनकी अपेक्षा थी कि हम वहां निवेश करें।

मुझे पंजाब के प्रति हमेशा से ही लगाव था। सेखसरिया परिवार की कई पीढ़ियों ने पंजाब के किसानों से कपास ख़रीदा था और बठिंडा तथा अबोहर में हमारे ऑफ़िस सौ साल से भी ज़्यादा पुराने थे। हमारे कपास व्यापार में आज भी सौ से ज़्यादा लोग काम करते थे। आतंकवाद के कारण हमें कोई भी समस्या पैदा नहीं हुई थी और इसलिए मैं दूसरों जितना चिंतित नहीं था। मैं जानता था कि पंजाब औद्योगिक निवेश के लिए तरस रहा था। लेकिन इसका सही अंदाज़ा मुझे सिर्फ़ तब लगा, जब चंडीगढ़ पहुंचने पर मेरा शानदार स्वागत किया गया। श्री लखनपाल सहित उस समय के इंडस्ट्री सेक्रेटरी, श्री आय.एस. बिंद्रा भी मेरे स्वागत में उपस्थित थे। श्री बिंद्रा आगे जाकर बोर्ड ऑफ़ कंट्रोल फ़ॉर क्रिकेट इन इंडिया (BCCI) के अध्यक्ष के रूप में देशभर में मशहूर हुए। मोहाली का अत्याधुनिक क्रिकेट स्टेडियम उन्होंने ही बनवाया था, जिस कारण उसका नाम आय एस बिंद्रा स्टेडियम रखा गया। वे बहुत इच्छुक थे कि गुजरात अंबुजा पंजाब में निवेश करें। मैंने उन्हें बताया कि हमारा विचार हिमाचल प्रदेश में सीमेंट कारखाना और पंजाब में ग्राइंडिंग यूनिट बनाने का था।

'आप पंजाब में जो भी निवेश करना चाहो उससे हम ख़ुश हैं,' उन्होंने कहा। 'हम आपकी पूरी सहायता करने के लिए तैयार हैं। आप जो चाहो आपको मिल जाएगा। आप बताएं आपको क्या चाहिए।'

मैं जानता था कि पंजाब राज्य को अपने कई थर्मल पॉवर प्लांट और ख़ासकर रूपनगर (उस समय का रोपड़) के 1200-मेगावाट गुरु गोबिंद सिंह सुपर थर्मल पॉवर प्लांट में बना नॉन-बायोडिग्रेडेबल वेस्ट प्रोडक्ट अर्थात फ़्लाई एश कुशलता से फेंकने में कठिनाई हो रही थी। क्लिंकर और फ़्लाई एश के मिश्रण को पीसने पर पोर्टलैंड पोज़्ज़ोलाना सीमेंट या PPC बनता है। फ़्लाई एश PPC का एक महत्त्वपूर्ण घटक है, जो उसे न सिर्फ़ अधिक मज़बूत और टिकाऊ बनाता है बल्कि उसकी मात्रा और वज़न भी बढ़ाता है। 100 टन PPC में 65 टन क्लिंकर और 35 टन फ़्लाई एश होता है। हालाँकि

फ़्लाई एश थर्मल पॉवर प्लांट से मुफ़्त में मिलता है, पाउडर रूपी होने के कारण उसका परिवहन करना बहुत मुश्किल है। कोडिनार के कारखाने में आर्डिनरी पोर्टलैंड सीमेंट बनाने का एक कारण था कोडिनार के पास थर्मल पॉवर प्लांट का न होना। अब जब हमें पंजाब के कई पावर प्लांट के कारण PPC बनाने का मौक़ा मिल रहा था, मैं ग्राइंडिंग यूनिट रूपनगर पॉवर प्लांट के बग़ल में बनाना चाहता था। रूपनगर चंडीगढ़ से सिर्फ़ 50 किलोमीटर उत्तर की ओर हिमचाल प्रदेश की सीमा के निकट स्थित था।

मेरी योजना के बारे में जानकर श्री बिंद्रा पंजाब में हमारा स्वागत करने के लिए बहुत ख़ुश थे। उन्होंने कहा कि जब भी हम तैयार हों, तब हमें ज़मीन और बिजली उपलब्ध करा दी जाएगी। यह तय हुआ कि पंजाब सरकार हमें पंद्रह साल तक सेल्स टैक्स और ओक्ट्रोई सहित बिजली की ड्यूटी पर छूट देगी। मुझे उनसे रूपनगर पॉवर प्लांट के परिसर के अंदर फ़्लाई एश के लिए एक विशेष साइलो बनाने की इजाज़त चाहिए थी। हम एक पाइपलाइन के ज़रिए फ़्लाई एश को न्यूमैटिक ढंग से साइलो से ग्राइंडिंग यूनिट तक ले जाना चाहते थे। इस प्रकार, ग्राइंडिंग यूनिट में लगातार फ़्लाई एश की सप्लाई आती रहेगी। जितना कि मुझे पता है, किसी और सीमेंट कंपनी को पब्लिक सेक्टर पॉवर प्लांट में ऐसी संरचना बनाने की इजाज़त नहीं मिली है। मेरी दूसरी मांग यह थी कि किसी और उद्योगपति को पंजाब में कुछ समय के लिए सीमेंट कारखाना बनाने की अनुमति न दी जाए।

अन्य सीमेंट कारखानों को लेकर नॉन-कॉम्पीट क्लॉज़ के अलावा सबकुछ वहीं के वहीं तय हुआ। 'हम वह नॉन-कॉम्पीट क्लॉज़ आपके कॉन्ट्रैक्ट में डाल तो सकते हैं, लेकिन कोर्ट उसे रद्द कर देगा,' श्री बिंद्रा ने कहा। 'एक चीनी के कारखाने के संबंध में ऐसे क्लॉज़ को कोर्ट ने यह कहकर रद्द किया कि वह क़ानूनन अनुचित था।'

फिर मैंने एक ऐसे क्लॉज़ का प्रस्ताव रखा जिसके अनुसार हमारे यूनिट से 100 किलोमीटर के घेरे में नए सीमेंट कारखाने स्थापित करना वर्जित होगा और रूपनगर प्लांट के फ़्लाई एश पर पहला अधिकार हमारा होगा। यह क्लॉज़ श्री बिंद्रा को मान्य था।

इस कॉन्ट्रैक्ट की ख़ुशी में रखी दावत के दौरान श्री बिंद्रा के एक सहकर्मी ने मुझसे पूछा कि क्या हम और कोई छूट चाहते थे। मैंने उनसे कहा कि पंजाब सरकार जितनी छूटों का वादा किसी और सरकार ने नहीं किया था। मैंने पंजाब सरकार को आश्वासन दिया कि हिमाचल प्रदेश की हमारी योजना निश्चित होते ही हम उनसे फिर मिलेंगे। उनकी उदारता का आभार मानने के लिए हमने रूपनगर के यूनिट की स्थापना के कुछ साल बाद

उस यूनिट के दक्षिण में स्थित बठिंडा में गुरु नानक देव थर्मल पॉवर प्लांट को लगकर एक और ग्राइंडिंग यूनिट स्थापित की। इस यूनिट ने हरियाणा और राजस्थान के क्षेत्रों को सीमेंट की आपूर्ति करने में मदद की।

बॉम्बे में मेरे सहकर्मियों को इन छूटों के बारे में सुनते ही आश्चर्य हुआ। सभी का एक ही कहना था, 'ऐसे राजनीतिक माहौल में कोई पंजाब में क्यों व्यवसाय करना चाहेगा?' मैंने उनसे कहा कि अख़बारों से पंजाब जितना असुरक्षित प्रतीत होता था उतना वह असल में नहीं था। हमारे परिवार का कपास व्यापार आतंकवाद के दिनों में भी बिना किसी बाधा और दुर्घटना के चला था और स्थिति अब सुधर रही थी। 'जब एक दिन आप उधर जाओगे तब आप पाओगे कि वहां कोई ख़तरा नहीं है। कुछ नहीं होगा। मैं आपको आश्वासन देता हूं,' मैंने उनसे कहा। उन्होंने फिर भी मुझपर विश्वास नहीं किया।

हिमाचल प्रदेश का कारखाना तैयार होकर वहां उत्पादन शुरू होने में और पांच साल लग गए। रूपनगर के हमारे ग्राइंडिंग यूनिट में उत्पादन शुरू होने के एक महीने पहले, अगस्त 1995 में, आतंकवादियों ने पंजाब के मुख्यमंत्री बेअंत सिंह की हत्या करने और चंडीगढ़ के सचिवालय को उड़ाने के लिए सुसाइड बॉम्बर भेजा। यह उनका आख़िरी हमला था, जिसमें मुख्यमंत्री सहित कुल सत्रह लोग मारे गए। इसके बावजूद, हमने पंजाब से किए हमारे वादे से मुकर जाने का नहीं सोचा। हम योजना अनुसार काम करते गए और जैसे कि पहले कहा गया है, कुछ साल बाद हमने बठिंडा में नया ग्राइंडिंग यूनिट भी स्थापित किया।

पंजाब के हमारे ग्राइंडिंग यूनिट के कारण ही हिमाचल प्रदेश में हमारे कारखाने इतने लाभदायक बन पाए। दोनों यूनिट एक दूसरे के पूरक थे। आगे चलकर हम मोहाली क्रिकेट स्टेडियम के मुख्य स्पॉन्सर भी बन गए और ग्राउंड के एक छोर को 'द अंबुजा एंड' घोषित किया गया।

*

बचपन में हम अक्सर छुट्टियां मनाने हिमाचल प्रदेश जाते थे। मुझे घने जंगलों वाला यह छोटा पहाड़ी राज्य उन दिनों से ही सुंदर लगता था और उसके लोग भी उतने ही प्यारे लगते थे। हालाँकि पंजाब के विपरीत वहां आतंकवाद की समस्या नहीं थी, यह राज्य कम विकसित था। इसलिए, मुझे विश्वास था कि राज्य सरकार वहां का विकास करने के

लिए उत्सुक होगी। मुझे कोई शक़ नहीं था कि अंत में हिमाचल प्रदेश में हमारा प्रोजेक्ट फ़ायदेमंद होगा। मैं यह ACC के गागल कारखाने के आधार पर कह रहा था, जो उन दिनों उनका सबसे फ़ायदेमंद कारखाना था। इस प्रोजेक्ट पर काम करते समय मैं यह बात कभी नहीं भूला। हिमाचल प्रदेश के कारखाने की सफलता मेरा एकमात्र उद्देश्य बन गया क्योंकि यह सफलता ही गुजरात में हमारे प्रतिद्वंद्वियों के किसी भी पैंतरे से हमें सुरक्षित रख सकती थी।

अप्रैल 1989 तक, हमने मोदी सीमेंट्स के एक पूर्व सीनियर एग्जीक्यूटिव, श्री आर.एन. जैन को हमारा CEO नियुक्त कर लिया था। उन्हें सीमेंट उत्पादन के कमर्शियल तथा इंजीनियरिंग पहलुओं का अनुभव था| तब हिमाचल प्रदेश में हमारा कोई ऑफ़िस नहीं था और बोर्ड से प्रोजेक्ट के लिए अनुमति भी हमें लगभग एक साल बाद ही मिली। इसलिए, श्री जैन ने हमारे दिल्ली ऑफ़िस से काम करना शुरू किया। हालाँकि अंततः राज्य सरकार से हमें वो सभी अनुमतियां और छूटें मिलीं जो हम चाहते थे, उसके आगे उन्होंने हमारी कोई सहायता नहीं की। स्पष्टतया हिमाचल प्रदेश में काम करना अपेक्षा से कई ज़्यादा चुनौतीपूर्ण होने वाला था। सच कहूं, तो हमारा अनुभव, ख़ासकर कारखाने की स्थापना तक, इतना अच्छा नहीं था।

हिमाचल प्रदेश में काम करवाना हमने जितना सोचा था उससे भी ज़्यादा मुश्किल ठहरा। एक छोटा राज्य होने के कारण, ऐसा लगता था कि सभी लोगों की मुख्यमंत्री या उनके किसी न किसी मंत्री से पहचान थी। इसलिए, हम हमेशा उनकी शिक़ायतें हल करते रहते थे। यदि कारखाने के परिसर के किसी निवासी को नौकरी नहीं दी जाती तो वह निश्चित ही मुख्यमंत्री की ऑफ़िस से हमारी शिक़ायत करता। एक बार हिमाचल प्रदेश के ट्रक चालकों ने मिलकर हमसे सीमेंट और क्लिंकर के परिवहन के लिए अत्यधिक माल भाड़े की मांग की। हमने कोर्ट जाकर इसका विरोध किया और कोर्ट ने ट्रक चालकों की इस मांग पर रोक भी लगाई। लेकिन कोर्ट के निर्देश को नज़रअंदाज़ किया गया। अंत में हमें परिवहन के लिए कोडिनार (गुजरात) से ट्रकें लानी पड़ीं।

हमारे लिए पहली बड़ी चुनौती कारखाने के लिए उचित स्थल ढूंढने की थी। पहाड़ी क्षेत्र होने के कारण हिमाचल प्रदेश में ऐसा स्थल ढूंढना देश के अन्य राज्यों की तुलना में बहुत मुश्किल था। इस स्थल को राज्य की दक्षिण-पश्चिमी सीमा पर होना ज़रूरी था ताकि वहां से बग़ल के पंजाब में रूपनगर के हमारे ग्राइंडिंग यूनिट तक क्लिंकर पहुंचाए

जा सकें। और उसे लाइमस्टोन खानों के निकट होना भी ज़रूरी था। इतनी सारी शर्तों में से सभी को उचित महत्त्व देकर स्थल चुनना चुनौतीपूर्ण था। हिमाचल प्रदेश सरकार के जियोलॉजी डिपार्टमेंट से भी हमें बहुत कम मदद मिली। गुजरात जैसे अधिक विकसित राज्यों के जियोलॉजी डिपार्टमेंट के विपरीत यहां के डिपार्टमेंट के पास ज़मीन के विस्तृत भूवैज्ञानिक नक़्शे नहीं थे। इसलिए, हमें ही वह सर्वे करना पड़ा।

हमारे माइनिंग डिपार्टमेंट के प्रमुख, श्री वाय.आर. राव और उनकी टीम ने अगले कई महीनों तक कई गांवों में डेरा डाला और ज़मीन में छेद बनाकर मिट्टी की जांच करने का अत्यंत मुश्किल काम किया। अक्सर बहुत ज़्यादा ठंड होती थी और लाइमस्टोन घाटियों और नदी के तलों में जमा होता था। वहां तक ख़तरनाक कगारों और छोटी राहों से होकर पहुंचना हमेशा पेचीदा होता था। शिमला के पास सतलुज नदी के किनारे पर स्थित अलसिंदी गांव के बाहर एक ऐसे स्थल तक चलने का अनुभव मुझे आज भी याद है। वहां तक पहुंचना इतना चुनौतीपूर्ण था कि अंत में हमने वह स्थल नहीं चुना। इसलिए, जबकि हमने 1990 में स्थल ढूंढना शुरू किया, उचित ज़मीन मिलने में लगभग एक साल लग गया।

अंत में हमने सोलन ज़िले में कश्लोग नामक जगह में एक घाटी के तल पर स्थित खदान चुनी। हमें कारखाने के लिए समतल ज़मीन दरलाघाट नामक गांव के निकट मिली। हमने दरलाघाट से सटे एक अन्य गांव को पहाड़ के ऊपर विस्थापित किया ताकि हमें और ज़मीन मिल सके। हालाँकि यह ज़मीन पूर्णतः समतल नहीं थी, हमने उससे काम चला लिया। वह एक स्टेट हाईवे और इलेक्ट्रिक सबस्टेशन के पास भी थी।

इस स्थल का सबसे बड़ा फ़ायदा यह था कि दरलाघाट उस घाटी के ठीक ऊपर स्थित था जिसके तल पर कश्लोग की खान थी। हालाँकि दोनों स्थल 15-किलोमीटर लंबे, घुमावदार कच्चे रास्ते से जुड़े थे, उनमें ऊपर से नीचे तक की सीधी दूरी 4 किलोमीटर से भी कम थी। यह छोटी दूरी महत्त्वपूर्ण ठहरी क्योंकि हम लाइमस्टोन को ऊपर लाने के अलग-अलग तरीक़ों की जांच कर रहे थे। इस स्थल के बारे में ख़ुशख़बरी मिलने पर मैं उसकी जांच करने फ़्लाइट लेकर पहुंचा। जैसे मैंने ऊपर कहा है, मेन रोड से दरलाघाट तक पहुंचना आसान नहीं था। लगभग आधा किलोमीटर ऊंचा छोटा पहाड़ चढ़ने के बाद कारखाने का स्थल उससे आगे 500 मीटर दूर था। वहां के दृश्य से मैं बहुत ख़ुश हुआ। दो पहाड़ों के बीच स्थित मध्यम क्षेत्रफल का यह स्थल सुबह की तेज़ रौशनी में चमक रहा

था। कुछ समय के लिए मुझे वही अलौकिक अनुभव हुआ जो मुझे गढ़वाल हिमालय से लगकर केदारनाथ मंदिर देखने पर हुआ था। मैंने ठीक वही कंपन महसूस किया जो मैंने मंदिर देखने पर किया था। मानो कोई दैवी शक्ति स्वयं मुझे यह संदेश दे रही हो कि कारखाने के लिए सबसे उचित जगह यही है। उसी समय मुझमें एक आत्मविश्वास बहने लगा कि हम सभी चुनौतियों को मात देकर कारखाना वहीं स्थापित करेंगे। और वाकई में, कारखाना शुरू करने में हमें कई चुनौतियों का सामना करना पड़ा।

कारखाने के स्थल से टीम मुझे नीचे, खान तक ले गई। गाड़ी से रास्ता लंबा था और उसके आगे पैदल भी उतना ही लंबा चलना पड़ा। वह स्थल देखकर मैं हताश हो गया। यहां सब कुछ अत्यंत पेचीदा लग रहा था। दरलाघाट से आ रहा कच्चा रास्ता अत्यंत नाज़ुक और जोखिमभरा लगा। लाइमस्टोन से लदे दर्जनों ट्रकों को उस पर हर रोज़ कारखाने तक जाना पड़ता। मुझे नहीं लगा कि वह यह भार सहन कर पाता। घाटी की चोटी से संकीर्ण कगारों और पैदल राहों से होकर नीचे खान तक पहुंचना भी उतना ही मुश्किल था।

घाटी के तल से चारों ओर ऊंचे पहाड़ देखकर स्पष्ट था कि यह प्रोजेक्ट चुनौतीपूर्ण होने वाला था। तल पर स्थित खान से लाइमस्टोन को ट्रकों में लादकर ऊपर के मेन रोड तक और उसके आगे कारखाने तक ले जाना अत्यंत मुश्किल लग रहा था। इसके लिए विकल्प लाइमस्टोन को या तो कन्वेयर बेल्ट या फिर रोपवे से घाटी की चोटी पर स्थित कारखाने के स्थल तक पहुंचाना था। कारखाना दो पहाड़, लगभग 3.5 किलोमीटर चढ़ने के बाद, उनके पीछे स्थित ऊंचे पर्वत पर बनने वाला था। वहां तक लाइमस्टोन ले जाने की व्यवस्था अत्यधिक महंगी थी। उसमें सैकड़ों करोड़ रुपए लग सकते थे। उस घाटी से दृश्य और होने वाले खर्चे का विचार दोनों ही असहज थे। गाड़ी तक चलते समय सभी चुप थे। मेरे वरिष्ठ सहकर्मियों की शक्लों पर मानो साफ़ लिखा था कि क्या मैं यह स्थल देखने के बाद भी वहां कारखाना स्थापित करने की सोच रहा था।

आगे होने वाली अतिरिक्त लागत और इंजीनियरिंग से जुड़ी चुनौतियों के बारे में सोचकर मैं निश्चित ही निराश था। लेकिन प्रोजेक्ट करने के बारे में मैं उतना ही दृढ़ था। मुझे विश्वास था कि अंतिम लागत कितनी भी हो हम वह प्रोजेक्ट करके दिखाएंगे। श्री कुलकर्णी और मेरे अन्य सीनियर एग्जीक्यूटिव मेरी इस सोच से वाकिफ थे। इसलिए, पीछे हटने का सवाल ही नहीं उठता था। जीवनभर मैंने जोखिमें उठाए थे। मुझे लगता है कि

मैं हर बार सफल इसलिए रहा कि मैं परिणामों के बारे में न सोचते हुए कठिन निर्णय लेने का आदी हो गया था। यदि मैं नतीजों और होने वाली लागतों में फंस जाता, तो शायद मैंने वो फैसले नहीं लिए होते थे। मैं नहीं जानता यह अच्छा है या बुरा। सौभाग्यवश, मैं हर बार सफल रहा। शायद, मन ही मन मुझे अपने सीनियर एग्जीक्यूटिव की काबिलियत पर उनसे ज़्यादा भरोसा था कि वे असंभव लगने वाले प्रोजेक्ट भी संभव कर पाएंगे।

इस प्रोजेक्ट के एक प्रमुख, श्री कुलकर्णी जोखिम लेने के आदी नहीं थे। इसके बावजूद, उन्होंने दी गई सभी चुनौतियां स्वीकार करके सबसे कठिन काम भी बख़ूबी से पूरे किए थे। उनका साथ हमारे कंस्ट्रक्शन एडवायज़र, श्री ए.वी. राव देने वाले थे। हम सबसे कई साल बड़े श्री राव एक व्यावहारिक टेक्नोक्रैट और सम्मानित सिविल इंजीनियर थे। गुजरात अंबुजा के पहले वे लक्ष्मी सीमेंट्स में कंस्ट्रक्शन प्रमुख रहे थे। श्री कुलकर्णी ने कोडिनार में कंस्ट्रक्शन की चुनौतियों से निपटने के लिए उन्हें हमारे पास बुलाया था। इससे पहले वे जेके ग्रुप में श्री राव के साथ काम कर चुके थे|

श्री राव को भी जोखिम लेना पसंद नहीं था। लेकिन वे हमेशा यह दिखाने के लिए दृढ़ प्रयास करते थे कि वे उन्हें दिया काम पूरा कर सकते थे। उन्हें कुछ भी हताश नहीं करता था, हिमाचल प्रदेश का पहाड़ी क्षेत्र भी नहीं। अब जब मेरे साथ ये दो काबिल व्यक्ति थे, हम बेशक़ वो प्रोजेक्ट पूरा करने वाले थे। सवाल सिर्फ़ यह था कि हम उसे सबसे कम लागत और समय में करने के लिए कौन-सा ज़रिया अपनाते।

आख़िरी और हौसला बढ़ाने वाली बात यह थी कि जापान और स्विज़रलैंड जैसे देशों के जंगलों से भरे पहाड़ी क्षेत्रों में पहले भी सीमेंट कारखाने बनाए गए थे। मैं भली भांति जानता था कि भारत में सिविल इंजीनियरिंग इन देशों जितना विकसित नहीं था। फिर भी, हमारा उत्पादन अभी भी एक-मिलियन-टन तक पहुंचा नहीं था। इसलिए, भविष्य में कंपनी की सुरक्षा के लिए यह ज़रूरी था कि यह प्रोजेक्ट सफल हो।

*

इस प्रोजेक्ट में सिविल इंजीनियरिंग से संबंधित चुनौतियां बहुत बड़ी थीं। पहले तो हाइवे से लेकर कारखाने के स्थल तक आने वाले रास्तों को मज़बूत बनाना ज़रूरी था। फिर, हाइवे को भी कई भागों में चौड़ा बनाने की आवश्यकता थी ताकि वह वज़नदार कंस्ट्रक्शन उपकरणों और कारखाने के विशाल, खंडित टुकड़ों से लदे ट्रेलर ट्रकों का

वज़न सह सके। यह करने के लिए हमें उस पर स्थित कई दुकानों और ढाबों को उनकी जगह से हटाना पड़ा। उसी तरह, हमें कई पुलों को मज़बूत बनाना पड़ा ताकि वे ट्रकों का वज़न सहन कर सकें।

हमें कारखाने के स्थल पर अत्यंत ऊबड़-खाबड़ ज़मीन को समतल बनाना पड़ा। हिमाचल प्रदेश की मिट्टी की वज़न उठाने की क्षमता भी बहुत कम है। इसलिए, हमने यह ज़मीन और मज़बूत भी बनाई। हमने पहाड़ के कुछ भाग भी काट दिए ताकि कारखाने के लिए और जगह बन सके। अंततः पास के पहाड़ों को हमने और मज़बूत बनाया ताकि बारिश के मौसम में उन पर कीचड़ न धसे। हमें कोडिनार में इनमें से कुछ भी नहीं करना पड़ा था।

यह स्पष्ट है कि ACC गागल सहित हिमाचल प्रदेश में अन्य सभी बड़ी औद्योगिक कंपनियों को अपने कारखानों की स्थापना के समय इसी तरह की इंफ्रास्ट्रक्चर से संबंधित चुनौतियों का सामना करना पड़ा होगा। लेकिन ACC का कारखाना अधिक समतल ज़मीन पर होने के कारण उसका निर्माण अधिक सरल रहा होगा। उनका लाइमस्टोन निकट के पहाड़ से कन्वेयर बेल्ट से नीचे लाया जाता था। हमारी समस्या इससे उलटी थी, कारखाना लाइमस्टोन की खान से सैंकड़ों फ़ुट ऊपर था। और गागल के कारखाने के विपरीत, खान से कारखाना दिखाई नहीं देता था, क्योंकि उनके बीच दो पहाड़ थे। हमारे सिविल इंजीनियरों को बहुत बड़ी चुनौतियों का सामना करना पड़ा।

हमें लाइमस्टोन को ऊपर ले जाने के लिए रोपवे और कन्वेयर बेल्ट में से सबसे किफ़ायती और कुशल विकल्प चुनना था। हमने जापान की जानी-मानी और सबसे पुरानी सीमेंट कंपनी, ओनोडा सीमेंट (अब वह ताईहाइयो सीमेंट कहलाती है) को खान के ऑपरेशन और कारखाने के बेसिक इंजीनियरिंग के लिए कंसलटैंट के रूप में नियुक्त किया। ऐसे पहाड़ी क्षेत्रों में उनके पहले से ही कई कारखाने थे। हमने उषा ब्रेको को प्रेज़ेंटेशन करने के लिए भी कहा। उषा मार्टिन ग्रुप की यह कंपनी उस समय औद्योगिक रोपवे की एकमात्र भारतीय निर्माता थी।

हमारा शुरू में एक-मिलियन-टन का कारखाना बनाने का विचार था, जिसे हम बाद में डेढ़-मिलियन-टन का बनाना चाहते थे। इतने उत्पादन के लिए हमें हर रोज़ 7,500 टन लाइमस्टोन खान से कारखाने तक ले जाने की जरूरत थी। इसके लिए एक विशाल रोपवे लगता, जिसकी गति, लागत और मेंटेनेंस पर खर्च अव्यवहारिक होता। इसलिए, बहुत विचार-विमर्श के बाद हमने रोपवे का विचार त्याग दिया।

ACC के गागल कारखाने की तरह हमें भी यहां कन्वेयर बेल्ट इस्तेमाल करने के अलावा कोई चारा नहीं था। कारखाना बनाने का कॉन्ट्रैक्ट L&T के कंस्ट्रक्शन और इंजीनियरिंग डिविज़न को पहले से ही दिया गया था। इसलिए, हमने सोचा कि क्यों न हम उनसे ही कन्वेयर बेल्ट भी बनावाएं। खान के स्थल का सर्वे करने के बाद उन्होंने कहा कि वे घाटी तक आ रहा रास्ता मज़बूत किए जाने के बाद ही वह प्रोजेक्ट शुरू कर सकते थे। यह करने का खर्च हम नहीं उठा सकते थे। अन्य कंस्ट्रक्शन कंपनियों की भी इसी प्रकार की मांगें थीं।

अंत में तय हुआ कि हमारा अपना प्रोजेक्ट प्लानिंग एंड डेवलपमेंट (PPD) डिपार्टमेंट ही यह प्रोजेक्ट करेगा। दो साल पहले श्री कुलकर्णी के सुझाव पर यह डिपार्टमेंट कोडिनार के कारखाने में कुशलता और उत्पादकता बढ़ाने से संबंधित छोटे प्रोजेक्ट पर काम करने के उद्देश्य से स्थापित किया गया था। समय के साथ उसे हमारे सभी प्रोजेक्ट को योजना से लेकर उनके ख़त्म होने तक सबसे किफ़ायती ढंग से करने के लिए ज़िम्मेदार बनाया गया। हमारी कंपनी के सबसे होनहार इंजीनियर उसमें काम करते थे। उसके प्रमुख श्री सी.एन.जे. सेट्टी थे, एक अत्यंत तजुर्बेदार इंजीनियर, जिन्हें श्री कुलकर्णी ने ख़ुद चुना था। PPD में ट्रांसफ़र पाना कंपनी के कर्मचारियों में सम्मान की बात मानी जाती थी। अंबुजा ने अपने पहले पच्चीस सालों में जो लगभग उन्नीस बड़े प्रोजेक्ट किए उन सभी में इस डिपार्टमेंट का महत्त्वपूर्ण योगदान रहा।

*

श्री हिरपारा के नेतृत्व में PPD के इंजीनियरों ने कई महीनों तक हिमाचल प्रदेश की कड़ी ठंड में काम करते हुए घाटी का विस्तृत नक़्शा बनाया। जिस क्षेत्र पर से कन्वेयर बेल्ट चलने वाला था उस क्षेत्र के सटीक इंजीनियरिंग मॉडल से हम शुरू करना चाहते थे। यह बहुत थकाने वाला काम था। टीम को हर सुबह छह बजे की कड़ी ठंड में निकलना पड़ता था। चूँकि हम घाटी के भीतर केवल पैदल जा सकते थे, इसलिए सर्वे के वज़नदार उपकरणों को खच्चरों पर ले जाना पड़ा, जो वहां के एकमात्र लद्दू जानवर थे। अक्सर, घाटी पर कोहरा पड़ने से आगे कुछ दिखाई नहीं देता था। फिर, टीम को कोहरा चले जाने तक, कभी-कभार घंटोंभर, रुकना पड़ता था ताकि वे काम दोबारा शुरू कर सकें।

पहाड़ों के सर्वे के लिए हमारी टीम घाटी के तल से सामने के दो पहाड़ चढ़ने और उतरने के बाद तीसरा पहाड़ चढ़कर कारखाने के स्थल पर पहुंचती थी। सर्वे और मेपिंग की पूरी प्रक्रिया में उन्हें प्रत्येक पहाड़ कई बार चढ़ने–उतरने पड़े। कभी-कभार तो यह प्रक्रिया रैपेलिंग तकनीक से, हाथ में थियोडोलिट और ऑप्टिकल लेवल जैसे सर्वे के उपकरण लेकर की जाती थी। सूक्ष्म मापन करना अत्यावश्यक था, क्योंकि यदि कन्वेयर बेल्ट के मार्ग का मॉडल बनाने में एक डिग्री की भी ग़लती होती तो कन्वेयर बेल्ट नहीं चलता।

खान से लेकर घाटी की चोटी और उसके पार कारखाने तक का रास्ता एक ढलान पर था। उसका नक़्शा बनाने का काम इतना पेचीदा था कि हमने उसके लिए जिस जर्मन सलाहकार को नियुक्त किया था उसने एक दिन बाद ही हार मान ली। चूँकि तब तक कंप्यूटरों का इस्तेमाल शुरू नहीं हुआ था, इसलिए सभी आंकड़ें और नक़्शे पेपर पर दर्ज किए गए। घाटी में इतने ढलान थे कि हमें चार किलोमीटर लंबा, अखंड, कई ट्रसों से समर्थित कन्वेयर बेल्ट बनाने के अलावा कोई चारा नहीं था। उसे पहले पहाड़ के ऊपर से गुज़रते हुए अगले दो पहाड़ों में विशेष रूप से छेद किए गए टनल में से गुजरना था।

श्री हिरपारा और उनकी टीम द्वारा बनाए गए टोपोग्राफ़िक नक़्शे को बॉम्बे में स्केल मॉडल में बदला गया। हमारे स्पेसिफ़िकेशन पर आधारित कन्वेयर बेल्ट की सिस्टम का डिज़ाइन बनाने के लिए हमने स्थानीय एक्सपर्ट्स को नियुक्त किया। कन्वेयर बेल्ट जर्मनी के कृप ने बनाया जो विश्व के सबसे अच्छे कन्वेयर बेल्ट बनाता था। चूंकि उस बेल्ट पर हर रोज़ 7,500 टन लाइमस्टोन ले जाना था, हमने उसमें कोई कमी नहीं छोड़ी।

सिस्टम को बिठाना भी बहुत चुनौतीपूर्ण था। हम प्रत्येक बड़े भाग के छोटे अंगों को खच्चरों पर घाटी के नीचे तक ले जाते थे। फिर, उन्हें निर्धारित जगह पर साथ लाकर बोल्ट से जोड़कर पूर्ण भाग बनाया जाता था। ऐसे मौसम में इन अंगों की वेल्डिंग करना नामुमकिन था। सारे टनल्स का प्लान, डिज़ाइन और उनका निर्माण हमारी टीम ने वहां के कई कॉन्ट्रैक्टर की मदद से किया। हमारे लिए बनाए गए विशेष भागों के निर्माण और उन्हें बिठाने में लगभग साल भर लग गया। लेकिन कन्वेयर बेल्ट शुरू होने के बाद उसके चलने में कोई बाधा नहीं आई। यहां मुझे श्री राव और उनकी टीम को उनके उत्कृष्ट काम के लिए दाद देनी होगी। लेकिन जब सन 1993 में सिविल इंजीनियरिंग का काम ज़ोरों से चल रहा था, बढ़ती लागत की समस्या मुझ पर टूट पड़ी। कंपनी का प्रदर्शन पहले जैसे

ही बहुत अच्छा था और स्टॉक मार्केट के भी हम लाड़ले थे। फिर भी, हिमाचल प्रदेश के प्रोजेक्ट के तेज़ी से बढ़ते हुए खर्चे ने मेरी नींद उड़ा दी थी। दो साल पहले, IDBI ने अनुमान लगाया था कि हमारे एक-मिलियन-टन के कारखाने पर 267 करोड़ रुपए खर्च होंगे। यह आंकड़ा साधारणतः होने वाले खर्चे से 30 प्रतिशत ज़्यादा था क्योंकि हिमाचल प्रदेश में अतिरिक्त सिविल काम अपेक्षित था। लेकिन यह अनुमान बहुत कम निकला।

अब सिविल काम का खर्च ख़ुद कारखाने के खर्च से ज़्यादा होना अपेक्षित था। हमारा अनुमान था कि कुल खर्च 500 करोड़ रुपए पार कर देगा। ध्यान रहे कि ग्राइंडिंग यूनिट का खर्च इसमें शामिल नहीं था। मुझे डर था कि जैसे कर्नाटक के वाडी में स्थित ACC के 2-मिलियन-टन कारखाने ने कंपनी को कमज़ोर करके छोड़ा था वैसे हिमाचल प्रदेश का कारखाना हमारी कंपनी को न डूबा दे। दुर्भाग्यवश, उसी समय मुझे पहली बार माउथ कैंसर हुआ (इस पर मैं अगले चैप्टर में विस्तारपूर्वक बात करूंगा)। मानो सभी समस्याएं एक साथ आ रही हों।

हमारे पास केवल एक विकल्प था – कारखाने की क्षमता बढ़ाना जिससे कि लागत को कवर किया जा सकता था। डेनिश-अमरीकी कंपनी, फ़ुलर, हमारे कारखाने की सप्लायर थी। हमने उनके भारतीय प्रतिनिधि को मीटिंग के लिए बुलाया। यह मीटिंग बॉम्बे के ओबेरॉय होटल के बिज़नेस क्लब, द बेलवेडेर में हुई। श्री कुलकर्णी भी मेरे साथ थे। हमने उस प्रतिनिधि को हमारी समस्या समझाई और कहा कि कंपनी की स्थिति बहुत नाज़ुक थी। मैंने उससे कहा कि मौजूदा क्षमता के साथ यह कारखाना मुनाफ़ा नहीं कमा पाएगा।

यह सुनकर वह बिलकुल हतोत्साहित नहीं हुआ। 'आपके मौजूदा किल्न के साथ भी आप उत्पादन 30 प्रतिशत से बढ़ा सकते हैं। लेकिन अगर आप चाहो, तो थोड़ा ज़्यादा पैसे खर्च करने से हम किल्न को और बड़ा बना सकते हैं जिससे उत्पादन 50 प्रतिशत से बढ़ जाएगा। हमें रॉ मिल, कोल मिल और प्रीहीटर जैसे कारखाने के अन्य भागों में थोड़ा परिवर्तन करना होगा,' उसने हमें समझाया।

यह सुनकर मुझे बहुत ख़ुशी हुई। जब उसने कहा कि अतिरिक्त खर्च दस करोड़ रुपए होगा तब मैंने चैन की सांस ली। निवेश में मात्र 2 प्रतिशत बढ़त के साथ कारखाने की क्षमता डेढ़ मिलियन टन बन सकती थी। उस मीटिंग के कारण एक बड़ी दुर्घटना होते-होते बच गई। इसके बावजूद, सिविल काम इतना ज़्यादा था कि कारखाना बनने में तीन

और साल लग गए। उसके बाद श्री कुलकर्णी ने बड़ी तेज़ी से काम करते हुए कारखाने को चौबीस महीनों के अंदर खड़ा कर दिया।

*

आख़िरकार पांच साल की मेहनत के बाद हमने अगस्त 1995 में किल्न शुरू की और एक महीने बाद उत्पादन शुरू किया। किसी कारखाने के निर्माण में हमने इतना समय कभी नहीं लिया था और न ही इतनी राशि खर्च की थी। लेकिन उत्पादन शुरू करते ही, मानो किसी दैवी शक्ति की कृपा से हमारी सभी समस्याएं दूर हो गई। श्री कुलकर्णी और उनकी टीम तीन महीनों के अंदर कारखाने को स्थिर बना पाए। शायद ही किसी भारतीय सीमेंट कंपनी ने इस कार्य में इतना कम समय लगाया होगा। इस कारण हम पहले साल से ही कारखाना उसकी 100 प्रतिशत क्षमता पर चला पाए और तबसे यह आंकड़ा बढ़ता ही गया।

हमारे हिमाचल प्रदेश के प्रोजेक्ट की सफलता का मुख्य कारण बेशक़ ही पंजाब का हमारा ग्राइंडिंग यूनिट था। रूपनगर में स्थित यह यूनिट हमारे लिए अत्यंत महत्त्वपूर्ण रहा। वह सही समय पर अठारह महीनों में तैयार हुआ और दरलाघाट से क्लिंकर आते ही वहां ग्राइंडिंग शुरू हुई। लेकिन PPC बनाने के हमारे निर्णय से कुछ समस्याएं खड़ी हुई। उन दिनों उत्तर भारत में अधिकतर OPC सीमेंट बनता था और PPC को उससे तुच्छ माना जाता था। हम कोडिनार में OPC बनाते थे, जिस कारण तब तक अंबुजा को OPC से जोड़ा जाता था।

हमारे एडवरटाइजिंग और मार्केटिंग संबंधित सूचनाओं में हमने हमेशा से ही दावा किया था कि OPC मार्केट का सबसे टिकाऊ सीमेंट था। हमारी इमेज, यादगार शब्द में जायंट और अरसे से चलता आ रहा 'विराट शक्ति' कैंपेन, सभी OPC की उत्कृष्ट शक्ति की बात करते थे। हमने अप्रत्यक्ष रूप से ग्राहकों को यह संदेश भी दिया था कि PPC, जो गुजरात के हमारे कुछ प्रतिद्वंद्वी बनाते थे, OPC से तुच्छ था। अब हमें उन्हें मनाना था कि गुजरात में OPC बेचने के बावजूद हमने उत्तर भारत में PPC बनाने का निर्णय लिया था। पर हम यह कैसे करते?

यह समस्या बहुत जल्दी चंडीगढ़ में हमारी पहली डीलर्स कॉन्फ्रेंस से ही शुरू हुई। यह उत्तर भारत के डीलरों के साथ हमारी पहली मुलाक़ात थी। इसलिए, मैं भी उन्हें मिलने

चंडीगढ़ पहुंचा। एयरपोर्ट पर मायूस लग रहे सुरेश नेवटिया मेरे लिए रुके थे। उनके साथ हिमाचल प्रदेश यूनिट के CEO, श्री पी.सी. जैन सहित कुछ अन्य एग्जीक्यूटिव भी थे। सुरेश जो मेरा स्वागत करने किसी एयरपोर्ट पर कभी नहीं आए थे, उनको और वहां सभी को देखकर कुछ समय के लिए मैं चिंतित था। वे तुरंत मुद्दे पर आए। 'यहां सभी परेशान हैं। डीलरों का कहना है कि अंबुजा सीमेंट को हमेशा से ही OPC की "विराट शक्ति" से जोड़ा गया है। लेकिन यहां हम PPC बना रहे हैं। तो फिर वे यह सीमेंट क्या कहकर बेचें? लोग हम पर विश्वास क्यों करें?'

ऐसी स्थिति को संभालना मैं अच्छे से जानता था। मैंने मेरे सभी सहकर्मियों को आश्वासन दिया कि चिंता करने की कोई ज़रूरत नहीं थी। 'आपकी बात सही है। गुजरात में हम कहते हैं कि OPC, PPC से ज़्यादा मज़बूत सीमेंट है। यहां हम डीलरों को कह सकते हैं कि पंजाब और उत्तर भारत में हमारा PPC सीमेंट उत्तर भारत के मार्केट में मिल रहे अन्य किसी OPC सीमेंट से ज़्यादा मज़बूत होगा।' उनकी प्रतिक्रिया से स्पष्ट था कि मुझ पर किसी को विश्वास नहीं था।

'हम यह कैसे कह सकते हैं?' श्री जैन ने चिंतित होकर मुझसे पूछा। 'सभी जानते हैं कि OPC हमेशा ही PPC से ज़्यादा मज़बूत है।'

'मैं निश्चित करूंगा कि पंजाब में हम ऐसा PPC सीमेंट बनाएंगे जो इस मार्केट में मिलने वाले अन्य किसी OPC या PPC सीमेंट से कई ज़्यादा मज़बूत होगा। आप डीलरों को यह बता सकते हैं,' मैंने उनसे कहा।

न मैं और न ही मेरे सहकर्मी जानते थे कि मैं यह कैसे करके दिखाने वाला था। जैसी कि मैंने पहले कई बार किया था वैसे इस बार भी मैं बिना सोचे कुछ बोल गया था। इसके बावजूद, मैंने डीलरों को भी वही बात कही ताकि कोई अस्पष्टता न हो। 'आप हमारे PPC सीमेंट की मज़बूती की जांच करें। यदि आपको लगे कि वह मार्केट में सबसे मज़बूत सीमेंट नहीं है, तो आप उसे लौटा दें।' वे मेरे आत्मविश्वास से आश्वस्त थे, लेकिन मेरी टीम नहीं थी।

मीटिंग के बाद मैंने अपने सभी एग्जीक्यूटिव से कहा कि मेरा वादा पूरा करने की पूरी ज़िम्मेदारी अब उन पर थी। सभी भौंचक्का रह गए। मैंने उनसे कहा कि अब जो मैंने वचन दे दिया था, पीछे हटने का कोई सवाल नहीं था। मुझे मेरे सहकर्मियों की काबिलियत पर पूरा भरोसा था। 'क्या आप यह कर दिखाने के लिए तैयार हैं?' मैंने उनसे पूछा और

सभी ने उत्सुकता से हामी भरी। उनके पास और कोई चारा भी तो नहीं था। इस टीम ने कोडिनार में स्थित हमारे कंक्रीट विशेषज्ञ, श्री जे.पी. देसाई और उनकी R&D लैब के साथ काम करके मेरी इच्छानुसार उच्च शक्ति का PPC सीमेंट बनाने का तरीक़ा ढूंढा।

उन्होंने ढूंढ लिया कि PPC को अधिक मज़बूत बनाने का रहस्य क्लिंकर और फ़्लाई एश के मिश्रण को अत्यधिक महीन पीसना था – जितने महीन कण उतना मज़बूत सीमेंट। इसके पीछे एक वैज्ञानिक कारण था। फ़्लाई एश एक महीन पाउडर है, जिसके कण सीमेंट के कणों से भी महीन होते हैं। जब कंक्रीट का गीला मिश्रण (जिसमें सीमेंट सहित ग्रेवल, पत्थर के टुकड़े और रेत होते हैं) परिपक्व होते जाता है तब उसमें अतिसूक्ष्म रिक्त स्थान रह जाते हैं। कंस्ट्रक्शन में फ़्लाई एश की भूमिका इन स्थानों को भरने की है। जैसे यह होते जाता है वैसे ये स्थान अभेद्य बनते हैं और कंक्रीट और मज़बूत बनता है।

पॉवर प्लांट में कोयला जलाने पर फ़्लाई एश एक पाउडर के रूप में निर्माण होता है। उसके मोटे और महीन कण पॉवर प्लांट से निकल रहे फ़्लू गैस में पाए जाते हैं। फ़्लू गैस को एक कतार में स्थित इलेक्ट्रोस्टैटिक प्रेसिपिटेटर (ESP) में से भेजने पर अधिकांश फ़्लाई एश इन प्रेसिपिटेटर में फंस जाता है और साफ़-सुथरी फ़्लू गैस एक विशाल चिमनी के ज़रिए पॉवर प्लांट के बाहर निकल जाती है।

रूपनगर के पॉवर प्लांट के साथ हुए समझौते के कारण हमें वहां से सिर्फ़ सबसे महीन फ़्लाई एश मिलती थी। उसे फ़्लाई एश साइलो में पंप किया जाता था, जो हमने अपने पैसे खर्च करके बनाया था। फिर उसे न्यूमैटिक ढंग से विशेष पाइपलाइन के ज़रिए हमारे ग्राइंडिंग यूनिट तक ले जाया जाता था। इस प्रकार, हमें हमारे PPC के लिए सिर्फ़ बेहतरीन फ़्लाई एश मिलता गया। चूँकि फ़्लाई एश पॉवर प्लांट में निर्माण होने वाला एक वेस्ट प्रोडक्ट है इसलिए साधारणतः उसका विश्लेषण नहीं किया जाता है। लेकिन हमने वह किया और वह हमारे लिए बहुत फ़ायदेमंद रहा।

अब हमने जो उच्च-शक्ति का PPC बनाया, हमारे सामने सवाल यह था कि पहले के OPC एडवरटाइजिंग के विपरीत संदेश न देते हुए ग्राहकों को PPC की उच्च शक्ति का संदेश कैसे दिया जाए। मैंने दोबारा हमारे मार्केटिंग गुरु रवि गुप्ता से मदद मांगी। उन्होंने और उनकी टीम ने एक दिलचस्प सुझाव दिया – नया सीमेंट न OPC और न ही PPC कहा जाए। फ़्लाई एश में बड़ी मात्रा में मौजूद सिलिकॉन डाइऑक्साइड, लाइमस्टोन में मौजूद कई कैल्शियम कंपाउंड के साथ प्रतिक्रिया कर कैल्शियम सिलिकेट बनता है।

हमें मार्केट रिसर्च से पता चला था कि ग्राहक 'सिलिकेट' नाम से बहुत प्रभावित थे। तकनीकी शब्द होने के बावजूद उससे प्रतीत होता था कि सीमेंट उत्कृष्ट क्वालिटी का है। हमने इस सीमेंट को 'सीमेंट अंबुजा सिलिकेट' नाम दिया। सीमेंट की थैलियां विशेष पीले और नीले रंगों की बनाई गईं ताकि वे हाई क्वालिटी की लगे।

सिलिकेट के माध्यम से हमने यह संदेश दिया कि अंबुजा की टेक्नोलॉजी के कारण यह सीमेंट समय के साथ और मज़बूत बनता था। शुरू में बनाया गया मज़बूत घर समय के साथ और टिकाऊ बनता। अंबुजा के ब्रैंड का सीमेंट अपनी मज़बूती के लिए जाना जाता था। अब हमने उसके साथ एक और संदेश दिया – यह एक ऐसा सीमेंट था जो समय के साथ टिकाऊ बनते जाता था।

*

सीमेंट अंबुजा सिलिकेट का पंजाब, उत्तर प्रदेश, दिल्ली और हरियाणा के सभी नए डीलरों की उपस्थिति में मसूरी में एक समारोह में उद्घाटन किया गया। इस समारोह में भंगड़ा सुपरस्टार, गुरदास मान का शानदार शो भी हुआ। इसके बाद हमने उत्तर भारत के अख़बारों और टीवी चैनलों में धमाकेदार एडवरटाइजिंग की। पंजाबी अख़बारों में हमारी टैगलाइन, 'सीमेंट के सरदार पंजाब में' के कारण बहुत बिक्री हुई।

35 प्रतिशत फ़्लाई एश शामिल होने के कारण दरलाघाट में बनने वाले 1.5 मिलियन टन क्लिंकर रूपनगर के ग्राइंडिंग यूनिट में 2 मिलियन टन सीमेंट में परिवर्तित हुआ। पंजाब के मार्केट में बढ़ती मांग के कारण हम सारी सीमेंट कारखाने से 30 से लेकर 50 किलोमीटर की दूरी में बेच पाए। इससे परिवहन पर बहुत बचत हुई। पहले साल के अंदर ही, हमने राज्य के 20 प्रतिशत मार्केट को घेर लिया था। और सेल्स टैक्स तथा एक्साइज़ ड्यूटी पर छूट मिलने के कारण हमने बढ़िया मुनाफ़ा भी कमाया।

पहले कुछ सालों में ही ब्याज और डेप्रिसिएशन घटाने के बाद हम इस कारखाने से सालाना 100 करोड़ रुपयों से ज़्यादा मुनाफ़ा कमाने लगे। फलस्वरूप, हमने निवेश की गई विशाल राशि कुछ सालों में ही कमा ली। तीन साल बाद, हमने केवल 25 करोड़ रुपयों के अतिरिक्त निवेश से प्रीहीटर का ऊपरी भाग बदला वह भी मात्र 26 दिनों में। यह करने से कारखाने की क्षमता दो मिलियन टन क्लिंकर तक बढ़ गई और नतीजन हम 2.7 मिलियन टन सीमेंट बना पाए।

दरलाघाट के कारखाने की सफलता के बारे में सबसे उल्लेखनीय बात थी उस कारखाने में न के बराबर प्रदूषण होना। इस प्रोजेक्ट की शुरुआत में वर्ल्ड बैंक ने लगभग 110 करोड़ रुपए निवेश किए थे। आर्थिक सहायता करने के लिए उनकी शर्त थी कि चूँकि कारखाना ईको-सेंसिटिव ज़ोन में था, इसलिए हमें सख़्त एमिशन कंट्रोल नॉर्म का पालन करना होगा। लेकिन हम उससे भी एक क़दम आगे गए। हमने उनसे वादा किया कि हमारा यह कारखाना उसी क्षमता के किसी स्विस कारखाने से भी कम प्रदूषण करेगा। और हमने यह करके भी दिखाया। कुछ साल बाद हमने अपने आपको प्रतिष्ठित टाटा एनर्जी रिसर्च इंस्टिट्यूट (TERI; जो अब द एनर्जी एंड रिसोर्सेस इंस्टिट्यूट कहलाता है) से एनवायरनमेंट मैनेजमेंट आंकने के लिए नियुक्त किया। उन्होंने हमें उनका सबसे ऊंचा रेटिंग, गोल्ड ईको-स्टार दिया।

पंजाब सरकार शुक्रगुज़ार थी कि हम सालाना 0.5 मिलियन टन से भी ज़्यादा फ़्लाई एश को रीसाइकल करके सीमेंट में बदल रहे थे। फ़्लाई एश उनके थर्मल पॉवर प्लांट से निकलने वाला नॉन-बायोडिग्रेडेबल वेस्ट मटेरियल था। दरलाघाट कारखाने के बनने से पहले सारा फ़्लाई एश पॉवर प्लांट के नज़दीक स्थित विशेष तालाबों में फेंका जाता था। इससे वहां के सैंकड़ों हेक्टेयर खेत बंजर बन रहे थे। इस प्रकार, रूपनगर और बठिंडा में (जहां हमने 1999 में दूसरा ग्राइंडिंग यूनिट बनाया) पंजाब के दो सबसे बड़े पॉवर प्लांट से हम पर्यावरण की रक्षा कर पाए।

दरलाघाट में मेरा अनुभव मिश्रित रहा। यह हमारी कंपनी का सबसे लंबा और चुनौतीपूर्ण प्रोजेक्ट था, जिसमें हमने सबसे ज़्यादा समस्याओं का सामना किया। और व्यक्तिगत रूप से, मेरे लिए कठिनाइयां और भी बढ़ गईं जब प्रोजेक्ट के बीच में मुझे पता चला कि मुझे कैंसर हुआ था। लेकिन कुल मिलाकर प्रोजेक्ट को लेकर सकारात्मक बातें ज़्यादा थी। जैसे कि कारखाना देखकर कोई भी व्यक्ति दावे से कहेगा, हमने सिविल इंजीनियरिंग का करिश्मा बनाया था। और सभी बाधाओं के बावजूद, कारखाने ने बहुत मुनाफ़ा कमाया। दरलाघाट के कारण गुजरात अंबुजा के अगले चरण के विकास को बढ़ावा मिला। दूसरी बात यह थी कि इन चुनौतियों ने सबके चरित्र की कठिन परीक्षा ली। मैं ख़ुश था कि हमारे निश्चय और साहस के कारण हम इन चुनौतियों को मात दे पाए। इस प्रोजेक्ट के कारण संपूर्ण कंपनी के आत्मविश्वास में बहुत बढ़त हुई। उससे हमें यह लगने लगा कि हमारे लिए नामुमकिन कुछ भी नहीं था।

सीमेंट उद्योग में हमने अपने लिए एक ऐसी कंपनी के तौर पर नाम बना लिया, जो सबसे बड़ी चुनौतियों से भी डरती नहीं थी। अब हमारा बड़ी कंपनियों के साथ उल्लेख होने लगा क्योंकि हमने उत्तर भारत के मार्केट में उस समय भारत की सबसे बड़ी सीमेंट कंपनी, ACC की मोनोपोली को तोड़ा था। हमारा कारखाना उनके कारखाने से बड़ा, अधिक कुशल और कई गुना फ़ायदेमंद था। हिमाचल प्रदेश के अनुभव से मुझे जीवनभर के लिए दो और सीखें मिली – पहली, छोटे राज्य में कारखाना कभी न बनाएं; और दूसरी, लोग जैसे लगते हैं वैसे होते नहीं हैं।

*

दरलाघाट को साकार करने में लगे सालों के संघर्ष, मेहनत और साहसभरी कल्पनाशीलता के पीछे का जोश ‘I Can’ (I Can) में समाया है। शुरू में वह त्रिकाया द्वारा हमारे कॉर्पोरेट एडवरटाइजिंग के लिए बनाया गया स्लोगन था। लेकिन जल्द ही वह हमारी कंपनी का सिद्धांत बन गया, जिससे लोगों तक यह संदेश पहुंचा कि अंबुजा का प्रत्येक कर्मचारी अपना काम जुनून, एकनिष्ठा और निःस्वार्थ भाव से करता था।

हमारे ‘विराट कम्प्रेस्सिव स्ट्रेंथ’ एडवरटाइजिंग कैंपेन की मदद से अंबुजा भारत की सबसे भरोसेमंद सीमेंट कंपनी बन गई थी। ‘I Can’ के स्रोत का इस कैंपेन की सफलता से गहरा संबंध था। सन् 1991 में कभी मुझे एक विचार आया: यदि एक एडवरटाइजिंग कैंपेन से सीमेंट जैसी कमोडिटी की ख्याति और उसका सकारात्मक स्वरूप बढ़ सकता था, तो क्यों न एडवरटाइजिंग से उससे भी बहुत बड़ा कुछ हासिल किया जाए? वैसे भी हम गुजरात अंबुजा को भारत की सबसे अच्छी चलाई जाने वाला सीमेंट कंपनी बनाने के लिए कई कदम उठा रहे थे। क्यों न इसी तरह के एडवरटाइजिंग कैंपेन से लोगों को इन प्रयासों की जानकारी देकर कंपनी की इमेज बढ़ाई जाए?

रवि गुप्ता के साथ मेरी एक मीटिंग में मैंने उनसे यह बात कही। मैंने कहा, ‘मुझे एक बड़ी चिंता है। वास्तव में, हमारे बुरे दिन अब पीछे रहकर अच्छे दिन शुरू हो रहे हैं।’

वह हंसने लगे और बोले, ‘आप पहले शख़्स हैं, जो अच्छे समय को लेकर चिंतित है।’

मैंने रवि से कहा, ‘मैं जानता हूं कि हम सफल होंगे, लेकिन मुझे चिंता है कि लोग इसका पूरा श्रेय सीमेंट इंडस्ट्री के बढ़िया प्रदर्शन को देंगे। उन्हें इस सफलता के पीछे हमारे

उत्कृष्ट काम के बारे में पता नहीं चलेगा। वे कहेंगे कि क़ीमतें बढ़ने के कारण गुजरात अंबुजा का मुनाफ़ा बढ़ रहा है। अच्छे मार्केट में कोई भी कंपनी मुनाफ़ा कमा सकती है। मैं नहीं चाहता कि लोगों की अंबुजा के बारे में वैसी सोच हो। मैं चाहता हूं कि वे कंपनी चलाने के मेरे सिद्धांत के बारे में जानें, जिसके कारण हम इतना सफल हुए हैं।'

वह मेरा यह सिद्धांत जानना चाहते थे। मैंने उन्हें वह संक्षेप में समझाया: 'बड़ी कंपनियों में सभी के लिए लक्ष्य निर्धारित किया जाता है। मैं इसमें विश्वास नहीं रखता। मेरी राय में लक्ष्यों को हासिल करने के बोझ के कारण कर्मचारी निस्संदेह तनावग्रस्त हो जाते हैं। हर बार उच्च प्रदर्शन नहीं कर पाने के डर से वे अपने लिए छोटे लक्ष्य रखते हैं।' मैंने उन्हें समझाया कि ऐसी कंपनियों में लोग बेहतरीन लक्ष्य रखने से डरते थे क्योंकि उन्हें लगता था कि अगले साल उनके लिए लक्ष्य और ऊंचा होगा और वो वे हासिल नहीं कर पाएंगे।

'असफलता के भय के माहौल में उद्यम का पनपना असंभव है,' मैंने कहा। 'गुजरात अंबुजा में हम अलग तरीक़ा अपनाते हैं। हम हमारे कर्मचारियों के लिए कोई लक्ष्य रखे बिना उन्हें उत्कृष्ट प्रदर्शन के लिए प्रोत्साहित करते हैं। लेकिन इससे पहले हम उन्हें सक्षम बनाकर, उनके लिए ज़रूरी सभी संसाधन उपलब्ध करते हैं। हमें भरोसा होता है कि वे कंपनी के लिए बेहतरीन प्रदर्शन करेंगे। उनकी असफलताओं के लिए उन्हें टोकने के बजाय उनसे हम भविष्य के लिए सीख प्राप्त करने की सलाह देते हैं। सफलताओं का श्रेय कर्मचारियों को दिया जाता है जबकि असफलताओं के लिए कंपनी ज़िम्मेदारी लेती है। न कोई लक्ष्य होते हैं और न ही बजट। हम सभी को आसमान छूने के लिए प्रोत्साहित करते रहते हैं। इस कॉरपोरेट सिद्धांत के कारण हम इतना सफल रहे हैं।'

मैं रवि से एक ऐसा कैंपेन चाहता था जिससे कि हमारी सफलताओं की शेखी बघारे बिना कंपनी चलाने का हमारा सिद्धांत समझाया जा सके। एक हफ़्ते के अंदर, रवि अपने युवा सहकर्मी, अलोक नंदा के साथ कैंपेन का विचार सुनाने मुझसे दोबारा मिले। कैंपेन का नाम 'I Can' था। मैं जो कैंपेन से चाहता था उसका सारांश इस आकर्षक नाम में था। कैंपेन की कॉपी में भी अंबुजा की कॉर्पोरेट फ़िलोसोफ़ी बड़ी सटीकता से समझाई गई थी: 'किसी व्यक्ति को आदेश देने पर वह अपना काम काफ़ी अच्छे से करेगा। पर यदि आप उसे अपना लक्ष्य ख़ुद निर्धारित करने की आज़ादी देकर ज़िम्मेदार बनाते हैं, तो उस पर यह लक्ष्य प्राप्त करने का जुनून छा जाएगा।'

फिर इस एड ने बारीक़ी से समझाया कि यह कॉर्पोरेट फ़िलोसोफ़ी कारखानों के कर्मचारियों के ज़रिए अमल में कैसे लाइ जाती थी। इस कहानी के शीर्षक ने बताया कैसे हमारी प्रोजेक्ट टीम ने सबसे कम समय में कारखाना स्थापित किया था – 'आप तीन साल से कम समय में कारखाना स्थापित नहीं कर सकते। स्वभावतः हमने वह दो साल में करके दिखाया।' 'आय कैन डू इट फ़ास्टर' इस विचार पर आधारित इस एड ने सौ शब्दों के अंदर हमारी फ़िलोसोफ़ी सटीकता से समझाई।

यह एड कैंपेन कई मायनों में शानदार था। हम कितने अच्छे थे इसका ढिंढोरा पीटने के बजाय, उसने हमारी सफलता की कहानी संवेदनशील ढंग से आकर्षक भाषा में समझाई। हालाँकि 'I Can' स्लोगन सादा था, लेकिन अर्थपूर्ण था। अंबुजा में हमने एक ऐसी कार्य पद्धति को बढ़ावा दिया था, जिसमें प्रत्येक कर्मचारी को बेहतरीन प्रदर्शन करने के लिए प्रोत्साहन दिया जाता था। इस एड ने इस कार्य पद्धति को बढ़िया ढंग से प्रस्तुत किया। हमारे कर्मचारी अपना काम 'I Can' के जोश में करते थे।

'हमारे यहां विश्वभर का सबसे आधुनिक पोल्यूशन कंट्रोल सिस्टम है: ग़ुलाबों का बग़ीचा' –यह इस श्रृंखला में दूसरी एड का शीर्षक था। इस एड ने समझाया कैसे हम हमारे कारखानों में एमिशन के स्तर को सफलतापूर्वक घटाकर स्विस मापदंडों तक लाये थे। हमारे आस-पास रहने वाले किसान चिंतित थे कि सीमेंट के उत्पादन से वहां का प्रदूषण बढ़ेगा। इस एड ने बताया कैसे हमने किल्न के बग़ल में ग़ुलाब उगाकर उन्हें आश्वस्त किया कि वहां बहुत कम प्रदूषण था।

देशभर के मुख्य अख़बारों में छपने वाले 'I Can' के एड बहुत सफल रहे। उनकी मदद से लोगों के मन में यह बात अच्छे से बैठ गई कि गुजरात अंबुजा प्रोफेशनल्स द्वारा चलाई गई एक ऐसी कंपनी थी, जिसमें हम मैनेजमेंट की आधुनिक तकनीकों की मदद से, तथा नैतिकता और सामाजिक विकास को महत्त्व देते हुए उन्नति कर रहे थे। 'I Can' श्रृंखला के एड भारत में कॉर्पोरेट एडवरटाइजिंग का पहला उदाहरण थे, जिसने किसी कंपनी को अपने पदार्थ बेचने के बजाय उसकी ख्याति बढ़ाने में मदद की।

इस श्रृंखला के एड कई सालों तक चले। प्रत्येक एड में हमारे विकास के विभिन्न पहलुओं के बारे में बात की गई – समुंदर से परिवहन करने का प्रोजेक्ट, अपने कारखानों के लिए ISO 9002 क्वालिटी सर्टिफ़िकेशन हासिल करना, ये दोनों ही काम भारतीय सीमेंट उद्योग में पहली बार हुए; लगातार बढ़ती कुशलता और उत्पादन और कई अन्य बातें।

इन एड की सफलता के कारण देशभर की एड एजेंसियों के लिए कॉर्पोरेट एडवरटाइजिंग आमदनी का अत्यंत महत्त्वपूर्ण ज़रिया बन गया। दर्जनों कंपनियों ने, चाहें वे बड़ी हों या छोटी, कॉर्पोरेट एडवरटाइजिंग से लोगों के बीच अपने लिए इमेज बनाई। कई कंपनियां असफल भी रहीं क्योंकि ऐसे एड में सच बोलना ज़रूरी होता है। मुझे याद है कैसे कुछ साल बाद रवि ने मुझे बताया कि एक जाने-माने उद्योगपति ऐसा एक कैंपेन करना चाहते थे। जब रवि ने उनसे पूछा कि वे क्या संदेश देना चाहते थे, तब उन्होंने रवि से कोई काल्पनिक संदेश देने के लिए कहा। रवि को उन्हें समझाना पड़ा कि इस प्रकार के एड कैंपेन से उन्हें कोई लाभ नहीं होगा। यदि वे चाहते थे कि उनकी स्थायी इमेज बने तो वह झूठ पर आधारित नहीं हो सकती थी।

'I Can' श्रृंखला की मदद से गुजरात अंबुजा ने निवेशकों और लोगों के बीच अपने लिए एक नई इमेज बना ली। इसके साथ-साथ उसका हमारे कर्मचारियों पर भी उतना ही गहरा प्रभाव रहा। इन एड से हमारे कर्मचारियों को इतने सालों के उत्कृष्ट काम के लिए मान्यता मिली और उन्हें अपनी तथा कंपनी की सफलताओं पर गर्व महसूस हुआ। समय के साथ 'I Can' हमारे कर्मचारियों के बीच कुछ कर दिखाने के लिए नारा बन गया। ये दो सादे शब्द सभी को समझ आते थे। उनमें हमारे सभी कर्मचारियों को इन्नोवेशन करके कंपनी के लिए उत्कृष्ट प्रदर्शन करने के लिए प्रोत्साहित करने की क्षमता थी।

जायंट के यादगार शब्द जैसे, 'I Can' भी समय के साथ बदला है और अब उसके ज़रिए कंपनी का आशय व्यक्त किया जाता है। उसका सबसे नया रूप कुछ यूं है:

- 'I Can' की भावना में अंबुजा सीमेंट लिमिटेड के मैनेजमेंट की फ़िलोसोफ़ी समाई है।
- 'I Can' इस बात का संकेतक है कि प्रत्येक व्यक्ति अपनी क्षमतानुसार उत्कृष्ट प्रदर्शन करके सामूहिक लक्ष्य हासिल करने में हाथ बंटाता है। संपूर्ण टीम के बेहतर प्रदर्शन के लिए व्यक्तिगत पहल की मदद लेने की यह प्रक्रिया गुजरात अंबुजा में सालों से विकसित की गई कार्य संस्कृति का सबसे महत्त्वपूर्ण हिस्सा है।
- 'I Can' के कारण हमारे कर्मचारी निडरता से अपने विचार व्यक्त करते हैं। इस प्रकार, प्रत्येक टीम अपने लक्ष्य अधिक कुशलता से हासिल करती है।

- अंबुजा सीमेंट ने सीमेंट उद्योग में इस दृढ़ विश्वास के साथ प्रवेश किया कि चुनौतियों को मात देना और मौक़ों का पूरा फ़ायदा उठाना आवश्यक है। प्रतिष्ठित विशाल कंपनियों के बीच छोटी कंपनी होने के कारण अंबुजा सीमेंट जान गई कि सबसे कम लागत में अधिकतम कुशलता और उत्पादकता हासिल करके प्रतिद्वंद्वियों से बेहतर प्रदर्शन किया जा सकता था।
- 'I Can' का सिद्धांत प्रत्येक स्तर के कर्मचारियों को ज़िम्मेदार तथा सक्षम बनने में बढ़ावा देता है। इस कारण वे प्रोत्साहित भी होते हैं।

मैं खुद इसे और बेहतर तरीके से नहीं समझा पाता।

9

अनजान क्षेत्रों में प्रवेश

असफल अधिग्रहण ● समुद्री ट्रांसपोर्ट से इतिहास रचना ● दरलाघाट की मुश्किलें ● गजम्बुजा का जन्म

जब यह स्पष्ट हुआ कि दरलाघाट का प्रोजेक्ट उम्मीद से ज़्यादा समय लेगा, तब हम आगे बढ़ने के अन्य अवसर ढूंढने लगे। मैंने गंभीरता से किसी दूसरे प्लांट को अधिग्रहण करने का सोचा। लेकिन मैं उसमें इतना सफल नहीं रहा। अधिग्रहण करने का मेरा पहला प्रयास लगभग 1990 में था। तब चेन्नई का मुरुगप्पा ग्रुप कोरोमंडल फ़र्टिलाइज़र के सीमेंट विभाग को बेचना चाह रहा था। 1980 में स्थापित एक-मिलियन-टन का यह काफ़ी नया कारखाना दक्षिणी आंध्र प्रदेश के कडपा ज़िले में चिलमकुर में स्थित था। ख़राब मैनेजमेंट, अपर्याप्त बिजली और घटिया क्वालिटी के कोयले के कारण उसकी स्थिति नाज़ुक थी। हमारे अलावा L&T और चेन्नई में स्थित इंडिया सीमेंट्स लिमिटेड भी बोली लगा रही थी।

मैंने सोचा था कि दक्षिण भारत के तेज़ी से बढ़ते मार्केट में प्रवेश करने का यह एक अच्छा मौक़ा होगा। हमने सबसे ऊंची अर्थात 92 करोड़ रुपयों की बोली लगाई थी। सामान्य परिस्थितियों में वह कारखाना हमें मिलना चाहिए था। लेकिन तब तक मैं अपने

मित्र, श्री एन. श्रीनिवासन के दृढ़ तौर-तरीक़ों से अपरिचित था। उन्होंने अपने विस्तृत परिवार से दस साल लड़ाई कर अभी-अभी इंडिया सीमेंट्स के मैनेजमेंट पर दोबारा क़ाबू पाया था। आगे जाकर वे BCCI प्रेसिडेंट बनकर प्रसिद्ध हुए। लेकिन लगभग एक दशक तक चेन्नई के व्यवसायी समुदाय के बाहर रहने पर, उन दिनों वे इन उद्योगपतियों के बीच ख़ुद को पुनः साबित करने के इच्छुक थे। इस उद्देश्य से उन्होंने मुरुगप्पा ग्रुप को हमसे दस करोड़ रुपए ज़्यादा देने का प्रस्ताव दिया।

मुरुगप्पा ग्रुप ने मुझे श्री श्रीनिवासन के नए प्रस्ताव के बारे में सूचित कर जानना चाहा कि क्या मैं उससे ऊंची बोली लगाने के लिए तैयार था। उनके अनैतिक व्यवहार के बारे में जानकर मुझे बहुत ग़ुस्सा आया। उन्होंने वादा किया था कि कारखाना सबसे ऊंची बोली लगाने वाले को दिया जाएगा और बोली खोलने के बाद कोई सौदेबाज़ी नहीं होगी। 'यदि आप ओपन कंपेटिटिव बिडिंग की प्रक्रिया का अनादर करते हुए हारने वाली कंपनी से और ऊंची बोली लगवाएंगे तो बोली लगाने का फ़ायदा ही क्या?' मैंने उनसे पूछा। 'मैं आप पर कैसे भरोसा करूं कि आप श्री श्रीनिवासन से मुझसे ऊंची बोली दोबारा नहीं लगवाएंगे? मुझे इस तरह का व्यवसाय करना पसंद नहीं है।'

वह कारखाना श्री श्रीनिवासन को मिला। बाद में, मुझे पता चला कि श्री श्रीनिवासन दक्षिण भारत में अपने व्यवसाय किस तरह के तरीक़े अपनाकर सुरक्षित रखते थे। यह जानकर मैंने चैन की सांस ली कि कोरोमंडल सीमेंट मुझे नहीं मिला। श्री श्रीनिवासन ने मुझे निश्चित ही वहां शांतिपूर्वक व्यवसाय करने नहीं दिया होता। इसके अलावा, मैंने यह भी जाना कि आंध्र प्रदेश के कडपा ज़िले में इंफ़्रास्ट्रक्चर और कर्मचारी से जुड़ी समस्याओं के कारण वहां सीमेंट कारखाना चलाना सरल नहीं था। रही बात श्री श्रीनिवासन की, तो यह मेरी उनसे हुई कई असहमतियों में से पहली थी।

लगभग इसी समय एक और कंपनी को हासिल करने में मैं नाकाम रहा। CCGL नामक यह कंपनी गुजरात में हमारे मुख्य प्रतिद्वंद्वी, महेंद्र मेहता ग्रुप की दूसरी सीमेंट कंपनी थी। उसने हाल ही में जूनागढ़ ज़िले में एक-मिलियन-टन का कारखाना स्थापित किया था। उत्पादन शुरू होने में देरी के कारण कंपनी नाज़ुक स्थिति में थी, और कुछ समय पहले बोर्ड फ़ॉर इंडस्ट्रियल एंड फ़ाइनेंशियल रीकंस्ट्रक्शन (BIFR) द्वारा बीमार घोषित कर दी गई थी।

IDBI के एग्जीक्यूटिव के साथ हर मीटिंग में वे हमें बताते कि कैसे उन्हें CCGL से कर्ज़ा वसूल करने में कठिनाई हो रही थी। एक दिन, मैंने मज़ाक में कह दिया कि यदि वे अंबुजा को CCGL ख़रीदने देते तो हम संपूर्ण ऋण चुकता करते और कंपनी के पुनरुत्थान में पूंजी भी निवेश करते। इससे वे उत्साहित हुए और उन्होंने उनकी अगली बोर्ड मीटिंग में हमारे प्रस्ताव पर चर्चा की। उन्हें पक्का विश्वास था कि बोर्ड उसे स्वीकार करेगा। इसलिए, उन्होंने मुझसे कहा कि हम CCGL की डोर पकड़ने के लिए तैयार हो जाएं। उत्साहित होकर मैंने यह बात अपने कुछ सहकर्मियों को बताई। जब मेरे सेक्रेटरी को यह बात पता चली तब उसने यह बात मेरे साले, अरविंद नोपानी को बताई, जो बरोडा में हमारे डीलर थे। उन्होंने वहां के अपने कुछ व्यवसायी साथियों को बताया कि अगले कुछ दिनों में अंबुजा CCGL का टेकओवर करने वाली थी। किसी तरह यह जानकारी महेंद्र मेहता ग्रुप तक पहुंची। उनकी दिल्ली के राजनीतिज्ञों से अच्छी पहचान थी। उन्होंने सरकार में इन दोस्तों से इस मामले में मदद मांगी। ये दोस्त उनकी मदद करने दौड़े चले आए।

और देखते ही देखते सौदा पक्का हो गया। संदेश स्पष्ट था: 'किसी भी भारतीय कंपनी को दूसरी कंपनी पर कब्ज़ा करने नहीं दिया जाना चाहिए। हम स्वराज पॉल-एस्कॉर्ट्स जैसी टेकओवर स्थिति दोबारा नहीं चाहते।' हालाँकि CCGL की बोर्ड मीटिंग समयानुसार हुई, उसमें टेकओवर के मुद्दे पर कोई चर्चा नहीं हुई। CCGL का अधिग्रहण का मौक़ा गंवाने के लिए सिर्फ मैं ही ज़िम्मेदार था।

दो साल बाद जब CCGL का केस BIFR के सामने प्रस्तुत किया गया तब यह नाटक दोबारा हुआ। BIFR बीमार कंपनियों को पुनर्जीवित करने वाली वैधानिक सरकारी संस्था थी। उनके कोर्ट में हुई अंतिम सुनवाई में IDBI ने फिर से जोशपूर्ण दावा किया कि CCGL को बचाने का एकमात्र तरीक़ा उसे गुजरात अंबुजा जैसी अधिक सफल कंपनी को बेचना था, जिसमें CCGL में निवेश कर उसे पुनर्जीवित करने की क्षमता और इच्छा दोनों थी। सुनवाई के दौरान हमें लगने लगा कि BIFR के चेयरमैन भी चाहते थे कि हम CCGL की डोर संभालें। BIFR का नियम था कि किसी बीमार कंपनी के पुनरुत्थान में कंपनी के प्रवर्तकों की कोई भूमिका नहीं होनी चाहिए। इसके बावजूद, उनके आख़िरी फ़ैसले में उन्होंने रहस्यमय ढंग से कंपनी फिर से मेहता परिवार को सौंपकर सभी को चकित कर दिया।

अधिग्रहण की तीन असफल कोशिशों के बाद और उनसे जुड़ी अरुचिकर घटनाओं के कारण, मुझे विश्वास हो गया कि किसी तरह मैं उसमें असमर्थ था। इसलिए, मैंने कई सालों तक गुजरात अंबुजा को बढ़ाने के लिए यह तरीक़ा नहीं अपनाया। हालाँकि 1990 के दशक के अंत में मैंने DLF सीमेंट्स और मोदी सीमेंट्स को सफलतापूर्वक हासिल किया, पर वे अनुभव भी इतने अच्छे नहीं रहे। मेरी ख़ुशी अपने कारखाने स्थापित करने में ही थी|

*

अब हमारे अंबुजानगर कारखाने में और सीमेंट बनाना नामुमकिन था। हमने 1992 में इस कारखाने में उसकी क्षमता के 149 प्रतिशत तक उत्पादन किया था। उसे इस क्षमता से ज़्यादा पर चलाने से उसे नुक़सान पहुंचता। सवाल यह था कि हम कैसे और कहा बढ़ें? हम जैसी नई कंपनी के लिए न बढ़ना सबसे हानिकारक था। बेशक़, हम अंबुजानगर में दूसरा कारखाना स्थापित कर सकते थे। लेकिन वह सीमेंट हम कहां बेचते? गुजरात के मार्केट में अब इतने उत्पादक थे कि वहां और सीमेंट बेचना असंभव था।

सिर्फ़ दो विकल्प बचे थे – उसे राजस्थान में बेचना, जो गुजरात से बहुत छोटा मार्केट था या बॉम्बे के विशाल मार्केट में बेचना। लेकिन दोनों मार्केट दक्षिण-पूर्वी सौराष्ट्र में स्थित हमारे कारखाने से बहुत दूर थे – ट्रेन से क्रमशः 700 और लगभग 1000 किलोमीटर दूर, जबकि सड़क से बॉम्बे और भी दूर था। मौजूदा दरों पर इन जगहों तक ट्रेन से सीमेंट भेजना बहुत महंगा हो जाता और हम वहां के प्रतिष्ठापित उत्पादकों की बराबरी कभी नहीं कर पाते। हम यह पहले से जानते थे क्योंकि हम हर महीने ट्रेन से कुछ हज़ार टन सीमेंट बॉम्बे तक भेज रहे थे। मैं चाहता था कि बॉम्बे के ग्राहक हमारे सीमेंट से परिचित हो जाएं, इस आशा में कि किसी दिन हम वहां और सीमेंट बेचेंगे।

मेरे साथ वही हुआ जो पहले भी कई बार हुआ था। नियति ने इस मुश्किल परिस्थिति से बाहर का रास्ता दिखाया। इस समय डेनमार्क से एक युवा छात्र मुझे मिलने आया। वह भारत में सीमेंट के सी-ट्रांसपोर्टेशन पर अपनी यूनिवर्सिटी के प्रोजेक्ट के लिए एक रिसर्च पेपर लिख रहा था। चूँकि हम समुद्रतट के सबसे नज़दीक थे, इसलिए वह चाहता था कि हम जहाज से बॉम्बे तक सीमेंट भेजें और उसकी फ़ीसिबिलिटी सर्वे (केस-स्टडी) इस पर आधारित रहे। इस सर्वे के लिए लगने वाले 50 लाख रुपए डेनिश इंटरनेशनल

डेवलपमेंट एजेंसी (DANIDA) से आने वाले थे, जो उभरते देशों में विकास कार्य की आर्थिक सहायता करती थी। चूँकि हमें कुछ खर्च नहीं करना था, इसलिए मैंने उस छात्र को हां कहा।

व्यवसायिक उत्पादन शुरू करने के कुछ ही साल बाद, हमने 1988 में बॉम्बे तक कम लागत में सीमेंट भेजने के उद्देश्य से सी-ट्रांसपोर्टेशन का मार्ग खोजा। इसके लिए मैंने मेरे दो सीनियर एग्जीक्यूटिव, श्री हिरपारा और श्री राजाराम प्रभू को बॉम्बे तक समुद्र से 700 टन सीमेंट भेजने के लिए कहा ताकि हम इसमें लगने वाली लागत, इत्यादि जान सकें। शुरू में हम सीमेंट को ट्रक में कोड़िनार से 45 किलोमीटर दूर स्थित वेरावल ले गए, जो सबसे नज़दीक बंदरगाह था। वहां उसे एक जहाज पर लादा गया। वह जहाज उसे साउथ बॉम्बे के पूर्वी समुद्रतट पर स्थित शिवडी के 'हे बंदर' में कार्गो बंदरगाह में ले जाने वाला था। दुर्भाग्यवश, बारिश के कारण जहाज रेत में फंस गया और सारा माल नष्ट हो गया।

इस दुर्घटना के बाद, मैंने श्री राजाराम को सी-ट्रांसपोर्टेशन समझने के लिए एस्सार शिपिंग भेजा। उनके लौटने पर हमने एक पूरे जहाज को किराए पर लेकर 2,300 टन सीमेंट सफलतापूर्वक बॉम्बे तक भेजा। लेकिन जिस तरह सीमेंट को लादा-उतारा गया और उससे हुए नुक़सान से हम असंतुष्ट थे। गुजरात में सीमेंट के बैगों को हाथ से जहाज पर लादा गया। बॉम्बे के बंदरगाह में भी उन्हें उसी तरह ट्रकों में लादकर रीटेलर के गोदामों तक ले जाया गया।

बैगों को बार-बार हाथ से लादने-उतारने में लंबा समय लगा, हमें मज़दूरी भी महंगी पड़ी, सीमेंट बहुत ज़्यादा रिस गयी और वहाँ डस्ट भी बहुत हुई। हमारे लिए यह नामंज़ूर था। इसके अलावा, सरकारी बंदरगाहों पर जटिल नौकरशाही कागज़ी कार्यवाही में बहुत समय लगा। इसलिए, सीमेंट का बॉम्बे तक इस तरह से सी-ट्रांसपोर्टेशन करना न फ़ायदेमंद था और न ही आसान था। इसके बावजूद, जब पश्चिम रेलवे के जनरल मैनेजर ने माल भाड़ा बढ़ाया, तब मैं सी-ट्रांसपोर्टेशन के बारे में दोबारा सोचने लगा।

कई अंतर्राष्ट्रीय सीमेंट कंपनियों की तरह मैं कोडिनार और बॉम्बे में ख़ुद के बंदरगाह स्थापित कर अपने जहाज़ों से सीमेंट के परिवहन की संभावना खोजना चाहता था। ऐसा नहीं कि यह पहले कभी किया नहीं गया था। हमारा एक प्रतिद्वंद्वी, नर्मदा सीमेंट पहले से ही कोडिनार से 100 किलोमीटर उत्तर में स्थित जाफराबाद में अपने कारखाने

में बने सीमेंट क्लिंकर का खंभट की खाड़ी के पार सूरत में अपने ग्राइंडिंग यूनिट तक सी-ट्रांसपोर्टेशन कर रहा था।

क्लिंकर सीमेंट के छोटे नोड्यूल होते हैं, जिनका परिवहन सीमेंट के परिवहन से थोड़ा आसान होता है। दोनों को लादने-उतारने की प्रक्रिया अलग होती है, ख़ासकर सी-ट्रांसपोर्टेशन के मामले में। नम हवा में सीमेंट के तुरंत गुच्छे जैसे बन जाते हैं, जिनका कोई उपयोग नहीं होता है। दूसरी ओर, क्लिंकर अधिक स्थिर होता है। लंबे समय तक नमी में रखे जाने पर ही वह बिगड़ता है। हम बड़ी मात्रा में सीमेंट का परिवहन करने के इच्छुक थे, जो भारत में पहले कभी नहीं किया गया था।

सबकुछ स्थानीय सरकार से अनुमति प्राप्त करने और हमारे निजी बंदरगाह के लिए भूमि मिलने पर निर्भर करता था। यदि हम इसे सफलतापूर्वक कर लेते, तो बॉम्बे के बाजार में हमारी धाक होती| हम अपने परिवहन की लागत को लगभग 70 प्रतिशत तक कम कर सकते थे और सीमेंट चौबीस घंटों के अंदर बॉम्बे पहुंचा सकते। इसकी तुलना में, उन दिनों बॉम्बे के मार्केट में दो मुख्य उत्पादक, ACC और L&T अपना सीमेंट क्रमशः 580 और 850 किलोमीटर दूर स्थित कारखानों से ला रहे थे। इसलिए, मैं DANIDA की रिसर्च रिपोर्ट देखने के लिए उत्सुकता से प्रतीक्षा कर रहा था।

रिपोर्ट बहुत विस्तृत और प्रमाणिक थी। उसे पढ़कर हम मान गए कि सी-ट्रांसपोर्टेशन से लागत और समय दोनों की बहुत बचत हो सकती थी। रिपोर्ट ने विस्तारपूर्वक समझाया कि यह प्रोजेक्ट इंफ्रास्ट्रक्चर के दृष्टिकोण से व्यवहार्य था। उसका सुझाव था कि हम कोडिनार के पास बंदरगाह स्थापित करें। दो प्रमुख सरकारी संस्थाओं – पुणे में स्थित सेंट्रल वॉटर एंड पॉवर रिसर्च स्टेशन (CWPRS) और दिल्ली में स्थित वॉटर एंड पॉवर कंसल्टेंसी सर्विसेस (WAPCOS), दोनों जो समुद्रतट के नक़्शे बनाने, बंदरगाह के निर्माण और जहाज़ों के हाइड्रोडायनामिक्स में विशेषज्ञ थी – ने बहुमूल्य रिसर्च मटेरियल देकर इस रिपोर्ट के बनने में मदद की।

इस रिपोर्ट के सुझाव के बावजूद, जब मैंने पहली बार ऑफ़िस में सी-ट्रांसपोर्टेशन की बात की तब सभी हैरान थे। उन दिनों अधिकांश लोगों की सोच के बाहर था कि सरकार के अलावा कोई प्राइवेट कंपनी ख़ुद के बंदरगाह स्थापित कर जहाज चला सकती थी। हमारे फ़ाइनेंस डिपार्टमेंट को लगा कि मैं बेतुकी बात कर रहा था| सिर्फ़ बंदरगाह और उसके साथ तरंग-रोध (breakwater) बनाने की लागत सीमेंट कारखाना बनाने की

लागत की आधी होती। उन्होंने मुझे याद दिलाया कि उस समय हमारा 7,00,000 टन की क्षमता का सिर्फ़ एक कारखाना था। दूसरों ने कहा कि हमें ओवर कॉंफिडेंट नहीं होना चाहिए, वो भी तब जब हम दरलाघाट में चुनौतियों का सामना कर रहे थे। लेकिन मेरी सोच इन सबसे बहुत अलग थी। इस समय हमारे लिए यह आवश्यक था कि हम निडर होकर कुछ पूर्णतः नए की कल्पना करें।

हालाँकि आज गुजरात में कंपनियों के तीस से ज़्यादा कैप्टिव बंदरगाह हैं, उन दिनों ऐसे नहीं था। मुझे विश्वास था कि मैं गुजरात सरकार को हमें यह बंदरगाह बनाने के लिए मना लूंगा। इस प्रोजेक्ट की सफलता के लिए बॉम्बे में भी योग्य बंदरगाह बनाना आवश्यक था। मैं जानता था कि वह करना सरल नहीं होगा।

*

एक बार फिर, सौभाग्यवश, नियति ने हमारी मदद की।

कुछ साल पहले मैंने अपने पुराने मित्र, महाराष्ट्र कैडर के IAS अफ़सर और उन दिनों सिटी एंड इंडस्ट्रियल डेवलपमेंट कॉर्पोरेशन (CIDCO) के MD, श्री आर.सी. सिन्हा को CIDCO का पहला लक्ज़री हाउसिंग प्रोजेक्ट बेचने में मदद की थी। महाराष्ट्र सरकार की यह एजेंसी 'न्यू बॉम्बे' या आज की नवी मुंबई के प्रोजेक्ट को विकसित करने की इंचार्ज थी। 1980 के दशक की शुरुआत में श्री सिन्हा और महाराष्ट्र सरकार को रोमानिया की सरकार को निर्यातित कपास के लिए राशि वसूल करने में मदद करने (इस पर दूसरे अध्याय में चर्चा की गई है) के सिलसिले में मेरी उनसे अच्छी पहचान हुई थी।

तबसे आज तक श्री सिन्हा ने अपने लिए एक व्यावहारिक सिविल सर्वेंट होने का नाम कमाया जो बड़े प्रोजेक्ट सफलतापूर्वक पूरा कर सकते थे। इस ख्याति के कारण उस समय महाराष्ट्र के मुख्यमंत्री, श्री शरद पवार ने उन्हें न्यू बॉम्बे का प्रोजेक्ट पुनर्जीवित करने की ज़िम्मेदारी सौंपी थी। हालाँकि 1970 के दशक की शुरुआत में यह सोच थी कि न्यू बॉम्बे, बॉम्बे की सिस्टर सिटी होगी, समय के साथ यह योजना लड़खड़ा गई। अब उसे बॉम्बे का उपनगर समझा जाने लगा जहां के सस्ते घरों में वे मज़दूर रहते थे जिनके लिए बॉम्बे के महंगे घरों में रहना नामुमकिन था।

न्यू बॉम्बे के वर्तमान रूप का श्रेय मुख्यतः श्री सिन्हा को जाता है। CIDCO की डोर संभालते समय उसकी आर्थिक स्थिति इतनी बुरी थी कि कर्मचारियों को तनख़्वाह

देने के लिए उन्हें मार्केट से पैसे उधार लेने पड़े थे। लेकिन पांच सालों के अंदर उन्होंने न्यू बॉम्बे को एक पनपते महानगर में बदल दिया था। अब वहां आलीशान इमारतें, शॉपिंग मॉल, आधुनिक ऑफ़िस और देश के प्रमुख आर्किटेक्ट द्वारा डिज़ाइन किए गए भारत के सबसे सुंदर रेलवे स्टेशन थे, जहां न्यू बॉम्बे को बॉम्बे से जोड़ने वाली उपनगरीय रेल सेवाएं चलती थीं।

NRI समुदाय के लिए बनाया गया 1,200 फ़्लैट का सीवुड्स हाउसिंग कॉम्प्लेक्स वह प्रोजेक्ट था जिसकी मदद से श्री सिन्हा ने न्यू बॉम्बे का नक़्शा बदला। आज, तीन दशक बाद भी यह प्रोजेक्ट न्यू बॉम्बे में प्रसिद्ध है। श्री सिन्हा की सोच थी कि इस प्रोजेक्ट की सफलता से आकर्षित होकर अन्य लोग न्यू बॉम्बे में निवेश करने आएंगे। यह एक शानदार योजना थी, जिसमें पैसे इकट्ठा करने के बाद उन पैसों से फ़्लैट बनाए जाने वाले थे। हाउसिंग का कोई तजुर्बा न होते हुए भी श्री सिन्हा ने बॉम्बे के मशहूर आर्किटेक्ट, हफ़ीज़ कांट्रेक्टर से सीवुड्स का कॉम्प्लेक्स डिज़ाइन करवाया और संभाव्य निवेशकों से विश्व-स्तरीय सुविधाओं का वादा किया।

महाराष्ट्र सरकार में अन्य नौकरशाह, राज्य के मंत्री यहां तक कि ख़ुद मुख्यमंत्री को भी विश्वास नहीं था कि यह प्रोजेक्ट सफल होगा। लोगों को न महाराष्ट्र सरकार पर न CIDCO पर भरोसा था कि वे उनके लिए घर बना पाते। बॉम्बे के बड़े बिल्डर भी श्री सिन्हा को सलाह दे रहे थे कि न्यू बॉम्बे में इतना बड़ा और इतना आलीशान प्रोजेक्ट कभी भी सफल नहीं हो पाएगा।

CIDCO की डोर संभालते समय श्री सिन्हा ने मुख्यमंत्री श्री शरद पवार से समझौता किया था कि उन्हें निर्णय लेने की पूर्ण स्वायत्तता होगी। उन्हें ख़ुद पर भरोसा था। लेकिन उन्हें चिंता भी थी कि यदि यह योजना सफल नहीं होती तो सरकार में उनकी बेइज़्ज़ती होती। वे मुझे ऐसी मनःस्थिति में मिलने आए थे। उनका प्रेज़ेंटेशन देखकर मुझे तसल्ली हुई कि यह योजना सफल होगी। उन्होंने कहा कि निवेश की गई पूंजी पुनः प्राप्त करने के लिए 1200 में से 780 फ़्लैट बेचना आवश्यक था। बाकी के फ़्लैट बेचकर उन्हें मुनाफ़ा मिलता।

मैंने उनसे कहा कि यदि NRI ये फ़्लैट नहीं खरीदेंगे, तो मैं 350 फ़्लैट और मेरे दोस्त 350 फ़्लैट खरीद लेंगे। यह सुनकर उन्होंने चैन की सांस ली क्योंकि फिर निवेश की गई पूंजी प्राप्त करने के लिए उन्हें सिर्फ़ 80 फ़्लैट बेचने पड़ते। मेरे कहने पर अंबुजा की

एडवरटाइजिंग एजेंसी ने इस प्रोजेक्ट के लिए एक बढ़िया ब्रोशर और एडवरटाइजिंग कैंपेन तैयार किया।

श्री सिन्हा ने लंदन, न्यू यॉर्क, लॉस एंजेलीस और दुबई जैसे शहरों में IPO की शैली में बढ़िया रोड शो किया। बिक्री के दिन वे प्रतिक्रिया से दंग रह गए। कई फ़्लैट पहले दिन दोपहर से पहले ही बिक गए! उन्होंने शाम में मुझे बुलाकर बताया कि 700 से अधिक फ़्लैट बिक चुके थे और इसलिए मुझे मेरा वादा निभाने की जरूरत नहीं पड़ी। बॉम्बे में CIDCO के ऑफ़िस के बाहर क़तार इतनी लंबी थी कि उसे संभालने के लिए उन्हें पुलिस को बुलाना पड़ा था। कुछ ही दिनों में सारे 1,200 फ़्लैट बिक गए थे।

इस प्रोजेक्ट की जबरदस्त सफलता से श्री सिन्हा और न्यू बॉम्बे दोनों के नाम रोशन हुए। रातोंरात, बॉम्बे के मध्यवर्गीय निवासी इस जुड़वां शहर से आकर्षित हुए। कई बिल्डरों ने न्यू बॉम्बे में अपार्टमेंट कॉम्प्लेक्स और शॉपिंग सेंटर बनाने के लिए CIDCO को अर्ज़ियां पेश की। कई बड़ी कंपनियां और केंद्र तथा राज्य सरकार की कई एजेंसियां भी बॉम्बे में स्थित अपने कुछ ऑफ़िस भविष्य में बनाए जाने वाले सेंट्रल बिज़नेस डिस्ट्रिक्ट में स्थानांतरित करने की इच्छुक हुई। न्यू बॉम्बे में कंस्ट्रक्शन से एक दशक से भी ज़्यादा समय तक चल रही मंदी में अचानक से तेज़ी आ गई। इसलिए, स्वभावतः कुछ सालों में न्यू बॉम्बे के सभी भाग कंस्ट्रक्शन की आवाज़ों से गूंजने लगे थे।

लगभग इसी समय मैंने श्री सिन्हा से सीमेंट के सी-ट्रांसपोर्टेशन का विचार व्यक्त किया। मैं बंदरगाह के लिए कुछ तटवर्ती ज़मीन और सीमेंट का माल उतारने के लिए कुछ तटवर्ती सुविधा चाहता था। मैंने बॉम्बे से 40 किलोमीटर दूर न्हावा सेवा में स्थित और हाल ही में बने जवाहरलाल नेहरू पोर्ट ट्रस्ट (JNPT) से ज़मीन मांगने का सोचा था। पर श्री सिन्हा का मानना था कि JNPT की नौकरशाही में मैं फंस जाऊंगा। इसके बदले में, उन्होंने मुझे बंदरगाह के लिए न्यू बॉम्बे के दक्षिणी छोर पर तटवर्ती ज़मीन देने का प्रस्ताव दिया। 'यह ज़मीन हमारी है और इसलिए उसे आपको देने का निर्णय हम जल्दी ले पाएंगे,' उन्होंने कहा। वे बड़ी कंपनियों को न्यू बॉम्बे में निवेश करने के लिए लुभाना चाहते थे और हमारा प्रस्तावित बंदरगाह इसी पहल के प्रति एक क़दम होता था। CIDCO के दृष्टिकोण से हमारा बंदरगाह उनके बिज़नेस पार्टनर का बंदरगाह होता। उनका उद्देश्य समुद्र से परिवहित हमारा उच्च गुणवत्ता का सीमेंट कम दाम में ख़रीदने का था, जिससे कि ट्रक और ट्रेनों में भारी मात्रा के सीमेंट परिवहन में होने वाला नुक़सान भी टल जाता।

लगभग जनवरी 1991 में, CIDCO से हमें बंदरगाह के लिए ज़मीन मिल गई। मैं नहीं जानता था कि CIDCO की ज़मीन पर निजी बंदरगाह बनाया जा सकता था। हमारे लिए यह मानो भगवान की देन थी क्योंकि JNPT की तुलना में न्यू बॉम्बे, बॉम्बे के और नज़दीक था। मैंने श्री सिन्हा का प्रस्ताव ख़ुशी-ख़ुशी स्वीकार किया और ज़मीन देखे बिना ख़रीद ली। लेकिन जब मैं टीम सहित ज़मीन देखने गया तब हम उससे असंतुष्ट थे। 10 एकड़ की यह ज़मीन पनवेल शहर के पास उल्वे की खाड़ी के निकट पहाड़ को लगकर दलदली ज़मीन का हिस्सा थी। पहली चुनौती दलदली ज़मीन को मज़बूत बनाने की थी। लेकिन इससे भी बड़ी चुनौती यह थी कि खाड़ी उथली थी और उसमें पानी की सतह हाई और लो टाइड पर निर्भर थी।

यह खाड़ी मछली पकड़ने की छोटी नौकाओं के लिए सही थी, न कि बड़े समुद्री कार्गो जहाज़ों के लिए, जो हम इस्तेमाल करते। लो टाइड में पानी की सतह सिर्फ़ 1 मीटर जबकि हाई टाइड में 4 मीटर थी। श्री सिन्हा के साथ इस जगह का निरीक्षण करने के बाद मैंने उनसे पूछा कि क्या ऐसी जगह पर बंदरगाह बनाना मुमकिन था। उनका उपाय सरल था: दिन में दो हाई टाइड होती हैं, जिनमें से एक में हम जहाज को अंदर ला सकते थे और दूसरे में बाहर ले जा सकते थे।

शुरुआती निराशा के बाद हम समझ गए कि वह जगह स्वीकार करने के अलावा हमारे पास और कोई चारा भी नहीं था। उस जगह के फ़ायदे उसकी कमियों से बहुत ज़्यादा थे। दो टाइड के बीच के समय में हम सीमेंट को उतारना और बंदरगाह का मेंटेनेंस कर सकते थे। एक बड़ा फ़ायदा यह था कि यदि श्री सिन्हा के अनुसार हमें राज्य सरकार से अनुमति मिल जाती, तो बॉम्बे के नज़दीक हमारा निजी बंदरगाह होता जिस पर हमारा पूरा नियंत्रण होता।

दो साल बाद बंदरगाह और सीमेंट के साइलो का निर्माण शुरू हुआ। पास के गांववालों ने हमें कुछ हद तक परेशान ज़रूर किया, लेकिन कॉर्पोरेट सोशल रेस्पोंसिबिलिटी (CSR) के लिए निर्धारित पूंजी से हमने गांव का इंफ्रास्ट्रक्चर सुधारा, जिससे वे हम पर भरोसा करने लगे। जैसे श्री सिन्हा ने वादा किया था, हमें राज्य सरकार से सभी अनुमतियां आसानी से मिल गईं। हमारा प्रोजेक्ट लघु बंदरगाहों में गिना गया और इसलिए उसके लिए केंद्र सरकार से किसी परमिशन की ज़रूरत नहीं पड़ी।

समाज के प्रति उत्तरदायित्व हममें निहित था। इसलिए, हमने एक आदर्श बंदरगाह बनाया, जो बंदरगाह कम और बग़ीचा ज़्यादा दिख रहा था। हमने सबसे अच्छा डस्ट-कंट्रोल उपकरण इस्तेमाल किया जिसने सुनिश्चित किया कि खाड़ी के पास की हवा में सीमेंट के कोई कण नहीं निकलते। श्री सिन्हा और राज्य सरकार ने हम पर भरोसा करके यह ज़मीन दी थी और हम उनका भरोसा तोड़ना नहीं चाहते थे। (गुजरात और न्यू बॉम्बे के बंदरगाहों का निर्माण एक ही समय हुआ और इसलिए मैंने इसका विवरण एक साथ नीचे किया है।)

मुझे शुरू से ही विश्वास था कि महाराष्ट्र और गुजरात में हमारे बंदरगाह बनाने का प्रोजेक्ट सभी अनुमतियां मिलने पर अवश्य साकार होगा। मेरे अनुसार दोनों राज्यों में से, महाराष्ट्र में बंदरगाह बनाना जटिल था क्योंकि वहां हमें अनुमति मिलना निश्चित नहीं था। और अब हमें वह मिल गई थी। हम बहुत भाग्यशाली थे क्योंकि हमारी कंपनी पहली और आख़िरी प्राइवेट कंपनी थी, जिसे CIDCO ने बॉम्बे के निकट बंदरगाह बनाने की अनुमति दी। मैं जानता था कि गुजरात में बंदरगाह बनाना इससे आसान होगा।

*

जैसे अपेक्षित था, वैसे गुजरात सरकार ने हमारी बहुत मदद की। उनका पहला सुझाव था कि हम गुजरात मैरीटाइम बोर्ड के जाने-माने, हाल ही में निवृत्त हुए चेयरमैन, श्री एम.वी. वोरा को सलाहकार के रूप में नियुक्त करें। उनके अनुसार श्री वोरा से अच्छा सलाहकार मुझे नहीं मिलता। यह बात सच निकली। मुझे नहीं लगता कि प्रोजेक्ट के हर पहलू पर उनके निरीक्षण के बिना हम वह प्रोजेक्ट इतने कम समय में पूरा कर पाते। वे एक सिविल इंजीनियर थे और मात्र साठ साल की उम्र में उस समय गुजरात में बंदरगाह निर्माण के बारे में उनसे ज़्यादा कोई नहीं जानता था। प्रशंसनीय बात यह थी कि इतने जानकार और तजुर्बेदार होने के बावजूद वे अत्यंत सादे और विनम्र थे। वे गुजरात के बंदरगाह के लिए सलाहकार बनने के लिए तुरंत राज़ी हो गये।

श्री वोरा DANIDA की रिपोर्ट से सहमत थे कि हम अवश्य ही कोडिनार के पास अपना निजी बंदरगाह स्थापित कर सकते थे। मैंने उन्हें अन्य लघु बंदरगाहों के साथ हुईं दुर्घटनाओं के बारे में पूछा – पोरबंदर और वेरावल में ऐसे बंदरगाह बनने के कुछ साल बाद ही समुद्र में बह गए थे। उनके अनुसार यह उन बंदरगाहों के बुरे डिज़ाइन और कम

गुणवत्ता के निर्माण के कारण हुआ था। 'भ्रष्टाचार के कारण, कम क्वालिटी के सीमेंट और स्टील का इस्तेमाल हुआ था। इसका असर कुछ साल बाद, बंदरगाहों के बहने में दिखाई दिया। अच्छी डिज़ाइन और अच्छे क्वालिटी के सीमेंट और स्टील से बने बंदरगाह के बह जाने का कोई ख़तरा नहीं होता है,' उन्होंने कहा। अधिकांश लोगों ने मुझे यह कहकर हतोत्साहित किया था कि भारत में सिर्फ़ बड़े, कमर्शियल बंदरगाह टिकते थे। श्री वोरा की बात से मैं मान गया कि वास्तव में इसकी विपरीत बात सच थी।

मैंने वोरा को कोडिनार के पास बंदरगाह बनाने की प्रोजेक्ट रिपोर्ट तैयार करने के लिए कहा। उनके अनुसार इस रिपोर्ट में नौ महीने लगेंगे। ऑन-साइट रिसर्च और एनालिसिस के अलावा इस रिपोर्ट का सबसे महत्त्वपूर्ण भाग CWPRS और WAPCOS का था। ये संस्थाएं बंदरगाह के स्केल मॉडल और संभाव्य स्थल के समुद्रतल के सटीक नक़्शे तैयार करती थीं और फिर, उनकी लैब में उस क्षेत्र में ज्वार और तरंग (टाइड और वेव) के असर की नक़ल की जाती और उसके परिणाम आंके जाते। यह एक लंबी प्रक्रिया थी और बंदरगाह की डिज़ाइन और उसका टिकाऊपन पूर्णतः इस रिपोर्ट पर आधारित था।

श्री हिरपारा के नेतृत्व में एक टीम ने कोडिनार और उसके पास बंदरगाह के लिए वेरावल (कोडिनार से 45 किलोमीटर दूर उत्तरपश्चिम में स्थित) से लेकर ऊना (कोडिनार से 45 किलोमीटर दूर पूर्व में स्थित) तक के संपूर्ण समुद्रतट की छानबीन की। इस क्षेत्र में समुद्र से सुरक्षित इतने सारे स्थल नहीं थे। इसलिए, हमने अंत में कोडिनार कारखाने से लगभग 11 किलोमीटर दूर, मूलद्वारका नामक छोटा मछुआरों का गांव चुना। यहां पानी की गहराई मध्यम आकार के समुद्री जहाज़ों के लिए पर्याप्त थी और एक ओर स्थित छोटी पहाड़ी से हवा से भी कुछ सुरक्षा मिलती थी।

गुजरात में स्थल निश्चित होने के बाद हम दोनों राज्यों में बंदरगाह और उनसे जुड़ी सुविधाएँ बनाने में जुट गए। चूँकि बॉम्बे तक सीमेंट बल्क में आकर उसका वहीं से वितरण होने वाला था, इसलिए वहां बंदरगाह के साथ-साथ एक पैकिंग प्लांट बनाना भी आवश्यक था। हमारे बंदरगाह के लिए उचित और सीमेंट को बल्क में ले जाने वाला कार्गो जहाज प्राप्त करना भी उतना ही महत्त्वपूर्ण था। हमारे लिए इस प्रकार का काम नया था और भारत में किसी भी प्राइवेट सेक्टर कंपनी को इस क्षेत्र में तजुर्बा नहीं था। इसलिए, हर बार की तरह इस बार भी हमने श्री हिरपारा को विदेश भेजा ताकि वे सी-ट्रांसपोर्टेशन और हम जैसा बंदरगाह बनाना चाहते थे, वैसे बंदरगाहों का अध्ययन कर सकें। उन्होंने

लौटने पर हमें कनाडा की बल्क-हैंडलिंग इंजीनियरिंग विशेषज्ञ कंपनी, लैसिंग डिब्बेन पेसिफिक, को इस प्रोजेक्ट में हमारी मदद करने के लिए कंसलटेंट के रूप में नियुक्त करने की सलाह दी।

संयोगवश, उसी समय श्री हिरपारा को पता चला कि बॉम्बे में कनाडा के कॉन्सुलेट जनरल इंडो-कैनेडियन ट्रेड बढ़ाने हेतु उद्योगपतियों से विचार-विमर्श कर रहे थे। उन्होंने कनाडा के अधिकारियों को लैसिंग डिब्बेन की आर्थिक सहायता करने के लिए मनाया ताकि वे हमारे प्रोजेक्ट की विस्तारपूर्वक स्टडी और एनालिसिस कर सकें। लैसिंग डिब्बेन की टीम ने भारत आकर मूलद्वारका और बॉम्बे के पास के समुद्रतटों की जांच की और श्री हिरपारा ने कनाडा जाकर उनकी सुविधाओं और उनके द्वारा किए गए कार्य को देखा। हमारे लिए लैसिंग डिब्बेन की सलाह बहुत मददगार रही। उनके कारण हम विश्वभर के शिप डिज़ाइनर, उपकरण सप्लायर और बल्क-हैंडलिंग तथा बंदरगाह के अन्य उपकरणों के निर्माताओं से भी मिल पाए।

इसके बाद, हमारे इंजीनियरों ने विश्वभर के बल्क टर्मिनल, जहाज निर्माता, उपकरण निर्माता और सी-ट्रांसपोर्टेशन करने वाली सीमेंट कंपनियों का मुआयना किया। उससे हमें अच्छा अंदाज़ा मिल गया कि इस क्षेत्र में विश्वभर की कंपनियां क्या कर रही थीं। हमने तय किया कि हम सभी कंपनियों के सबसे अच्छे पहलू अपनाकर हमारी आवश्यकताओं और स्पेसिफ़िकेशन के अनुसार जहाज बनवाएंगे।

इसके बाद हम बंदरगाह के निर्माण के लिए मूलद्वारका और बॉम्बे में स्थित कंपनियों से मिले। लेकिन उनके ऊंचे दाम सुनकर हम निराश हुए। बहुत विचार-विमर्श करने के बाद, हमने तय किया कि हम बंदरगाह ख़ुद, श्री राव और श्री वोरा की निगरानी में डिज़ाइन करके बनाएंगे। मुझे दोनों पर बहुत विश्वास था और इसलिए मैं जानता था कि बंदरगाह अच्छे बनेंगे। बंदरगाह का निर्माण विशेषज्ञ कंपनियों को सौंपा गया।

न्यू बॉम्बे के बंदरगाह के उथलेपन के कारण सीमेंट के कार्गो जहाज़ों को भी हमारे स्पेसिफ़िकेशन के अनुसार बनाना आवश्यक था। और चूँकि हम क्लिंकर नहीं बल्कि थोक सीमेंट का परिवहन करने वाले थे, इसलिए कार्गो होल्ड और हैंडलिंग इक्विपमेंट भी हमारे स्पेसिफ़िकेशन के अनुसार बनाना जरूरी था। हमारे इंजीनियरों ने पता करवाया कि मलेशिया के लंगकावी क्षेत्र में एक सीमेंट कंपनी हम जैसे ही उथले पानी में बंदरगाह चलाकर सीमेंट परिवहन कर रही थी। हमारी टीम ने इस बंदरगाह का मुआयना करके

उनके शिप डिज़ाइनर से मूल्यवान जानकारी हासिल की। उनके जहाज़ों का निचला हिस्सा चपटा था और वे जहाज सीमेंट को अपने आप उतार सकते थे। यह विशेषता हमारे लिए फायदेमंद थी।

रिसर्च करते हुए हमें सिंगापुर के शिपटेक प्राइवेट के बारे में पता चला। एक एक्सपॅट अंग्रेज़ द्वारा शुरू की गई इस कंपनी की विशेषता बल्क कैरियर बनाने की थी। हमारे इंजीनियरों ने विश्वभर जो देखा था उसपर आधारित हमने शिपटेक को स्पेसिफ़िकेशन दिए। चपटे तल के जहाज़ों का विचार हमें मलेशिया के जहाज देखकर आया। जहाज के भीतर सीमेंट-हैंडलिंग का सिस्टम डेनमार्क के एक सिस्टम पर आधारित था। होल्ड में एयरेशन का सिस्टम सिंगापुर में बन रही जहाज पर आधारित था। बंदरगाह में सीमेंट-हैंडलिंग का सिस्टम स्टॉकहोम के बल्क सीमेंट टर्मिनल पर आधारित था।

हमें सबसे पहला ख़याल यह आया कि जहाज का निर्माण कनाडा, सिंगापुर और कई यूरोपीय देशों में स्थित बेहतरीन शिपयार्ड में से एक में होना चाहिए। लेकिन उनके दाम बहुत ऊंचे थे और इसलिए हमने तय किया कि हम जहाज भारत में, अंतर्राष्ट्रीय कंसल्टेंट की निगरानी में बनवाएंगे। हमने UK के सबसे पुराने और जाने-माने जहाज निर्माताओं में से एक, FT एवरार्ड एंड कंपनी (FT Everard & Co.) को हमारे सलाहकार के रूप में नियुक्त किया। उनके अलावा हमने कुछ भारतीय सलाहकार भी नियुक्त किए।

विभिन्न जहाज निर्माताओं की खोज करने के बाद हमने सूरत के एक नए जहाज निर्माता, ABG शिपयार्ड को कॉन्ट्रैक्ट दिया। वे सूरत के अपने यार्ड में बार्ज और अन्य प्रकार के बल्क कैरियर बनाने में विशेषज्ञ थे। उनके संस्थापक, ऋषि अग्रवाल, एस्सार ग्रुप के रूइआ परिवार के भांजे थे, जिनके लिए उन्होंने बल्क कैरियर बनाए थे। मैं रूइआ परिवार और ऋषि को अच्छे से जानता था। जब मैंने ऋषि से प्रोजेक्ट के बारे में पहली बार बात की तब मैं समझा कि वह उत्साहित भी थे और आशंकित भी।

हम शुरू में 2,500 टन की क्षमता के कुल तीन जहाज बनाने की सोच रहे थे। अब तक ABG ने इतने बड़े जहाज कभी नहीं बनाए थे। साथ-साथ हमारे जहाज़ों का डिज़ाइन भी पेचीदा था। मैंने ऋषि को पूरी सहायता करने का आश्वासन दिया, यहां तक कि यह भी कहा कि हमारे विशेषज्ञ उनके सूरत शिपयार्ड में तैनात रहेंगे। हमने कॉन्ट्रैक्ट के लिए एक उचित दाम का सौदा किया, जो अंतर्राष्ट्रीय कंपनियों के दाम के लगभग एक-तिहाई था।

हमारे जहाज मज़बूती, सुरक्षा और सुविधाओं के पहलुओं में नौपरिवहन के मापदंडों में विश्व-स्तरीय हों इसके लिए हमने खर्चे में कोई कमी नहीं आने दी। हमने विश्वभर से सबसे बेहतरीन उपकरण मंगाए। जहाज के मुख्य इंजन जापान के यानमार (Yanmar) के थे, जो हमारे दर्जे के जहाज़ों के लिए सबसे अच्छे इंजन बनाते थे। सीमेंट-हैंडलिंग उपकरण बीएमएच मरीन (BMH Marine), स्वीडन से आया और स्वीडन की एक और कंपनी, कोंसिलियम (Consilium) ने ऑनशोर कार्गो-हैंडलिंग सिस्टम को डिज़ाइन किया और उसका निर्माण भी किया।

हमारा कॉन्ट्रैक्ट इतना बड़ा था कि ऋषि ने पहला जहाज बांधने के लिए तीन साल का समय मांगा। लेकिन इतना समय बहुत लंबा था और मैंने उसे वह एक साल में करने के लिए मनाया। यह ज़रूरी था कि पहला जहाज और अंबुजानगर के कारखाने के बग़ल में बनने वाला एक-मिलियन-टन का नया कारखाना एक साथ तैयार हो। समुद्री-परिवहन की हमारी योजना तय होते ही गजम्बुजा नामक इस कारखाने पर काम शुरू हुआ था। हमारा लक्ष्य इस कारखाने के संपूर्ण उत्पाद को बॉम्बे के मार्केट में बेचने का था। जहाज और बंदरगाह की सभी सुविधाओं की लागत लगभग 75 करोड़ रुपए अपेक्षित थी और नए कारखाने की लागत लगभग 270 करोड़ रुपए थी। यह प्रोजेक्ट महंगा था और हो सके उतना समय बचाना ज़रूरी था।

जहाज निर्माण शुरू होने के बाद हम शिपिंग ऑपरेशन में अनुभवी प्रोफ़ेशनल की खोज में लग गए, जो हमारे ऑपरेशन का नेतृत्व करता। हमारा विज्ञापन देखकर सुधांश गुप्ता नामक नौजवान ने हमसे सबसे पहले संपर्क किया। लगभग बत्तीस-तैंतीस साल मात्र की उम्र के सुधांश सेंचुरी शिपिंग में फ़्लीट मैनेजर थे और उनके नीचे आठ जहाज थे। मैं उनसे विलियम एवरार्ड के साथ मिला, जो हमारे कंसलटेंट, एफटी एवरार्ड (FT Evard) के MD थे और लंदन से आए थे। सुधांश के तजुर्बे और उनकी बातों से हम प्रभावित हुए। हमें उनमें सादगी और ईमानदारी दिखाई दी और यह पेश आया कि वह अपना काम और ज़िम्मेदारियां व्यवस्थित ढंग से निभाते होंगे| हम कंपनी में 'I Can' का जो माहौल निर्माण कर रहे थे उसके लिए सुधांश उचित लगे।

हमारी अगली मीटिंग में मैंने उन्हें नौकरी का प्रस्ताव दिया| जब उन्होंने वह स्वीकार किया तब मैंने चैन की सांस ली। यह इसलिए कि वह अपने करियर में बड़ी तेज़ी से बढ़ रहे थे और हम अब भी एक छोटी कंपनी थे, जिसके लिए शिपिंग का क्षेत्र नया था।

हमने उन्हें एफटी एवरार्ड के जहाज़ों पर और सुविधाओं में समय बिताने के लिए लंदन भेजा। इसके अलावा उन्होंने सी ट्रांसपोर्टेशन करने वाली यूरोपीय सीमेंट कंपनियों के ऑपरेशन भी देखे।

जब सुधांश हमसे जुड़े, तब हमारे बंदरगाहों और जहाज़ों का निर्माण चल रहा था। उन्होंने तुरंत हमारे ऑपरेशन की ज़िम्मेदारी संभाली और एक भरोसेमंद टीम स्थापित की। हमें हमारा पहला जहाज जून 1993 में गजाम्बुजा कारखाने में उत्पादन शुरू होने के दो महीने बाद मिला। मूलद्वारका और पनवेल में हमारे बंदरगाह उस साल दिसंबर में कार्यान्वित हुए और ABG ने बाकी दो जहाज अगले मार्च में हमें सौंपे।

हमें हमारे शिपिंग ऑपरेशन से लगभग शुरुआत से ही फ़ायदा होने लगा। कोडिनार से बॉम्बे तक की दूरी लगभग 850 किलोमीटर घटकर मात्र 315 किलोमीटर हो गई। यह दूरी हम एक दिन से भी कम में तय कर पाए और परिवहन की लागत 70 प्रतिशत से भी ज़्यादा अर्थात 189 रुपए प्रति टन तक घट गई। यह उन स्थापित कंपनियों की तुलना में लगभग 60 प्रतिशत कम थी, जैसे एसीसी और एलएंडटी, जो अपने सीमेंट को ट्रेन द्वारा बॉम्बे भेजती थीं।

अब इस ऑपरेशन को कुशल बनाना सुधांश और उनकी टीम पर निर्भर था। भारत में अधिकांश कंपनियों का शिपिंग ऑपरेशन बुरे मैनेजमेंट के कारण असफल हुआ था। सुधांश हमारे सीनियर एग्जीक्यूटिव टीम के मूल्यवान सदस्य बने और साबित किया कि वह बड़े काम के थे। हमारी कंपनी की कुशलता पर आधारित कार्य पद्धति तेज़ी से अपनाने के लिए उसे दाद देनी होगी। हमारे जहाज मूलद्वारका और पनवेल के बीच की दूरी 20 घंटों के अंदर तय करके, टाइड के बंधनों के बावजूद, 15 घंटों के अंदर दोबारा सफ़र करने के लिए तैयार होते थे।

*

पहले साल में, हमारे जहाज़ों ने 7.5 लाख टन सीमेंट को ट्रांसपोर्ट किया। और छोटे बदलाव करके हमने मूलद्वारका के बंदरगाह के ज़रिए कोयला भी आयात किया। इस प्रकार, हमारे दोनों सीमेंट कारखानों और हमारे कैप्टिव पॉवर प्लांट के लिए हम कम दाम में उच्च क्वालिटी का कोयला इस्तेमाल कर पाए। पहले साल में ही हमने एक मिलियन टन कोयला आयात किया। और उसी साल, हमने मूलद्वारका से लगभग दो

लाख टन सीमेंट निर्यात किए। अगले कुछ सालों में यह आंकड़ा बढ़कर एक मिलियन टन हो गया। इस प्रकार, हमें सी-ट्रांसपोर्टेशन से जितना फ़ायदा अपेक्षित था उससे बहुत ज़्यादा फ़ायदा हुआ।

अन्य शिपिंग कंपनियां शुरू में अच्छा प्रदर्शन करने के बाद लड़खड़ाती थीं। लेकिन सुधांश के नेतृत्व में हमारे जहाज़ों का टर्नअराउंड टाइम हर साल गिरते ही गया। प्रत्येक जहाज हर साल 150 से ज़्यादा ट्रिप कर रहा था। और हमारे कारखानों की तरह ये जहाज भी बिना रुके चल रहे थे। इसका मुख्य कारण था पनवेल में स्थित हमारी उत्कृष्ट मेंटेनेंस सुविधाएँ। कुछ बड़े रिपेयर को छोड़, हम सारा मेंटेनेंस ख़ुद करते थे। यह एक कारण है कि पच्चीस साल बाद भी हमारे दस जहाज उतने ही कुशल हैं जितने कि वे शुरू में थे।

विश्वभर में, सीमेंट कैरियर की औसतन आयु लगभग दस से पंद्रह साल होती है। इसके बावजूद, 1993 और 1994 में बने हमारे पहले जहाज आज भी उतने ही अच्छे हैं जितने कि वे तब थे। सुधांश के अनुसार वे अगले पच्चीस साल तक चलने लायक हैं। ये जहाज हमारे मेंटेनेंस कर्मचारियों के सालों के उत्कृष्ट काम और ABG शिपयार्ड के मज़बूत डिज़ाइन के गवाह हैं।

मुझे याद है कैसे ABG के साथ सौदा करते समय, मेरे कुछ सीनियर एग्जीक्यूटिव की राय थी कि मैं बड़ा जोखिम उठा रहा था। उनका मानना था कि ऋषि अग्रवाल युवा था (उनकी उम्र तीस साल से कम थी) और हम जैसे जहाज चाहते थे वैसे जहाज उन्होंने कभी बनाए नहीं थे। लेकिन मुझे उन पर और ABG शिपयार्ड पर पूरा भरोसा था। और वे लगातार अच्छा प्रदर्शन करते गए। अगले दस सालों में हमने उनसे चार और जहाज बनवाए।

पनवेल और मूलद्वारका की सफलता देखकर हमने तुरंत सूरत में बंदरगाह बनाना चाहा। गुजरात के दूसरे सबसे बड़े शहर और उसके आस-पास के क्षेत्र में कई इंडस्ट्रियां थीं और इसलिए गुजरात में वह हमारा सबसे बड़ा मार्केट था। कोडिनार कारखाने से वह रोड मार्ग लगभग 600 किलोमीटर दूर था और इसलिए हमारे अधिकांश प्रतिद्वंद्वियों की तुलना में हमारा सीमेंट वहां के मार्केट में बहुत ज़्यादा महंगा था। शिपिंग ऑपरेशन से वह दूरी 150 किलोमीटर से भी कम की होती थी और उससे हमारी क़ीमतें भी हमारे प्रतिद्वंद्वियों की क़ीमतों से घट जाती।

श्री वोरा उस क्षेत्र से वाकिफ थे। उनकी सलाह पर हमने बंदरगाह ताप्ती नदी के मुँह पर, मगदल्ला में बनाया। WAPCOS ने सुझाया कि पनवेल की तरह हम यहां भी T-पोर्ट बनाए। यहां की मुलायम मिट्टी के नष्ट हो जाने का डर था। इसके अलावा यहां भी टाइड को लेकर चुनौती पनवेल समान थी। पर हमने पनवेल में उसे वश में करना सीख लिया था। पहले दो बंदरगाहों की तुलना में यह बंदरगाह हमने बहुत कम समय में बनाकर कार्यान्वित किया। अगले कुछ सालों में मंगलौर और कोच्ची (जिसका नाम 1996 से पहले कोचीन था) में बंदरगाह बनाकर हमने दक्षिण भारत में शिपिंग ऑपरेशन शुरू किया।

अंतर्राज्यीय सी-ट्रांसपोर्टेशन प्रोजेक्ट पर काम शुरू करते समय यह मान्यता थी कि वह एक क्रांतिकारी प्रोजेक्ट था जो किसी भारतीय प्राइवेट कंपनी की सोच के बाहर था। उस अर्थ में, हम अग्रणी थे। हमारी सफलता के बाद, दर्जनों कंपनियों ने ऐसे प्रोजेक्ट शुरू किए। हमारी सफलता इस बात की गवाह थी कि हम अपरंपरागत ढंग से सोच सकते थे और जटिल प्रोजेक्ट पर भी निपुणता से काम कर सकते थे। इन क्षेत्रों में विशेषज्ञ न होते हुए भी हम इन प्रोजेक्ट को सफलतापूर्वक संपन्न कर पाए। एक बार फिर हमने बड़ा जोखिम उठाकर कामयाबी हासिल की थी।

उत्पादन की शुरुआत और हमारे पहले जहाज, *अंबुजा शिखर* की डिलीवरी दोनों तब हुए जब मैं कैंसर की पहली सर्जरी के लिए न्यू यॉर्क में था। मेरे जीवन के इस चुनौतीपूर्ण दौर में इन दोनों घटनाओं से मुझे बहुत सहारा मिला। दरलाघाट कारखाने की तरह हमने असंभव लगने वाले सी-ट्रांसपोर्टेशन के प्रोजेक्ट में भी सफलता हासिल की और मेरे सहकर्मियों की इच्छाशक्ति की जीत हुई। उन्होंने मेरे विज़न पर विश्वास करके अपनी मेहनत से उसे साकार किया था। सफल कंपनियां उनके कर्मचारियों के जोश के आधार पर खड़ी होती हैं। तकनीक से ज़्यादा उसका योग्य प्रयोग करना अधिक महत्त्वपूर्ण होता है। किसी विचार से ज़्यादा, उस विचार को अमल में लाकर, नई दिशा कदम बढ़ाना अधिक महत्त्वपूर्ण होता है, यही उत्कृष्टता की ओर ले जाता है। मैं ख़ुद को भाग्यशाली समझता हूं कि अंबुजा ऐसी ही कंपनी थी और मैं उसका नेतृत्व कर रहा था।

विस्तार के लिए, सी-ट्रांसपोर्टेशन का प्रोजेक्ट शुरू करने से भी पहले मैंने बॉम्बे में स्थित KEC इंटरनेशनल से इंडो-निप्पोन स्पेशल सीमेंट्स नामक कंपनी ख़रीदी थी। इस कंपनी का मध्य राजस्थान के मारवाड़ – मुंडवा क्षेत्र में लाइमस्टोन के माइनिंग के लिए लाइसेंस था। मेरी सोच थी कि यदि मेरी अन्य योजनाएं असफल होतीं, तो मैं उस लाइसेंस

से राजस्थान में कारखाना स्थापित कर उत्तर भारत के मार्केट में सीमेंट बेचता। उस समय गुजरात अंबुजा स्टॉक मार्केट का चहेता था और इसलिए मैं थोड़ा घमंडी बन गया था। मुझे विश्वास था कि किसी भी नए प्रोजेक्ट के लिए मैं पूंजी जमा कर सकता था। लेकिन कुछ ही समय बाद यह स्पष्ट हुआ कि मूलद्वारका से बॉम्बे तक का सी-ट्रांसपोर्टेशन प्रोजेक्ट साकार होने वाला था। इसलिए, हमने राजस्थान के कारखाने पर रोक डाल दी और कोडिनार में नए गजम्बुजा कारखाने पर ध्यान देने लगे।

*

पहले हमने सोचा कि हम अंबुजानगर के कारखाने के बग़ल में 7,00,000-टन का नया कारखाना बनाएंगे। फिर हमें पता चला कि नए कारखाने को एक अलग क़ानूनी इकाई बनाने से हमें टैक्स में छूट मिलती। इसलिए, हमने तय किया कि नया कारखाना एक-मिलियन-टन की क्षमता का होगा, वह मौजूदा कारखाने के बग़ल में होगा और दोनों के बीच एक दीवार होगी। इस प्रकार, दोनों कारखाने अलग होने के बावजूद वे आपस में इंफ्रास्ट्रक्चर साझा करते, जिस कारण नया कारखाना स्थापित करने और चलाने की लागत में बहुत बचत होती।

हमने सी-ट्रांसपोर्टेशन 1993 में शुरू करने का चुनौतीपूर्ण लक्ष्य रखा था। श्री कुलकर्णी का अपने लिए लक्ष्य उतना ही चुनौतीपूर्ण था – उपकरण का ऑर्डर देने के बाद एक साल के अंदर गजम्बुजा का कारखाना खड़ा करके सीमेंट का वितरण शुरू करना। यदि हम सफल होते तो वह निश्चित ही एक वर्ल्ड रिकॉर्ड होता। प्रोजेक्ट की 270 करोड़ रुपए की लागत राइट्स इश्यू और डिबेंचर के ज़रिए इकट्ठा की गई। साथ-साथ श्री कुलकर्णी की टीम ने भी काम शुरू किया। शेयर की क़ीमत अप्रैल 1992 में 675 रुपए प्रति शेयर के शिखर पर पहुंचने के बाद अक्टूबर के इश्यू के समय 350 रुपयों पर स्थिर हो गई थी। हमारी अपेक्षानुसार, इश्यू के लिए शेयरधारकों का प्रतिक्रिया बढ़िया रहा। श्री कुलकर्णी का अनुमान था कि अंबुजानगर के कारखाने के इक्विपमेंट सप्लायर, जर्मनी की कृप पॉलीसियस से दोबारा इक्विपमेंट मंगाने से इंस्टालेशन और इंजीनियरिंग के लिए लगा समय घट जाता, चूँकि वे उपकरण से परिचित थे। रही बात निर्माता की, तो उनके पास पिछले ऑर्डर से हमारे लिए बनाए गए विशेष इक्विपमेंट के ड्रॉइंग और स्पेसिफ़िकेशन पहले से ही थे, जिस कारण उसका निर्माण भी तेज़ी से होता। इसके

अलावा, प्लांट का सप्लायर डिज़ाइन और फ़ैब्रिकेशन पर पैसे बचाता और इसलिए उसने हमें बहुत प्रतिस्पर्धी कीमत दी।

जब हमने हमारे कर्मचारी, कॉन्ट्रैक्टर, सप्लायर और कॉर्पोरेट ऑफ़िस को घोषित किया कि हमारा बारह महीने का लक्ष्य है, तब सबकी प्रतिक्रिया देखने लायक थी। प्रत्येक एजेंसी ने अपना काम समय से पहले ख़त्म करने की पूरी कोशिश की। कोई नहीं चाहता था कि वे किसी संभाव्य देरी के लिए ज़िम्मेदार ठहराए जाए। हमारे कारखाने के पास एकमात्र योग्य ज़मीन उससे लगकर एक खोदी गई लाइमस्टोन की खान थी। हमने निर्णय लिया कि हमारा माइनिंग विभाग इस विशाल गड्ढे को भरकर फिर से इस्तेमाल करने के लायक बनाएगा। उन्होंने उत्कृष्ट काम करते हुए कुछ ही हफ़्तों में हमारी नई लाइमस्टोन की खान से 5,00,000 टन मिट्टी गड्ढे में भर दी। सिविल काम चार महीनों के अंदर शुरू हुआ और उपकरण उसके कुछ ही समय बाद आने लगे।

एक दिन श्री कुलकर्णी ने मुझे बताया कि हमारे सप्लायर ने कहा था कि वे समय पर हाई-टेंशन मोटर नहीं दे पाएंगे। मैंने उन्हें ऑर्डर कैंसल करके नया सप्लायर ढूंढने के लिए कहा भले ही वैसे करने से हमारी लागत बढ़ जाती। मैं नहीं चाहता था कि हमारी टीम का उत्साह किसी तरह कम हो। मुझे विश्वास था कि उत्पादन जल्दी शुरू करने से इस अतिरिक्त खर्चे की आसानी से भरपाई हो सकती थी।

किल्न के टायर के अंतर्राष्ट्रीय सप्लायर के साथ भी कुछ ऐसा ही हुआ। हालाँकि निर्माता ने हमें वादा किया था कि उपकरण समय से पहले तैयार होगा, जर्मनी से समुद्री मार्ग से लाने में एक महीने से भी ज़्यादा समय लेना अपेक्षित था। श्री कुलकर्णी ने मुझसे उसे प्लेन से मंगाने के लिए इजाज़त मांगी, जो मैंने तुरंत दी। इसके बाद उनकी टीम एक चार्टर प्लेन ढूंढने में लग गई, जो 25 टन वज़न के तीन टायर ले जा सकता था। उन्हें विश्वभर में सिर्फ़ एक उचित ट्रांसपोर्ट प्लेन मिला। लेकिन वह रूस (रशिया) में था, जहां सोवियत यूनियन के टूटने के बाद कोलाहल मच गया था। फलस्वरूप, सभी इज़ाज़तें मिलने में बहुत समय लग रहा था और वह बहुत पेचीदा भी था। इसलिए, हमारी टीम ने हवाई मार्ग से लाने का विचार त्याग दिया और उसके बजाय वह इंस्टालेशन का समय कम करने में जुट गई।

लगभग सब कुछ योजनानुसार बढ़ा और श्री कुलकर्णी और उनकी टीम 1993 की शुरुआत तक कारखाना स्थापित कर पाए। कुछ ही हफ़्तों में उन्होंने कारखाने को स्थिर

किया और हमने व्यावसायिक उत्पादन पहले उपकरण की ऑर्डर देने के तेरह महीने बाद, उसी साल के मार्च में शुरू किया। हमारा बारह महीनों का लक्ष्य किसी सप्लायर की मजबूरी के कारण एक महीने से चूक गया था। इसके बावजूद, मुझे लगता है कि इस क्षमता के सीमेंट कारखाने के लिए हमने वर्ल्ड रिकॉर्ड स्थापित किया था।

कोडिनार का पहला कारखाना अत्यधिक कम समय में स्थापित करना श्री कुलकर्णी की पहली सफलता थी। अब उन्होंने गजम्बुजा (और कुछ साल बाद गजम्बुजा-2) की स्थापना से और कमाल कर दिखाए। आज हमने अंबुजानगर में जो कुछ भी हासिल किया है वह उनकी बदौलत है। इसमें उस समय के हमारे कमर्शियल हेड, श्री जैन का भी बड़ा योगदान रहा। कंपनी ने दोनों के करतब को पहचानने के लिए अंबुजानगर की स्टाफ़ कॉलोनी और क्लबहाउस उन्हें समर्पित किए। मुझे याद है कैसे हमारे डायरेक्टर, श्री भक्ता ने बोर्ड मीटिंग में यह कहकर हमारी सराहना की कि हम चंद कंपनियों में से थे जिनके प्रमोटरों ने अपने कर्मचारियों की सफलताओं की प्रशंसा की थी।

गजम्बुजा के प्रोजेक्ट से हमें कुछ क़ीमती बातें भी सीखने को मिलीं। पहली, लक्ष्य बहुत महत्त्वाकांक्षी ही क्यों न हो, प्रोजेक्ट लीडर को उसकी समय सारणी (स्केजूल) को घोषित करना ज़रूरी है। इसके अलावा, उसे सहकर्मियों और सप्लायर सहित अन्य सभी साझेदारों को वह लक्ष्य हासिल करने के लिए मनाना ज़रूरी है। दूसरी, कि सभी तैयारियों के बावजूद अनपेक्षित बाधाएं आना अनिवार्य है। इसलिए, यह आवश्यक है कि सीनियर मैनेजमेंट तेज़ी से निर्णय लें ताकि इन बाधाओं का परिणाम सीमित हो। अंतिम सीख थी कि प्रोजेक्ट टीम को जितना हो सके उतना अपने निर्णय ख़ुद लेने के लिए समर्थ बनाना आवश्यक है। अगले सालों में हमारे अन्य प्रोजेक्ट में इन सीखों से हमें बहुत फ़ायदा हुआ।

*

1993 के अंत तक गजम्बुजा, मूलद्वारका तथा पनवेल के बंदरगाह और हमारा पहला जहाज, *अंबुजा शिखर* तीनों पूर्णतः तैयार थे। फलस्वरूप, अब गुजरात के अधिकांश मुख्य शहरों की तुलना में बॉम्बे – भारत का सबसे बड़ा सीमेंट मार्केट – कोडिनार से और नज़दीक था। कई सालों से हमने वहां कम मात्रा में सीमेंट बेचा था और इसलिए वहां हमारे कुछ नियमित ग्राहक थे। हम उन्हें प्रति महीना लगभग 5,000 टन सीमेंट बेचते

थे, जो ट्रेन से आती थी। पनवेल में हमारा साइलो तैयार होने के बाद यह आंकड़ा पहले 10,000 और फिर 20,000 टन तक बढ़ा।

बॉम्बे में सालाना 2 मिलियन टन सीमेंट की खपत थी और वहां सीमेंट बेचना बहुत मुश्किल था। उन दिनों इस मार्केट में ACC, L&T और आदित्य बिड़ला ग्रुप के इंडियन रेयोन की सब्सिडियरी कंपनी राजश्री सीमेंट प्रतिष्ठापित कंपनियां थीं। प्रतिष्ठापित कंपनियों को प्रतिद्वंद्वी अच्छे नहीं लगते और बॉम्बे के हमारे दोस्त भी ऐसे ही थे। इस मामले में बॉम्बे में हमारे प्रतिद्वंद्वी गुजरात में सौराष्ट्र सीमेंट और दिग्विजय सीमेंट से भी बहुत ज़्यादा आक्रामक थे। उन्होंने साथ मिलकर हम पर उनकी तरकश में सबसे शक्तिशाली तीर से हम पर वार किया, जो था सीमेंट की क़ीमत। उन्होंने क़ीमत घटाकर 90 रुपए प्रति बैग कर दी, जबकि उस समय गुजरात में क़ीमत 100 रुपए थी।

हमारे प्रतिद्वंद्वियों का मानना था कि चूँकि हमने समुद्री इंफ्रास्ट्रक्चर पर इतना खर्च किया था, इसलिए हम उनकी जितनी कम क़ीमतों में सीमेंट नहीं बेच पाएंगे। पर इंडियन रेयोन, ACC और L&T क्रमशः 550, 580 और 800 किलोमीटर की लंबी दूरियों से, परिवहन पर बहुत खर्चा करते हुए बॉम्बे तक अपना सीमेंट ला रहे थे। उनकी तुलना में, हमारी परिवर्ती लागत L&T की लागत की एक-तिहाई और राजश्री सीमेंट तथा ACC की लागत की आधी थी। वे यह बात नहीं जानते थे। हमने भी क़ीमतें घटा दीं। अब देखना यह था कि इस लड़ाई में कौन पहले हार मानेगा। उन्हें लगा कि हम हार मानेंगे। लेकिन उल्टा, हर महीने उनकी ही लागत बढ़ती गई क्योंकि नरसिंह राव सरकार के आर्थिक उदारीकरण के कारण इन्फ़्लेशन बढ़ते जा रहा था। इन्फ़्लेशन के कारण हमारी लागतों में से केवल ईंधन की लागत बढ़ी (जो कुल लागत की एक-तिहाई थी)। दूसरी ओर, हमारे प्रतिद्वंद्वियों के कई खर्चे बढ़ गए। उन्होंने हीरानंदानी और रहेजा जैसे बड़े बिल्डरों को बड़े डिस्काउंट देकर सुनिश्चित किया कि वो हमारा बहिष्कार करें। हमने CIDCO सहित कुछ बिल्डरों को यह फ़सिलिटी देकर फिर से हमारी ओर लुभाया कि हम बल्क ट्रांसपोर्टेशन करेंगे जिससे नुक़सान घट जाएगा। इसी बीच हम समझ गए कि बॉम्बे के मार्केट का 80 प्रतिशत हिस्सा छोटे बिल्डरों से बना था जो सिर्फ़ एक या दो बिल्डिंगें बनाते थे।

हमने निर्णय लिया कि हम बड़े बिल्डरों के बजाय छोटे बिल्डरों पर ध्यान देंगे। हमने उन्हें यह सुविधा दी कि चाहे वे बड़े या छोटे डीलर से सीमेंट ख़रीदें, उन्हें सीमेंट एक ही

क़ीमत में मिलेगी। दूसरी कंपनियों की तरह हमने भेदभाव नहीं किया। बिल्डरों को हमारी ईमानदारी और पारदर्शिता पसंद आई। लेकिन सात दिन के अंदर भुगतान करने का नियम हमने सख़्ती से लागू किया। इससे सुनिश्चित हुआ कि हमारे प्रतिद्वंद्वियों के विपरीत हमारा भुगतान समय पर होता गया। ग्रेटर बॉम्बे क्षेत्र में रीटेलरों का बहुत बड़ा हिस्सा था। ये रीटेलर नए घर बनाने वाले या मौजूदा घरों की मरम्मत करने वाले छोटे ग्राहकों को सीमेंट बेचते थे। ग्रेटर बॉम्बे क्षेत्र में लगभग 1000 ऐसे रीटेलर थे। हमारे सेल्स डिपार्टमेंट ने उनके साथ क़रीबी से काम किया।

उनसे हमें पता चला था कि सीमेंट के गोदाम न होने के कारण स्टॉकिस्ट और ग्राहकों को सीमेंट की डस्ट से बहुत परेशानी हो रही थी। इसलिए, हमने सीमेंट को पेपर बैग में बेचने का निर्णय लिया, जिसके लिए हमने एक पैकिंग प्लांट आयात किया। इससे पनवेल के बंदरगाह में सीमेंट की डस्ट की परेशानी भी मिट गई। हम मज़ाक करते थे कि पैकिंग प्लांट के बग़ल में बैठकर खाना खाने पर भी आपको डस्ट नहीं दिखेगी। ग्राहकों को पेपर बैग पसंद आयी। फिर हमारी मार्केटिंग टीम ने छोटे रीटेलरों को हमारी ओर आकर्षित करने के उद्देश्य से अंबुजा परिवार महोत्सव शुरू किया। अठारह महीने तक चले इस महोत्सव के कई पहलू थे, जिसमें परिवार के लिए शुरू में शानदार समारोह होता था और उसके बाद कई छोटे कार्यक्रम होते थे। तीन महीनों के अंदर, 500 से अधिक रीटेलर हमारे एक्सक्लूसिव रीटेलर बन गए थे।

हमने इसके साथ एक बहुत प्रभावशाली एडवरटाइजिंग कैंपेन भी किया। रवि गुप्ता और त्रिकाया की उनकी टीम ने 'विराट कम्प्रेस्सिव स्ट्रेंथ' स्लोगन को एक और रचनात्मक तथा नवीन विचार में बदल दिया, जो अंबुजा सीमेंट से बनी एक अटूट दीवार पर केंद्रित था। उसका पहला रूप एक सफ़ेद पोस्टर पर टूटा हुआ हथोड़ा था। अंबुजा सीमेंट की श्रेष्ठ शक्ति बड़ी चतुराई से दिखाई गई। फिर कई एड के माध्यम से अंबुजा की दीवार का अटूट होना दिखाया गया। नायक के लिए नायिका को बचाने का एकमात्र तरीक़ा दीवार के ऊपर से पोल-वॉल्ट करने का था।

यह कैंपेन बहुत सफल हुआ। कुछ ही सालों में हम बॉम्बे के 60 प्रतिशत रीटेलरों पर कब्ज़ा करके इस मार्केट के प्रमुख सीमेंट विक्रेता बन गए थे। अब हम भारत के दो सबसे अमीर मार्केट, बॉम्बे और गुजरात में सबसे बड़े खिलाड़ी थे। हमने भारत के तीन सबसे बड़े सीमेंट उत्पादकों – ACC, L&T और आदित्य बिड़ला ग्रुप – का मुक़ाबला करके

रचनात्मकता और नवाचार के ज़रिए तीनों को हराया था। इससे हमारा आत्मविश्वास बढ़ा कि हम मन लगाकर कुछ भी हासिल कर सकते थे।

दिलचस्प बात यह है कि इसी समय L&T भी मुसीबत में थी। तब देश की सबसे प्रसिद्ध कंपनियों में से एक, जो एक बड़ी बिज़नेस फ़ैमिली की थी, ने सोचा कि L&T पर कब्ज़ा करना बहुत फ़ायदेमंद होगा। एक दिन अचानक से, उस परिवार का वारिस मुझसे मिलने आया। उसका परिवार चाहता था कि मैं और वे साथ में L&T को जबरदस्ती ख़रीदें। मैंने उसे कहा कि हालाँकि यह मेरे लिए गर्व की बात थी कि उसके परिवार ने इसके लिए मुझे साथ लेने का विचार किया था, मैं इस तरह की लड़ाई में पड़ने के लिए अभी भी बहुत मामूली था। मैंने विनम्रता से उसे ना कह दिया। लेकिन इस घटना से स्पष्ट हुआ कि अब अन्य कंपनियां अंबुजा को शक्तिशाली कंपनी मानने लगी थीं।

1992 में कभी, प्रकाश भोपटकर नामक नौजवान, जो मेकेन्सी में कंसलटंट रहा था, मुझसे मिलने आया। वह एक क्वालिटी स्पेशलिस्ट था जिसकी हाल ही में प्रकाशित 'क्वालिटी इस फ्री' (Quality is Free) नामक क़िताब में उसने दावा किया था कि क्वालिटी बिना किसी खर्च के बढ़ाई जा सकती थी। वह ये विचार गुजरात अंबुजा में वर्कशॉप करके लागू करना चाहता था जिससे कि हमारी ऑल-राउंड क्वालिटी सुधारी जा सके। उसके अनुसार क्वालिटी बढ़ाने के लिए सिर्फ़ यह आवश्यक था कि कर्मचारी ख़ुद को सुधारने के बारे में प्रेरित हों। उसकी ईमानदारी और जुनून से प्रभावित होकर, मैंने उसे कहा कि वह ये सेमिनार सभी के लिए करें न कि सिर्फ़ सीनियर एग्जीक्यूटिव के लिए।

सेमिनार हमारे ऑफ़िस और कारखानों दोनों में किए गए। भोपटकर की पद्धति इस विचार पर आधारित थी कि साधारण काम करने की तुलना में अच्छे क्वालिटी का काम बिना किसी अतिरिक्त लागत के किया जा सकता था। सिर्फ़ यह ज़रूरी था कि प्रत्येक कर्मचारी, चाहे वो ऑफ़िस में काम करता हो या कारखाने में, यहां तक कि ऑफ़िस असिस्टेंट, कैंटीन सर्वर, क्लीनिंग कर्मचारी और सिक्योरिटी गार्ड भी क्वालिटी के बारे में सतर्क और चौकन्ना रहें। उसका मानना था कि उत्पादकता बढ़कर कंपनी को फ़ायदा केवल तब हो सकता था जब प्रत्येक कर्मचारी अपने काम को सुधारने के प्रति सचेत रहे।

यह हासिल करने के लिए, यह मानना आवश्यक है कि कंपनी के प्रत्येक क्षेत्र में क्वालिटी हमेशा बढ़ाई जा सकती है। और यह याद रखना ज़रूरी है कि क्वालिटी बढ़ाना कभी न रुकने वाली प्रक्रिया है। इस सफर में लगातार, छोटे सुधार होते रहते हैं,

जो मापे जा सकते हैं। क्वालिटी का लक्ष्य हासिल होने पर, दोबारा उससे ऊंचा लक्ष्य रखना होता है। यह एक निरंतर प्रक्रिया है। यह विचार 'I Can' के विचार से बख़ूबी से मिलता-जुलता था।

भोपटकर के कहने पर हमारे ऑफ़िस बॉय से लेकर सीनियर एग्ज़ीक्यूटिव तक सभी कर्मचारियों ने अपने क्षेत्र में वे क्या सुधार सकते थे उसपर कई रचनात्मक सुझाव दिए। फिर भोपटकर ने उसके द्वारा विकसित फ़ॉर्मूला का प्रयोग किया और उन सुझावों का आर्थिक मूल्य ढूंढा। उसने हमें यह प्रणाली सिखाई, ताकि हम भी क्वालिटी में सुधारों का आर्थिक मूल्य ढूंढ सकें।

उसके सेमिनार का सभी पर गहरा प्रभाव हुआ। जिन कर्मचारियों को इस विषय के बारे में और जानना था उन्हें हमने *क्वालिटी इस फ़्री (Quality is Free)* की कॉपियां दीं। मैं यह बेझिझक कह सकता हूं कि क्वालिटी को लेकर भोपटकर ने गुजरात अंबुजा में क्रांति जगा दी। प्रत्येक डिपार्टमेंट ने क्वालिटी सुधारने का कड़ा प्रयास किया। इससे हमारी कंपनी को जीवनभर फ़ायदा हुआ।

क्वालिटी को लगातार सुधारने का मंत्र श्री कुलकर्णी ने सबसे बेहतर अपनाया। हम अंबुजानगर के कारखाने में प्रतिदिन 2,500 टन क्लिंकर बनाने के पराक्रम से बहुत ख़ुश थे। हमें लगा कि भारत में उस आकार के किल्न के लिए यह एक रिकॉर्ड होगा। लेकिन श्री कुलकर्णी उससे असंतुष्ट थे। वे उन अंतर्राष्ट्रीय सीमेंट कंपनियों के उत्पादन के आंकड़ों का अध्ययन करने लगे, जो हम जितनी बड़ी थी।

उन्होंने पाया कि जापान के कारखानों का प्रदर्शन हमसे बहुत अच्छा था। श्री कुलकर्णी जापान की ओनोडा सीमेंट में काम कर रहे एक भारतीय को जानते थे और उसके ज़रिए उन्होंने वहां के रिसर्च डिपार्टमेंट से संपर्क किया। वे उन्हें अपना कारखाना दिखाने के लिए ख़ुशी-ख़ुशी तैयार हुए। वहां कई बार जाकर श्री कुलकर्णी को बहुत कुछ सीखने को मिला जिससे हमने हमारा उत्पादन और उत्पादकता दोनों बढ़ाए। अंत में ओनोडा सीमेंट हमारे दरलाघाट प्रोजेक्ट के लिए कंसलटंट बन गई।

ओनोडा सीमेंट के रिसर्च सेंटर में श्री कुलकर्णी ने पाया कि सीमेंट की क्वालिटी और किल्न में क्लिंकर के माइक्रोस्कोपिक स्ट्रक्चर में सीधा संबंध था। सबसे अच्छी क्वालिटी का क्लिंकर पाने के लिए यह ज़रूरी है कि किल्न में डाला गया रॉ लाइमस्टोन मिक्स पूर्वनिर्धारित क्वालिटी का हो और वह सही आकार तक पीसा गया हो। किल्न

के अंदर जलने की प्रक्रिया को भी बदलना ज़रूरी होता है ताकि उससे सारा लाइमस्टोन पूर्णतः जल जाए। श्रेष्ठ जलन से किल्न में अधिक कुशलता से ऊर्जा का उपयोग होता है, जिससे ऊर्जा की लागत में बहुत बचत होती है। इन सीखों से हमारी उत्पादकता में बहुत बढ़त हुई और बिजली की खपत घट गई।

हमने पाया कि हालाँकि हमारे कारखानों में उत्पादन का स्तर देशभर में सबसे ऊंचा था, हम जापान की कंपनियों के बहुत पीछे थे। सीमेंट उत्पादन का हमारा आंकड़ा 2,500 टन प्रतिदिन था, जबकि जापानी कंपनियों में वह 3,500 टन था। उनके वैज्ञानिकों ने हमें बताया कि इसका रहस्य प्रीहीटर का आकार बढ़ाने में छिपा था। प्रीहीटर किल्न के बग़ल में टॉवर जैसी संरचना है जिसमें कच्चे लाइमस्टोन के मिश्रण को पहले गरम किया जाता है ताकि उसमें से कार्बन डाइऑक्साइड और पानी को हटाया जा सके, इससे पहले कि उसे किल्न में डाला जाए।

यह जानने के बाद, श्री कुलकर्णी ने छोटा-सा निवेश करके कोडिनार के प्रीहीटर को दो साइज़ बड़ा बनाया। और सहायक उपकरणों में छोटे बदलाव करने पर, हम अंबुजानगर और गजम्बुजा दोनों में दैनिक उत्पादन क्रमशः 3,300 और 3,500 टन तक बढ़ा पाए। इसी तरह, हमने हिमाचल प्रदेश के कारखाने का दैनिक उत्पादन 5,400 से लेकर 6,300 टन तक बढ़ाया। इस प्रकार, ये बदलाव करके हम प्रतिवर्ष लगभग एक मिलियन टन अतिरिक्त सीमेंट बना पाए, मानो हमने एक-मिलियन-टन का कारखाना मुफ़्त में स्थापित किया हो! इस करतब से हमने भारतीय सीमेंट उद्योग के लिए नया गोल्ड स्टैंडर्ड स्थापित किया।

10

कैंसर मुझे विचलित नहीं कर सका

डायग्नोसिस, सर्जरी और रीलैप्स ● दोबारा काम पर लग जाना ● UTI के बोर्ड का सदस्य बनना ● GDR का इश्यू

1990 के दशक के शुरुआती साल अंबुजा के इतिहास के सबसे रोमांचक साल थे। दरलाघाट का निर्माण ज़ोरों से चल रहा था, शिपिंग प्रोजेक्ट अब उसके अंतिम चरण में था, बंदरगाह बन रहे थे, हमने बल्क कैरियर के ऑर्डर दे दिए थे, कोडिनार में नए कारखाने का निर्माण शुरू हुआ था और साथ-साथ हम सभी प्रोजेक्ट्स के लिए स्टॉक मार्केट से पूंजी जुटा रहे थे। इसके बावजूद, हमारी सीनियर टीम में उतने ही सदस्य थे। इसलिए, हम सभी बिना किसी आराम के, एक साइट से दूसरे साइट की ओर भाग रहे थे।

मुझे इस निरंतर दबाव और भागदौड़ में काम करने से आनंद मिलता था। यह एक स्थायी एड्रीनलीन (Adrenaline) नशा जैसा था। इसका जोश मुझे और कठिन परिश्रम करने के लिए प्रेरित करता था तथा और भी अधिक काम अपने ऊपर लेने के लिए उत्साहित करता था। और फिर, जैसा कि अक्सर होता है, सबकुछ अचानक खत्म हो गया। अगस्त 1993 में मुझे माउथ कैंसर का पता चला। हालांकि इसने मुझे थोड़े समय के लिए अस्थिर कर दिया था, लेकिन आध्यात्मिकता ने मुझे जल्दी ही इससे उबरने में

मदद की। क्या मेरे लगातार काम करने का कैंसर के डायग्नोसिस के साथ कोई लेना-देना था? हम कभी जान नहीं पाएंगे। लेकिन 1995 और 2000 में कैंसर के दो एपिसोड्स में मेरे काम का हाथ जरूर था, उन दिनों हम गुजरात अंबुजा को 10-मिलियन-टन की कंपनी बनाने के लिए कड़ी मेहनत कर रहे थे।

मेरे कैंसर का मुख्य कारण, निश्चित रूप से, दो दशकों तक पान मसाला और ज़र्दा चबाने की मेरी आदत थी। अपने कॉलेज के दिनों से ही मैं एक सामयिक धूम्रपानकर्ता और शराब पीने वाला रहा था। मैंने शायद ही कभी सिगरेट का पैकेट खरीदा और मैं अधिकतर सामाजिक धूम्रपान करता था। शराब के साथ भी यही था। मुझे व्हिस्की पसंद थी और समय के साथ मुझे सिंगल माल्ट्स का भी शौक हो गया। मैं उन लोगों में था जो एक पैग का आनंद लेते हैं, लेकिन ज़्यादा पीने वाले नहीं हैं। हालांकि, पान मसाला और ज़र्दा ने कई तरह से मुझे अपने अधीन कर लिया था। मैं इसमें निहित तंबाकू का आदी हो गया था। यह मेरा स्थायी साथी बन गया था। मुझे इसका जोश पसंद था। मुझे लगा कि इससे मुझे गुजरात अंबुजा में अपने जीवन का हिस्सा रही तेज-तर्रार गतिविधियों के तनाव से निपटने में मदद मिलती है।

सालों तक नीलू, माँ और बाबूजी, मेरे दोस्तों और मेरे डॉक्टर्स ने मुझे चेतावनी दी कि तंबाकू चबाने से कैंसर होता है। मुझे बचपन से मुँह में अल्सर होते रहते थे। पान मसाले की आदत के कारण वे बढ़ते गए। मुझे याद है कि 1970 के दशक में, जब मैं उम्र के बीसवें दौर में था, मैं बॉम्बे के मशहूर ENT स्पेशलिस्ट, डॉ. जोइ डी सा से मिला करता था। वे मुझसे कहते, 'नरोत्तम, ये तंबाकू की आदत छोड़ दो। तुम्हें एक दिन कैंसर हो जाएगा।' मेरे अन्य शुभचिंतक भी यही चेतावनी देते थे। वे मुझसे कहते थे कि पान मसाला धूम्रपान से भी बुरा है। जब आप पान मसाला खाते हैं, तो तंबाकू लगातार और सीधे आपके गालों की कोमल त्वचा के संपर्क में रहता है।

कैंसर के मामले में मेरी उम्मीद थी कि मेरी किस्मत मेरा साथ देगी। मैं जानता था कि तंबाकू का नियमित सेवन करने वाले अधिकांश लोगों पर उसका कोई भी बुरा असर नहीं हुआ था, जैसे सुरेश तथा विनोद नेवटिया और मेरे कई मारवाड़ी मित्र। इसलिए, मेरी आशा थी कि उन सैंकड़ों लोगों की तरह मैं भी बच जाऊँगा। मुझे कैंसर न होने का भरोसा था, लेकिन मैं दुर्भाग्यशाली निकला। जब कोई व्यसन लग जाता है, तब मन भी उस व्यसन का साथ देते रहता है। मैंने ख़ुद को मनाया कि मैं तंबाकू इसलिए खा रहा था

कि वह मुझे मेरे काम के तनाव से निपटने में मददगार था। कई बार ऐसा भी होता था कि काम के कारण खाना खाना रह जाता था, लेकिन तंबाकू के कारण मैं कई घंटों तक काम करते रहता था।

मुझे लगता था कि मेरा दिमाग बहुत सक्रिय है, अधिकांश लोगों की तुलना में अधिक सक्रिय। अपने पूरे जीवन में, मैं उन लोगों के साथ बराबरी करने की कोशिश करता रहा जो मुझसे अधिक समझदार और उम्र में बड़े थे। हाई क्लास हिल ग्रेंज हाई स्कूल में, जहां मुझे साल के बीच ट्रांसफ़र किया गया, मैं एकमात्र लड़का था जो हिंदी बोलता था, जबकि मेरे सहपाठियों को अंग्रेज़ी में बोलने की आदत थी। कॉलेज में मैं हमेशा ऐसी कक्षा में रहा था जो मुझसे बड़े छात्रों के लिए उचित थी। कपास व्यापार में मैं ऐसे लोगों के साथ काम करता था जो मुझसे बहुत बड़े और अधिक अनुभवी थे। सीमेंट व्यवसाय में मैं ऐसी कंपनियों के साथ प्रतिस्पर्धा करता था, जो कई दशकों से इस व्यवसाय में थीं। हालाँकि मैं बहुत जल्दी सीखता था, लेकिन दूसरों की बराबरी करने की चिंता और तनाव बने रहते थे। तंबाकू से मुझे शांति मिलती थी।

मेरे लिए तनाव दोनों तरह का था – सकारात्मक और नकारात्मक। नकारात्मक तनाव तब ख़त्म हुआ जब 1990 में अंबुजा के पास पर्याप्त नक़द राशि जमा हो गई। लेकिन इसके बाद, गुजरात अंबुजा को तेज़ी से बढ़ाने में कड़ी मेहनत करने के कारण मैं चिंतित तथा बेचैन रहने लगा और सकारात्मक तनाव शुरू हुआ। मैं हमारा मार्केट शेयर बनाए रखने, हमारे विभिन्न नए प्रोजेक्ट, नई कंपनियों को हासिल करने और स्टॉक मार्केट में हमारी ख्याति के अनुरूप प्रदर्शन करने के बारे में चिंतित रहता था। मेरी जीवनशैली शुरुआती दिनों से शायद ही बदली थी। मैं अब भी लगातार काम करता था और हाइपरएसिडिटी से ग्रस्त रहता था, जो तनाव और तंबाकू के कारण और भी तीव्र होती थी। हालाँकि मैं शांतचित्त होने का दिखावा करता था, अंदर ही अंदर मेरा मन हमेशा तनावग्रस्त रहता था।

मेरे पास हर दिन एक बिज़ी शेड्यूल हुआ करता था। सुबह से देर शाम तक काम करता और देश-विदेश में लगातार सफ़र मेरी दिनचर्या का हिस्सा था। फिर, एक और बात के कारण मेरा तनाव बढ़ गया। सुरेश नेवटिया, जो 1988 में चेयरमैन बने थे, शुरू में कंपनी के दैनिक चलन में इतनी रुचि नहीं लेते थे। लेकिन, जबसे हम अच्छा करने लगे, तब वह अचानक से नियमित रूप से मुझसे बातचीत करने लगे। वह नाख़ुश थे कि मैं उन्हें हमारी सभी गतिविधियों के बारे में समय पर सूचित नहीं कर रहा था। इस गलती की

वजह मेरी अत्यन्त व्यस्तता थी। मुझे मेरी ग़लती का बाद में अहसास हुआ। मैंने उनको काम में व्यस्त रहने की बात समझाई, लेकिन वो उससे सहमत नहीं हुए। उन्होंने कई ख़तों के ज़रिए मेरे काम करने की शैली और मेरे स्वभाव की निंदा की। वो ख़त लिखना पसंद करते थे और इन ख़तों ने मेरे लिए और तनाव पैदा किया।

मई 1993 में लंदन में मुझे पहला संकेत मिला कि मेरी तबीयत ठीक नहीं थी। मेरे मुँह में एक अल्सर ठीक नहीं हो रहा था। कुछ दिनों के लिए मैं डॉक्टर से नहीं मिला यह सोचकर कि मेरे पुराने अल्सर जैसे वह भी ठीक हो जायेगा। लेकिन इस बार वह ठीक नहीं हुआ। अगस्त 1993 में बॉम्बे लौटने पर मैं मेरे ENT स्पेशलिस्ट, डॉक्टर दारा अंकलेसरिआ से मिला। अल्सर की जांच करने पर वे चिंतित दिखाई दिए। उन्होंने बताया कि हमेशा के अल्सर के विपरीत वह हानिकारक हो सकता था। वे चाहते थे कि मैं तुरंत कैंसर के कुछ टेस्ट करवाऊं। मेरे पैरों तले ज़मीन खिसक गई। क्या आख़िरकार मुझे कैंसर हो ही गया था? कैंसर के परिणाम के बारे में सोचने की मुझमें हिम्मत नहीं थी।

डॉक्टर अंकलेसरिआ ने मुझे टाटा मेमोरियल हॉस्पिटल में कैंसर स्पेशलिस्ट, डॉक्टर सुल्तान प्रधान से मिलने को कहा। यह सुनकर मैं परेशान और आशंकित दोनों था। मैंने डॉक्टर अंकलेसरिआ से कहा कि मैं बॉम्बे के किसी कैंसर स्पेशलिस्ट से मिलना नहीं चाहता। बदले में उन्होंने कहा कि यदि मैं नहीं गया तो वे मुझे ख़ुद डॉक्टर प्रधान के पास घसीटकर ले जायेंगे। मुझे कैंसर के साथ ही, मेरे कैंसर की ख़बर लोगों में फैलने की चिंता भी थी। इसलिए, मैंने विश्व के सबसे प्रसिद्ध कैंसर हॉस्पिटल, न्यू यॉर्क के स्लोन केटरिंग कैंसर सेंटर में अपॉइंटमेंट ली।

अगले हफ़्ते मैं, नीलू, विनोद नेवटिया और उनकी पत्नी के साथ न्यू यॉर्क पहुंचा। विनोद मेरा हौसला बढ़ाने के लिए आए थे। हममें कई सालों से भरोसे और लगाव पर आधारित एक विशेष रिश्ता बना था। न्यू यॉर्क में मैं आशावान था कि किसी चमत्कार से डॉक्टर अंकलेसरिआ की चिंता बेबुनियाद ठहरेगी। फिर मुझे डायग्नोसिस मिला। मुझे वाकई में माउथ कैंसर हुआ था। मैं चूर-चूर हो गया। मेरी उम्र केवल तैंतालीस थी। मुझे लगा था कि मैं कैंसर से बच पाऊँगा, लेकिन अब आख़िरकार मैं उसकी पकड़ में था।

एकमात्र आशा की किरण यह थी कि इस कैंसर का मुँह से शरीर के दूसरे भागों में फैलने से पहले पता लग गया था। मैंने माना कि कैंसर के ज़रिए भगवान मुझे मेरी जीवनशैली बदलने का संदेश दे रहे थे। उन्होंने मुझे ज़ोरों से तमाचा मारकर मेरी औक़ात

दिखाई थी। मेरे जीवन की इस नई सच्चाई को स्वीकार करने की हिम्मत जुटाने में मुझे कुछ दिन लग गए। कैंसर का डायग्नोसिस स्वीकारने के बाद मेरा साहस और भी बढ़ गया। मैंने मेरे कैंसर के बारे में शोक मनाना और उसपर घंटोंभर विचार करना बंद किया। मैंने डायग्नोसिस स्वीकार किया और आगे की लड़ाई के बारे में सोचने लगा। हालाँकि मेरा कैंसर शुरुआती चरण का नहीं था, वह बहुत विकसित चरण का भी नहीं था। उसका पहले, सबसे महत्त्वपूर्ण साल में पता लग गया था।

डॉक्टरों ने बताया कि यदि माउथ कैंसर का पहले साल में पता लगकर उसे ग्लैंड तक फैलने से पहले, सर्जरी करके निकाला जाता है, तो वह इतना ख़तरनाक नहीं होता है। लिवर और रेक्टम के कैंसरों की तुलना में ब्रैस्ट, बोन और माउथ के कैंसर धीरे फैलते हैं। मेरी सर्जरी को भी बहुत कम समय लगा, मानो जैसे मेरा दांत निकाला जा रहा हो, लेकिन इसमें मेरे गाल के अंदर का एक भाग निकाला गया। न कीमोथेरेपी करनी पड़ी न रेडिएशन और एक महीने के अंदर मैं बॉम्बे में दोबारा काम पर लग गया था। मेरे परिवार और नेवटिया भाइयों के अलावा किसी को भी डायग्नोसिस के बारे में नहीं पता था। काम पहले की तरह चलता रहा।

*

मेरे डायग्नोसिस के तुरंत बाद मैंने पान मसाला चबाना छोड़ दिया, लेकिन व्हिस्की पीता रहा। मेरे मुँह के अंदर सर्जरी का घाव पहले कुछ महीनों में भरता गया, लेकिन फिर उसका भरना थम गया। डॉक्टरों ने कहा कि घाव के भरने में समय लगता था, लेकिन वह पूरी तरह से कभी नहीं भरा। अगले दो साल तक उसके कारण मैं लगातार परेशान रहा। उसके बावजूद मैंने काम जारी रखा।

हमारे लिए 1993 का दूसरा भाग बहुत महत्त्वपूर्ण था। सितम्बर में हमारे पहले जहाज, *अंबुजा शिखर* ने मूलद्वारका से बॉम्बे तक की पहली यात्रा की; अक्टूबर में गजम्बुजा में व्यवसायिक उत्पादन शुरू हुआ; हमने दरलाघाट की क्षमता सफलतापूर्वक 1.5 मिलियन टन तक बढ़ाई; दिसम्बर तक पनवेल और मूलद्वारका के बंदरगाह तैयार हुए थे; और सूरत में मगदल्ला में बंदरगाह पर काम शुरू हुआ।

मुझे न चाहते हुए भी काफ़ी जल्दी दोबारा मेरी ज़िम्मेदारियां संभालनी पड़ीं। मेरे कैंसर के कारण मैंने सुरेश नेवटिया को दरलाघाट का निरीक्षण करने के लिए कहा था, जबकि

श्री कुलकर्णी कारखाने के दैनिक चलन के लिए ज़िम्मेदार थे। मुझे लगा था कि सुरेश काम में हाथ बंटा सकते थे। लेकिन हिमाचल प्रदेश और पंजाब के कारखानों में कुछ मीटिंग में बैठने के बाद उन्होंने रोज़मर्रा के कामकाज में मदद नहीं करने की इच्छा व्यक्त की। सुरेश उन लोगों में से थे, जिनके लिए कंपनी के चेयरमैन होते हुए भी निर्णय लेना मुश्किल होता था। निर्णय लेने की ज़िम्मेदारी हमेशा ही मुझ पर पड़ती थी।

मैंने यह विशेषता कई व्यवसायियों और पेशेवरों में पाई। दूसरे किसी के निर्देशन में वे बख़ूबी से अपना काम करते थे। लेकिन वे ख़ुद से कोई बड़ा निर्णय नहीं ले पाते थे, मानो वे सुन्न हो गए हों। वे निर्णय लेना टालते रहते थे। मैं इसके बिल्कुल विपरीत था। मेरा मानना था कि व्यवसाय में निर्णयात्मक होना ज़रूरी था भले ही कुछ निर्णय ग़लत ही क्यों न निकलें।

यह बात मैंने मेरे करियर में काफ़ी जल्दी, हमारे सिविल इंजीनियरिंग के हेड, श्री राव से सीखी। उन्होंने मुझे दिल्ली में स्थित बिज़नेस हाउस के एक वारिस का उदाहरण दिया, जो उत्तर भारत में स्थित एक बड़ी सीमेंट कंपनी के कारखाने का इंचार्ज था। वह हर महीने दूर-दराज़ स्थल में स्थित कारखाने में कुछ दिन रहकर दिनभर मीटिंग करता था। लेकिन मीटिंग में वह कोई निर्णय नहीं लेता था, इससे सभी लोग उलझन में पड़ जाते थे।

मीटिंग ख़त्म होते ही वह अपने एक विश्वस्त व्यक्ति को पीछे छोड़कर दिल्ली लौटता था। उसकी तुलना में यह व्यक्ति बहुत निर्णयात्मक था और जो निर्णय उसका बॉस तीन दिन में नहीं ले सका वह वो एक घंटे में लेता था। उसी तरह, सुरेश भी सभी महत्त्वपूर्ण निर्णय मुझ पर छोड़ देते थे। मेरी सर्जरी के कुछ हफ़्ते बाद, उन्होंने मुझसे कहा कि दरलाघाट के निरीक्षण की ज़िम्मेदारी संभालना उन्हें मुश्किल लग रहा था और इसलिए वह उसे निभा नहीं पाएंगे। एक बार फिर, हिमाचल प्रदेश के ऑपरेशन के निरीक्षण की ज़िम्मेदारी मुझे संभालनी पड़ी।

काम दोबारा शुरू करने का फ़ायदा यह था कि मेरा ध्यान सर्जरी के घाव से हट गया, जो अब तक भरा नहीं था और मुझे लगातार परेशान कर रहा था। मैं बिलकुल भी नहीं चाहता था कि मेरे सहकर्मियों को लगे कि इस घाव का मेरे काम पर असर हो रहा था। मुझे लगा कि यदि वैसे होता तो हमारे कर्मचारी हतोत्साहित हो जाते। मुझे यह दिखावा करना पड़ा कि सर्जरी का मुझ पर कोई बुरा असर नहीं हुआ था। लेकिन अंदर ही अंदर,

यह चिंता मुझे खाए जा रही थी कि क्या मेरा कैंसर ठीक हो गया या क्या वह अब भी मेरे अंदर छिपा था। मुझे नहीं पता था कि आगे क्या होगा।

जब मैं न्यू यॉर्क में सर्जरी के बाद ठीक हो रहा था, तब मुझे UTI के चेयरमैन, डॉ. एस.ए. दवे से कॉल आया। वे चाहते थे कि मैं IDBI की ओर से UTI का ट्रस्टी बनूं। इस प्रस्ताव को मैं नकार नहीं सकता था। उन दिनों UTI के ट्रस्टी का पद अत्यंत प्रतिष्ठापूर्ण पद माना जाता था। मुझे लगा कि मेरे और मेरी कंपनी के लिए यह पद स्वीकार करना बड़े सम्मान की बात होगी। मैं डॉ. दवे को तबसे जानता था जबसे वे UTI के प्रमोटर, IDBI के एग्जीक्यूटिव डायरेक्टर थे। उन दिनों UTI भारत की एकमात्र म्यूचुअल फंड कंपनी थी और उसने हर साल देशभर के निवेशकों से हज़ारों करोड़ रुपए इकट्ठा किए थे।

साधारणतः, IDBI UTI के बोर्ड पर अपने चेयरमैन सहित किसी जाने-माने उद्योगपति या वरिष्ठ पेशेवर को नियुक्त करता था ताकि इंडस्ट्री का दृष्टिकोण भी मिल सके। इस व्यक्ति को प्रोजेक्ट और कॉर्पोरेट फ़ाइनेंस की बारीकियों का जानकार होने के साथ-साथ अत्यंत नैतिक भी होना आवश्यक था। प्रत्येक बड़ा व्यावसायिक घराना UTI से क़र्ज़ लेता था और UTI भी स्टॉक मार्केट के ज़रिए कई कंपनियों में निवेश करता था। इसलिए, यह अत्यावश्यक था कि UTI के बोर्ड में उनके फ़ैसलों पर उस उद्योगपति या पेशेवर का कोई व्यक्तिगत स्वार्थ न हो। 'मैं जानता हूं कि तुम ऐसा कुछ नहीं करोगे जिससे कि किसी एक उद्योगपति को किसी दूसरे से ज्यादा फ़ायदा होगा,' डॉ. दवे ने मुझे फ़ोन पर कहा था।

UTI के बोर्ड पर नियुक्त किया जाना सबके बीच न केवल मेरा मेरे अपने दम पर महत्त्वपूर्ण और सक्षम उद्योगपति बनने की स्वीकृति थी बल्कि गुजरात अंबुजा के अत्यधिक नैतिक कंपनी होने की भी थी। हमने UTI से कभी क़र्ज़ नहीं लिया था और पिछले कुछ सालों में IDBI के साथ भी हमारा व्यवहार घटता गया था। डॉ. दवे ने मुझे UTI की सबसे शक्तिशाली और बड़े क़र्ज़ मंज़ूर करने वाली एग्जीक्यूटिव कमिटी का सदस्य भी बनाया और मेरा सम्मान और भी बढ़ गया। जबकि इस कमिटी के अन्य तीन सदस्य – डॉ. दवे, श्री पी.जे. नायक (जो आगे जाकर UTI बैंक के चेयरमैन और CEO बने, जो बाद में एक्सिस बैंक बना) और श्री एस.एच. ख़ान (IDBI के मैनेजिंग डायरेक्टर) – शक्तिशाली बैंकर थे, मैं एकमात्र ग़ैर-बैंकर था।

मैं पांच साल तक इस कमिटी का सदस्य बना रहा। इस बीच मैंने भारत की सबसे बड़ी कंपनियों और दर्जनों छोटी कंपनियों को हज़ारों करोड़ रुपयों के ऋण मंज़ूर करने में मदद की। इसके लिए हम कंपनियों और उद्योगों का विस्तारपूर्वक अध्ययन करके UTI के बोर्डरूम में देर तक विचार-विमर्श करते थे। IDBI की वेस्टर्न कमिटी के अनुभव के बाद मुझे यहां भी बहुत कुछ सीखने का सौभाग्य मिला। बस एक असंतोषजनक बात यह थी कि मुझे यह अवसर तब मिला, जब मुझे शायद कार्यभार घटाना चाहिए था। लेकिन वह करना असंभव था; UTI मेरे लिए नहीं रुकती।

*

इसी समय हमारा पहला ग्लोबल डेपोसिटरी रिसीट्स (GDR) इश्यू भी जारी हुआ। पहली बार उच्चतम भारतीय कंपनियों को विदेश से कम दरों पर ऋण उपलब्ध हो रहे थे और हम यह मौक़ा गंवाना नहीं चाहते थे। नवंबर 1993 में लक्सेम्बर्ग के स्टॉक मार्केट में 80 मिलियन डॉलर का हमारा GDR इश्यू बहुत सफल रहा। आदित्य बिड़ला ग्रुप के ग्रासिम और धीरूभाई अंबानी के रिलायंस के अलावा हमारी कंपनी केवल तीसरी भारतीय कंपनी थी, जिसने अंतर्राष्ट्रीय मार्केट से पूंजी जुटाई थी। उन प्रतिष्ठित कंपनियों की बराबरी में रहकर अंतर्राष्ट्रीय मार्केट में सफलतापूर्वक पूंजी जुटाकर साबित हुआ कि फ़ाइनेंशियल मार्केट में हमारी कितनी इज़्ज़त की जाती थी, हम बड़े खिलाड़ियों के साथ कंधे से कंधा मिलाने के लिए कितने उत्सुक थे और पूंजी जुटाने के लिए हमने कितने नवाचार किए थे।

वॉशिंगटन में स्थित इंटरनेशनल फ़ाइनेंस कॉर्पोरेशन (IFC) हमारे इश्यू का को प्रमोटर था और उसने उसका संचालन भी किया। हालांकि भारत में एनवायरनमेंट संबंधित रेगुलेशन अच्छे स्तर का न होने के कारण उसने कई अन्य भारतीय मैन्युफैक्चरिंग कंपनियों में निवेश करने से इंकार किया था। इसके एक साल पहले, IFC के मूल संगठन, वर्ल्ड बैंक ने हमें हमारे हिमाचल प्रदेश के प्रोजेक्ट के लिए क़र्ज़ दिया था। उन्हें विश्वास था कि हमारे कारखानों में प्रदूषण का स्तर यूरोप और अमेरिका की कंपनियों जितना कम था।

लंदन में GDR के रोडशो में IFC के प्रमुख, जमील कसुम और फ़रीदा खंबाटा ने विश्वभर के सबसे महत्त्वपूर्ण निवेशकों के सामने हमारी बढ़कर तारीफ़ की और मुझे बड़ा गर्व महसूस हुआ। 'हमने सड़सठ देशों की सीमेंट कंपनियों में निवेश किया है और

निस्संदेह ही उनमें से अंबुजा सर्वश्रेष्ठ है।' हमारा इश्यू सोलह गुना ओवरसब्सक्राइब होकर निवेशकों से एक बिलियन डॉलर से भी ज़्यादा पूंजी का वादा मिला। हमने इस पूंजी से पुराने, ऊंचे दरों के ऋण चुका दिए और दरलाघाट सहित अन्य कई प्रोजेक्ट में निवेश किया। तब तक दरलाघाट की लागत दोगुनी से भी ज़्यादा हो चुकी थी।

रही बात मेरी तबीयत की, तो 1994 की शुरुआत में भी, सर्जरी के छह महीने बाद, मैं पीड़ा में था। मेरे मुँह के घाव में समय-समय पर जलन होकर वह जलन थम जाती थी। डॉक्टर मुझे दिलासा देते रहते कि समय के साथ मेरा घाव ठीक हो जायेगा। अब मैं उनसे अक्सर मिल रहा था और मेरे सहकर्मी, ख़ासकर सेक्रेटरी और असिस्टेंट, जो डॉक्टरों की अपॉइंटमेंट ले रहे थे, यह बात जान गए थे। मुझे लगा कि कुछ सहकर्मियों को शक हो गया था कि मुझे कैंसर हुआ था। लेकिन मैं अपने कैंसर का खुलासा करने के लिए तैयार नहीं था।

इसके बावजूद मैं कड़ी मेहनत करता रहा। 1994 के शुरुआत में *अंबुजा वैभव* और *अंबुजा गौरव* के आने से हमारे पहले तीन जहाज़ तैयार थे। और जुलाई में सूरत का बंदरगाह कार्यान्वित होने से हमारा सी-ट्रांसपोर्ट प्रोजेक्ट ज़ोरों से शुरू हुआ। हम अपने जहाजों और बंदरगाहों के ज़रिए देश में बिक्री बढ़ाने के साथ-साथ एक्सपोर्ट भी बढ़ा पाए। इसके पहले, हमने पास के पोरबंदर के बंदरगाह से सीमेंट के बैग एक्सपोर्ट किए थे। जैसे कि मैंने पहले कहा है, इन बैगों को लादने-उतारने और उनके परिवहन में सीमेंट का नुकसान और छोटी मात्रा में चोरी होते थे। अब हमारे लिए मूलद्वारका बंदरगाह के उपकरणों की मदद से सीमेंट का थोक एक्सपोर्ट मुमकिन था। और उपकरण में थोड़ा बदल करने से हम क्लिंकर का परिवहन भी कर सकते थे।

हमने एक्सपोर्ट के उद्देश्य से तेज़ी से काम करते हुए एक नया साइलो बनाया और श्रीलंका, मिडल ईस्ट तथा अफ्रीका के बड़े डीलरों के साथ कॉन्ट्रैक्ट तैयार किए। लेकिन मूलद्वारका का बंदरगाह बड़े, समुद्री बल्क कैरियर के लंगर डाले जाने के लिए उपयुक्त नहीं था। और एक्सपोर्ट को लाभदायक बनाने के लिए सीमेंट का बड़ी मात्रा में परिवहन करना ज़रूरी था। इस स्थिति में हमने वह किया जो बड़े बंदरगाह करते थे। हम पहले सीमेंट को छोटे जहाज़ में लादते और फिर उस जहाज़ को खुले समुद्र में लंगर डाले हुए बड़े जहाज़ तक ले जाते थे। फिर उस सीमेंट को हमारे इंजीनियरों द्वारा परिवर्तित किए गए न्यूमैटिक पंप से बड़े जहाज़ में लादा जाता था। हमारे लिए यह सभी नया था और

इसलिए चुनौतीपूर्ण भी था। लेकिन हमने यह कर दिखाया। उस साल हमने लगभग 0.5 मिलियन टन सीमेंट एक्सपोर्ट किया।

अब गुजरात अंबुजा का एक्सपोर्ट डिपार्टमेंट बड़े एक्सपोर्ट ऑर्डर प्राप्त करने से डरता नहीं था। उसे विश्वास था कि हमारे इंजीनियर बंदरगाह से जहाज तक सीमेंट पहुंचाने का तरीक़ा ढूंढ लेंगे। हमारी कंपनी 'I Can' के जोश पर चलती थी और यह उसका एक अच्छा उदहारण था। हम पश्चिमी अफ़्रीका के समुद्रतट पर स्थित नाइजीरिया के डंगोटे ग्रुप को सीमेंट एक्सपोर्ट कर रहे थे। हमारे एक्सपोर्ट डिपार्टमेंट को एक बढ़िया विचार आया – नाइजीरिया से लौटते समय हमारे जहाज साउथ अफ़्रीका से हाई क्वालिटी का कोयला मूलद्वारका तक हमारे उपयोग के लिए ला सकते थे। यह कोयला भारतीय कोयले से सस्ता और बेहतरीन था।

देशभर के सार्वजनिक बंदरगाहों में लादने-उतारने की ऊंची लागत और परिवहन की बढ़ती लागत के कारण अधिकांश भारतीय सीमेंट कंपनियों के लिए कोयले का आयात संभव नहीं था। मूलद्वारका के बनते ही अचानक से हमारे लिए कोयले का इंपोर्ट बहुत सस्ता हो गया। कोयले को आसानी से उतारने के लिए हमारे इंजीनियरों ने रचनात्मक ढंग से उपकरणों में छोटे बदलाव किए। पहले साल में ही, हमने 1,00,000 टन कोयला इंपोर्ट किया। अगले कुछ सालों में जैसे हम नए कारखाने तथा कैप्टिव पॉवर प्लांट बनाते गए वैसे यह आंकड़ा बढ़ता ही गया।

जबकि काम पर अच्छी ख़बरें आती गईं, मेरे मुँह का घाव बिगड़ता ही गया। न्यू यॉर्क से लौटने के बाद डॉ. दारा अंकलेसरिआ की सलाह पर मैं वरिष्ठ कैंसर स्पेशलिस्ट, डॉ. सुल्तान प्रधान से मिल रहा था। न्यू यॉर्क के मेरे दोनों डॉक्टरों ने भी डॉ. प्रधान की सिफ़ारिश की थी। संयोगवश दोनों डॉक्टर, डॉ. अशोक शाहा और उनके सीनियर, डॉ. जतिन शाह, जो स्लोन केटरिंग में हेड और नेक सर्जरी के प्रमुख थे, भारतीय थे और बरोड़ा मेडिकल कॉलेज के छात्र रहे थे।

1995 की शुरुआत तक मेरे मुँह की हालत इतनी बिगड़ गई थी कि डॉ. प्रधान को लगा कि मुझे शायद दूसरी सर्जरी की ज़रूरत थी। इस बार मैं अपने सहकर्मियों से कुछ भी छिपाना नहीं चाहता था। जब तय हुआ कि मुझे दूसरी सर्जरी के लिए न्यू यॉर्क जाना पड़ेगा, तब मैंने अपने सीनियर एग्जीक्यूटिव को अपने कैंसर के बारे में बताया। अब पूरी कंपनी को यह बात पता थी। आश्चर्य की बात यह थी कि वे इस ख़बर से परेशान नहीं थे।

तब तक हमारी कंपनी इस स्थिति तक पहुंच गई थी कि मेरे न होते हुए भी उसका दैनिक कामकाज सहजता से चलता था। मुझे नहीं लगा कि उन्हें मेरी ज़रूरत पड़ेगी। फिर भी मैं परेशान था कि हमारे कर्मचारी हतोत्साहित होंगे। इसलिए, उनका हौसला बढ़ाने के लिए, मेरे कहने पर श्री कुलकर्णी ने कुछ नए प्रोजेक्ट शुरू किए। मुझे उम्मीद थी कि इससे हमारे कर्मचारी मेरे न होने के बारे में कम चिंतित रहेंगे। आख़िरकार, मेरे कैंसर के बावजूद यदि कंपनी के भविष्य के बारे में मैं आश्वस्त नहीं होता, तो मैं सैकड़ों करोड़ रुपयों के प्रोजेक्ट क्यों शुरू करता?

मैंने श्री कुलकर्णी को गजम्बुजा में दूसरे एक-मिलियन-टन के कारखाने पर काम शुरू करने के लिए कहा। हमारे शिपिंग प्रोजेक्ट की सफलता के बाद हमने इसकी बात की थी। पनवेल और सूरत में हमारे बंदरगाह अब अपनी पूरी क्षमता पर चल रहे थे और दक्षिण भारत में सीमेंट बेचने के लिए हमने केरल और कर्नाटक में बंदरगाह बनाने का सोचा था। मूलद्वारका की मदद से हम अन्य देशों में भी सीमेंट बेच पाए। मेरे कहने पर श्री कुलकर्णी ने ABG शिपयार्ड को तीन और जहाजों का ऑर्डर दिया ताकि हम इस बढ़ती मांग को पूरा कर सकें।

अंत में गजम्बुजा II कारखाने की कुल लागत 400 करोड़ रुपयों तक पहुंच गई। वह सभी मायनों में गजम्बुजा I के कारखाने के समान बनने वाला था। और हमने उसे भी तेरह महीनों में बनाने का लक्ष्य रखा था। जब वह दिसम्बर 1996 में कार्यान्वित होता, तब कोडिनार में हमारी कुल क्षमता 4.5 मिलियन टन सीमेंट तक बढ़ जाती।

अप्रैल 1995 में मैं मेरी दूसरी सर्जरी के लिए दोबारा न्यू यॉर्क गया। इस बार, डॉ. प्रधान भी मेरा हौसला बढ़ाने आए थे। मेरी पहली सर्जरी डॉ. अशोक शाहा ने की थी और सर्जरी के बाद उन्होंने डॉ. प्रधान के साथ मेरी देखभाल की थी। दूसरी सर्जरी में डॉ. शाहा ने पहली सर्जरी का घाव खोला और पाया कि कैंसर मेरे जबड़े तक फैला था।

इस बार, सर्जरी बारह घंटे चली। डॉक्टरों ने एक तरफ़ का पूरा जबड़ा, दांत सहित निकाला। चेहरे को एक साथ बांधकर रखने के लिए और ताकि वह कुरूप न दिखे एक आर्टिफ़िशियल इंप्लांट डाला गया। फिर माइक्रोसर्जरी से नसों को फिर से जोड़ा गया। मेरा चेहरा गुब्बारे की तरह फूल गया था और उसे ठीक होने में कई दिन लग गए। घाव के ठीक होने के बाद मुझे पैंतीस बार रेडिएशन दिया गया। हालाँकि पहले कुछ सेशन ठीक हुए, आख़िरी कुछ दिन मेरी ज़िंदगी के सबसे दर्दनाक दिन थे।

सर्जरी, रेडिएशन और रिकवरी की प्रक्रिया को छह महीने से ज़्यादा लग गए। मैंने यह समय न्यू यॉर्क में बिताया और सितम्बर में बॉम्बे लौटा। मेरा शरीर पूरी तरह से बदल गया था – मेरे दांत निकाले गए थे, जिस कारण मैं चबा नहीं सकता था। इसलिए, मुझे हमेशा मुलायम, बिन मसाले का खाना खाना पड़ता था। हालाँकि कैंसर चला गया था, रेडिएशन के कारण मेरी इम्युनिटी कम हुई थी। इसलिए, लोगों से मिलते समय और ख़ासकर फ़्लाइट लेते समय, मुझे बहुत सावधानी बरतनी पड़ती थी। मुझे हमेशा इन्फ़ेक्शन हो जाता था। फलस्वरूप, अगले कई हफ़्ते मेरे जीवन की इस नई सच्चाई की आदत लगने में चले गए।

मेरा चेहरा सबसे ज़्यादा बदल गया था। उसपर की गई माइक्रोप्लास्टिक सर्जरी का उतना फ़ायदा नहीं हुआ था। लगभग छह महीनों तक सब ठीक लगा। फिर, मेरे चेहरे का अच्छा भाग एक ओर खींचने लगा क्योंकि दूसरे भाग में मांसपेशियां न होने के कारण वह मेरे चेहरे के अच्छे भाग को पकड़े नहीं रख सकता था। इसलिए, मेरी शकल विकृत हो गई। लेकिन चूँकि यह बहुत धीरे, सूक्ष्म रूप से हुआ, इसलिए मेरे और मेरे डॉक्टरों के अलावा बहुत कम लोगों को इसका पता लगा। सौभाग्यवश, मेरे चेहरा कुछ समय बाद सुधर गया।

दो साल में दो कैंसर सर्जरी के कारण मेरी ज़िंदगी पूरी तरह से बदल गई। मैं मात्र पैंतालीस साल का था और मेरी ज़िंदगी का सबसे अच्छा दौर चल रहा था। मैं आसानी से ख़ुद पर तरस खाकर भगवान को मुझे कैंसर देने के लिए कोस सकता था। लेकिन मैंने वह नहीं किया। मैंने हताश न होने की ठान ली थी। मेरा स्वभाव वैसा नहीं था। मैं चुनौतियों की चिंता करने या क्रोधित होने से नहीं बल्कि साहस के साथ सामना करने का आदी था। मुझे मरने का डर नहीं था, संभवतः इसलिए कि मेरे परिवार के कई सदस्य बीमार पड़े थे और मेरे माता-पिता दोनों की मृत्यु कैंसर से हुई थी। मैं मानता था कि मेरी तकदीर में अच्छी और बुरी दोनों चीज़ें लिखी थीं। इसलिए, मुझे उनका सामना करके आगे बढ़ना ज़रूरी था।

पहली सर्जरी के विपरीत, डॉक्टर दूसरी सर्जरी में कैंसर के टिश्यू निकाल पाए। फलस्वरूप, घाव अच्छे से भर गया और मुझे बहुत राहत मिली। सौभाग्यवश, ऑपरेशन का मेरे बोलने पर कोई असर नहीं हुआ। सितम्बर 1996 में मैंने सीमेंट मैन्युफैक्चरर्स एसोसिएशन (CMA) का अध्यक्षपद संभाला और उनकी मीटिंग और सेमिनार में अपने जीवन के कई उत्कृष्ट लेक्चर दिए।

अच्छी ख़बर यह थी कि मेरी गैरहाज़िरी में कंपनी ने और भी अच्छा प्रदर्शन किया था। हमने हिमाचल प्रदेश का कारखाना जून में कार्यान्वित किया और तीन महीनों में उसे स्थिर बनाकर रिकॉर्ड स्थापित किया। इसी बीच हमने रूपनगर का महत्त्वपूर्ण ग्राइंडिंग यूनिट भी कार्यान्वित किया। जून में ही कोडिनार के मुख्य इलेक्ट्रिकल सबस्टेशन में आग लग गई। इसका परिणाम बहुत बुरा हो सकता था। लेकिन हमारे चौकन्ना कर्मचारियों ने पहले तो आग को कारखाने के मुख्य भाग तक फैलने से रोका और फिर अगले दो हफ़्ते दिन-रात काम करके कारखाने का उत्पादन दोबारा शुरू किया। हम भाग्यवान थे कि आग छोटी थी और हमने उसे तेज़ी से रोका था।

विशेषज्ञों के अनुसार उस आग के कारण उत्पादन तीन महीनों तक बंद रहकर हम सैंकड़ों करोड़ रुपयों का व्यवसाय खो सकते थे। हमारे कर्मचारियों ने आग को रोककर दिखा दिया कि वे कितने प्रतिबद्ध और निस्वार्थ थे। उत्पादन दो हफ़्ते रुकने के बावजूद हमारी टीम ने उस उत्पादन की पूर्ति ही नहीं बल्कि उससे ज़्यादा उत्पादन किया। उस साल हमने 3 मिलियन टन का उत्पादन करके नया रिकॉर्ड स्थापित किया। मैंने मेरे सहकर्मियों से कहा कि चूँकि उनका प्रदर्शन इतना अच्छा था, शायद मुझे और समय के लिए छुट्टी लेनी चाहिए।

*

मेरे निजी जीवन में 1995 का साल बहुत बुरा रहा। मेरा ख़ुद का कैंसर लौटने के अलावा इसका एक और कारण था। अक्टूबर में, जब मैं न्यू यॉर्क में सर्जरी के बाद ठीक हो रहा था तब मुझसे सैंकड़ों मील दूर, बाल्टिमोर में आदित्य बिड़ला का प्रोस्टेट कैंसर से सिर्फ़ बावन साल की उम्र में निधन हुआ। वे भारत के सबसे महान उद्योगपतियों में से एक थे। मैं उन्हें कॉरपोरेट जगत का आदर्श सदस्य मानता था। इस कारण और जैसे वे अपनी सीमेंट कंपनियां चलाते थे उस कारण मैं उनका बहुत आदर करता था। इस प्रेरणादायक मार्गदर्शक ने कमउम्र में बहुत कुछ हासिल किया था। ग्रासिम और इंडियन रेयोन की सीमेंट कंपनियां भारत की सबसे अच्छी सीमेंट कंपनियों में से होना इसका प्रमाण था। आदित्य बाबू पहले सीमेंट उद्योगपतियों में से थे, जिन्होंने हमारी सफलताओं को पहचानकर हमें दाद दी थी। हम जब भी मिलते तब वे मेरी प्रशंसा करते और हमेशा मुझे कुछ न कुछ सलाह देते थे।

आदित्य बाबू का हमारा कोडिनार कारखाना देखने आना गुजरात अंबुजा के पहले दस सालों का एक यादगार पल था। 1990 के दशक की शुरुआत में एक दिन हमारे कारखाने के जनरल मैनेजर ने मुझे बॉम्बे में कॉल करके बताया कि आदित्य बिड़ला के लोग जानना चाहते थे कि क्या श्री बिड़ला एयरपोर्ट जाते हुए हमारा कारखाना देखने आ सकते थे। वे उस समय कोडिनार से आधा घंटा दूर स्थित बिड़ला ग्रुप के इंडियन रेयोन के कारखाने में थे। मैंने मेरे लोगों को उनका केवल सादा, बिना किसी धूमधाम के, आदरपूर्वक स्वागत करने के लिए कहा चूँकि हमें तैयारी करने का समय नहीं मिला था। उन्होंने कारखाने का दौरा किया और जाते हुए मुझे बुलाकर शाबाशी दी। 'यह लगता है कि कारखाना बहुत अच्छे से चलाया जा रहा है और बहुत साफ़ भी है।' यह तारीफ़ मैंने आज भी संजोकर रखी है।

एक बार आदित्य बाबू ने मुझसे कहा था कि वे हैरान थे कि उनकी कंपनियों का सीमेंट L&T सीमेंट की क़ीमत की बराबरी नहीं कर पा रहा था। तब मैंने उनसे कहा कि निश्चित ही दो साल के अंदर हमारे सीमेंट की क़ीमत L&T से ज़्यादा होगी। हालाँकि तब वे मेरे दावे पर हंसे थे, हमने वह गौरव दो साल से बहुत पहले हासिल कर लिया। सीमेंट के व्यवसाय में ब्रैंड बिल्डिंग की क्षमता को लेकर भी वे असमंजस में थे। उनके बिल्कुल विपरीत, कई साल बाद उनके बेटे, कुमारमंगलम बिड़ला ने अल्ट्राटेक सीमेंट को हासिल करने के बाद मार्केटिंग और एडवरटाइजिंग के लिए काफ़ी बड़ी राशि अलग रखी। इसलिए, दस साल बाद अल्ट्राटेक भारत की सबसे बड़ी सीमेंट उत्पादक बनने पर मुझे आश्चर्य नहीं हुआ।

एक अजीब संयोग की बात यह थी कि आदित्य बाबू और मुझे 1993 में लगभग एक ही समय पहली बार कैंसर हुआ। मुझे याद है कैसे हमारे इलाज के लिए भी हम लगभग एक ही समय अमेरिका में थे। 1995 में भी यही हुआ; मैं स्लोन केटरिंग में था और वे जॉन्स हॉपकिंस में थे। मेरी आशा थी कि प्रोस्टेट कैंसर के अधिकांश मरीज़ों की तरह वे भी कई साल और जीते। दुर्भाग्यवश, वे जल्दी गुज़र गए।

सिर्फ़ दो साल बाद, जब मैं मोदी सीमेंट को हासिल करने के लिए जूझ रहा था, तब मुझे फिर से शोक मनाना पड़ा। मेरे क़रीबी दोस्त रवि गुप्ता, जिन्होंने अपने दम पर अंबुजा का ब्रैंड खड़ा किया था, उनसठ साल की कमउम्र में स्टमक कैंसर से गुज़र गए। उनका निधन मेरे लिए बहुत बड़ा सदमा था। वह बहुत जानकार थे और मैं अक्सर कई विषयों

में उनकी सलाह लेता था। वह ब्रैंड निर्माण करने के लिए प्रसिद्ध थे और इसलिए मेरे मार्केटिंग गुरु भी थे। उन्हें जानने से पहले मार्केटिंग या मार्केट रिसर्च के महत्त्व के बारे में मैं न के बराबर जानता था।

मैं बस उनके द्वारा दिखाए गए रास्ते पर चला। उन दिनों एड एजेंसियां सिर्फ़ कंज्यूमर ब्रैंड के साथ काम करना पसंद करती थी। इसलिए, रवि ने हमारे लिए एडवरटाइजिंग कैंपेन करके जोखिम उठाई थी। उन्होंने यह चुनौती स्वीकार की और इतने सफल हुए कि वो और हम कमोडिटी को ब्रैंड में निर्माण करने वाले पहले शख़्स बन गए। उत्पादन शुरू करने के तीन साल के अंदर रवि ने अंबुजा को पूर्णतः बदल दिया था। अब हम मैन्युफैक्चरिंग कंपनी जितनी एक मार्केटिंग कंपनी भी थे। कंपनी शुरू करते समय मैंने कभी नहीं सोचा था कि मैन्युफैक्चरिंग और फ़ाइनेंस में नवाचार के साथ-साथ मार्केटिंग का भी हमारी सफलता में महत्त्वपूर्ण हाथ होगा।

हमने जितने भी नए मार्केट में सफलता प्राप्त की उसमें रवि की छाप साफ़ दिखती थी। और आज, तीन दशक बाद भी, वह छाप जायंट के नेमोनिक और 'I Can' के स्लोगन के ज़रिए बरकरार है। उन्होंने और उनकी टीम ने अंबुजा की एडवरटाइजिंग के लिए इतना मज़बूत ढांचा तैयार किया था कि उनके बाद आने वाले लोगों के लिए उस सफलता को दोहराना काफ़ी आसान था। रवि की छाप मुझे कई महत्त्वपूर्ण कैंपेन – 'अंबुजा परिवार महोत्सव' कैंपेन, जिसके दम पर हमने बॉम्बे में हमारे प्रतिद्वंद्वियों को पीछे छोड़ दिया; बंगाल कैंपेन, जिससे हम कोलकाता और बंगाल में नंबर वन बन गए; और कई साल बाद आने वाले बोमन ईरानी और खली के महत्त्वपूर्ण कैंपेन – में दिखाई देती है। उसके निधन से मानो मैंने अपने परिवार का कोई सदस्य खोया था।

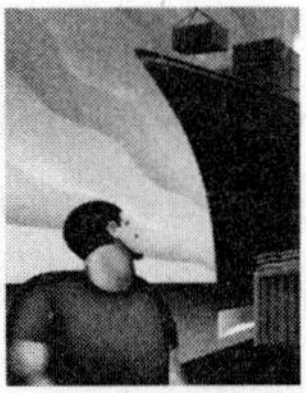

11

गुजरात अंबुजा की समाज के प्रति चेतना

श्री कांतिसेन श्रॉफ़ से मिली सीख ● अंबुजा सीमेंट फ़ाउंडेशन का महत्त्व ● विकास कार्य को अधिक कुशल बनाना

इतने सालों में ऐसे दो लोग थे जो बिन बताए मुझे मिलने आए और जिन्होंने गुजरात अंबुजा को आकार देने में बहुत महत्त्वपूर्ण भूमिका निभाई। मैं मानता हूं कि मेरी किस्मत अच्छी थी कि मेरी उनसे उस तरह मुलाक़ात हुई। पहले व्यक्ति थे श्री उनवाला, ACC से रिटायर हुए कंक्रीट स्पेशलिस्ट, जो मुझे 1980 के दशक के अंत में मिलने आए थे। मैंने पूर्व चैप्टरों में उनके योगदान के बारे में विस्तारपूर्वक बात की है। मैंने सीमेंट के बारे में सबसे ज़्यादा उनसे सीखा। उन्होंने शुरुआती दिनों में हमारे सलाहकार बनकर गुजरात अंबुजा की सीमेंट को भारत का सबसे मज़बूत सीमेंट बनाने में अत्यंत महत्त्वपूर्ण भूमिका निभाई।

दूसरे व्यक्ति भारत की सबसे प्रतिष्ठापूर्ण स्वदेशी केमिकल कंपनियों में से एक, एक्सेल इंडस्ट्रीज़ के MD, श्री कांतिसेन श्रॉफ़ थे। उन्होंने और उनके भाइयों ने अपनी

कंपनी 1941 में उस समय बॉम्बे के दूर-दराज़ के उपनगर, जोगेश्वरी में स्थापित की थी। हालाँकि कई सालों से मैं एक्सेल का प्रशंसक रहा था, हमने उनके साथ व्यवसाय कभी नहीं किया था। इसलिए, जब मेरे सेक्रेटरी ने मुझे बताया कि श्री श्रॉफ़ मुझसे मिलने आए हैं तब मुझे आश्चर्य हुआ। हमारी कंपनियों के कारखाने गुजरात में होने के अलावा, हमारे बीच कुछ भी सम्बंध नहीं था।

कांतिभाई या काका जिस नाम से जाने जाते थे, शांतचित्त व्यक्ति थे। उनके कपड़ों से कोई भी अंदाज़ा नहीं लगा पाता कि उन्होंने अपने दम पर भारत के स्पेशियालिटी केमिकल्स और वेस्ट मैनेजमेंट उद्योग खड़ा किया था। अन्य उद्योगपति उनकी कंपनी की बहुत इज़्ज़त करते थे और स्टॉक मार्केट में भी उनकी कंपनी का बेहतरीन प्रदर्शन था। लगभग सत्तर साल के होने के बावजूद कांतिभाई अपनी कंपनी ख़ुद चला रहे थे। और एक्सेल इंडस्ट्रीज़ उन चंद कंपनियों में से थी जिनके साथ टाटा संस ने जॉइंट वेंचर किया था।

कांतिभाई ने गुजरात अंबुजा और मेरी तारीफ़ करते हुए कहा, ‘अब जो गुजरात अंबुजा इतनी सफल हुई है तो आपको अपने प्लांट के आस-पास के गांवों में कुछ सामुदायिक विकास कार्य शुरू करना चाहिए।’ उन्होंने मुझे समझाया कि हमारी जवाबदेही मात्र कंपनी के शेयरहोल्डर्स, कर्मचारियों और वेंडर के प्रति सीमित नहीं थी। हमसे अपेक्षित था कि हम न केवल आर्थिक विकास में योगदान करें बल्कि हमारे कारखानों के पास स्थित ग्रामीण समुदायों के उत्थान में भी हाथ बंटाएं। यह गौरतलब है कि भारतीय कंपनियों को CSR में निवेश करना दो दशक बाद ही अनिवार्य बना जबकि कांतिभाई की अपनी कंपनी पहले से CSR पर काम कर रही थी।

एक्सेल इंडस्ट्रीज कई वर्षों से महाराष्ट्र और गुजरात में अपने कारखानों के आसपास वर्षा जल संचयन, पेयजल वितरण, जलग्रहण विकास, लवणता-प्रतिरोधी कृषि को प्रोत्साहित करना, आपदा प्रबंधन, स्वास्थ्य, स्वच्छता और वनीकरण जैसे क्षेत्रों में काम कर रही थी। इसके अलावा, 1960 के दशक से कांतिभाई, रामकृष्ण मिशन और फिर ख़ुद के विवेकानंद रिसर्च एंड ट्रेनिंग इंस्टिट्यूट के ज़रिए अपने मूल निवासस्थान, कच्छ के ग्रामीण भागों में विकास कार्य में लगे हुए थे। उनकी पत्नी, चंदाबेन श्रॉफ़, भुज में स्थित श्रृजन ट्रस्ट की संस्थापिका के रूप में प्रसिद्ध थीं। श्रृजन ट्रस्ट कच्छ के वस्त्रों की धरोहर को बचाकर उसे बढ़ावा देने में अग्रसर था। उसके ज़रिए उन्होंने एक अत्यधिक

परंपरागत समाज में महिलाओं को सशक्त बनाया था। चंदाबेन को 2006 में इस कार्य के लिए प्रतिष्ठित रोलेक्स अवॉर्ड से पुरस्कृत किया गया।

इस प्रकार, मुझे यह बात समझाने के लिए कि कंपनियों को उनके कारखानों के आस-पास रहने वाले समुदायों के सामाजिक विकास में योगदान करना चाहिए, कांतिभाई सबसे उचित व्यक्ति थे। मैं उनकी इस बात से सहमत था कि सभी ज़िम्मेदार कंपनियों को वह करना ज़रूरी था। हमारी पहली मुलाक़ात के कुछ महीनों बाद जब मैं उनके जोगेश्वरी ऑफ़िस पहुँचा तो फिर एक बार दंग रह गया। मैंने देखा कि वे एक बड़े पेड़ के नीचे बैठे हुए काम कर रहे थे। 'बारिश के मौसम में, मैं ऑफ़िस में बैठकर काम करता हूँ। वैसे मुझे खुले में बैठकर काम करना पसंद है,' उन्होंने मुझे बताया।

मुझे एहसास हुआ कि मुझे कांतिभाई से बहुत कुछ सीखना था, बावजूद इसके कि उन दिनों मैं भी थोड़ा बहुत समाज कार्य कर रहा था। लगभग 1930 से मेरा परिवार हमारे मूल निवासस्थान, चिड़ावा में एक मुफ़्त का हेल्थ क्लिनिक चलाता था। 1970 के दशक से मैंने इस क्लिनिक की ज़िम्मेदारी संभाली थी। 1977 में, माँ को कैंसर होने के तुरंत बाद, मैंने चिड़ावा में आँखों का वार्षिक कैंप भी शुरू किया, जो बहुत सफल रहा। उसके सबसे सफल साल में हमने 15,000 लोगों की आँखों की जांच और 1,500 सर्जरियां कीं। मैं हर वर्ष इस कैम्प में मौजूद रहता था और मुझे कैम्प से उतनी ही खुशी मिलती जितनी गुजरात अंबुजा की शुरुआती सफलता में मिली थी। हम ये कैंप 2007 तक चलाते गए। उस साल राजस्थान सरकार ने आँखों के कैंप पर रोक लगा दी, क्योंकि कई अन्य ऐसे कैंप में की गई सर्जरियों में लोगों की आँखों को नुक़सान पहुंचा था।

जबकि आँखों का कैंप मेरा व्यक्तिगत समाज कार्य था, मैं कॉर्पोरेट जगत के सदस्य के रूप में अपनी ज़िम्मेदारियां भी भली-भांति जानता था। वही कारण था कि हमने कोडिनार में पोल्यूशन कंट्रोल में जितना निवेश किया था उतना किसी भी भारतीय सीमेंट कंपनी ने नहीं किया था। और इतने बड़े निवेश की वजह हम हमारे कारखाने के परिसर को भारत का सबसे हरित कारखाना परिसर बना सके। हमने शुरू से ही कारखाने के आस-पास एक लाख से भी ज़्यादा पेड़ लगाए। फलस्वरूप, कारखाना दूर-दूर तक पेड़ों से घिरा हुआ है, जिनमें उस क्षेत्र के दर्जनों पंछियों की चहकने की आवाज़ें सुनाई देती हैं। वह परिसर इतना सुंदर है कि कई सालों तक भारत के दो सबसे महत्त्वपूर्ण कॉर्पोरेट एडवाइसर, श्री एम.एल. भक्ता, जो हमारे बोर्ड के सदस्य थे और उनके मित्र, श्री बंसी मेहता, जानी-मानी

C.A. फ़र्म, बंसी मेहता एंड कंपनी के संस्थापक, नये साल के समय एक हफ़्ते की छुट्टी कारखाने के बग़ल में स्थित अंबुजा गेस्टहाउस में बिताते थे।

लेकिन कांतिभाई का सुझाव इससे कुछ अलग था। वे चाहते थे कि गुजरात अंबुजा कोडिनार और उसके परिसर में समुदायों के लिए विकास कार्य के लिए एक अलग विभाग स्थापित करे। उन दिनों इस तरह के अधिकांश काम विभिन्न NGO को दान देकर किए जाते थे। उनका सुझाव था कि गुजरात अंबुजा उस क्षेत्र के लिए उचित सामाजिक विकास कार्य निर्धारित करे और फिर उस कार्य के लिए पूंजी जुटाकर उसे पूर्ण करे। हालाँकि मुझे उनका विचार पसंद आया लेकिन मेरे लिए उस तरह का काम पूर्णतः नया था। कांतिभाई ने मुझे आश्वस्त करते हुए कहा कि वे इस क्षेत्र में जानकार व्यक्ति को हमारे पास भेजेंगे, जिसे हम नियुक्त कर सकते थे। उन्होंने कहा कि चूँकि मुझे इस क्षेत्र का कोई तजुर्बा नहीं था इसलिए वे इस कार्य का निरीक्षण करेंगे। उन्होंने पहले कुछ साल हमारे लिए यह बिना किसी शुल्क के किया, जिसके बाद हमारी ख़ुद की टीम तैयार हो गयी।

शुरुआत में हमने 15 लाख रुपए निवेश करके एक मोबाइल डिस्पेंसरी ख़रीदी जो कोडिनार के आस-पास के गांवों में जाती थी। हमने कांतिभाई के सुझाव अनुसार इस ऑपरेशन की देखभाल के लिए श्रीमती लीना भट्ट को नियुक्त किया। इसके अलावा, हमने समुदायों के विकास के उद्देश्य से 1993 में अंबुजा सीमेंट फ़ाउंडेशन (ACF) को गुजरात अंबुजा के अंतर्गत स्थापित किया।

पहले कुछ सालों में, हमने कारखाने के पास स्थित लगभग एक दर्जन गांवों में मोबाइल डिस्पेंसरी के ज़रिए मूलभूत स्वास्थ्य सेवाएं प्रदान कीं। लेकिन गांववाले चाहते थे कि उन्हें सालभर पानी मिले, जिसका वे घर और खेती में इस्तेमाल कर सकें। हालाँकि कोडिनार समुद्र के पास था और वहां हर साल अच्छी बारिश होती थी, फिर भी इन गांवों को पानी की कमी और मिट्टी का खारापन दोनों समस्याओं का सामना करना पड़ता था। उस क्षेत्र की कुछ मौसमी नदियों का पानी सिर्फ़ बारिश के दिनों में गांववालों को उपलब्ध होता था, जिसके बाद वह समुद्र में बह जाता था। इस कारण, धरती का जलस्तर बहुत ज़्यादा घट गया था, कुंए सूख गए थे और समुद्र का पानी धीरे-धीरे उस क्षेत्र में बढ़ने से मिट्टी अधिक खारी होती जा रही थी।

हमने ठान लिया कि हम इन समस्याओं का हल निकालेंगे। शुरू में सभी मौजूदा चेक डैम की मरम्मत की गई। इससे उस क्षेत्र के कई कुंओं में दोबारा पानी भरने लगा

और गर्मी के दिनों में भी पानी उनमें बना रहा। अगले कुछ सालों में राज्य सरकार और कई निजी ट्रस्ट की मदद से हमने पूरे जोश के साथ कोडिनार वॉटरशेड प्रोग्राम चलाया। लाइमस्टोन की हमारी कई खानें अब खाली पड़ी थीं। हमने उनके तटों को मज़बूत बनाकर उन्हें जलाशय में बदल दिया। फिर इन जलाशयों को चैनल के ज़रिए एक-दूसरे से जोड़ा गया ताकि विभिन्न जलाशयों के बीच जल का प्रवाह हो सके। ACF ने पैंसठ गांवों और 100 वर्गमील से ज्यादा क्षेत्र में चेक डैम या तो बनाकर या उनकी मरम्मत कर इंटीग्रेटेड वॉटर रिटेंशन सिस्टम बनाने में मदद की। अब इन जलाशयों में 12 मिलियन लीटर पानी गांववालों के दैनिक इस्तेमाल के लिए मिलता है।

इन प्रयासों से इस क्षेत्र में घुस आया खारा पानी पीछे हटने लगा। इसका मिट्टी पर बहुत बड़ा असर हुआ है। जो क्षेत्र मिट्टी के अत्यधिक खारेपन के कारण सरकार द्वारा कृषि के लिए 'डार्क' ज़ोन में वर्गीकृत किया जाता था अब 'ग़ैर-खारा' वर्गीकृत किया जाता है। उसमें कई खेत और बाग़ान पनप रहे हैं, जिनमें से कई कारखाने की सीमा के अंदर स्थित हैं।

अब संपूर्ण क्षेत्र हज़ारों पेड़ों से ढका है। यह संभवतः एक कारण है जो पिछले दशक में इस क्षेत्र में औसतन वार्षिक वर्षा 750 मिलीमीटर से लेकर 1100 मिलीमीटर तक बढ़ी है। मिनिस्ट्री ऑफ़ एनवायरनमेंट एंड फ़ॉरेस्ट्स (MoEF) से लाइमस्टोन माइनिंग का लाइसेंस दोबारा मिलने में यह घना जंगल हमारे लिए बहुत फ़ायदेमंद रहा। हम आशंकित थे क्योंकि कोडिनार गिर जंगल के बफ़र ज़ोन के ठीक बाहर स्थित है। लेकिन उल्टा यूं हुआ कि हमारी चालू खान घने पेड़ों से पूर्णतः ढकी हुई थी और पुरानी खानों में अब जलाशय होने के कारण उन पर पानी के नीले धब्बे दिखाई देते थे। फलस्वरूप, MoEF के अधिकारियों को गूगल अर्थ पर हमारी चालू माइन्स ढूंढने में बहुत कठिनाइयां आईं।

*

लगभग 1995 से गुजरात अंबुजा धीरे-धीरे हिमाचल प्रदेश, पंजाब, राजस्थान, मध्य प्रदेश, पश्चिम बंगाल तथा महाराष्ट्र जैसे अन्य राज्यों में फैलती गई और साथ-साथ ACF भी वहां फैलता गया। अब यह विशाल संस्था कई विकास योजनाओं पर काम कर रही थी। जबकि अधिकांश पूंजी अंबुजा की ओर से आती थी, ACF अपनी योजनाएं बेहतर तरीक़े से अमल में ला रहा था। ACF का आदेश स्पष्ट था कि सभी योजनाओं

का समुदाय और ACF के बीच सहकार्य का रूप लेना आवश्यक था। प्रत्येक समुदाय का अपने विकास में योगदान अत्यंत महत्त्वपूर्ण था क्योंकि हम उन्हें अपनी मदद स्वयं करने में सक्षम बनाना चाहते थे। हमें इन समुदायों में 'I Can' का जोश निर्माण करना था।

आज ACF का लक्ष्य समुदायों को उनके जीवन के सभी पहलुओं में आत्मनिर्भर और फलस्वरूप समृद्ध बनाना है। इसलिए, उसकी योजनाएं छह वर्गों में विभाजित हैं – जल संसाधन का प्रबंधन (जो उसने कोडिनार में बेहतरीन ढंग से कर दिखाया); कृषिक आजीविकाएं; महिला सशक्तिकरण; कौशलों का विकास; स्वास्थ्य और शिक्षा। ये योजनाएं लोगों को उनके जीवन के प्रत्येक क्षेत्र में सहायता करती है। और प्रत्येक कारखाने के परिसर की ज़रूरतों के अनुसार इन योजनाओं में भी परिवर्तन किए जाते हैं।

हमारे अधिकांश कारखानों के आस-पास लोगों की आजीविका में सबसे महत्त्वपूर्ण भूमिका कृषि की है। उदाहरण के लिए, कोडिनार में, वॉटरशेड की योजना और मिट्टी का खारापन कम करने की योजना की सफलता के बाद हमने किसानों की कृषि तकनीक सुधारने में मदद की। हमने वहां कृषि अनुसंधान केंद्र और विश्वविद्यालय के समान एक कृषि विज्ञान केंद्र (KVK) स्थापित किया, जिसमें छह वैज्ञानिक और दस अन्य विशषज्ञ काम करते थे। इन केंद्रों में किसानों को फ़सल चुनने, खाद के प्रयोग, सिंचाई के तौर-तरीक़ों और सबसे आधुनिक कृषि उपकरण के इस्तेमाल में प्रशिक्षण दिया जाता है। जो किसान इन केंद्रों तक नहीं जा सकते हैं, उनके गांवों तक KVK के विशेषज्ञ जाकर वर्कशॉप और सेमिनार करते हैं।

कृषि के अलावा, किसानों को पशुपालन, गोशाला विकास, मुर्गीपालन, मत्स्यपालन इत्यादि में शिक्षा दी जाती है। एक विशेष सामुदायिक रेडियो स्टेशन से किसानों तक विशेषज्ञों के लेक्चर और इंटरव्यू प्रसारित किए जाते हैं। ACF किसानों को फ़ार्मर प्रोडूसर ऑर्गनाइज़ेशन (FPO) नामक संगठन स्थापित करने में भी प्रशिक्षण देता है। इन संगठनों की मदद से किसान समूह में खाद, बीज और कीटनाशक ख़रीदते समय और फ़सल बेचते समय बेहतर दामों की मांग कर सकते हैं। अंतिम गणना के समय, ACF द्वारा रजिस्टर किए गए 16 FPO में कुल 6500 किसान सदस्य थे और वे 15 करोड़ रुपयों से ज़्यादा की बिक्री कर रहे थे।

मैंने अपना करियर कपास व्यापार से शुरू किया था। इसलिए, जब दस साल पहले जिनीवा में स्थित ग्लोबल नॉट-फ़ॉर-प्रॉफ़िट संस्था, बेटर कॉटन इनीशियेटिव (BCI) ने

इच्छा व्यक्त की कि मैं ACF के साथ काम कर रहे किसानों को BCI का सदस्य बनाऊं तो मुझे बड़ी ख़ुशी हुई। BCI विश्वभर की सबसे बड़ी कॉटन सस्टेनेबिलिटी योजना चलाती है। 2005 में वर्ल्डवाइड फ़ंड फ़ॉर नेचर द्वारा स्थापित BCI किसानों को पर्यावरण अनुकूल कृषि के तरीक़े अपनाने में प्रेरित करती है ताकि केमिकल कीटनाशक, खाद और पानी का इस्तेमाल कम हो। इस प्रकार खर्च कम होकर उत्पाद और आमदनी दोनों बढ़ती हैं।

2010 में चार स्थानों पर 2,500 कपास किसानों के साथ शुरू हुआ ACF-BCI कार्यक्रम में अब देशभर से 1.69 लाख किसान जुड़े हुए हैं। हाल ही में की गई एक स्टडी के अनुसार ग़ैर-BCI किसानों की तुलना में ACF के साथ काम करने वाले BCI किसान 24 प्रतिशत कम खाद और कीटनाशक, तथा 17 प्रतिशत कम पानी इस्तेमाल करते हैं, उनके खर्चे 14 प्रतिशत कम हैं और वे 22 प्रतिशत ज़्यादा मुनाफ़ा कमाते हैं। ACF देशभर में कार्यरत होने के कारण, अब उसका एक प्रतिनिधि BCI के वैश्विक परिषद का सदस्य है।

ग्रामीण विकास की हमारी रणनीति का एक और महत्त्वपूर्ण हिस्सा महिलाओं का सशक्तिकरण रहा है। मैंने हमेशा से माना है कि किसी भी विकास कार्य में महिलाओं को पुरुषों जितना शामिल किए बिना वह अधूरा रह जाता है। महिलाओं का सेल्फ़-हेल्प ग्रुप (SHG) ACF की महिला सशक्तिकरण योजना का महत्त्वपूर्ण भाग है और उसकी अधिकांश योजनाएं इन SHG के ज़रिए की जाती हैं।

हमने 1999 में कोडिनार में पांच SHG के साथ शुरुआत की। आज केवल कोडिनार में 9637 सदस्यों के साथ लगभग 780 SHG हैं और देशभर में ACF से जुड़े 2601 SHG हैं। महिलाओं और उनके परिवारों को प्रभावित करने वाले तरह-तरह के मुद्दों – स्वच्छता, घर में अच्छे शौचालयों की आवश्यकता, धुआं न उगलने वाले चूल्हों, स्वास्थ्य तथा उनके पतियों का धूम्रपान और मदिरा पीने से होने वाली हानि – पर सलाह दी जाती है। उन्हें ऐसे कौशल भी सिखाए जाते हैं, जिनसे वे कमाई कर सकें या उनकी कमाई में वृद्धि हो सकें, जैसे सब्ज़ियों की खेती, मुर्गीपालन, पशुपालन इत्यादि। उन्हें कंप्यूटर और इंटरनेट का इस्तेमाल करना भी सिखाया जाता है। अब तक हमारी 'इंटरनेट सखियों' ने 1,00,000 से भी ज़्यादा महिलाओं को प्रशिक्षण दिया है। इस ज्ञान से ये महिलाएं अपने परिवार की आय, ऋण की चुकौती और बैंक से संबंधित अन्य कार्य कर सकती हैं।

ACF के सभी केंद्रों में विभिन्न स्वास्थ्य-संबंधित उपक्रमों में भी महिलाओं की महत्त्वपूर्ण भूमिका है। सरकार-द्वारा-प्रमाणित सामाजिक स्वास्थ्य सलाहकार का प्रशिक्षण पाईं 1,500 से अधिक महिलाएं मातृ और शिशु स्वास्थ्य के क्षेत्रों में उत्कृष्ट काम कर रही हैं। इसका एक उदाहरण पश्चिम बंगाल-बांग्लादेश सीमा पर स्थित फ़र्रका में है। वहां 2014 में काम शुरू करते हुए ACF के ASHA कार्यकर्ताओं के प्रयासों से केवल तीन वर्षों में अस्पतालों में होने वाले जन्मों की दर 28 प्रतिशत से 85 प्रतिशत तक बढ़ी है। इसके साथ-साथ शिशु मृत्यु की दर 40 से 24 प्रतिशत तक घटी है। उसी तरह, ACF ने महाराष्ट्र में हमारे चंद्रपूर कारखाने के पास स्थित अविकसित गांवों में स्वास्थ्य सुधारने के लिए 'सखियों' की टोली बनाई है। उत्कृष्ट प्रशिक्षण पाईं ये महिलाएं हर गांव जाकर ख़ासकर महिलाओं और बच्चों के लिए मूलभूत स्वास्थ्य संबंधित सलाह देती हैं।

ट्रक ड्राइवरों के लिए हेल्थ-केयर सेंटर (HCC) एक और अत्यंत महत्त्वपूर्ण और अत्यावश्यक योजना है। यह इसलिए कि ट्रक ड्राइवरों ने शुरू से अंबुजा के विकास में महत्त्वपूर्ण भूमिका निभाई है। इस योजना की शुरुआत में उन्हें HIV/AIDS के बारे में जागरुक कर यौन संचार रोगों का इलाज दिया जाता था। अब इन सेंटर में हर साल हज़ारों ट्रक ड्राइवर मुफ़्त में अपनी दृष्टि की जांच और अन्य बीमारियों की छानबीन करवाते हैं।

हमने हमारा कम्युनिटी हेल्थ एंड सैनिटेशन प्रोग्राम 1993 में कोडिनार में एक मोबाइल डिस्पेंसरी के साथ शुरू किया था। आज वह बढ़कर हेल्थ और सैनिटेशन के क्षेत्र में कई उपक्रमों – कम्युनिटी हेल्थ क्लिनिक, डायग्नोस्टिक सेंटर, अस्पतालों के साथ जोड़, इम्यूनाइज़ेशन, मातृ और शिशु स्वास्थ्य, अनीमिआ पर रोक, बीमारियों की प्रारंभिक जांच, स्वास्थ्य संबंधित शिक्षा और गांवों में शौचालय बनाने – में क्रियाशील है।

मैं स्किल एंड आंत्रप्रेन्योरशिप डेवलपमेंट इंस्टिट्यूट (SEDI) योजना के बारे में सबसे ज़्यादा उत्साहित हूं। इस योजना का उद्देश्य हमारे कारखानों के पास के गांवों में रहने वाले और वहां के स्कूलों से उत्तीर्ण हुए नौजवान लड़कों और लड़कियों को कौशल सिखाना था ताकि उन्हें नौकरियां मिलकर उनके परिवारों के जीवन-स्तर में सुधार हो सके।

पहले उन्हें व्यावसायिक मार्गदर्शन देकर उनके रुझान के योग्य कौशल चुनने में मदद की जाती है। फिर उन्हें इस कौशल में प्रशिक्षण दिया जाता है। हमारे विशेषज्ञ मिनिस्ट्री ऑफ़ स्किल डेवलपमेंट एंड आंत्रप्रेन्योरशिप (MSDE) के मार्गदर्शन के अनुसार कोर्स

बनाते हैं। ये कोर्स ऑटोमोबाइल रिपेयर, इलेक्ट्रिकल रिपेयर, हॉस्पिटैलिटी इंडस्ट्री सर्विसेस, बेसिक सॉफ़्टवेयर प्रोग्रामिंग इत्यादि जैसे तरह-तरह के विषयों पर होते हैं और उनमें थ्योरी और प्रैक्टिकल ज्ञान दोनों दिया जाता है। और ये कोर्स इंडस्ट्री में मांग-आपूर्ति की स्थिति के हमारे अध्ययन के अनुसार उपलब्ध किए जाते हैं।

2021 तक, हमारे देशभर के 33 SEDI सेंटर ने लगभग 78,000 युवाओं को प्रशिक्षण दिया है। इसके साथ-साथ हमने इन छात्रों को पास के शहरों में स्थित कंपनियों में नौकरी दिलाने में भी मदद की है। चूँकि हम कई उद्योगों के साथ काम करते हैं, इसलिए अधिकांश छात्रों की नौकरियां लग जाती हैं। और जो छात्र नौकरी नहीं करना चाहते हैं उनमें से ज़्यादातर छात्र अपने ख़ुद के व्यवसाय स्थापित करते हैं।

पिछले सत्ताईस सालों से ACF की सफलताएं मेरे लिए उतनी ही क़ीमती हैं जितनी कि गुजरात अंबुजा की सफलताएं। मुझे गर्व है कि आज ACF को देश के उत्कृष्ट CSR ऑपरेशन में से एक माना जाता है। जो योजना कांतिभाई श्रॉफ़ के निरीक्षण के नीचे कोडिनार के कुछ गावों में मोबाइल डिस्पेंसरी के साथ शुरू हुई वह आज देश के ग्यारह राज्यों के सैंतालीस सबसे ग़रीब जिलों में 2134 गांवों तक फैला हुआ उपक्रम है। शुरू में हमारा लक्ष्य हमारे कारखानों के पास रहने वाले गांववालों के जीवन स्तर में सुधार लाने का था, लेकिन अब उस लक्ष्य में बहुत ज़्यादा विस्तार हुआ है। आज ACF ऐसी कई जगहों में कार्यरत है जिनका अंबुजा सीमेंट के साथ न के बराबर लेना-देना है।

ACF की सफलता का अधिकांश श्रेय श्रीमति पर्ल तिवारी को जाता है। पर्ल दो दशकों से प्रेसिडेंट की हैसियत से उसे रास्ता दिखाती आई हैं। मेरी उनसे पहली मुलाक़ात तब हुई जब वह एक युवा डेवलपमेंट प्रोफ़ेशनल थीं, जो किसी NGO के लिए पूंजी जुटाने हमारे यहां आई थीं। मुझे उनकी ज़िद पसंद आई थी और जब उस समय ACF के प्रमुख ने इस्तीफ़ा दिया तब मैंने उनकी जगह पर्ल को नियुक्त किया था। आज वह देशभर में फैले 1000 पेशेवरों की टीम संभालती हैं।

मैंने शुरू से निश्चय किया था कि ACF भी उसी कॉर्पोरेट मैनेजमेंट सिद्धांत के अनुसार चलाया जाए जिसके आधार पर गुजरात अंबुजा सफल हुई थी। और वह सिद्धांत था सभी क्षेत्रों में अत्यधिक कुशल बनना। यह ज़रूरी था कि खर्च किए गए प्रत्येक रुपए से जितना ज़्यादा हो सके उतना ज़्यादा विकास हो। भारत के NGO सेक्टर में तनख़्वाओं के विपरीत, ACF के कर्मचारियों को गुजरात अंबुजा के कर्मचारियों जितनी कॉर्पोरेट

स्तर की तनख़्वाह मिलती है ताकि वे भी 'I Can' के जोश से उसी ज़िम्मेदारी और सामर्थ्य के साथ काम करें।

इसलिए, यह आश्चर्य की बात नहीं कि ACF की अधिकांश योजनाओं का सोशल रिटर्न ऑन इन्वेस्टमेंट (SROI), जो विश्वभर मे समाज सेवा की योजनाओं के प्रभाव को आंकने के लिए मापदंड है, लगातार ऊंचा रहा है। उदाहरणार्थ, दरलाघाट में दसेरन के वॉटरशेड प्रोजेक्ट में निवेश किए गए प्रत्येक रुपए से 8.44 रुपयों के मूल्य जितना विकास होता है। इस समय कोडिनार के वॉटरशेड प्रोजेक्ट के लिए यह आंकड़ा 13 रुपए है, SEDI कोडिनार के लिए वह 5.07 है और SEDI चंद्रपूर के लिए वह 4.08 है।

मुझे इस बात से दिलासा मिलती है कि सरकारों और इंडस्ट्री की संस्थाओं ने ACF के काम की लगातार सराहना की है। हमने राजस्थान, गुजरात और छत्तीसगढ़ सहित कई राज्यों में उत्कृष्ट CSR के लिए पुरस्कार जीते हैं। कुछ साल पहले हमने भाटापारा और चंद्रपुर में हमारे विकास कार्य के लिए इस इंडस्ट्री का सबसे महत्त्वपूर्ण पुरस्कार, CII-ITC सस्टेनेबिलिटी अवार्ड फ़ॉर एक्सेलन्स जीता था। अब ACF राज्य और केंद्र सरकार की विभिन्न एजेंसियों के साथ-साथ बड़ी-बड़ी प्राइवेट सेक्टर कंपनियों के CSR की योजनाओं में भी हाथ बंटाता है। फलस्वरूप, ACF के सालाना कॉरपस में गुजरात अंबुजा का हिस्सा साल दर साल घट रहा है। 2019 में, ACF की कुल 150 करोड़ रुपयों की पूंजी में गुजरात अंबुजा का हिस्सा केवल 30 प्रतिशत रहा।

लेकिन यह बिलकुल न समझें कि गुजरात अंबुजा समाज कार्य में कम योगदान कर रही है। वह आज भी अपने मुनाफ़े का 4 प्रतिशत हिस्सा सालाना ACF को देती है, जबकि भारतीय कंपनियों को क़ानूनन अपने मुनाफ़े का केवल 2 प्रतिशत हिस्सा CSR को देना अपेक्षित है। रोमांचक बात यह है कि अब दूसरी कंपनियां हमारी कई योजनाओं में साझेदार बनना चाह रही हैं। उन्हें भरोसा है कि उनके पैसों का फ़ायदेमंद इस्तेमाल किया जाएगा। हम जिस स्तर पर कुशलता और ईमानदारी के साथ व्यवस्थित ढंग से योजनाएं चलाते हैं उनसे ये कंपनियां प्रभावित हुई हैं। यह संभव है कि आने वाले सालों में ACF की कुल पूंजी में अंबुजा का हिस्सा और भी घट जाए। यह अच्छी बात है क्योंकि इससे स्पष्ट होगा कि और भी कंपनियां अपने CSR समाज कार्य हमारी साझेदारी में करना चाह रही हैं।

बेशक, भारत जैसे देश में ग़रीबी हटाने के लिए हम जितना भी करें उतना कम होगा। जैसे मैंने ACF की पच्चीसवीं सालगिरह मनाते हुए मेरे चेयरमैन के भाषण में कहा था, 'हम पच्चीस सालों से इस सफ़र पर डटे रहे हैं। इस मोड़ पर हम हमारे पंख और भी फैलाकर उन क्षेत्रों में विकास कार्य करने का निश्चय करते हैं जहां उसकी ज़रूरत है, हमारे मूल गांवों के पार उन नए क्षेत्रों में जिनमें पनपने की क्षमता है।'

12

उन्नति करना

मोदी सीमेंट का टेकओवर ● मैनेजमेंट टीम को और मज़बूत बनाना ● नए एक्विज़िशन, प्रोजेक्ट और खोए अवसर

1996 में, दूसरी सर्जरी के बाद मैं काम दोबारा धीरे-धीरे शुरू कर रहा था। इसी समय यह स्पष्ट हो रहा था कि सीमेंट इंडस्ट्री को फिर से कठिनाइयों का सामना करना पड़ेगा। लगभग पांच साल तक मांग लगातार बढ़ने के बाद वह अब घटने लगी थी। तब तक मैंने इंडस्ट्री के उतार-चढ़ाव पर निगरानी रखने के लिए गुजरात अंबुजा में कॉर्पोरेट इकनॉमिक्स डिविज़न स्थापित किया था, जो शायद किसी भी भारतीय सीमेंट कंपनी के लिए नया था। हमारी पहली चीफ़ इकोनॉमिस्ट टाटा संस में काम कर चुकीं, अनुभवी सुश्री किरण नंदा थीं। अगले दशक में कारोबार बढ़ाने में सुश्री नंदा का हाउसिंग, इंफ़्रास्ट्रक्चर और राज्यों की आर्थिक बढ़त जैसे क्षेत्रों में किया गया रिसर्च हमारे बहुत काम आया। 1996 से जब मैं दो साल CMA का प्रेसिडेंट था, तब भी उनका काम मेरे लिए बहुत मददगार ठहरा।

पिछले कुछ सालों में सीमेंट उत्पादन की मांग की तुलना में उसकी क्षमता में बढ़त कहीं ज़्यादा थी। अब हमारे दरलाघाट और गजम्बुजा-2 की तरह कई नए कारखाने उत्पादन शुरू करने लगे थे। मात्र तीन साल, 1995 से लेकर 1998 तक सीमेंट इंडस्ट्री

की कुल उत्पादन क्षमता 22 मिलियन टन से बढ़कर 100 मिलियन टन पार कर गई थी। इसी समय अनुमानित मांग केवल 74 मिलियन टन थी। दोनों में इस विशाल अंतर के कारण अगले कुछ सालों में सीमेंट की क़ीमतें बहुत घटने की अपेक्षा थी, जिससे निश्चित ही सभी के मुनाफ़े पर असर होना था। इतना ही नहीं, बिजली तथा कोयले की क़ीमतों में 40 प्रतिशत और माल भाड़े की क़ीमतों में 20 प्रतिशत की बढ़त हो गयी थी। इसके बावजूद, कुशलता और उत्पादकता निरंतर बढ़ाने के हमारे प्रयासों की वजह से इन क़ीमतों की बढ़त का हम पर इतना बुरा असर नहीं हुआ। हम मुनाफ़ा कमाते रहे, लेकिन वह पहले से कम था।

1997 तक, हम मूलद्वारका के बंदरगाह से लगभग 2 मिलियन टन सीमेंट को ट्रांसपोर्ट कर रहे थे, जिससे हमारी परिवहन की लागत बहुत घट गई। और हमारे कैप्टिव पॉवर प्लांट में लगभग 100 मेगावॉट बिजली निर्मित हो रही थी। फलस्वरूप, बिजली पर हमारी औसतन लागत घटकर 1.30 रुपए प्रति किलोवॉट हो गई थी, जबकि राज्य सरकारों का दाम 4.50 रुपए प्रति किलोवॉट था। कुशलता बढ़ाने के लगातार प्रयास के कारण हमारी बिजली की खपत 88 यूनिट प्रति टन तक घट गई, जबकि सीमेंट इंडस्ट्री के लिए यह औसतन आंकड़ा 121 यूनिट था।

ना तो सीमेंट इंडस्ट्री में संकट और ना ही मेरी दो कैंसर सर्जरी आगे बढ़ने की मेरी महत्त्वाकांक्षा कम कर पाए। लेकिन, मैंने मेरा लक्ष्य अवश्य कम किया। 1993 में कैंसर के डायग्नोसिस से पहले, मेरे मन में अंतर्राष्ट्रीय स्टील कंपनी शुरू करने के कुछ विचार थे। स्टील और सीमेंट उद्योग लगभग एक जैसे हैं और सुनने में आ रहा था कि भारत में बड़े नए स्टील प्लांट बनने वाले थे। सीमेंट की तरह, स्टील भी देश के इंफ्रास्ट्रक्टर के निर्माण के लिए अत्यंत महत्त्वपूर्ण था। और इसकी मांग विश्व स्तर पर तेजी से बढ़ने की उम्मीद थी। मेरी सोच थी कि जिन तरीक़ों से हमने सफलतापूर्वक सीमेंट के कारखाने स्थापित किए थे उसी तरह हम स्टील प्लांट स्थापित करते। मुझे यह विदेशी क्षेत्रों में करना था, जैसे उन दिनों श्री एल.एन. मित्तल ने करना शुरू किया था। उनकी तरह मैं भी अपनी शुरुआती चालीस की उम्र में था, मेरे पास कई उत्पादक साल थे।

दुर्भाग्यवश, मेरा वह सपना अधूरा रह गया। मेरी दूसरी सर्जरी के बाद, मैंने सीमेंट तक ही सीमित रहकर विश्वभर फैलने का निर्णय लिया। 1995 में हमने मॉरिशस में सीमेंट इंटरनेशनल अंबुजा लिमिटेड नामक होल्डिंग कंपनी में निवेश किया। हमारी सोच यह

थी कि इंडियन ओशियन के इस द्वीप को केंद्र बनाकर हम पहले संपूर्ण अफ़्रीका में सीमेंट टर्मिनल बनाते और फिर दूसरे चरण में कारखाने बनाते। लेकिन कुछ शुरू की तहकीकात करने पर मैं इसके बारे में असमंजस में पड़ गया। लाफ़ार्ज, होलसिम और सेमेक्स जैसी बड़ी अंतर्राष्ट्रीय कंपनियां हमारी प्रतिद्वंद्वी थीं। इस प्रोजेक्ट में बहुत निवेश की ज़रूरत पड़ती। लेकिन इसकी कोई चिंता नहीं थी क्योंकि मुझे पूरा विश्वास था कि हम आसानी से निवेश पूंजी जुटा लेंगे। लेकिन इस प्रोजेक्ट को शुरू करने में मुझे बहुत समय देना पड़ता। पूंजी जमा करने और कारखाने को शुरू करने के लिए मुझे लगातार जगह-जगह जाना भी पड़ता।

मैं जान गया कि मेरी सेहत इतने बड़े स्तर के प्रोजेक्ट को सफलतापूर्वक पूरा करने जितनी अच्छी नहीं थी। रही बात किसी और से यह काम करवाने की, तो मुझे वैसी सोच आई तक नहीं थी। जैसे मैंने गुजरात अंबुजा में किया था, यहां भी मुझे ही अंतर्राष्ट्रीय ऑपरेशन की जड़ें स्थापित करनी थीं। और चूँकि भारत में फैलने के इतने सारे अवसर अब भी उभर रहे थे, इसलिए मैंने भारत में ही बने रहने का निर्णय लिया। पहला अवसर 1997 में आया जब मैं लंदन में मेरी सालाना गर्मी की छुट्टी मना रहा था।

मुझे हमारे कंपनी ट्रेज़रर, श्री अनिल सिंघवी ने सूचित किया कि IDBI और वॉशिंगटन में स्थित IFC दोनों बहुत इच्छुक थे कि हम बीमार मोदी सीमेंट लिमिटेड की डोर संभालें। लेकिन मुझे उसमें रुचि नहीं थी। टेकओवर में हमारा रिकॉर्ड अच्छा नहीं रहा था, बल्कि IDBI की पहल भी काम नहीं आई थी| सिंघवी ने कहा कि ये संस्थान हमें मोदी सीमेंट एक रुपए के दाम में दे रहे थे। IFC ख़ासकर इच्छुक थी कि हम वह करें। दोनों ने मोदी परिवार के साथ व्यवहार करने में चुनौतियों का सामना किया था। उनका मानना था कि कंपनी संभालकर उसका प्रदर्शन सुधारने के लिए गुजरात अंबुजा से बेहतर और कोई नहीं था। उन्होंने हमें सभी आवश्यक मदद की पेशकश की। मैंने उनसे सोचने के लिए कुछ समय मांगा।

मोदी परिवार लगभग 1980 के दशक के मध्य तक दिल्ली के सबसे प्रभावशाली व्यावसायी परिवारों में से एक था। उन्होंने 1987 में 151 करोड़ रुपयों की लागत में रायपुर (जो अब छत्तीसगढ़ में है) से 80 किलोमीटर उत्तर में स्थित भाटापारा शहर के बाहर 1.15-मिलियन-टन का कारखाना स्थापित किया था। शुरू में उन्होंने ब्रिटेन के सबसे बड़े सीमेंट उत्पादक, ब्लू सर्कल के साथ टेक्निकल कोलैबोरेशन किया था। वे अपना

सीमेंट पूर्व भारत के मार्केट में बेचते थे, जहां कम विक्रेता थे। उन्होंने अपना अधिकांश ऋण IDBI और IFC से लिया था।

1994 तक, ख़राब मैनेजमेंट और मार्केटिंग के कारण मोदी सीमेंट नाज़ुक स्थिति में था। उनका नेट वर्थ अब शून्य से कम हो गया था और कुल घाटा 300 करोड़ रुपयों से भी ज़्यादा था। BIFR ने उसे बीमार घोषित कर दिया और कोर्ट के कहने पर उसका सबसे बड़ा ऋणदाता, IDBI, उसे चला रहा था। मुझे यह जानकारी कुछ साल पहले इंडिया में IFC का इन्वेस्टमेंट ऑफ़िस चला रहे एक नौजवान से मिली थी। वह अक्सर सीमेंट इंडस्ट्री के बारे में चर्चा करने हेतु मुझसे मिला करते थे। उनके अनुसार अंबुजा संपूर्ण इंडस्ट्री में सबसे अच्छी चलाई जाने वाली कंपनी थी।

उन्होंने मुझे प्रमोटर्स के साथ हो रही समस्याओं के बारे में बताया और यह भी बताया कि उन्होंने बकाया ऋण का निपटान तीन बार करने का प्रयास किया था, लेकिन दो प्रमोटर्स के बीच लड़ाई के कारण हर बार असफल हो गए। यह मामला अब IFC के लिए शर्मिंदगी का कारण बन गया था, और वे इसे छोड़ने के लिए बेताब थे। उन्होंने इस बीच कई बार हमें इस कंपनी का अधिग्रहण करने का इशारा किया। लेकिन प्रमोटर्स की प्रतिष्ठा को जानते हुए, मैंने कभी प्रतिक्रिया नहीं दी।

हमारे GDR इश्यू के समय IFC के साथ क़रीबी से काम करने के कारण हम उन्हें अच्छे से जानते थे। IDBI के साथ भी मेरे पहले से बहुत अच्छे संबंध थे। बॉम्बे लौटते ही दोनों संस्थानों के अधिकारी मुझसे मिलने आए। उन्होंने मुझे बताया कि सालों से कंपनी सुधारने के प्रयासों के बावजूद मोदी परिवार ने उनके साथ सहयोग नहीं किया था। उन्होंने इतने उत्साह से मेरे सामने प्रस्ताव रखा था कि मैं उस पर गंभीरता से सोचने लगा।

बहुत सोचने के बाद, मैंने टेकओवर के परंपरागत ढंग के विपरीत मोदी परिवार का कंपनी में हिस्सा ख़रीदे बिना उसका टेकओवर करने की योजना प्रस्तुत की। मैं नहीं चाहता था कि प्रमोटेरों को कंपनी का विनाश करने के लिए पैसे देकर मैनेजमेंट का कंट्रोल लिया जाए। मैं जानता था कि उनके साथ सौदेबाज़ी करना व्यर्थ था। यह ज़रूरी था कि हमारे द्वारा निवेश की गई राशि मोदी परिवार को नहीं बल्कि कंपनी को जाए। मैं कई सालों से IDBI वेस्टर्न कमिटी का सदस्य और UTI का ट्रस्टी रहा था। इसलिए, मैं अच्छे से जानता था कि हठी प्रमोटेर बैंकों के दबाव के बावजूद अपनी बीमार कंपनियों पर क़ब्ज़ा बनाए रखने के लिए अंत तक प्रयास करेंगे।

मैंने IDBI को बताया कि मोदी परिवार से मेरे टेकओवर प्लान को मंज़ूरी दिलाना उनकी ज़िम्मेदारी थी। मैं ख़ुद मोदी परिवार से कोई व्यवहार नहीं करूंगा। इस योजना के अनुसार कंपनी का शेयर कैपिटल 75 प्रतिशत से घटाया जाता। इसके बाद अंबुजा को नए शेयर जारी करके हम कंपनी में 95 प्रतिशत हिस्सेदार बनते। इसके बदले में, कंपनी को फिर से क्रियाशील बनाने के लिए अंबुजा उसमें 166 करोड़ रुपए निवेश करती। इस योजना के अनुसार, मोदी परिवार का कंपनी में हिस्सा 1 प्रतिशत से कम तक घट जाता।

इन संस्थानों ने मोदी परिवार को योजना स्वीकार करने को विवश किया। इस योजना की एक और शर्त यह थी कि IDBI और IFC को अपने कर्ज़ों पर काफ़ी बड़ी छूट देनी पड़ती थी। IFC बहुत सौदेबाज़ी करने के बाद अपने 100 करोड़ रुपयों के कर्ज़ में से सिर्फ़ 65 करोड़ रुपए वसूल करने के लिए तैयार हुई। दूसरी ओर, IDBI ने अपने 100 करोड़ रुपयों के कर्ज़ पर ब्याज दर को गुजरात अंबुजा को दिए कर्ज़ की दर तक घटाया। अंत में सभी पार्टियों ने शर्तें मंज़ूर की और हम कंपनी के मालिक बन गए। हमने बहुत कम दाम में 1.15-मिलियन-टन का कारखाना हासिल किया। हम पहली बार सफलतापूर्वक किसी कंपनी का टेकओवर कर पाए थे। IDBI के लिए, यह एक दुर्लभ सुअवसर था जहां उन्होंने उनकी बहुत बड़ी कर्ज़दार और बीमार कंपनी सफलतापूर्वक बेची थी। सभी ख़ुश नज़र आए।

मुझे याद है कैसे सौदे की घोषणा होते ही भारत के सबसे विख्यात इंडस्ट्रियल ग्रुप के फ़ाइनेंस हेड ने मुझसे संपर्क किया। वे मुझसे गहराई से समझना चाहते थे कि हमने यह टेकओवर कैसे किया था। उन्होंने हमारी प्रणाली एक दूसरे टेकओवर में अपनाई।

*

मोदी सीमेंट का कारखाना कुछ समय के लिए बंद रहने के बावजूद भी काफ़ी अच्छी स्थिति में था। मोदी परिवार द्वारा भाटापरा में बनाई टाउनशिप भी शानदार थी। श्री के.एन. मोदी के छोटे बेटे, श्री डी.के.मोदी, जो कंपनी के ऑपरेशन इंचार्ज थे, सचमुच आभारी थे कि हमने उनकी कंपनी का टेकओवर किया। उससे दोनों भाइयों के बीच लंबे समय से चलता आ रहा झगड़ा भी हल हुआ था। उन्होंने हमें पूरी मदद करने का वादा किया। सभी क़ानूनी औपचारिकताएं ख़त्म करके दिसंबर 1997 में कारखाना हाथों में मिलने तक वह बंद ही रहा। हमने उसे फिर से चालू किया, कंपनी को अंबुजा सीमेंट ईस्टर्न

लिमिटेड (ACEL) का नया नाम देकर उसके सीमेंट के ब्रैंड को 'अंबुजा' नाम दिया। उम्मीद थी कि नए ब्रांड नाम से कंपनी का मुख्य पूर्वी भारत का बाजार, विशेषकर बंगाल में, सीमेंट तेजी से बिकेगा।

ACEL का एक्विज़िशन हमारे परिवार की नई पीढ़ी को गुजरात अंबुजा के कामकाज में शामिल करने का एक अच्छा अवसर था। कुछ साल पहले, हमने मेरे बेटे, पुलकित और विनोद नेवटिया के बेटे, हर्षवर्धन को अंबुजा के बोर्ड पर नॉन-एग्जीक्यूटिव डायरेक्टर के रूप में भर्ती किया था। मैं चाहता था कि हर्ष ACEL का MD बनकर उसे चलाए। वह कलकत्ता में रहता था, जो उस कंपनी का सबसे बड़ा मार्केट था और बॉम्बे की तुलना में कारखाने से और नज़दीक था। हर्ष ने सीमेंट उद्योग में कभी काम नहीं किया था, लेकिन वह एक कंस्ट्रक्शन कंपनी चलाता था और उसे आर्किटेक्चर में दिलचस्पी थी। हम बंगाल में ग्राइंडिंग यूनिट स्थापित करना चाहते थे और मुझे विश्वास था कि बंगाल सरकार में उसकी अच्छी पहचान हमारे काम आएगी।

जब कोडिनार में हमारे वार्षिक सम्मलेन में मैंने सुरेश को पहली बार सुझाया कि हर्ष को ACEL का MD बनना चाहिए, तब उन्होंने वह टाल दिया। उन्होंने कहा कि हर्ष को इस उद्योग में कोई तजुर्बा नहीं था। मैंने सुरेश को निश्चिंत रहने के लिए कहा। लेकिन हर्ष भी मेरे सुझाव से उतना उत्साहित नहीं था जितनी की मैंने अपेक्षा की थी। उसने भी तुरंत तजुर्बा न होने की बात कही। मैं इससे चकित रह गया। शायद वह आशंकित था। मैंने उसे आश्वस्त करते हुए कहा कि मैं उसका संपूर्ण मार्गदर्शन करते हुए सारी जिम्मेदारी उठाऊंगा।

हर्ष भाटापारा में शिफ़्ट नहीं करना चाहता था। इसलिए, यह तय हुआ कि वह हर महीने कई बार वहां जाएंगे। वह हर कुछ हफ़्ते बॉम्बे आकर हमारे अन्य सीनियर एग्जीक्यूटिव और मुझे रिपोर्ट देगा और हमसे सलाह लेगा। ऐसे नहीं था कि हमने हर्ष की कोई सहायता किए बना उसपर संपूर्ण कंपनी की ज़िम्मेदारी थोप दी थी। गुजरात अंबुजा का संपूर्ण सीनियर मैनेजमेंट पिछले मैनेजमेंट द्वारा की गईं ग़लतियां सुधारने में लगा हुआ था।

श्री कुलकर्णी और उनकी टीम ने कारखाने के सभी तकनीकी पहलुओं को सुधार कर, कुछ ही महीनों में उसे उसकी निर्धारित क्षमता पर चला दिया। वैसे ही श्री तापड़िया की टीम ने कंपनी के खातों की जांच की। उन्होंने पाया कि सभी विभागों में भ्रष्टाचार व्यापक था। हम इन भ्रष्ट लोगों के नाम जानते थे, लेकिन हमने उन्हें कंपनी से नहीं निकाला। मेरा

सैद्धांतिक मानना है कि सभी लोग नेक होते हैं। बस कंपनी का माहौल उन्हें भ्रष्ट बनाता है। हमने पाया कि मोदी सीमेंट का माहौल ही ऐसा था कि संपूर्ण कंपनी में भ्रष्टाचार पनप गया था।

हर्ष ने कंपनी की डोर संभाली और श्री कुलकर्णी और श्री तापड़िया की मदद से, नए सिस्टम अमल में लाए। इससे कुछ महीनों में ही बहुत सुधार हुए। वही कर्मचारी अब बढ़िया प्रदर्शन करने लगे। हमने पहले साल में ही एक मिलियन टन से भी ज़्यादा सीमेंट का उत्पादन करके कंपनी का कायापलट कर दिया। यह अनुभव हमारे लिए बहुत मूल्यवान रहा।

व्यवसाय में, हमारे हाथों में केवल लोगों के लिए उत्कृष्ट प्रदर्शन करने के लिए उचित माहौल निर्माण करना होता है। बाहरी घटक, जैसे अर्थव्यवस्था, सरकार के नियम, कर इत्यादि हमारे हाथों के बाहर होते हैं। हम कंपनी के उसूल तथा परिश्रम और नवाचार का माहौल निर्माण कर सकते हैं। यदि हम यह कर पाते हैं और हम सबके प्रति – कर्मचारी, वेंडर और ग्राहकों – के प्रति निष्पक्ष रहते हैं, तो हम ऐसी कंपनी स्थापित कर पाएंगे जिसमें कर्मचारी उत्कृष्ट प्रदर्शन करने के लिए प्रेरित होंगे। हम एक साल के अंदर ACEL की कार्य पद्धति में यही बदलाव लाए थे।

पहले साल में छोटा मुनाफ़ा कमाने के बाद, हमें दूसरे साल में 40 करोड़ रुपयों का घाटा हुआ। हालाँकि उत्पादन बढ़ रहा था, मैं हमारे प्रदर्शन से इतना ख़ुश नहीं था। जिस रफ़्तार से बदलाव होने चाहिए थे उस रफ़्तार से नहीं हो रहे थे। हमने तय किया कि एक अनुभवी कॉर्पोरेट पेशेवर को पूर्ण रूप से कंपनी चलानी चाहिए। मैंने हर्ष से इस पद के लिए उचित कोई व्यक्ति ढूंढने कहा। उसकी सलाह अनुसार, हमने श्री एस.एन. तोषनीवाल नामक चार्टर्ड अकाउंटेंट को नियुक्त किया, जो उस समय कलकत्ता में मैन्युफैक्चरिंग कंपनी चला रहे थे। वे वह नौकरी छोड़कर हमसे जुड़ने के लिए तैयार हुए।

हमने उन्हें CEO नियुक्त किया और वे भाटापारा में रहकर काम करने वाले थे। उनके पहले से फ़ैक्टरी चलाने का तजुर्बा हमारे लिए मूल्यवान रहा। दैनिक समस्याएं हल होती गईं और बदलाव तेज़ी से होने लगे। उन्हें सेल्स एंड मार्केटिंग में मदद करने के लिए, हमने अहमदाबाद से हमारे सबसे होनहार मैनेजरों में से एक, श्री अतुल देसाई को भेजा। उन्होंने भी अच्छा प्रदर्शन किया। साथ-साथ, श्री कुलकर्णी ने हमारे कारखाने की क्षमता बढ़ाकर 1.8 मिलियन टन बनाई, जिससे हमारी उत्पादकता बहुत बढ़ गई। हमने एक

कैप्टिव पॉवर प्लांट स्थापित किया जिसकी मदद से हम राज्य के बहुत ख़राब बिजली की स्थिति से भी काफ़ी हद तक निपट पाए।

दो साल बाद हमने कलकत्ता के बाहर संकरेल में एक-मिलियन-टन के ग्राइंडिंग यूनिट में निवेश किया। यह स्थल कलकत्ता इलेक्ट्रिक सप्लाई कंपनी के थर्मल पॉवर प्लांट के नज़दीक था। जैसे रूपनगर और बठिंडा में होता था वैसे यहां से भी हमें मुफ़्त में फ़्लाई ऐश मिलती। हालाँकि संकरेल भाटापारा से लगभग 900 किलोमीटर दूर था, वह हमारे मुख्य मार्केट के नज़दीक था। इसलिए, हम बंगाल सहित पूर्व भारत की अन्य जगहों और संपूर्ण उत्तर-पूर्व भारत तक आसानी से सीमेंट का परिवहन कर पाए। इस ग्राइंडिंग यूनिट के बनने के बाद ही हम ACEL का संपूर्ण फ़ायदा उठा पाए। इसका अधिकांश श्रेय हर्ष और हमारे दो पेशेवर, श्री तोषनीवाल और श्री अतुल देसाई को जाता है। कारखाने से मुनाफ़ा बढ़ने लगा और 2003 तक वह 66 करोड़ रुपए पहुंच गया था।

*

पहले की मोदी सीमेंट और अब एसीईएल (ACEL) को पुनर्जीवित करने की प्रक्रिया कठिन थी। उसमें हमारी सीनियर मैनेजमेंट टीम को बहुत समय तक कड़ा परिश्रम करना पड़ा था। इसलिए, मैंने सोचा कि मुझे उस टीम में और सदस्य नियुक्त करने चाहिएं। अभी भी गुजरात अंबुजा का नेतृत्व उसकी मूल टीम ही कर रही थी। अब हम पांच स्थलों में 10 मिलियन टन सीमेंट का उत्पादन कर रहे थे और दो राज्यों में हमारे तीन कैप्टिव बंदरगाह भी थे। मुझमें पहले जितनी शक्ति नहीं थी और मैंने दौरों पर जाना भी कम कर दिया था। मुझे बहुत समय से लग रहा था कि मेरे जितना सीनियर व्यक्ति मेरे साथ काम करने के लिए हो, जो कई जगहों में फैली, जटिल और विशाल कंपनी चलाने की बारीकियां समझता हो।

मैं कई सालों से इस पद के लिए श्री ए.एल. कपूर को नियुक्त करना चाहता था। उस समय वे बिड़ला कॉर्पोरेशन लिमिटेड के ED और CEO थे, जो पहले बिड़ला जूट एंड इंडस्ट्रीस लिमिटेड थी। यह कंपनी भारत के सबसे अच्छे सीमेंट कारखाने चलाती थी। मैं उन्हें गुजरात अंबुजा के शुरुआती दिनों से जानता था, जब वे ACC में ED थे। उन्होंने चार्टर्ड अकाउंटेंसी करके अपना करियर भारत हैवी इलेक्ट्रिकल्स लिमिटेड (BHEL) में शुरू किया था। उसके बाद वे सरकार की सीमेंट कॉर्पोरेशन ऑफ़ इंडिया लिमिटेड

(CCIL) में जुड़ गए, जहां उनके मेंटर, कर्नल सत्य पाल वाही, 1970 के दशक के अंत से MD थे। दोनों ने CCIL में सुधार लाकर उसे फिर से लाभदायक बनाया, जिसके बाद कर्नल वाही ONGC (जिसे उन दिनों ऑइल एंड नेचुरल गैस कमीशन कहा जाता था) में जुड़ गए। ONGC को प्रतिष्ठित विशाल कंपनी बनाने का श्रेय उन्हें जाता है। दूसरी ओर श्री कपूर ACC में जुड़ गए, जो उस समय भारत की सबसे बड़ी सीमेंट कंपनी थी।

मैं लंबे समय से ACC का प्रशंसक रहा था क्योंकि वह पेशेवर ढंग से चलाई जाने वाली एक आदर्श सीमेंट कंपनी थी। उससे भी ज़्यादा कपूर *साब* हमेशा मुझे अपनी बुद्धिमानी और ज्ञान से प्रभावित करते थे। मैंने उनके साथ संपर्क बनाए रखा और बीच-बीच में उनसे मिलता रहा। 1989 में राइट्स इश्यू की असफलता के बाद उन्होंने ACC छोड़ दिया। वे एक मद्रास में स्थित MNC से जुड़ने ही वाले थे, जब मैंने उन्हें बॉम्बे में रहकर CMA का CEO बनने के लिए मना लिया। उन दिनों मैं CMA का बस एक मामूली सदस्य था। लेकिन मैं जान गया था कि चूँकि अभी-अभी सीमेंट का विनियंत्रण हुआ था इसलिए CMA सरकारी नीतियों को प्रभावित करने में महत्त्वपूर्ण भूमिका निभा सकती थी।

मैंने सीएमए (CMA) को श्री कपूर को ACC जितनी तनख़्वाह देने के लिए मनाया। उनके पास बॉम्बे में रहने के लिए घर भी नहीं था। तब हमने उनके लिए कफ़ परेड में भाड़े पर घर लिया। उनके दो साल के कार्यकाल में, उन्होंने CMA को एक मज़बूत और प्रभावशाली संस्था में पुनःसंगठित किया, जो वह आज तक है। CMA में बदलाव लाने के बाद वे कलकत्ता में स्थित एम.पी. बिड़ला ग्रुप की कंपनी, बिड़ला जूट के सीमेंट कारखाने के प्रमुख बन गए। मैं उनको उसी समय ख़ुशी-ख़ुशी नियुक्त कर लेता, लेकिन मैं डरता था क्योंकि तब हम बस एक 7,00,000-टन के कारखाने की कंपनी थे।

1990 में 14 फ़रवरी के दिन बेंगलुरु में हवाई हादसे में अशोक बिड़ला और जुलाई में उनके चाचा श्री एम.पी. बिड़ला की मृत्यु के बाद ज़ेनिथ इंडस्ट्रीस लिमिटेड का कामकाज अस्त-व्यस्त हो गया। श्रीमती प्रियंवदा बिड़ला, जो अपने पति, श्री एम.पी. बिड़ला की मृत्यु के बाद बिड़ला जूट की चेयरपर्सन बनी थीं, ने श्री कपूर को कंपनी की डोर संभालकर उसका प्रदर्शन सुधारने के लिए उनसे जुड़ने के लिए मनाया। कुछ साल बाद उन्होंने दोबारा बिड़ला जूट के सीमेंट विभाग की ज़िम्मेदारी संभाली। उसके कुछ समय बाद बिड़ला जूट के MD, श्री जे.आर. बिड़ला (जो मालिकों से संबंधित नहीं थे)

को कैंसर के साथ डायग्नोस किया गया और उनकी मृत्यु हो गई। उस समय श्री कपूर को इस कंपनी का MD बनाया गया, जिसका नाम अब बिड़ला कॉर्पोरेशन रखा गया था।

अगले दस सालों तक हम संपर्क में रहे और 1998 में मेरे कार्यकाल के बाद वे CMA के प्रेसिडेंट बने। संयोगवश, उनका होनहार नौजवान बेटा अजय, जो सिटीबैंक में अपनी तनावपूर्ण नौकरी छोड़ना चाहता था, 1993 में मेरा एग्जीक्यूटिव असिस्टेंट बना। वह आगे जाकर कंपनी का मार्केटिंग हेड बना और 2014 में CEO नियुक्त किया गया।

1998 में श्री कपूर बिड़ला इंडस्ट्रीस से रिटायर हुए और मुझे उन्हें आख़िरकार अंबुजा में नियुक्त करने का मौक़ा मिला। अब हमारी कंपनी भी उतने महिमाशाली व्यक्ति को नियुक्त करने जितनी बड़ी हो चुकी थी। हम बहुत तेज़ी से बढ़ रहे थे। इसलिए, मैं बहुत उत्सुक था कि हमारी सीनियर मैनेजमेंट टीम भी उसके अनुकूल बढ़े। श्री कपूर मई 1999 में हमसे होल-टाइम डायरेक्टर के पद पर जुड़ गए और मैंने उन्हें हिमाचल प्रदेश के कारखाने, अंबुजा ईस्टर्न और कई अन्य नए प्रोजेक्ट की ज़िम्मेदारियां सौंपी। कुछ महीनों बाद उनकी मदद से हमने श्री एन.पी. घुवालेवाला को उनके डिप्टी के रूप में नियुक्त करके मैनेजमेंट टीम को और भी मज़बूत बनाया। श्री घुवालेवाला एक केमिकल इंजीनियर थे जो पहले बिड़ला कॉर्पोरेशन के सीमेंट उत्पादन के प्रमुख थे।

*

इसी समय हैदराबाद में स्थित विसाका इंडस्ट्रीस ने हमें प्रस्ताव किया कि हम उनके आंध्र प्रदेश में स्थित 8,25,000-टन का सीमेंट कारखाना खरीद लें। हमारे लिए दक्षिण भारत के मार्केट में प्रवेश करने का एक और अवसर था। लेकिन यह हो नहीं पाया। एक बार फिर, चेन्नई से मेरे मित्र, श्री श्रीनिवासन ने विसाका इंडस्ट्रीस को ज़्यादा पैसों का प्रस्ताव करके उसे ख़रीद लिया। दक्षिण भारत में कारखाने हासिल करने में लगातार असफल होने से तंग आकर हमने वहां अपना कारखाना स्थापित करने का निर्णय लिया। 1998 में, हमने आंध्र प्रदेश सरकार के साथ तटवर्तीय गुंटूर जिले में लाइमस्टोन माइन लीज़ पर लेने का सौदा किया। हमने 500 करोड़ रुपयों की लागत का 2-मिलियन-टन का कारखाना स्थापित करने की योजना बनाई।

समुद्री-परिवहन का नेटवर्क फैलाने के उद्देश्य से हमने देशभर में बल्क सीमेंट बंदरगाह बनाने का निर्णय लिया था। ये बंदरगाह उत्तरी कर्नाटक के कारवार से शुरू होकर मंगलुरु

और फिर केरल में कोच्चि तथा तमिलनाडु के दक्षिण-पूर्वी तट पर ट्यूटीकोरिन तक फैलते। हमने सोचा था कि हम कोडिनार में उत्पादन बढ़ाकर इन तीन समृद्ध दक्षिण भारतीय राज्यों में सीमेंट बेचकर वहां अंबुजा का ब्रैंड स्थापित करते। लेकिन मैंने दक्षिण भारत में ट्यूटीकोरिन से शुरू करके बहुत बड़ी ग़लती की।

हमने 16 करोड़ रुपए निवेश करके 1998 में ख़रीदी ज़मीन पर बंदरगाह और ऑनशोर फ़सिलिटी बनाने की योजना बनाई। रहस्यमय ढंग से इसके तुरंत बाद समस्याएं उठ खड़ी हुईं। अचानक से वहां के सभी निवासी हमारे प्रोजेक्ट के बारे में अवगत होकर उसका विरोध करने लगे। निकट के बंदरगाह के कर्मचारी और गांव की पंचायत दोनों हमारे विरुद्ध थे। उनके विरोध का कारण हमारी समझ के बाहर था, ख़ासकर इसलिए कि हम उस क्षेत्र में निवेश कर रोज़गार निर्माण करने वाले थे। हमारे विरुद्ध पुलिस में झूठी शिक़ायतें दर्ज की गईं कि हमने ज़मीन ख़रीदने के लिए पंचायत के प्रेसिडेंट को शराब पिलाकर रिश्वत दी थी। इन घटनाओं ने मुझे महुवा में हुई घटनाओं की याद दिलाई।

बाद में मुझे पता चला कि गांववालों को उकसा कौन रहा था। मुझे कभी नहीं लगा था कि वह इस स्तर पर उतर आएगा। मेरे कहने पर श्री कपूर समस्या का हल निकालने के लिए चेन्नई और ट्यूटीकोरिन जाकर लोगों से मिले। लौटने पर उन्होंने कहा कि बंदरगाह बनाना अच्छा व्यावसायी निर्णय नहीं था। मुझे मेरी ग़लती का एहसास हुआ और मैंने प्रोजेक्ट त्याग दिया। और मैंने तमिलनाडु में दोबारा व्यवसाय न करने का निर्णय लिया। मैं बहुत कम बार किसी व्यावसायी निर्णय से पीछे हटता हूं; यदि मुझे लगता है कि मैं सही हूं, तो मैं लड़ने का आदी हूं। यह एकमात्र अवसर था जहां मैंने वैसा नहीं किया।

ट्यूटीकोरिन की घटना से मुझे कुछ साल पहले केरल में हुई घटना याद आई। उस समय हम कोच्ची में सीमेंट बंदरगाह स्थापित करना चाहते थे। हमने सरकार का खुला टेंडर जीता था और प्रोजेक्ट में 100 करोड़ रुपए निवेश करने जा रहे थे। इससे हमारे लिए तमिलनाडु और केरल के मार्केट खुल जाते। टेंडर जीतने के बावजूद एक केंद्रीय मंत्री ने बंदरगाह स्थापित करने की अनुमति के लिए हमसे कुछ मांगें की। लेकिन मैंने उनकी मांगें नकारी और हम उस प्रोजेक्ट से पीछे हट गए। अंबुजा ने कोच्ची और मंगलुरु में बंदरगाह दस साल बाद ही स्थापित किए।

उस समय जम्मू एंड कश्मीर कहलाने वाले राज्य के क्षेत्र में सीमेंट कारखाना स्थापित करना मेरा एक और सपना था जो अधूरा रह गया। वहां उत्तर भारत के सबसे अच्छे

लाइमस्टोन के डिपोसिट होने के बावजूद केवल एक छोटा सीमेंट कारखाना था। उन दिनों आतंकवाद भी आज जितना व्यापक नहीं था। हमारी टीम ने व्यवसायी माहौल समझने के लिए श्रीनगर जाकर राजनीतिज्ञों और नौकरशाहों के साथ समय बिताया। उसे वहां वही प्रतिक्रिया मिली जो हमें हिमाचल प्रदेश में मिली थी। राज्य उत्सुक था कि हम वहां कारखाना स्थापित करें लेकिन उनकी कई शर्तें थीं। हमें यह भी लगा कि वे छूट और हस्तक्षेप न करने के वादों से मुकर जाते। हमने हमारी योजना त्याग दी। उसके बाद में राज्य का माहौल जैसे बदलता गया उसे देखते हुए मुझे मेरे निर्णय पर कोई पछतावा नहीं है।

लगभग इसी समय मुझे श्रीलंका में भी निराशा का सामना करना पड़ा। कई सालों से हम श्रीलंका को भारत के सबसे बड़े सीमेंट निर्यातक थे। हमने वहां सीलोन अंबुजा नामक कंपनी स्थापित की थी। हमें लगा कि इसी कंपनी के अंतर्गत श्रीलंका में बल्क सीमेंट बंदरगाह और ग्राइंडिंग यूनिट स्थापित करना फ़ायदेमंद होगा। हमने इसके लिए देश के दक्षिण-पश्चिमी समुद्रतट पर कोलोंबो से 135 किलोमीटर दूर, गैल में जगह निर्धरित की थी।

इसके लिए इजाज़त मिलते-मिलते हमें जानकारी मिली कि अधिकारियों ने उसी जगह पर विशाल स्विस सीमेंट कंपनी, होलसिम को भी बंदरगाह बनाने की अनुमति दी थी। फलस्वरूप, हम एक ऐसी, कम योग्य ज़मीन पर कारखाना और ग्राइंडिंग यूनिट बनाने को विवश किए गए जहां साइलो और पाइपलाइन बनाना मुश्किल था। लगभग 5 मिलियन डॉलर खर्च करने के बाद आख़िरकार सितम्बर 2000 में बंदरगाह कार्यान्वित हुआ। लेकिन यह प्रोजेक्ट कभी उतना सफल नहीं हुआ जितना कि हमने अपेक्षा की थी। श्रीलंका के डीलरों के साथ काम करना मुश्किल था और मुझे यह एहसास हुआ कि वहां के लोगों को भारतीय कंपनियों के साथ व्यवहार करना पसंद नहीं था। दूसरी ओर, होलसिम को अपने ऑपरेशन के साथ ऐसी कोई दिक़्क़तें नहीं आई।

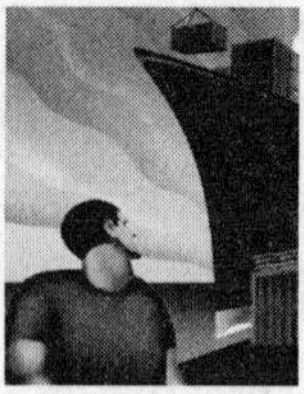

13

बड़े खिलाड़ियों के साथ कंधे से कंधा मिलाना

ACC के शेयर एक्विज़िशन के पीछे ख़ुशी और ग़म ● DLF का एक्विज़िशन ● भारत का सबसे किफ़ायती सीमेंट कारखाना स्थापित करना

भारतीय सीमेंट इंडस्ट्री में 1989 में प्राइस कंट्रोल पूर्णतः रद्द करने के बाद से उसमें बड़े बदलाव आने लगे थे। 1990 के दशक की शुरुआत में लाइसेंसिंग के अंत और MRTP एक्ट (मोनोपोलिस्टिक एंड रेस्ट्रिक्टिव ट्रेड प्रक्टिसेस एक्ट) को कम प्रभावशाली करने के कारण ये बदलाव और भी तेज़ी से होने लगे। सीमेंट इंडस्ट्री में शुरू से कई छोटी कंपनियां स्थापित थीं। 1995 के बाद, जैसे संपूर्ण इंडस्ट्री संगठित बनती गई, वैसे इनमें से कमजोर कंपनियां या तो अपने कारखाने बंद करती गईं या अधिक कुशल कंपनियां उनका टेकओवर करती गईं।

गुजरात अंबुजा द्वारा मोदी सीमेंट के टेकओवर जैसे कई अन्य सौदे हुए – इंडिया सीमेंट्स द्वारा विसाका सीमेंट्स; L&T द्वारा नर्मदा सीमेंट; लाफ़ार्ज द्वारा टाटा स्टील के सीमेंट विभाग; और लाफ़ार्ज द्वारा रेमंड लिमिटेड के सीमेंट विभाग का टेकओवर। इन सब

टेकओवर से कॉरपोरेट जगत में कोई विशेष चर्चा या विवाद नहीं हुए। लेकिन 2000 की शुरुआत में ACC में टाटा ग्रुप का 14 प्रतिशत हिस्सा ख़रीदने का हमारा सौदा अनोखा था, क्योंकि उस सौदे से भारतीय कॉर्पोरेट जगत के इतिहास में उतनी चर्चा, विवाद, प्रचार और ईर्ष्या पहले कभी नहीं हुई।

टाटा ग्रुप के साथ मेरी पहली मुलाक़ात तब हुई जब टाटा स्टील मुझे अपने सीमेंट कारखाने बेचना चाहती थी। लगभग इसी समय हम मोदी सीमेंट का टेकओवर करने में लगे हुए थे, जो दिसंबर 1997 में पूरा हुआ। टाटा स्टील के जमशेदपुर के बाहर जोजोबेरा में कुल 1.7 मिलियन टन क्षमता के दो ग्राइंडिंग यूनिट थे। उनमें स्लैग से हाइड्रोलिक सीमेंट बनाया जाता था। स्लैग नज़दीक में स्थित उनकी ही स्टील ब्लास्ट फ़र्नेस से निकलने वाला बाय-प्रोडक्ट था। हाइड्रोलिक सीमेंट पानी से मिलाए जाने पर जमकर सख़्त बन जाता है। कंपनी का क्लिंकर यूनिट रायपुर जिले के सोनाडीह में स्थित था।

टाटा स्टील के MD, डॉ. जमशेद ईरानी ने मुझे बुलाकर कहा कि वे उनके कारखाने हमें बेचना चाहते थे। गुजरात अंबुजा स्थापित करते समय मैंने डॉ. ईरानी से मिलने की कोशिश की थी। वाकई में तबसे आज तक कितना कुछ बदल गया था। उस समय, हमें कारखाने के सिविल वर्क के लिए बहुत बड़ी मात्रा में स्टील की ज़रूरत थी। इसलिए, मैंने ऑर्डर देने से पहले उनसे ख़ुद मिलना उचित समझा। उन्होंने मुझे बॉम्बे हाउस में मात्र दो मिनट का समय देकर मुझसे छुटकारा पाने के लिए अपने डिप्टी के पास भेज दिया था। ये मुझे अपमान जैसा लगा और मैंने स्टील ऑथोरिटी ऑफ़ इंडिया लिमिटेड (SAIL) को ऑर्डर दिया। बाद में, जब गुजरात अंबुजा कॉर्पोरेट जगत में महत्त्वपूर्ण कंपनी बन गई, तब मुझे इंडस्ट्री के भरोसेमंद लोगों से पता चला कि श्री रतन टाटा सहित बॉम्बे हाउस में कई अन्य वरिष्ठ एग्जीक्यूटिव हमारे प्रदर्शन से प्रभावित हुए थे। 'ये मारवाड़ी है, एथिकल है, एफ़्फ़ीशिअंट है। इस आदमी ने शून्य से उठकर एक आश्चर्यजनक ब्रैंड निर्माण करके कमाल कर दिखाया है,' यह उनकी एक बात मुझे बताई गई।

डॉ. ईरानी मुझे बिना किसी मध्यस्थों के मिलना चाहते थे। वे मुझसे स्नेही पेश आए। उन्होंने कहा कि टाटा स्टील अपने सीमेंट कारखाने बेचकर इस उद्योग से बाहर निकलना चाहती थी। श्री रतन टाटा इच्छुक थे कि अंबुजा उनके कारखाने ख़रीदे। हमारी कंपनी के अन्य पहलुओं सहित वे पोल्यूशन कंट्रोल में हमारी सफलताओं से प्रभावित थे। वे ख़ासकर पोल्यूशन और डस्ट के बारे में चिंतित थे। मैं इस बात से चकित था कि उन्होंने

ACC को नहीं पूछा था, जिसमें उनका हिस्सा था। मुझे बाद में पता चला कि इसकी वजह ACC और टाटा ग्रुप में बिगड़े संबंध थी।

उन दिनों जमशेदपुर बिहार का भाग था, क्योंकि झारखंड नवंबर 2000 में ही बना। मुझे चिंता थी कि शायद वहां के यूनियन, राजनीतिज्ञों और स्वयं राज्य सरकार के साथ काम करना हमारे लिए बहुत चुनौतीपूर्ण रहेगा। जमशेदपुर शहर स्थापित करने वाले टाटा ग्रुप के अलावा बिहार में सभी इंडस्ट्रियल ग्रुप का बुरा अनुभव रहा था। इसलिए, मैं भी बहुत सावधान था। कुछ दिन बाद मैंने डॉ. ईरानी से मिलकर कहा, 'यह मेरे लिए सम्मान की बात है कि आपने और रतन ने हमें ये कारखाने ख़रीदने का आमंत्रण दिया है। हम भी उन्हें ख़रीदना चाहते हैं। लेकिन हमने सुना है कि बिहार में ग़ैर-टाटा कंपनियों को मुश्किलों का सामना करना पड़ा है। हम इस शर्त पर उन्हें ख़रीदेंगे कि टाटा ग्रुप भी उनमें हिस्सेदार बना रहे। आपको 10 प्रतिशत या 50 प्रतिशत हिस्सेदार बने रहना है वह आप पर निर्भर है। लेकिन हम चाहते हैं कि टाटा ग्रुप हमारा पार्टनर बने। इससे हमें परेशान किए जाने की संभावना घटेगी।'

मैंने सोचा था कि चूँकि टाटा केमिकल्स की गुजरात में एक्सेल इंडस्ट्रीस के साथ साझेदारी थी, इसलिए वे जमशेदपुर में हमारे साझेदार भी निस्संकोच बन सकते थे। इसलिए, उनकी अनिच्छा से मैं चकित रह गया। 'रतन और मैंने सीमेंट से पूर्णतः निकलने का निर्णय लिया है,' डॉ. ईरानी ने मुझे कहा। मैं यह मौक़ा गंवाने के बारे में निराश था, लेकिन मैं जानता था कि टाटा ग्रुप की साझेदारी के बिना उस राज्य में व्यवसाय करना बहुत जोखिमभरा होता। अंत में टाटा ग्रुप ने उनका सीमेंट डिविज़न फ्रांस की लाफ़ार्ज को 500 करोड़ रुपयों में बेचा और उस फ्रांसिसी ग्रुप ने भारत में प्रवेश किया।

जब JM फ़ाइनेंशियल के निमेष कंपानी, मेरे मित्र और अंबुजा के बोर्ड मेंबर 1999 की शुरुआत में टाटा ग्रुप का प्रस्ताव लेकर मुझसे मिले, तब टाटा ग्रुप के साथ ये मुलाक़ातें मेरे मन में थीं। निमेष लंबे अरसे से टाटा ग्रुप के इन्वेस्टमेंट बैंकर रहे थे। इसलिए, उनके टाटा ग्रुप के प्रमुखों के साथ अच्छे संबंध थे। उन्होंने मुझे बताया कि टाटा ग्रुप ACC में अपना 14 प्रतिशत हिस्सा बेचना चाहता था और वह सोच रहा था कि क्या मैं वह हिस्सा ख़रीदना चाहूंगा। मेरे लिए यह प्रस्ताव भारत की सबसे बड़ी सीमेंट कंपनी में हिस्सा ख़रीदने से कहीं ज़्यादा मायने रखता था।

*

सीमेंट उद्योग में मेरे शुरुआती दिनों से मैंने ACC की इज़्ज़त की थी। सीमेंट के विनियंत्रण से पहले, मार्केट का 60 प्रतिशत हिस्सा उसका था। टाटा ग्रुप देश के सबसे अच्छे और आधुनिक कारखाने चलाता था। सीमेंट इंडस्ट्री में उनके पास सबसे बढ़िया मैनेजर्स एवं सीमेंट के टेक्नोलोजिस्टस थे जैसे स्टील उद्योग में टाटा स्टील, ट्रकों में टेल्को और साबुन के उद्योग में हिंदुस्तान लीवर सबसे प्रतिष्ठित कंपनियां थीं, वैसे ही सीमेंट उद्योग में वह दर्जा ACC का था।

सीमेंट उद्योग का हर पेशेवर जिसकी मैं सराहना करता था ACC से था। हालाँकि ग़लत डायवर्सिफ़िकेशन, अंबुजा तथा L&T जैसे और फुर्तीले प्रतिद्वंद्वियों और बॉम्बे हाउस के साथ लगातार हुए तनाव के कारण पिछले कुछ सालों में ACC कंपनी कम आकर्षक हुई थी, फिर भी सीमेंट इंडस्ट्री में और स्टॉक मार्केट में ACC अभी भी सम्मानित कंपनी थी। वह भारत की दूसरी सबसे बड़ी सीमेंट कंपनी थी, जिसके कारखाने और जिसका डिस्ट्रिब्यूशन नेटवर्क दोनों अन्य किसी कंपनी से ज़्यादा देशभर में फैले हुए थे।

निमेष कंपानी के प्रस्ताव को नकारना मैं सोच भी नहीं सकता था। उन्होंने मेरा परिचय श्री नोशीर सूनावाला से करवाया, टाटा ग्रुप के पुराने, वरिष्ठ कर्मचारी, जो उसकी होल्डिंग कंपनी टाटा संस के फ़ाइनेंस डायरेक्टर और श्री रतन टाटा के ख़ास व्यक्ति थे। निमेष और मैंने तय किया कि मैं श्री सूनावाला से सीधे विचार-विमर्श करूंगा। इस मामले में गोपनीयता अत्यधिक महत्त्वपूर्ण थी क्योंकि पिछले दशक में ACC बहुत हाई प्रोफाइल और विवादास्पद कंपनी रही थी। मैंने श्री कुलकर्णी, श्री राव, श्री तापड़िया और श्री कपूर जैसे मेरे निकट के सहकर्मियों सहित हमारी एग्जीक्यूटिव कमिटी के अन्य सदस्यों से भी सौदेबाज़ी की बात छिपाए रखी। ये सहकर्मी हाल ही में कंपनी के बोर्ड पर नियुक्त किए गए थे। कंपनी के ट्रेजरर, अनिल सिंघवी, एकमात्र वरिष्ठ टीम मेंबर थे जो इस सौदे के बारे में जानते थे। यदि सौदा पक्का होता तो पूंजी जुटाने में उनकी महत्त्वपूर्ण भूमिका होती।

मुझे ACC के शेयर ख़रीदने का मौक़ा पहले भी दिया गया था। मुझे याद है कैसे 1988 में, बाबूजी के निधन के बाद उनके बैठक रस्म में, निमेष ने मुझे सबसे दूर ले जाकर पूछा था कि क्या मैं ACC के असफल राइट्स इश्यू में सब्सक्राइब करना चाहता था। कंपनी के बुरे प्रदर्शन के कारण उसके दो सबसे बड़े शेयरधारक, टाटा और शापूरजी पालोनजी, ने उनके हिस्से को सब्सक्राइब करने से इंकार किया था। हालाँकि क्या हो

रहा था मैं समझ नहीं पाया था, दो बड़े शेयरधारकों का राइट्स इश्यू में भाग न लेना भविष्य में आनेवाली एक संभाव्य समस्या का संकेतक था। मैं इन विशाल कंपनियों के मामलों में पड़ने के लिए बहुत नया और छोटा खिलाड़ी था। मैंने निमेष के प्रस्ताव को नम्रतापूर्वक नकारा।

असफल राइट्स इश्यू से ACC बहुत बदनाम हुई। उसकी जड़ें ACC के हेडक्वार्टर, सीमेंट हाउस और टाटा ग्रुप के हेडक्वार्टर, बॉम्बे हाउस के बीच तनावपूर्ण रिश्ते में थी। दोनों हेडक्वार्टर एक दूसरे के बिल्कुल नज़दीक स्थित होने के बावजूद उनमें यह तनाव था। और इस तनाव की जड़ ACC के इतिहास में थी। एसोसिएटेड सीमेंट कंपनीज 1936 में तब बनीं जब बॉम्बे के चार प्रमुख बिज़नेस हाउस – टाटा, खटाऊ, किलिक निक्सन और FE दिनशॉ – ने अपनी सभी ग्यारह सीमेंट कंपनियों को मिलाकर एक विशाल, पेशेवर ढंग से चलाया जाने वाला कॉर्पोरेशन बनाया। जबकि अन्य तीन संस्थापकों के वंशजों ने तब से आज तक अपने हिस्से कम करते हुए ACC से अपना रिश्ता तोड़ दिया, टाटा ग्रुप ने माइनोरिटी हिस्से और बोर्ड पर अपने प्रतिनिधियों के ज़रिए वह रिश्ता बनाए रखा था।

ACC के चेयरमैन, श्री नानी पालखीवाला, 1961 में वे टाटा ग्रुप से जुड़े थे जब वे बॉम्बे हाई कोर्ट में इकतालीस वर्षीय उभरते वकील थे| उसी साल उन्हें ACC बोर्ड का सदस्य भी बनाया गया। आठ साल बाद, 1969 में, वे ACC के चेयरमैन बन गए। 'मेरा मानना है कि मेरी (चेयरमैन बनाए जाने की) सिफ़ारिश इसलिए की गई कि मैं एक पेशेवर मैनेजर था। ACC टाटा ग्रुप की कंपनी कभी नहीं रही है,' कई साल बाद श्री नानी पालखीवाला ने इस ग्रुप में विवाद के संदर्भ में एक अख़बार को दिए गए इंटरव्यू में कहा।

अगले तीन दशकों तक, उन्होंने कंपनी की क़िस्मत निर्धारित की और निश्चित किया कि बोर्ड ने हर हाल में अपनी स्वतंत्रता बनाए रखी। वे टाटा ग्रुप के एक मंझे हुए और भरोसेमंद सदस्य थे, जो उसकी होल्डिंग कंपनी, टाटा संस सहित कई ग्रुप कंपनियों के बोर्ड मेंबर थे। इसके बावजूद, उन्होंने हमेशा से ही यह दिखाने की कोशिश की कि ACC टाटा संस से अलग एक कंपनी थी। ACC के शुरुआती दिनों से उसके मूल प्रमोटर्स का लोगो उसका सीमेंट बेचने के लिए कभी इस्तेमाल नहीं किया गया। टाटा ग्रुप का लोगो भी कभी नहीं उपयोग किया गया।

जैसे मैंने ऊपर कहा, टाटा ग्रुप और ACC के बीच तनावपूर्ण रिश्ते का पहला संकेत तब मिला, जब 1988 में टाटा ग्रुप ने ACC के 15 करोड़ रुपयों के राइट्स इश्यू के अपने

हिस्से को सब्सक्राइब करने से इंकार किया। उस समय ACC की स्थिति बहुत नाज़ुक थी और उसे पूंजी जुटाने की सख़्त ज़रूरत थी। इसके बावजूद, बॉम्बे हाउस ने इश्यू के अपने हिस्से में निवेश करने से इंकार किया, जिससे डर था कि इश्यू अंडरसब्सक्राइब होगा। तब श्री पालखीवाला ने ग़ैर-शेयरधारकों को टाटा ग्रुप के हिस्से में निवेश करने देने का निर्णय लिया। मैं चंद लोगों में से था जिसे यह मौक़ा दिया गया और मैंने मना किया था।

1990 के दशक की शुरुआत में सीमेंट की क़ीमतों के बढ़ने से ACC दोबारा अच्छा करने लगी थी। दुर्भाग्यवश, इस समय मैनेजमेंट ने सीमेंट व्यवसाय से कमाई हुई अतिरिक्त नक़द राशि टायर, फ़्लोट ग्लास, सिंथेटिक फ़ेरिक ऑक्साइड और क्वार्ट्ज़ क्रिस्टल जैसे सीमेंट से असंबंधित क्षेत्रों में डायवर्सिफ़िकेशन करके गंवाई थी। इनमें से अधिकांश कंपनियां ACC के मैनेजरों द्वारा चलाई गई थीं। इसलिए, पैसों के साथ-साथ मैनेजमेंट टीम का क़ीमती समय और उसका परिश्रम भी दूसरे प्रोजेक्ट में गंवाए गए। फलस्वरूप, जब दशक के अंत में सीमेंट इंडस्ट्री में मंदी का अगला दौर आया तब कंपनी अत्यधिक घाटे में थी।

1995 में टाटा ग्रुप ने ACC के 313 करोड़ रुपयों के राइट्स इश्यू में भाग लेने से दोबारा इंकार किया। उसके कुछ ही समय बाद टाटा ग्रुप के चेयरमैन, श्री रतन टाटा ने श्री दरबारी सेठ, श्री अजीत केरकर तथा श्री रुसी मोदी जैसे प्रतिष्ठापित लीडरों को निकालकर और उनकी कंपनियों को बॉम्बे हाउस के नियंत्रण में लाकर टाटा ग्रुप का पुनर्गठन और संगठन किया। लेकिन श्री नानी पालखीवाला के नेतृत्व के अंतर्गत ACC का मैनेजमेंट स्वतंत्र बने रहने के कड़े प्रयास करता गया। एक योजना के अनुसार टाटा संस अपनी ग्रुप कंपनियों में ख़ुद का हिस्सा बढ़ाना चाहती थी। ACC ने इस योजना को नकारा और टाटा के ब्रैंड नेम के इस्तेमाल के लिए रॉयल्टी देने से इंकार किया। 'ACC का ब्रैंड मज़बूत है। उसने टाटा ग्रुप के किसी भी ब्रैंड की मदद से अपना सीमेंट नहीं बेचा है। इसलिए वह उन्हें कोई रॉयल्टी क्यों दें?' श्री पालखीवाला ने दावा किया।

1997 की शुरुआत में, श्री पालखीवाला ने *बिज़नेस स्टैण्डर्ड* न्यूज़पेपर को दिए गए इंटरव्यू में बड़े सख़्त शब्दों में टाटा ग्रुप के साथ ACC के संबंध पर ACC के विचार स्पष्ट किए: 'ACC का बोर्ड ऑफ़ डायरेक्टर्स नहीं मानता कि ACC टाटा ग्रुप की कंपनी या उसके द्वारा नियंत्रित कंपनी है। ACC पेशेवर ढंग से चलाई जाने वाली कंपनी है। ACC का बोर्ड प्रत्येक निर्णय ACC के हित को ध्यान में रखते हुए लेता है।'

जब उन्हें पूछा गया कि ACC को टाटा ग्रुप की कंपनी क्यों नहीं कहा जाना चाहिए, उन्होंने कहा, 'आप मुझे बताएं, ACC कब टाटा ग्रुप की कंपनी रही है? पिछले तीस सालों से ACC टाटा ग्रुप से स्वतंत्र रही है। अब वह टाटा कंपनी क्यों बुलाई जाएं?' और अंत में टाटा केमिकल्स तथा टाटा टी ACC के शेयरधारक होने के बारे में उन्होंने कहा: 'ये निवेश श्री दरबारी सेठ ने 1988 में किए थे। उन्होंने मुझसे पूछा कि क्या मुझे इसमें कोई ऐतराज़ था। मैंने ना कहा। इसलिए, टाटा कंपनियां ACC में शेयरधारक हैं।'

टाटा ग्रुप ने ACC पर नियंत्रण पाने का एक आख़िरी प्रयास किया। जनवरी 1999 में, टाटा ग्रुप ने एक प्रेफ़ेरेंशियल इश्यू के ज़रिए ACC में अपना हिस्सा 20 प्रतिशत तक बढ़ाने का प्रस्ताव दिया। उनका तर्क था कि ओपन पब्लिक ऑफ़र के बजाय प्रेफ़ेरेंशियल इश्यू से ACC को पूंजी जुटाने में मदद मिलेगी, जिसकी उसे सख़्त ज़रूरत थी। इस बार, ACC के दो सबसे बड़े शेयरधारक IDBI और UTI, जिनका कुल 22 प्रतिशत हिस्सा था, सहित अन्य फ़ाइनेंशियल संस्थानों ने इस सौदे का विरोध किया। उन्होंने तर्क किया कि ACC टाटा ग्रुप की कंपनी नहीं थी और 110 रुपए प्रति शेयर की क़ीमत बहुत कम थी।

फिर टाटा ग्रुप ने बोर्ड का प्रस्ताव वापस लिया। तब तक टाटा ग्रुप पूरी तरह से तंग आ चुका था। श्री रतन टाटा ने श्री सूनावाला से ACC में उनके हिस्से के लिए ख़रीददार ढूंढने के लिए कहा। फिर श्री सूनावाला ने निमेष कंपानी को इसके बारे में मुझसे बात करने के लिए अधिकृत किया। हमारे साथ हो रहे विचार-विमर्श से अलग टाटा ग्रुप लाफ़ार्ज के साथ भी बातचीत कर रहा था, जिन्होंने एक साल पहले टाटा स्टील के सीमेंट कारखाने ख़रीदे थे।

मेरे लिए टाटा ग्रुप का प्रस्ताव एक अच्छा अवसर था। ACC का प्रशंसक तो मैं था ही। लेकिन उसके अलावा, कुछ महत्त्वपूर्ण कारण थे जो ACC में संभाव्य निवेश करने के लिए लगने वाले श्रम और पूंजी को लायक बनाते। पहला कारण यह था कि ACC भारत की न केवल सबसे बड़ी और सबसे अनुभवी सीमेंट कंपनी थी बल्कि वह एकमात्र सीमेंट कंपनी थी जो देशभर फैली थी। दूसरा कारण था कि उसके कारखाने कुल नौ राज्यों में फैले थे। इनमें दक्षिण भारत के राज्य भी शामिल थे, जहां हमने कई सालों से कारखाने स्थापित करने की कोशिश की थी। तीसरा कारण, ACC के साथ सहयोग से हमारी कुल क्षमता लगभग 20 मिलियन टन की हो जाती थी, जिससे संपूर्ण भारतीय

सीमेंट मार्केट का 20 प्रतिशत से ज़्यादा हिस्सा हमारा हो जाता। इससे हम भारत की सबसे बड़ी सीमेंट कम्पनी बन जाते, जिससे इंडस्ट्री में हमारा प्रभाव बहुत बढ़ जाता। और अंत में चूँकि इस सौदे के लिए लाफ़ार्ज हमारा प्रतिद्वंद्वी था, पूरे भारत में उपस्थित होने की उनकी योजना पर हमारी सफलता से एक ही झटके में पानी फिर जाता। फ़्रांस के इस सीमेंट कांग्लोमरेट के पास काफी पैसा था और वो आसानी से देशभर में फैले भारतीय प्रतिद्वंद्वियों की मुश्किलें बढ़ा सकता था।

टाटा ग्रुप अपने हिस्से के शेयर 7 प्रतिशत के दो भागों में बेचना चाहता था। मुझे बाद में पता चला कि कुछ शेयर हाल ही में खरीदे गए थे और वे उन पर टैक्स कम भरना चाहते थे। मैं भी इस व्यवस्था से ख़ुश था क्योंकि संपूर्ण 14 प्रतिशत हिस्से को ख़रीदने के लिए पूंजी जुटाना मुश्किल होता।

ACC में 14 प्रतिशत हिस्सेदार होने से हम बोर्ड पर न केवल दो सदस्य नियुक्त कर सकते थे बल्कि चेयरमैन भी चुन सकते थे। उस समय के क़ानून के अनुसार कंपनी के कामकाज को प्रभावित करने के लिए हमें 20 प्रतिशत अतिरिक्त हिस्सेदार होना ज़रूरी था, जो हमें केवल महंगे पब्लिक ऑफ़र के ज़रिए ही मिलता। लेकिन बोर्ड पर हमारे सदस्य होने के कारण हमारे लिए यह करना ज़रूरी नहीं था। हमारे पास पब्लिक ऑफ़र करने के लिए पर्याप्त राशि भी नहीं थी। यदि हमें वह करने के लिए कहा जाता तो मैंने यह प्रस्ताव नकार दिया होता। मुझे विश्वास था कि बोर्ड पर हमारे सदस्य कंपनी के ऑपरेशन में सुधार करके शेयरधारकों को फ़ायदा पहुँचाते। बैलेंस शीट से स्पष्ट था कि कंपनी का ऑपरेशन बहुत अकुशल था। पिछले बीस सालों में ACC ने मात्र एक बार अपनी क्षमता से ज़्यादा सीमेंट उत्पादन किया था। यह स्पष्ट था कि यदि यही कार्यशैली चलती रही तो ACC हम जैसे नए खिलाड़ियों के साथ कभी बराबरी नहीं कर पायेगी।

श्री सूनावाला के साथ मेरी सौदेबाज़ी इतनी गोपनीय थी कि मैंने उसकी ख़बर मेरे बोर्ड के सदस्यों और अन्य सीनियर एग्जीक्यूटिव से भी छिपाए रखी। इसके बावजूद, 1999 में ACC के शेयर की क़ीमत को कुछ अजीब हो रहा था। जब सौदेबाज़ी शुरू हुई तब क़ीमत लगभग 140 रुपए थी। इसके बाद, वह लगातार बढ़ती गई, बावजूद इसके कि उस साल कंपनी का प्रदर्शन स्पष्टतया बुरा रहा था। साल के अंत में क़ीमत 300 रुपयों के शिखर तक पहुंच गई थी। एक संभावना थी कि सौदेबाज़ी की ख़बर बाहर निकल गई थी। लेकिन मेरा मानना था कि टाटा ग्रुप ख़ुद शेयर ख़रीद रहा था। हमारा सौदा पूरा होने

के बाद जब हमें शेयर सर्टिफ़िकेट मिले (यह डीमैट के दिनों से पहले था), तब कई पर हाल ही की तारीखें थीं।

*

दिसम्बर 1999 में जैसे सौदा पक्का होने ही वाला था, वैसे मैंने अख़बार में पढ़ा कि उसी समय लाफ़ार्ज दिल्ली के रियल एस्टेट शहंशाह, के.पी. सिंह, और उनके बेटे, राजीव सिंह के साथ DLF सीमेंट्स लिमिटेड ख़रीदने के लिए विचार-विमर्श कर रही थी। DLF सीमेंट्स का उत्तरी राजस्थान के पाली जिले में राबरियावास में एक आधुनिक 1.5-मिलियन-टन का कारखाना था। सभी जानते थे कि कंपनी बहुत खराब तरह से चलाई जा रही थी और कारखाने के बनने में भी बहुत देर लगी थी। इसलिए, हमें कभी नहीं लगा कि उत्तर भारत के मार्केट में उनसे कोई ख़तरा होगा। लेकिन लाफ़ार्ज द्वारा उसे ख़रीदने पर स्थिति कुछ और हो सकती थी। उसकी आर्थिक ताक़त और विशाल मैनेजमेंट टीम के कारण वह उत्तर भारत में हमारी मुख्य प्रतिद्वंद्वी बन सकती थी। लेकिन अब मैं उसके बारे में कुछ भी करने के लिए असहाय था और मैंने उस ख़बर को नज़रअंदाज़ कर दिया।

उसी हफ़्ते गुरुवार के दिन, श्री आर.वी. पंडित, जिन्हें मैं सालों से जानता था, ने मुझे सुबह बुलाकर कहा कि वे तुरंत मुझसे मिलना चाहते थे। काम पर जाते समय मैं उन्हें ताज महल होटल में उनके कमरे में मिला। श्री पंडित स्वतंत्र विचारों वाले एक आंत्रप्रेन्योर थे, जिनके हांगकांग तथा टोक्यो में रेस्टोरेंट थे। इसके अलावा उनका बॉम्बे में सफल B2B पब्लिशिंग हाउस भी था, जो *इंप्रिंट* और *इंडियन ऑटो जर्नल* जैसी मैगज़ीन प्रकाशित करता था। वे *माचिस* (1996) और *दरमियां* (1997) जैसे पिक्चरों के निर्माता भी रहे थे। बॉम्बे का मशहूर बुकस्टोर, नालंदा, जो ताज महल होटल में स्थित था, उनका ही था। इतने सालों में उन्होंने श्री अटल बिहारी वाजपेयी तथा श्री एल.के. आडवाणी जैसे राजनीतिज्ञों और कई RSS नेताओं के साथ घनिष्ठ संबंध स्थापित किए थे। अब उन्होंने इन राजनीतिज्ञों के आर्थिक सलाहकार का दर्जा हासिल किया था। वे अपने दृढ़ स्वदेशी, राष्ट्रवादी विचारों के लिए जाने जाते थे।

मेरी तरह, श्री पंडित ने भी लाफ़ार्ज-DLF की ख़बर सुनी थी। होटल में उनके सुइट में प्रवेश करते ही उन्होंने मुझसे पूछा, 'आप यह कैसे होने दे सकते हैं? आप किसी MNC को भारतीय कंपनी ख़रीदने कैसे दे सकते हैं?'

'मैं कर भी क्या सकता हूं? DLF बेचना चाहती है और उसने लाफ़ार्ज से बात छेड़ी होगी। मुझे पता तक नहीं था,' मैंने कहा।

'यदि मैं इंतज़ाम करता हूं तो क्या आप कंपनी ख़रीदने के लिए तैयार हैं?' उन्होंने पूछा। मैंने ग़ौर किए बिना हां कह दी। श्री पंडित ने तुरंत एक सरकारी अफ़सर को फ़ोन लगाया। ऐसा प्रतीत हुआ कि वे उन्हें अच्छे से जानते थे। उन्होंने इस अफ़सर से भी वही कहा। 'आप किसी मल्टीनेशनल को भारतीय कंपनी ख़रीदने कैसे दे सकते हैं? आप DLF के श्री के.पी. सिंह से भी यही प्रश्न पूछें। मेरे सामने एक भारतीय ख़रीददार बैठा है।'

सरकारी अफ़सर ने कुछ समय बाद हमें सूचित किया कि श्री के.पी. सिंह अपनी कंपनी भारतीय ख़रीददार को बेचने के लिए तैयार थे बशर्ते उन्हें वही क़ीमत मिलती। अब श्री सिंह को किसी भी शर्त पर कोई समझौता नहीं करना था। और यह भी ज़रूरी था कि सौदा अगले दिन ही हो क्योंकि लाफ़ार्ज के साथ सौदा परसों होना तय हुआ था। श्री पंडित ने मेरी ओर देखकर कहा, 'अब आप DLF सीमेंट्स खरीदें।'

'इतने कम समय में मुझे उसे ख़रीदना मुश्किल होगा,' मैंने कहा।

वे इससे हतोत्साहित नहीं थे। 'उसमें क्या है?' उन्होंने कहा। उनका मानना था कि हम आसानी से कंपनी ख़रीद सकते थे।

मैंने उनसे कोशिश करने का वादा किया। मैं उन्हें उस सरकारी अफ़सर के ज़रिए श्री सिंह के साथ मीटिंग रखने के लिए कहकर अपने ऑफ़िस लौट गया। मैं असमंजस में था कि आगे क्या करना चाहिए। मैं DLF सीमेंट्स के बारे में सिर्फ़ इतना जानता था कि वह एक नई कंपनी थी जो अच्छा नहीं कर रही थी। उसका कुल घाटा अब 225 करोड़ रुपए पहुंच गया था और उसके शेयर की क़ीमत 10 रुपयों से भी कम थी। मैंने श्री अनिल सिंघवी से पूछा कि क्या वे आवश्यक पूंजी इतने कम समय में जुटा पायेंगे। वे उसके बारे में आशावान थे क्योंकि बैंक ऑफ़ अमेरिका (BoA) हमें क़र्ज़ देने के लिए बहुत समय से उतावला था। 'मैं उनसे बात करूंगा। यदि हम चाहें तो वे 500 करोड़ रुपयों का चेक भी तुरंत जारी कर देंगे,' उन्होंने मुझसे कहा।

अगले दिन शुक्रवार को दोपहर की फ़्लाइट से हम दिल्ली गए। श्री के.पी. सिंह और उनके बेटे के साथ हमारी 5 बजे की मीटिंग थी। श्री घुवालेवाला, जिनके बारे में मैंने पिछले चैप्टर में बात की थी, भी हमारे साथ आए। मैंने तय किया था कि यदि यह सौदा पक्का होता हैं, तो इस कंपनी को चलाने की जिम्मेदारी उनको देंगे।

हम सीधे DLF के ऑफ़िस पहुंचे और श्री के.पी. सिंह और उनके बेटे, राजीव सिंह के साथ बातचीत शुरू हुई। यह प्रतीत हुआ कि वे हमसे सौदा करने के लिए विवश किए गए थे और उसके बारे में नाख़ुश नज़र आए। एक ऐसे विक्रेता के साथ सौदेबाज़ी करना असहज होता है जो नाख़ुश हो। लेकिन श्री पंडित के कारण हम पीछे भी हट नहीं सकते थे। उसी समय, लाफ़ार्ज को उत्तर भारत में प्रवेश करने से रोकने के लिए यह अच्छा अवसर था। आख़िरकार हिमाचल प्रदेश और पंजाब में हमारे बड़े इन्वेस्टमेंट के ज़रिए अंबुजा और DLF दोनों एक ही मार्केट में प्रतिद्वंद्वी थे।

बातचीत देर रात तक चली। अंत में श्री के.पी. सिंह और उनके बेटे अनिच्छुक होते हुए भी कंपनी में अपना पूरा 21 प्रतिशत हिस्सा 12.65 रुपए प्रति शेयर की क़ीमत अनुसार 82 करोड़ रुपयों में बेचने के लिए तैयार हुए। क्या वह सबसे अच्छी क़ीमत थी? हमें नहीं पता क्योंकि वह किसी ठोस रिसर्च या वैल्यूएशन पर आधारित नहीं थी। हमने यह सौदा हमारी सहज-बुद्धि के अनुसार किया था। किसी एक्विज़िशन का सौदा करने का यह तरीक़ा अनुचित होता है क्योंकि यह अँधेरे में तीर मारने जैसे होता है। हममें से किसी ने भी कारखाना नहीं देखा था। इसलिए, हमें न उसकी अवस्था के बारे में पता था और न ही उसमें किसी समस्याओं के बारे में। हम DLF सीमेंट्स के बारे में जितना भी जानते थे वह अख़बार की रिपोर्ट और कुछ रिसर्च रिपोर्ट्स पर आधारित था। मुझे याद है कैसे श्री घुवालेवाला ने मुझे दिल्ली जाते हुए कहा था कि ऐसा लगता था कि हम एक बड़ी कंपनी ख़रीदने के बजाय मार्केट में शर्ट ख़रीदने जा रहे थे।

मुझे याद आया कि किसी ने मुझे बताया था कि 1980 के दशक में कैसे श्री आर.पी. गोयनका ने CEAT टायर्स ख़रीदी थी। जब उस समय की प्रधानमंत्री, श्रीमती इंदिरा गाँधी इटली के ऑफ़िशियल टूर पर थीं| तब CEAT के मालिक अपनी कंपनी बेचने के मामले में उनसे मिलना और उनकी सहमती चाहते थे। उन्होंने एक भारतीय उद्योगपति का ख़रीददार के रूप में सुझाव दिया। श्रीमती गाँधी ने उनसे कहा कि वे उसी राशि पर एक दूसरे भारतीय उद्योगपति को उनकी कंपनी खरीदने के लिए तैयार कर देंगी। वे श्री आर.पी. गोयनका के क़रीब थीं और श्रीमती गाँधी के कहने पर उन्होंने CEAT ख़रीदी।

बाद में, किसी ने श्री गोयनका से पूछा कि उन्होंने कारखाने या खातों की जांच किए बिना कंपनी कैसी ख़रीदी। उन्होंने कहा कि वे उस शख़्स को जानते थे जिसने पहले

सौदेबाज़ी की थी। इसलिए, उन्हें विश्वास था कि उस व्यक्ति ने विस्तारपूर्वक जांच करके ही क़ीमत तय की होगी। इस सौदे के बारे में भी मेरे कुछ ऐसे ही विचार थे। लाफ़ार्ज ने अवश्य ही विस्तारपूर्वक जांच करके क़ीमत निर्धारित की होगी। श्री के.पी. सिंह और उनके बेटे मुझे अपनी कंपनी इससे कम क़ीमत में नहीं बेचने वाले थे। मुझे नहीं लगा कि वे मुझसे उससे ऊंची क़ीमत ले रहे थे।

जैसे-जैसे शाम बीत रही थी और श्री के.पी. सिंह और उनके बेटे के साथ सौदा पक्का हुआ, पर सौदे के एक और पहलू पर समझौता करना बाकी था। DLF सीमेंट्स ने ICICI से 19.5 प्रतिशत की दर पर एक बहुत बड़ा क़र्ज़ लिया था। हमने ICICI की MD, सुश्री ललिता गुप्ते को हमारे सौदे को स्वीकृति देने के लिए रुके रहने के लिए कहा था। उनका शुक्रिया अदा करना होगा कि वे बॉम्बे में अपने घर में देर रात तक हमारे फ़ोन के लिए रुकी रहीं।

शुरू में जब हमने ब्याज की दर घटाने को कहा, तब वे टस से मस न हुईं। मैंने उनसे कहा कि इतनी ऊंची दर देकर कोई भी कंपनी बंद पड़ जायेगी। उन्होंने कहा कि DLF सीमेंट्स लगातार समय पर भुगतान करने से चूक गई थी। शुरू में उनकी दर 15 प्रतिशत थी, जिसके बाद दर बढ़ गई। सुश्री गुप्ते पूरा भुगतान चाहती थीं। लगभग पांच घंटे सौदेबाज़ी करने के बाद हमारा आख़िरकार दो बजे समझौता हुआ। इसके बाद हमने श्री के.पी. सिंह और उनके बेटे को सूचना दी कि सौदा अब पूरा हुआ था। उस समय सुबह के तीन बजे थे।

हमने लगभग 350 करोड़ रुपए ख़र्च करके कंपनी हासिल की। उसके साथ हमें 15-मेगावॉट का कैप्टिव पॉवर स्टेशन भी मिला। कंपनी का नया नाम अंबुजा सीमेंट राजस्थान लिमिटेड (ACRL) रखा गया। श्री कुलकर्णी और उनकी टीम ने पाया कि कारखाना बदतर तरीक़े से चलाया जा रहा था। उसमें कोई भी सिस्टम नहीं थे, उत्पादकता कम थी और पोल्यूशन कंट्रोल के उपाय भी इतने अच्छे नहीं थे। हमें इससे भी बड़ा धक्का यह पता चलने पर लगा कि CEO सहित सभी कर्मचारियों को हर महीने तनख़्वाह नक़द में दी जाती थी। फ़ैक्टरी और माइनिंग की ज़मीन के कागजात भी रजिस्टर नहीं किए गए थे और स्टैम्प ड्यूटी भी भरनी बाकी थी। मानो कंपनी एक अलग ही दुनिया में, अपने नियमों के अनुसार चल रही हो! हमने श्री घुवालेवाला को MD बनाया और कंपनी को फिर से अपने पैरों पर खड़ा होने में कई साल लग गए।

मोदी सीमेंट के एक्विज़िशन की तरह, मैं इस एक्विज़िशन से भी संतुष्ट नहीं था। हमारी मैनेजमेंट टीम ने कंपनी को सुधारने में जितना समय और श्रम निवेश किया था, वह उस पर ख़र्च की गई पूंजी के लायक नहीं था। ख़ुद का कारखाना स्थापित करने की प्रक्रिया अधिक किफ़ायती और कुशल हुई होती। एकमात्र लाभ समय का था, नया कारखाना स्थापित करने में कम से कम दो साल लग जाते। और DLF सीमेंट्स ख़रीदकर हम लाफ़ार्ज से तत्कालीन ख़तरे से बच पाए। अब हमने हमारा अपना उत्तर से पश्चिम तक जाने वाला कॉरिडोर स्थापित किया था। बॉम्बे से लेकर गुजरात, राजस्थान, हरियाणा, पश्चिमी उत्तर प्रदेश, पंजाब, हिमाचल प्रदेश, उत्तराखंड तथा उस समय जम्मू और कश्मीर कहे जाने वाले राज्य के मार्केट में हम अव्वल नंबर पर थे।

अगले कुछ साल हमने तेज़ी से काम करते हुए इस कॉरिडोर में ग्राइंडिंग यूनिट स्थापित कर हमारी स्थिति मज़बूत की – रूपनगर के साथ-साथ, एक यूनिट बठिंडा में था जहां से दक्षिणी पंजाब, पश्चिमी उत्तर प्रदेश और हरियाणा को सीमेंट जाता था। 2006 में, जबसे होलसिम ने मैनेजमेंट की डोर संभाली, तबसे कंपनी ने हिमाचल प्रदेश तथा जम्मू और कश्मीर के अन्य भागों को सीमेंट भेजने के लिए राउरि और नालागढ़ में; उत्तराखंड और बग़ल के उत्तर प्रदेश के लिए रूडकी में; और दक्षिणी तथा पश्चिमी उत्तर प्रदेश के कुछ भागों के लिए दादरी में यूनिट स्थापित किए। इस प्रकार, हमने सही समय पर DLF ख़रीदकर कारखानों की एक अटूट श्रृंखला स्थापित की।

*

DLF का सौदा पूरा कर अब सोमवार को ACC का सौदा पूरा करना था। लेकिन उसके पहले मैंने वीकेंड पर आराम किया। जिसकी मुझे सख्त जरूरत थी। संयोगवश, पिछली शाम सभी नेवटिया – सुरेश, विनोद और हर्ष – बॉम्बे में थे और मैंने तय किया कि मैं इन सौदों पर उन्हें सहमत कराऊँगा। हम सब एक सात बैठे थे तब मैंने इन सौदों के बारे में मेरे विचार और सोच रखी और फिर उनसे उनकी राय मांगी| सुरेश ने हर्ष से उसकी राय मांगी। हर्ष इन सौदों से सहमत था। विनोद भी ख़ुश थे और सुरेश भी सहमत हुए।

सोमवार सुबह, टाटा ग्रुप ने मुझे बताया कि वे सौदे पर हस्ताक्षर करने के लिए तैयार थे बशर्ते हम उन्हें मुँह मांगा दाम देते। मैंने सुना था कि लाफ़ार्ज ने उन्हें 250 रुपए प्रति

शेयर का अंतिम प्रस्ताव किया था। श्री सूनावाला जानना चाहते थे कि क्या मैं उससे ज़्यादा क़ीमत देने के लिए तैयार था। मैंने आवेग में आकर कहा, 'हां, मैं तैयार हूं। मैं इससे कहीं ज़्यादा क़ीमत दूंगा।' यह मौक़ा मेरी ज़िंदगी में दोबारा नहीं आता। इसलिए, मैं उसे गंवाने वाला नहीं था। टाटा ग्रुप ने कुछ समय बाद 370 रुपए प्रति शेयर की मांग की, जो उस दिन की शेयर की क़ीमत से लगभग 50 प्रतिशत ज़्यादा थी। यह उनका अंतिम प्रस्ताव था जिसपर वे सौदेबाज़ी नहीं करने वाले थे। उन्हें नकारने के बारे में मैंने सोचा भी नहीं था।

मैंने उनका प्रस्ताव स्वीकार किया। लेकिन मेरी कुछ शर्तें थीं। मैं चाहता था कि डॉ. सुब्रता गांगुली बोर्ड से इस्तीफ़ा दें। मेरी राय में ACC को नए सिरे से शुरू करना ज़रूरी था। मैं मैनेजमेंट टीम में कोई बदलाव नहीं चाहता था। लेकिन मैं चाहता था कि जिन डायरेक्टरों का हाल ही में कंपनी के बुरे प्रदर्शन में हाथ रहा था वे बदले जाएं। 1990 के दशक के अधिकांश भाग में कंपनी के बिगड़ते प्रदर्शन के दौरान डॉ. गांगुली कंपनी के चेयरमैन रहे थे। साथ-साथ, मैं चाहता था कि टाटा ग्रुप द्वारा नामांकित डायरेक्टर, श्री सूनावाला, कुछ साल और बोर्ड पर रहें। इस प्रकार, टाटा ग्रुप से संबंधित डायरेक्टर भी बना रहता और उनके तजुर्बे, ख्याति और दृढ़ता से भी हमें बहुत मदद मिल सकती।

शुरू में श्री सूनावाला अनिच्छुक थे क्योंकि टाटा ग्रुप इस सौदे के बाद ACC के साथ सारे संबंध तोड़ना चाहता था। पिछले कुछ महीनों में उन्हें मनाने के मेरे कड़े प्रयास काम कर गए थे। लेकिन उन्होंने मुझे आगाह किया: ACC के बोर्ड को संभालना आसान नहीं था। उन्होंने कहा कि कंपनी हमेशा उसके होल-टाइम डायरेक्टरों की इच्छाओं के अनुसार चलती थी। कोई उनका विरोध नहीं कर पाता था। मैंने उनसे विश्वासपूर्वक कहा कि मैं उन्हें संभाल लूंगा।

मेरे द्वारा क़ीमत स्वीकारने के कुछ ही घंटों में टाटा ग्रुप ने हमें स्पॉट-डिलीवरी बेसिस पर 1.23 करोड़ ACC के शेयर 455 करोड़ रुपयों में बेचे। यह ACC में उनका 7.2 प्रतिशत हिस्सा था। बैंक ऑफ़ अमेरिका ने हमें फिर से ब्रिज लोन दिया ताकि हम टाटा ग्रुप को तुरंत भुगतान कर सकें। टाटा ग्रुप के साथ यह तय हुआ था कि हम बाकी के 7.2 प्रतिशत शेयर उसी क़ीमत में अगले कुछ महीनों में खरीदेंगे। हमने इस सौदे को ACC और गुजरात अंबुजा के बीच 'स्ट्रेटेजिक अलायन्स' कहा, जो इस सौदे का सही मतलब था।

यह सिर्फ़ टाटा ग्रुप के शेयर ख़रीदने के लिए किया गया औपचारिक सौदा था। इसके साथ न कोई प्रतिज्ञापत्र, बैंक की गारंटी या ढेर सारे क़ानूनी काग़ज़ थे। मैं चाहता तो दूसरे हिस्से के शेयर ख़रीदने से पीछे हट सकता था।

सौदे की घोषणा के बाद ACC के शेयर की क़ीमत ढह गई। मुझे सुनने में आया कि बॉम्बे हाउस में कुछ लोगों को मुझ पर शक़ था कि मैं दूसरे हिस्से के शेयर नहीं खरीद पाऊंगा। लेकिन टाटा ग्रुप की वरिष्ठ मैनेजमेंट को मुझ पर भरोसा था, उसी भरोसे पर उन्होंने मुझे शेयर बेचे थे। और मेरा अपने वादे से मुकरने का कोई इरादा नहीं था। मेरे इस व्यवहार के कारण बॉम्बे हाउस के सदस्य मेरी और भी इज़्ज़त करने लगे। 2006 में हमारे हिस्से के शेयर होलसिम को बेचने तक श्री सूनावाला ACC के डायरेक्टर बने रहे।

सौदे की घोषणा करने से पहले, मैंने IDBI और UTI के प्रमुखों से मिलकर उन्हें इस सौदे की जानकारी दी और उनसे स्वीकृति मांगी। वे ACC के सबसे बड़े शेयरधारकों में से थे। मुझे ACC के ऑपरेशन में महत्त्वपूर्ण बदलाव लाने थे और उसके लिए उनकी सहायता अत्यावश्यक थी। उन्होंने ख़ुशी-ख़ुशी मेरा समर्थन किया और मैंने चैन की सांस ली। इसका कारण बस यही नहीं था कि हम देश की सबसे अच्छी चलाई जाने वाली सीमेंट कंपनी थे, दूसरा कारण यह भी था कि टाटा ग्रुप ने जनवरी में रद्द किए गए प्रेफ़ेरेंशियल इश्यू में उन्हें केवल 110 रुपए प्रति शेयर का प्रस्ताव किया था, जबकि हमने कंपनी की क़ीमत इससे कहीं ज़्यादा आंकी थी।

IDBI के चेयरमैन, श्री डी.बी. गुप्ता ने मुझे बताया कि उन्हें पूरा विश्वास था कि मैं ACC को पुनर्जीवित कर पाऊंगा और अपना पूरा समर्थन जताया। UTI के चेयरमैन, श्री पी.एस. सुब्रमण्यम ने भी मुझे वही कहा। उन्होंने मुझे इस सौदे के बारे में प्रेस रिलीज़ लिखने की सलाह भी दी। उनका सुझाव था कि वह सादी और संक्षिप्त होनी चाहिए। दोनों चेयरमैन को हम पर इतना विश्वास इसलिए था कि हम अपने अनुभव की वजह से ACC के ख़राब प्रदर्शन को सुधार पाएंगे। इन आर्थिक संस्थानों का समर्थन पाना आवश्यक था क्योंकि अगले दिन की बोर्ड मीटिंग में टाटा ग्रुप औपचारिक ढंग से ACC के बोर्ड को सौदा प्रस्तुत करने वाला था।

उस शाम मैंने हमारे सीनियर एग्जीक्यूटिव और बोर्ड के सदस्यों को अगले दिन होने वाली घोषणा के बारे में बताया। जैसे मैंने पहले कहा था, अनिल सिंघवी को छोड़, जिनकी मदद मुझे बैंकरों के साथ व्यवहार करने में लगती, यह बात कोई नहीं जानता था

क्योंकि मुझे डर था कि यह ख़बर कहीं बाहर नहीं निकल जाये। मेरे सभी सहकर्मी यह ख़बर जानकर दंग रह गए। उन्हें विस्मय हुआ कि मैंने सौदा पक्का करने से पहले उनके साथ विचार-विमर्श नहीं किया। सभी को संदेह था कि क्या हम सालों से बुरा प्रदर्शन करने वाली इस विशाल कंपनी का प्रदर्शन सुधार पायेंगे या नहीं। मैंने जैसे उन्हें बिन बताए यह सौदा किया था उससे वे बहुत नाखुश थे। मुझे भी बहुत बुरा लगा।

अगले दिन, श्री सूनावाला ने संपूर्ण ACC बोर्ड को अपना औपचारिक प्रेज़ेंटेशन दिया। चेयरमैन एमेरिटस, नानी पालखीवाला अपनी बिगड़ती सेहत के बावजूद इस मीटिंग में उपस्थित रहे। श्री सूनावाला ने समझाया कि टाटा ग्रुप ने अपना हिस्सा इसलिए बेचा था कि आर्थिक संस्थान पिछले साल के प्रेफ़ेरेंशियल इश्यू के ज़रिए उन्हें अपना हिस्सा बढ़ाने के बारे में अनिच्छुक थे।

श्री पालखीवाला ने IDBI और UTI के प्रतिनिधियों से उनकी राय पूछी। जैसे उनके चेयरमैन ने पिछली शाम मुझे बताया था वैसे उन्होंने भी इस सौदे को स्वीकार किया। बोर्ड मीटिंग के मिनिट्स के अनुसार UTI के प्रतिनिधि, अमिताभ घोष ने कहा, 'ACC और गुजरात अंबुजा के बीच स्ट्रेटेजिक अलायन्स सही दिशा में लिया गया कदम है।' IDBI के प्रतिनिधि, श्री जे.एन. गोडबोले ने कहा, 'सीमेंट इंडस्ट्री की मौजूदा स्थिति, उसमें होने वाले संगठन और फलस्वरूप इकॉनोमीस ऑफ़ स्केल तथा सिनर्जी का फ़ायदा उठाने की आवश्यकता को ध्यान में रखते हुए यह एक अच्छा अलायन्स रहेगा।'

फिर टाटा ग्रुप ने सिफ़ारिश की कि श्री कपूर और मुझे बोर्ड पर अतिरिक्त डायरेक्टर तथा गुजरात अंबुजा के प्रतिनिधि के तौर नियुक्त किए जाए। इस पर बोर्ड का एकमत था। बोर्ड द्वारा सौदे की स्वीकृति के बाद, हमने और टाटा ग्रुप ने अपनी-अपनी प्रेस रिलीज़ जारी कर सौदे का खुलासा किया। हमारी संक्षिप्त प्रेस रिलीज़ में सौदे की मुख्य बातें थीं। उसमें हमने बताया कैसे यह स्ट्रेटेजिक अलायन्स भारतीय सीमेंट इंडस्ट्री को संघटित करने की ओर एक महत्त्वपूर्ण कदम था और यह कि मेरे साथ श्री कपूर को बोर्ड का सदस्य बनने के लिए आमंत्रित किया गया था।

दूसरी ओर, टाटा ग्रुप की प्रेस रिलीज़ ने समझाया कि उन्होंने अपना हिस्सा क्यों बेचा था| 1998 में आर्थिक संस्थानों ने टाटा ग्रुप को अपना हिस्सा बढ़ाकर 20 प्रतिशत तक ले जाने से मना किया था, बावजूद इसके कि उनके अनुसार 'ACC की आर्थिक संरचना को मज़बूत कर उसकी बढ़त के लिए' यह आवश्यक था; टाटा ग्रुप ने अपना

हिस्सा गुजरात अंबुजा को इसलिए बेचा कि 'आज गुजरात अंबुजा भारत की सबसे लाभदायक सीमेंट कंपनी है'; और आख़िरकार इसलिए कि 'सीमेंट इंडस्ट्री में उस समय हो रही एकत्रीकरण की प्रक्रिया में सीमेंट की दो मुख्य कम्पनियां अपनी-अपनी शक्तियों का संयोजन कर काफी अच्छा प्रदर्शन कर सकेंगी।' अंत में उन्होंने कहा, 'श्री नरोत्तम सेखसरिया को ACC के बोर्ड पर आमंत्रित किया गया है और उनके तजुर्बे और मार्गदर्शन से कंपनी और उसके मैनेजमेंट को लाभ होगा।'

अगले दिन मीडिया में इस सौदे का ऐतिहासिक स्वागत हुआ। देशभर के अख़बारों में यह ख़बर फ्रंट पेज पर छपी। उसे 'माइलस्टोन डील इन द हिस्ट्री ऑफ़ कॉर्पोरेट इंडिया', 'डील ऑफ़ द डेकेड', 'अ जायंट लीप फ़ॉरवर्ड' और 'अ नियर-परफेक्ट स्ट्रेटेजिक फ़िट' कहकर उसका गुणगान हुआ। स्टॉक मार्केट भी बहुत उत्साहित था। गुजरात अंबुजा और ACC के शेयर की क़ीमतें इतनी बढ़ गईं कि सर्किट ब्रेकर ने दोनों कम्पनियों के शेयर के भाव और बढ़ने पर रोक लगा दी। स्टॉक मार्केट ख़ुद इस सौदे के आधार पर 160 पॉइंट से बढ़ा।

एक न्यूज़पेपर एनालिस्ट ने सभी सकारात्मक प्रतिक्रियाओं की समीक्षा करते हुए कहा, 'यह सौदा गुजरात अंबुजा और ACC के लिए बहुत लाभदायक ठहरेगा। लेकिन उससे भी महत्त्वपूर्ण बात यह है कि इस सौदे के कारण भारतीय इंडस्ट्री में एक नया दौर आ सकता है। इस दौर की विशेषता यह होगी कि विभिन्न इंडस्ट्रियों की प्रमुख प्रतिद्वंद्वी कंपनियां सहयोग करेंगी जिससे उन्हें भविष्य में फ़ायदा हो सकता है। कुछ मामलों में, ये कंपनियां विश्व स्तर पर भी मुकाबला कर पाएंगी।'

*

इस सौदे से और उसके बाद में जो कुछ भी हुआ उससे मैं इतना मशहूर हुआ जितना की मैंने सोचा भी नहीं था। ऐसा लग रहा था जैसे मेरी जिंदगी दो भाग में बाँट गई हो – ACC डील से पहले और उसके बाद। सौदे के पहले, सीमेंट उत्पादकों और बॉम्बे के इन्वेस्टमेंट बैंकरों के बीच मेरी पहचान एक बहुत कुशल सीमेंट कंपनी चलाने वाले आंत्रप्रेन्योर की थी। अब ऐसा प्रतीत हुआ कि सभी मुझे जानते थे। अख़बारों में इस सौदे की बात कई हफ़्तों तक होती रही। पूरे हफ़्ते कॉर्पोरेट और बैंकिंग सेक्टर से मेरे दोस्तों और जानकार व्यक्तियों के फ़ोन कॉल आते गए। कइयों ने मुझे गुलदस्ते भी भेजे।

मुझे सबसे पहले रेमंड के श्री विजयपत सिंघानिया और VIP इंडस्ट्रीस लिमिटेड के श्री दिलीप पीरामल से कॉल आए। दिलीप ने मुझसे कहा, 'नरोत्तम! यह बढ़िया ख़बर है। हमें तुम पर नाज़ है। तुमने वह किया है जो हमने सोचा तक नहीं था। तुमने एक टाटा कंपनी का टेकओवर किया और वो भी उस क़ीमत में; तुममें वह करने की हिम्मत थी। तुम्हारे लिए मेरी इज़्ज़त बढ़ी है।' मुझे उन्हें समझाना पड़ा कि यह टेकओवर नहीं था। इसके बावजूद वे मेरे सम्मान में ताज होटल में पार्टी रखना चाहते थे। मैंने उन्हें बताया कि यह उसके लिए सही समय नहीं था। वैसे भी सभी लोग मेरी चर्चा कर रहे थे। मैं नहीं चाहता था कि इस पार्टी के ज़रिए मेरे बारे में और भी बातें हों।

सीमेंट इंडस्ट्री से मेरे एक भी दोस्त ने मुझे बधाई नहीं दी, जो आश्चर्यजनक था। माना, वे मेरे प्रतिद्वंद्वी थे, लेकिन मेरी सभी से अच्छी पहचान थी। हम अक्सर CMA की मीटिंग्स में मिला करते थे। मैंने समझा था कि वे ख़ुश होंगे कि मैंने देश में लाफ़ार्ज के प्रवेश को रोका था। लेकिन उनकी ओर से थी तो सिर्फ़ चुप्पी। मानों व नाख़ुश थे कि उनके बदले मैंने यह सौदा किया था। मुझे लगा कि मैंने उनको पहले यह नहीं समझाकर बहुत बड़ी ग़लती की थी कि टाटा ग्रुप अपना हिस्सा बेचने जा रहा था, हम नहीं ख़रीदते तो कोई और खरीदता। और यदि मैंने उनका हिस्सा नहीं ख़रीदा होता, तो लाफ़ार्ज वह करने के लिए बेसब्री से रुका था। ऐसी स्थिती में अवश्य ही, अन्य भारतीय सीमेंट उद्योगपति यही चाहते कि गुजरात अंबुजा जैसी भारतीय कंपनी ही वह हिस्सा खरीदे।

पहले हफ़्ते से दूसरा हफ़्ता थोड़ा शांत था। मुझे श्री कपूर के साथ ACC के बोर्ड पर नियुक्त किया गया। हमारी पहली बोर्ड मीटिंग में हमारा मैत्रीपूर्ण स्वागत किया गया और मुझे एकमत से बोर्ड का वाईस-चेयरमैन बनाया गया। इससे अलग, लड़खड़ाती ACC का पुनरुत्थान कैसे करना है इस पर कंपनी के MD, श्री टी.एम.एम. नम्बिआर और सीमेंट डिविज़न के डायरेक्टर, श्री एम.एल. नरुला के साथ मेरी बहुत लाभदायक बातचीत हुई। मीडिया में बाद में पेश की गई छवि के विपरीत, कंपनी के ये वरिष्ठ कर्मचारी आर्थिक संस्थानों के डायरेक्टरों से भी ज़्यादा मैत्रीपूर्ण और जवाबदेह पेश आए।

मेरे प्रतिद्वंद्वी और निंदक बहुत समय तक चुप नहीं बैठे रहे। बॉम्बे, दिल्ली और कोलकाता के वही अख़बार जिन्होंने इस सौदे को कॉर्पोरेट विश्व की महत्त्वपूर्ण सफलता कहकर उसकी सराहना की थी, अब उसमें ग़लतियां निकालने लगे। उन्होंने तर्क किया कि पब्लिक ऑफ़र किए बिना 14 प्रतिशत हिस्सा ख़रीदने की हमारी योजना आम

शेयरहोल्डर को धोखा देकर छल से कंपनी का टेकओवर करने जैसे था। उनकी राय थी कि बोर्ड पर मुझे नियुक्त किया जाना और वाईस-चेयरमैन बनाया जाना इस बात का पहला संकेत था कि कंपनी का मैनेजमेंट हमारे नियंत्रण में था। अख़बारों में इन लेखों का स्वर पक्षपातपूर्ण था और उनका विश्लेषण भी उसी स्वभाव का लग रहा था मानो किसी ने उकसाया हो।

क्या हमने ACC के शेयर ख़रीदने में कोई छल किया था? बिल्कुल भी नहीं। क्या हम प्रेस रिलीज़ में स्पष्ट की गई बातों से कुछ अलग करना चाहते थे? बिल्कुल नहीं। हालाँकि हम अब सबसे बड़े नॉन-फ़ाइनेंशियल इंस्टीट्यूशन शेयरधारक थे, पंद्रह सदस्यों के बोर्ड पर अंबुजा के केवल दो डायरेक्टर थे। हमारे पास कभी भी बोर्ड पर पर्याप्त मात्रा में सदस्य नहीं थे कि हम अधिकांश बोर्ड मेंबर की स्वीकृति के बिना कुछ बदलाव ला सकें। इस स्थिति में, हम किसी भी तरीके से मैनेजमेंट पर नियंत्रण नहीं पा सकते थे और न ही हमें वह करना था। इसी तर्क को आगे ले जाते हुए, अगला प्रश्न हो सकता था कि टाटा ग्रुप का हिस्सा ख़रीदने के पीछे मेरा उद्देश्य क्या था?

मेरा दृढ़ विश्वास था कि यदि श्री कपूर और मेरे सालों के तजुर्बे से हम ACC के ऑपरेशन में बदलाव ला पाये तो उसमें उत्कृष्ट प्रदर्शन करने की छिपी संभावना पूरी हो सकती थी। मेरा मानना था कि बोर्ड के किसी भी सदस्य को मेरी रचनात्मक सलाह से ऐतराज़ नहीं होगा क्योंकि बढ़ते मुनाफ़े से सभी को लाभ होता। हमने टाटा ग्रुप के शेयर का पहला हिस्सा ख़रीदने में 500 करोड़ रुपए ख़र्च किए थे और उसका दूसरा भाग ख़रीदने में भी उतनी ही राशि ख़र्च होती।

मैंने निश्चय किया था कि मेरा एकमात्र उद्देश्य शेयरधारकों के लिए कंपनी का मूल्य बढ़ाना होगा जिसके लिए मैं उनकी ओर से लगातार प्रयास करूंगा। इसलिए, बोर्ड पर कार्यकाल की शुरुआत में ही मैंने श्री नम्बिआर और श्री नरुला के साथ एक वेडनेस्डे मीटिंग स्थापित की। मैंने सोचा कि मैं आधा दिन उनके साथ बिताकर कंपनी कैसे चल रही है वह समझता और फिर उन्हें उन कार्य प्रणालियों की सलाह देता जो हमने अंबुजा में सफलतापूर्वक अपनाई थी। ACC के कारखानों का विशाल नेटवर्क नौ राज्यों में फैला था, जबकि हमारे कारखाने सात राज्यों में फैले थे। यह ध्यान में रखते हुए मेरा मानना था कि हमारी कंपनियों के साथ आकर काम करने से यह निश्चित हो जायेगा कि जहां अक्सर कंपनियां क़ीमतें घटाकर एक-दूसरे को नष्ट कर देती हैं, यहां वह नहीं होगा। और

अंततः, एक प्रमुख भारतीय कंपनी होने के नाते मैं अत्यधिक समर्थ अंतर्राष्ट्रीय कंपनियों के भारत में प्रवेश से चिंतित था। यदि मैंने लाफ़ार्ज को टाटा ग्रुप का हिस्सा ख़रीदने दिया होता, तो उससे न केवल हमें बल्कि संपूर्ण सीमेंट उद्योग के लिए समस्याएं पैदा होनी थीं। शायद सीमेंट उद्योग में मेरे दोस्तों को डर था कि यदि हम ACC का पुनरुत्थान कर पाए, तो वे मुश्किल में पड़ जाएंगे।

इनमें से पहली कंपनी दक्षिण भारत की हमारी एक प्रतिद्वंद्वी थी और दूसरी बॉम्बे के एक प्रतिष्ठित परिवार के नौजवान उद्योगपति की कंपनी थी। चेन्नई में स्थित इस उद्योगपति को चिंता थी कि ACC के दक्षिण भारत में चार कारखानों में से तमिलनाडु और आंध्र प्रदेश के कारखाने किसी तरह उनके कारखानों से मार्केट का हिस्सा छीन लेंगे। वे पूरे दक्षिण भारत को अपना इलाक़ा समझते थे और इसलिए वहां किसी भी प्रतिद्वंद्वी को बर्दाश्त नहीं करते थे। वे द्रविड मुन्नेत्र कज़गम (DMK) के निकट थे, जो उस समय वाजपेयी की केंद्र सरकार के साथ गठबंधन में थी। श्री एम. करूणानिधि के भांजे, श्री मुरासोली मारन इंडस्ट्री के शक्तिशाली मिनिस्टर थे।

उसी समय, बॉम्बे का उद्योगपति सरकार में अपनी पहचान वालों से बात कर रहा था। फ़ाइनेंस मिनिस्ट्री को फ़ोन कॉल किए गए, जिनके अधिकारियों ने दिखावा किया कि उन्होंने इस सौदे को स्वीकृति नहीं दी थी। UTI के चेयरमैन, श्री सुब्रमण्यम से पूछा गया कि उनकी निगरानी में यह कैसे हुआ। वे इस सौदे के लिए कैसे तैयार हुए? अन्य सीमेंट कंपनियों को टाटा ग्रुप के हिस्से के लिए बोली लगाने का मौका क्यों नहीं दिया गया? उन्हें बताया गया कि इस सौदे को रद्द कर दें नहीं तो वे अपनी नौकरी खो सकते थे। श्री सुब्रमण्यम सरकारी नौकरशाहों या मिनिस्टरों के दबाव का विरोध करने वालों में से नहीं थे। उन्होंने घबराकर मुझे कॉल किया। मैं मेरी पत्नी के साथ कुछ दिन की छुट्टी पर सिंगापुर में था। उन्होंने मुझे बताया कैसे उन्हें दिल्ली से कॉल आया था और कहा कि मुझे तुरंत बोर्ड ऑफ़ डायरेक्टर्स से इस्तीफ़ा देना होगा।

'क्या बक़वास है ये,' मैंने कहा।

'तुम्हारे पास बहुमत नहीं है और तुम कंपनी पर कब्ज़ा नहीं कर सकते,' श्री सुब्रमण्यम ने कहा। मैंने स्पष्ट किया कि मैंने कंपनी पर कब्ज़ा नहीं किया था। मैंने उन्हें याद दिलाया कैसे उन्होंने इस सौदे को आशीर्वाद देकर मुझे प्रेस रिलीज़ लिखने की सलाह दी थी। 'आप अभी मेरे ऑफ़िस में आएं,' उन्होंने ऊंचे स्वर में कहा।

मैंने उन्हें कहा कि मैं सिंगापुर में था और उन्हें इंतजार करना पड़ेगा। लौटने के बाद मैं उनसे मिलने गया। तब उन्होंने समझाया कि उन पर बहुत ज़्यादा दबाव था और इसलिए मुझे कुछ करना होगा। अपने ऑफ़िस लौटने पर मैंने तय किया कि मैं सरकार में पहचान वालों की मदद से इस निंदा को कम करवाऊंगा। मैंने श्री आर.वी. पंडित को कॉल किया, जिन्होंने कुछ हफ़्तों पहले DLF का सौदा करवाया था। उन्होंने मेरी परिस्थिति समझते हुए तुरंत दिल्ली में अपनी पहचान वालों से संपर्क किया। इसके बाद, सरकार ने निर्णय लिया कि यह मामला SEBI को संभालना चाहिए और उसके चेयरमैन, श्री डी.आर. मेहता वह करने के लिए योग्य व्यक्ति थे।

श्री सुब्रमण्यम के तमाशे के बावजूद, ACC के बोर्ड पर उनके और IDBI के प्रतिनिधि हमारी बोर्ड मीटिंग में बहुत मैत्रीपूर्ण और सहायक पेश आते गए। उन्होंने न मेरे वाइस-चेयरमैन बनाए जाने का विरोध किया और न ही ACC के ऑपरेशन में ढेर सारे बदलाव के मेरे सुझावों का विरोध किया।

फ़रवरी 2000 में, मीडिया और सरकार के बहुत ज़्यादा दबाव के बाद, SEBI ने इस सौदे की जांच करने का निर्णय लिया। मैंने इस घोषणा का समर्थन किया। मेरी आशा थी कि जांच ख़त्म होने तक मामला थोड़ा शांत हो जाएगा। लेकिन मैं ग़लत था। हम पर मीडिया में हमले चलते ही रहे। सबसे अनोखे हमलों में से एक कोलकाता के एक अख़बार से आया। उसके एक लेख के अनुसार लाफ़ार्ज फ़ाइनेंस मिनिस्ट्री से 'ACC के 30 प्रतिशत हिस्से के लिए ओपन ऑफ़र' पर विचार-विमर्श कर रहा था।

बॉम्बे के एक अख़बार ने दावा किया कैसे 'गुजरात अंबुजा का ACC में 14 प्रतिशत हिस्सा है, पर उसके मैनेजमेंट में 100 प्रतिशत हिस्सा है|' क़ाश यह सच होता। फिर, आर्थिक संस्थानों द्वारा मेरी वाईस-चेयरमैन के रूप में नियुक्ति को स्वीकार करने के चार हफ़्तों बाद देश के सबसे बड़े अख़बार में लेख छपा जिसके अनुसार IDBI ने 'सैद्धांतिक रूप से निर्णय लिया था कि वह नरोत्तम सेखसरिया को ACC के वाईस-चेयरमैन नियुक्त करने के प्रस्ताव का समर्थन नहीं करेगी, और उसने ACC के मैनेजमेंट से गुजरात अंबुजा के साथ किए गए सौदे का स्पष्टीकरण माँगा है|'

एक समय ऐसा आया जब मैंने सोचा कि मुझे ग़लतफ़हमी दूर करने के लिए प्रेस कॉन्फ्रेंस रखनी चाहिए। लेकिन नेवटिया भाइयों की राय थी कि उससे बात और भी बिगड़ सकती थी। हमने सोचा था कि यह विवाद अपने आप शांत हो जाएगा, लेकिन

वह नहीं हुआ। अख़बारों में छपने वाले कई लेख आर्थिक संस्थानों द्वारा दिए गए बयानों पर आधारित थे। मुझे लगने लगा कि मैं दो अलग-अलग दुनिया में जी रहा था – बोर्डरूम के अंदर, मुझे इन आर्थिक संस्थानों के डायरेक्टर से ज़्यादा समर्थन किसी से भी नहीं मिला; बाहर, मीडिया में वे मेरी जान के पीछे पड़े थे।

बिज़नेस पेपर्स में तरह-तरह के लेखों में दावा किया गया कैसे आर्थिक संस्थान हमें बाहर निकालने के लिए बेचैन थे और उन्होंने कभी इस सौदे को स्वीकृति नहीं दी थी – 'आर्थिक संस्थान गुजरात अंबुजा के ACC टेकओवर के लिए ओपन ऑफ़र चाहते हैं', 'आर्थिक संस्थान माइनॉरिटी शेयरधारकों की भूमिका के बारे में अनिश्चित हैं' और 'आर्थिक संस्थान ACC से बाहर निकलने के इच्छुक हैं'। एक रिपोर्ट ने तो यह भी दावा किया कि मैं ACC में मेरा हिस्सा मेरी निजी होल्डिंग कंपनी में ट्रांसफर करना चाहता था।

*

इस बीच एक और मामले को तुरंत सुलझाना ज़रूरी था। ACC के चेयरमैन, श्री पल्लोनजी मिस्त्री रिटायर होना चाहते थे और मुझे उचित नया चेयरमैन नहीं मिल रहा था। आमतौर पर, मैं स्वयं चेयरमैन बना होता। लेकिन वर्तमान स्थिति उसके योग्य नहीं थी। लोग समझेंगे कि ऐसा करके हम मैनेजमेंट का टेकओवर करने जा रहे थे। वैसे भी मेरे वाईस-चेयरमैन बनने पर अख़बारों में कई नकारात्मक रिपोर्ट छपी थी यह कहते हुए कि गुजरात अंबुजा 'ACC पर अपनी पकड़ मज़बूत कर रही है'। इसलिए, मैंने समझा कि किसी बाहरवाले व्यक्ति को चेयरमैन बनाना बेहतर होता, जिस न्यूट्रल व्यक्ति को बोर्ड के सभी सदस्य चेयरमैन के पद पर स्वीकार करते। साथ-साथ उसे कॉर्पोरेट जगत में जाना-माना होना ज़रूरी था ताकि यदि मीडिया या हमारे प्रतिद्वंद्वी मीडिया में अपने दोस्तों के ज़रिए प्रश्न पूछने की सोचते तो उससे पहले वे उन्हें रोकते।

मैंने इसके बारे में सुरेश से बात की क्योंकि देशभर के कई जाने-माने उद्योगपतियों के साथ उनके अच्छे संबंध थे। उस समय वे फ़ाइनेंस मिनिस्टर यशवंत सिन्हा के नेतृत्व में CII के डेलिगेशन के साथ अमेरिका जा रहे थे। उनके अच्छे दोस्त, श्री राहुल बजाज अकेले नहीं जाना चाहते थे और इसलिए उन्होंने सुरेश को अपने साथ आने के लिए कहा था। मैंने सुरेश से पूछा कि क्या राहुल ACC के चेयरमैन बनना चाहेंगे। फ़्लाइट पर राहुल ने उनसे पूछा, 'सुरेश, तुम्हारे ACC का क्या हुआ?' सुरेश ने कहा, 'कुछ नहीं

हुआ, चेयरमैनशिप का मैटर चल रहा है अभी। हममें से कोई भी चेयरमैन नहीं बन सकता। यह ज़रूरी है कि चेयरमैन बाहर से कोई हो ताकि ACC अंबुजा की ग्रुप कंपनी न लगे।'

सुरेश ने राहुल से पूछा कि क्या उन्हें चेयरमैन बनने में दिलचस्पी होगी। उन्होंने ना कहा। 'यदि मैं चेयरमैन बनता हूं तो सब कहेंगे कि मैं तुम्हारा दोस्त हूं,' उन्होंने कहा। इसके बदले उन्होंने CII के चीफ़ एग्जीक्यूटिव, श्री तरुण दास का नाम सुझाया, जो उसी फ़्लाइट पर सफ़र कर रहे थे। 'वे CII से हैं। कोई विरोध नहीं करेगा। सभी उनका आदर करते हैं,' राहुल ने सुरेश से कहा।

अमेरिका पहुंचते ही सुरेश ने मुझे फ़ोन करके मेरी राय मांगी। श्री दास 1960 के दशक के अंत से CII के डायरेक्टर-जनरल की हैसियत से और लगभग 1975 से उसके CEO बनकर उसे चला रहे थे। वे भारतीय कॉर्पोरेट विश्व के सबसे सम्मानित लोगों में से एक थे और कई कंपनियों के बोर्ड के सदस्य थे। मैंने सुरेश से उनसे बात करने के लिए कहा। श्री मिस्त्री ACC के बोर्ड से इस्तीफ़ा देने के लिए अधीर थे और इसलिए मैं चाहता था कि नए चेयरमैन जल्द से जल्द नियुक्त हों। सुरेश और राहुल ने श्री दास से बात की और वे तुरंत मान गए। फिर, उन्होंने श्री यशवंत सिन्हा से बात की और वे भी इससे सहमत थे। उनके आश्वासन के कारण IDBI और UTI को श्री दास का बिना किसी संदेह के समर्थन करने में कोई दिक्कत नहीं होगी।

अपेक्षानुसार, मीडिया श्री दास की नियुक्ति से ख़ुश थी। लेकिन साथ में कुछ फ़िज़ूल चर्चा भी हुई। प्रेस रिलीज़ में नियुक्ति की प्रक्रिया विस्तारपूर्वक समझाने के बावजूद भारत के प्रमुख बिज़नेस न्यूज़पेपर ने दावा किया कि 'ऐसा माना जाता है कि श्री मिस्त्री ने श्री दास को अपना उत्तराधिकारी "चुना" है – ACC के बोर्ड ने एकमत से उनकी इच्छा का सम्मान किया है'। उसी प्रेस रिलीज़ में श्री मिस्त्री और श्री सुब्रता गांगुली के बोर्ड से पूर्व-नियोजित इस्तीफ़ों का विवरण था। इस अख़बार ने इसका अलग ही अर्थ निकाला: 'उनके इस्तीफ़ों के बाद गुजरात अंबुजा ACC का टेकओवर करने के लिए मुक्त है। हमारे सूत्र ने कहा है कि अंबुजा टाटा का बाकी हिस्सा ख़रीदकर मैनेजमेंट को अपने नियंत्रण में करेगी।'

अप्रैल के अंत में, मीडिया में ढेर सारी धमकियों के बाद, SEBI अपनी विस्तारपूर्वक जांच के बाद इस स्पष्ट निष्कर्ष पर पहुंची कि हमारे द्वारा ACC का 7.2 प्रतिशत हिस्सा ख़रीदना 'टेकओवर करने समान नहीं था और यह ज़रूरी नहीं था कि शेयरधारकों को

पब्लिक ऑफ़र किया जाए'। टेकओवर कोड लागू नहीं हुआ था क्योंकि हम ना तो कंपनी के 15 प्रतिशत शेयर (टेकओवर कोड लागू होने के लिए सीमा) ख़रीदने के इच्छुक थे और न ही कंपनी के बोर्ड ऑफ़ डायरेक्टर्स पर हमारी मेजोरिटी थी।

मेरी उम्मीद थी कि मामला वहीं ख़त्म हो जाएगा, लेकिन वह नहीं हुआ। अब अख़बारों ने SEBI के निर्णय में ग़लतियां निकाली। एक शेयरधारक ने स्पेशल अपेलेट ट्रिब्यूनल और हाईकोर्ट में अपील दर्ज की। वह दोनों केस हार गया। हम साबित कर पाए कि इस व्यक्ति का इन मामलों से कोई निजी लेना-देना नहीं था अर्थात उसने किसी और की ओर से ये केस दर्ज किए थे। कोर्ट ने उसके इस रवैये से नाख़ुश होकर उसे फटकारा। जज ने उसे पूछा कि क्या वह अब भी केस लड़ना चाहता था। उसे चेतावनी दी गई कि यदि वह केस हारता तो केस लड़ने का हमारा शुल्क उसे भरना पड़ेगा। उसे सोचने के लिए दो घंटों की मोहलत दी गई, जिसके बाद उसके वक़ील ने उसकी कंप्लेंट पीछे हटा दी। जज ने केस खारिज कर दिया और फिर स्पेशल अपेलेट ट्रिब्यूनल ने भी वही किया।

सभी क़ानूनन चुनौतियां मिट जाने के बावजूद मीडिया में हमले लंबे समय तक चलते रहे। अंत में उनके कारण मुझे तनाव पैदा हुआ क्योंकि मैं देख रहा था कि अब उनका दूसरों पर असर होने लगा था। गुजरात अंबुजा ने इतने साल मेहनत करके अपने लिए नाम कमाया था। अब कर्मचारी, दोस्त, परिवारवाले और शेयरधारक, हर रोज़ अख़बारों में ये निंदात्मक रिपोर्ट पढ़कर गुजरात अंबुजा की ईमानदारी पर शक़ करने लगे। और इसका सिर्फ़ मुझ पर नहीं बल्कि सुरेश पर भी असर हो रहा था, जिन्होंने देशभर के उद्योगपतियों और व्यवसायियों के बीच अपने लिए नाम कमाया था। वे मुझे लगातार पूछते रहे कि क्या हमने यह सौदा करके बहुत बड़ी क़ीमत तो नहीं भरी थी।

*

लेकिन मेरे पास थमकर ग़ौर करने का समय नहीं था। मैंने ठान लिया था कि मैं ACC की स्थिति कम से कम समय में सुधारूंगा। हमें टाटा ग्रुप के साथ हमारा सौदा पूरा करना था। इस सौदे के अनुसार हमें बाकी के 7.2 प्रतिशत शेयर अगले एक साल के अंदर ख़रीदने थे। पहले 7.2 प्रतिशत शेयर ख़रीदने के लिए लिया गया ब्रिज लोन भी हमें चुकाना था। हमने दिसंबर के अंत में पहला 7.2 प्रतिशत हिस्सा गुजरात अंबुजा के ज़रिए नहीं बल्कि

अंबुजा सीमेंट होल्डिंग्स लिमिटेड के ज़रिए ख़रीदा था। यह एक नई सब्सिडियरी कंपनी थी जो हमने स्थापित की थी।

यह करना आवश्यक था। सीमेंट के व्यवसाय में कैपिटल बहुत लगती है। तेज़ी से बढ़ने के लिए इस कैपिटल की डेट (कर्ज) या इक्विटी के रूप में ज़रूरत पड़ती है। डेट बढ़ाने से व्यवसाय का लिवरेज निर्धारित होता है और इक्विटी बढ़ाने से शेयरधारकों का कंपनी में हिस्सा कम होता है। प्रत्येक व्यवसाय को डेट और इक्विटी के बीच सही संतुलन बनाए रखना आवश्यक होता है। हमने हमेशा से ही बहुत डेट लिए बिना बढ़ने का रास्ता चुना था। इसलिए, हमारे सामने एकमात्र विकल्प इक्विटी कैपिटल जुटाने का था, जिससे इक्विटी कैपिटल में गुजरात अंबुजा का हिस्सा घटता था। मेरे कुछ बैंकर मित्रों ने सलाह दी कि हमें राइट्स इश्यू जारी करना चाहिए। लेकिन मेरा मानना था कि हमने पहले भी बढ़ने के लिए हमारा इक्विटी कैपिटल बहुत सारा घटा दिया था।

मैंने डेट लिए बिना या शेयरधारकों का गुजरात अंबुजा में कैपिटल कम किए बिना कंपनी में इक्विटी राशि लाने का नया तरीक़ा अपनाया। हमने ACC के शेयर हमारी सब्सिडियरी कंपनी के ज़रिए खरीदे थे। मैंने स्ट्रेटेजिक इन्वेस्टर को इस कंपनी में निवेश करने के लिए आमंत्रित किया। हमने अंबुजा सीमेंट होल्डिंग्स लिमिटेड का नाम बदलकर अंबुजा सीमेंट इंडिया लिमिटेड (ACIL) रखा और उसका 40 प्रतिशत हिस्सा दो विख्यात अंतर्राष्ट्रीय निवेशकों को बेचा – अमेरिकन इंटरनेशनल ग्रुप (AIG), उसके इंफ्रास्ट्रक्चर फ़ंड के माध्यम से; और सिंगापुर सरकार, उसके इन्वेस्टमेंट विभाग, GIC के माध्यम से। दोनों निवेशकों का मानना था कि भारत के सीमेंट उद्योग का भविष्य उज्जवल था। दोनों ने कुल मिलाकर ACIL में 372 करोड़ रुपए निवेश किए। हमने ACEL (पूर्व मोदी सीमेंट) में गुजरात अंबुजा का 93 प्रतिशत हिस्सा 415 करोड़ रुपयों में ACIL को बेचा। इससे गुजरात अंबुजा को 249 करोड़ रुपयों का मुनाफ़ा हुआ।

मैंने निवेशकों को आश्वासन दिया कि ACIL एक निष्क्रिय होल्डिंग कंपनी नहीं रहेगी। वह नए सीमेंट कारखाने स्थापित करेगी और मौजूदा सीमेंट कारखाने हासिल करेगी। इन नए प्रकल्पों में ACIL के तीन साझेदार – गुजरात अंबुजा, AIG और GIC – अपने-अपने हिस्सों के अनुसार निवेश करेंगे। हमने देश को दो भागों में बांट दिया ताकि कोई भी गड़बड़ न हो। गुजरात अंबुजा सीमेंट्स लिमिटेड देश के उत्तर और पश्चिम को कवर करेगी, जबकि ACIL पूर्व और दक्षिण में निवेश करती। उस साल, ACIL ने

483 करोड़ रुपयों का निवेश करके ACC में टाटा ग्रुप का बाकी 7.2 प्रतिशत हिस्सा ख़रीदा और टाटा ग्रुप के साथ हमारा सौदा निर्धारित समय मे पूरा हुआ।

इसके बाद, ACIL ने 600 करोड़ रुपए की लागत का आंध्र प्रदेश के नाडीकुडी में 2-मिलियन-टन के सीमेंट कारखाने पर काम शुरू करने का तय किया। यह ACIL का पहला प्रोजेक्ट था। हमने उसके लिए ज़मीन पहले से हासिल की थी। मैंने निश्चित किया कि मैं ACIL के बोर्ड पर नहीं रहूँगा क्योंकि ACC के शेयर ACIL के नाम पर थे और मैं ACC का वाईस-चेयरमैन था। यह नई संरचना बढ़िया थी क्योंकि नए प्रोजेक्ट के लिए स्ट्रेटेजिक इन्वेस्टर कैपिटल निवेश करते, जिससे ACIL और गुजरात अंबुजा दोनों तेज़ी से बढ़ सकते थे। गुजरात अंबुजा के शेयरधारकों के लिए फ़ायदा यह था कि ACIL गुजरात अंबुजा की सब्सिडियरी कंपनी थी। सब्सिडियरी होने के नाते ACIL के खातों का मूल कम्पनी अंबुजा में समेकन (consolidation) हो जाएगा।

मैंने पाया कि पिछले दस सालों में मुख्य सीमेंट व्यवसाय में कम निवेश करने की वजह से ACC बड़ी मुसीबत में थी। अपने कारखानों की तकनीकी क्षमताओं के लिए प्रसिद्ध यह कंपनी अब उस संबंध में पिछड़ गई थी और उन कारखानों को चलाने के लिए क़ाबिल लोगों की भी कमी थी। दिलासा देने वाली एकमात्र बात यह थी कि उसके कारखाने बढ़िया जगहों पर थे। अधिकांश कारखानों का आधुनिकीकरण और डी-बॉटलनेकिंग करना ज़रूरी था। नए मिलेनियम की शुरुआत में कम क़ीमतों के कारण ACC को कोई राहत नहीं मिली। मार्च 2000 में ख़त्म होने वाले फ़ाइनेंशियल ईयर में ACC ने 59 करोड़ रुपयों का घाटा किया।

आधुनिकीकरण के लिए पूंजी की ज़रूरत थी। मेरा बोर्ड को पहला सुझाव यह था कि ACC सीमेंट के अलावा सभी व्यवसायों से बाहर निकलें। जून 2000 तक तय हुआ कि ACC पूर्व MD द्वारा स्थापित सभी ग़ैर-सीमेंट व्यवसाय बेच देगी। इनमें से अधिकांश व्यवसाय घाटे में थे या बंद पड़ने ही वाले थे। उन्हें बेचकर जुटाई पूंजी सीमेंट कारखानों के आधुनिकीकरण में निवेश की गई।

ACC के सीमेंट ऑपरेशन हेड, श्री नरुला, भारतीय सीमेंट इंडस्ट्री के सबसे सम्मानित पेशेवरों में से एक थे। वे एक इलेक्ट्रिकल इंजीनियर थे और कई दशकों से ACC में थे। हमारी कई सालों से जान-पहचान थी। मैं ACC में काम करने का माहौल बदलकर उसे एक ऐसी कंपनी बनाना चाहता था जो किफ़ायती हो और जो शेयरधारकों के लिए मूल्य

बढ़ाने के प्रति निरंतर प्रयास करती रहे। मैंने पाया कि इस संदर्भ में हम दोनों के विचार एक जैसे थे। लगभग दस सालों तक, वे सीमेंट के ऑपरेशन को सुधार नहीं पाए क्योंकि अन्य उद्योगों में बढ़त को महत्त्व दिया गया। मैंने उन्हें आश्वासन दिया कि वे जो विभिन्न आधुनिकीकरण के प्रोजेक्ट अमल में लाना चाहें, उनके लिए बोर्ड उन्हें तेज़ी से स्वीकृति और पूंजी देगी।

उन्होंने मुझे बताया कैसे ACC में भ्रष्टाचार एक समस्या बन गया था। मैंने सुनिश्चित किया कि बोर्ड उन्हें किसी भी ऐसे व्यक्ति को निकालने की अनुमति देगी, जिसे वे शामिल मानते थे। हमने गुजरात अंबुजा में कार्यकुशलता के क्षेत्र में जो कुछ भी सीखा था वह मैं हमारे बुधवार की मीटिंग में उनके और उनके बॉस श्री नम्बिआर के साथ साझा करता था। मेरे उसूलों को ध्यान में रखते हुए मैंने सावधानी बरतकर अंबुजा के हर एग्जीक्यूटिव को इस काम से दूर रखा। श्री नरुला और श्री नम्बिआर के अलावा ACC में सिर्फ हमारे डायरेक्टर, श्री ए.एल. कपूर और मैं इन मीटिंग्स में उपस्थित रहते थे।

अब जो श्री नरुला को बोर्ड का पूरा समर्थन था, उन्होंने जी-जान से काम किया। ACC में मेरे पहले साल में, कंपनी ने सभी कारखानों में कर्मचारियों की कुशलता बढ़ाने के लिए कुल-मिलाकर 1,700 मैनेजमेंट डेवलपमेंट और टेक्निकल ट्रेनिंग प्रोग्राम चलाए। लंबे विलंब के बाद श्री नरुला आख़िरकार उत्तर कर्नाटक में वाडी में विशाल 2.6-मिलियन-टन क्षमता के कारखाने में उत्पादन शुरू कर पाए। उससे बिक्री और मुनाफ़ा दोनों पर सीधा असर हुआ। 2001 में, सात सालों में पहली बार, मुनाफ़ा 100 करोड़ रुपयों के ऊपर गया। जब दो साल बाद श्री नम्बिआर रिटायर हुए तब हमने श्री नरुला को MD बनाया। तबसे हम दोनों ने और भी नज़दीकी से काम करते हुए और भी तेज़ी से सुधार किए। लेकिन ACC के देशभर में फैले पुराने कारखानों के कारण इस विकास में बहुत देर लग गई।

ACC के मुनाफ़े से मुझे संतुष्टि मिलने और उसके शेयर की क़ीमत हमने टाटा ग्रुप को दी प्रति शेयर 370 रुपए की क़ीमत पार कर जाने में कई साल लग गए। जब तक श्री नरुला, पांच साल MD रहकर रिटायर हुए, तब तक ACC फिर से स्टॉक मार्केट की लाडली कंपनी बन गई थी, जैसे वह 1970 और 80 के दशक में रही थी। सीमेंट का उत्पादन 20 मिलियन टन तक पहुंच गया। अब स्टॉक की क़ीमत लगभग 1,300 रुपए थी।

*

ACC के तमाशे के कारण मुझे मेरे निजी जीवन में बहुत बड़ी क़ीमत चुकानी पड़ी। एक्विज़िशन के बाद मुझे कई कारणों से तनाव का सामना करना पड़ा था। मीडिया में निंदा तथा SEBI और कोर्ट में सुनवाई का तनाव तो था ही। फिर दिन-रात इन पेचीदा सौदों पर काम करने के तनाव के अलावा अंबुजा ईस्टर्न और अंबुजा राजस्थान को सुधारने तथा गुजरात अंबुजा को फैलाने की योजनाओं का तनाव भी था। सुरेश भी मीडिया में ACC से संबंधित निंदा के प्रति संवेदनशील थे। उनका दुखड़ा मुझपर रोने से मैं चिढ़ जाता था। इन सभी तनावों का मुझ पर बुरा असर हुआ और 2000 के अंत तक मेरा कैंसर लौट आया। इस बार वह मेरे चेहरे की दूसरी ओर था।

लेकिन अब तक, मैं डॉ. सुल्तान प्रधान की क़ाबिलियत में विश्वास करने लगा था। इसलिए, मैंने ऑपरेशन बॉम्बे के प्रिंस अली ख़ान हॉस्पिटल में करवाया। इस बार मेरे दूसरे जबड़े का एक हिस्सा निकाला गया। डॉ. प्रधान ने सर्जरी के बाद मज़ाक में मुझसे कहा, 'मैं तुमसे विनती करता हूं, मेरे पास दोबारा सर्जरी करने मत आना, अब निकालने के लिए जबड़ा बचा नहीं है।' चूंकि मैंने पांच साल पहले रेडिएशन करवाया था, इस बार मुझ पर रेडिएशन करना नामुमकिन था। पिछली बार की तुलना में इस बार ऑपरेशन कम दर्दनाक था और घाव जल्दी भर गया। मुझे पहले जितना मानसिक तनाव भी नहीं हुआ। लेकिन इस बार मेरे बोलने पर बहुत बुरा असर हुआ। इससे जुड़ी समस्याओं का मैं अगले चैप्टर में विस्तारपूर्वक वर्णन दूंगा।

सर्जरी के बाद ठीक होते समय मैंने पिछले तीन सालों में किए तीन मुख्य सौदों पर ग़ौर किया – मोदी सीमेंट, DLF और ACC। कई कारणों से सभी सौदे बिना किसी योजना के किए गए। किसी बड़ी कंपनी ने ऐसे सौदे बिल्कुल अलग तरीक़े से करते हुए उन सौदों के सभी पहलुओं को संभालने के लिए टीम बनाई होती।

मुझे केवल खुद को दोष देना था कि मैंने इस तरह से काम किया। मुझे जल्दबाज़ी में, बिना सोचे-समझे मौके पर ही निर्णय लेने की आदत थी। अधिकांश अवसरों पर भाग्य मेरा साथ देता और मुझे कोई क़ीमत नहीं चुकानी पड़ी। लेकिन कुछ अन्य बार मेरे लिए कठिनाइयां पैदा हुईं और मुझे मेरे निर्णयों पर पछतावा हुआ। ACC के अनुभव से मुझे यह महत्त्वपूर्ण और मूल सीख मिली कि सभी कंपनियों की तरह मुझे भी मीडिया को संभालने के लिए अलग पेशेवरों की टीम बनानी चाहिए थी। यह न करना मेरी सबसे बड़ी ग़लती थी।

सुरेश नेवटिया को संभालना भी मेरे लिए तनावपूर्ण था। ACC के मामले से उन्हें बहुत परेशानी हुई। मीडिया के रिपोर्ट पढ़ने पर उन्हें पछतावा हुआ कि उन्होंने इस सौदे के लिए मंज़ूरी दी थी। 'गुजरात अंबुजा अपने आप अच्छा कर रही थी, फिर हमने ACC के शेयर क्यों ख़रीदें?' उन्होंने मुझसे पूछा।

विडंबना की बात यह है कि जिस साल हम ACC के सौदे के नकारात्मक परिणाम का सामना कर रहे थे वही साल गुजरात अंबुजा के शानदार इतिहास के सबसे अच्छे सालों में से एक था। हमारा कुल उत्पादन, जो मात्र दस साल पहले सिर्फ़ 7,00,000 टन था अब 10 मिलियन टन पार कर गया। देशभर के सालाना निर्यात का 40 प्रतिशत हिस्सा, अर्थात एक मिलियन टन से भी ज़्यादा सीमेंट अब हम निर्यात कर रहे थे। श्री कुलकर्णी और उनकी टीम ने उत्पादकता और क्षमता बढ़ाने हेतु जो बदलाव किए थे उनके कारण कोडिनार के हमारे मौजूदा कारखानों से हर साल एक मिलियन टन अतिरिक्त सीमेंट उत्पादित हो रहा था। 1999 में SEBI ने ESOP की स्कीम शुरू की। हम भारत की पहली उत्पादन कंपनियों में से थे जिसने यह विस्तृत स्कीम हमारे डायरेक्टरों सहित सभी कर्मचारियों के लिए शुरू की।

हम तेज़ी से फैलते गए। यद्यपि काफी देरी हुई पंजाब के बठिंडा में हमारे ग्राइंडिंग यूनिट के पहले चरण में वहां राजस्थान और हिमाचल प्रदेश के कारखानों से क्लिंकर आना शुरू हुआ। कोलकाता के बाहर, सांकराइल के ग्राइंडिंग यूनिट से बंगाल और पूर्व भारत के अन्य भागों को सीमेंट जाने लगा। सबसे अच्छी बात यह थी कि जून 2000 में हम हमारे तब तक के सबसे बड़े कारखाने पर काम करने लगे। 2-मिलियन-टन का यह कारखाना महाराष्ट्र में नागपुर से 150 किलोमीटर दक्षिण में स्थित चंद्रपुर में था।

हमने उसका नाम मराठा सीमेंट्स रखा। मानो हम हमारे आख़िरी कारखाने में सबसे अच्छा प्रदर्शन करने वाले थे। हिमाचल प्रदेश के अनुभव के बाद मैंने तय किया था कि हम हमारा अगला नया कारखाना ऐसी जगह में स्थापित करेंगे जहां प्रत्येक पहलू – जगह हासिल करना, ज़मीन की अनुकूलता, अनुमतियां, बिजली तथा लाइमस्टोन प्राप्त करना और सीमेंट के लिए मार्केट – सभी आसान हों। मराठा सीमेंट्स वैसा ही प्रोजेक्ट निकला। हम कारखाना या तो मध्य आंध्रप्रदेश में नाडीकुडी में या तो महाराष्ट्र के पूर्वी छोर पर चंद्रपुर में बना सकते थे। हमने चंद्रपुर चुना। चूँकि हमारा हेडक्वार्टर बॉम्बे में था, इसलिए चंद्रपुर में व्यवसाय करना और आसान होता। इसके अलावा,

चूँकि उन दिनों चंद्रपुर में निवेश का अभाव था, इसलिए राज्य सरकार भी हमें मदद करने के लिए उत्सुक थी।

उत्तर आंध्रप्रदेश और दक्षिण मध्य प्रदेश के कुछ क्षेत्रों में बहुत कम उत्पादक सीमेंट बेचते थे। मध्य भारत के इस प्लांट से हम यह बदल पाए। इस क्षेत्र में हमारी इंडस्ट्री के चार प्रमुख उद्योगपतियों के विशाल कारखाने थे – ACC, L&T, बिड़ला सीमेंट (एम.पी. बिड़ला ग्रुप) और माणिकगढ़ सीमेंट (सेंचुरी, बी.के. बिड़ला ग्रुप)। हम इनसे चिंतित नहीं थे क्योंकि वे 1970 और 1980 के दशक में स्थापित किए गए पुराने कारखाने थे।

कुछ और कारणों से भी चंद्रपुर सीमेंट कारखाने के लिए बेहतरीन लोकेशन थी। सभी मुख्य रॉ मटेरियल उसके बहुत नज़दीक उपलब्ध थे – लाइमस्टोन के बहुत अच्छे डिपोसिट, कोयले की सत्ताईस कार्यरत खानें, और 3,340 मेगावॉट के चंद्रपुर सुपर थर्मल पॉवर स्टेशन सहित कुल चार थर्मल पॉवर प्लांट थे, जिनसे ढेर सारी मात्रा में फ़्लाई ऐश मिलना निश्चित था। और चूँकि वहां इतनी सारी इंडस्ट्री थी वहां तक रेल और सड़क की सेवाएं भी बहुत अच्छी थीं। इतना ही नहीं, तो राज्य सरकार उस क्षेत्र को विकसित करने की इच्छुक थी और इसलिए ढेर सारी छूटें और ज़मीन देने के लिए तैयार थी।

दरलाघाट और महुवा के हमारे अनुभवों के बाद, चंद्रपुर में सभी कुछ आसान लग रहा था। और मुझे सबसे ज़्यादा आश्चर्य तब हुआ जब मैं मुख्यमंत्री के साथ ज़रूरी मीटिंग की प्रक्रिया जानने हेतु उस समय महाराष्ट्र के चीफ़ सेक्रेटरी, श्री अरुण बोंगिरवार से मिला। श्री बोंगिरवार, जो स्वयं नागपुर के थे, ने मुझसे कहा, 'आप CM से क्यों मिलना चाहते हैं? राजनीतिज्ञों से दूर रहना ही बेहतर है। यदि आप कोई परेशानियों का सामना करते हैं, तो मुझसे मिलें।' कुछ साल बाद उनके रिटायर होने पर, मैंने उन्हें अंबुजा सीमेंट फ़ाउंडेशन के बोर्ड का सदस्य बनने के लिए आमंत्रित किया। तब उन्होंने मेरा मान रखते हुए मेरा प्रस्ताव स्वीकारा।

महाराष्ट्र सरकार इस प्रोजेक्ट के बारे में बहुत उत्सुक थी क्योंकि उन दिनों महाराष्ट्र में अधिकांश औद्योगिक निवेश बॉम्बे-पुणे-नासिक के क्षेत्र में हुआ था। बॉम्बे से लंबी दूरी के कारण शायद राज्य के पूर्वी अविकसित भाग में निवेश करने में किसी की रूचि नहीं थी। मौजूदा सीमेंट कंपनियों ने भी अपने कारखाने स्थापित करने के बाद उनके आधुनिकीकरण में शायद ही कोई निवेश किया था। 'आपको किसी से मिलने की ज़रूरत नहीं है और मैं देखना चाहूंगा कौन आपकी फ़ाइल रोकता है,' श्री बोंगिरवार ने मुझसे

कहा। और उनका वादा सच निकला। हमें सरकार को फिर से मिलना नहीं पड़ा। मुझे यही समझदार सलाह कई साल पहले गुजरात में श्री ख़ान ने दी थी।

अनजाने में ही सही पर महाराष्ट्र स्टेट इलेक्ट्रिसिटी बोर्ड (MSEB) के कारण भी हमने इतिहास रचा। जब हम उनसे बिजली मांगने गए तब अन्य किसी मोनोपॉली इलेक्ट्रिसिटी बोर्ड की तरह उन्होंने भी घमंडी अंदाज़ में हमें ठुकरा दिया। उनका कहना था कि उस समय उनके पास कोई अतिरिक्त बिजली नहीं थी। हम जानते थे कि यह सच नहीं था। मैंने अपने लोगों से कहा कि हम उनके पास दोबारा बिजली मांगने नहीं जायेंगे। इसके बदले हम ख़ुद का थर्मल पॉवर प्लांट स्थापित करेंगे। निकट की खान से हमें पर्याप्त कोयला मिला। हमने सीमेंट कारखाने के साथ-साथ 40-मेगावॉट का पॉवर प्लांट स्थापित करने का निर्णय लिया।

जितना की मुझे पता है, हमारा कारखाना देशभर की किसी भी इंडस्ट्री में पहला बड़ा कारखाना था जो स्टेट इलेक्ट्रिसिटी ग्रिड से जुड़ा नहीं था। और वह किफ़ायती भी निकला। हमें MSEB को इंस्टालेशन और व्हीलिंग चार्ज देने नहीं पड़े। हमने बिजली के निर्माण में प्रति यूनिट 1.70 या 1.80 रुपए ख़र्च किए जबकि MSEB का ख़र्च 9 रुपए था। कारखाने के डेप्रिसिएशन को भी ध्यान में रखते हुए हमारी बिजली की क़ीमत 3 रुपए प्रति यूनिट से भी कम थी।

महाराष्ट्र सरकार की इंडस्ट्रियल डेवलपमेंट एजेंसी, SICOM की अति-कुशल प्रणालियों की बदौलत हमें छह महीनों के अंदर ज़मीन मिल गई। भारतीय सरकारी संस्थानों के लिए यह उल्लेखनीय सफलता थी। जून 2000 में सिविल काम शुरू हुआ। श्री कुलकर्णी और उनकी टीम ने सिर्फ़ अठारह महीनों और 600 करोड़ रुपयों की हमारी निर्धारित लागत से बहुत कम लागत में ट्रायल प्रोडक्शन शुरू करके एक और रिकार्ड स्थापित किया। व्यावसायिक उत्पादन कुछ महीनों बाद शुरू हुआ और छह महीनों के अंदर कारखाना पूर्ण क्षमता पर चलने लगा।

कारखाने के निर्माण के दौरान हमें केवल एक समस्या का सामना करना पड़ा और वह यह कि वहां का MP हमें किसी न किसी बहाने धमकी देता रहा। श्री विलास देशमुख, हमारा एक सीनियर इंजीनियर (जो हाल ही में कंपनी के चीफ़ मैन्युफ़ैक्चरिंग ऑफ़िसर के पद से रिटायर हुआ) जो ज़मीन हासिल करने का इंचार्ज था, ने इस MP को शांत करके बढ़िया काम किया। श्री देशमुख ने निश्चित किया कि मामला नियंत्रण के बाहर कभी

नहीं गया। शुरू में आसपास के गांववालों को शंका थी कि कारखाने से निकलने वाले स्राव से उनके खेतों और आजीविका पर बुरा असर होगा। उन्हें आश्वस्त करने के लिए, हमने कइयों को कोडिनार ले जाकर दिखाया कैसे हमारे कारखानों के पास खेत पनपते थे। इससे उनका संदेह दूर हुआ।

चंद्रपुर के कारखाने ने कई पहलुओं में भारतीय सीमेंट इंडस्ट्री में इतिहास रचा। उसका रॉ मिल उस समय विश्व का सबसे बड़ा रॉ मिल था। उसका 150 मीटर ऊंचा प्रीहीटर देश में सबसे ऊंचा प्रीहीटर था। और कइयों का मानना है कि हमने हमारे रेल साइडिंग के लिए देश का सबसे लंबा प्लेटफ़ॉर्म वहां बनाया। वह दौर भारत में कमर्शियल इंटरनेट का प्रारंभिक दौर था। इसके बावजूद, हमने हमारा रॉ मिल जर्मनी के हमारे सप्लायर जेबर फ़ाइफ़र एंड फ़्लैंडर (Gebr. Pfeiffer & Flender) के सॉफ़्टवेयर डेवलपमेंट सेंटर से जोड़ा। इससे वे रियल-टाइम मेंटेनेंस कर पाए जिससे हमारे रॉ मिल के डाउनटाइम में काफी कमी आई।

साथ-साथ, हमारी सेल्स एंड मार्केटिंग टीम ने व्यावसायिक उत्पादन शुरू होने से पहले डिस्ट्रिब्यूशन नेटवर्क स्थापित करके कमाल का काम किया। महाराष्ट्र के अलावा, मार्केट मध्य प्रदेश और आंध्र प्रदेश के राज्यों के विस्तृत क्षेत्र में फैला था। फलस्वरूप, हम सारा उत्पादित सीमेंट बेच पाए बावजूद इसके कि उस क्षेत्र में L&T और ACC जैसे प्रतिष्ठापित ब्रैंड मौजूद थे।

चंद्रपुर में हमारे कारखाने, मराठा सीमेंट्स ने साबित किया कि श्री कुलकर्णी और उनकी टीम विशाल सीमेंट कारखाने स्थापित करने में कितनी कुशल बन गई थी। उसी तरह, मेरे पूर्व एग्जीक्यूटिव असिस्टेंट, श्री अजय कपूर के नेतृत्व में सेल्स एंड मार्केटिंग टीम ने दिखाया कि ज़रूरत पड़ने पर वे अंबुजा का ब्रैंड देश में कहीं भी बहुत कम समय में स्थापित कर सकते थे। चंद्रपुर की सफलता पर मुझे बहुत नाज़ था। वह लगभग रातोंरात हमारा और देश का सबसे लाभदायक कारखाना बना। शुरुआती दिनों में हम उससे 35 से 40 प्रतिशत मुनाफ़ा कमा रहे थे। उन दिनों और आज तक हमारी इंडस्ट्री में और किसी कारखाने ने इतना मुनाफ़ा नहीं कमाया है। आज, बीस साल बाद भी चंद्रपुर का कारखाना अंबुजा का सबसे लाभदायक कारखाना है।

कई मायनों में, मराठा सीमेंट्स ने स्पष्टतया दिखा दिया कि हम सीमेंट निर्माण की कला में माहिर बन गए थे। पंद्रह साल की मेहनत से मिली सभी सीख, अनुभवों और

जानकारी का निचोड़ हमने मराठा सीमेंट्स के निर्माण में लगाया था। गुजरात अंबुजा के शुरू होने के बाद दो दशकों के अंदर हमारी कुल क्षमता अठारह गुना बढ़कर 13 मिलियन टन बन गई थी। अब हम पश्चिम भारत में महाराष्ट्र, गुजरात तथा राजस्थान; उत्तर भारत में हरियाणा, दिल्ली, पंजाब तथा हिमाचल प्रदेश; और पूर्व भारत में पश्चिम बंगाल में सबसे मशहूर सीमेंट ब्रैंड थे।

14

एक लंबी विदाई

ACC में हमारा हिस्सा बेचना ● उत्तराधिकारी की खोज ● होलसिम को डोर सौंपना ● सेखसरिया-नेवटिया दौर का अंत

2003 तक, हमने दोबारा इतिहास रचा। हम लगभग 2 मिलियन टन सीमेंट निर्यात करने वाली एकमात्र कंपनी बन गए थे। अब देश के सीमेंट निर्यात का 53 प्रतिशत से भी ज़्यादा हिस्सा गुजरात अंबुजा से हो रहा था। उस साल मूलद्वारका के बंदरगाह में 4 मिलियन टन माल हैंडल किया। इसमें हमारे कोयले, जिप्सम और फ़र्नेस ऑइल इंपोर्ट का समावेश भी था।

चंद्रपुर मेरा आख़िरी बड़ा प्रोजेक्ट था। उसकी सफलता से मुझे मेरे करियर और वाकई में मेरे जीवन को दोबारा आंकने का उचित मौक़ा मिला। मैं दो दशकों से भी ज़्यादा लगातार कड़ी मेहनत करता आ रहा था। मैं यह कब तक जारी रखता? मेरे अनुसार मैंने जितना हो सके उतना हासिल कर लिया था। मैं सीमेंट का व्यवसाय इतने अच्छे से जानने लगा कि मैं कहीं भी कारखाना डालकर उसे सफल बना सकता था। मैं घाटा करने वाले किसी भी कारखाने को सुधारकर उसे किफ़ायती बना सकता था। मेरे ज्ञान से मैं सीमेंट पर कई क़िताबें लिख सकता था।

मैंने सीमेंट व्यवसाय के हर पहलू की गहराई से समझ हासिल की थी: प्रोजेक्ट फ़ाइनेंस एंड एक्सेक्यूशन, मैन्युफ़ैक्चरिंग, मार्केटिंग और सेल्स एंड फ़ाइनेंस। मैं इनके बारे में अधिकांश लोगों से ज़्यादा जानता था, क्योंकि मैं शुरू से एक हैंड्स-ऑन मैनेजर रहा था जिसने कंपनी के ऑपरेशन के हर पहलू में रूचि ली थी। मैं नहीं मानता था कि बस किसी आलीशान ऑफ़िस में बैठकर आदेश जारी करना उचित था। मुझे जितना आरामदायक बॉम्बे के मेरे ऑफ़िस में लगता था उतना ही मेरे कारखानों में लगता था।

ऐसा नहीं था कि मैं मेरे भविष्य के बारे में रातोंरात सोचने लगा था। मेरी तीसरी कैंसर सर्जरी के बाद ही मुझे लगने लगा था कि सर्जरी भगवान का संदेश था कि मुझे बहुत ज़्यादा छूट मिल चुकी है और मुझे मेरी सेहत के साथ और खिलवाड़ नहीं करना चाहिए। सर्जरी के कारण मेरे बोलने पर बहुत बुरा असर हुआ था। इसलिए, दूसरों से और ख़ासकर बाहरवालों से बात करना मेरे लिए मुश्किल होता था। मैंने लोगों के साथ बातचीत करना कम कर दिया। इस बाधा के कारण मुझे पहली बार व्यवसाय से रिटायर होने का विचार आया था। कैंसर के कारण मैं शारीरिक रूप से कमज़ोर हो गया था। मुझमें काम करने की जितनी स्फूर्ति 1990 के दशक में थी उतनी अब नहीं थी।

नेवटिया भाई मेरे प्रति सहानुभूतिशील थे। वे भी अब ऐसी उम्र के हो गए थे जहां उन्हें कम मेहनत करनी थी। विनोद ने मुझे कई बार बताया था कि वह रिटायर होना चाहते थे। तब तक वह अंबुजा के बॉम्बे ऑफ़िस में बहुत कम समय देने लगे थे| और सुरेश न केवल ख़ुद रिटायर होना चाहते थे बल्कि उन्होंने मुझे भी मेरी सेहत की खातिर रिटायर होने की सलाह दी थी।

मैंने जीवन में वो सबकुछ हासिल किया था, जो मैं करना चाहता था। मैं एक छोटे व्यापारी से सफल उद्योगपति बना था। मेरे पिताजी एक मामूली व्यवसायी थे जो मेरे लिए विरासत के रूप में नैतिकता, अध्यात्म और यह विश्वास छोड़ गए थे कि लगन से काम करने पर लक्ष्य पाना मुमकिन होता है। मैं भाग्यशाली था कि मुझे केमिकल इंजीनियरिंग पढ़ने मिली और फिर मैं केमिकल इंजीनियरिंग में कुछ आगे करूं या परिवार के कपास के व्यापार में साथ दूं, ये दोनों विकल्प मेरी इच्छा पर थे |

सौभाग्यवश, मैं मेरे सभी उद्यमों में क़ामयाब रहा। इसमें सीमेंट जैसी कमोडिटी के उत्पादन का भी समावेश था, जिसके बारे में मैं न के बराबर जानता था। मैं सबसे शुरुआती दिनों से उत्कृष्ट पेशेवरों की टीम खड़ा कर सका और हमने मिलकर देश की

सबसे सफल सीमेंट कंपनी शुरू की। मैंने उस दौर के भारत के सबसे बड़े कॉरपोरेट सौदे को अपनाकर उसे सही आकार देकर एक सफलता हासिल की। अब, मैंने दिग्गज भारतीय उद्योगपतियों के बीच अपने लिए जगह बना ली थी। मैंने मेरे परिवार की कई पीढ़ियों के लिए पर्याप्त धन कमा लिया था। उसे दोगुना करने से मेरे जीवन में कुछ बदलने वाला नहीं था।

क्या मैं मेरा निजी धन कुछ गुणा और बढ़ाना चाहता था? नहीं। क्या मैं अपने लिए यॉट या प्लेन चाहता था? नहीं। क्या मैं एक आलीशान घर बनाना चाहता था? नहीं। मैं अब भी उसी घर में रह रहा था, जहां मैं बड़ा हुआ था। मेरी इन सबमें कोई रुचि नहीं थी। मैं बिड़ला या अंबानी जितना बड़ा कभी नहीं बनना चाहता था। मुझमें व्यवसायी घराना स्थापित करने की कोई महत्त्वाकांक्षा नहीं थी। मैं केवल मेरे परिवार और दोस्तों की संगत में आरामदायक ज़िंदगी जीना चाहता था – छुट्टियों पर जाना, अच्छी ड्रिंक पीना, अच्छा खाना खाना और अच्छी क़िताबें पढ़ना चाहता था।

पारिवारिक विरासत छोड़ जाने की इच्छा के बदले मैं जीवन में सादी ख़ुशियां चाहता था। मैं 54 साल का था। कइयों के अनुसार मैं और कई साल काम कर सकता था। लेकिन मन ही मन मैं सबकुछ छोड़ने के लिए तैयार था। मुझमें साठ और सत्तर के दशकों में तनावपूर्ण काम करते रहने की हिम्मत नहीं थी। रिटायर होने की इच्छा के पीछे एक और व्यावहारिक कारण भी था। हमारी छोटी-सी टीम के अधिकांश सीनियर एग्जीक्यूटिव, जिन्होंने दो दशकों से कंपनी खड़ी करने में मदद की थी, अब ख़ुद रिटायरमेंट की उम्र के नज़दीक थे। मेरी सेहत और मनःस्थिति को ध्यान में रखते हुए मुझमें नई टीम स्थापित करने की शक्ति नहीं थी।

मुझे अवश्य ख़ुशी हुई होती यदि मेरे बच्चों में से किसी ने कंपनी चलाई होती। लेकिन मेरा बेटा, पुलकित, जो लगभग 1995 से गुजरात अंबुजा के बोर्ड पर रहा था, कंपनी नहीं चलाना चाहता था। उसी तरह मेरा भतीजा, हर्ष, जो बोर्ड का सदस्य था, बॉम्बे से काम करने के लिए अनिच्छुक था। मेरी बेटी, पद्मिनी का पहले ही दूसरे परिवार में विवाह हुआ था। दोनों नेवटिया भाई, मेरे पार्टनर और को-प्रमोटर रिटायर होने की राह देख रहे थे। स्पष्टतया गुजरात अंबुजा पर सेखसरिया-नेवटिया परिवारों का नियंत्रण अब उसके अंतिम चरण में था। अधिकांश मारवाड़ी व्यवसायी घरानों के विपरीत, हमने कॉरपोरेट जगत को मात्र एक पीढ़ी चलने वाला तोहफ़ा दिया था, जो मेरे रिटायर होने पर ख़त्म होने वाला था।

क्या मुझे सबकुछ छोड़ने पर कुछ खोने का एहसास होता? नहीं। मेरे जीवन की धूप-छांव में भगवद गीता ने मेरा साथ दिया था। इसलिए, मैं इस अंत के लिए तैयार था। अधिकांश लोगों की तरह मुझ पर भी 'कर्म योग' के अध्याय का सबसे गहन प्रभाव हुआ था। उसका सार कुछ यूं था: कर्म करें, फल की चिंता न करें। मैंने मेरा कर्म जितना हो सके उतना अच्छे से किया था।

रिटायर होने के बाद मेरा इरादा केवल छुट्टियां लेकर आराम करने का नहीं था। मैंने सोच रखा था कि मैं फ़ुल-टाइम इन्वेस्टर बनूंगा और उसको ठीक से संभालने के लिए फ़ैमिली ऑफ़िस स्थापित करूंगा। धन को संभालना मेरे लिए एक जुनून था। भारत के कॉरपोरेट जगत में गुजरात अंबुजा का ट्रेज़री ऑपरेशन सबसे बेहतरीन में से एक था। बॉम्बे के सबसे सफल इन्वेस्टमेंट बैंकर मुझसे सलाह लेने आते थे। मेरी कल्पना कुछ ऐसी थी जैसे मैं साउथ पसिफ़िक के ताहिती द्वीप पर रहकर हावर्ड ह्यूजेस (Howard Hughes) जैसे दूर से मेरे निवेश को संभालूँ।

एक समय मैंने फ़ाइनेंस और इंश्योरेंस सेक्टर में कुछ बड़ा करने का सपना देखा था। सरकार ने 2000 में इंश्योरेंस सेक्टर का विनियंत्रण किया था और हमने 1990 के दशक से दो हाउसिंग फ़ाइनेंस कंपनियां सफलतापूर्वक चलाई थीं। 'होम ट्रस्ट हाउसिंग फ़ाइनेंस' गुजरात अंबुजा की पूर्ण स्वामित्व वाली सहायक कंपनी थी, जो कोलकाता से संचालित होती थी। इसके अलावा हम HDFC के साथ अहमदाबाद में स्थित रूरल हाउसिंग फ़ाइनेंस कंपनी, GRUH फ़ाइनेंस में बराबर के हिस्सेदार थे।

1990 के दशक में HDFC की सफलता को देखकर मैंने हमारे हाउसिंग फ़ाइनेंस के ऑपरेशन को बढ़ाकर इस इंडस्ट्री में एक गंभीर खिलाड़ी बनने पर विचार किया था। यह इंडस्ट्री ब्रैंड की विश्वसनीयता और उधार देने में अत्यधिक सावधानी और कठोर नियंत्रण पर चलती थी और गुजरात अंबुजा दोनों क्षेत्रों में बहुत अच्छा करती थी। कुछ साल पहले सुरेश ने मेरे इस सुझाव को टाल दिया था। 'कैसे संभालोगे? तुम्हारी तबीयत ठीक नहीं रहती है। हर्ष और पुलकित दोनों व्यवसाय में रुचि नहीं लेते हैं। फिर किसके लिए कर रहें हो यह सब?' उन्होंने कहा। लेकिन मैं इससे हतोत्साहित नहीं हुआ।

एक साल बाद, हमारे द्वारा खरीदी गई कई कंपनियों में से एक को ऋण देने वाली कंपनी चाहती थी कि उसका ऋण तुरंत चुकाया जाए। हालाँकि हम सभी को समय पर भुगतान करते थे, ऋण की तुरंत चुकौती पर अड़ा हुआ यह ऋणदाता अनिल सिंघवी को

परेशान कर रहा था। श्री सिंघवी ने बताया कि इस श्रणदाता का उन पर बहुत दबाव है। मैंने उनसे कहा, 'मार्केट के बढ़ने पर हम उनका ऋण चुका देंगे।'

उन्होंने कहा, 'नहीं साब, हमें कुछ प्रतीकात्मक करना होगा।'

मैंने उनसे पूछा कि वे क्या करना चाहते थे।

उन्होंने कहा, 'दोनों हाउसिंग फ़ाइनेंस कंपनियां बेच देते हैं।'

मैंने उनसे कहा कि मैं उन्हें बेचना नहीं चाहता था। 'इन कंपनियों को मैंने बनाया है और मैं उन्हें और भी बढ़ाना चाहता हूं,' मैंने कहा। मैंने उनसे ऋणदाता को टालते रखने के लिए कहा।

तीन महीनों तक ऋणदाता को रोके रखने के बाद वे फिर मेरे पास आए, यह कहते हुए कि वह ऋण की चुकौती की ज़िद कर रहा था। तब मैंने चिढ़कर श्री सिंघवी को दोनों कंपनियां बेचने की अनुमति दी। मैंने उन्हें HDFC के MD, श्री दीपक पारेख से मिलने के लिए कहा, जो ये कंपनियां ख़रीदने के लिए बहुत ख़ुश होते। उन्होंने हमें कुल 60 करोड़ रुपए देकर दोनों कंपनियां ख़रीदीं। हालाँकि हमने बहुत मुनाफ़ा कमाया, मुझे उन्हें बेचने पर पश्चाताप हुआ। वे तेज़ी से बढ़ रही मज़बूत कंपनियां थीं, जिनके न के बराबर नॉन-परफ़ॉर्मिंग एसेट थे। हम उन्हें और भी बढ़ा सकते थे। उनकी बिक्री ने फ़ाइनेंस में प्रवेश करने की मेरी योजना पर पानी फेर दिया।

इस बिक्री ने साबित कर दिया कि हमने ACC के शेयर ख़रीदने के लिए जो ऋण लिया था उसका कुछ करना अब ज़रूरी बन गया था। सौदा करने के समय से आज तक मार्केट की स्थिति बहुत बदल गई थी और इससे मैं थोड़ा चिंतित था। 2001 में ग्रासिम ने L&T में रिलायंस इंडस्ट्रीज द्वारा रखे गए 10.45 प्रतिशत शेयर खरीद लिया और फिर खुले मार्केट में ख़रीददारी करके उसने अपना हिस्सा 14.9 प्रतिशत तक बढ़ा लिया। संपूर्ण कंपनी पर होस्टाइल बिड से बचने के लिए L&T ने अपना पूरा 16-मिलियन-टन क्षमता का सीमेंट डिविज़न ग्रासिम को बेचने का निर्णय लिया था।

कई और बड़ी कंपनियां सीमेंट सेक्टर में प्रवेश करने के बारे में मीडिया से बात कर रही थीं। मैं चिंतित था कि कोई कंपनी ACC के लिए होस्टाइल बिड करने की सोच सकती है। आख़िरकार, हम उसमें सिर्फ़ 14.4 प्रतिशत हिस्सेदार थे, जो हमने 370 रुपये के भाव से खरीदे थे और आज ACC के शेयर की क़ीमत इसके आधे से भी कम थी। 2000 के दशक के शुरुआती भाग में ACC के शेयर की क़ीमत बढ़ी नहीं थी। यदि कोई

बड़ी कंपनी इस कम क़ीमत से आकर्षित होकर कंपनी को हासिल करने की कोशिश करती तो मैं कहीं का नहीं रहता। हालाँकि श्री नरुला द्वारा किए गए पुनर्गठन के बाद कंपनी का प्रदर्शन सुधरा था, लेकिन उस समय सीमेंट की क़ीमतें बहुत कम होने के कारण इन बदलावों से कम्पनी का मुनाफा नहीं बढ़ पाया था।

*

2003 के अंत में सीमेंट की क़ीमतें बढ़ने के कारण ACC के शेयर की क़ीमत भी बढ़ी। आख़िरकार श्री नरुला के नेतृत्व में कंपनी अच्छा करने लगी थी। अब ACC के शेयर और बाद में गुजरात अंबुजा के हमारे हिस्से के शेयर के लिए ख़रीदार ढूंढने का यह सही समय था। और मैंने सोच लिया कि मुझे ये शेयर किसे बेचने थे। दस सालों से भी ज़्यादा पहले, जबसे नरसिंह राव सरकार ने आर्थिक ढील शुरू की थी, मुझे दो बड़े यूरोपीयन सीमेंट ग्रुप के एग्जीक्यूटिव कई बार मिलने आए थे – फ्रेंच कंपनी लाफ़ार्ज और स्विस कंपनी होलसिम – दो विशाल अंतर्राष्ट्रीय कंपनियां, जो उस समय भारत में निवेश करने की इच्छुक थीं।

दोनों ने समय-समय पर मुझे संकेत दिया था कि वे हमारी कम्पनियां ख़रीदना चाहती थीं। लेकिन तब मुझे बेचने में कभी कोई दिलचस्पी नहीं थी। मैंने उन्हें गुजरात अंबुजा में न्यूनतम हिस्से की पेशकश की थी, लेकिन वे हमारा पूरा एक्विज़िशन करना चाहती थीं। अब जब मैं तैयार हुआ तो मैंने होलसिम के साथ बातचीत शुरू करने की योजना बनाई। इन दोनों कंपनियों के साथ इतने सालों के अनुभव से मैं जान गया था कि स्विस कंपनी कम आक्रामक और अधिक समझदार थी। इसलिए मैंने तय किया था कि मैं होलसिम से बात करूंगा।

मैं हमारी कंपनी एक MNC को बेचना चाह रहा था, जबकि मैंने ही पिछले तीन साल में भारतीय सीमेंट इंडस्ट्री को लाफ़ार्ज (MNC) से बचाने की बात की थी। क्या मैं पाखंडी बन रहा था? बिलकुल नहीं। ACC के मेरे अनुभव से मैं इस निष्कर्ष पर पहुंचा था कि मेरे प्रतिद्वंद्वी लाफ़ार्ज से ज़्यादा गुजरात अंबुजा को बड़ा शत्रु और ख़तरा मानते थे! इसलिए, होलसिम को बेचना उचित लगा।

नेवटिया भाई मेरे निर्णय से बहुत ख़ुश थे। इसके बाद मैंने श्री सिंघवी से होलसिम के साथ ACC में हमारा हिस्सा बेचने के लिए सौदेबाज़ी शुरू करने के लिए कहा, जो

हिस्सा ACIL के ज़रिए हमारे पास था। होलसिम सौदेबाज़ी करने के लिए तैयार हुई। लेकिन गंभीर रूप से सौदेबाज़ी करने से पहले वह पीछे हट गई यह कहकर कि यह उनके लिए उचित समय नहीं था। मैंने बाद में पढ़ा कि वह उस समय यूरोप में एक और बड़ा सौदा कर रही थी और वह था विशाल ब्रिटिश बिल्डिंग मटीरिअल्स कंपनी, एग्रीगेट इंडस्ट्रीस, का 4 बिलियन डॉलर्स का टेकओवर। मैंने श्री सिंघवी से हमारे इरादों के बारे में शांत रहने के लिए कहा। मैं किसी और को बेचना नहीं चाहता था। एक साल के लिए सभी सौदेबाज़ी रुकी रही।

2004 के अंत में होलसिम ने हमसे दोबारा संपर्क किया यह कहकर कि वह सौदेबाज़ी करने के लिए तैयार थी। कुछ हफ़्तों की बातचीत के बाद सौदा संभव लग रहा था। मेरी शर्त यह थी कि मुझे ACC के शेयर घाटे में नहीं बेचने थे। थोड़ा ही सही पर मैं उन पर कुछ मुनाफ़ा कमाना चाहता था। होलसिम हमसे गुजरात अंबुजा भी ख़रीदना चाहती थी लेकिन तब मुझे उसमें रुचि नहीं थी। मैंने उन्हें सौदेबाज़ी ACC तक ही सीमित रखने के लिए कहा। बातचीत के कई चरणों के बाद हम उचित मूल्य पर पहुंच पाए। होलसिम ACC के शेयर के लिए प्रति टन 4,500 रुपए की एंटरप्राइज़ वैल्यू देने के लिए राज़ी हो गई। यह क़ीमत ग्रासिम द्वारा L&T के सीमेंट डिविज़न के लिए दी गई क़ीमत से 20 प्रतिशत ज़्यादा थी, बावजूद इसके कि वह (L&T), ACC से कहीं ज़्यादा मुनाफा कमाने वाली कम्पनी थी।

सौदा यह था कि होलसिम AIG और GIC को कुल 897 करोड़ रुपए देकर उनसे ACIL के 40% शेयर्स 370 रुपये प्रति शेयर के भाव से खरीदेगी। साथ-साथ वह 2,576 करोड़ रुपए निवेश करके गुजरात अंबुजा से ACIL में उसका 27 प्रतिशत हिस्सा खरीदेगी| इस निवेश के बाद ACIL में होलसिम का हिस्सा बहुसंख्यक 67 प्रतिशत हो जाता और इस प्रकार, ACIL गुजरात अंबुजा की सब्सिडियरी न रहते हुए होलसिम की कंपनी बन जाती। साथ-साथ ACIL होलसिम के पैसों से ACC के 20 प्रतिशत शेयर के लिए 370 रुपए प्रति शेयर के दर से ओपन ऑफ़र करती। यह करने से ACIL का ACC में हिस्सा बहुसंख्यक 34 प्रतिशत हो जाता और मैनेजमेंट होलसिम के नियंत्रण में आ जाता। गुजरात अंबुजा का ACIL में अल्पसंख्यक 33 प्रतिशत हिस्सा बना रहता।

सौदे की बारीकियां निश्चित होने पर मैंने हमारे डायरेक्टरों की एग्जीक्यूटिव कमिटी को मेरे निर्णय के बारे में सूचित किया। सौदेबाज़ी में भाग लेने वाले नेवटिया भाइयों और

श्री सिंघवी के अलावा गुजरात अंबुजा में किसी को भी पिछले कुछ महीनों में होलसिम के साथ हो रही बातचीत के बारे में जानकारी नहीं थी। मुझे चिंता थी कि सौदेबाज़ी की ख़बर बाहर जाने के परिणाम अच्छे नहीं होते। एग्जीक्यूटिव कमिटी के किसी भी सदस्य ने ACC के ऑपरेशन में भाग नहीं लिया था। मेरे इस सौदे के बारे में न किसी को आपत्ति थी और न ही किसी ने उसका विरोध किया।

होलसिम के साथ हमारा सौदा जनवरी 2005 के तीसरे हफ़्ते में पूरा हुआ। एक प्रेस रिलीज़ जारी की गई जिसके अनुसार होलसिम ACIL में तुरंत 800 मिलियन डॉलर निवेश करती। किसी भी भारतीय सीमेंट कंपनी में यह तब तक का सबसे बड़ा फ़ॉरेन डायरेक्ट इन्वेस्टमेंट था। प्रेस रिलीज़ ने इस सौदे का वर्णन कुछ यूं किया: 'यह सौदा भारत में महत्त्वपूर्ण प्रोजेक्ट को बढ़ावा देने और भारत की बढ़ती सीमेंट इंडस्ट्री में भाग लेने के दृष्टिकोण से एक स्ट्रेटेजिक पार्टनरशिप है' और यह कहा कि 'गुजरात अंबुजा और होलसिम दोनों मिलकर साउथ एशिया, मिडल ईस्ट और इंडियन ओशन के किनारे पर अन्य देशों में सीमेंट का व्यापार बढ़ाने के इच्छुक हैं। दोनों कंपनियां अपने अनुभव साझा करेंगी और होलसिम अपने IT और R&D डिविज़न के लिए भारत से टैलेंटेड कर्मचारी प्राप्त कर पाएगी।'

सौदे के बाद के अधिकांश प्रेस रिपोर्ट ने सौदे की क़ीमत की बात की। कई रिपोर्ट ने ऐसा ही व्यक्त किया कि हमने ACC का हिस्सा ख़रीदने के इतने कम समय बाद उसे क्यों बेचा। पिछले कुछ सालों में नकारात्मक रिपोर्ट का शिकार होने के बाद मुझे ऐसी रिपोर्ट पढ़ते हुए बहुत मज़ा आया। कुछ रिपोर्ट के अनुसार मैं बड़ी होशियारी से बिना और पैसे ख़र्च किए ACC पर अपना नियंत्रण बढ़ा पाया था (हम अब भी ACIL में 33 प्रतिशत हिस्सेदार थे, जबकि अंततः ACIL की ACC में 50 प्रतिशत से अधिक की थी। एक रिपोर्ट के अनुसार, 'वास्तव में, GACL (गुजरात अंबुजा सीमेंट्स लिमिटेड) जिस कंपनी की पहली बार पूरी तरह से मालिक नहीं बन सकी थी वह अब उसमें ज़्यादा हिस्सेदार बन गई है।'

कुछ अन्य रिपोर्ट के अनुसार हमारे पास ACC में अपना हिस्सा बढ़ाने के लिए पर्याप्त राशि नहीं थी और हमें होस्टाइल बिड का डर था। वाकई में, मेरी सोच भी कुछ ऐसी ही थी। एक अन्य एनालिस्ट के अनुसार हमने हमारा हिस्सा इसलिए बेचा कि हमें ACC की कोई ज़रूरत नहीं थी। उसका दावा था कि भारत के विभिन्न सीमेंट मार्केटों में 'प्राइस

स्टेबिलिटी' हासिल करने का हमारा उद्देश्य पूरा हुआ था। कुछ लोगों की सोच सिर्फ़ इसमें लगी कि होलसिम ACIL को प्रति शेयर वही दाम दिया जो तीन साल पहले गुजरात अंबुजा ने ACC को दिया था। उन्होंने अनुमान लगाया कि यह सौदा एक 'फ़ायर सेल' था और हम जैसे-तैसे हमारे हिस्से के लिए लागत हासिल कर पाए थे। यह एनालिसिस तो एकदम ग़लत था। गुजरात अंबुजा ने ACIL को अंबुजा ईस्टर्न का कारखाना बेचकर पहले ही 250 करोड़ रुपयों का मुनाफ़ा कमा लिया था।

हम ACC के शेयर ख़रीदने के लिए लिया सारा क़र्ज़ चुकाने के बाद भी ACIL में अल्पसंख्यक 33 प्रतिशत हिस्सेदार थे। और, कंपनी के बढ़ते रहने के एक महत्त्वपूर्ण चरण में हमने अंतर्राष्ट्रीय प्रतिद्वंदी को उत्तर भारत के मार्केट से सफलतापूर्वक बाहर रखा था जो हमारे लिए मुख्य मार्केट था। इस प्रकार, ACC को ख़रीदना गुजरात अंबुजा के लिए बहुत लाभदायक ठहरा था, बावजूद इसके कि कुछ सालों के उसके प्रदर्शन से मैं उतना ख़ुश नहीं था।

स्टॉक मार्केट इस सौदे से बहुत ख़ुश था। गुजरात अंबुजा और ACC दोनों के शेयर की क़ीमतें 2005 के अधिकांश भाग में बढ़ती गईं और साल के अंत तक दोगुनी हो गईं। होलसिम सौभाग्यशाली था कि जब मई में उन्होंने 20 प्रतिशत हिस्से के लिए 370 रुपए प्रति शेयर की क़ीमत पर अपना मैंडेटरी पब्लिक ऑफ़र किया तब शेयर की क़ीमत 350 थी। इस पब्लिक ऑफ़र को अच्छी प्रतिक्रिया मिली और वे अपना हिस्सा 34 प्रतिशत तक बढ़ा पाए। साल के अंत में श्री सूनावाला ने ACC के बोर्ड से इस्तीफ़ा दिया और कंपनी का टाटा ग्रुप के साथ लगभग सत्तर साल का रिश्ता ख़त्म हो गया। मैं उनका शुक्रगुज़ार था कि टाटा ग्रुप के निकलने के बाद पांच साल तक वे बोर्ड के सदस्य बने रहे।

*

मुझ पर सख़्त सौदेबाज़ी के मानसिक और शारीरिक तनाव का दोबारा असर हुआ और कैंसर ज़ोरों से लौट आया। मेरे अच्छे मित्र, डॉ. सुल्तान प्रधान ने प्रिंस अली ख़ान हॉस्पिटल में मेरी चौथी सर्जरी की। वे इस बात से नाख़ुश थे कि मेरे जबड़े के बचे हुए भाग का थोड़ा और हिस्सा उन्हें निकालना पड़ा था। एकमात्र आशावादी बात यह थी कि हॉस्पिटल और घर पर ठीक होने के लिए समय बिताने से मुझे मेरे भविष्य के बारे में सोचने का वक़्त मिला। लगभग दस सालों में यह मेरी चौथी सर्जरी थी। अब मुझे दृढ़

विश्वास हो गया था कि गुजरात अंबुजा में मेरा हिस्सा बेचने का समय आ गया था। मैंने जो कंपनी स्थापित कर लगभग पच्चीस साल चलाई थी उसे छोड़ने के लिए मैं तैयार था। मेरा शरीर यह तनाव अब बर्दाश्त नहीं कर सकता था।

होलसिम मेरे साथ लगातार संपर्क में रहा था और मैंने तय किया कि उनके साथ GACL के लिए सौदेबाज़ी शुरू करने का समय आ गया था। मैंने नेवटिया भाइयों को मेरी योजना के बारे में बताया। सुरेश मेरे निर्णय से सहमत थे। लेकिन उन्हें लगा क्यों न हम बेचने के बजाय पुलकित या हर्ष को कंपनी की डोर संभालने के लिए मनाएं। मैंने उन्हें समझाया कि यह क्यों सही नहीं था। उनका आख़िरी विकल्प था कि पद्मिनी GACL का नेतृत्व करें। मैंने उन्हें समझाया कि यह विकल्प भी सही नहीं था बावजूद इसके कि पद्मिनी ने लंदन स्कूल ऑफ़ इकोनॉमिक्स से डिग्री हासिल की थी और इसलिए क़ाबिल थीं। अंत में उन्होंने मुझे अनुमति दी कि मैं जब भी चाहूं GACL का हिस्सा बेच सकता था।

मैंने अनिल सिंघवी को होलसिम को दोबारा बुलाकर उन्हें सूचित करने के लिए कहा कि इस बार मैं GACL में हमारा हिस्सा बेचने के लिए तैयार था। सिंघवी मेरे निर्णय से दंग रह गए। 'आप अभी भी जवान हैं। बेचने के बाद आप क्या करेंगे?' उन्होंने मुझसे पूछा। मैंने उन्हें कहा कि यह बस प्रारंभिक मीटिंग थी। मैंने निश्चित नहीं किया था कि मुझे बेचना है या नहीं। जैसे हमने पिछले साल ACC का हिस्सा बेचते समय किया था वैसे इस बार भी मैंने उन्हें गोपनीयता बनाए रखने का आदेश दिया।

होलसिम और मैं मोटे तौर पर शर्तों पर राज़ी होने के बाद सुरेश और मैं ज़ुरिक में होलसिम के चेयरमैन, रॉल्फ सोईरॉन और CEO, मार्कस एकरमैन से मिलने गए। दोनों स्विस सज्जन, एक बहुत सम्मानित कॉरपोरेट स्टेट्समेन और दूसरे विश्वभर तजुर्बेदार सीमेंट पेशेवर, हमारे साथ अत्यंत विनम्र पेश आए। यह सौदा उनके लिए यूरोप के बाहर तब तक का सबसे बड़ा सौदा था। भारत विश्व का दूसरा सबसे बड़ा सीमेंट मार्केट था। पिछले कुछ सालों में उनका मुख्य यूरोपीय प्रतिद्वंदी, लाफ़ार्ज कुल 5 मिलियन टन क्षमता के दो कारखाने (रेमंड और टाटा स्टील के सीमेंट डिविज़न) हासिल करके उनसे आगे चला गया था। हमारे सौदे से होलसिम भारत में अव्वल नंबर पर पहुंच जाती। होलसिम की एकमात्र शर्त यह थी कि हम उन्हें हमारा पूरा हिस्सा बेचें।

हम होलसिम के साथ ACC सौदे की तुलना में GACL के लिए कहीं अधिक लाभकारी सौदा करने में सफल रहे। जहां उन्होंने ACC के लिए प्रति टन ₹4,500 का

भुगतान किया था, वहीं GACL के लिए हम ₹9,000 प्रति टन की क़ीमत प्राप्त करने में सक्षम रहे। यह ऊंची क़ीमत भारत की सबसे कुशल और लाभदायक सीमेंट कंपनी को हासिल करने की होलसिम की प्रतिबद्धता को दर्शाती है। इस सौदे के तहत होलसिम, GACL में प्रमोटरों की 24 प्रतिशत हिस्सेदारी चरणबद्ध तरीके से अधिग्रहित करेगा। इसकी शुरुआत जनवरी 2006 से होगी, जब वह 14.8 प्रतिशत शेयर खरीदेगा। इसके बाद कुछ महीनों के भीतर कंपनी के अतिरिक्त 20 प्रतिशत शेयरों के लिए एक ओपन ऑफर पेश किया जाएगा। इस समझौते ने हमें यह आश्वासन दिया कि हमें या तो न्यूनतम निर्धारित मूल्य या उस समय का प्रचलित बाज़ार मूल्य – जो भी अधिक होगा – प्राप्त होगा।

ओपन ऑफ़र के साथ-साथ GACL का मैनेजमेंट होलसिम के नियंत्रण में चला जाता। मैं GACL के MD के पद से इस्तीफ़ा देता और होलसिम द्वारा नियुक्त MD मेरी दैनिक ज़िम्मेदारियां संभालता। जैसे ACC के सौदे में हुआ था वैसे इस सौदे के अनुसार भी जब तक मैं GACL और अंबुजा फ़ाउंडेशन के साथ जुड़े रहता तब तक नए MD की नियुक्ति के लिए मेरी सलाह लेना ज़रूरी था। पचहत्तर साल की उम्र तक मैं तीनों संस्थानों का चेयरमैन बना रहता। ACC में श्री तरुण दास के रिटायर होने तक मुझे वाइस-चेयरमैन नियुक्त किया गया था। उसी तरह सुरेश नेवटिया चेयरमैन बने रहने तक मैं GACL का वाइस-चेयरमैन बना रहता। इस व्यवस्था के पीछे का कारण यह निश्चित करना था कि कंपनी के अगले चरण तक के सफ़र में कोई बाधाएं नहीं आएं और पिछली मैनेजमेंट तथा कार्य करने की पद्धति में निरंतरता बनी रहती।

होलसिम के पब्लिक ऑफ़र के बाद उसकी औपचारिक रूप से GACL की मैनेजमेंट की डोर संभालने तक रुकने के बजाय मैंने जनवरी 2006 में होलसिम के प्रमोटर के हिस्से का पहला हिस्सा ख़रीदने के तुरंत बाद इस्तीफ़ा देने का निर्णय लिया था। ऐसा करने से जब तक होलसिम पब्लिक ऑफ़र के बाद कंपनी की डोर संभालती तब तक नए MD को अपने पद का आदी होने का समय मिलता।

*

मैं किसे मेरा उत्तराधिकारी बनाता? कई सालों में मुझे इससे मुश्किल सवाल का सामना नहीं करना पड़ा था। यह स्पष्ट था कि मैं बाहर से किसी को चुनना नहीं चाहता था। मेरे

उत्तराधिकारी को कंपनी का कर्मचारी होना ज़रूरी था। मुझे कंपनी के पांच एग्जीक्यूटिव कमिटी मेंबर और डायरेक्टरों – श्री कुलकर्णी, श्री तापड़िया, श्री राव, श्री सिंघवी और श्री कपूर – में से चुनना था। श्री कपूर को छोड़ सभी कंपनी में उसके शुरुआती दिनों से रहे थे। और इनमें से दो एग्जीक्यूटिव कंपनी के पहले कारखाने के लिए ज़मीन प्राप्त करने से भी पहले जुड़े थे। इन लोगों ने मुझसे कंधे से कंधा मिलाकर कंपनी शुरू से खड़ी की थी। वे सिर्फ़ GACL के कर्मचारी नहीं थे बल्कि उनका कंपनी के साथ निजी और भावनात्मक लगाव भी था।

हमसे जुड़ने से पहले श्री कपूर ने बिड़ला इंडस्ट्रीस चलाई थी। इस प्रकार, वे सबसे अधिक अनुभवी थे| लेकिन वे इकहत्तर साल के हो चुके थे। श्री राव भी चौहत्तर साल के थे। वास्तव में तिरसठ साल के श्री कुलकर्णी शुरू से मेरे डिप्टी रहे थे। लेकिन वे भी कुछ ही सालों में रिटायर होते। हालाँकि श्री तापड़िया पचपन साल के थे, मैं उनसे भी कोई जवान चाहता था जो अगले दो दशकों तक कंपनी को रास्ता दिखा सके। छियालीस साल के श्री सिंघवी अगले कई साल काम कर सकते थे और इसलिए इस पद के लिए योग्य थे। हालाँकि उन्होंने अधिकांश समय कंपनी के ट्रेज़री ऑपरेशन में बिताया था, मेरा मानना था कि समय के साथ वे अपनी नई ज़िम्मेदारी बख़ूबी से संभाल लेंगे।

सिंघवी महत्त्वाकांक्षी थे। उनकी यह विशेषता मुझे पसंद थी। वे जोधपुर से चार्टर्ड अकाउंटेंट थे जो 1986 में हमसे लगभग पच्चीस-सत्ताईस साल की उम्र में जुड़े थे। वे तेज़ थे और पेचीदा आर्थिक मामलों को आसानी से समझ सकते थे। हमने ACC और होलसिम सहित कई महत्त्वपूर्ण सौदों पर क़रीबी से काम किया था। वे मेरी सोच और व्यवसाय करने के मेरे सिद्धांत से परिचित थे। प्रमोटर के परिवारों के अलावा वे एकमात्र व्यक्ति थे जो होलसिम के सौदे के बारे में जानते थे क्योंकि उन्होंने दोनों सौदेबाज़ी में मेरा साथ दिया था। सबकुछ ध्यान में रखते हुए, मैंने तय किया कि मेरे बाद सिंघवी गुजरात अंबुजा के MD बनते।

होलसिम के साथ सौदे की बारीकियां कुछ ही हफ़्तों में 2005 के अंत तक तय हो गईं और ACC के सौदे जैसे, यहां भी नेवटिया भाइयों और सिंघवी के अलावा, कंपनी में आगे होने वाले इन महत्त्वपूर्ण बदलावों के बारे में और कोई नहीं जानता था। हमारे एग्जीक्यूटिव कमिटी के सदस्यों और मैंने पिछले दो दशकों में साथ रहकर यह कंपनी बनाई थी। उसमें मेरा हिस्सा बेचकर उससे दूर जाने का निर्णय दुःखदायक था। सौदे पर

हस्ताक्षर करने से कुछ हफ़्तों पहले मुझे एग्जीक्यूटिव कमिटी के सदस्यों को मेरा यह निर्णय बताने का अत्यंत कठिन काम करना था। मेरे अनुमान अनुसार मेरे बाद सिंघवी को MD बनाने का मेरा निर्णय उन्हें बताना और भी मुश्किल लग रहा था।

जब उन्हें बताने का दिन आया, तब वह और भी कठिन था। सभी मेरे निर्णय से दंग रह गए। वे मुझसे निराश थे। 'आपने यह कैसे किया?' यह प्रश्न उनके चेहरों पर साफ़ दिखाई दे रहा था। मैंने प्रत्येक सदस्य के साथ विस्तारपूर्वक बात करके मेरे निर्णय के पीछे कारण समझाए – मेरी बिगड़ती सेहत, लगातार सर्जरियों के बाद बोलने में बाधा और डॉक्टर की सलाह कि मुझे कम काम करना चाहिए। हम सबकी विरासत को आगे ले जाने के लिए होलसिम ही योग्य कंपनी क्यों थी इसके पीछे कारण मैंने उन्हें समझाए। होलसिम ने हमसे वादा किया था कि वे कंपनी की बढ़त में निवेश करेंगे और हमने कई सालों से कुशलता और उत्पादकता का जो माहौल निर्माण किया था उसे भी बरक़रार रखेंगे।

सिंघवी को MD बनाने की सबसे संवेदनशील बात मैंने अंत में बताई। वह जानकर सभी एकदम दंग रह गए। मैंने उन्हें समझाया कि मैंने सिर्फ़ इसलिए सिंघवी को चुना था कि उनकी उम्र दूसरों से कम थी। मेरे इस कारण से कोई सहमत नहीं था। मुझे पहली बार पता चला कि सिंघवी अपने सहकर्मियों के बीच कितने अलोकप्रिय थे। अन्य डायरेक्टरों की नाराज़गी के बावजूद मुझे नहीं लगा कि मुझे कोई और उत्तराधिकारी चुनना ज़रूरी था। मेरी सोच थी कि MD बनने के बाद सिंघवी पूरी टीम को साथ ले चलेंगे। आख़िरकार सभी उनसे वरिष्ठ थे और इसलिए यह करना सिंघवी के हित में होता। मैंने प्रत्येक डायरेक्टर से वचन लिया कि उनकी आपत्तियों के बावजूद, अंबुजा को बढ़ाने में वे सिंघवी की पूरी तरह से सहायता करेंगे।

दिसंबर 2005 की शुरुआत में, किसी ने होने वाले सौदे की ख़बर बिज़नेस पेपरों को चुपके से बता दी। स्टॉक मार्केट इस ख़बर से ख़ुश था और गुजरात अंबुजा के शेयर की क़ीमत आहिस्ता बढ़ती गई। इससे हमें हमारे हिस्से के लिए अपेक्षित क़ीमत से बहुत ऊंची क़ीमत मिली। सोमवार, 30 जनवरी 2006 को सौदे पर हस्ताक्षर किए गए। इस सौदे के पहले चरण में, होलसिम ने हमारे 24 प्रतिशत हिस्से का 14.78 प्रतिशत हिस्सा 90 रुपए प्रति शेयर की दर पर ख़रीदा। उन्होंने हमें प्रति शेयर अतिरिक्त 15 रुपए दिए ताकि हम अगले कुछ सालों में प्रतिद्वंद्वी कंपनी न स्थापित करें।

गुजरात अंबुजा स्थापित कर उसे क़रीब-क़रीब पच्चीस साल चलाने के बाद मैंने अगले दिन MD के पद से इस्तीफ़ा दिया। इतनी तैयारी करने के बावजूद, मेरे चुनिंदा उत्तराधिकारी, श्री अनिल सिंघवी को कंपनी सौंपने पर मैं भावुक हुआ। मेरे लिए एक अत्यंत महत्त्वपूर्ण दौर अब ख़त्म हुआ था। मेरी आशा थी कि उनके नेतृत्व में अंबुजा इतिहास रचती जाएगी।

अब जो मीडिया में गुजरात अंबुजा में हमारा हिस्सा बेचने की ख़बर आ चुकी थी, मीडिया को सिर्फ़ इस सौदे की क़ीमत में रूचि थी। यह सौदा पिछले साल के ACC के सौदे से भी बड़ा था। होलसिम ने हमें कुल 2,142 करोड़ रुपए देकर हमारा हिस्सा ख़रीदा। इसके साथ-साथ उन्होंने अप्रैल में मेनडेटरी ओपन ऑफ़र के ज़रिए 20 प्रतिशत हिस्सा ख़रीदने के लिए 2,520 करोड़ रुपए अलग रखे थे। अख़बारों में चर्चा की गई कि कैसे होलसिम-गुजरात अंबुजा सौदे से एक नया दौर शुरू हुआ, जहां विशाल मल्टीनेशनल कंपनियां अच्छे से कुशलतापूर्वक चलाई जा रहीं भारतीय कंपनियां ख़रीदने के लिए ऊंचे दाम देने के लिए तैयार थीं। एक अंतर्राष्ट्रीय कांग्लोमरेट को हमारा हिस्सा बेचने का किसी ने विरोध नहीं किया।

*

कुछ दिन ख़ुशी महसूस करने के बाद, मुझे अपराध बोध महसूस हुआ कि मैंने मेरे सहकर्मियों को निराश किया था| न सिर्फ़ हमारी सीनियर टीम को, बल्कि देशभर में फैले हमारे कारखानों और ऑफ़िसों के कर्मचारियों को भी, जिनकी मेहनत और निष्ठा से हम इतने सफल बन पाए थे। मैंने तय किया कि मैं सभी कारखानों और ऑफ़िसों के कर्मचारियों से ओपन हाउस मीटिंग में मिलकर उन्हें शुक्रिया अदा करूंगा और मेरे इस निर्णय के पीछे के कारण आमने-सामने बैठकर समझाऊँगा। मैंने उन्हें आश्वासन दिया कि होलसिम के नियंत्रण में कंपनी पहले जितना या उससे भी अच्छा करेगी और यह कि उनका भविष्य सुरक्षित था। मुझे अलविदा करते समय उनके प्रेम और विनम्रता ने मुझे छू लिया।

हमारे शेयरधारकों ने हमेशा से ही हमारी सहायता की थी और अधिकांश ने हमारा हर हाल में साथ दिया था। वाकई में, उन्हें इतने सालों में अंबुजा के प्रदर्शन से बहुत फ़ायदा भी हुआ था। पिछले दो दशकों में अंबुजा के शेयर की क़ीमत 420 गुना बढ़ी थी – 1985 में

कंपनी के IPO में निवेश किए गए 10,000 रुपयों की क़ीमत अब 42 लाख रुपयों से भी ज़्यादा थी। इसलिए, मुझे इस बात से आश्चर्य नहीं हुआ कि सेखसरिया-नेवटिया टीम के न होते हुए भी वे अंबुजा के स्टॉक में निवेशक बने रहे। एक उत्कृष्ट कंपनी की यही विशेषता होती है, संस्थापक भले ही चले जाए, पर कंपनी को अच्छा करते रहना ज़रूरी है।

2006 में शेयर की क़ीमत बढ़ती ही गई। इसका एक अनपेक्षित नकारात्मक परिणाम था। अप्रैल 2006 में होलसिम के 90 रुपए प्रति शेयर की क़ीमत वाले पब्लिक ऑफ़र को इतना रिस्पॉन्स नहीं मिला। तब तक शेयर की क़ीमत 100 रुपए के पार गई थी। लघु शेयरधारकों के साथ-साथ हम प्रमोटर को भी शेयर की बढ़ती क़ीमत से बहुत फ़ायदा हुआ। यह इसलिए कि हमारे सौदे के अनुसार हमें हमारे हिस्से के शेयर का लगभग 4 प्रतिशत का दूसरा भाग नवंबर 2006 में बेचना ज़रूरी था। अगले साल भी शेयर की क़ीमत बढ़ती गई और जब हमने हमारे हिस्से के शेयर का लगभग 4 प्रतिशत का तीसरा भाग बेचा तब हमें दोबारा फ़ायदा हुआ। अब शेयर की क़ीमत 154 रुपए तक बढ़ गई थी।

होलसिम ने 2007 के अंत में कंपनी के 20 प्रतिशत हिस्से के लिए एक और पब्लिक ऑफ़र प्रस्तुत कर दोबारा अपना हिस्सा बढ़ाने कोशिश की। इस बार उन्होंने कहीं ज़्यादा क़ीमत का प्रस्ताव किया। इस पब्लिक ऑफ़र में रिस्पॉन्स थोड़ी बेहतर रही, लेकिन इसके बावजूद उन्हें केवल 5 प्रतिशत शेयर ही प्राप्त हो सके। इससे उनका कुल हिस्सा बढ़कर पहले की तुलना में और आरामदेह 45 प्रतिशत तक पहुंचा। तब तक, उन्होंने GACL के बोर्ड पर अपने तीन डायरेक्टर – होलसिम CEO मार्कस एकरमैन, एग्जीक्यूटिव कमिटी मेंबर पॉल ह्यूगेनटॉब्लर और लंदन बिज़नेस स्कूल में मार्केटिंग के प्रोफ़ेसर निर्मलया कुमार को नियुक्त करके कंपनी का मैनेजमेंट अपने नियंत्रण में कर लिया था। मैंने आसानी से नॉन-एग्जीक्यूटिव वाईस-चेयरमैन का पद धारण किया। आख़िरकार मैं अंबुजा के बारे में सोचना बंद कर परोपकारी और निवेशक के रूप में मेरे भविष्य के बारे में सोच सकता था। अब मैं मुक्त था और मुझे सुकून था।

आज, लगभग पंद्रह साल बाद, चेयरमैन होने के साथ-साथ, मेरा अंबुजा और वहां हो रही सभी गतिविधियों के साथ निकट का लगाव है। इसमें अंबुजा सीमेंट फ़ाउंडेशन का भी समावेश है।

15

कुछ आख़िरी विचार

पांच दशकों से बिज़नेस और इन्वेस्टमेंट के क्षेत्र में अग्रसर रहने से मिले कुछ सबक

2021 में मैंने काम करने के इक्यावन साल पूरे किए। पहले दस साल मैं कपास व्यापारी था, अगले पच्चीस साल मैंने अंबुजा का नेतृत्व किया और उसके बाद मैंने मेरे बच्चों, पुलकित और पद्मिनी की मदद से हमारा फ़ैमिली ऑफ़िस चलाया। वे अब मेरे साथ फ़ुलटाइम काम करते हैं। पद्मिनी हमारी दो परोपकारी संस्थाएं भी चलाती हैं – नरोत्तम सेखसरिया फ़ाउंडेशन, जिसकी मदद से नॉन-प्रॉफ़िट संस्थानों और सोशल आंत्रप्रेन्योर समाज पर स्थायी प्रभाव करते हैं; और सलाम बॉम्बे फ़ाउंडेशन, जो सुनिश्चित करती है कि ज़रूरतमंद बच्चे स्कूल का शिक्षण पूरा करें। इसके अलावा उसकी मदद से ये बच्चे स्पोर्ट्स, आर्ट्स और कल्चर जैसे क्षेत्रों में आफ़्टर-स्कूल एक्टिविटी में भी भाग लेते हैं। इतने सालों में इन संस्थाओं ने हज़ारों नौजवानों के जीवन अधिक अर्थपूर्ण बनाए हैं। इन उद्यमों के कारण मुझे रिटायरमेंट के बाद भी जीवन में बहुत संतुष्टि मिली है।

फलस्वरूप, आजकल मेरा जीवन उतना ही व्यस्त और रोमांचक है जितना कि वह गुजरात अंबुजा चलाते समय होता था। पांच दशकों का मेरा लंबा सफ़र बहुत संतोषपूर्ण

रहा है। उसमें मैंने सब कुछ आज़माया है – रोमांच, चुनौतियां, बाधाएं, क़ामयाबी, नाक़ामयाबी, सुख, निराशा, सौभाग्य, दुर्भाग्य, ग़लतियां और तीव्र दुःख तथा ख़ुशी। मैंने हर अनुभव से कुछ सीखा है। प्रत्येक अनुभव से मुझे जीवनभर के लिए कुछ सीख मिली है जिससे मैं एक बेहतर इंसान और बेहतर मैनेजर बना हूं।

मैंने कुछ सीखों का सार यहां सूचीबद्ध किया है, इस आशा में कि सभी को इससे लाभ होगा:

- जीवन में उतार-चढ़ाव होना अनिवार्य है। परिस्थिति कितनी ही चुनौतीपूर्ण क्यों न हो, पॉज़िटिव एटीट्यूड रखकर अपने उसूलों के प्रति निष्ठावान रहने से आप उनसे ऊपर उठ सकते हैं।
- व्यवसाय में सबसे ज़रूरी बात उचित वर्क कल्चर और माहौल निर्माण करना है, ताकि सभी कर्मचारी पनपकर अपनी क्षमता अनुसार सफल हो सकें। यदि आपके कर्मचारी वह नहीं कर पाते हैं, तो ज़रूरी बदलाव लाए जाने चाहिएं। मैंने देखा है कैसे छोटे बदलाव लाने से बुरा प्रदर्शन करने वाले कर्मचारी भी उत्कृष्ट प्रदर्शन करने लगे।
- उचित वर्क कल्चर वह होता है जिसमें कर्मचारी अपने उसूलों को सर्वाधिक महत्त्व देते हुए निष्ठावान, पारदर्शी और काम के प्रति ज़िम्मेदार रहकर उत्कृष्ट प्रदर्शन करने के आदी हों और औचित्य से काम करते हों। ऐसे वर्क कल्चर में सभी लोगों को उत्कृष्ट प्रदर्शन करने के लिए आरामदेह लगना चाहिए, ताकि कंपनी सफलता की ओर बढ़ सके।
- यह स्पष्ट है कि पर्यावरण के प्रति सचेत रहना धरती के लिए अच्छा होता है। लेकिन कम लोग जानते हैं कि उससे व्यवसाय को भी लाभ होता है। यह चेतना शुरू से गुजरात अंबुजा की सफलता का एक महत्त्वपूर्ण अंग रही है। उसूल, औचित्य, निष्ठा और पारदर्शिता की तरह पर्यावरण की देखभाल करने से सीधा आर्थिक फ़ायदा भी होता है। ग्राहकों को भी नैतिक रूप से चलाई जा रहीं इको-फ्रेंडली कंपनियों से ख़रीदना अच्छा लगता है। वह एक वजह थी कि हम हमेशा हमारा सीमेंट ऊंचे दामों में बेच पाए।

- समाज के प्रति ज़िम्मेदार रहे बिना बिज़नेस में सफलता अधूरी होती है। भारत में ग़रीबी आज भी व्यापक है। इसलिए, प्रत्येक छोटे-बड़े बिज़नेस को ग़रीबों की पीड़ा कम करने के लिए कुछ न कुछ करना अत्यावश्यक है। ग़रीबों के जीवन में ख़ुशी लाने से जो संतोष मिलता है उससे मन शांत होता है। उससे रात को नींद अच्छी आती है, यह जानते हुए कि हमने समाज से कुछ लिया ही नहीं है बल्कि उसे कुछ दिया भी है। उससे हम एक बेहतर इंसान और मैनेजर बनते हैं।
- मेरी काम करने की फ़िलॉसोफ़ी इस पुस्तक में विस्तारपूर्वक वर्णित 'I Can' की फ़िलॉसोफ़ी से मिलती-जुलती है। ये रहे उससे कुछ सुझाव:
    - यदि आप सही माहौल निर्माण करके आपके कर्मचारियों की आत्मा को पनपने में सक्षम बनाते हो, तो उनका तन और मन भी पनपेगा और वे उत्कृष्ट प्रदर्शन करेंगे।
    - किसी भी व्यवसायिक रिश्ते में सभी का फ़ायदा होना आवश्यक है, आपके बाहरी पार्टनरों का भी। ऐसी कंपनियां अधिक मज़बूत होती हैं जहां सभी लोगों के उद्देश्य पूरे हो रहे होते हैं।
    - बिज़नेस में हर निवेश से धन निर्माण होना ज़रूरी है।
    - तेज़ी से निर्णय लें। ख़तरें और अवसर तेज़ी से पहचानें।
    - आप निष्ठावान तब कहलाएंगे जब आप वही करेंगे जिसका आपने प्रचार किया है। वही करें जो आपको उचित लगे।
    - जो स्पष्ट है उसे करना आसान है। उसके पार जाकर मुश्किल कार्य करें।
    - रोज़ छोटे सुधार लाएं। वह अपने ज़हन और कंपनी की आर्थिक स्थिति दोनों के लिए अच्छा होता है।
    - दूसरों पर विश्वास करें ताकि वे भी आप पर विश्वास करने लगें।
    - जीवन में स्वाभाविक रूप से कमख़र्ची बनें।
    - जीवन पेचीदा नहीं बल्कि सादा होता है। मेरे जीवन की सभी सीखें इसी समझ पर आधारित हैं। बिज़नेस भी पेचीदा नहीं है। इसलिए, सादे ढंग से बिज़नेस करें और अपने उसूलों का सौदा कभी न करें। आप सफल भी होंगे और सुखी भी।

चलते-चलते

मेरे पिता में एक बच्चे जैसी जिज्ञासा है।

अपने दिन की शुरुआत वे अपना पसंदीदा गाना या पॉडकास्ट सुनते-सुनते मॉर्निंग वॉक से करते हैं। चलते समय वे अपने आस-पास सबकुछ ध्यानपूर्वक देखते हैं – दूसरे चलने वाले, जॉगर, दूधवाले, पेपरवाले, फूल, पंछी, बादल और आसमान, उनकी नज़र सभी पर जाती है। वे हमेशा सभी चीज़ों को जोड़ते रहते हैं। उदाहरणार्थ, रोज़ मौसम का हाल जानने के साथ-साथ वे यह भी समझने की कोशिश करते हैं कि उसका कृषि और अर्थव्यवस्था पर, लोगों की आजीविका पर और गांवों में डिस्ट्रिब्यूशन नेटवर्क पर क्या असर होगा। वे जानना चाहते हैं कि क्या कसरत करने वालों का अपने हाथों पर घड़ी और फ़िटनेस बैंड पहनना कनेक्टेड वेयरेबल में एक नए दौर का चिन्ह है और क्या यह दौर टिकेगा या ख़त्म होगा। क्या ग्रामीण भागों में भी यही दिख रहा है? क्या ये उपकरण केवल कुछ ही लोग इस्तेमाल करते हैं? क्या उन्हें और सस्ता बनाया जा सकता है ताकि और भी लोग उन्हें ख़रीद सकें? क्या इन उपकरणों से कोई विस्तृत उद्देश्य पूरा किया जा सकता है? क्या ये उपकरण यूनिवर्सल हेल्थकेयर सिस्टम का भाग बन सकते हैं?

घर लौटने पर, वे अख़बार पढ़कर उनके किनारों पर नोट बनाते हैं, जो ऑफ़िस में विभिन्न लोगों को संबोधित होते हैं। बचपनभर मैंने घर पर जितने भी अख़बार पढ़ें उनमें पापा द्वारा की गई मार्किंग होती थी| कहते हैं कि कुछ पढ़ते समय आपको किसी और के मन में झांकने मिलता है। घर पर पापा के द्वारा मार्क ये पेपर पढ़ना दो लोगों के मन में झांकने समान था।

पापा की कई विषयों में रूचि है। बिज़नेस, इकॉनमी, स्टॉक मार्केट और पॉलिटिक्स के अलावा वे म्यूज़िक, लिटरेचर, फ़िल्मों (उन्हें हिंदी फ़िल्में बेहद पसंद हैं), स्पोर्ट्स (वे जितने हो सकें उतने क्रिकेट और टेनिस मैच देखते हैं), और अक्सर खाने में भी रूचि लेते हैं। वेरावल में किस चाय की दुकान पर सबसे अच्छे खारी बिस्किट और चाय मिलती है, चिड़ावा जाते समय किस ढाबे पर कचौरी के लिए रुकना है और लंदन में सबसे अच्छा पिस्ता टीकेक कहा मिलता है, इन सब पर पापा की राय है। वे हमेशा खाने से संबंधित चुटकुले ढूंढते रहते हैं और उन्हें लोगों के साथ बांटते हैं।

पापा अख़बार ऑफ़िस ले जाते हैं। यहां उनका स्टाफ़ उन्हें नोट सहित स्कैन करके स्कैन उचित लोगों तक पहुंचाता है। पापा अपने साथ साझा किए गए प्रत्येक डॉक्यूमेंट को पढ़ने और उस पर जवाब देने में तत्पर होते हैं। उनकी लोगों से भी वही अपेक्षा होती है। उनसे मिलने से पहले विस्तारपूर्वक तैयारी करें, क्योंकि वे हर विषय पर आपके साथ विधिवत ढंग से विस्तार में बात करेंगे।

हमारे फ़ैमिली ऑफ़िस की मीटिंग में किसी नए निवेश पर विचार-विमर्श करते समय वे हमेशा जानना चाहते हैं कि उस निवेश से हमें क्या सीख मिल रही है। इतने सालों में, निरंतर जिज्ञासु बनकर सीखने की उनकी इच्छा के कारण अब वह विशेषता हमारे ज़हन में भी बैठ गई है। उनका मानना है कि भले ही किसी विचार-विमर्श का कोई लाभदायक परिणाम न हों, लेकिन उससे कुछ सीख प्राप्त करना आवश्यक है। वे हमेशा हमें नाक़ामयाबी का अध्ययन करके उससे सीख प्राप्त करने को प्रेरित करते हैं। उनके अनुसार, बिज़नेस स्कूल जितना सफलताओं की केस स्टडी पर ध्यान देते हैं उतना ही उन्हें असफलताओं पर भी ध्यान देना चाहिए।

उनकी स्फूर्ति और बेसब्री एक शक्तिशाली मेल है जिनके कारण घर और ऑफ़िस में सभी को हमेशा तैयार रहना पड़ता है। वे इतनी तेज़ी से सोचते हैं कि उनकी बराबरी करना मुश्किल हो जाता है। जितना महत्त्व वे विचार करने को देते हैं उतना ही महत्त्व वे

उस विचार को अमल में कैसे लाना है उसे देते हैं। अक्सर, वे विस्तृत आदेश छोड़ जाते हैं कि किसी कार्य को कैसे पूरा करना है।

यदि आपके पास किसी समस्या को सुलझाने का कोई बेहतर तरीक़ा या सुझाव हो तो वे आपकी बात ज़रूर सुनेंगे। अक्सर आप पाएंगे कि पापा ने आपके सुझाव सहित उस मुद्दे के अन्य पहलुओं पर पहले से विचार किया है। मुझे याद है कैसे एक बार उनके कैंसर सर्जन, डॉ. शाहा ने मुझे मज़ाक में कहा था, 'तुम्हारे पिता मेरी केवल तब सुनते हैं जब वे जनरल एनेस्थीसिया से बेहोश होते हैं।'

पापा में दो विशेषताएं गहराई से समाई हैं – वे अपना उद्देश्य स्पष्टतया जानते हैं और उनका ख़ुद पर भरोसा अटूट है। वे किसी भी स्थिति को साफ़-साफ़ समझेंगे, उसके लिए विस्तृत योजना बनाएंगे और फिर उस योजना को अत्यंत सटीकता से अमल में लाएंगे। मुझे याद है कैसे एक बार हमने किसी कंपनी को ख़रीदने के लिए एक बिड पर कई हफ़्ते काम किया था। बिड के पहले कुछ दिनों में बहुत चर्चा हो रही थी कि कैसे हम जीत के लिए, इस्तेमाल किए पहलुओं से अतिरिक्त पहलू निर्धारित कर सकते थे।

मैंने सोचा कि शायद हमें बिड बदलना चाहिए, लेकिन पापा ने मेरी एक नहीं सुनी। उनके अनुसार हम कंपनी के फ़ंडामेंटल के बारे में स्पष्ट थे और हमारा बिड उन पर आधारित था। इसलिए, बाकी सबकुछ महत्त्वहीन था और उससे हमें विचलित नहीं होना चाहिए। हमारा बिड जीत गया और मुझे महत्त्वहीन बातों से विचलित न होने के बारे में अच्छी सीख मिली। आधुनिक विश्व में हमें हमारे सेलफ़ोन के ज़रिए लगातार न्यूज़ और फ़ेक न्यूज़ मिलती रहती है। ऐसे विश्व में महत्त्वहीन बातों को ध्यान न दे पाने की क्षमता वाकई में मूल्यवान है।

पापा ने हमेशा सामान्यता को नकारा है और वे श्रेष्ठता की खोज में रहे हैं। वे सबके लिए मिसाल बनते हैं और हार कभी नहीं मानते। पिछले कुछ दशकों में, कई सर्जरियों और रेडिएशन ट्रीटमेंट के कारण उनके लिए बोलना मुश्किल बना है। इसलिए, वे रोज़ स्पीच थेरेपी करते हैं, सत्तर साल की उम्र में भी। वे आज भी अपनी सभी मीटिंग और AGM ख़ुद चलाते हैं और सभी उन्हें समझ सकें इसके लिए कड़े प्रयास करते हैं। वे अक्सर जीवन को नदी समान मानते हैं। कब और कहां मोड़ आएगा वह आप भले ही निर्धारित न कर सको, लेकिन आप उस पर सही तरीक़े से सफ़र करना अवश्य सीख सकते हैं।

हमने भारत के सबसे पहले औपचारिक फ़ैमिली ऑफ़िसों में से एक स्थापित किया। मुझे आज भी स्पष्ट याद है कैसे इस अज्ञात क्षेत्र में कुछ नया करने के बारे में वे कितने उत्तेजित और उत्साही थे। फ़ैमिली ऑफ़िस के लिए उनके ब्लूप्रिंट में पूंजी का कोई उल्लेख नहीं था, सिवाय इसके कि उन्होंने कहा कि हम अगली पीढ़ियों के लिए धन के रखवाले थे और हम पूंजी को बनाए रखने से शुरू करते। पापा ने लोगों और कार्य संस्कृति को अधिक महत्त्व देना उचित समझा।

वे दोहराते रहे कि मज़बूत उसूलों पर आधारित कोई संस्थान हर चुनौती का सामना कर पाएगा। पापा ने उचित व्यवहार, ईमानदारी, निष्ठा और पारदर्शिता पर कभी कोई समझौता नहीं किया है। उनके लिए उनकी प्रतिष्ठा और विश्वसनीयता सबसे महत्त्वपूर्ण हैं क्योंकि उनके बनने में ज़िंदगी लग जाती है और उन्हें नष्ट होने में सिर्फ़ एक पल ही काफ़ी है। वे चाहते हैं कि हमारे ऑफ़िस का माहौल मैत्रीपूर्ण हो जहां लोग न केवल काम करने के लिए बल्कि अपने बौद्धिक, आर्थिक और सामाजिक विकास के लिए भी आएं। उनके अनुसार हमारा सबसे बड़ा निवेश मानवीय रिश्ते निर्माण करने में होता है। हमारे काम से कोई उच्च सामाजिक उद्देश्य पूरा होना आवश्यक है और हमें सबसे ज़्यादा प्रेरणा उसी पहलू से मिलनी चाहिए।

उनका मानना है कि हम जितना समाज से लेते हैं उतना ही हमें समाज को देना भी ज़रूरी है। उनके अनुसार समाज सेवा करने वाले लोग बेहतर इंसानों में बदलते हैं। पापा हमेशा देते रहते हैं, न केवल परोपकारी के रूप में, बल्कि पिता, मित्र, सलाहकार और हमारे परिवार के प्रमुख के रूप में भी। और वे यह सब बिना किसी दिखावे और गुमनाम तरीके से करते हैं, लोगों की नजरों से दूर। वे अपनी निजता हर हाल में बनाए रखते हैं और उन्हें स्पॉटलाइट में रहना पसंद नहीं है। वे हमेशा हमें याद दिलाते हैं कि हमें नाक़ामयाबियों के बारे में ज़्यादा बात करनी चाहिए और दूसरों से सीखना चाहिए।

पापा हमेशा मेरा आधार रहे हैं। उनमें किसी भी विपत्ति का सामना करने के लिए साहस का गहरा भंडार है। वे हमेशा हमारे परिवार को सभी तनावों से बचाए रखते हैं। उनमें काम और घर इत्यादि के तनावों का एक-दूसरे पर असर नहीं होने देने की बढ़िया क्षमता है। वे हमें कभी नहीं लगने देते कि हम उनके काम में बाधा ला रहे हैं। कैसे भी हो, पर वे परिवार के लिए समय निकालते हैं। चाहे वह उनके सबसे व्यस्त दिनों पर हमारा कॉल लेना हो, मुझसे गपशप करने के लिए मुझे कॉफ़ी पर ले जाना हो, या परिवार के

साथ छुट्टियों पर जाना हो, उनके पास हमेशा समय होता है। उनका मानना है कि हम जब भी चाहें तब उन्हें हमारे पापा होने के नाते हमें समय देना चाहिए। वे उनके बच्चों के साथ अर्थपूर्ण और ज़्यादा समय बिताने में विश्वास रखते हैं।

मेरे अठारहवें बर्थडे के ठीक पहले उन्हें न्यू यॉर्क में अपनी पहली कैंसर सर्जरी के लिए जाना पड़ा। बहुत दर्द में होने के बावजूद उन्होंने शांत स्वर में साफ़-साफ़ मुझे बताया कि वे एक मामूली मेडिकल प्रोसीजर के लिए जा रहे हैं और जल्द ही लौटेंगे। मेरे बर्थडे के दिन, लाल ग़ुलाबों के अठारह शानदार गुलदस्ते घर आए। फूलों की महक से मेरा कमरा भर गया और दूरी के बावजूद मुझे लगा कि मेरे पापा मेरे साथ थे।

पापा अत्यंत स्पिरिचुअल और फ़िलोसोफ़िकल हैं। और उनका नियति में भी दृढ़ विश्वास है। मैंने यह उनके जीवन के अच्छे और बुरे दोनों पलों में देखा है। 'सभी कुछ अच्छे के लिए होता है। हमारे सबसे बुरे पलों में भी कुछ न कुछ अच्छा ज़रूर होगा। तुम्हें इसे समझने में समय लगेगा,' यह उनका पसंदीदा मंत्र है। अपनी बीमारी के बारे में उनके ये विचार थे, 'यह सबसे अच्छी बात है कि मुझे कैंसर हुआ। उससे मैं विनम्र बना रहा हूं। हमने कैंसर के क्षेत्र में जो अच्छा काम किया है वह मुझे कैंसर हुए बिना मुमकिन नहीं होता। यह मेरी क़िस्मत में लिखा था।' पापा का हमेशा से ही परमात्मा में विश्वास रहा है और कैंसर ने वह विश्वास और दृढ़ बना दिया। पापा के विश्वास वैदिक फ़िलोसोफ़ी से जुड़ें हैं। आज भी, उन्हें गीता पढ़ने से मन की शांति और प्रेरणा मिलती है।

उनका मानना है कि जीवन में कई उतार-चढ़ाव आएंगे, और कठिन परिस्थितियां इसलिए आती हैं कि हम अच्छे समय का आनंद उठा सकें। 'हम अंधेरी रात को बर्दाश्त इसलिए करते हैं कि हम सुंदर भोर का आनंद उठा सकें। ध्यान रहे कि जीवन में सभी कुछ नश्वर है, इसलिए उतार या चढ़ाव को बहुत महत्त्व मत देना। दोनों चले जाएंगे।'

पापा की बेटी होने की बदौलत मुझे अनमोल सबक मिलते रहते हैं। उसके लिए मैं हमेशा उनकी आभारी रहूंगी। आपने अभी-अभी उनके जीवन, उनके संघर्षों, उनकी फ़िलोसोफ़ी और उनके जीवन से मिली सीख की कहानी उनके अपने शब्दों में पढ़ी है। मेरी आशा है कि इस कहानी से अगली पीढ़ी के बिज़नेसमैन और आंत्रप्रेन्योर को कुछ बहुमूल्य सीखने मिलेगा, जिससे कि वे मूलभूत उसूलों पर आधारित सफलता हासिल करने के लिए प्रेरित होंगे।

हर लड़की की तरह मेरे लिए भी मेरे पापा मेरे हीरो हैं। मेरे जीवन में वे मेरे सबकुछ हैं और मुझे गर्व है कैसे उन्होंने मेरे विचारों को आकार दिया है। उनके विचारों, उनके शब्दों और उनके कर्मों से वे मुझे आज भी राह दिखाते हैं।

अक्टूबर 2021

पद्मिनी सेखसरिया

परिशिष्ट I

महत्त्वपूर्ण व्यक्ति

परिवार

बसंतलाल सेखसरिया: परदादा

बनारसीलाल सेखसरिया: दादा

सत्यनारायण सेखसरिया: पिता (दत्तक), बनारसीलालजी के भाई।

नागरमल सेखसरिया: पिता

बिमला पोद्दार (बाई): बहन (दत्तक)

बिमल कुमार पोद्दार: जीजा (बिमला पोद्दार के पति)

सुरेंद्र सेखसरिया: भाई

जनार्दन सेखसरिया: भाई

नलिनी सेखसरिया (नीलू): पत्नी

पुलकित सेखसरिया: बेटा

पद्मिनी सेखसरिया: बेटी

सुरेश नेवटिया: को-फ़ाउंडर, बिमल कुमार पोद्दार के छोटे भाई

विनोद नेवटिया: को-फ़ाउंडर, बिमल कुमार पोद्दार के छोटे भाई

हर्षवर्धन नेवटिया : विनोद नेवटिया के बेटे

परिशिष्ट II

गुजरात अंबुजा सीमेंट्स लिमिटेड (GACL) का निर्माण करने वाली टीम

सुरेश नेवटिया (1936-2015): फ़ाउंडिंग डायरेक्टर, चेयरमैन, मई 1988; सितंबर 2009 में चेयरमैन के पद से बोर्ड से इस्तीफ़ा दिया

विनोद नेवटिया (1939-2009): फ़ाउंडिंग डायरेक्टर; जनवरी 2006 में बोर्ड से इस्तीफ़ा दिया

भास्कर शोवाकार: नवंबर 1982 में सीनियर वाईस प्रेसिडेंट के पद पर जुड़े; अगस्त 1984 में छोड़कर चले गए

एस.एस. भंडारी: अप्रैल 1983 में फ़ाइनेंशियल कंट्रोलर के पद पर जुड़े; अप्रैल 1995 में छोड़कर चले गए

एम.एम. हिरपारा: जून 1983 में प्रोजेक्ट इंजीनियर के पद पर जुड़े; दिसंबर 2011 में रिटायर हुए

पी.बी. कुलकर्णी: अगस्त 1983 में प्रोजेक्ट मैनेजर के पद पर जुड़े; जनवरी 2009 में रिटायर हुए

बी.एल. तापड़िया: नवंबर 1983 में असिस्टेंट कंपनी सेक्रेटरी के पद पर जुड़े; मार्च 2019 में रिटायर हुए

जी.सी. कोतवाल: अगस्त 1984 में जॉइंट प्रेसिडेंट के पद पर जुड़े; मार्च 1986 में उनका निधन हुआ

जे.पी. देसाई: जुलाई 1986 में मैनेजर (टेक्निकल सर्विसेस) के पद पर जुड़े; जनवरी 2019 में रिटायर हुए

पी.सी. जैन: मई 1985 में जनरल मैनेजर (कमर्शियल) के पद पर जुड़े; अक्टूबर 1998 में रिटायर हुए

अनिल सिंघवी: फ़रवरी 1986 में डिप्टी मैनेजर (फ़ाइनेंस) के पद पर जुड़े; अप्रैल 2007 में छोड़कर चले गए

रश्मि कंपानी: फ़रवरी 1986 में सेल्स एडवाइज़र के पद पर जुड़े; जून 2011 में रिटायर हुए

ए.वी. राव: नवंबर 1990 में कंस्ट्रक्शन एडवाइज़र के पद पर जुड़े; मार्च 2010 तक चीफ़-प्रोजेक्ट्स बने रहे

सुधांश गुप्ता: अगस्त 1993 में सीनियर वाईस-प्रेसिडेंट (पोर्ट एंड शिपिंग) के पद पर जुड़े; फ़रवरी 2022 में रिटायर हुए

सहयोगी

टी.वी. चिदंबरम: रजिस्ट्रार, बॉम्बे यूनिवर्सिटी

डॉ. एम.पी. जैन: डायरेक्टर, GACL (1983-89); मैनेजिंग डायरेक्टर, आंध्र सीमेंट्स लिमिटेड

एच.के. ख़ान: चेयरमैन, GACL (1983-86); चेयरमैन एंड मैनेजिंग डायरेक्टर, GIIC

एन.एन. पई: चेयरमैन एंड मैनेजिंग डायरेक्टर, IDBI; अक्टूबर 2008 में उनका निधन हुआ

दिलिप स्वादी: स्वादी ऑटोमोबील्स

एस.ए. दवे: चेयरमैन, UTI

एम.एल. भक्ता: डायरेक्टर, GACL; पार्टनर, कांगा एंड कंपनी

निमेश कंपानी: डायरेक्टर, GACL; नॉन-एग्जीक्यूटिव चेयरमैन, JM फ़ाइनेंशियल लिमिटेड

ए.एल. कपूर: डायरेक्टर, गुजरात अंबुजा

आर.सी. सिन्हा: मैनेजिंग डायरेक्टर, CIDCO; मई 1994 में रिटायर हुए

आभार

सबसे पहले मैं परमेश्वर का आभार मानना चाहूंगा। मैं मेरे माता-पिता, माँ और बाबूजी का आभार मानना चाहूंगा, उनके आशीर्वाद के लिए और मुझे सिखाए गए उसूलों के लिए, जिनके आधार पर मैंने सफलता हासिल की है। इतने सालों से मेरी बहन बिमला, जिन्हें मैं प्यार से बाई कहता हूं, ने मुझे राह दिखाकर मेरी सहायता की है। मेरी पत्नी, नीलू, मेरे पीछे स्तम्भ की तरह खड़ी रही हैं। मेरे बच्चों, पुलकित और पद्मिनी, तथा मेरे पोते और पोतियां, मृणालिनी, तनवी, वैदेही और निर्वाण से मुझे सबसे ज़्यादा ख़ुशी और प्रेरणा मिली है।

अंबुजा की कहानी श्री पी.बी. कुलकर्णी, श्री एस.एस. भंडारी, श्री बी.एल. तापड़िया, श्री रश्मि कंपानी और श्री ए.वी. राव के योगदान के बिना असंभव होती, जो सभी अंबुजा के फ़ाउंडिंग फ़ादर रहे हैं। उनके जितना ही महत्त्व मैं हमारे प्रतिष्ठित डायरेक्टरों, श्री एम. एल. भक्ता और श्री निमेश कंपानी को देना चाहूंगा, जिन्होंने शुरुआत से बोर्ड का सदस्य बनकर हमारी कंपनी को अपने ज्ञान और मार्गदर्शन से समृद्ध बनाया।

मैं अंबुजा सीमेंट के वर्तमान मैनेजिंग डायरेक्टर, श्री नीरज अखोरी और श्री अजय कपूर का आभारी हूं। श्री कपूर तब अंबुजा सीमेंट के मैनेजिंग डायरेक्टर थे, जब मैंने यह

क़िताब लिखनी शुरू की। इस कंपनी के इतिहास के विभिन्न पहलुओं को दर्ज करने में दोनों ने मेरी मदद की। मैं हमारे पार्टनर लाफ़ार्जहोलसिम और ख़ासकर श्री मार्टिन क्राइगनर तथा श्री यान येनिश का मुझे यह क़िताब लिखने में प्रोत्साहन देने के लिए आभारी हूं।

मुझे हमेशा से ही एकांत पसंद आया है। अंबुजा की सफलता के बावजूद, मैंने कभी नहीं चाहा कि मेरी चर्चा हो। मुझमें यह इच्छा इतनी तीव्र है कि कुछ समय पहले मुझे एक सुखद अनुभव हुआ, जब मैंने एक फ़्लाइट पर किसी सज्जन को बताया कि मैं अंबुजा में काम करता था, उन्होंने जानना चाहा क्या मैं नरोत्तम सेखसरिया को जानता था। अंबुजा छोड़ने के बाद के अंतराल में मेरे परिवारवालों सहित कई लोगों ने इच्छा व्यक्त की कि मैं अपने सफ़र के बारे में लिखूं। मेरी बेटी पद्मिनी ने सबसे ज़्यादा ज़िद की, यह कहते हुए कि मुझे वह न सिर्फ़ अपने सहकर्मियों के लिए करना चाहिए जिन्होंने मेरे साथ अंबुजा का निर्माण किया था, बल्कि भविष्य की पीढ़ियों के लिए – पोतों और पोतियों, उनकी संतानों, बिज़नेस के स्टूडेंट्स, तथा अपना करियर शुरू कर रहे और भारत की नई इंडस्ट्रियां स्थापित करने इच्छुक आंत्रप्रेन्योर और युवा पेशेवरों के लिए। आशा है कि अंबुजा के निर्माण में जिन तकनीकों और उसूलों का इस्तेमाल हुआ, उनसे इन उद्यमियों को और भी अच्छा करने की प्रेरणा मिलेगी।

मैंने लंबे समय तक पद्मिनी के सुझाव का विरोध किया। अंत में मैं जान गया कि उसका सुझाव सही था। मैं जान गया कि शायद मैं इसलिए प्रोजेक्ट शुरू करने के लिए अनिच्छुक था कि मुझमें क़िताब लिखने का साहस नहीं था। फिर सौभाग्यवश मेरी मुलाक़ात राधा से हुई और उन्होंने मेरे साथ काम करने की पेशकश की। राधाकृष्णन नायर एक प्रतिभाशाली बिज़नेस राइटर हैं और अपने कौशल में माहिर हैं। राधा को इस बात का श्रेय जाता है कि मैंने साहस जुटाकर मेरे विचार और अनुभव इकट्ठा किए, जो आज आपके हाथों में इस क़िताब के रूप में हैं।

रितु और अलोक नंदा ने अपने विचारों, मार्गदर्शन और सहायता से इस क़िताब को जीवंत बनाने में मदद की। मैं उनका भी आभारी हूं।

आख़िरकार, मैं गुजरात अंबुजा के सभी कर्मचारियों और हमारे विभिन्न पार्टनर और शेयरधारकों का आभारी हूं, जिन्होंने इतने सालों से हम पर पूरा भरोसा करके *अंबुजा की कहानी* को संभव बनाया।

लेखक के बारे में

नरोत्तम सेखसरिया ACC लिमिटेड, अंबुजा सीमेंट्स लिमिटेड और अंबुजा सीमेंट फ़ाउंडेशन के चेयरमैन हैं। अंबुजा सीमेंट फ़ाउंडेशन भारत की सबसे विस्तृत CSR योजनाओं में से एक चलाती है। श्री सेखसरिया, नरोत्तम सेखसरिया फ़ाउंडेशन भी संभालते हैं, जो एक महत्त्वपूर्ण परोपकारी फ़ंडिंग एजेंसी है।

अनुवादक के बारे में

मिहीर अंग्रेज़ी और हिंदी दोनों में अनुवाद करते हैं। उन्होंने आख्यानशास्त्र, इतिहास और लैंगिक मुद्दों के विषयों का किताब, लेख, साउंड एंड लाइट शो और फ़िल्म स्क्रिप्ट के प्रारूपों में अनुवाद किया है। उनके द्वारा अनुवादित कुछ किताबें हैं देवदत्त पट्टनायक की *धर्म अर्थ काम मोक्ष*, *योग पुराण* और *तीर्थंकर*। 2022 में वे वैली ऑफ़ वर्ड्स के सर्वोत्कृष्ट अनुवाद पुरस्कार के लिए नामांकित किए गए।

HarperCollins *Publishers* India

At HarperCollins India, we believe in telling the best stories and finding the widest readership for our books in every format possible. We started publishing in 1992; a great deal has changed since then, but what has remained constant is the passion with which our authors write their books, the love with which readers receive them, and the sheer joy and excitement that we as publishers feel in being a part of the publishing process.

Over the years, we've had the pleasure of publishing some of the finest writing from the subcontinent and around the world, including several award-winning titles and some of the biggest bestsellers in India's publishing history. But nothing has meant more to us than the fact that millions of people have read the books we published, and that somewhere, a book of ours might have made a difference.

As we look to the future, we go back to that one word—a word which has been a driving force for us all these years.

Read.

Harper Collins · 4th · HARPER FICTION · HARPER NON-FICTION · HARPER BUSINESS · HCCB HARPERCOLLINS CHILDREN'S BOOKS

HARPER DESIGN · Harper Sport · HARPER PERENNIAL · HARPER VANTAGE · हार्पर हिन्दी · BOOKTOPUS

द अंबुजा स्टोरी, 2022 के टाटा लिटरेचर लाइव के बिज़नेस बुक अवार्ड से सम्मानित!

'मैंने एक भी सीमेंट कारखाना नहीं देखा था। गुजरात में लाइमस्टोन कितना और कहाँ जमा है और गुजरात के सीमेंट उद्योग के बारे में भी मुझे कुछ नहीं पता था। इंडस्ट्रीअल एग्रीमेंट का भी मुझे कोई अनुभव नहीं था। इन सबके बावजूद, अगले कुछ हफ़्तों में गुजरात सरकार के अधिकारियों के साथ एक महत्वपूर्ण मीटिंग होने जा रही थी।'

सन 1983 में एक नौजवान कपास व्यापारी उद्योगपति बनने के बड़े सपने देखने लगा। वह जो करने जा रहा था, उसका उसे कोई अनुभव नहीं था। वह सीमेंट, लाइमस्टोन और उनसे जुड़ी अन्य बातों से पूर्णतः अपरिचित था।

लाइसेंस राज का ज़माना था और उत्पादन से लेकर खपत तक सभी कुछ सरकार के नियंत्रण में था। ऐसे समय में नरोत्तम सेखसरिया जान गए कि देश की तरक्की में सीमेंट का बहुत बड़ा योगदान हो सकता था। उन्होंने ख़ुद पर भरोसा करते हुए अंबुजा सीमेंट स्थापित की। आगे जाकर वह विश्व की सबसे सफल सीमेंट कंपनियों में से एक बनी।

अंबुजा की कहानी ख़ुद श्री सेखसरिया की ज़ुबान में, धैर्य, दृढ़ निश्चय और ईमानदारी की कहानी है। इस अनोखी सीमेंट कंपनी ने कई परंपरागत विचारों को चुनौती दी – सीमेंट का उत्पादन पर्यावरण के लिए लाभदायक नहीं हो सकता, अच्छी क्वालिटी का सीमेंट सस्ता नहीं हो सकता और सीमेंट जैसी नीरस वस्तु को बेचना मुश्किल होता है।

नरोत्तम सेखसरिया अंबुजा को केवल आर्थिक रूप से सफल नहीं बनाना चाहते थे; उन्होंने अंबुजा के सभी कारखानों के नजदीक समाज-विकास में भी योगदान दिया। अंबुजा ने विमेंस एंपावरमेंट, स्किल डेवलपमेंट और स्वास्थ्य तथा शिक्षण जैसे क्षेत्रों में कई सफलताएं हासिल की। यह उसने भारत के कंपनियों के लिए कॉरपोरेट सोशल रिस्पांसिबिलिटी अनिवार्य बनने के समय से बहुत पहले किया।

अंबुजा की कहानी बिज़नेस और जीवन को एक नए नज़रिए से देखती है, और अगली पीढ़ी के आंत्रप्रेन्योर को आसमान छूने के लिए प्रेरित करती है।

हार्पर हिन्दी
हार्परकॉलिंस पब्लिशर्स का इंप्रिंट

Cover design **Saurav Das**
Cover photograph **Santosh Verma**
www.harpercollins.co.in
HarperCollinsIN

For more about our new books

₹ 299.00 Inclusive of all taxes

ebook

ISBN 978-93-6989-451-2

NON-FICTION/BUSINESS